Grundthemen der Literaturwissenschaft: Literaturdidaktik

Grundthemen der Literaturwissenschaft

Herausgegeben von
Klaus Stierstorfer

Wissenschaftlicher Beirat
Martin Huber, Barbara Korte, Schamma Schahadat,
Christoph Strosetzki und Martina Wagner-Egelhaaf

Christiane Lütge (Hrsg.)

Grundthemen der Literaturwissenschaft: **Literaturdidaktik**

DE GRUYTER

ISBN 978-3-11-113109-2
e-ISBN (PDF) 978-3-11-041070-9
e-ISBN (EPUB) 978-3-11-041084-6
ISSN 2567-241X

Library of Congress Control Number: 2019935664

Bibliografische Information der Deutschen Nationalbibliothek
Die Deutsche Nationalbibliothek verzeichnet diese Publikation in der Deutschen Nationalbibliografie; detaillierte bibliografische Angaben sind im Internet über http://dnb.dnb.de abrufbar.

© 2022 Walter de Gruyter GmbH, Berlin/Boston
Dieser Band ist text- und seitenidentisch mit der 2019 erschienenen gebundenen Ausgabe.
Satz: Dörlemann Satz, Lemförde
Druck und Bindung: CPI books GmbH, Leck

www.degruyter.com

Die Reihe bietet substanzielle Einzeldarstellungen zu Grundthemen und zentralen Fragestellungen der Literaturwissenschaft. Sie erhebt den Anspruch, für fortgeschrittene Studierende wissenschaftliche Zugänge zum jeweiligen Thema zu erschließen. Gleichzeitig soll sie Forscherinnen und Forschern mit speziellen Interessen als wichtige Anlaufstelle dienen, die den aktuellen Stand der Forschung auf hohem Niveau kartiert und somit eine solide Basis für weitere Arbeiten im betreffenden Forschungsfeld bereitstellt.

Die Bände richten sich nicht nur an Studierende und WissenschaftlerInnen im Bereich der Literaturwissenschaften. Von Interesse sind sie auch für all jene Disziplinen, die im weitesten Sinn mit Texten arbeiten. Neben den verschiedenen Literaturwissenschaften soll sie LeserInnen im weiten Feld der Kulturwissenschaften finden, in der Theologie, der Philosophie, der Geschichtswissenschaft und der Kunstgeschichte, in der Ethnologie und Anthropologie, der Soziologie, der Politologie und in den Rechtswissenschaften sowie in der Kommunikations- und Medienwissenschaft. In bestimmten Fällen sind die hier behandelten Themen selbst für die Natur- und Lebenswissenschaften relevant.

Münster, im November 2017   Klaus Stierstorfer

Dank

Das Handbuch *Literaturdidaktik* verdankt seine Entstehung vielfältigen Impulsen, Inspirationen und Anregungen. An erster Stelle sei hier der Reihenherausgeber Klaus Stierstorfer genannt, dem ich für den Anstoß zu diesem Projekt und viele begleitende, kollegiale Gespräche herzlich danke.

Ein besonderer Dank gebührt den Autorinnen und Autoren und deren Bereitschaft, ihre Forschungsthemen für diesen philologienübergreifenden Band mit großem Engagement zu konzipieren und sich auch neuen Perspektiven zu öffnen. Dabei sind verständliche und zugleich hochinformative Beiträge entstanden, die so noch nicht publiziert sind.

Für die sorgfältige redaktionelle Begleitung der Manuskripte danke ich Maximilian Pahlke und insbesondere Claudia Owczarek für ihre umsichtige und aufmerksame Arbeit bei der Textkorrektur, der Registererstellung und Hilfe bei der Koordination des Projektes.

Anja-Simone Michalski und Stella Diedrich möchte ich für die kontinuierliche und umfassende Betreuung sowie die freundliche und umsichtige Lektorierung des Bandes im Verlag besonderen Dank sagen.

Christiane Lütge

Inhaltsverzeichnis

I	**Einleitende Übersicht** —— 1	
	Literaturdidaktik – *Christiane Lütge* —— 3	
II	**Historische Entwicklungslinien** —— 13	
II.1	Geschichte des altsprachlichen Literaturunterrichts – *Stefan Kipf* —— 15	
II.2	Literatur im Deutschunterricht des 19. und 20. Jahrhunderts – *Anja Ballis und Vesna Bjegac* —— 47	
II.3	Literaturdidaktik seit 1945 aus Sicht der Fremdsprachendidaktik – *Carola Surkamp* —— 76	
III	**Zentrale Fragestellungen** —— 103	
III.1	**Literaturdidaktische Aufgabenbereiche** —— 105	
III.1.1	Ziele und Funktionen des Literaturunterrichts – *Ralf Weskamp* —— 107	
III.1.2	Literarische Sozialisation und literarisches Lernen – *Dieter Wrobel* —— 135	
III.1.3	Literaturunterricht und Bildungsstandards – *Christiane Fäcke* —— 161	
III.1.4	Ästhetische und ethische Bildung im Literaturunterricht – *Sabine Anselm* —— 182	
III.1.5	Hochschuldidaktische Aspekte der Vermittlung von Literatur – *Uwe Küchler* —— 202	
III.2	**Literarische Gegenstände und Konzepte** —— 217	
III.2.1	Kanondiskussion und Textauswahl – *Petra Kirchhoff* —— 219	
III.2.2	Didaktik der Literaturgeschichte – *Sigrid Thielking* —— 231	
III.2.3	Lyrik im Sprachunterricht – *Engelbert Thaler* —— 246	
III.2.4	Dramatische Texte im Literaturunterricht – *Maria Eisenmann* —— 261	
III.2.5	Romane und Erzählungen – *Renata Behrendt* —— 284	
III.2.6	Kinder- und Jugendliteratur – *Emer O'Sullivan und Dietmar Rösler* —— 302	
III.2.7	Gegenwartsliteratur – *Jan Standke und Sebastian Bernhardt* —— 319	
III.2.8	Migrationsliteratur – *Heidi Rösch* —— 338	

IV	**Interdisziplinäre Implikationen und Konzepte —— 357**
IV.1	Interkulturelle Literaturdidaktik – *Britta Freitag-Hild* —— 359
IV.2	Intermedialität in der Literaturdidaktik – *Klaus Maiwald* —— 373
IV.3	Drama- und Theaterpädagogik als Wegbereiter einer performativen Literaturdidaktik – *Manfred Schewe* —— 395
IV.4	Literaturdidaktik in kulturwissenschaftlicher Perspektive – *Laurenz Volkmann* —— 410
IV.5	Literaturdidaktik und Kulturökologie – *Berbeli Wanning* —— 430
IV.6	Literaturdidaktik und Gender Studies – *Liesel Hermes* —— 454
IV.7	Empirische Literaturdidaktik – *Christian Dawidowski* —— 471

Bibliografie —— 491

Autorinnen und Autoren —— 560

Personenregister —— 562

Sachregister —— 566

I Einleitende Übersicht

Christiane Lütge
Literaturdidaktik

1 Bezugsfelder der Literaturdidaktik

Literaturdidaktik steht in vielfältigen Querverbindungen und berührt disziplinär und institutionell unterschiedliche Bereiche in universitären und außeruniversitären Kontexten. Als „Theorie des Lehrens und Lernens von Literatur in Lernkontexten" (Bogdal 2012, Kap. VII) ist Literaturdidaktik dabei auch Teil eines Entwicklungsprozesses, der sich seit bald 40 Jahren in der zunehmenden Spezialisierung didaktischer Forschungsrichtungen manifestiert. Die Ausdifferenzierung in Sprachdidaktik und Literaturdidaktik zeichnete sich zunächst innerhalb der Deutschdidaktik ab, wenngleich in jüngerer Zeit dort auch integrative Ansätze zwar nicht für eine Überwindung, aber doch für eine Ergänzung beider Richtungen argumentieren (Bredel und Pieper 2015). Auch in den anderen Philologien sind literaturdidaktische Spezialisierungen und Auffächerungen zu verzeichnen (Nünning und Surkamp 2010; Hallet 2017; Kipf 2006). Hier handelt es sich in der Regel um die Didaktiken der fremdsprachlichen Philologien, deren Blickwinkel sich naturgemäß von der germanistischen Literaturdidaktik im deutschen Sprachraum unterscheiden, aber durch diese in vielen Bereichen konzeptionell stark beeinflusst werden und in jüngster Zeit auch Schnittmengen untereinander finden.

Dass die Literaturdidaktik Teil eines umfangreichen Beziehungsgeflechts ist und durch unterschiedliche Perspektiven sowohl inhaltlich als auch methodisch zu ihren jeweiligen Bezugswissenschaften in Relation steht, wird nicht zuletzt von mehreren Autoren in diesem Handbuch hervorgehoben, wenn auch mit unterschiedlichen Klassifizierungszugängen. Häufig ist dabei auch von einem Spannungsfeld die Rede, in dem die Literaturdidaktik zwischen Literaturwissenschaft, Schule sowie Bildungs- und Lerntheorien verortet ist (Bogdal 2012, 12). Andere Systematisierungen definieren als Bezugsfelder die Literatur-, Kultur- und Medienwissenschaft, die Pädagogik und Psychologie und schließlich als einen gemeinsamen dritten Bereich die Schule und Sozialwissenschaft (Dawidowski 2016a).

2 Literaturdidaktik und Literaturwissenschaft

Blickt man zunächst auf das Verhältnis der Literaturdidaktik zur Literaturwissenschaft, so klingt Hermann Kortes Wort nach: „Literaturdidaktik – so wie ich sie verstehe – als Disziplin der Literaturwissenschaft – ist in diesem Kontext die systematische Erforschung der Vermittlung von Literatur im kulturellen und gesellschaftlichen Ensemble literaturvermittelnder Instanzen. Deshalb gehören Kanongeschichte und Kanontheorie zu ihren genuinen Forschungsfeldern. Diesen Anteil an der oft zitierten Arbeit am Kanon sollte sich die Literaturdidaktik nicht nehmen lassen: als Reflexionswissenschaft mit eigenen Frage- und Erkenntnishorizonten" (Korte 2002, 321).

Das Verhältnis von Literaturwissenschaft und Literaturdidaktik wird auch in seinen Wechselbezügen zentral fokussiert (vgl. Bogdal 2012). Demzufolge unterscheiden sich Literaturdidaktik und Literaturwissenschaft nicht in ihren Grundlagen, Methoden und Gegenständen, wohl aber in Bezug auf ihre Ansprüche, Probleme und Krisen. Interessanterweise sieht Bogdal sowohl Literaturwissenschaftler als auch Literaturdidaktiker als professionelle Vermittler von Literatur in staatlichen Institutionen, deren kultureller Auftrag darin bestehe, einen Beitrag zum kulturellen Gedächtnis der Gesellschaft zu leisten und in der Vermittlung elaborierter Fähigkeiten den Umgang mit komplexen sprachlich-ästhetischen Gebilden zu pflegen. Aus der großen Nähe zur Literaturwissenschaft kann aber auch ein kritischer Blick erwachsen, etwa dann, wenn der Literaturwissenschaft der Vorwurf gemacht wird, ihre Rolle als Vermittlerin zu verdrängen und diese Verdrängung als Teil des Selbstbildes eines akademisch-philologischen Purismus zu sehen (Bogdal 2012). Ob angesichts einiger Entwicklungen innerhalb der Literaturdidaktik nicht wiederum auch ihr die Verdrängung mancher Bereiche vorgeworfen werden kann, mag man hier einwenden. Dies könnte sich etwa auf ein unkritisches Verhältnis gegenüber manch bildungspolitischer Entwicklung, kompetenzorientierter Verkürzung oder einseitiger Fokussierung auf Unterrichtsmethodik beziehen, die Fachinhalte nicht ausreichend in den Blick nimmt.

Dawidowski (2016a) geht in seiner Bündelung der Literatur-, Kultur- und Medienwissenschaften zu einem Bezugsfeld der Literaturdidaktik deutlich weiter und skizziert dabei auch den Wandel im Selbstverständnis des Faches. Die Öffnung der Literaturdidaktik gegenüber kulturwissenschaftlichen Einflüssen, medienkulturellen Phänomenen und poststrukturalistischen Methoden wird nicht nur in der Deutschdidaktik, sondern auch in den Fremdsprachendidaktiken deutlich. Mit der Erweiterung des Textbegriffes wurde eine Öffnung des Literaturunterrichts vom Kanon klassischer und moderner „hochliterarischer"Werke hin zu neuen Textformaten und Medientexten eingeläutet (Dawidowski 2016a, 20; Hallet 2017). Berührungspunkte mit einer Mediendidaktik, die sich zumindest innerhalb der Deutschdidaktik auch bereits eigenständig weiterentwickelt hat, sind hier mit Blick auf verschiedene – auch digitale Lesemedien – unvermeidlich (vgl. Frederking et al. 2018).

Nun mag man der Literaturdidaktik als einer postmonoparadigmatischen Disziplin Schwierigkeiten bei der Bestimmung ihres Gegenstandes und ihrer Theorie zuschreiben. Ob aber die Analyse zutrifft, dass die Literaturdidaktik dazu tendiere, sich „diffusen humanwissenschaftlichen Leitideologien unterzuordnen" (Bogdal 2012), statt sektorale Präzisierungen zu unternehmen, lässt sich kritisch hinterfragen, ist aber zumindest ansatzweise auch auf Entstehungszusammenhänge der Disziplin zurückzuführen.

Die Institutionalisierung der Literaturdidaktik als akademische Disziplin in den 1960er Jahren, die auch als „Wende von der Methodik zur Didaktik" bezeichnet wird und den Paradigmenwechsel von der „Lehrkunst" zur Wissenschaft einläutete (Müller-Michaels 1980, 43), war zunächst zweifellos auf literaturwissenschaftliche Fragestellungen fokussiert. Bis in die 1990er Jahre hinein wurde in den einführenden Werken die Literaturdidaktik als ein „Teilgebiet der Literaturwissenschaft" (Paefgen 2006, Kap. VIII) charakterisiert. Eine Ablehnung eines Selbstverständnisses der Literaturdidaktik als „kleine Literaturwissenschaft", die sich im Begriff „Abbild-Didaktik" manifestiert, darf auch als Beleg für die disziplinäre Emanzipation der Literaturdidaktik gewertet werden – insbesondere im Kontext der Germanistik als „Mutterwissenschaft" (Dawidowski 2016a, 20–21). Dennoch bleibt Bogdals Forderung, „die literaturwissenschaftlich begründete Vermittlungstätigkeit bildet das Zentrum der Literaturdidaktik" (Bogdal 2012, 15), zentral für das Selbstverständnis der Disziplin. Diese Perspektive mag auch dadurch zusätzliche ‚Konjunktur' erfahren, dass Vorbehalte gegenüber der Standard- und Kompetenzorientierung und gegenüber neuen digitalen Formaten eine Rückbesinnung auf traditionelle literaturwissenschaftliche Inhalte begünstigen. Die prägende Wirkung der Literaturwissenschaft auf die Literaturdidaktik wird auch an anderen Stellen deutlich, etwa, wenn es um den Literaturbegriff, den Literaturkanon und die Wertigkeit von Literatur geht, aber auch um den erweiterten Textbegriff, der für beide Disziplinen prägend ist. Literaturdidaktik als eine „Wissenschaft von der Vermittlung von Literatur" (Dawidowski 2016a, 21) trägt mit ihrem forschenden und theoriebildenden Fundament dazu bei, dass die Vermittlung von Literatur an den Schulen im deutschen Sprachraum nach wie vor eine wichtige Rolle spielt.

3 Literaturdidaktik und Literaturvermittlung

Ein weiteres offensichtliches Bezugsfeld der Literaturdidaktik, das viel zur disziplinären Ambivalenz beiträgt, fokussiert auf eben diesen Vermittlungsaspekt im schulischen Kontext. Blickt man auf die Entstehungsgeschichte der Literaturdidaktik, so stellt man fest, dass sie auch unter öffentlichem Druck entstand, nachdem im Zuge von Bildungsreformen Defizite in der schulischen und universitären Ausbildung wahrgenommen worden waren. Die Forderung nach akademischer Professionalisierung des Lehrerberufs kam dabei wiederum der universitären Literaturwissenschaft nicht ungelegen, die im Rahmen ihrer institutionellen Reorganisation der Studiengänge methodische und thematische Erneuerungen zu stärken suchte (Bogdal 2012, 10).

Die Literaturdidaktik wird aber naturgemäß auf unterschiedlichen Ebenen mit Aspekten der Vermittlung von Literatur konfrontiert. Einige davon beziehen sich auf schulische Verwertungszusammenhänge, andere auf die disziplinäre Weiterentwicklung in einem von normativen bildungspolitischen Vorgaben geprägten Diskurs. Nach Jakob Ossner handelt es sich bei der Literaturdidaktik um eine „praktische Wissenschaft", die nicht die Praxis des Literaturunterrichts lehrt, sondern ihre „reflektierte und damit auch effektive wie professionelle Gestaltung" (Ossner 1993, 189). Damit mag nun auch die Gefahr einhergehen, auf eine ‚Applikationswissenschaft' reduziert zu werden. Nicht zufällig wird darüber geklagt, dass dadurch der schulische Literaturunterricht in ein Verhältnis der „Äußerlichkeit und des Instrumentellen" gerückt werde (Bogdal 2012, 11). Dabei werden Positionen Paefgens (2006) aufgegriffen, die postulieren, dass Literaturdidaktik nicht einfach nur die Praxis des Literaturunterrichts lehre, sondern auch keine „bloße Abnehmerinstanz der gängigen literaturwissenschaftlichen Schulen" sei (Schmidt 1982, 186).

Aber auch andere Einordnungen werden in der Literaturdidaktik kritisch diskutiert, etwa die einer normsetzenden Handlungswissenschaft (Müller-Michaelis 1975, 18) und sämtliche Konzepte von Letztbegründungen. Bildungspolitische Forderungen nach einer Einheit von Theorie und Praxis tragen immer wieder dazu bei, eine grundsätzliche Distanz zwischen Wissenschaft und pädagogischem Handeln überwinden zu wollen. Dieses – so könnte man ja unterstellen – positiv motivierte Anliegen verkennt aber, dass Theorie und Praxis „notwendig je eigenen Rationalitäten folgen", die eine „prinzipielle Differenz" aufweisen (Hurrelmann 1999, 21). Einen solchen Ansatz gilt es keineswegs zu überwinden, sondern – ganz im Gegenteil – reflektiert weiterzuentwickeln. Wenn insbesondere der Gefahr einer kurzschlüssigen Transformation von literaturwissenschaftlicher Erkenntnis in unterrichtspraktische Methodik vorgebeugt werden soll, muss hier die Literaturdidaktik eine starke Position einnehmen –

und diese auch ausbauen. Der Literaturdidaktik geht es somit um die theoretisch begründete „Antizipation, Konzeption und Reflexion des literarischen Lernens" (Bogdal 2012, Kap. VII).

Jenseits von Erwartungshaltungen an Dienstleistungen wie Lehrerfortbildungsangeboten, Lektüretipps und Ideen für praktikable Unterrichtsmethoden muss die Literaturdidaktik ihr disziplinäres Selbstverständnis immer wieder neu begründen. Dabei geht es auch um die „empirische Absicherung einer normativen Ausrichtung des Faches, von dem erwartet wird, dass es definiert, was auf welche Weise in den Schulen zum Lerngegenstand wird" (Dawidowski 2016a, 25). Die schulische Vermittlungssituation als praktisches Handlungsfeld der Ermittlung von Literatur ist somit heute nicht mehr der alleinige Forschungsbereich der Literaturdidaktik, auch wenn dies gelegentlich als Erwartungshaltung bei Lehramtsstudierenden oder Bildungspolitikern durchscheint.

4 Literaturdidaktik und Bildungswissenschaften

Ein weiteres Bezugsfeld der Literaturdidaktik sind die Bildungswissenschaften, die mit ihrem Einfluss auf bildungspolitische Entwicklungen Einfluss auf Lernprozesse zu nehmen suchen und Erkenntnisse der Lerntheorie und der pädagogischen Psychologie für den schulischen Kontext nutzbar machen wollen. Seit der PISA-Studie kann von einer Wiederentdeckung der Schule als Forschungsgebiet gesprochen werden. Die schulische Vermittlungssituation als praktisches Handlungsfeld sollte aber nicht als alleiniger Forschungsbereich der Literaturdidaktik bezeichnet werden (Dawidowski 2016a; Hallet 2017). Selbstverständlich darf auch die Literaturdidaktik nicht unabhängig vom jeweiligen Entwicklungsstand der Institution Schule gedacht werden und sie hat dabei auch eine konkrete Zielgruppe vor Augen, nämlich Schülerinnen und Schüler unterschiedlichen Alters. Bogdal weist in diesem Zusammenhang auf die Gefahr einer Verengung hin, wenn die Literaturdidaktik entweder in Richtung einer Methodenlehre oder ausschließlich als empirische Unterrichtsforschung konzipiert werde. Als bedeutsam für die Weiterentwicklung der Literaturdidaktik mag man aber auch die Integration von Lerntheorien in Bildungskonzepte ansehen, durch die eine Konkurrenz aus der nicht geisteswissenschaftlich-hermeneutischen Tradition erwuchs (Bogdal 2012, 25) und die etwa aus der Perspektive der Lernpsychologie und Kognitionsforschung am Lernverhalten unterschiedlicher Akteure interessiert ist. Dass sich daraus wiederum ein schwieriges Spannungsverhältnis für die Literaturdidaktik ergibt, ist nachvollziehbar. „Die Bildungstheorie geht von einem Primat der Didaktik und damit vom Gegenstandsbezug und von Bildungsinhalten aus" (Bogdal 2012, 25), im Gegensatz zu Lerntheorien, die konstatieren, „dass im Zusammenwirken der Faktoren, durch die Begabung zustande kommt und sich entwickelt, die richtig angelegten Lehr- und Lernprozesse selbst entscheidende Bedeutung besitzen" (Erdmann 1969, 6). Das Konfliktpotenzial ist hier insbesondere an der Diskussion um die Kompetenzorientierung festzumachen, aber auch an der Frage, inwieweit kognitivistische Ansätze zu einer inhaltlichen Reduktion von Bildungsinhalten führen können und ob literarische Bildung dabei letztlich auf Lesekompetenzförderung zurückgeführt wird (vgl. auch Abraham und Kepser 2016; Hochreiter et al. 2009).

Im Rahmen der Diskussionen um die Kompetenzorientierung bleibt aber fraglich, ob „die bloße Ablösung von Lernzielen durch Kompetenzen, die heute ein noch engeres Raster bilden, die grundsätzliche Problematik beseitigen kann" (Dawidowski 2016a, 24).

Kompromisse zwischen bildungs- und lerntheoretischen Ansätzen sind mittlerweile von einigen Autoren skizziert worden, so zum Beispiel von Spinner (1995), der Kognitionsforschung und Literaturdidaktik über die Forderung nach stärkerer Ganzheitlichkeit und Schülerzentriertheit miteinander in Verbindung bringt. Konzepte einer stärkeren Verknüpfung literarischer Bildung mit subjektabhängigem Erfahrungswissen werden auch bei Abraham (1998) mit dem Ziel entwickelt, ästhetische Bildung und Literaturunterricht zu verbinden. Dies wird nicht nur in deutschdidaktischen Publikationen, sondern auch in den literaturdidaktischen Arbeiten der Fremdsprachendidaktiken deutlich, die literarischästhetisches Lernen im Kontext der Bildungsstandards thematisieren und dabei die fremdsprachendidaktische Spezifik der Kommunikation mit dem Bildungsbegriff zu verbinden versuchen (Küster et al. 2015; Eisenmann et al. 2010; Nünning und Surkamp 2010).

5 Literaturdidaktik philologienübergreifend – Konzeption des Bandes

Wie alle in dieser Reihe veröffentlichten Bände ist auch der Band *Literaturdidaktik* philologienübergreifend konzipiert und führt mit Autoren aus der Germanistik, Anglistik, Romanistik und den Alten Sprachen verschiedene literaturdidaktische Disziplinen zusammen. Bei allen Unterschieden zwischen muttersprachlicher und fremdsprachlicher Didaktik steht dabei die Vermittlung von Literatur in ihren verschiedenen disziplinären und sprachlichen Kontexten im Vordergrund. Es wird deutlich, dass die Literaturdidaktik in vielfältigen Spannungsverhältnissen steht und sich disziplinär teilweise mit unterschiedlichen Akzentuierungen entwickelt, die für die Nachbarphilologien ebenfalls relevant sind.

Die Beiträge führen jeweils über eine historische Darstellung in die Thematik ein und versuchen, aus der notwendigerweise jeweils eigenen philologischen Perspektive auch Blicke auf übergreifende literaturdidaktische Fragestellungen zu werfen.

Der Band gliedert sich in vier Großkapitel, die exemplarisch ausgewählte Bereiche der Literaturdidaktik aufgreifen, nachzeichnen und auf unterschiedliche Philologien anwenden.

Der erste Teil, Historische Entwicklungslinien, widmet sich der Literaturdidaktik der Klassischen Philologien mit dem Beitrag „Geschichte des altsprachlichen Unterrichts" (Stefan Kipf). Die deutschdidaktische Perspektive wird im Kapitel „Literatur im Deutschunterricht des 19. und 20. Jahrhunderts" (Anja Ballis und Vesna Bjegac) entwickelt. Im Kapitel „Literaturdidaktik seit 1945 aus der Sicht der Fremdsprachendidaktik" (Carola Surkamp) wird mit Blick auf die Englischdidaktik die Perspektive einer modernen Fremdsprache eingebracht.

Im zweiten Teil des Bandes werden zentrale Fragestellungen diskutiert und jeweils auch mit Blick auf die historischen Entwicklungen dargestellt. Hier werden zunächst literaturdidaktische Aufgabenbereiche besprochen, die als konstitutiv für die Literaturdidaktik angesehen werden und in aktuelle Themenfelder einführen. Mit den Beiträgen „Ziele und Funktionen des Literaturunterrichts" (Ralf Weskamp) und „Literarische Sozialisation und literarisches Lernen" (Dieter Wrobel) werden zentrale literaturdidaktische Fragestellungen vorgestellt, die um drei weitere, aktuell viel diskutierte Bereiche ergänzt werden: „Literaturunterricht und Bildungsstandards" (Christiane Fäcke), „Ästhetische und ethische Bildung im Literaturunterricht" (Sabine Anselm) sowie „Hochschuldidaktische Aspekte der Vermittlung von Literatur" (Uwe Küchler).

Ein weiteres Unterkapitel widmet sich literarischen Gegenständen und Konzepten. Von übergreifendem Interesse sind dabei sowohl Aspekte, die den literarischen Kanon als auch die Literaturgeschichte betreffen. Die Beiträge „Kanondiskussion und Textauswahl" (Petra Kirchhoff) und „Didaktik der Literaturgeschichte" (Sigrid Thielking) beleuchten diese stärker gegenstandsbezogenen Fragestellungen.

Nun ist es aktuell zwar eher unüblich, Didaktiken gattungs- und genrespezifisch zu konzipieren, für das vorliegende Handbuch wurden dennoch ausgewählte exemplarische Bereiche aufgenommen, die – aus Sicht der jeweiligen Philologie – in insgesamt sechs Kapiteln entwickelt werden. Mit den Beiträgen „Lyrik im Sprachunterricht" (Engelbert Thaler), „Dramatische Texte im Literaturunterricht" (Maria Eisenmann) und „Romane und Erzählungen" (Renata Behrendt) wird so ein Zugang gewählt, der mit Blick auf literaturdidaktische Überlegungen auf die Vermittlung von Gattungstraditionen eingeht, ohne diese absolut zu setzen oder Inhaltsbezüge auszuklammern. Aus der Vielzahl der inhaltsbezogenen Konzepte wurden exemplarisch „Kinder- und Jugendliteratur" (Emer O'Sullivan und Dietmar Rösler), „Gegenwartsliteratur" (Jan Standke und Sebastian Bernhardt) und „Migrationsliteratur" (Heidi Rösch) aufgenommen, die ihrerseits jeweils auf sehr unterschiedliche Textformate und Gattungen verweisen.

Im dritten Teil werden interdisziplinäre Konzepte vorgestellt, die kultur- und medienwissenschaftlich verortet sind, so in den Beiträgen „Interkulturelle Literaturdidaktik" (Britta Freitag-Hild), „Intermedialität in der Literaturdidaktik" (Klaus Maiwald) und „Drama- und Theaterpädagogik als Wegbereiter einer performativen Literaturdidaktik" (Manfred Schewe). Aber auch größer angelegte interdisziplinäre Diskurse werden hier in den Blick genommen: „Literaturdidaktik in kulturwissenschaftlicher Perspektive" (Laurenz Volkmann), „Literaturdidaktik und Kulturökologie" (Berbeli Wanning), „Literaturdidaktik und *Gender Studies*" (Liesel Hermes) sowie „Empirische Literaturdidaktik" (Christian Dawidowski).

6 Literaturdidaktik im Kontext

Verstanden als eigenständige Disziplin mit empirischen Forschungsaufgaben, deren Gegenstandsbereiche die Rezeption, die analytische und die produktive Arbeit mit Texten umfassen, ist die Literaturdidaktik die Wissenschaft von der Vermittlung von Literatur. Nun ist auch sie als Disziplin immer im Kontext bildungspolitischer Diskurse angesiedelt und dabei in ständiger gesellschaftspolitischer Veränderung begriffen. Dies wird insbesondere da deutlich, wo der traditionelle Literaturkanon erweitert wird und kulturwissenschaftlich angelehnte Themen (vgl. Eisenmann et al. 2010; Fäcke 2006) und aktuelle Ansätze aufnimmt (Wanning und Grimm 2016; Rösch 2017). Hier entwickeln sich zunehmend auch Verbindungslinien zwischen den verschiedenen Philologien, zum Beispiel dort, wo sprachenübergreifende oder mehrsprachige Konzepte berührt werden (Ballis [i. Dr.]). Die Integration erfahrungs-, reflexions- und handlungswissenschaftlicher Elemente im Umgang mit unterschiedlichen Medientexten (Dawidowski 2016a; Hallet 2017) wird in jüngster Zeit immer wichtiger – insbesondere der Blick auf die Rolle der Digitalität für literaturdidaktische Bildung im Fachunterricht (Frederking et al. 2018). In ihrer Rolle als Integrationswissenschaft wird die Literaturdidaktik dabei nicht nur auf die Beobachtung der Institution Schule beschränkt bleiben (Bredel und Pieper 2015; Wrobel et al. 2017). Ausdifferenzierungen und

Erweiterungen der Literaturdidaktik – sowohl in Analogie zu Entwicklungen in den Literaturwissenschaften als auch in den Fachdidaktiken – sind unumgänglich. Sie beziehen sich einerseits auf die literarische Form in ihrer spezifischen Gestalt und Ästhetik und andererseits auf deren Einflüsse, die die Aufgabenfelder und ihre Vermittlung in privaten, institutionellen und historischen Dimensionen prägen.

II **Historische Entwicklungslinien**

Stefan Kipf
II.1 Geschichte des altsprachlichen Literaturunterrichts

1 Begriffsklärung

Die Didaktik des altsprachlichen Unterrichts arbeitete noch bis zu Beginn des 21. Jahrhunderts nicht mit dem Begriff der Literaturdidaktik: „Eine ausgeführte L[iteraturdidaktik] des LU [i. e. Lateinunterrichts] existiert noch nicht" (Nickel 2001, 194), da man die unterrichtliche Beschäftigung mit griechischer und lateinischer Originalliteratur bewusst nicht als Literatur-, sondern als Lektüreunterricht bezeichnet wissen wollte. Weil „das Ziel, antike Literatur zu vermitteln (im Extrem nur unter Verwendung von gedruckten Übersetzungen), [...] zu eng gesteckt" sei und der „Mehrdimensionalität des altsprachlichen Unterrichts nicht gerecht" werde, plädierte Friedrich Maier dafür, auf den Begriff Literaturunterricht zu verzichten. Er befürchtete nämlich durch einen möglichen Verzicht auf die Originallektüre ein erhebliches Legitimationsproblem, da das bloße „Bekanntmachen mit den wichtigsten Werken und Inhalten antiker Literatur auch von anderen Fächern mitübernommen werden kann" (Maier 1984, 99). Lektüreunterricht setze hingegen voraus, dass „die überlieferten Texte im Unterricht sowohl unter dem Gesichtspunkt der sprachlichen Gestalt wie auch unter dem des Inhalts behandelt werden. [...] Sprachbetrachtung und Literaturbegegnung sind die beiden gleich starken Säulen des altsprachlichen Lektüreunterrichts" (Maier 1984, 100). Zur Abgrenzung gegenüber anderen Fächern wurde daher bis in die jüngste Zeit zumeist von einer Didaktik des Lektüreunterrichts gesprochen. Zuerst verwendete Peter Kuhlmann (wohl in Anlehnung an den Deutsch- und Fremdsprachenunterricht) systematisch den Begriff „Lateinische Literaturdidaktik" (2010) synonym zum traditionellen Terminus Lektüredidaktik, ohne jedoch die terminologische Problematik und sich daraus ergebende inhaltliche Probleme zu thematisieren.

Diese spezifische Begrifflichkeit beruht auf dem in der Geschichte des altsprachlichen Unterrichts fest verankerten Schwerpunkt, nämlich dem Erschließen, Übersetzen und Interpretieren griechischer und lateinischer (Original-) Texte. Angesichts der daraus resultierenden, von den anderen Schulfächern und Didaktiken abweichenden Begriffsbildung scheint es sinnvoll, die Geschichte der fachdidaktischen Reflexion über den Umgang mit griechischen und lateinischen Texten nicht nur als Ideengeschichte humanistischer Bildung, sondern auch als Begriffsgeschichte didaktischer Nomenklatur anzulegen, um zum Kern dessen vorzudringen, was mit Elisabeth K. Paefgen (^{2}2006, VII) auch für den altsprachlichen Unterricht als „Theorie des Lehrens und Lernens von Literatur in Lernkontexten" bestimmt werden kann.

2 Lektüredidaktik im Humanismus: ad fontes mit verba et res

Didaktische Reflexionen über Ziele und Formen schulischer Bildung und den Unterricht bildeten einen bedeutenden und ungemein reichhaltigen Schwerpunkt humanistischer Diskurse des 15. und 16. Jahrhunderts: „Die Zahl der humanistischen Schriften über die Studienreform ist sehr beträchtlich. Es gibt wohl kaum einen unter den namhafteren Humanisten, der nicht Gelegenheit genommen hätte, sein Bildungsideal eines Gelehrten zu beschreiben und den Weg zu seiner Verwirklichung anzuzeigen" (Paulsen ³1919, 65). Dabei wurde didaktischen Überlegungen zum unterrichtlichen Umgang mit antiker Literatur breite Aufmerksamkeit gewidmet: „Das humanistische Bildungsprogramm beruht auf dem Glauben an die menschenformende Macht der antiken Autoren. Dabei wird Bildung als Selbstzweck und nicht mehr wie im Mittelalter als Vorbereitung auf die transzendente Sinnerfüllung des irdischen Lebens verstanden; m. a. W.: für den Humanismus stellt der gebildete Mensch als solcher das Bildungsziel dar" (Buck 1987, 154; vgl.). Durch die sogenannten *studia humanitatis*, also durch die Beschäftigung mit Grammatik, Rhetorik, Geschichte, Dichtkunst und Moralphilosophie sollten die Menschen und mit ihnen die Gesellschaft verbessert werden. Die antiken literarischen Texte stellten ein stilistisches Vorbild dar, dem man durch intensive *imitatio* nachzueifern hatte, und galten darüber hinaus auch als normgebend für das eigene Verhalten, wobei „sprachliche Schulung und Sachwissen, Gewandtheit im Umgang mit Wort und Schrift und lebenspraktische Einsicht, Eloquenz und Philosophie" eine Einheit bildeten. Dahinter stand die Idee, dass der Mensch seine Kapazitäten nur dann ausschöpfe, „wenn er in gleicher Weise seine sprachlichen wie seine geistigen Fähigkeiten auszubilden bestrebt ist. Verfeinerte Sprachkultur und hohes intellektuelles Bildungsniveau sind dabei eng aufeinander bezogen und finden ihren Ausdruck in einem praktischen Verhaltensstil, in dem sich die Fähigkeit zu einer literarisch und oratorisch erfolgreichen Kommunikation mit urbaner Geistigkeit und untadeliger moralischer Gesinnung verbindet" (Landfester 1972, 62). Die antike Literatur sollte dazu beitragen, den Menschen im Sinne der römischen *humanitas* zu dem zu machen, was den Menschen im eigentlichen Sinne zum Menschen macht.

Didaktische Schriften zum altsprachlichen Unterricht sind Teil eines neuen, von den Humanisten etablierten Literaturzweiges, den Friedrich Paulsen etwas unscharf als „Gymnasialpädagogik" (³1919, 64) bezeichnet. Einen exemplarischen Einblick in diesen überaus reichhaltigen didaktischen Diskurs (vgl. Paulsen ³1919, 64–70) liefert die von Erasmus von Rotterdam im Jahr 1511 vorgelegte Programmschrift *De ratione studii ac legendi interpretandique auctores*, von der Paulsen bemerkte, dass sie nicht nur die Summe der „Gymnasialpädagogik" des Erasmus, sondern des gesamten deutschen Humanismus wiedergebe (vgl. Paulsen ³1919, 68). „Man kann sie als das Programm ansehen, an dessen Verwirklichung das folgende Jahrhundert arbeitet" (Paulsen ³1919, 68). Gleichwohl war Erasmus in diesem Bereich kein „originaler Denker" und zeigte sich „seinen Quellen verpflichtet: den antiken wie Quintilian und (Pseudo-)Plutarch, den zeitgenössischen wie Maffeo Veggio" (Fuhrmann 2001, 38; ausführlich zu Erasmus' Quellen Erasmus 1511, 102–108.) Gleichwohl gelang es Erasmus, die öffentliche Diskussion maßgeblich und langfristig zu beeinflussen; so erreichte *De ratione studii* bis ins 18. Jahrhundert hinein circa 90 Auflagen (vgl. Fuhrmann 2001, 38) und wurde bis ins 20. Jahrhundert vielfach übersetzt (vgl. Erasmus 1511, 89–102). In enger Anlehnung an den Römer Quintilian und dessen *Institutio oratoria* entfaltete Erasmus Gedanken, die als typenbildende Ideologeme die didaktische Reflexion über den unterrichtlichen Umgang mit antiker Literatur bis in die Gegenwart nachhaltig prägen sollten: Die kleine Schrift steckt *in nuce* den Rahmen für den didaktischen und auch methodischen Umgang mit antiker Literatur bis in die Gegenwart ab. Die zentralen Thesen Erasmus' und deren Rezeption sollen im Folgenden näher beleuchtet werden:

(1) Die Beschäftigung mit lateinischer und griechischer Literatur ist stets Lektüreunterricht, das heißt, sie ist an die aktive Auseinandersetzung mit der lateinischen beziehungsweise griechischen Sprache gebunden und dient der Herstellung, Vertiefung und Anwendung einer differenzierten, zum aktiven mündlichen und schriftlichen Gebrauch bestimmten Sprachkompetenz im Lateinischen und Griechischen, die man sich „am besten durch Unterhaltung mit richtig Sprechenden [erwerben soll], namentlich aber durch fleißiges Lesen guter Schriftsteller, [...] die neben einem durchaus fehlerfreien Stil einen die Schüler anziehenden Inhalt bieten" (Erasmus 1511, 115). Lesen (lat. *lectio*) ist somit nicht Selbstzweck: „Die Lektüre der Autoren bietet *exempla*, Musterbeispiele jeder Art schriftstellerischer Darstellung; der Unterricht zeigt an ihnen die Bedeutung der Regeln, der grammatisch-stilistischen wie der poetisch-rhetorischen. [...] Die *imitatio* endlich ist das Ziel des ganzen Unterrichts: der Schüler übt sich [...] mit dem Material, das ihm die Lektüre zuführt, ähnliche Kunstwerke der Rede zu komponieren, als die klassischen Autoren sie darbieten" (Paulsen ³1919, 345). Höhepunkt des Unterrichts ist das Verfassen poetischer Texte in lateinischer und griechischer Sprache (vgl. Paulsen ³1919, 360–363). Um das leisten zu können, müssen fremdsprachliche, das heißt lateinische und griechische Texte natürlich, also quasi mutter-

sprachlich, gelesen werden können. Ziel der Autorenlektüre ist daher nicht das Übersetzen aus der Fremdsprache ins Deutsche.

Diese didaktische Schwerpunktsetzung hatte nicht zuletzt praktische Gründe: Latein war in der Epoche des Humanismus das entscheidende internationale Kommunikationsmedium und an den Schulen (in den oberen Klassen) und Universitäten Unterrichtssprache, während die Nationalsprachen in diesem Zusammenhang noch weitgehend bedeutungslos blieben. „Deutsch kommt in dieser Schule gar nicht vor; es wird nicht einmal deutsch lesen und schreiben gelernt" (Paulsen ³1919, 281). Die der *imitatio* dienende Funktion literarischer Texte findet sich dementsprechend auch bei anderen Humanisten. Bereits Friedrich August Eckstein (1810–1885), unter anderem prominenter Schulleiter der Leipziger Schola Thomana, verweist zum Beispiel auf Melanchthons Standpunkt, dass im Lateinunterricht die „Lektüre […] vorzugsweise den Stilübungen dienen" (Eckstein 1887, 88) müsse. Ziel des Unterrichts sei die „Eloquenz, d. h. die Fähigkeit des sprachrichtigen, logisch durchsichtigen und sachkundigen Vortrags, natürlich in der gelehrten Sprache" (Paulsen ³1919, 214). Analog zum Lateinunterricht galt das Ideal der *imitatio* auch für den Griechischunterricht, „als ob es das Ziel gewesen wäre, griechisch reden und schreiben zu lehren" (Paulsen ³1919, 375).

(2) Didaktische Reflexion bedeutet für Erasmus immer Nachdenken über den Umgang mit ausschließlich originalen Texten: Lateinische und griechische Literatur muss daher im Original gelesen werden, man müsse zu den antiken Quellen selbst eilen, „ad fontes ipsos properandum" (Erasmus 1511, 120). Erasmus ist hierbei dem Motto *ad fontes* verpflichtet, das die Grundlage der humanistischen Bildungsbewegung des 15. und 16. Jahrhunderts darstellte: „Humanisten wie Reformatoren", so Manfred Fuhrmann, „drängte es zu den Quellen, den originalen Texten ihrer Verehrung und ihres Glaubens; die einen wie die anderen konnten an der auf das Lateinische beschränkten Kultur des Mittelalters kein Genüge mehr finden, und so teilten sie die Überzeugung, dass der Gebildete auch das Griechische, ja selbst das Hebräische kennen müsse" (Fuhrmann 2001, 47).

(3) Didaktische Reflexion über den Umgang mit Literatur darf sich nach Erasmus nicht allein auf die Sprache beschränken. Um einer einseitig auf sprachliche Ziele beschränkten Lektüre vorzubeugen, müssen *verba et res* eine enge Verbindung eingehen, da für Erasmus alle Kenntnis zweifacher Art ist; sie besteht aus „Wort- und Sachkenntnis. Die Wortkenntnis muß vorangehen, die Sachkenntnis ist die wichtigere." – „[C]ognitio […] verborum prior, rerum potior" (Erasmus 1511, 113; Übersetzung von Gail 1963, 30). Durch die *lectio* der lateinischen und griechischen Originale solle auch das Verständnis der *res* gefördert werden. „Denn woher endlich", fragt Erasmus, „dürfte man wohl (die wissenschaftliche Kenntnis) reiner, schneller und angenehmer schöpfen als aus den Quellen selbst" (1511, 116; übers. von Gail 1963, 32)? Dieser Standpunkt war bei den Humanisten

weit verbreitet, Paulsen nennt in diesem Zusammenhang Agricola, Wimpfeling, Melanchthon, Sturm und Neander (vgl. Paulsen ³1919, 347).

Die Vermittlung der *res* durch den Lehrer soll nach einer festen Methodik (*ratio*) erfolgen, die Erasmus am Beispiel der Komödien des Terenz konkretisiert: „[S]o gebe man zuerst eine kurze Darstellung der Lebensumstände, des Dichtertalentes und der gewählten Schreibweise des Autors: alsdann spreche man von dem Vergnügen und Nutzen, welches das Lesen der Lustspiele gewährt." Schließlich gebe man eine knappe „Übersicht über den Inhalt des Stückes, zeige genau den Charakter der Dichtung, gebe eine allgemeine Einteilung derselben und gehe dann zu einer näheren Besprechung des Einzelnen vor", das heißt derjenigen ungewöhnlicher Wortbildungen oder syntaktischer Eigenheiten, übrigens unter Berücksichtigung verwandter griechischer Quellen. Den Schluss bildet dann eine pädagogische Auswertung, indem man zur „philosophischen Betrachtung des Ganzen" übergeht, welche „die moralische Bedeutung der dichterischen Erzählung" darstellt oder sie „als Muster" präsentiert (Erasmus 1511, 137; bei Gail 1963, 41–42).

(4) Exemplarisch für den gesamten Humanismus offenbaren Erasmus' didaktische Reflexionen einen festen Glauben an die unmittelbar wirksame, das heißt gegenwartsbezogene pädagogische Kraft der antiken Autoren, die in dem ihm zugeschriebenen Satz „lectio transit in mores" (wohl nach Quintilianus I 11,2, vgl. Kipf 2005, 59, Anm. 11) zusammengefasst wird. Die Schüler sollen durch die Literatur lernen, sich selbstständig und verantwortlich mit Fragen und Problemen ihrer Gegenwart auseinanderzusetzen. Auf diese Weise sollen die literarischen Texte den Wertehaushalt der Schüler prägen. Folgerichtig gehört hierzu auch eine philosophische Betrachtung (vgl. Erasmus 1511, 138) und moralische Ausdeutung der Texte. Indem die Schüler auf Vorzüge und Nachteile der Schriftsteller hingewiesen werden, sollen sie sich schließlich an ein selbstständiges Urteil gewöhnen (vgl. Erasmus 1511, 144).

(5) Didaktische Reflexion zum Umgang mit antiker Literatur im Unterricht beruht für Erasmus und die Humanisten insgesamt stets auf einem literarischen Kanon sprachlich und inhaltlich herausragender, freilich nicht ausschließlich klassischer Autoren, um die hochgesteckten sprachlichen wie inhaltlichen Ziele erreichen zu können. Die Auswahl der Autoren ist daher „auf den unmittelbaren Gebrauch gerichtet. Es handelt sich darum, aus dem Schriftsteller zu lernen, was und wie man reden müsse" (Paulsen ³1919, 347). Im Griechischen sind dies der klassisches Attisch schreibende Satiriker Lukian aus dem 2. Jahrhundert, der prominenteste griechische Rhetor Demosthenes sowie Herodot, der ‚Vater der Geschichtsschreibung', der zwar ionisch schrieb, aber als historischer Erzähler und Stilist geschätzt wurde (vgl. Kipf 1999, 23–24). Ferner der scharfzüngige Komödiendichter Aristophanes, Homer, das neuhumanistische Originalgenie schlechthin, und der Tragöde Euripides. Bei den lateinischen Autoren handelt es sich

um die Klassiker Cicero, Caesar und unter Umständen Sallust, von den Dichtern kommen Plautus beziehungsweise Terenz, und zwar als Vorbilder für den praktischen Sprachgebrauch des Lateinischen, sowie die augusteischen Dichter Vergil und Horaz hinzu. Eine ähnliche Vorgehensweise findet sich auch bei anderen Humanisten: So sieht Melanchthon ebenfalls in der Lektüre der besten Autoren die entscheidende Voraussetzung für eine erfolgreiche Vervollkommnung der sprachlichen Fähigkeiten, plädiert für einen quantitativ eingeschränkten Kanon und will Beliebigkeit „vom Jugendunterricht ferngehalten wissen. [...] Er ist deshalb für einen nicht allzu reichen Kanon der Lektüre; aber die wenigen gelesenen Schriftsteller müssen ganz das Eigentum des Schülers werden" (Hartfelder 1883, 225).

Tatsächlich war die Zahl der von den Humanisten geschätzten Autoren recht überschaubar, beschränkte sich jedoch nicht nur auf die klassische Zeit, sondern umfasste im Lateinunterricht ein Spektrum von archaischem Alt- bis zu zeitgenössischem Neulatein. So konzentriert sich der Lektüreunterricht an der von Melanchthon 1528 erarbeiteten Kursächsischen Schulordnung auf Texte mit moralisch und rhetorisch verwertbaren Inhalten. Die vulgärethischen *Disticha Catonis* bestimmen die Lektüre in der ersten Klasse; in der zweiten schließen sich Texte an, die die aktive Sprachkompetenz und die Werte der Schüler positiv beeinflussen sollen, nämlich die *Colloquia familiaria* des Erasmus sowie die Komödiendichter Terenz und Plautus. In der dritten Stufe folgen die Klassiker der goldenen Latinität: Vergil, Ovids Metamorphosen (ansonsten nur selten selten) und Ciceros *De officiis* oder *Epistulae ad familiares* (vgl. Heusinger 1967, 83–86; vgl. den vielfätigen Sammelband von Korenjak/Schaffenrath (2010)).

Die Humanisten wirken in der didaktischen Tradition des römischen Rhetoriklehrers Quintilian (1. Jh. n. Chr.), der eine umfangreiche Lektüre herausragender Autoren ebenfalls als unverzichtbare Voraussetzung für den sprachlich voll ausgebildeten und somit erfolgreichen Redner betrachtete (vgl. Kipf 2001, 51–52). In enger Anlehnung an den „Didaktiker unter den Rhetoren" (Messer 1897, 163) bildet der Kanon für den humanistischen Unterricht das zentrale didaktische Modell, und zwar als Richtschnur des Wissenserwerbs, als strukturgebende, Verbindlichkeit und qualitätssichernde Orientierungshilfe. Der Kanon bestimmt hier dasjenige, was Heinz-Elmar Tenorth später zu Recht als „bewahrenswerten Kern – an Wissen und Können, Fertigkeiten und Kompetenzen, Erfahrung und Habitus – [...]" bezeichnet hat, „den eine Gesellschaft als ihre ‚Kultur' vor der Zeitlichkeit und dem Vergessen bewahren will" (Tenorth 1994, 13). Vom Lehrer hingegen fordert Erasmus, dass er weitaus mehr als die genannten Schulautoren beherrsche, er müsse nämlich auf allen Gebieten, wie Philosophie, Theologie oder Mythologie, bewandert sein. Didaktische Reflexionsfähigkeit erfordert somit den gewissenhaften und fachlich exzellent ausgebildeten Lehrer („diligens et eruditus [...] praeceptor", Erasmus 1511, 146).

In *De ratione studii* wird beispielhaft nicht nur ein zeitgenössisch spezifiziertes, sondern auch ein epochenübergreifend einflussreiches Modell didaktischer Reflexion über den Unterricht mit antiker Literatur beschrieben: Als Voraussetzung für alle Bildungsziele fungiert die lateinische beziehungsweise griechische Sprache; Lektüre bedarf der Auseinandersetzung mit der Fremdsprache, hier noch als weitgehend natürliches Lesen gedacht, das vor allem der Optimierung der aktiven Sprachkenntnisse in der Bildungs- und Kommunikationssprache Latein diente. Grundlage dieser Lektüre bildet ein Kanon zentraler, das heißt sprachlich und inhaltlich als hochwertig anerkannter Texte, durch den zugleich eine historisch-kulturelle und vor allem persönlichkeitsbildende Auseinandersetzung ermöglicht werden soll, damit das gebildete Individuum positiven Einfluss auf die Entwicklung der Gesellschaft nehmen kann. Auf diese Weise beansprucht man für den altsprachlichen Unterricht bedeutende Transferleistungen als universell wirksames, dezidiert humanistisches Bildungskonzept.

3 Lektüredidaktik im Neuhumanismus: Allgemeine Menschenbildung durch das Wahre, Schöne und Gute

Seit Ende des 16. Jahrhunderts verloren die Bildungsideale des Humanismus spürbar an Einfluss: Die „protestantische Orthodoxie und der Reformkatholizismus" (Buck 1987, 289) bevorzugten eine religiöse Erziehung, die antiken Texte bildeten dabei nur ein Mittel zum Zweck, die aufstrebenden Nationalsprachen und die sich entwickelnden Naturwissenschaften machten der Antike ihre führende Position streitig. Diese gewandelte Situation führte zu einer Stagnation in Theorie und Praxis des altsprachlichen Unterrichts. Dies änderte sich seit der ersten Hälfte des 18. Jahrhunderts: In den sich entwickelnden Bildungskonzepten des Neuhumanismus spielte die didaktische Reflexion über den Umgang mit griechischer und lateinischer Literatur wieder eine zentrale Rolle. Dabei zeigten sich jedoch bedeutsame Unterschiede gegenüber dem 15. und 16. Jahrhundert: „Der alte Humanismus betrieb den Unterricht in den alten Sprachen in dem Sinn, daß die Schüler dadurch zur Fortsetzung der alten Literatur befähigt werden sollten: durch lange geübte Imitation wollte man erreichen, in Sprache, Form und Sinn der Alten zu reden, zu dichten und zu philosophieren" (Paulsen ³1921, 22). Diese Zielsetzung stellte jedoch einen Anachronismus dar, da das Lateinische seine Rolle als internationale Kommunikationssprache weitgehend eingebüßt hatte. Auf diese Weise erstarrten Didaktik und Unterricht in einem sprachlichen Formalismus, der im überholten Ideal der *imitatio* den Kontakt zur

Wirklichkeit eingebüßt hatte. Die Auseinandersetzung mit der antiken Literatur wurde dadurch didaktisch nachhaltig entwertet und „erschien als eine ziemlich überflüssige Zugabe, die bloß dem einen und andern Gelehrten als Fundgrube für polyhistorischen Sammelfleiß diente" (Paulsen ³1921, 22).

Durch den sogenannten Neuhumanismus wurden didaktische Argumentationslinien in Bezug auf den Literaturunterricht neu justiert. Grundsätzlich verbindet der Neuhumanismus die besondere Liebe zum Griechischen und eine als vorbildlich verstandene Antike „mit einem anthropologisch fundierten Bildungskonzept, dessen höchstes Ziel in der durch literarisch-ästhetisch-historische Bildung voll entfalteten Individualität des schönen und guten Menschen liegt". Im Gegensatz zum Humanismus der Renaissance existiert das „ausgeprägte Bedürfnis, die Beschäftigung mit der Antike [...] philosophisch zu legitimieren und [...] in den Fachwissenschaften der Altertumskunde zu institutionalisieren. Der Neuhumanismus betont die Ausbildung der formalen, sprachlichen Seite, wobei den handwerklichen, praktischen Fertigkeiten ein tendenziell geringerer Stellenwert beigemessen wird" (Schauer 2005, 36).

Unter diesen Voraussetzungen konnte bereits ein Vertreter des frühen Neuhumanismus wie Johann Matthias Gesner (1691–1761) feststellen, dass die Lektüre nicht mehr „zu lateinischen und griechischen Imitationen anleiten, sondern Urteil und Geschmack, Geist und Einsicht bilden und dadurch die Fähigkeit selbstständiger Produktion in der eigenen Sprache nähren" (Paulsen ³1921, 17) solle. Damit steht bei der Lektüre, die von Gesner erstmals in kursorische und statarische differenziert wird (vgl. Eckstein 1887, 109; Paulsen ³1921, 23), nun die Übersetzung ins Deutsche im Mittelpunkt, lateinische Nachahmung hatte nur noch eine ihr dienende Funktion, „weil das Ausüben das beste Mittel zum Verstehen abgiebt, und das Vergnügen der Nachahmung eines schon bekannten Stoffs, die Arbeit des Übersetzens erleichtert und versüsst" (Schelle 1804, 18). Alles andere konnte nur noch als „eine todte unfruchtbare Kenntnis der Alten" (Schelle 1804, VIII) begriffen werden.

Dabei wird dann die Übersetzungsmethodik zur zentralen methodischen Herausforderung „der Lektür" (Pauli 1799, 118). Dieser Teil des Unterrichts, der als „Exponiren" bezeichnet wird, kann auf unterschiedliche Art erfolgen: „Von Zeit zu Zeit [...] lese der Lehrer selbst das ganze Lesestück in angemessenem Tone vor, und dann die Uebersetzung. So wird den Schülern ein Muster gegeben zur Nacheiferung [...] – Nun werden einige der geschickteren Schüler aufgerufen; jeder soll seinen beträchtlichen Theil des ganzen Pensi, dem gegebenen Muster gemäß ablesen, und die Verdeutschung hersagen." Auch die schwächeren Schüler könnten sich erfolgreich am Unterricht beteiligen: „Die ungeschickteren haben dann theils, was ihnen so vorgearbeitet worden, wieder nachzuarbeiten, theils sogleich diejenigen Perioden, die ihnen weniger Mühe machen, zu übernehmen" (Pauli 1799, 120). In der Regel sollten die Schüler jedoch in der Lage sein, den Text ohne die Hilfe des Lehrers zu exponieren. Schließlich besteht die Möglichkeit, dass der Lehrer bei schwereren Stellen Hilfen gibt, „was die Verdeutschung zu erleichtern dient; und nun geht es an, [...] die Schüler nach der Reihe, jeden einige Perioden, lesen und verdeutschen zu lassen" (Pauli 1799, 121).

Lektüre bedeutet nunmehr, einen Text lateinisch laut vorzulesen und dann zu „verdeutschen", das heißt zu übersetzen. Dass dabei von „Verdeutschung" gesprochen wird, zeigt den didaktischen und methodischen Paradigmenwechsel gegenüber dem Humanismus der frühen Neuzeit besonders deutlich: Deutsch ist nun Unterrichts- und Zielsprache. Dabei wird dann zwar noch an die Tradition der *imitatio* angeknüpft, nun aber bezogen auf die vom Lehrer vorgelegte Verdeutschung, die es als Muster nachzuahmen gilt. Die philologische, also wissenschaftlichen Ansprüchen genügende Übersetzung aus der Fremd- in die Muttersprache stellt somit die zentrale Zielleistung des altsprachlichen Unterrichts dar, mit der formal-wissenschaftspropädeutische Bildungsziele als anspruchsvolle didaktische Transferleistungen verknüpft werden. Dieses didaktische Gemeingut findet seine typische Ausprägung in einem Statement wie dem folgenden: „Deshalb muss man sich bei der Lesung der Schriftsteller nicht angelegentlicher als die genaueste und sorgfältigste Erwägung des Einzelnen empfohlen seyn lassen, und sich nicht damit begnügen, daß der Schüler nur im Allgemeinen den Sinn errathe [...] vielmehr muß die gesamte Aufmerksamkeit des Lehrers darauf gerichtet seyn, daß der Schüler jeden Ausdruck, jeden Satz, jede Periode scharf und bestimmt auffasse." Im Unterricht muss der Schüler stets „auf die Gliederung der Sätze und die kleineren Gelenke" achten, „damit sich in ihm [...] schon früh auch jene wissenschaftliche Gewissenhaftigkeit entwickele, ohne welche überall nicht gründliches geleistet werden kann, und er zu der Überzeugung gelange, daß es im wissenschaftlichen Gebiete so wenig wie im sittlichen Kleinigkeiten gebe, sondern daß alles [...] eine innere Bedeutung hat [...]" (Spilleke 1821, 50).

In diesem Zusammenhang wird das den altsprachlichen Unterricht bis heute prägende lehrerzentrierte, sich entwickeln lassende Unterrichtsgespräch als Paradigma festgelegt, bei dem um die beste deutsche Übersetzung gerungen wird, „worinn die Schwierigkeiten, die Dunkelheit, liege – ob es wohl so könne verstanden, übersetzt werden – was der lat. Ausdruck etwa noch weiter in sich fasse, wie sich das im Deutschen noch ausdrücken, ersetzen lasse. [...] Schwerere Wörter und Redensarten zu entwickeln, den Schüler auf ihr genaues Verständnis und ihre angemessene Verdeutschung zu führen, ist die Regel der Methode" (Pauli 1799, 124–125). Mit dieser Form der Lektüre wird dann die „Interpretation" verbunden, d.h. die „Erklärung und Behandlung des Sachinhalts, als die Entwicklung des Ausdrucks, die Beleuchtung der Sprache und der Kunst des Schriftstellers" (Pauli 1799, 121–122).

Diese philologisch-wissenschaftspropädeutisch determinierte Zielsetzung des als Lektüre bezeichneten Unterrichts wurde durch die Entwicklung der Altertumsstudien zu einer disziplinär definierten klassischen Altertumswissenschaft nachhaltig begünstigt (z. B. Paulsen ³1921, 9–43 und 210–229; Fuhrmann 2001, 128–135) und benötigte daher eine ebenso sorgfältige didaktisch-methodische (fast schon wissenschaftliche) Grundlegung, um die hermeneutische Lücke zwischen Fachwissenschaft und Unterrichtspraxis zu schließen. Daher kann es nicht verwundern, dass gegen Ende des 18. Jahrhunderts zum Teil umfangreiche Schriften vorgelegt wurden, um diese offensichtlich vorhandene Lücke zu schließen. Dabei wurde zunächst Wert auf die Entfaltung einer unterrichtspraktisch unmittelbar verwertbaren Methodik gelegt. So publizierte der in Ludwigsburg geborene, als Hofmeister, Privatgelehrter und Pfarrer tätige August Friedrich Pauli (1756–1818) seit 1785 in drei Bänden den neuartigen „Versuch einer vollständigen Methodologie für den gesammten Kursus der öffentlichen Unterweisung in der lateinischen Sprache und Literatur", wobei der gesamte dritte Band der „Unterweisung in der lateinischen Literatur" gewidmet ist. Wenn man Pauli glauben darf, handelt es sich um das erste Regelwerk, das den Lateinunterricht in seiner Gesamtheit (inklusive einer Unterrichtsgeschichte seit der Antike) umfasst: „Die speciellen Regeln der Behandlung des lateinischen Unterrichts sind in so mancherley Schriften [...] zerstreut. Wir haben bisher noch kein Buch, in welchem sie gesammelt, und ein ausführliches Ganzes der Methode entworfen wäre" (Pauli 1785, XVI–XVII). Pauli offenbart bei seinen Ausführungen ein nicht unerhebliches Selbst- und Sendungsbewusstsein, um mittels seiner „detaillierten Methodenlehre" (1785, XVIII) einem grundlegenden Problem der Lehrerbildung abzuhelfen: „Philologische Kenntnisse und fertige Einsicht in den Gang der Methode sind zwey ganz verschiedene Dinge. Man kann jene besitzen, und gleichwol in der Lehrkunst gänzlich unerfahren seyn" (Pauli 1785, V). Unterrichtserfolg ist somit nicht allein auf fachlicher Grundlage möglich, sondern setzt eine professionelle methodische Expertise voraus. Im letzten Band legt er dar, „welchen Nuzen [...] der Liebhaber der lateinischen Literatur, und der reifende Jüngling aus der Methodenlehre [...] ziehen" kann (Pauli 1785, XVIII).

Auf der Basis einer methodisch derartig abgesicherten Lektüre soll dann das neuhumanistische Paradigma der „allgemeinen Bildung des Menschen" verwirklicht werden, bei der es nicht darum geht, „bestimmte Kenntnisse zu sammeln, als vielmehr, den Geist zu üben". Diese Übung trägt ihren Zweck in sich selbst und soll den Schüler „für die höhere Welt des Geistes" (Niethammer 1808, 76–77) bilden. In einem neuhumanistisch ausgerichteten Unterricht sind daher Kenntnisse „die Ideen des Wahren, Guten und Schönen; denn es ist die Hauptaufgabe der Erziehung, bei dem Kinde einen solchen Grund jener Bildung in Ideen zu legen, daß es [...] jene Bildung der Humanität, die eigentliche Menschenbildung, seinem Geiste so tief eingeprägt mit sich nehme, daß sie [...] unvertilgbar [...] bleibe" (Niethammer 1808, 80). Noch stärker als bei den Humanisten der frühen Neuzeit wird daher die Ausrichtung an einer klassischen Textnorm gewichtet: Sie müssen eine „classische Form" haben und können daher nur aus der Antike stammen, in der „unläugbar wahre Classicität in allen Arten der Darstellung des Wahren, Guten und Schönen in ihrer größten Vollendung nur bei den classischen Nationen des Alterthums angetroffen wird" (Niethammer 1808, 81). Auch hier wirkte die vom Neuhumanismus vorangetriebene Verwissenschaftlichung der Antikestudien zur klassischen Altertumswissenschaft, da sich in der Antikenrezeption der Klassizismus als ‚Dominante' durchgesetzt hatte. „Dabei stabilisierte und verstärkte der literarische Klassizismus in Weimar-Jena die klassizistische Antikerezeption, namentlich an der Universität Halle durch Wolf und an den Berliner Gymnasien durch ihre Leiter und eine neue Generation von Lehrern" (Landfester 2006, 25–26).

Diese programmatische Neuorientierung führte zu einer konsequenten Beschränkung des Literaturkanons auf die „Geisteswerke der Alten [...], welche als Produkte reinmenschlicher Bestrebungen, keinen bloß äußern, relativen Werth haben, sondern ihren innern, unbedingten Werth in sich selbst tragen. Nur relativen Werth hätten z. B. die Schriften von Cato, Varro, Columella über den Landbau. [...] Aber Werke der Alten, die das Wahre, Gute und Schöne zum unmittelbaren Gegenstande haben [...], lassen sich auf keinen höhern Zweck beziehn; sie sind alle Gegenstände eines unbedingten Strebens, (des Wahren, Guten und Schönen) und tragen also ihren Zweck in sich selbst" (Schelle 1804, 7–8). Die Folgen dieses Paradigmenwechsels für den altsprachlichen Unterricht waren unübersehbar, wie man im Bereich des Griechischunterrichts exemplarisch am Beispiel der Berliner Gymnasien für den Zeitraum von 1780 bis 1821 nachvollziehen kann (vgl. Kipf 2006a). So wurde das noch im ausgehenden 18. Jahrhundert „vielfältige Lektüreprogramm mit Autoren aus archaischer Zeit, Klassik und Hellenismus auf einen Lektürekanon verengt, für dessen Zusammensetzung weniger Sachbezogenheit oder Kindgemäßheit der Texte als vielmehr das Stilvorbild der attischen Sprache und die künstlerische Klassizität der Autoren ausschlaggebend waren. Nicht mehr Aesop, Theokrit oder Lukian stehen seit dieser Zeit im Vordergrund des griechischen Lektüreunterrichts, sondern Xenophon, Homer, Sophokles und Platon. Diese Entwicklung führte zu Traditionsverlusten, die Manfred Fuhrmann [1995] eingehend für den Lateinunterricht beschrieben hat" (Kipf 2006a, 184).

Die Bedeutsamkeit dieser klassizistischen Neuausrichtung des Autorenkanons spiegelt sich dezidiert in der didaktischen Fachliteratur. Besonders aufschlussreich ist hierfür die zweibändige Monografie *Welche alte klassische Autoren, wie, in welcher Folge und Verbindung mit andern Studien soll man sie auf Schulen lesen?*

(1804) von Karl Gottlob Schelle (geb. 1777), der mit seinem neuhumanistischen Konzept dem Verfall des altsprachlichen Unterrichts entgegenwirken wollte. Sein didaktisches Interesse strebt nach der Vermittlung einer allgemeinmenschlichen Bildung, und zwar auf der Grundlage literarischer Werke aus der Antike, „welche das Wahre, Gute und Schöne sich unmittelbar zum Zweck setzen und den Geist nur in der Stimmung für Wahrheit, Sittlichkeit und Schönheit, mit dem Höchsten, was es für den Menschen, als ein vernünftiges Wesen giebt, beschäftigen" (Schelle 1804, 19). Schelle bietet kaum unterrichtspraktisch-methodische Hilfen, sondern reflektiert didaktisch über passende und unpassende Autoren, wie man am Beispiel des griechischen Historikers Herodot erkennen kann (vgl. Kipf 1999, 54–56). Schelle zeigt das typisch neuhumanistische Zusammenspiel von sprachlicher Qualität und allgemein menschlicher Bildungswirkung. So lobt er Herodot wegen seiner sprachlichen und stilistischen Vorzüge, indem er ihn mit Homer vergleicht: „Wie Homer, stellt Herodot alles in sinnlicher Wahrheit anschaulich dar; [...] beyde singen [...] ihre Gegenstände in der ruhig sich ausbreitenden epischen Form, die Herodot auch wie Homer durch eine mittlere, vermittelst einer schönen Stellung der Worte über das Gemeine gehobene Sprache erreicht [...]" (Schelle 1804, 260–261). Den zentralen Bildungswert des Historikers Herodots sieht Schelle in dessen Beitrag zur allgemeinmenschlichen Bildung: „Aber die Geschichte als Gattung hat einen solch unabhängigen Werth. [...] Es mahlt sich ihnen [...] das Bild der Menschheit. Sie (= die Historiker) gewähren ein reinmenschliches Interesse, indem sie den Menschen im Einzelnen und im Ganzen seiner Entwickelung zeigen" (Schelle 1804, 158). Sein Werk stelle nämlich „eine lebendige Reproduktion des Lebens" (Schelle 1804, 289) dar und vermittle dadurch tiefere Einsichten in die menschliche Existenz. Hierzu zählt er Herodots religiöse Geschichtsdeutung, bei der die Hinfälligkeit menschlichen Lebens im Mittelpunkt steht. Zudem sei „der große Nationalsieg der Hellenen über die persische Macht" (Schelle 1804, 288) bildend, da er allgemeinen Vorbildcharakter hinsichtlich der von den Griechen gezeigten nationalen Tugenden habe.

In ähnlicher Weise argumentiert der Berliner Schulmann August Spilleke, Schulleiter des Friedrich-Wilhelms-Gymnasiums, in Bezug auf den Umgang mit Homer. Der zu wählende Autor muss nach Spilleke als „Repräsentant eines Ganzen angesehen werden" (Spilleke 1821, 48), aus dem dann entsprechende fachbezogene und darüber hinausgehende Bildungsziele abgeleitet werden: Homer solle man daher „sowohl in Beziehung auf die Sprache als auf die Sachen" lesen. Dadurch gehe dem Schüler „eine neue Welt" auf; es treten ihm „die Elemente des griechischen Lebens, wie sie sich später entfaltet haben, vor Augen" und er werde „jene Heiterkeit und jenen Ernst, jene Großartigkeit und Milde [...] auf eine wunderbare Weise ineinander verschmolzen erblicken". „Und wiederum, wird sich ihm nicht in der Sprache ein lebendiges Kunstgebilde des menschlichen

Geistes zeigen, welches auch bis auf seine kleinsten Theile gegliedert erscheint" (Spilleke 1821, 49)?

Dieses didaktisch und methodisch spezifizierte Unterrichtsmodell bildete den Kern eines umfangreichen Fachdiskurses, wie zum Beispiel die in den sogenannten Schulprogrammen veröffentlichen Beiträge erkennen lassen (vgl. Kipf 2013, 267–274). Zudem zeigt sich bei der didaktischen Reflexion stets eine große Nähe zur sich dynamisch entwickelnden Fachwissenschaft, deren Ergebnisse die Grundlage didaktischer Reflexionen bilden, wie am Beispiel der didaktischen Rezeption des von Friedrich Creuzer (1771–1858) entwickelten, neuhumanistischen Herodot-Bildes (vgl. Kipf 1999, 52–61) ausführlich gezeigt wurde: Herodot wurde von Creuzer als „Geschichtsschreiber der Menschheit" (Creuzer 1798, 650) und religiöser Geschichtsdeuter begriffen, wodurch er für den Unterricht im Sinne der allgemeinen Menschenbildung besonderen didaktischen Wert gewinnen konnte (vgl. Kipf 1999, 53–54).

Diese prägende Bedeutung der Fachwissenschaft für den literaturdidaktischen Diskurs wurde nicht zuletzt durch das Selbstbild des Gymnasiallehrers befördert, der in Preußen am 12. Juli 1810 mit der Einführung des Examens *pro facultate docendi* als „besonderer Stand wissenschaftlich gebildeter Lehrer" (Paulsen ³1921, 287) etabliert worden war. Der Gymnasiallehrer, dessen Prototyp der altsprachlich geschulte Philologe war, verstand sich stets als Gelehrter, der neben seiner unterrichtspraktischen Tätigkeit wissenschaftliche Interessen pflegte: „Als Praktiker bleibt der Lateinlehrer Wissenschaftler, ist in erster Linie Philologe, erst dann Pädagoge" (Kipf 2013, 262), wie man nicht nur am Bestand fachwissenschaftlicher Literatur in Schulbibliotheken, sondern auch an der umfangreichen (und dienstlich vorgeschriebenen) philologischen Publikationstätigkeit erkennen kann (vgl. Kipf 2013, 262–267). Die Autoren bewegten sich dabei „im üblichen Spektrum philologischer Wissenschaft: Neben Fragen der Textkritik, Semantik, Stilistik und Übersetzung stehen Echtheits-, Gattungs- und Interpretationsprobleme im Vordergrund" (Kipf 2013, 273).

4 Lektüredidaktik in der zweiten Hälfte des 19. Jahrhunderts: Zwischen Verwissenschaftlichung und politischer Einflussnahme

Im Laufe des 19. Jahrhunderts zeigt sich eine analoge Tendenz zur Verwissenschaftlichung fachdidaktischer Schriften, und zwar als Teil enzyklopädisch angelegter Großprojekte zum Erziehungs- und Unterrichtswesen, die sich jedoch zunächst weiterhin als methodisches Schrifttum verstehen. Hierzu zählt die Abhandlung *Lateinischer Unterricht. Geschichte und Methode* von Eckstein; sie wurde zunächst im Jahr 1880 im elften Band der von Karl Adolf Schmid herausgegebenen Enzyklopädie des gesamten Erziehungs- und Unterrichtswesens veröffentlicht, dann aber nach Ecksteins Tod von Heinrich Heyden separat als um den Griechischunterricht erweiterte Monografie (1887) publiziert (zu den Inhalten ausführlich Fuhrmann 2001, 174–180). Eckstein will im Lateinunterricht „durch die Erlernung dieser Sprache die Grundlage der allgemeinen grammatikalischen Bildung schaffen und die Einsicht in die Sprachdenkgesetze gewähren, sodann die Bekanntschaft mit der römischen Litteratur vermitteln" (Eckstein 1887, 133). Der didaktische Wert dieser Bekanntschaft ergibt sich für Eckstein vor allem aus dem Gegenwartsbezug der römischen Literatur: „Man darf hier nicht kommen mit den abgenutzten Redensarten von den unerreichten Meisterwerken der Litteratur [...] noch viel weniger mit den Phrasen von sittlicher Größe und Tüchtigkeit des echten Römertums [...]." Eckstein kommt es vielmehr darauf an, „den geschichtlichen Zusammenhang unseres ganzen Bildungslebens in Religion, Kunst und Wissenschaft zu begreifen, das zunächst auf dem Boden des römischen Altertums erwachsen ist" (Eckstein 1887, 135). Gleichwohl ist die Bindung an die lateinische Sprache unersetzlich: „Übersetzungen jener Werke reichen dazu nicht aus; man muß die Sprache kennen, in der jene Werke geschrieben sind [...]" (Eckstein 1887, 135). Lektüre heißt daher für Eckstein Originallektüre.

Bei der Auswahl der Autoren sieht sich Eckstein in dezidiert humanistischer Tradition und argumentiert mit einem streng klassizistischen Kanon: „Zu den zu wählenden Schriftstellern gehören nur klassische. Damit sind einerseits die in der römischen Volkssprache abgefaßten Schriften [...], andererseits die christlichen Kirchenväter ausgeschlossen. Die Renaissance und die deutschen Reformatoren haben uns diesen Weg angewiesen" (Eckstein 1887, 193). Zugleich müssen diese Schriften einen „geeigneten Inhalt bieten, denn die blinde Bewunderung, welche alles lobte, was das Altertum uns überliefert hat, ist jetzt glücklich überwunden" (Eckstein 1887, 196). Dagegen hält er mittelalterliches und neuzeitliches Latein für stilistisch minderwertig (vgl. Eckstein 1887, 195–196). Fuhrmann hat eindrücklich auf die Enge dieses Kanons und seine ideologische Bedeutung hingewiesen: „Als Fundus, aus dem die Lektüre bestritten wurde, kam nur eine kurze Spanne der lateinischen Literatur in Betracht: die Klassiker im weiteren Sinne, d. h. die römischen Autoren dreier Jahrhunderte, von Plautus und Terenz bis Tacitus. Die Reduktion auf die heidnische Antike [...] war ein Grunddogma des Neuhumanismus" (Fuhrmann 2001, 176). Bemerkenswert ist jedoch, dass Eckstein seine Kanondiskussion auf der Basis bildungshistorischer Expertise führt, aus der er wichtige Impulse für seine eigenen didaktischen Positionen ableitet. Damit gibt er seinen Ausführungen einen erweiterten Horizont, die Perspektiven für eine

Verwissenschaftlichung einer eher anekdotischen Methodik hin zur einer abstrahierenden Didaktik aufzeigen.

Ecksteins Rigorosität wird durch seine Kritik am oben erwähnten Schelle (1804) besonders deutlich. Er nennt Schelles Buch „weitschichtig", das „viel ästhetisches Gerede und wenig gesundes Urteil" biete (Eckstein 1887, 196). Eckstein schreckt bei seiner intensiven Kanondiskussion vor polemischen Urteilen nicht zurück, wenn er zum Beispiel den Biografen Sueton (1. Jh. n. Chr.) in deutlicher Abgrenzung zu Schelle dekanonisiert: „Schelle [...] will ihn (= Sueton) unmittelbar auf die Lektüre des Nepos folgen lassen [...]. Und dann ergeht er sich in Lobsprüchen über Suetons Wahrheitsliebe, seine natürliche Eleganz, sein gediegenes und reines Latein, das wieder [...] nicht frei ist von den Eigenheiten des späteren Lateins. Nun biografische Kunstwerke sind diese *vitae* nicht [...]. Schon daß er die schmutzigsten Thatsachen erzählt, muß bedenklich machen" (Eckstein 1887, 203).

In der Folge wird bis zum Beginn des 20. Jahrhunderts eine Fülle didaktischer Überblicksschriften zum altsprachlichen Unterricht vorgelegt, entweder als Teil pädagogischer Handbücher (z. B. Thaulow 1858; Naegelsbach 1862; Schrader 1868; Schiller 1886) oder fachübergreifender Gesamtdarstellungen, und zwar für den Latein- (Dettweiler 1894, ²1906; Ziemer 1906; Scheindler 1913) und Griechischunterricht (Bäumlein ²1880; Kohl 1897, Dettweiler 1898; Dörwald 1912; Scheindler 1915), die eine Bündelung des umfangreichen fachdidaktischen Diskurses bieten. Wissenschaftsmethodisch ist bemerkenswert, dass Peter Dettweilers und Paul Dörwalds Ausführungen zur lateinischen und griechischen Lektüre Teil einer „Didaktik und Methodik" des lateinischen beziehungsweise griechischen Unterrichts sind. Didaktische Argumentation bildet die wissenschaftliche Grundlage dieser Werke, die jedoch mit elaborierter Methodik verbunden wird, wobei persönlichen Erfahrungen eine große Rolle zukommt, da die Autoren stets erfahrene Schulmänner sind. Dementsprechend wünscht sich Dettweiler „den methodisch geschulten Didaktiker" (²1906, 153).

In diesen Publikationen werden die schon bekannten Prinzipien einer Sprache und Inhalt verbindenden Lektüre weiter ausgefeilt. So wird die Arbeit mit deutschen Übersetzungen rigoros abgelehnt, da auf diese Weise die Wissenschaftsorientierung und inhaltliche Tiefe des Unterrichts gefährdet würden. „Es liegt nun einmal im Wesen alles Lernens einerseits und der muttersprachlichen Literatur andererseits, daß ein um so tieferes Eindringen in den innersten Gedankeninhalt erreicht wird, je schärfer wir zusehen müssen, um diesen Inhalt allmählich heben zu können" (Dettweiler ²1906, 13). Im Mittelpunkt steht weiterhin die Erarbeitung einer Übersetzung aus dem Lateinischen ins Deutsche, und zwar Sinne „einer wahren, sinngemäßen Verdeutschung" (Dettweiler ²1906, 148), die ein formalistisches Übersetzungsdeutsch vermeiden und stattdessen die Unterschiede zum Deutschen angemessen berücksichtigen soll. Dies zielt nicht ab auf ein „ratendes, oberflächliches Übertragen, sondern auf eine Erschließung des lateinischen Textes, der ausgeht von einer Totalerfassung, dann die Gruppen und Sätzchen rasch erfaßt und von da erst in die Tiefe, ins einzelne geht" (Dettweiler ²1906, 147).

Mit dieser eindeutigen didaktischen Profilierung eines an der Übersetzung aus dem Lateinischen ausgerichteten Lektüreunterrichts geht ganz offensichtlich das Bedürfnis einer verstärkten methodischen Absicherung dieses Unterrichts einher, da die Praxis trotz hoher Stundenzahlen (der Lehrplan von 1892 sah in der Stundentafel für den Lateinunterricht von der Sexta bis zur Oberprima 77 Stunden vor) wohl einigermaßen ernüchternd war: „Man beobachte einen Quartaner, wie er seinen Nepos präpariert. Jeder Satz ist ihm ein Wirrnis von Wörtern, nicht einmal von Worten. Übersetzt er jedes Wort für sich, so entsteht der baare Unsinn; er bleibt also gewöhnlich auf halbem Wege stehen und versucht dasselbe Manöver beim nächsten Satze, – oder er rät, wenn es ein phantasievoller Junge ist, tapfer darauf los, vervollständigt hierdurch das Fehlende und amüsiert zuweilen Lehrer und Klasse [...]" (Rothfuchs ³1893, 51).

Diese Zustände führten zur Forderung nach einem hermeneutisch abgesicherten Texterschließungsverfahren, zunächst durch Julius Rothfuchs (³1893) mit der Konstruktionsmethode (vgl. Gucanin 2013); daran schließen sich weitere Vorschläge an, etwa von Dettweiler (²1906, 140–141) und von August Scheindler zur abgestuften Gestaltung einer Lektürestunde oder Friedrich Hoffmann (1914) mit der sogenannten Satzanalyse (vgl. Kipf 2006b, 83). Diese methodische Fundierung sollte zugleich die formalbildend-wissenschaftspropädeutische Leistungsfähigkeit der Lektüre sicherstellen, wie man am Beispiel der Konstruktionsmethode mit ihrer Logizität beanspruchenden, fast exakt naturwissenschaftlich anmutenden Vorgehensweise erkennen kann: „Auf diese Weise gewöhnen sie sich an Klarheit des Denkens, und das Konstruieren wird zu dem, was es sein soll, – eine sprachlogische Gymnastik des Geistes" (Rothfuchs ³1883, 67).

Zugleich wird deutlich, dass didaktische Reflexion über lateinische und griechische Literatur unter verstärktem politischen Einfluss erfolgte, da der altsprachliche Unterricht gegen Ende des 19. Jahrhunderts im Rahmen umfassender Diskussionen um die inhaltliche Ausrichtung des Bildungswesens erheblich unter Druck geraten war. Infolge der Schulkonferenzen von 1890 und 1900 wurde der Gegenwartsbezug des Unterrichts, das heißt die bejahende Haltung zum Nationalstaat zum bestimmenden Unterrichtsprinzip (vgl. Apel und Bittner 1994, 45–53). Diese politischen Vorgaben spiegeln sich direkt in den didaktischen Reflexionen, indem die besondere Bedeutung der antiken Literatur für die eigene Gegenwart betont wird. So bemerkt Dettweiler sehr pointiert: „[S]olange menschliche Verhältnisse teilnehmend verstehen und dadurch menschliche Tugenden durch geistiges Miterleben zu erwerben Ziel der Jugendbildung sein wird, solange wird auch schon die lateinische Literatur die Stellung des Lateinischen im Unterricht rechtfertigen. Und heute vielleicht noch mehr als früher: die jugendliche Kraft der Antike ist ein fast notwendiges Gegengewicht gegen die senile Mattheit der Moderne" (Dettweiler ²1906, 12). Der Lektüreunterricht soll einen umfassenden Bildungsanspruch erfüllen; die Lektüre ist „die vornehmste Grundlage des Lateinunterrichts [...] als eine für den Gebildeten unentbehrliche und dabei in selbsttätiger Arbeit zu erschließende historische Quelle für wichtige Tatsachen der Geschichte, des Menschenlebens und der Wissenschaft" (Dettweiler ²1906, 18–19).

Im Zentrum der didaktischen Diskussionen steht weiterhin die Auswahl der Autoren, die als „eine Lebensfrage für den Lateinunterricht" (Dettweiler ²1906, 181) bewertet wird. Der Kanon bleibt klassisch ausgerichtet, wenngleich (im Gegensatz zu Eckstein) sprachlicher Purismus nicht mehr die entscheidende Rolle spielt, da man mittlerweile die Bedeutung der deutsch-lateinischen Stilübungen durch die Abschaffung des lateinischen Abituraufsatzes deutlich beschränkt hatte (vgl. Dettweiler ²1906, 183). Die intensiven Erörterungen zur unterrichtlichen Eignung antiker Autoren sind in besonderem Maße von übergeordneten politischen Interessen geprägt, wie man im Bereich des Lateinunterrichts am Beispiel der Caesar-Lektüre gut nachvollziehen kann (vgl. Kipf 2006b, 392–399). Caesar hatte sich im Laufe der ersten Hälfte des 19. Jahrhunderts als verbindlicher Autor der Mittelstufenlektüre etabliert, wofür insbesondere seine stilistisch vorbildliche Sprache ausschlaggebend war. Allerdings hatte dies eine Unterrichtspraxis zur Folge, die zum Gegenstand heftiger Kritik wurde, da die Schüler „systematisch zur Gleichgültigkeit gegen den Inhalt erzogen" wurden (Perthes 1875, 69). Diese allem Anschein nach triste Unterrichtspraxis beförderte nicht nur einen fachdidaktischen Diskurs über die verstärkte Einbindung von Inhalten in den Unterricht, sondern veranschaulicht zugleich den bestehenden gesellschaftlichen Druck, der den Charakter dieser Inhalte bestimmte. Die Arbeit mit Caesar wird als „Quellenlektüre" begriffen, auf deren Grundlage national relevante Bildungsziele erreicht werden sollen. Bei der Lektüre soll stets die „Beziehung zum Heimatlichen" im Vordergrund stehen, etwa im dauerhaften „Gegensatz der römischen Kultur und der germanischen Urkraft", wodurch sogar „ein nationales Interesse zur Geltung" gebracht werde. Dabei wird den deutsch-französischen Beziehungen besondere Aufmerksamkeit geschenkt, wenn es zum Beispiel um „die geographischen Verhältnisse Galliens" geht, „die eine Anknüpfung an die Schlachtfelder des deutschen Krieges, an die Marschlinien unserer Truppen zulassen" (Dettweiler ²1906, 123–124). Freilich konnte Caesar aufgrund ebendieses Nationalinteresses auch negativ bewertet werden: „Die kalte, treulose Politik des Römers ist ebenso wenig wie die frivolen Beschönigungen derselben ein Element, woraus ein idealer Sinn erwachsen oder sittliche Charakter-Bildung hervorgehen kann; und dass der Schüler jene Politik mehrfach gegen Deutsche ausgeübt sieht, macht die Sache nur um so schlimmer" (Ostendorf zit. n. Perthes 1875, 74).

5 Übersetzung ist Interpretation: Didaktische Reflexion unter dem Einfluss von Kulturkunde, Drittem Humanismus und Nationalsozialismus

Im Zeitraum zwischen den Weltkriegen wurde die altsprachliche Lektüredidaktik durch verschiedene ideologische Einflüsse geprägt: So sollte das Schulwesen der Weimarer Republik unter ein einheitliches Bildungskonzept gestellt werden, unter die sogenannte Deutsch- beziehungsweise Kulturkunde. Im Mittelpunkt des Unterrichts sollte die deutsche Kultur mit den Fächern Deutsch, Erdkunde, Geschichte, Religion stehen, um „allen Fächern Richtung und Methode" (Richert 1920, 139; vgl. Kranzdorf 2018, 80–115) zu geben. Vor diesem Hintergrund konnte die Beschäftigung mit fremden Kulturen nur dann sinnvoll sein, wenn dadurch das Verständnis für die deutsche Kultur gefördert wird; die nicht kulturkundlichen Fächer erhielten erst durch eine kulturkundliche Ausrichtung ihre Legitimation als Schulfach. Damit büßt die Antike ihre bis dahin prägende Bedeutung für das höhere Schulwesen ein: „Die Antike kann sicher nicht mehr die Kultureinheit des modernen Deutschlands schaffen. [...] Die Antike als wesentliches Bildungsmittel aller höhern Bildung auszurufen, heißt bewußt die Bildungseinheit unseres Volkes sprengen, heißt auf ein gemeinsames Ideal verzichten" (Richert 1920, 76). Dieses Konzept sollte dann im Jahre 1925 durch die Veröffentlichung *der Richtlinien für die Lehrpläne der höheren Schulen in Preußen* in die Praxis umgesetzt werden.

Obgleich die Kulturkunde durchaus Widerhall in Unterrichtsvorschlägen zum altsprachlichen Unterricht fand (vgl. Kipf 1999, 187–205 zur Herodot-Lektüre, ferner die umfangreiche Monografie *Altertum und deutsche Kultur* von Mauriz Schuster, 1926), stieß dieses Konzept in der Altphilologenschaft auf keine Gegenliebe. Dies kann man eindrucksvoll am kritischen Kommentar erkennen, den Walther Kranz 1926 zu den Richtlinien veröffentlichte, der die Kulturkunde nur als fakultative Ergänzung des altsprachlichen Unterrichts verstanden wissen sollte (vgl. Kipf 1999, 206–209), da sie im Widerspruch zu den Zielen humanistischer Bildung stehe (vgl. Kipf 1999, 211). Unter diesen Voraussetzungen gewann das vom Berliner Gräzisten Werner Jaeger entwickelte Konzept eines erneuerten Humanismus erhebliche Bedeutung für den altsprachlichen Unterricht, da es, mit wissenschaftlicher Autorität ausgestattet, ein in sich geschlossenes und daher ungemein attraktives Gesamtkonzept zur Verfügung stellte (vgl. Fritsch 2001; Kipf 2017). Jaeger stellte den Bildungswert der Auseinandersetzung mit der Antike in den Vordergrund und postulierte ein von der Antike ausgehendes, die Gegenwart einbeziehendes Substrat, nämlich die „bewußte Idee der Kultur als höchster und zentraler Wert in der Sphäre alles irdischen Daseins" (Jaeger 1937 [1927], 127). Für Jaeger erhält Kultur als „Erziehung zum Menschen" (Jaeger 1937 [1921], 46) ihren Ausdruck im System der griechischen Paideia und bildet den Kern seiner Konzeption eines paideutischen Humanismus, der die griechischen Klassiker zu „Lehrer[n] und Erzieher[n] ihres Volkes" (Jaeger 1937 [1921]), 47) machte. Jaeger versteht unter Humanismus „eine spezifische Bildungswirkung, die von einem bestimmten Objekt geschichtlich ausgegangen und nach aller geschichtlichen Erfahrung und Tradition an dieses Objekt gebunden ist: das griechische Bildungserlebnis" (Jaeger 1937 [1925], 114). Damit geht eine absolut verstandene Vorrangstellung der Griechen als Kultur- und damit Erziehungsbringer einher: „Die Griechen sind das Bildungsvolk der Menschheit geworden, weil sie die eigentlichen Schöpfer der Bildung, d. h. der reinen Menschenbildung sind" (Jaeger 1937 [1925], 115).

Es kann nicht überraschen, dass dieser sogenannte Dritte Humanismus mit seinem in sich geschlossenen Konzept einer umfassend wirksamen Paideia zunächst breite Wirkung entfaltete, die insbesondere durch verschiedene Dokumente des 1925 gegründeten Deutschen Altphilologenverbandes (DAV) verstärkt wurde und die didaktische Reflexion über antike Literatur nachhaltig beeinflusste. Dem 1930 publizierten *Altsprachlichen Lehrplan für das deutsche humanistische Gymnasium* (vgl. Kranzdorf 2018, 122–125), der zwar keine offizielle Richtlinie darstellte, jedoch von den altsprachlichen Lehrkräften stark beachtet wurde, kam eine exemplarische Bedeutung zu. So wird die stets intensiv diskutierte Frage nach dem passenden Autorenkanon eindeutig geklärt: Sie haben „ihren Mittelpunkt in den Sprachmeisterwerken" (Deutscher Altphilologenverband 1930, 12) der klassischen Epochen der griechischen und römischen Antike. Der tatsächliche Wert eines Schulautors wurde jedoch nicht allein anhand seiner sprachlich-künstlerischen Gestaltungskraft, sondern vorzugsweise nach seinem pädagogischen Wert bemessen, der erst dort wirken könne, „wo seine Deutung getragen ist von der doppelten Erkenntnis: a) daß das antike Literaturwerk seinem Wesen nach [...] künstlerische Gestaltung ist; b) daß der Schöpfer des großen Literaturwerkes bei den Alten zugleich immer der Erzieher seines Volkes ist. Der Gedanke der Paideia [...] ist entscheidend für die humanistische Betrachtung" (Deutscher Altphilologenverband 1930, 12). Dementsprechend klassisch fokussiert ist die Zusammensetzung des Kanons. Im Griechischunterricht geben „die unerschöpfliche Substanz in unersetzlicher Formung [...] die großen Werke, vor allem Homer, die Tragödie, Platon" (Deutscher Altphilologenverband 1930, 13), ergänzt durch

Historiker und Rhetoren. Im Lateinunterricht soll ein Kanon klassischer Autoren aus Geschichtsschreibung (Caesar, Livius, Sallust, Tacitus), Beredsamkeit und Philosophie (Cicero, Seneca) sowie Dichtung (Vergil, Horaz, Catull) behandelt werden (Deutscher Altphilologenverband 1930, 19–26). Diese Ausrichtung spiegelt sich auch in den beiden maßgeblichen Methodiken von Ewald Bruhn (1930) und Max Krüger (1930). Während Bruhn die Richtlinien des Jahres 1925 anekdotisch mit Erlebnissen aus der eigenen Dienstzeit kommentiert und dabei den besonderen Wert der klassischen Autoren hervorhebt, bezieht Krüger eine dezidiertere, gewissermaßen theoriegeleitete Position. Er fühlt sich den Idealen des Dritten Humanismus verpflichtet und stellt unmissverständlich klar: „Gegenstand der Lektüre sind die repräsentativen Werke der antiken Literatur" (Krüger 1930, 44). Die von Krüger für den Griechisch- und Lateinunterricht vorgeschlagenen Kanones decken sich mit dem oben genannten Lehrplan des Deutschen Altphilologenverbandes.

Der Einfluss des Dritten Humanismus geht an dieser Stelle jedoch deutlich über die Kanongestaltung hinaus. Erstmals in der Geschichte der altsprachlichen Lektüredidaktik nimmt der Begriff der Interpretation eine zentrale Bedeutung ein. Dies ist durchaus überraschend, da dieser Terminus bisher keine herausgehobene Rolle spielte. In den Methodiken und Lehrplänen des 19. Jahrhunderts ist eher der Begriff „Erklärung" gängig (Eckstein 1887, 301–304), selbst in den Richtlinien von 1925 und dem dazugehörigen Kommentar von Kranz sucht man vergeblich nach ‚Interpretation'. Wirklich zentral wird die Interpretation erst mit den bereits angeführten Methodiken von Krüger und Bruhn, der dem Thema sogar ein umfangreiches Kapitel (Bruhn 1930, 43–79) widmet. Für diesen Begriffswechsel ist ebenfalls der Einfluss des Dritten Humanismus verantwortlich; so erklärte Jaeger bereits 1914 die Interpretation zur Hauptaufgabe der Klassischen Philologie, um das Erbe der Antike zu bewahren und in der Gesellschaft weiter zu verbreiten: „Darum seien wir Interpreten: Verkünder der Sonne Homers, Deuter aeschyleischen Ernstes, pindarischer Frömmigkeit [...], Sucher aristotelischer Forschung, Anbeter platonischer Wahrheit" (Jaeger 1937 [1914], 17). Zudem sei es „die hohe Schule der Geisteswissenschaft", durch „genaue Interpretation" die „letzten Abschattungen" eines Texts zu erschließen (Jaeger 1937 [1921], 55). Auf dieser Grundlage kann es nicht verwundern, dass als Reaktion auf „den sogenannten grammatischen Betrieb der Lektüre", der in seinem sinnentleerten Formalismus als „unhumanistisch" (Deutscher Altphilologenverband 1930, 10) abgelehnt wurde, eine bis dahin unbekannte Aufwertung der Interpretation als Ausweis eines humanistischen, wissenschaftlich abgesicherten Lektüreprogramms erfolgte: „Sie ist die τέχνη, das Können, das wir dem Schüler beizubringen haben, die humanistische τέχνη, als solche die Form, in der die humanitas im Sinne Jaegers gefaßt und für den Unterricht das Faßbare ist. Im Erlernen dieser τέχνη sehe ich die Hauptaufgabe des altsprachlichen Unterrichts, ja des

Gymnasiums überhaupt" (Krüger 1930, 56). Diese beiden Elemente, die „richtige Interpretation" und die „sprachliche Aufgabe" (Krüger 1930, 57), vereinigt Krüger in einer engen Synthese, die sich für mehrere Jahrzehnte als höchst einflussreich erweisen sollte: „Interpretieren heißt richtig übersetzen oder eine Stelle so erschöpfend behandeln, daß sie restlos geklärt ist und der Versuch gemacht werden kann, sie in der eigenen Sprache wiederzugeben" (Krüger 1930, 57). Dieser Schwerpunkt schließt nicht nur den Einsatz deutscher Übersetzungen im Unterricht aus, sondern erfordert die Auseinandersetzung mit originalen Texten, und zwar „in der Analyse von Wort und Begriff, grammatischem Bau, Periode und Stil, Metrum und Vers, und des in sie gebundenen seelischen Gehalts" (Regenbogen 1926, 64). Dieses Konzept wurde dadurch noch bestärkt, dass im Jahr 1925 die deutsch-lateinische Abiturprüfung abgeschafft und das Übersetzen aus der Fremdsprache, das heißt aus dem Lateinischen (und Griechischen), die entscheidende Grundlage des altsprachlichen Unterrichts wurde. Von der Interpretation und der Übersetzung werden dann umfassende Transferleistungen abgeleitet, und zwar in Form der formalbildenden Kategorie der „geistigen Zucht", übrigens unter Berufung auf entsprechende Thesen des Pädagogen Georg Kerschensteiners (vgl. Krüger 1930, 58–59). Diese geistige Zucht sei nur an den großen Werken möglich: „Ist nämlich ein Werk ‚falsch gedacht', so kann man durch Denken nicht herausbekommen, was der Schreiber falsch gedacht hat, sondern höchstens feststellen, daß er falsch gedacht hat, und keine Übersetzung kann dann helfen" (Krüger 1930, 60). Interpretation wird somit als besonders komplexe Form der Übersetzung verstanden, die zu einem abschließend gültigen Ergebnis führt; dadurch wird einerseits eine Form des Lektüreunterrichts als verbindlich festgelegt, die nicht nur eine Verbindung aus Sprache und Inhalt, sondern auch die Arbeit an originalen Texten erfordert. Gleichzeitig hat dieses Konzept eine entscheidende Schwäche: Dank der weitgehenden Gleichsetzung von Übersetzung und Interpretation konnte ein noch so einseitig am Sprachlichen orientierter Lektüreunterricht als Interpretation verstanden werden. Später wurde Krügers Interpretationsbegriff daher als „bestenfalls [...] minimalistisch" (Westphalen 2001, 137) bezeichnet. Gleichwohl darf Krügers Ansatz als ein bedeutender Reformimpuls zur Überwindung eines lediglich von der Grammatik dominierten Lektürebetriebs bewertet werden.

Durch die Machtergreifung der Nationalsozialisten kam es jedoch zu einem drastischen Paradigmenwechsel dieser am Dritten Humanismus ausgerichteten Literaturbetrachtung. Zwar blieb das Prinzip der Übersetzung aus der Fremdsprache nicht nur weiterhin gültig, sondern wurde aufgrund der seit 1938 deutlich reduzierten Stundenzahlen für den altsprachlichen Unterricht an der Deutschen Oberschule für Jungen und am Gymnasium noch stärker in den Vordergrund gerückt. Eine grundsätzliche Änderung erfuhr jedoch die ideologische Grundlage der Interpretation, da der altsprachliche Unterricht nicht mehr mit Argumenten humanistischer Provenienz zu begründen war. Nationalsozialismus und Humanismus galten als zwei miteinander völlig unvereinbare Größen: „Die neuhumanistische Bildungsidee war unpolitisch und geschichtslos; sie war abgestellt auf das Einzelwesen und dementsprechend auf die ungeschichtliche, unwirkliche Idee der Menschheit. Der richtige Instinkt, der bei der Entdeckung des Griechentums wirksam gewesen war, wurde verfälscht und umgebogen durch die Bildungsidee der Zeit, wie sie sich in W. v. Humboldts Formulierungen und ihrer besonderen Anwendung auf das Griechentum ausdrückt" (Eberhardt 1935, 4–5). Für einen Nationalsozialisten verband sich mit Humanismus Weltfremdheit, eine grundverkehrte Hinwendung zum Individuum und zu einem Weltbürgertum, in dem Rassenzugehörigkeit keine Rolle spielte: „In Anbetracht der Verherrlichung der arischen Rasse [...] drohte das Wort ‚Humanismus' zum Unwort zu werden" (Fritsch 2006, 216; ferner Kranzdorf 2018, 198–202). Nicht überraschend kam es nach der Machtübernahme zu einer intensiven Legitimationsdebatte, wobei „die Anhänger des humanistischen Gymnasiums [...] zwischen Furcht vor der totalen Beseitigung dieser Schulform und der Hoffnung auf ihre Sanktionierung durch den neuen Staat" schwankten (Fritsch 1982, 22). Nach Jaegers erfolglosem Annäherungsversuch an die Nationalsozialisten in der Zeitschrift *Volk im Werden* (1933) erfolgte die Eliminierung des Dritten Humanismus und ihrer Vertreter an Universität und Schule. In den neuen Lehrplänen von 1938 wurde eine konsequente Abgrenzung zu den traditionellen humanistischen Bildungsidealen vorgenommen, bemerkenswerterweise taucht auch der Begriff der Interpretation nicht mehr auf. Zugleich wurde der Kanon der zu lesenden Schriftsteller deutlich eingeschränkt: Auf der Grundlage intensiver didaktischer Erörterungen (z. B. Sachse 1933; Klinz 1935; Haas 1937) verbannte man zum Beispiel römische Dichter wie Ovid und Catull aus dem Lateinunterricht und stellte mit Caesar, Tacitus und Livius Autoren in den Vordergrund, anhand derer nicht nur Führerpersönlichkeiten, sondern auch die rassisch bedingten Tugenden der Germanen thematisiert werden sollten, um zu einem Selbstverständnis der eigenen rassischen Überlegenheit zu gelangen.

Die Existenzsicherung des altsprachlichen Unterrichts sollte daher durch eine konsequente Ausrichtung an nationalsozialistischen Grundsätzen erfolgen. Das neue Bildungsziel des altsprachlichen Unterrichts wurde unter rassischen Aspekten definiert, die antike Literatur sollte im Sinne der nationalsozialistischen Rassenlehre im Unterricht behandelt werden. Im Vordergrund stand die Erziehung rassenbewusster Deutscher, „die zu tat- und opferbereiten, d. h. heroischem Kampfe um die Erhaltung der Urkraft unseres völkischen Lebens und um die Vollendung des uns schicksalhaft aufgegebenen völkischen Gemeinschaftsstaats bereit sind" (Eichhorn 1937, 6). Unter diesen Voraussetzungen kann es nicht verwundern, dass der didaktische Diskurs über die Ausgestaltung eines

Unterrichts, der zwar Lektüreunterricht bleiben sollte, freilich unter völlig veränderten ideologischen Vorgaben, eine stark apologetische Tendenz erhielt. Man musste das Kunststück fertigbringen, wenigstens den Kern derselben Autoren, die seit über mehreren hundert Jahren zum festen Bestandteil eines humanistisch ausgerichteten Unterrichts gehörten, nun überzeugend unter nationalsozialistischen Aspekten zu rechtfertigen.

So nahm man dankbar Ergebnisse nationalsozialistischer Rassenforschung auf, die die Griechen als Angehörige der nordischen Rasse ausgemacht hatte: „Die Götter und Helden der Ilias [...] sind blond wie die der Odysee. [...] Helenas Schönheit wird eingehender geschildert: ihre seidenweichen Blondhaare, [...] ihre blendend helle Haut, ihre schmalen, weißen Hände – also alles nordische Rassenmerkmale" (Günther 1929, 18–19). Ebenso für nordisch hält man die „hellenische Wissenschaft und Philosophie bis zu Platon und Aristoteles, hellenische Kunst bis ins 4. Jahrhundert v. Chr. und vereinzelt noch bei dem oder jenem Späteren [...]" (Günther 1929, 33). Die Römer wurden hingegen als rassisch unzuverlässig eingestuft, und zwar wegen der Nähe zu den als rassisch minderwertig eingestuften Etruskern (vgl. Eichhorn 1937, 9–10). Somit konstruierte man aus dem seit dem Neuhumanismus bekannten Gedanken der geistig-seelischen Nähe zwischen Griechen und Deutschen eine rassische Verwandtschaft. Es kann nicht überraschen, dass diese Gedanken intensiv in didaktischen Artikeln rezipiert wurden, wie zum Beispiel für die Herodot-Lektüre ausführlich von Kipf (1999, 223–239) gezeigt wurde. „Herodot wurde gewissermaßen zum ersten Gewährsmann für das Wesen des nordischen Menschen, das die Schüler durch die Lektüre verinnerlichen sollten. [...] Den Lektüreschwerpunkt sollten die Perserkriege bilden, die zu einem Antagonismus zweier unterschiedlicher Rassen umgedeutet wurden. Besonderes Augenmerk widmete man dabei den Spartanern als typischem Herrenvolk. Aber auch die Novellen Herodots [...] sollten diesem Erziehungsziel dienen: Das Gespräch von Solon und Kroisos, ein traditioneller Standardtext der schulischen Herodotlektüre, wurde zum Zentraltext rassenpolitischer Erziehung. Tellos, Kleobis und Biton erschienen gewissermaßen als Prototypen nationalsozialistischer Weltanschauung" (Kipf 1999, 246–247). Der fachdidaktische Diskurs über einen seit langem eingeführten Schulautor wurde nunmehr völlig dem Diktat des politischen Zeitgeistes unterworfen. Die antiken Texte wurden so transformiert, dass sie als erste historische Quelle für die Überlegenheit der nordischen Rasse erscheinen – das humanistische wird durch ein rassisch determiniertes Bildungsideal ersetzt, das nun die gewünschte Sinnerfüllung der Texte sicherstellt. Fachdidaktische Reflexion präsentierte sich als politisch willfährige Fachapologetik, die auf der Grundlage extremer Aktualisierung versuchte, mit dem völligen Abbruch humanistischer Bildungstradition fertig zu werden.

6 Lektüremethodik im Zeichen von Kontinuität und fachwissenschaftlichem Überbau

Nach Ende des Zweiten Weltkriegs knüpfte der didaktische Diskurs über den Lektüreunterricht direkt an die Positionen aus den 1920er Jahren an, nachdem man sich auch grundsätzlich auf die Traditionen des deutschen Humanismus besonnen hatte, um in einem dem altsprachlichen Unterricht zunehmend kritisch eingestellten gesellschaftlichen und bildungspolitischen Umfeld bestehen zu können (vgl. Kipf 2006b, 20–35). Besonders deutlich wird diese inhaltliche und personelle Kontinuität an Krüger, wie am Beispiel der mit Georg Hornig besorgten Neuauflage (1959) seiner Methodik klar wird. Dort spielen seine fast 30 Jahre zuvor formulierten Positionen wieder eine zentrale Rolle: Altsprachlicher Lektüreunterricht ist an die Übersetzung lateinischer und griechischer Originale gebunden, was jedoch ausdrücklich (und noch deutlicher formuliert als 1930), „nicht die Fortsetzung des Grammatikunterrichts mit anderen Mitteln" bedeutet (Krüger und Hornig 1959, 60); die Lektüre „repräsentativer" (Krüger und Hornig 1959, 64), das heißt klassischer Werke steht auch weiterhin im Vordergrund; schließlich wird der Interpretation auch die schon bekannte Zentralbedeutung zugewiesen: „Interpretieren heißt richtig übersetzen" (Krüger und Hornig 1959, 71) wird sogar durch Sperrung grafisch hervorgehoben. Dabei wird der Zusammenhang zur Bezugsdisziplin Klassische Philologie deutlich: Bei der Interpretation handelt es sich um eine originär philologische Arbeitsweise, die zur restlosen Klärung eines Textes nach Form und Inhalt führen soll. Daher sollen die Texte werkimmanent, das heißt „aus sich selbst heraus und in anschaulicher Weise mit schulischen Kenntnissen befragt und verstanden werden, wobei die jeweilige Entwicklungsphase der Schüler zu berücksichtigen, der Erlebnischarakter der Aneignung zu beachten und der Blick auf das Exemplarische und Elementare zu richten sei" (Kipf 2006b, 102).

Krügers Ausführungen haben durchaus exemplarischen Wert, und zwar in zweierlei Hinsicht: Einerseits repräsentierte er wie kein zweiter eine Disziplin, die man noch nicht als im eigentlichen Sinne wissenschaftliche Didaktik bezeichnen kann. Nicht ohne Grund tragen die zentralen Monografien der 1950er und 1960er Jahre Titel wie *Methodik des altsprachlichen Unterrichts* (Krüger und Hornig 1959; Krüger und Hornig 1959; Jäkel ²1966) oder *Praxis des Lateinunterrichts* (Wilsing 1951; Wilsing ²1964a, ²1964b). Krüger, Oberstudiendirektor am Kant-Gymnasium in Berlin-Spandau, sah in seiner Monografie, die viele Generationen von Lateinlehrkräften prägte, eine von persönlichen Erfahrungen geprägte, anekdotische „Auseinandersetzung eines praktischen Schulmannes mit den alten und neuen Aufgaben, die dem altsprachlichen Unterricht in der Gegenwart gestellt sind"

(Krüger und Hornig 1959, V). Die Tatsache, dass Krüger von 1949 bis 1956 zusätzlich als Dozent des Wahlfachs Latein an der Pädagogischen Hochschule Berlin tätig war, unterstreicht sein disziplinäres Selbstverständnis im Rahmen einer dezidert an der Praxis orientierten Lehramtsausbildung außerhalb der Universität (vgl. Fritsch 1987, 6). Letztlich bieten diese Monografien nicht Ergebnisse wissenschaftlicher Forschung für eine akademische Zielgruppe; sie sind dezidiert für Lehrkräfte geschrieben, als „tägliches Handwerkszeug" (Jäkel ²1966, 7), das heißt als anwendungsbezogene Reflexionen und Ratschläge aus der Praxis für die Praxis. Diese Publikationen lieferten entscheidende Impulse für die Begründung und Ausgestaltung des altsprachlichen Lektüreunterrichts. Erkenntnisse aus der Pädagogik oder anderen Philologien nahm man hingegen nur punktuell zur Kenntnis, da man in deren maßgeblichen Vertretern Gegner des altsprachlichen Unterrichts erblickte. So kam es zu einer weitgehenden Abkoppelung von allgemeinpädagogischen und literaturwissenschaftlichen Diskursen, bei einer gleichzeitig großen Nähe zur Bezugsdisziplin Klassische Philologie (vgl. Kipf 2006b, 120–121).

Zugleich prägte Krüger eine erstaunlich breite Diskussion über die Rolle der Interpretation im Lektüreunterricht, die sich in den 1950er und 1960er Jahren entfaltete und bei der zugleich die Langzeitwirkung des Dritten Humanismus deutlich wird. Man war sich nicht nur darüber einig, dass der Lektüreunterricht auf die Interpretation hin ausgerichtet werden müsse (vgl. Kipf 2006b, 98–102), die Interpretation wurde nun sogar als die eigentliche Krönung des altsprachlichen Unterrichts begriffen, mit deren Hilfe die anspruchsvollen humanistischen Bildungsziele erreicht werden sollten. Bemerkenswert ist, dass die theoretische Rahmung hierfür nicht auf einer (weil damals nicht existenten) didaktischen Forschung beruhte, sondern wie schon in der Weimarer Zeit auf einem von der Bezugsdisziplin Klassische Philologie entwickelten Bildungskonzept. Der Gräzist Wolfgang Schadewaldt, selbst Schüler Jaegers, entwickelte das Theorem der Antike als ‚Modell', „das den wissenschaftlich überholten Gedanken der Vorbildlichkeit der Antike ersetzen sollte, ohne den Anspruch auf eine überzeitlich gültige Fundamentalbildung mit Leitbildfunktion aufgeben zu müssen" (Kipf 2006b, 173). Auch hier spielen die Griechen eine wichtige Rolle, da sie „Modelle von größter, einfachster Formklarheit, Faßlichkeit und vor allem Weltgemäßheit hingestellt" (Schadewaldt 1960a [1956], 938) hätten. Der infolge des Dritten Humanismus oft bemühte Terminus der Paideia spielt bei Schadewaldt hingegen keine Rolle mehr, er sieht das Modell als Impuls zu einer ergebnisoffeneren Auseinandersetzung mit der antiken Literatur (vgl. Schadewaldt 1956, 305). So bergen die antiken Schriftsteller einen spezifischen anthropologischen Erkenntniswert, da sie „den Menschen und seine Welt mit höchst gesammelter Kraft durchlebt, durchlitten, durchgemacht, durchgeprobt, durchklärt" hätten (Schadewaldt

1960b, 948). Gleichwohl ist der normative Einschlag dieses Konzepts unübersehbar, da der Antike auch weiterhin eine exzeptionelle kulturelle Vorrangstellung zugewiesen wurde (vgl. Kipf 2006b, 108).

Der darauf aufbauende, von Aspekten des Dritten Humanismus gleichwohl weiterhin stark beeinflusste fachdidaktische Diskurs zielte darauf ab, für die Klassikerlektüre eine „stark affektiv ausgerichtete, wertschaffende Interpretation" (Kipf 2006b, 173) zu entwickeln, bei der es vor allem um eine anthropologische, wertschaffende Elementarlehre über menschliche Grundbefindlichkeiten gehen sollte, die mit ihren konservativ-autoritären Zügen im dezidierten Kontrast zum negativ empfundenen Utilitarismus der modernen Industriegesellschaft stand. Daher kann es nicht überraschen, dass man gegenüber konkreten Aufgaben politischer Bildung im Sinne moderner Demokratieerziehung ausgesprochen ablehnend eingestellt war, da man eine einseitige politische Inanspruchnahme und oberflächliche Aktualitätsbezüge befürchtete (vgl. Kipf 2006b, 115–120).

Am Beispiel verschiedener Schulautoren wurde gezeigt, wie diese wertschaffende Interpretation mit ihren als vorbildlich verstandenen Inhalten zur sittlichen wie politischen Bildung der Schüler beitragen sollte, und zwar in einem autoritär-konservativen Sinn (vgl. Kipf 1999, 266–283 zu Herodot; Kipf 2006b, 150–169 zu Livius; Kipf 2006b, 393–440 zu Caesar). Auch hier zeigt sich erneut die prägende Funktion der Fachwissenschaft: Die didaktische Reflexion über die Livius-Lektüre erfolgte in enger Anlehnung an die Ergebnisse wissenschaftlicher Forschung, sodass fachwissenschaftliche und fachdidaktische Argumentation eine Einheit bildeten. Wenn von philologischer Seite betont wird, dass bereits der antike Leser durch die livianische Geschichtsschreibung veranlasst worden sei, sich anhand historischer „Modellfälle" zu sittlichen, religiösen und politischen Fragen zu positionieren, und darin auch Livius' „lebensformende Aktualität" (Burck 1957, 70) liege, wurde dies von den ausschließlich schulisch verankerten Methodikern gerne aufgenommen und entsprechend verwertet. So sollten bei der Livius-Lektüre „herausragende Persönlichkeiten der römischen Geschichte als positiv verstandene Modellfälle menschlicher Verhaltensweisen gegenüber einer von Utilitarismus, Materialismus und Werteverfall geprägten Gegenwart interpretiert" werden. „Eine kritische Annäherung an Livius' Werk war dagegen unerwünscht und wurde als didaktisch unergiebig und moralisch unstatthaft abgelehnt, da Livius nicht nach Maßstäben moderner Historiographie beurteilt werden dürfe" (Kipf 2006b, 174).

Insgesamt kommt es zu einer weiteren Aufwertung der Interpretation in der didaktischen Theorie: Sie wird zur maßgeblichen Zielleistung des Lektüreunterrichts, aus der dann weitreichende Bildungsziele abgeleitet werden, die sich jedoch als problematisch erweisen: „Immer wieder wurden höchst fragwürdige Alleinvertretungsansprüche auf eine menschliche, kulturelle und historische

Fundamentalbildung erhoben, der immanent oder explizit der Glaube an die grundsätzliche wertbezogene Modell-, d. h. Vorbildfunktion der Antike und des alt-sprachlichen Unterrichts zu Grunde liegt" (Kipf 2006b, 121). Zudem dürfte Krügers minimalistischer Interpretationsbegriff dafür gesorgt haben, dass die Lektüre nur als Steinbruch grammatischer Arbeit erfolgte (vgl. Kipf 2006b, 122–124).

7 Lektüredidaktik im Zeichen der ‚kopernikanischen Wende'

Zu Beginn der 1970er Jahre kam es im Rahmen der lernzielorientierten Curriculumreform zu einer existenzbedrohenden Krise für den altsprachlichen Unterricht, die jedoch einen der größten Innovationsschübe innerhalb der Geschichte des altsprachlichen Unterrichts auslöste, die als ‚kopernikanische Wende' bezeichnet wurde (vgl. Kipf 2006b, 176–185). Eine Grundvoraussetzung hierfür bildete die Ablösung einer eher anekdotischen Fachmethodik hin zu einer wissenschaftlichen Fachdidaktik, die sich als anwendungsorientierte, zwischen Erziehungswissenschaft und Fachwissenschaft angesiedelte Disziplin versteht, „deren Forschungsgegenstand prinzipiell jeder Unterricht in den Fächern Latein und Griechisch im gesamten Schul- und Bildungswesen ist, sowohl im deutschen Sprachraum als auch in anderen Ländern, in Geschichte und Gegenwart." Im Vordergrund steht die Aufgabe, „diesen Unterricht im Interesse der Lernenden wissenschaftlich zu begründen und [...] zu verbessern. Hierzu gehört auch, Perspektiven und Konzepte für die künftige Entwicklung des altsprachlichen Unterrichts auszuarbeiten" (Glücklich 1986, 61). Es kann daher nicht überraschen, dass seit dem Ende der 1960er bis in die 1970er Jahre neben zahlreichen Artikeln zu Spezialfragen des Lektüreunterrichts diverse didaktische Standardwerke publiziert wurden, in denen der Lektüredidaktik große Aufmerksamkeit gewidmet wurde (u. a. Krefeld 1968; Nickel 1974; Fuhrmann 1976, Glücklich 1978; Maier 1984; Maier 1985). Erstmals in der Geschichte der didaktischen Reflexion über antike Literatur wird dezidiert eine „Theorie des Lektüreunterrichts" (Maier 1984) entworfen, die von der Praxis deutlich emanzipiert (vgl. Maier 1985) wurde und sich systematisch den Erkenntnissen anderer Disziplinen öffnete (u. a. Literaturtheorie, Modelltheorie, Gymnasialtheorie, Unterrichts- und Medientheorie, Entwicklungspsychologie), um von den weiteren, „außerhalb des Faches liegenden Zusammenhänge[n] her den Sitz des Lateinischen im Leben unserer Zeit [...] zu erkennen und zu begründen" (Maier 1984, 17). Gleichwohl sollen Didaktik und Methodik eng aufeinander bezogen werden (vgl. Maier 1984, 16, Anm. 23).

Dieses neue Selbstverständnis führte zur nachhaltigen Aufwertung und Entwicklung didaktischer Theorie und darauf aufbauend zu einer völligen didaktischen Umorientierung. So wurde auf der Grundlage einer empirisch validierten Revision der Fachleistungen des Lateinunterrichts und der umfassend rezipierten Lernzieltheorie die sogenannte DAV-Matrix entwickelt, die das theoretische Konstrukt eines multivalenten Lateinunterrichts (Sprache, Literatur, Gesellschaft – Staat – Geschichte, Grundfragen menschlicher Existenz) darstellt und nachhaltig zur theoretischen wie praktischen Revision des altsprachlichen Unterrichts beitrug (vgl. Kipf 2006b, 193–213). Von exemplarischer Bedeutung für diesen Wandel ist die Rolle der Interpretation, die nun zwangsläufig über Krügers minimalistisches Verständnis deutlich hinausgeht. Sie bildete das Zentrum des didaktischen Diskurses und wurde von der Übersetzung nachhaltig emanzipiert, wie man an der großen Fülle grundlegender Publikationen erkennen kann (vgl. Müller und Schauer 1994, 174–176). Interpretation galt nunmehr als das „entscheidende hermeneutische Verfahren, um im Zusammenspiel einer philologisch fundierten Textanalyse und einer sich anschließenden pädagogischen Interpretation einen bildungswirksamen Zugang zu den lateinischen und griechischen Texten zu ermöglichen" (Kipf 2006b, 445–446). Grundsätzlich bleibt dabei das enge Zusammenspiel von Sprache und Inhalt erhalten; daher wird auch der traditionelle Terminus Lektüreunterricht nicht verändert. Das Konzept eines Literaturunterrichts, der diese Verbindung zu lockern versucht, kann sich hingegen nicht durchsetzen (vgl. Maier 1984, 99–100).

Interpretation geht nunmehr über die lückenlos abschließende, das heißt fachwissenschaftlich immanente Textklärung hinaus. Vielmehr erfordert Interpretation zugleich eine subjektive, an der Existenz des Schülers orientierte Textarbeit. Interpretation wird somit auch pädagogisch determiniert: „Der Interpretierende wird zur *Stellungnahme* herausgefordert; er soll seine eigenen Erfahrungen und Urteile in den Verstehensakt einbringen und in Frage stellen. Die pädagogische Interpretation konfrontiert den Schüler mit ‚Grundfragen menschlicher Existenz'" (Nickel 1982a, 31). Hierbei zeigt sich eine bis dahin weitgehend unübliche Öffnung hin zu den Erziehungswissenschaften: Heinrich Roth hatte darauf aufmerksam gemacht, dass sich ein Schüler erst bei persönlicher Betroffenheit mit einem Inhalt erfolgreich auseinandersetzt und man daher einen Unterrichtsstoff „so in den Horizont des Kindes bringen [müsse], daß es sie als seine Sache ansieht" (Roth [13]1971, 234). Die Interpretation verliert dabei ihren normhaften Charakter, da Schadewaldts Konzept der Antike als (inhärent vorbildliches) Modell nunmehr durch das eminent fruchtbare Konstrukt des Denkmodells ersetzt wird, das der exemplarischen Problemdarstellung dient. Denkmodelle bergen keine ewigen Wahrheiten, sondern bedürfen der Verifikation und kritischen Prüfung. Sie zielen nicht darauf ab, die antiken Texte zu idealisieren (vgl. Kipf 2006b, 356).

Daran zeigt sich ein zentrales Merkmal einer wissenschaftlichen Didaktik, die nun auch zu einer neuen, ideologiekritischen Auseinandersetzung mit den traditionellen Inhalten des Lektüreunterrichts bereit ist.

Für diese als notwendig erkannte Öffnung des Lektüreunterrichts hin zur Lebenswirklichkeit des Schülers wurden verschiedene didaktische Modelle entwickelt. Wieder bildet dabei ein Konzept aus der Fachwissenschaft den theoretischen Rahmen. Mit der ungemein produktiven These von der Antike als dem „nächsten Fremden" wies der Gräzist Uvo Hölscher den antiken Stoffen einen Bildungswert zu, der mit einem wissenschaftlich und pädagogisch überholten Klassizismus nichts mehr zu tun hatte: „Rom und Griechenland sind uns das *nächste Fremde*, und das vorzüglich Bildende an ihnen ist nicht sowohl ihre Klassizität und ‚Normalität', sondern daß uns das Eigene dort in einer anderen Möglichkeit, ja überhaupt im Stande der Möglichkeiten begegnet" (Hölscher 1965, 81). Von dieser Grundlage wurden verschiedene Konstrukte abgeleitet: Die Antike wird als Gegenbild zur Gegenwart verstanden, sodass die Aktualität der Gegenwart durch die Fremderfahrung gebrochen und relativiert werden könne (vgl. Barié 1979; Klowski 1975; Klowski 1991; Munding (1985) entwirft das Konzept des sogenannten existenziellen Transfers, bei dem das historische Sinnpotenzial antiker Texte genutzt wird, das immer wieder reaktualisiert werden und zu einem besseren Verständnis der eigenen persönlichen wie gesellschaftlichen Situation führen kann (vgl. Kipf 2006b, 353–354). Als besonders einflussreich erwies sich das Konzept der sogenannten Historischen Kommunikation, dessen Nähe zu Hölschers Konzept leicht erkennbar ist: „Historische Kommunikation meint den dialogischen Umgang mit Texten, die durch Fremdheit und historische Distanz gekennzeichnet sind, die aber durch die Beschäftigung in den eigenen Bewußtseinshorizont überführt werden und unmittelbare Betroffenheit hervorrufen" (Maier 1997, 325). Gleichzeitig macht sich im Bereich der Interpretation die Tendenz zur Verwissenschaftlichung der Fachdidaktik auch daran bemerkbar, dass Theorien der sich sprunghaft entwickelnden Textlinguistik und Literaturwissenschaft produktiv in den Diskurs eingebunden werden. Sichtbarster Ausdruck für diese Öffnung ist die Textgrammatik *Interpretatio* (Glücklich et al. 1980), die erstmals Textlinguistik und Literaturwissenschaft für die Interpretation im altsprachlichen Unterricht systematisch erschloss, allerdings wohl ohne nachhaltigen Erfolg in Theorie und Praxis.

Ähnliche Entwicklungen lassen sich auch im Bereich der Kanondiskussion feststellen. Ausgehend von Fuhrmanns Konzept einer Klassischen Philologie, deren wissenschaftlicher Verantwortungsbereich nicht nur den „Guckkasten Antike" (Fuhrmann 1976), sondern die gesamte Latinität in Mittelalter und Neuzeit umfasst, wird nicht nur der Kanon erheblich ausgeweitet, sondern der lateinische Lektüreunterricht unter einem neuen bildungstheoretischen Konstrukt legitimiert. Lateinunterricht ist das „Schlüsselfach der europäischen Tradition" (Fuhrmann 1976). Die bildungstheoretische Tragweite dieses Ansatzes ist nicht zu unterschätzen, da erstmals seit dem Neuhumanismus konsequent von klassizistischen Ordnungsprinzipien Abstand genommen wurde. Allerdings ist davon auszugehen, dass Theorie und Praxis keine Einheit bildeten: Trotz scharfer Kritik an traditionellen Autoren kam es nicht zu deren Dekanonisierung (z. B. Caesar), sondern zu einer behutsamen Erweiterung des traditionellen Kanons (vgl. Kipf 2006b, 370–392). Gleichzeitig ist eine deutliche Differenzierung der Lektüreformen festzustellen; anstelle der bisherigen Monokultur der Autoren- beziehungsweise Werklektüre gewinnen gattungsbezogene und vor allem thematische Formen erheblich an Einfluss.

Als wichtiger Ausdruck der Verwissenschaftlichung der Fachdidaktik und ihrer Fähigkeit zur Ideologiekritik entwickelt sich – fast einhundert Jahre nach Eckstein – seit dem Ende der 1960er Jahre eine historische Fachdidaktik. Sie soll nicht allein historische Kenntnisse über den altsprachlichen Unterricht fördern, sondern auch die Theoriebildung unterstützen: „Diese Hinwendung zur *geschichtlichen* Dimension ist von der Überzeugung motiviert, daß Fragestellungen und Lösungen der Vergangenheit grundsätzlich als potentielle Träger unausgeschöpfter Erklärungsmöglichkeiten anzusehen sind [...]. Die Didaktik benutzt historiographische Rekonstruktionen, um mit ihnen tragfähige didaktische Konstruktionen zu errichten" (Nickel 1982b, 9). Dies führte über einen Zeitraum von über 30 Jahren zur Entstehung verschiedener Studien, in denen der altsprachliche Unterricht in Bezug auf Theorie und Praxis zum Teil eingehend historisch beleuchtet wurde (z. B. Bauder 1998; Beims 2015; Brüssel 2018; Fritsch 1985; Fuhrmann 2001; Kipf 1999; Kipf 2006b; Kranzdorf 2018; Landfester 1988; Nickel 1970, Nickel 1972; Preuße 1988; Töchterle 1978; Westphalen 2001, Wiersing 2001). Dabei kommt es zum Teil zu einer interdisziplinären Verbindung aus Elementen der Geschichte der Klassischen Philologie, des altsprachlichen Unterrichts sowie der historischen Erziehungswissenschaft.

8 Lektüredidaktik unter den Zeichen der Kompetenzorientierung

Seit den 1990er Jahren erreichten die Publikationen zum lateinischen Lektüreunterricht eine einzigartige Fülle (vgl. Kipf und Schauer 2011, 211–328). Allerdings handelte sich dabei zumeist um themenorientierte Unterrichtsvorschläge beziehungsweise um Schultextausgaben, die sich vor allem durch ihren starken, bisweilen historisch nicht unproblematischen Gegenwartsbezug auszeichnen.

Beiträge zur Theoriebildung blieben dagegen die Ausnahme – ein Mangel, der sich insbesondere im Rahmen der Umorientierung von der Lernziel- zur Kompetenzorientierung bemerkbar machte und dazu führte, dass die seit den 1970er Jahren grundlegende DAV-Matrix nicht überzeugend ersetzt werden konnte (vgl. Kipf 2012). Trotz umfangreicher Versuche, einen auf Mittelalter und Neuzeit ausgedehnten Kanon zu implementieren, erfolgte im Gegensatz zu den 1970er Jahren keine grundsätzliche Kanondebatte, da durch das in fast allen Bundesländern etablierte Zentralabitur ein auf Vergleichbarkeit ausgerichteter, klassizistischer Kanon festgeschrieben wurde. Die in der didaktischen Theorie als wünschenswert bezeichnete Öffnung des Kanons wurde durch bildungspolitische Vorgaben somit weitgehend verhindert.

Des Weiteren wurde versäumt, die so fruchtbare, jedoch lernzielorientierte DAV-Matrix in ein kompetenzorientiertes Modell mit ähnlicher Verbindlichkeit für die Unterrichtsentwicklung zu übersetzen: Man orientierte sich an den Kompetenzbereichen der Einheitlichen Prüfungsanforderungen in der Abiturprüfung (EPA) „Sprache – Text – Kultur", wobei der in der DAV-Matrix ehemals prominent ausgewiesene Inhaltsbereich „Literatur" nur noch in der unscharfen Kategorie „Kultur" verborgen wird, da dieser unter den Vorgaben der prozess- und outputorientierten Kompetenzorientierung nicht mehr systemadäquat erschien und mit totem Handbuchwissen gleichgesetzt wurde. Dabei kann der Bereich Text keine genuine Literaturkompetenz ersetzen, da unter Textkompetenz lediglich eine als funktional determinierte Fähigkeit zur Erschließung lateinischer Texte verstanden wird (vgl. Kipf 2012, 71). Diese didaktische Geringschätzung schafft erhebliche Probleme für den Lektüreunterricht, zumal dann, wenn die Beschäftigung mit Literatur von der funktionsgerechten Anwendung methodischer Kompetenzen ohnehin überlagert zu werden droht (etwa bei Keip und Doepner 2010 und Göttsching und Marino 2017) und im schlimmsten Fall (wie in den modernen Fremdsprachen) ihre Funktion als zentraler Bildungsgegenstand verlieren oder sogar überflüssig werden könnte (vgl. Kuhlmann 2010, 12–13).

Zur Füllung dieser didaktischen Leerstelle wurden verschiedene Publikationen vorgelegt, um die Beschäftigung mit Literatur in ein kompetenzorientiertes Unterrichtsmodell einzufügen. Dabei zeigt sich eine deutliche Öffnung hin zur allgemeinen Literaturwissenschaft sowie zur Didaktik der modernen Fremdsprachen beziehungsweise des Deutschunterrichts. So wird nun erstmals systematisch von einer Literaturdidaktik gesprochen (vgl. Kuhlmann 2010), ohne sie jedoch explizit von der bisherigen Lektüredidaktik abzugrenzen. Sie geht jedoch auch weiterhin von der engen Verbindung von Sprache und Inhalt aus, beruht auf gängigen Interpretationsmodellen wie der Historischen Kommunikation, legt jedoch erstmals systematisch-literaturwissenschaftliche Theorien für die Interpretation lateinischer Originaltexte zugrunde, etwa für die Analyse verschiedener Gattungen (z. B. narrative Texte, kleine poetische Formen, rhetorische Texte). Zentral ist in diesem Zusammenhang eine „Textkompetenz im Literaturunterricht" (Kuhlmann 2010, 29), die auf funktionaler Ebene Kenntnisse und Fähigkeiten zur Entschlüsselung literarischer Texte definiert.

Die als Alternative vorgeschlagene Literaturkompetenz (vgl. Kipf 2015) geht in Adaption literaturwissenschaftlicher und deutschdidaktischer Konzepte darüber hinaus und legt einen stärkeren Schwerpunkt auf affektive, ästhetische und metakognitiv-reflektierende Elemente. Literarisches Lernen soll nicht auf eine funktionale Literaturbetrachtung beschränkt bleiben, sondern „muss neben der genauen sprachlichen Wahrnehmung der Texte auch das subjektive Erleben der Schülerinnen und Schüler angemessen einbeziehen und beide Pole in ein ausgeglichenes Verhältnis bringen" (Kipf 2015, 80). Eine auf Funktionalität gerichtete Textkompetenz dürfte lediglich darauf abzielen, eine im traditionellen Sinne abschließende, vermeintlich gültige Interpretation zutage zu fördern. Dagegen können durch die didaktische Würdigung der „Unabschließbarkeit des Sinnbildungsprozesses" (Kipf 2015, 78–79) bei der Rezeption von Literatur deutlich offenere Interpretationszugänge und -ergebnisse zum Zuge kommen, als es bisher in der Didaktik des Lektüreunterrichts üblich war.

Weiterführende Literatur

Apel, Hans Jürgen und Stefan Bittner (1994). *Humanistische Schulbildung 1890–1945. Anspruch und Wirklichkeit der altertumskundlichen Fächer.* Köln/Weimar/Wien.
Fritsch, Andreas (2006). „Die Entwicklung der Didaktik des altsprachlichen Unterrichts im Nationalsozialismus". *Fremdsprachendidaktik im 20. Jahrhundert. Konstituierung einer wissenschaftlichen Disziplin im Spannungsfeld von Theorie und Praxis.* Hrsg. von Sabine Doff und Anke Wegner. München: 209–224.
Fuhrmann, Manfred (2001). *Latein und Europa. Geschichte des gelehrten Unterrichts in Deutschland von Karl dem Großen bis Wilhelm II.* Köln.
Kipf, Stefan (2006). *Altsprachlicher Unterricht in der Bundesrepublik Deutschland. Historische Entwicklung, didaktische Konzepte und methodische Grundfragen von der Nachkriegszeit bis zum Ende des 20. Jahrhunderts.* Bamberg.
Landfester, Manfred (2006). „Die Altertumswissenschaft in Berlin um 1800". *Altertumswissenschaften in Berlin um 1800 an Akademie, Schule und Universität.* Hrsg. von Bernd Seidensticker und Felix Mundt. Berlin: 11–38.
Paulsen, Friedrich (^{3}1919). *Geschichte des gelehrten Unterrichts.* Band 1. Hrsg. von Rudolf Lehmann. Berlin.
Paulsen, Friedrich (^{3}1921). *Geschichte des gelehrten Unterrichts.* Hrsg. von Rudolf Lehmann. Berlin.

Anja Ballis und Vesna Bjegac
II.2 Literatur im Deutschunterricht des 19. und 20. Jahrhunderts

1 Phasen historischer Entwicklung: Literaturunterricht im Spannungsfeld von Tradition und Reform

Literaturunterricht an allgemeinbildenden Schulen ist eng verbunden mit der Institutionalisierung des muttersprachlichen Unterrichts – des Deutschunterrichts. In der zweiten Hälfte des 18. Jahrhunderts findet der Deutschunterricht als ein eigenständiges Fach im höheren Schulwesen seinen Platz (Frank 1973, 93). In diesem Jahrhundert erfährt das Deutsche insgesamt eine Aufwertung: In Unterricht, Wissenschaft und Literatur wird die Vormachtstellung des Lateinischen infrage gestellt (Frank 1973, 77). In dem sich herausbildenden muttersprachlichen Unterricht gilt Literatur jedoch nicht zwingend als selbstverständlicher Unterrichtsgegenstand (Frank 1973, 153 und 217). Erst im Laufe des 19. Jahrhunderts kann die Rede „von einem Unterricht [sein], in dem es um das Verständnis literarischer Texte geht" (Boueke 1971, 4).

Im Folgenden soll die historische Entwicklung und Institutionalisierung des Deutsch- und im Besonderen des Literaturunterrichts im 19. und beginnenden 20. Jahrhundert kursorisch nachgezeichnet werden, wobei gesellschaftliche Entwicklungen zu berücksichtigen sind. Der Fokus liegt auf dem höheren Schulwesen. Es werden rechtliche Vorgaben, didaktische Konzepte sowie politische und gesellschaftliche Umstände berücksichtigt. Aufgrund der Überlieferungsgeschichte, die Lehrpläne, Lesebücher, Artikel aus pädagogischen Zeitschriften bereithält, kann nur in Ansätzen die Sicht der Akteure – Lehrkräfte und Schüler – berücksichtigt werden.

Erste Hälfte des 19. Jahrhunderts bis zur Gründung des Kaiserreichs: Lektüre und Deutschunterricht

Die institutionelle Verankerung des Deutschunterrichts an höheren Schulen vollzieht sich im Zuge der preußischen Reformen zu Beginn des 19. Jahrhunderts. Angesichts der französischen Besatzung soll eine Neuordnung und Modernisierung des Staates und in diesem Zusammenhang auch eine Vereinheitlichung und

Standardisierung der Bildung erfolgen (Lüke 2007, 67–68). Ein Ergebnis dieser unter Leitung von Wilhelm von Humboldt (1767–1835) durchgeführten Schul- und Bildungsreform ist die Prüfungsordnung von 1812, die Inhalte der Abiturprüfung festlegt und erstmals explizit Kenntnisse über Literaturgeschichte und die „vorzüglichsten Schriftstellern der Nation" (Demel und Puschner 1995 [1812], 377) zur Erlangung des Abiturzeugnisses voraussetzt (Jäger 1981, 48).

Diese Prüfungsordnung kann aber nicht darüber hinwegtäuschen, dass der Deutschunterricht und in diesem die deutschsprachige Literatur als eigenständiger Bestandteil des Unterrichts bis in die zweite Hälfte des 19. Jahrhunderts umstritten sind und unter einem Legitimationszwang stehen (Lüke 2007, 72–73). Dies lässt sich insbesondere an den Lehrplandiskussionen in Preußen und Bayern veranschaulichen. Der von dem Schulreformer und Pädagogen Johann Wilhelm Süvern (1775–1829) konzipierte preußische Lehrplan von 1816, der eine Aufwertung des Faches Deutsch und eine erhebliche Erhöhung der Deutschstunden beinhaltete, kann sich nicht durchsetzen. In Bayern wird ein eigenständiger Deutschunterricht im Lehrplanentwurf für das Gymnasium von 1829 als überflüssig erachtet. Auch wenn dieser Entwurf 1830 modifiziert und der Deutschunterricht in Bayern mit eigenen Schulstunden versehen wird, so hat der Deutschunterricht über das gesamte 19. Jahrhundert hinweg die Stellung eines Nebenfachs inne, während Latein und Griechisch die zentralen Fächer auf den preußischen und bayerischen Gymnasien bleiben (Ernst 1977, 84–86 und 90; Jäger 1981, 65–69; Paefgen 2006, 2–3). Ein Grund für diese Vorrangstellung der altsprachlichen Fächer liegt nicht nur in ihrer langen Tradition, sondern auch in dem Beitrag, der ihnen und insbesondere dem Griechischen zur allgemeinen Menschenbildung zugeschrieben wird (Frank 1973, 242–245; Lüke 2007, 68–79).

Aus diesem Grund dienen die altsprachlichen Fächer im 19. Jahrhundert auch als Folie für den muttersprachlichen Unterricht (Erlinger und Knobloch 1991, 1). Dem Griechisch- und vor allem dem Lateinunterricht folgend werden literarische Texte in deutscher Sprache als Muster genutzt, an denen sich Schüler bei ihren mündlichen und schriftlichen Produktionen orientieren sollen. Damit wird Literatur primär zum Zweck der Rhetorik- und Stilbildung eingesetzt (Abraham und Kepser 2009, 122–123). Gegenüber einer intensiveren Beschäftigung mit deutschsprachiger Literatur im Unterricht werden zahlreiche Vorbehalte geäußert. Sie wird den Schülern daher zur Privatlektüre empfohlen. Gängige Meinung ist, dass im Gegensatz zur Übersetzung altsprachlicher Texte bei deutschsprachiger Literatur keine Anstrengung oder Verstehensleistung erforderlich sei (Frank 1973, 260–261; Paefgen 2006, 3). Im Jahr 1837 warnt der Pädagoge Johann Heinrich Deinhardt (1805–1867) davor, die Lektüre altsprachlicher zugunsten deutschsprachiger Schriftsteller zu vernachlässigen. So entstehe in den Schülern „jenes schöngeistige, süßliche, sentimentale, geistreich und gefühlvoll sich gebehrdende Wesen, welches zu nichts Ernstem und Tüchtigem nütze ist, sondern nur in Resourcen und Theegesellschaften gehört, wo über Theater, Schiller, Goethe und dergleichen viel gesprochen und nichts entschieden wird" (Deinhardt 1837, 143).

Im Vormärz ändert sich der Umgang mit Literatur im Unterricht. Deutschsprachige Literatur wird nicht nur als Mittel formal-sprachlicher Schulung herangezogen, sondern es kommt mit der Literaturgeschichte eine historische Betrachtung hinzu (Jäger 1981, 48 und 124). Lesebücher mit biografisch-bibliografischen Anmerkungen und Literaturgeschichten halten Einzug in den Unterricht. Die erste allgemeine deutsche Literaturgeschichte wird auch von einem preußischen Pädagogen 1827 herausgebracht. Karl August Kobersteins (1797–1870) *Grundriß der Geschichte der deutschen National-Literatur* wird mehrmals verlegt und 1847 zu einem dreibändigen Nachschlagebuch erweitert (Abraham und Kepser 2009, 116–117; Frank 1973, 277). Bis zum Ende des 19. Jahrhunderts erscheinen circa 100 verschiedene Literaturgeschichten, die für Schulen bestimmt sind (Rauch 2011, 180). Diese historische Ausrichtung des Literaturunterrichts ist kritisch zu betrachten, da von Anfang an die Literaturgeschichte für eine nationale Bildung funktionalisiert wird. Eine Orientierung am Begriff der Nation lässt sich bereits an vielen Titeln erkennen. Im Fokus der Literaturgeschichten stehen – wie es Koberstein beispielsweise formuliert – solche Werke, die „sowohl ihrer Form, wie ihrem inneren Wesen nach ein eigenthümlich deutsches Gepräge an sich tragen" (Koberstein 1837, 1). Ziel der Thematisierung einer solchen Nationalliteratur im Unterricht ist es, das Hineinwachsen der Schüler in die deutsche Nation zu ermöglichen (Jäger 1981, 39). Literaturgeschichte fungiert wohl darüber hinaus aufgrund der geringen Wochenstundenzahl des Deutschunterrichts als Lektüreersatz (Rauch 2011, 180) und ermöglicht es, die für das bürgerliche Leben relevanten Bildungsgüter zu vermitteln. Literatur dient dem Bürgertum als Distinktionsmerkmal gegenüber Adel und Arbeiterklasse. Um in der bürgerlichen Gesellschaft bestehen zu können, ist im 19. Jahrhundert ein umfangreiches literarisches Wissen unverzichtbar (Gans 1991, 13–14).

Gerade diese mit der Literaturgeschichte einhergehende Gefahr der Vernachlässigung der literarischen Werke führt zu Einwänden, die auch in die staatlichen Verordnungen aufgenommen werden. Die preußischen Prüfungsordnungen für die Real- und höheren Bürgerschulen von 1859 und für das Gymnasium von 1862 nehmen eine Einschränkung der Literaturgeschichte im Unterricht vor (Frank 1973, 280–284). Einige Jahre zuvor entstehen erste literaturdidaktische Konzepte, die eine ästhetische Auseinandersetzung mit der Literatur fordern. Fast gleichzeitig erscheinen Robert Heinrich Hieckes (1805–1861) *Der deutsche Unterricht auf deutschen Gymnasien* (1842) und Karl Eduard Philipp Wackernagels (1800–1877) *Der Unterricht in der Muttersprache* (1843). Die beiden Pädagogen gelten in der Disziplingeschichte als „die beiden ersten deutschen Literaturdidaktiker" (Paefgen

2006, 6). Sowohl Hiecke als auch Wackernagel setzen sich für einen Literaturunterricht ein, in dem Texte deutschsprachiger Schriftsteller gelesen werden. Hiecke sieht die Notwendigkeit, deutschsprachige Texte im Unterricht intensiv zu besprechen, da diese genauso wie fremdsprachliche Texte Verstehensschwierigkeiten aufweisen können (Paefgen 2006, 3–4). Wackernagel lehnt hingegen einen analytisch-reflektierten Umgang mit der Literatur im Unterricht ab. Stattdessen plädiert er für emotionale Involviertheit, die ausgehend vom wiederholten und lauten Lesen erfolgen soll (Frank 1973, 300–303). Wie näher auszuführen sein wird (vgl. Kap. II.3.2), können von den von ihnen konzipierten Lesebüchern langanhaltende Konzepte für die Vermittlung von Literatur herausdestilliert werden.

Kaiserreich (1871–1918): Literatur und Nationalstaat

Mit der Gründung des deutschen Nationalstaats 1871 und den wirtschaftlichen Veränderungen in der zweiten Hälfte des 19. Jahrhunderts werden institutionelle und nationale Aspekte in der Diskussion um den Deutschunterricht virulent. Eine erstarkende Industrialisierung, der Übergang von Agrar- zum Industriestaat und damit verbundene gesellschaftliche Veränderungen führen unter anderem dazu, dass die neuhumanistische, von Latein und Griechisch dominierte Bildung des Gymnasiums in Kritik gerät. Forderungen nach praxisnäherer Ausbildung mit stärkerer Berücksichtigung der neuen Sprachen und Naturwissenschaften werden laut. Im Gegensatz zu Humboldts Erziehungsideal einer allgemeinen Menschenbildung wird im Kaiserreich eine ökonomische Perspektive auf Erziehung und Bildung relevant (Lüke 2007, 93–99). Die Realgymnasien und Oberschulen, die keinen oder kaum Lateinunterricht und stattdessen eine höhere Anzahl von Deutschstunden als Gymnasien aufweisen, gewinnen an Bedeutung. Ihren Absolventen wird auf der Schulkonferenz von 1900 der Zugang zu einem Universitätsstudium ermöglicht. Die Ausbreitung der Realgymnasien und Oberschulen tragen auf diese Weise erheblich zu einer weiteren Institutionalisierung des Deutsch- und Literaturunterrichts im höheren Schulwesen bei (Ernst 1977, 86–88; Jäger 1981, 37; Paefgen 2006, 8).

Nationale Bildung, die im Kaiserreich zunehmend als Aufgabe der Schule identifiziert wird, befördert zudem die Aufwertung der an Realien orientierten Bildungsinstitutionen. Da die für die nationale Bildung wichtigen Fächer, Deutsch und Geschichte, an Realgymnasien und Oberschulen einen höheren Stellenwert als an Gymnasien haben, bieten sich diese Bildungsinstitutionen eher für die nationale Ausrichtung der Erziehung an (Ernst 1977, 88). Aber auch in Bezug auf das Gymnasium wird die Forderung erhoben, den Deutschunterricht für politische Erziehungsaufgaben in den Dienst zu nehmen. Dies bringt Kaiser

Wilhelm II. in seiner viel zitierten Rede bei der Eröffnung der Schulkonferenz von 1890 zum Ausdruck: „Am Gymnasium fehlt es an der nationalen Basis. Wir müssen als Grundlage für das Gymnasium das Deutsche nehmen, wir sollen nationale junge Deutsche erziehen und nicht junge Griechen und Römer" (Wilhelm II. 1890, 72). Solche nationalen Töne finden Eingang in didaktische Überlegungen zum Literaturunterricht. Bereits Hiecke legitimiert den Einsatz von deutschsprachiger Literatur im Unterricht unter anderem damit, dass die Schüler durch diese „in ein bewußteres geistiges Verhältniß zu ihrer Nation sich hineinleben, und mit dieser inniger und fester zusammenwachsen" (Hiecke 1842, 64; hierzu auch Kämper-van den Boogaart 2010, 13). Im Kaiserreich werden diese Tendenzen stärker in den Vordergrund gerückt und in vielen konzeptuellen Schriften zum Literaturunterricht reflektiert. Vor allem die 1887 gegründete *Zeitschrift für den deutschen Unterricht* dient als Vehikel zur Verbreitung einer nationalen Erziehung, die auf einer „radikalen Volkstumsideologie" beruht und „nur das als Wahr und lebenswert betrachtet, was die Kräfte des Volkes geschaffen haben" (Ernst 1977, 218). Dabei gibt es unter der Bezeichnung „Deutschkunde" Tendenzen, nationale Bildung nicht nur mithilfe der deutschen Sprache und Literatur und damit des Deutschunterrichts voranzutreiben, sondern auf alle kulturellen Erscheinungsformen auszuweiten. Die *Zeitschrift für den Deutschunterricht* ist eng mit der Gründung des Germanistenverbandes verwoben, zu dem sich im Jahr 1912 Gymnasiallehrer und Universitätslehrer zusammenschließen. Erklärtes Ziel ist, für die Deutschkunde eine wissenschaftliche Basis zu schaffen, die sich auf die Lehrerausbildung und somit auch auf die Schule auswirken soll: „Deutschforschung" soll in allen wissenschaftlichen Disziplinen verankert werden und davon ausgehend in allen Schulfächern eine deutsch-völkische Ausrichtung erfolgen (Frank 1973, 522, 527–532; Paefgen 2006, 13–14).

Solche Überlegungen ziehen Kritik nach sich. Autoren – wie beispielsweise der Germanist Konrad Burdach (1859–1936) – stellen zwar nicht grundsätzlich die Bedeutung des Deutschunterrichts für nationale Erziehung infrage, aber sie lehnen eine Übersteigerung der völkischen Ideologie im Deutschunterricht ab (Frank 1973, 548–552). Ein Indiz dafür, dass eine solche Kritik möglicherweise nicht nur die Meinung Einzelner darstellt, ist der Umgang mit der oben angeführten Forderung Kaiser Wilhelms II. nach einer Vorrangstellung des Deutschunterrichts am Gymnasium. Als auf der Schulkonferenz von 1890 über eine Reform des Gymnasiums und des Abiturs beraten wird, spielen diese Forderungen in den weiteren Sitzungen kaum eine Rolle.

Festzuhalten bleibt, dass trotz einiger Vorbehalte an der nationalen Ausrichtung der Bildung und insbesondere des Deutschunterrichts in den Lehrplänen von 1892 die Latein- und Griechischstunden auf Gymnasien reduziert und die Deutschstunden auf Gymnasien, Realgymnasien und Oberschulen leicht erhöht werden.

Zudem wird die Verknüpfung zwischen Deutschunterricht und nationaler Erziehung in den Lehrplänen fixiert. Lehrkräfte bekommen die Aufgabe, „gestützt auf tieferes Verständnis unserer Sprache und deren Geschichte, getragen von Begeisterung für die Schätze unserer Litteratur und erfüllt von patriotischem Sinn, die empfänglichen Herzen unserer Jugend für deutsche Sprache, deutsches Volkstum und deutsche Geistesgröße zu erwärmen" (Lehrplan von 1892, 19).

Wenn bisher von höheren Bildungsinstitutionen die Rede war, so bezog sich dies auf die höhere Schulerziehung der Jungen. Ende des 19. und Anfang des 20. Jahrhunderts werden auch die höheren Mädchenschulen reformiert. Ab 1908 wird es in Preußen den Schülerinnen ermöglicht, die Hochschulreife zu erlangen. Im Gegensatz zu den höheren Knabenschulen, bei denen der Lateinunterricht auf dem Gymnasium und Realgymnasium und der Französisch- und Mathematikunterricht auf der Oberschule die dominanten Fächer darstellen, entfallen auf den höheren Mädchenschulen die meisten Unterrichtsstunden auf das Fach Deutsch. Der Literaturunterricht weist neben einigen Parallelen vor allem einige entscheidende Unterschiede zu den Knabenschulen auf. Ausgehend von Lesebüchern zwischen 1871 und 1915 ist ein Unterschied im Lesestoff kaum feststellbar (Mikota 2006, 210). Schriftstellerinnen werden in den Mädchenschulen genauso wie in den Jungenschulen, wenn überhaupt, nur am Rande berücksichtigt. Die nationale Erziehung als Aufgabe des Literaturunterrichts ist eine weitere Gemeinsamkeit. Eine „frauenspezifische" sittlich-religiöse Erziehung, die einer Denkschulung gegenübergestellt wird, stellt hingegen eine Besonderheit des Literaturunterrichts an den Mädchenschulen dar. Ein analytischer Umgang mit den Texten wird für Mädchen abgelehnt. Stattdessen dient der Deutschunterricht der Erziehung der Mädchen „zu echter Weiblichkeit" (Die Neuordnung des höheren Mädchenschulwesens von 1894, zit. n. Mikota 2006, 205). Dabei ist die Lektüre der Schülerinnen, die vor der als schädlich eingestuften „Backfischliteratur" bewahrt werden sollen, einer strengeren Kontrolle unterworfen als die der Jungen. Auf diese Weise wird im Literaturunterricht an den Mädchenschulen nicht nur die Literatur für nationale und moralische Zwecke funktionalisiert, wie es auch an den Schulen für Jungen der Fall ist, sondern es werden zudem Geschlechterrollen verfestigt (Mikota 2006, 197–211).

Weimarer Republik (1918–1933): Kennzeichen des Literaturunterrichts

Das Ende des Ersten Weltkrieges und die Gründung der Weimarer Republik als der ersten deutschen Demokratie ziehen keine grundlegenden Änderungen im Bildungswesen nach sich. Der Bildungsföderalismus bleibt bestehen, auf ein

Reichsschulgesetz zur Neuordnung und Vereinheitlichung des Schulwesens kann man sich nicht einigen. Lediglich für die Volksschule gibt es ein gesetzliches Übereinkommen: Der Besuch einer gemeinsamen Volksschule wird auf vier Jahre festgelegt und der Abbau aller bestehenden öffentlichen und privaten Vorschulen und Vorklassen fixiert (Frank 1973, 573–581).

Im Gefolge der Reformpädagogik werden einige neue Ansätze für den Literaturunterricht diskutiert, die eine stärkere Schülerorientierung fordern und für eine ästhetische Auseinandersetzung mit Literatur statt einer Gesinnungsbildung eintreten. An zwei Autoren soll beispielhaft die Vielfältigkeit der reformpädagogischen Ideen aufgezeigt werden. Aus der Unzufriedenheit mit einem Literaturunterricht, der primär Wissen über Literaturgeschichte und Gattungen vermitteln wolle, plädiert Walter Schönbrunn (1889–1960) dafür, Dichtung als Erlebnis zu begreifen. Schönbrunn, selbst Pädagoge, engagiert sich als Mitglied des *Bundes entscheidender Schulreformer* bereits früh für Veränderungen im Bildungssystem der Weimarer Republik. Diese kritische Haltung behält er bis in die Zeit der nationalsozialistischen Herrschaft bei. Das führt dazu, dass er 1933 als Schulleiter des Prinz-Heinrich-Gymnasiums in Berlin abgesetzt wird (Hensel 2012, 81–83). 1921 erscheint sein Buch *Das Erlebnis der Dichtung in der Schule*, in dem er eine analytische Auseinandersetzung mit Literatur ablehnt. Ziel der Behandlung von Literatur im Unterricht solle vielmehr sein, „einen reinen ungestörten Eindruck hervorzurufen" (Schönbrunn, zit. n. Boueke 1971, 152). Im Zentrum eines Literaturunterrichts, wie er Schönbrunn vorschwebt, steht nicht der Text, sondern das subjektive Gefühlserlebnis, das durch Vortrag beziehungsweise ausdrucksvolles Lesen von literarischen Texten ausgelöst wird (Boueke 1971, 8). Schönbrunns Betonung des Erlebens der Dichtung als wichtigste Aufgabe des Literaturunterrichts lässt Anknüpfungspunkte zur Literaturtheorie des Philosophen Wilhelm Dilthey (1833–1911) erkennen, wie er sie in seiner Aufsatzsammlung *Das Erlebnis und die Dichtung* (1905) formuliert hat. Dilthey vertritt die Auffassung, dass sich in Literatur das Erlebnis des Dichters ausdrücke. Dabei gehe das dichterische Erlebnis mit Stimmungen einher. Diese Stimmungen nachzuerleben, führe Dilthey nach zum Verstehen der Dichtung (Frank 1973, 331–333). Schönbrunn lehnt sich an diese Überlegungen Diltheys an, wenn er fordert, in einem Gespräch „nicht das Werk selbst, sondern unseren eigenen Eindruck zu zergliedern und seine Bedingungen sich klarzumachen" (Schönbrunn, zit. n. Boueke 1971, 154). Durch eine solche Besprechung, die zeitlich versetzt zum Vortrag der Dichtung erst in einer zweiten Stunde erfolgen solle, könne der dichterische Entstehungsprozess nachempfunden werden (Schönbrunn, zit. n. Boueke 1971, 154).

Diese Vorrangstellung des Erlebens und Nacherlebens im Literaturunterricht wird nicht von allen Reformpädagogen geteilt. Lotte Müller (1893–1972), Lehrerin an der II. Höheren Mädchenschule und Lehrerinnenseminar in Leipzig, will

Schüler „durch eine planmäßige Erziehung zum verstehenden und genießenden Lesen" (Müller, zit. n. Boueke 1971, 157) heranführen. Müllers Überlegungen zum Literaturunterricht gehen über einen vorwiegend gefühlsorientierten Umgang mit Literatur hinaus. Im Gegensatz zu Schönbrunn möchte sie den Schülern auch einen stärker kognitiven Zugang zu Literatur ermöglichen. Hierbei lässt sich der Einfluss Hugo Gaudigs (1860–1923) und seiner Auffassung von Schule als „Arbeitsschule" erkennen. Gaudig, Direktor der Schule, an der Müller tätig ist, versteht unter der Bezeichnung „Arbeitsschule" eine Schule, die sich primär durch die Selbsttätigkeit der Schüler auszeichnet. In diesem Sinne spricht sich Müller für einen Literaturunterricht aus, in dem sich der Lehrer möglichst im Hintergrund hält. Im Unterrichtsgespräch, das sie als die wichtigste Arbeitsform des Literaturunterrichts ansieht, arbeiten die Schüler weitestgehend selbstständig mit dem literarischen Text. Die Schüler fassen den Text zusammen, äußern Deutungen und Vermutungen, stellen Fragen. Dabei rufen sie sich gegenseitig auf, gehen auf die Vorredner ein, bringen neue Aspekte ein und korrigieren sich gegenseitig (Kämper-van den Boogaart 2010, 48; Walz 2009, 49–53).

Während reformpädagogische Bestrebungen neue Konzepte für den Literaturunterricht enthalten, lassen sich in der Weimarer Republik auch zahlreiche Kontinuitäten zu bereits im Kaiserreich entwickelten Vorstellungen feststellen. Mit der Einrichtung einer Deutschen Oberschule als vierter Gymnasialform neben dem humanistischen Gymnasium, dem Realgymnasium und der Oberschule findet die sogenannte Deutschkunde endgültig ihren Platz an Schulen. Hans Richert (1869–1940), Schulleiter und seit 1923 Ministerialrat im preußischen Kultusministerium, ist maßgeblich an der Gestaltung der Deutschen Oberschule beteiligt. Bereits in seinem 1920 erschienenen Buch *Die deutsche Bildungseinheit und die höhere Schule* rechtfertigt er Nationalismus und nationale Erziehung als notwendig, um nach dem verlorenen Krieg die gesellschaftliche Spaltung zu überwinden. An den Deutschen Oberschulen wird Deutsch zum zentralen Fach, erfährt im Vergleich zu den Lehrplänen des Kaiserreichs eine deutliche Stundenerhöhung und wird zusammen mit anderen Schulfächern für nationale Zwecke instrumentalisiert (Frank 1973, 617–622). Manchen Vertretern der Deutschkunde geht Richerts Umsetzung jedoch nicht weit genug. Viel Kritik erfährt dieser, weil er sich nicht auf eine ausschließlich deutsche Bildung fokussiert und beispielsweise für Fremdsprachenunterricht und einen Einbezug „nichtdeutscher" Literatur im Deutschunterricht plädiert. Dabei hebt Richert hervor, dass nur diejenigen literarischen Übersetzungen aus fremden Sprachen für den Unterricht ausgewählt werden sollen, denen eine Relevanz für die Entwicklung der deutschen Kultur zugeschrieben werden könne. Darin lässt sich eine nationale Ausrichtung des Literaturunterrichts erkennen, wie sie für die Deutschkunde insgesamt kennzeichnend ist (Frank 1973, 625). Zu der nationalen kommt bei Richert eine historische Perspektive hinzu. Eine kritische Reflexion der Geschichte ist dabei aber nicht vorgesehen.

Ein auf deutschkundlichen Ideen beruhender Deutsch- und Literaturunterricht wird mit den Lehrplänen von 1925 neben den Deutschen Oberschulen auch für die übrigen Schulen des höheren Bildungswesens in Preußen festgesetzt (Frank 1973, 645–646). Gegen diese staatlichen Vorgaben regt sich Kritik von verschiedenen Seiten. So bemängelt Martin Havenstein (1871–1945), der nationalen Vorstellungen nicht ablehnend gegenübersteht, in seinem Buch *Die Dichtung in der Schule* (1925), dass aufgrund des historischen Prinzips der Deutschkunde zu viele Bücher zu früh gelesen würden, sodass sie sich dem Verständnis der Schüler entzögen. Darüber hinaus beanstandet er auch den deutschkundlichen Historismus, der Literatur und Schriftsteller zu Vertretern einer Epoche reduziere und bei den Schülern zu einem oberflächlichen Wissen führe (Frank 1973, 699–700; Kämper-van den Boogaart 2010, 44–48). Viel mehr Aufmerksamkeit hat jedoch die Kritik des bereits erwähnten Reformpädagogen Schönbrunn erfahren. Er ist Schulleiter eines Realgymnasiums in Berlin und veröffentlicht 1929 den Aufsatz „Die Not des Literaturunterrichts in der großstädtischen Schule". Darin berichtet er über seine Erfahrungen aus dem Literaturunterricht eines großstädtischen Gymnasiums. Er hebt eindrücklich die Ablehnung und Gleichgültigkeit der Schüler gegenüber der älteren Literatur hervor, die in der Schule gelesen werden muss. Aus diesem Befund zieht er den Schluss, im Unterricht moderne und internationale Literatur einzusetzen. Er unterstreicht nun stärker als in seinen früheren Arbeiten, dass der Literaturunterricht einen Bezug zur Lebenswirklichkeit der Schüler herstellen solle: „Literatur wird nicht mehr gesucht als Genuß, sondern als Hilfsmittel der Stärkung unseres Seins, d. h. also Literatur wird erarbeitet als Kampfmittel im Dasein" (Schönbrunn 1929, 256). Auf diese Weise trage der Literaturunterricht zu dem bei, was Schönbrunn als die „Haupterziehungsfrage der heutigen Schule" ansieht, nämlich die „Erziehung zum aktiven, zum tätigen Menschen" (Schönbrunn 1929, 256). Er wendet sich damit auch gegen die Methodik des deutschkundlichen Literaturunterrichts, nach der die Schüler lediglich in eine Betrachterrolle versetzt werden (Frank 1973, 732).

Nationalsozialismus (1933–1945): Kontinuitäten und Veränderungen

Wie weit die Lehrerschaft vor 1933 die deutschkundlichen Ideen teilt oder sich der Kritik an dieser anschließt und die Unterrichtspraxis dementsprechend gestaltet, kann nicht abschließend bestimmt werden. Festzuhalten bleibt aber, dass mit der nationalsozialistischen Diktatur die Repressionen und Sanktionen für ein von den staatlichen Richtlinien abweichendes Verhalten zunehmen, sodass ab 1933 „die Schulpraxis […] mit den staatlichen und publikatorischen Vorgaben in großen Teilen identisch gewesen sein" (Eckhardt 1994, 188) muss. Diese Vorgaben weisen für den Deutschunterricht keine grundlegenden Unterschiede zu den Richtlinien der Weimarer Republik auf. Vielmehr wird auf die völkisch-nationale Ausrichtung der Schule gemäß der Deutschkunde zurückgegriffen. Die Kontinuität zur Weimarer Republik zeigt sich unter anderem darin, dass die Lesebücher bis 1939 in Gebrauch bleiben. Auch wird erst 1938 mit den Bestimmungen über *Erziehung und Unterricht in der Höheren Schule* eine Umstrukturierung des höheren Schulwesens vorgenommen, indem die Deutsche Oberschule aufgewertet und neben dem altsprachlichen Gymnasium als einzige weitere Schulform der höheren Schule etabliert wird. Die Indienstnahme des Deutschunterrichts für eine nationale Erziehung ist in den Richtlinien von 1938 weiterhin verankert. Das Fach Deutsch hat in diesem Sinne zusammen mit den Fächern Geschichte, Erdkunde, Biologie und den künstlerischen Fächern „die Aufgabe, in den deutschen Jungen und Mädchen den Glauben an die schöpferischen Kräfte unseres Volkes zu wecken, ihr Deutschbewusstsein als etwas Lebendiges und Bewegtes wachzuhalten" (Preußisches Ministerium 1938, 247). In den folgenden Ausführungen dieses Ministerialerlasses werden aber die Ideen der Deutschkunde entsprechend der nationalsozialistischen Ideologie radikalisiert. Dies spiegelt sich in den vier ‚Gesichtspunkten' wider, die für den Literaturunterricht bestimmend sind: „1. Das Volk als Blutgemeinschaft", „2. Das Volk als Schicksals- und Kampfgemeinschaft", „3. Das Volk als Arbeitsgemeinschaft" und „4. Das Volk als Gesinnungsgemeinschaft" (Preußisches Ministerium 1938, 51–52). Die nationalsozialistischen Weltanschauungen der sogenannten Rassenlehre, der Blut- und-Boden-Ideologie, der Militarisierung der Gesellschaft und Glorifizierung des Krieges werden somit zu Grundsätzen für die Auswahl von und den Umgang mit Literatur im Unterricht. Zum einen führt das zur Verbannung aller literarischen Werke aus dem Unterricht, die nicht der faschistischen Ideologie entsprechen oder in ihrem Sinne ausgelegt werden können; zum anderen wird auch die Methodik angepasst: „Ein verstandesmäßiges Zergliedern organisch gewachsener Dichtungen und oberflächliche Bemerkungen zerstören die Ehrfurcht vor dem Dichter und seinem Werk und sind daher sorgsam zu vermeiden" (Preußisches Ministerium 1938, 52). Der Ausbruch des Zweiten Weltkrieges ist für die Umgestaltung des Literaturunterrichts im Sinne der nationalsozialistischen Ideologie nicht „förderlich"; allerdings ist davon auszugehen, dass eine aktive, nicht gerade kleine Gruppe von Lehrkräften die Ziele einer politisierten und totalitären Didaktik zu verwirklichen sucht (Hegele 1996, 72).

2 Das Schulbuch als Spiegel didaktischer Diskurse: Vertreter und Konzepte

Nur allzu oft wird das Schulbuch als historische Quelle unterschätzt und als Feld ideologischer Debatten aufgefasst (Helmers 1970). In den vergangenen Jahren hat sich im Bereich der Schulbuchforschung eine Richtung etabliert, die Lehr- und Lernmaterialien des Unterrichts im Kontext von pädagogischen und gesellschaftlichen Transformationsprozessen deuten möchte. Herausgebildet hat sich die Denkfigur der *grammar of schooling*, die sich für die jeweilige Zeit im Schulbuch abbilden lässt. Darunter wird Vermittlung als Prozess verstanden, der durch Strukturen und Regeln organisiert wird. Im Laufe der Zeit habe Schule eine ‚Grammatik' entwickelt, die aus verschiedenen Elementen und Organisationseinheiten bestehe (Heinze 2011, 15). Innerhalb dieses Konzeptes lassen sich vier Dimensionen unterscheiden: Zum einen ist die „Grammatik der Pädagogisierung" zu nennen, worunter prägende Vorstellungen vom Kind zu verstehen sind. Zum anderen geht eng damit die „Grammatik des Wissenserwerbs" einher, da besondere Formen der Vermittlung an die jeweiligen Bedürfnisse der Schüler anzupassen sind. Und schließlich ist auf die „Grammatik der Verschulung" zu verweisen, mit der die Rolle der Institution im gesellschaftlichen Handlungsfeld berücksichtigt wird. In eine ähnliche Richtung weist „die Grammatik der Steuerung", mit der Instrumente und rechtliche Rahmenbedingungen zu erfassen sind (Heinze 2011, 17–22). Mit diesen vier Dimensionen lässt sich der Kontext eines Schulbuchs relativ gut erfassen; mit Blick auf den Deutsch- und Literaturunterricht werden im Folgenden Bücher einer genaueren Analyse unterzogen, die als beispielhaft für Innovationen im Bereich der Wissensvermittlung und der Pädagogisierung gelten können sowie für prägende didaktische Konzeption stehen. Dieser Vorstellung folgend wurden keine Bücher aus der NS-Diktatur in das Korpus aufgenommen.

Karl August Koberstein (1797–1870): Auf dem Weg zum literaturhistorischen Unterricht

Mit dem Germanisten Karl August Koberstein (1797–1870) öffnen sich die Tore zu Schulpforta, jener einflussreichen Bildungseinrichtung in der Nähe des sächsischen Naumburg. Berühmt geworden ist Schulpforta sowohl wegen seiner lang zurückreichenden Geschichte als Institution des Lernens als auch aufgrund seiner begabten Schüler wie beispielsweise Friedrich Gottlieb Klopstock, Johann Gottlieb Fichte, Leopold von Ranke und Friedrich Nietzsche. Interessant ist der

Umstand, dass Friedrich Nietzsche, der in der Schrift *Ueber die Zukunft unserer Bildungsanstalten* (1870) das Bildungswesen seiner Zeit heftig attackiert, von Koberstein unterrichtet wurde. Seit 1820 ist dieser in Schulpforta als Lehrer für Mathematik und Geschichte sowie seit 1824 auch für die Fächer Deutsch und Französisch tätig. Zuvor absolvierte er in Berlin ein Studium der Philologie und Philosophie bei einflussreichen Dozenten, so unter anderem bei Hegel und Wolf (Jäger 1981, 150).

Aus seiner praktischen Unterrichtstätigkeit entwickelt er einen Grundriß der deutschen National-Litteratur (1827). Mit seinen Primanern beginnt er, ausgewählte Werke der deutschsprachigen Literatur vom Nibelungenlied bis Goethe zu lesen und zu interpretieren. Da er in Berlin bei dem auf das Alt- und Mittelhochdeutsche spezialisierten Friedrich von der Hagen (1780–1856) studiert hat und solchermaßen von der altdeutschen Literatur begeistert ist, versucht er, seinen Schülern die Entwicklung der deutschen Sprache und Literatur nahezubringen. Seine Bemühungen bleiben im preußischen Unterrichtsministerium nicht unbemerkt und im Jahr 1822 wird Koberstein aufgefordert, ein Grundlagenwerk zu verfassen (Frank 1973, 277). Dieser Aufforderung kommt er gerne nach, wie im „Vorwort zur ersten Ausgabe" nachzulesen ist. Zum einen ist das Werk für die Hand des Schülers gedacht: „Der Wunsch, in den Händen meiner Schüler, denen eine Uebersicht über die Geschichte der deutschen Litteratur zu geben mir obliegt, einen Leitfaden zu wissen, der das Zeit raubende Dictieren und Anschreiben von Namen entbehrlich mache, hat mich zunächst zur Herausgabe diese Grundrisses veranlaßt" (Koberstein 1837, XII). Zum anderen hat er die Lehrkräfte im Blick, für die insbesondere für die altdeutsche Literatur nur wenig Hilfsmittel und Quellen zur Verfügung stünden. Diesem Mangel will der gelehrte Schulprofessor Abhilfe schaffen. Nach eigener Einschätzung eigne sich das Werk aufgrund seiner Struktur für Schüler- und Lehrerschaft: Während Erstere einen Überblick über Jahreszahlen und Titel der Werke mithilfe des Inhaltsverzeichnisses erhält, kann Letztere die weiteren Ausführungen für „ihren Vortrag" heranziehen (Koberstein 1837, XII).

Inhaltlich folgt Koberstein einem linear-chronologischen Ordnungsmuster; mit den nordischen Sagen beginnend, endet er 1795 mit dem Zusammentreffen Goethes und Schillers, aber auch mit Erwähnung Jean Pauls und dem Verweis auf weitere Dichter, die von ihm nicht aufgeführt werden. Dass er Autoren seiner Gegenwart nicht berücksichtigt, begründet er wie folgt: Er hält eine Beurteilung solcher Texte und Autoren aufgrund der „Interessen des Tages" noch nicht für abgeschlossen. Zudem geht er davon aus, dass die „neueste politische Geschichte, und gewiß mit vollem Rechte, als außer dem Bereich der Schule liegend angesehen" wird (Koberstein 1837, XIII).

Mit Blick auf eine Grammatik der Wissensvermittlung rückt mit Kobersteins Werk Literaturgeschichte in das Zentrum des Unterrichts. Zwar wird seine Zusammenschau durch andere Kompendien bald abgelöst, dennoch erfährt sie drei Auflagen und nimmt explizit Schüler- und Lehrerschaft in den Blick. Der Wert seines Werkes besteht aus historischer Perspektive darin, Literaturgeschichte als ein geschlossenes Konstrukt zu verstehen: Es wird ein enger Zusammenhang zwischen der „geistigen und sittlichen Entwicklung" eines Volkes und seiner Literatur gesehen; dem Literaturhistoriker kommt dabei die Rolle eines Schöpfers zu: „Pflicht des Litteraturhistorikers wird es aber sein, dieselben [i. e. die Volkspoesie] aufzusuchen, ihre Verzweigungen und Verkettungen in dem Bildungsgange der Litteratur nachzuweisen und Alles zu einem anschaulichen Bilde zusammenzufassen" (Koberstein 1837, 5). Mit beredten Worten wird der Konstruktion eines geschlossenen Weltbildes Ausdruck verliehen, das aber auch in seiner Begrenztheit durchaus reflektiert wird. Kobersteins Werk steht für eine national ausgerichtete Ganzheitlichkeit. Des Weiteren folgt er dem Prinzip einer linearen Erzählung, die chronologisch geordnet und systematisiert ist. Solche Anordnungen werden im 21. Jahrhundert kritisch und skeptisch beäugt und einer Fragmentierung von Sinn wird nur allzu oft das Wort geredet. Trotz dieser vielfachen Bedenken wird der Wunsch nach Systematisierung und Ordnung von Literatur bis heute laut. In regelmäßigen Abständen treten Fachdidaktiker für den Aufbau eines literarhistorischen Orientierungswissens ein (Nutz 1997; Abraham und Rauch 2012). Dabei wird auf die formelhafte Traditionsvermittlung ebenso eingegangen wie auf das sich darin spiegelnde Diskurswissen und dessen Dekonstruktion. Nachgedacht wird beispielsweise, inwiefern historisches Wissen und Relektüren Textverstehen anreichern können (Brüggemann 2009). Der Weg zur Funktionalisierung von Literaturgeschichtsschreibung scheint in allen Epochen ein schmaler Grat gewesen zu sein.

Karl Eduard Philipp Wackernagel (1800–1877): Im Garten der Poesie

In der Geschichte des Schulbuchs kann für das frühe 19. Jahrhundert ein ‚Boom' an literarischen Lesebüchern festgestellt werden; diese Publikationsdichte ist Ausdruck eines Verständigungsprozesses über Inhalt und Form der Literaturvermittlung, die ein Nachdenken über Professionalisierung der Lehrerschaft und damit einhergehender Kanonisierung von Werken nach sich zieht (Rauch 2011, 189). Obwohl das von Karl Eduard Philipp Wackernagel konzipierte Werk *Deutsches Lesebuch. Für Gelehrten- und Realanstalten und höhere Bürgerschulen. 3 Theile nach 3 Altersstufen von 8–14 Jahren, nebst einem 4. Theil: Über den Unterricht in der Muttersprache, für Lehrer* (1843) für den Schulgebrauch kaum genutzt wird, wird es schon früh als „kanonisierendes" wie „kanonisiertes" Lesebuch aufgefasst (Zimmer 2005, 115). Gerade an Wackernagels Buch zeigt sich, dass in der hier gewählten Terminologie der Grammatik der Verschulung eine zentrale Rolle zukommt. Im ersten Drittel des 19. Jahrhunderts besteht der Deutschunterricht an höheren Schulen weniger im Lesen von Literatur als vielmehr in der Schulung von Sprache und in der Einübung von Grammatik. Lehrkräfte nutzen für den Unterricht Chrestomathien und Lesebücher, wobei bis in die 1830er Jahre in Ermangelung eigener Bücher auch Volkslesebücher herangezogen werden. Es werden Forderungen nach gymnasialeigenen Lesebüchern laut, um auch auf eine klare Abgrenzung zwischen Sprach-, Grammatik- und Lesebuch zu drängen (Zimmer 2005, 127).

Dem Werk Wackernagels kommt in der Geschichte der Konzeption des Lesebuchs und der Didaktisierung des Literaturunterrichts eine Scharnierfunktion zu: Zum einen steht der Verfasser für ein ganzheitliches Kunstverständnis, das er in romantischer Manier entfaltet. Im Laufe seines Lebens durchläuft Wackernagel unterschiedliche, für sein Denken und Handeln prägende Stationen: Wichtige Einblicke in deutsche Grammatik und Literatur sowie Naturwissenschaften gewinnt er im Hause und unter Leitung Karl von Raumers (1783–1865), der in Erlangen als Professor für Mineralogie wirkt. Einflussreich sind zudem Raumers pädagogische und religiöse Vorstellungen, die dieser in Erlangen und Umgebung umsetzt; 1852 besorgt sein Sohn Rudolf von Raumer (1815–1876) eine Abhandlung über den *Unterricht im Deutschen*, die ähnliche, auf dem Gefühl ruhende Vermittlungsprozesse anbahnen will (Frank 1973, 304). Wackernagel folgt in seinen Interessen Raumer nach: Er begeistert sich für Mineralogie, stellte Kompendien zum Kirchenlied zusammen und wirkt als Lehrer auf eine Schülerschaft in Berlin, Stuttgart, Wiesbaden und Elberfeld ein. Als Direktor steht er der Elberfelder Real- und Gewerbeschule in den Jahren 1849 bis 1861 vor (Jäger 1981, 152). Zum anderen dient das von ihm besorgte Werk immer wieder als Folie für andere Schulbuchmacher, durch Abgrenzung zum *Deutschen Lesebuch* die jeweils eigene Position zu schärfen und zu bewerben.

Das Besondere der dreibändigen Ausgabe des *Deutschen Lesebuchs* besteht in Anordnung und Auswahl literarischer Texte, die dem Prinzip eines Gartens folgen: Im vierten Band, der als eine Art Lehrerhandbuch in Form eines fiktiven Dialoges zwischen Philipp, dem Verfasser der Bände, und einem gelehrten Schüler Karl abgefasst ist, wird die Garten- beziehungsweise Naturmetaphorik näher erläutert: Aufgrund der Ablehnung einer Ordnung nach Dichtungsgattungen und Sachgebieten wird im Sinne von *variatio delectat* ein abwechslungsreicher Gang durch die Literatur vorgelegt: „[F]ür Schüler und Lehrer [ist] nichts ermüdender, als Wochen und Monate lang immer Gegenstände derselben Art zu lesen, etwa gar mehrere Hundert Sprichwörter hinter einander fort" (Wackernagel, zit. n. Boueke 1971, 67). Schulbuchmacher Philipp führt weiter aus, dass ihm das „Bild eines schönen Gartens" vorschwebe: Die Erfahrungen, die beim Durchschreiten eines Gartens gemacht werden, überträgt Philipp auf die Lektüre von Literatur: „Ich meine, so sollte die Literatur uns umwachsen und umspielen, so sollte schon die kleine Literatur eines Lesebuches die jungen Herzen wie ein heimatlicher Garten anziehen, der sie von Schönheit zu Schönheit führt, in dem sie auch wohl eine kleine Zeit lang irre gehen können, um sich an einer erhabenen Stelle bald wieder zurecht zu finden" (Wackernagel, zit. n. Boueke 1971, 68). Im weiteren Verlauf des Gesprächs wird erörtert, inwiefern eine solche Ausrichtung den zwei Stoßrichtungen des Lesebuchs zuträglich ist: Es wird auf die christliche Fundierung des Werkes eingegangen, die sich in der Aufnahme von Bibelübersetzungen, reformatorischen Schriften und Kirchenliedern zeigt. Des Weiteren wird die nationale Ausrichtung näher erläutert; darunter wird – im Anschluss an das 18. Jahrhundert – eine bürgerliche Verfasstheit verstanden, die auf den Menschen und seine Poesie abzielt und damit keine Unterschiede zwischen „dem Volk und den Gebildeten" macht und eine poetische Ausdrucksform im Märchen gefunden hat (Wackernagel, zit. n. Boueke 1971, 74).

Die Auswahl der Werke bleibt in der Regel auf die deutsche Geschichte beschränkt, wird chronologisch präsentiert und die Epoche der sogenannten Freiheitskriege vertieft berücksichtigt; positiv hervorgehoben wird die Rolle der Muttersprache, die es zu pflegen gelte und die Sprache des Unterrichts sein solle. Wenn Literatur und Lesestücke im Deutschen dargeboten werden, könnte sich in der Beschäftigung mit schönen Dingen ein Moment der Freiheit und Liebe entfalten. Auch könnte der Geschmack der Schüler gebildet und die Schüler gleichzeitig in Literatur und deren Geschichte eingeführt werden. Ziel all dieser Bemühungen ist es, im Unterricht „die lebendige freie Sprache, die Sprachen in der reinsten Gestalt" zu fördern (Wackernagel, zit. n. Boueke 1971, 77). Die Nationalliteratur hat als Unterrichtsgegenstand dabei eine wichtige Funktion zu erfüllen, die die Gestalt eines „nationalen Dreisatz[es]" anzunehmen vermag: (1) In der Nationalliteratur ist der Stil einer Nation enthalten. (2) Der Stil ist die Nation. (3) „Die Nation, das bin ich" (Wackernagel, zit. n. Boueke 1971, 79). Entsprechend solcher Überlegungen führe der Sprachlehrer „ein hohepriesterliches Amt" aus und sei dem Volk verpflichtet, als dessen Teil die Schülerschaft anzusehen sei (Wackernagel, zit. n. Boueke 1971, 79). Demgemäß seien die Bände nicht nur an die Lehrerschaft, sondern auch an Eltern adressiert (Wackernagel 1842, VI).

Wie deutlich geworden sein dürfte, entwickelt Wackernagel eine ausgefeilte Grammatik seines Schulbuchs. Legt man die Grammatik der Verschulung zugrunde, wird ein eng geknüpfter Zusammenhang zwischen Literatur und Geschichte sowie Schule und Nation offensichtlich. An diesen Verknüpfungen hat sich vielfach Kritik entzündet, indem das *Deutsche Lesebuch* als „bürgerliches Gesinnungslesebuch" klassifiziert worden ist. Sowohl die suggestive und wenig systematische Anordnung als auch die zum Teil geringe literarische Qualität der dort versammelten Texte werden als problematisch eingestuft. Des Öfteren wird eine Linie von Wackernagels Überlegungen, die Militarismus und Obrigkeitsdenken befördern würden, bis hin zum faschistischen Lesebuch der Jahre 1933 bis 1945 gezogen (vgl. Helmers 1970, 197–198). Dass eine solche Einordnung einseitig ist, soll hier ausdrücklich festgehalten werden. Das Schaffen des gelehrten Schuldirektors wird als Beispiel einer romantisierenden didaktischen Konzeption verstanden, die in der Nation zwar eine feste Größe darstellt, die aber auf Schönheit und Gefühl gründet und ihre Besonderheiten im Stile eines Spaziergangs durch einen Garten entfaltet – ein zentraler Unterschied zu militaristischen Auffassungen.

Robert Heinrich Hiecke (1805–1861): Im Land der klaren Worte

Im Jahr 1842 veröffentlicht der lange Jahre als Lehrer beziehungsweise Professor in Merseburg tätige Robert Heinrich Hiecke das Kompendium *Der deutsche Unterricht auf deutschen Gymnasien. Ein pädagogischer Versuch*, das oft in einem Atemzug mit den Wackernagelschen Überlegungen genannt wird. Somit liegen im Jahr 1843 zwei sehr unterschiedliche Stellungnahmen zum Deutsch- beziehungsweise Literaturunterricht vor (Frank 1973, 303). Im Gegensatz zu Wackernagel verfolgt Hiecke eine konsequent analytische Methode für den muttersprachlichen Unterricht und hat mit seinen Überlegungen weit reichenden und lang anhaltenden Einfluss auf unterrichtliche Prozesse. Ähnlich wie sein Konkurrent Wackernagel bekleidet Hiecke verschiedene Positionen im Schuldienst und ist unter anderem seit 1850 Direktor des Städtischen Gymnasiums in Greifswald; seine enge Verbindung zur Wissenschaft seiner Zeit spiegelt sich auch in der ihm 1850 verliehenen Ehrendoktorwürde der Universität Greifswald wider (Jäger 1981, 151). Zusätzlich zu seinen Studien zur Methodik und Didaktik des Literatur- beziehungsweise Deutschunterrichts betreut er Gedichtanthologien wie Theodor Echtermeyers *Mustersammlung deutscher Gedichte für gelehrte Schulen* in den Jahren 1845 bis 1861 (Paefgen 1990, 47).

Betrachtet man die Gliederung seiner Veröffentlichung *Der deutsche Unterricht auf deutschen Gymnasien. Ein pädagogischer Versuch*, so wird offenkundig, wie eng seine Bemühungen auf die Grammatiken der Wissensvermittlung und der Verschulung abzielen: „Stellung der anderweitigen Lectionen zu dem Unterricht im Deutschen[;] Wichtigkeit der deutschen Lectüre[;] Wahl und Umgang der Lectüre[;] Wie soll gelesen werden? Theoretisches und historisches Wissen[;] Productionen, die auf Beobachtung des Lebens gegründet sind. Allgemeine Bemerkungen über die auf Entwicklung des Productionsvermögens berechneten Uebungen[;] Aussichten und äußere Bedingungen für deren Realisation" (Hiecke 1842, Abbildungsverzeichnis).

Hinter der Überschrift „Stellung der anderweitigen Lectionen zu dem Unterricht im Deutschen" verbirgt sich die Begründung des muttersprachlichen Unterrichts, den Hiecke in den Fächerkanon Geschichte und klassische Sprachen einbettet, deren Existenz er nicht infrage stellt. Vielmehr können Geschichte und klassische Philologien inhaltlich und formal dazu verhelfen, geeignete Literatur auszuwählen und an die Schüler angepasst anzuordnen (Hiecke 1842, 43). Als Beispiel nennt er die Auseinandersetzung mit kriegerischen Fragen: „Eine vorzüglich häufige Erscheinung in der Geschichte, und vorzugsweise ansprechend und faßlich schon für das Knabenalter, ist der Krieg. Freilich hat von allen Kriegen, die es gegeben, jeder sein Eignes, keiner gleicht schlechthin dem anderen; aber eben so haben alle wieder etwas Gemeinsames [...]" (Hiecke 1842, 47). Eng gekoppelt an historische Kenntnisse sind Fertigkeiten im Griechischen und Lateinischen, um solchermaßen antike Quellen zu erschließen und gleichzeitig grammatische Fertigkeiten zu üben. Letztere würden sich auch für die Beherrschung der Muttersprache als relevant erweisen. Im Kapitel „Wichtigkeit der deutschen Lectüre" finden sich Begründungszusammenhänge für die Vermittlung von deutscher Literatur, die auf ihrer Verbindung zwischen Nation und Individuum beruhe: „Wichtiger ist noch, daß die Schüler erst durch die Bekanntschaft mit der vaterländischen Literatur, welche als der klar herausgearbeitete Ausdruck des nationalen Geistes die wahre ideale Heimath ihres Gemüthes ist, in ein bewußteres geistiges Verhältnis zu ihrer Nation sich hineinleben, und mit dieser inniger und fester zusammenwachsen, und daß eben deßhalb erst durch jene eine rechte Regsamkeit, eine productivere Stimmung in ihnen erwacht" (Hiecke 1842, 65). In dem sich anschließenden Kapitel zu Lektüre und zum Lesen führt er diesen Ansatz weiter aus: Indem Lektüre in deutscher Sprache angeboten würde, könnte auf das Leseverhalten in- und außerhalb der Schule Einfluss genommen werden. Hiecke ist davon überzeugt, dass das Lesen gelehrt werden muss: „Durch Anleitung und Gewöhnung an ein verständiges und überlegtes Lesen guter und passender Bücher muß das Lesen schlechter verleidigt und zur moralisch-geistigen Unmöglichkeit gemacht werden" (Hiecke 1842, 70). Gute Bücher wiederum tragen zur Bildung bei, wie den praktischen Fähigkeiten des guten Lesens, dem Kennen von Schriftstellern, dem Auffinden guter Gedanken sowie sprachlichem Wissen in Grammatik, Rhetorik und Metrik (Hiecke 1842, 81–82). Um diese weit gespannten Erwartungen zu erfüllen, entwickelt Hiecke eine einflussreiche Stufenfolge im Umgang mit Gedichten; diese ist vor allem für die unteren Klassen gedacht, kann aber durchaus – neben einer vertieften ideellen Auseinandersetzung – noch in den oberen Klassen zur Anwendung gelangen: (1) Was ist erzählt? (2) In welchen Abschnitten ist erzählt? (3) Wie ist erzählt? (4) Was ist das Grundthema des Erzählten? (5) Mit welchen anderen Gedichten lässt sich das gerade Vorliegende schicklich vergleichen (Hiecke 1842, 156)?

Seine Ausführungen verknüpft Hiecke mit Beispielen, sogenannten Unterrichtsreihen für interessierte Lehrkräfte. Er tritt für die Behandlungen literarischer Texte ein, die thematisch und inhaltlich verwandt sind (Hiecke 1842, 164). Damit steht er am Anfang der Publikation von Modellen, die bis heute das didaktische Brauchtum für den Literaturunterricht prägen. Zudem spricht er sich im Kapitel „Productionen, die auf Beobachtung des Lebens gegründet sind" für eine Lebensnähe aus und plädiert für eine Aneignung der Literatur mithilfe des Begriffes „Production". Darunter fasst er methodische Umstellungen, die vorzunehmen seien: Es solle zwar die Eigentätigkeit des Schülers befördert werden, jedoch sei der Lehrer noch ein unentbehrlicher „Führer" des Unterrichts. Er leite die Verbindung zwischen Aufsatz und Literatur an, die beispielhaft an der klassischen Literatur nachvollzogen werden könne; klassische Autoren seien neben dem antiken Erbe auch Lessing, Schiller und Goethe (Erlinger 1991, 239–240).

Da Hiecke als Direktor tätig ist, Anthologien besorgt und Schulbücher entwickelt, sind seine Ausführungen eines rationalen Literaturunterrichts wirksam und für viele Jahrzehnte prägend. Sein Ziel ist es, in der Gymnasialentwicklung die Kontinuität des Klassischen zu sichern, aber gleichzeitig Ideen einer zeitgemäßen, nationalen Bildung zu entwickeln (Erlinger 1991, 242).

Ernst Linde (1864–1943): ‚Kindertümlichkeit' und Lektüreauswahl

Nur spärliche Informationen sind zu dem in Gotha tätigen Lehrer Ernst Linde überliefert. In der pädagogischen Forschung ist er zum einen als Herausgeber der *Allgemeinen deutschen Lehrerzeitung* (1907–1914) und zum anderen als Gegner der Formalstufentheorie Johann Friedrich Herbarts (1776–1841) bekannt geworden; er tritt für die Entfaltung einer Persönlichkeitspädagogik ein und spricht sich gegen eine Überschätzung der Methodik als Hauptmittel der Erziehung aus; vielmehr meint er, dass die Lehrerpersönlichkeit wirksam für die Persönlichkeitsbildung der Schüler werden könne. Daher vertraut er einem auf Intuition und persönliche Erfahrung basierenden Unterricht: „Linde tendiert ebenso zu einer freien, schöpferischen, unstrukturierten Gestaltung des Unterrichts und versucht, jede vorausgehende Planung zu vermeiden" (Henk 1980, 74). Bis 1925 wirkt er in Gotha als Lehrer und ist beeinflusst von Paul Hildebrandt (1870–1948), auf den er in seinen Schriften immer wieder Bezug nimmt. Ähnlich wie Hildebrandt verfolgt Linde eine Reform des Schulwesens; viele seiner Ziele sieht er schulpolitisch in der Gemeinschaftsschule verwirklicht (Spieler 1932, 159–160).

Mit Blick auf seine Bedeutung für den Literaturunterricht sind seine Bemühungen im Kontext der Grammatik der Pädagogisierung zu verstehen. Um 1900 erlangt das Prinzip der Kindertümlichkeit eine gewisse Popularität. Das von der Jugendbewegung und von Ellen Key (1849–1926) beschworene „Jahrhundert des Kindes" sorgt für eine intensive Auseinandersetzung mit den Erlebnisweisen, der intellektuellen und sprachlichen Entwicklung sowie der Rolle der Fantasie Heranwachsender. Von besonderem Interesse ist dabei die Frage, inwiefern sprachliche Äußerungen und literarisches Verstehen durch geeignete Lektüre unterstützt werden können. Demgemäß widmet man der Auswahl von Literatur Aufmerksamkeit, an die gleichermaßen künstlerische wie „kindertümlich[e]" Anforderungen gestellt werden (Frank 1973, 353). Die beiden Begriffe ‚Kindertümlichkeit' und ‚Ästhetik' ziehen vielfältige Debatten nach sich. Bekannt geworden ist die Schrift *Das Elend unserer Jugendliteratur* (1899) des Hamburger Lehrers Heinrich Wolgast (1860–1920); wiederholt fordert er, dass die „dichterische Jugendschrift ein Kunstwerk" sein solle (Wolgast 1986 [1896], 23). Mit vielfältigen Initiativen, die von Zeitschriften über Verzeichnisse bis zu Ausschüssen reichen, sucht er seine Ziele zu verwirklichen. Diesen Überlegungen des reformpädagogischen Hamburgers kann Linde in weiten Teilen folgen. Zusätzlich macht sich Letzterer für die Rolle der Kindertümlichkeit im Vermittlungsprozess stark. Entschieden weigert er sich, am Kinde vorbei zu unterrichten, und setzt große Hoffnungen in die Jugendlektüre; diese solle zum einen den „ganzen Menschen" ansprechen und zum anderen am Wohl des Kindes orientiert sein: „[W]as dem Kinde dienlich ist, was ihm gemäß ist, was von ihm aufgenommen und angeeignet werden kann und was darum auch mit Lust und Freude und reinem Verlangen von ihm aufgenommen wird" (zit. n. Frank 1973, 354). Linde führt Werke an, für die er eine Balancierung von Kindertümlichkeit und Ästhetik wahrnimmt: Er führt Theodor Storms *Pole Popenspäler*, Peter Rosseggers Erzählungen im *Waldbauernbub*, Märchen der Gebrüder Grimm und Hans Christian Andersens sowie Bilderbücher von Ernst Kreidolf an (Linde 1902 [1896], 46). Linde stellt noch weiter gehende Überlegungen an: Inwiefern ist der Deutschunterricht seiner Zeit im Anschluss an die Kunsterziehungsbewegung produktiv und rezeptiv zu gestalten? Im Unterschied zu den Fächern Musik und Kunst tritt er bezogen auf das Fach Deutsch für eine rezeptive Genussfähigkeit ein, die sich auf ästhetische Fragen des Genusses beschränkt; es solle nämlich vermieden werden, dass im Vergleich mit „Werken der Genies" (Frank 1973, 363) die Schülerarbeiten defizitär erscheinen und jegliches Interesse an künstlerischen Formen unterlaufen.

Der Zusammenhang von Kunst und Jugend wird von Linde in vielfacher Form propagiert und in enger Beziehung zum Deutschunterricht gesehen. Besonders einflussreich erweist sich seine zehnbändige Fortsetzung von *Gudes Erläuterungen Deutscher Dichtungen* (1920–1928). Das von Karl Heinrich Gude (1814–1898) im Jahre 1877 begonnene Unterrichtswerk erfreut sich im 19. Jahrhundert großer Beliebtheit und ist weit verbreitet (Goldschneider 1906, 113). Die Summe seiner

Studien sieht er selbst im Band *Geistesbildung und Sprachbildung*. Auch eine *Methodik des Deutschunterrichts* (1925) verwirklicht, in dem er sich am Ende seiner beruflichen Laufbahn dem Deutschunterricht an Volksschulen zuwendet. Hinsichtlich des innovativen Gehaltes wird im Folgenden sein Band *Moderne Lyrik in schulgemäßer Betrachtung. Mit besonderer Berücksichtigung des Ästhetischen* herangezogen, der seit 1905 – „Geschrieben in Gotha unter dem Glockenläuten zu Ehren von Schillers hundertjährigen Todestag" (Linde 1910, IX) – in mehreren Auflagen erscheint: Das Werk hat eine doppelte Ausrichtung: Zum einen ist es Linde wichtig, ein Korpus an ‚moderner Literatur' für die Schule zur Verfügung zu stellen; demzufolge nimmt er Texte unter anderem von Annette von Droste-Hülshoff (1797–1848), Theodor Fontane (1819–1898), Klaus Groth (1819–1899), Friedrich Hebbel (1813–1863), Gottfried Keller (1819–1890), Conrad Ferdinand Meyer (1825–1898), Eduard Mörike (1804–1875) und Theodor Storm (1817–1888) auf. Blättert man das Bändchen durch, so greift Linde gerne auf Balladen zurück, die bis heute im schulischen Lektürekanon zu finden sind. Zum anderen reflektiert Linde intensiv die „schulgemäße Behandlung" seiner Gegenstände. Dreh- und Angelpunkt seiner Überlegungen ist die Lehrkraft: Ihr obliegt es, die geeigneten Texte für ihre Schüler herauszusuchen: „[Dafür] ist eben mein Buch für Schulen jeder Gattung geschrieben, und es muß dem einzelnen Lehrer anheim gegeben werden, was er davon für seine Schüler brauchbar hält und was nicht" (Linde 1910, VIII). Ferner ist der Lehrer damit betraut, die ästhetische Auseinandersetzung mit den Texten anzubahnen, die Linde im Umgang mit Lyrik für unerlässlich hält: „In allen deutschen Gedichtstunden müssen die Schüler, ähnlich wie im Religionsunterricht, das beständige Gefühl haben, daß es sich hier um etwas höchst Zartes, Schönes, Weihevolles handelt, und sie müssen das Gedicht aus den Händen des Lehrers empfangen wie ein kostbares Kleinod [...]" (Linde 1910, VI). Immer wieder betont der Gothaer den besonderen Stellenwert der Lyrik im Deutschunterricht; dies hindert ihn aber nicht, methodische Überlegungen anzustellen, die er für die Behandlung aller Gedichte als brauchbar erachtet, die er aber in Inhalt und Form an die ausgewählten Texte anpasst. Am Beispiel der Ballade *John Maynard* sei dieser Ablauf dargestellt: Überschrieben mit „Ziel und Vorbereitung" führt die Lehrkraft den Text ein und stellt einige Fragen vorab: „John ist das amerikanische oder englische Wort für Johann. Was für ein Landsmann also? Wo wird sich die Geschichte zugetragen haben" (Linde 1910, 42)? Daran schließt sich der „Erste Vortrag" durch den Lehrer an; die sich anschließende Vertiefung empfindet Linde als besondere Herausforderung: „Die Kinder sind ergriffen von der heiligen Magie der Dichtung; es drängt sie, ihrem Gefühl auch einen Ausdruck zu geben. Bieten wir ihnen also die Gelegenheit dazu [...]" (Linde 1901, VII). Geeignet erscheint ihm für Fontanes Ballade ein Hinweis auf den „braven Mann", auf „die Schwalbe" und ihren „Flug" über den Eriesee. Für die weitere Beschäftigung empfiehlt Linde einen „Zweiten Vortrag" durch die Lehrkraft und im Anschluss daran das „Nachlesen" durch die Kinder in ihren eigenen Büchern. „Zur weiteren Beschäftigung mit dem Gedichte" macht Linde drei Vorschläge: (1) Der Dichter Fontane wird in seiner „Werkstatt" besucht und seine Ballade daraufhin befragt, wie er Spannung erzeugt. (2) Weitere Balladen aus dem Themenkreis „Helden, die getreu bis an den Tod gewesen sind" werden herangezogen (Linde 1910, 48). (3) Es wird die Perspektive und Form der Darstellung verändert: So können die Schüler aufgefordert werden, die Geschichte zu erzählen, „als wenn ihr Stande von Buffalo gestanden hättet und hättet das brennende Schiff herankommen sehen" (Linde 1910, 48). Ein weiterer Vorschlag wird unterbreitet, der auf einen handelnden Umgang mit Literatur abzielt: „Denkt, ihr solltet die Szene malen, als das Feuer eben ausgebrochen ist; wie würden wir das wohl machen" (Linde 1910, 48)?

In seiner Veröffentlichung *Moderne Lyrik in schulgemäßer Behandlung* legt Linde eine ‚Mischform' zwischen Lehr- und Lesebuch für alle Schularten vor: Er erweitert – im Sinne der Grammatik der Pädagogisierung – den Lektürekanon für alle Schulen um Autoren, die in der zweiten Hälfte des 19. Jahrhunderts gewirkt haben. Eng damit geht die Grammatik des Wissenserwerbs einher, um Schülern die Vorstellung des Ästhetischen zu vermitteln. Trotz des Vertrauens in die Vorstellungswelt der Kinder hält Linde die Lehrkraft und ihr Engagement für die Auseinandersetzung mit Kunst und Literatur im schulischen Kontext für unerlässlich.

Fazit der Schulbuchanalysen

In den hier ausgewählten Schulbüchern des 19. Jahrhunderts finden sich konzeptionelle Vorstellungen, die bis heute den Literaturunterricht prägen: Es gilt, literarhistorische Kenntnisse zu vermitteln, deren Relevanz in heutiger Zeit immer wieder kritisch hinterfragt wird. Unterstützen Wissensbestände ein Verstehen literarischer Texte oder erschweren sie vielmehr den Zugang? Des Weiteren werden insbesondere seit den 1980er Jahren Diskussionen geführt, inwiefern eine ganzheitliche Bildung im Deutschunterricht angebahnt werden kann. Anknüpfend an reformpädagogische Bestrebungen wird einer handelnden und produktiven Erschließung von Literatur das Wort geredet. Ein zentraler Begriff ist hier Identitätsbildung, die es mithilfe literarischer Texte zu befördern gilt. Sich mit und durch Literatur infrage stellen zu lassen, neue Perspektiven zu erhalten und die eigene Persönlichkeit im sozialen und gesellschaftlichen Umfeld auszubilden, werden als wichtige Ziele formuliert. Immer wieder entzünden sich Debatten an Formen methodischer Zugänge und Fragen der Gestaltung von Schulbüchern: Sind Aufgaben, die auf eine rationale Erschließung des Textes abheben, effektiver als Aufgaben, die einen emotionalen Zugang befördern helfen? Und inwiefern ist die Lebenswelt der Schüler bei der Auswahl von Literatur zu berücksichtigen? Antworten auf diese Fragen sind im 21. Jahrhundert nicht als endgültig anzusehen, sondern vielmehr spiegeln sich in historischen Konzepten wichtige, bis heute virulente Fragen der Disziplingeschichte. Der Blick in historische Ausgaben von Schulbüchern schärft das Wissen um die Zeitgebundenheit der jeweiligen Ansätze; insbesondere die im Betrachtungszeitraum relevanten Grammatiken der Wissensvermittlung und der Pädagogisierung verweisen auf bildungspolitische und gesellschaftliche Diskurse der jeweiligen Zeit, die von einer zunehmenden Professionalisierung im Sinne der Grammatik der Verschulung flankiert werden. Dies schließt mit ein, dass um 1850 schulische Lektüre von Dichtung als Instrument individueller und nationaler Bildung verstanden wird, die bis in die 1930er Jahre Wirksamkeit entfalten sollte (Hegele 1996, 5).

3 Systematische Fragestellungen: Literaturunterricht als Konstruktion

Die historische Auseinandersetzung mit Literaturunterricht kann auch unter systematischen Gesichtspunkten erfolgen, wobei sich beim Gang durch die Geschichte zuweilen fast identische Abläufe und vergleichbare Reaktionen auf Handlungsmuster erkennen lassen. Die enge Verknüpfung mit der schulischen Institution und dem gesellschaftlichen Leben führt zu Fragestellungen jenseits der Historie (Hegele 1996, 179): Handelt es sich bei Wiederholungen und Variationen von bestimmten literaturdidaktischen Strömungen und Gegenströmungen um regelhaft auftretende Phänomene? Welche Schlüsse lassen sich hinsichtlich der Verortung des Literaturunterrichts im schulischen und gesellschaftlichen Leben ziehen? Und welche weiteren Quellen liefern Aufschluss über den erlebten Literaturunterricht, der nicht selten aus der Rückschau eine spezifische Konstruktion erfährt? Antworten auf solche Fragen tragen dazu bei, mittels geschichtlichem Urteilsvermögen und Wissen, grundlegende didaktische und methodische Folgen und Konsequenzen von Bildungsentscheidungen zu verstehen: „Zudem können sich bestimmte Probleme als bereits gelöst erweisen, was die eigene Entscheidungsfindung erleichtern kann" (Dawidoswki 2016, 33).

Literaturunterricht und Professionalisierung: 19. Jahrhundert

In seiner einflussreichen Studie *Schule und literarische Kultur* (1981) orientiert sich Georg Jäger an vier Parametern, um die Sozialgeschichte des deutschen Unterrichts an höheren Schulen nachzuzeichnen. In einem ersten Untersuchungsbereich befasst er sich mit gesellschaftlichen Zielsetzungen, deren Prägekraft er in zahlreichen Konzepten des Sprach- und Literaturunterrichts auffinden kann. Eng damit verbunden ist der zweite Untersuchungsbereich zur Schule als staatlicher Einrichtung, in der der deutsche Unterricht einen institutionalisierten Ort findet (Jäger 1981, 1–2). Dieses Zusammenspiel von Gesellschaft, Schule, Literatur und Konzepten kann auch mit Aspekten der Professionalisierung der Lehrerschaft im Laufe des 19. Jahrhunderts in Verbindung gebracht werden. Darunter werden mit Blick auf das an der Praxis orientierte Berufsfeld Selbstreflexion des Individuums, Steuerung durch staatliche Systeme und Wissenschaftsethik des Lehrerberufs verstanden (Bogdal 2006, 10).

Im wilhelminisch geprägten Kaiserreich erfolgt die Entwicklung der Lehrerausbildung nicht nur entlang pädagogischer Ansprüche, sondern auch gemäß gesellschaftlicher Erfordernisse: Der Ausbau „niederer" Schulen zu leistungsfähigen mehrklassigen Volksschulen wird von gesteigerten Anforderungen für den Zugang zur Seminarausbildung und einer Verlängerung der Ausbildungsdauer begleitet. Für die Befähigung zum höheren Lehramt wird das ältere Konzept einer umfassenden (alt-)philologischen Ausbildung zukünftiger Gymnasiallehrer sukzessive bis zum Ende des Jahrhunderts durch das Fachlehrerprinzip beziehungsweise das Studium zweier Hauptfächer ersetzt. Damit wird der Entstehung neusprachlicher und naturwissenschaftlicher Gymnasialtypen und dem gewachsenen Bedarf an Fachlehrern Rechnung getragen (Baumgart 2009, 184–185). Innerhalb dieses Transformationsprozesses kommt dem Deutschunterricht eine ‚Mittlerposition' zu: Fühlen sich seine Theoretiker einerseits dem altsprachlichen Literaturkanon und Sprachkenntnissen verpflichtet, treten sie andererseits für den Eigenwert des Deutschunterrichts ein; in diesem spielt in besonderer Weise die Literatur eine zentrale Rolle, um eine Verbindung zu Nation und Volk zu schaffen und zu sichern. Folgerichtig entwickelt der Deutschunterricht ein an der Vermittlung von Literatur und damit einhergehenden Werten akzentuiertes Profil, wobei bürgerlich-nationale Werte und Persönlichkeitsbildung eine Symbiose eingehen. Im zentralen Gymnasialfach wird Grammatik marginalisiert sowie der Aufsatzunterricht in Verbindung mit Literatur gelehrt (Gans 1991, 38). Mit der gegen Ende des 19. Jahrhunderts vollzogenen institutionellen Einbettung geht eine zunehmende Entfremdung von der gesellschaftlichen Wirklichkeit einher, was sich in der an klassischen Werken orientierten Lektüreauswahl im Unterricht und der Fokussierung auf Methoden im Fachdiskurs widerspiegelt (Gans 1991, 49).

Besonders deutlich tritt der Konnex zwischen Systementwicklung und Lehrerausbildung am Beispiel der Eingliederung der Mädchenschulen in das „Berechtigungswesen" höherer Schulen zu Beginn des 20. Jahrhunderts und der Zulassung von Frauen zu einem entsprechenden Lehramtsstudium hervor.

Gesellschaftlich wird diese Reform von einer breiten Debatte begleitet, in der sowohl um das „Wesen" höherer Mädchenbildung als auch um die Eignung von Frauen für Unterricht an diesem neuen Gymnasialtyp gerungen wird. Unterschiedliche soziale Interessen begleiten diesen Vorstoß: Einerseits gibt es eine steigende Nachfrage bildungsbürgerlicher Familien nach höherer Bildung für ihre Töchter; andererseits verfolgt die Bildungsadministration das Ziel, diesen sozialen Ansprüchen durch die Errichtung eines neuen Gymnasialtyps entgegenzukommen; unterschiedliche Lehrerverbände artikulieren ihre jeweiligen Interessen: „Der Widerstand der Lehrer gegen die weibliche Konkurrenz war bekanntlich vergeblich" (Baumgart 2009, 185). Mit der Angleichung der Ausbildungs- und Prüfungsordnungen zukünftiger Lehrerinnen gymnasialer Mädchenschulen an die der männlichen ‚Oberlehrer' im Jahre 1908 wird eine weit reichende Entscheidung getroffen. Zwar sichert die gleiche Ausbildung noch keine mit den Männern vergleichbaren Karrierechancen, wohl aber wird Frauen der Zugang zum höheren Lehramt gewährt. Die geschlechtsspezifischen Differenzen in der Ausbildung für die unterschiedlichen Lehrämter werden bis 1918 sukzessive minimiert. Was bestehen bleibt, ist der bis heute wirkende Dualismus zwischen der Ausbildung für „niedere" und „höhere" Schulen (Baumgart 2009, 184–185). Bezogen auf einen Literaturunterricht entwickelt sich eine spezifische weibliche Lesart von Literatur, die einen bewahrenden Charakter aufweist: Sowohl die gesellschaftliche Ordnung solle stabilisiert werden als auch die damit einhergehenden familiären Strukturen und die damit verbundene Vorstellungen von Weiblichkeit.

Lektürekanon und Schule: Der Wendepunkt 1900

Die Beschäftigung mit Fragen des Kanons im Literaturunterricht stellt eine weitere wichtige Facette in der systematischen Betrachtung von Literaturunterricht dar. In der gegenwärtigen fachdidaktischen Diskussion existieren kaum Positionen, die für eine Reanimation eines Kanons eintreten; demgegenüber scheint Konsens darüber zu bestehen, dass die „Arbeit am Kanon" und die Auseinandersetzung mit Kanonisierungstendenzen und -prinzipien im Zentrum des Literaturunterrichts stehen sollten (Wieser 2008, 244). Mit Blick auf Schule und Öffentlichkeit wird ‚Kanon' als Akt gesellschaftlichen Handelns verstanden, in dem dieser als etwas ‚Gemachtes' zu verstehen ist, als etwas, das mit Macht zu tun hat. Um dieses nicht einfach zu fassende Kräfteverhältnis zu veranschaulichen, wird von der Theorie der *invisible hand* gesprochen: Hiernach habe niemand absichtlich so oder anders einen Kanon zusammengestellt, vielmehr haben viele Gruppen intentional an ihm mitgewirkt. Einem solchen Verständnis folgend ist Kanonbildung weniger im Sinne eines Kausalzusammenhangs zu begreifen, sondern er zielt auf die Durchlässigkeit, Kontroversen und Veränderbarkeit ab (Rauch 2011, 163–164).

Schule gilt als wichtige Kanoninstanz, in der sich vielfältige kulturelle und gesellschaftliche Entwicklungen widerspiegeln. Am Beispiel der Goetheschen Dramen und Epen kann aufgezeigt werden, welchen Dynamiken dieses Werk im schulischen Unterricht unterworfen ist. Der schulische Lektürekanon des 19. Jahrhunderts unterliegt einer strikten Auswahl, die von Beginn an – neben mittelalterlichen Texten wie dem Nibelungenlied – auf die Weimarer Klassiker Goethe und Schiller fokussiert (Korte 2005, 102). Insbesondere Johann Wolfgang von Goethe (1749–1832) wird im Wilhelminischen Kaiserreich zum Nationaldichter stilisiert. Im Deutschunterricht wird an diesem national geprägten Bild eifrig mitgearbeitet: Zum einen wird sein Lebenslauf als Entwicklung zum Patrioten beschrieben, sodass sein Werk für nationalerzieherische Ziele des Literaturunterrichts herangezogen werden kann. Zum anderen eröffnet sein Œuvre eine Verbindung zum Humanitätsideal der Antike, aus der insbesondere das Bürgertum wichtige Legitimationsansprüche ableiten kann: „Zwischen eben jenen Polen – der humanistischen Werteorientierung und nationalerzieherischen Zielsetzungen – ist das Bild eines patriotischen Goethes zu verorten" (Popp 2005, 74). Die Kombination von patriotischem Lebenslauf und doppelter Werteorientierung bringt es mit sich, dass insbesondere Werke mit historischen Stoffen für den Unterricht ausgewählt werden. Solchermaßen können verschiedene Epochen der deutschen Geschichten beleuchtet werden, was allerdings die Gefahr einer Vernachlässigung ästhetischer und literarischer Zugänge in sich birgt. Im späten 19. Jahrhundert führen *Götz von Berlichingen* (1773) und *Hermann und Dorothea* (1797) die Liste der meistgelesenen Werke im Deutschunterricht an: Im Schuljahr 1899/1900 wird das Versepos *Hermann und Dorothea* an 80 Prozent aller Realschulen, an 100 Prozent aller Realgymnasien und an 83 Prozent aller Gymnasien gelesen und besprochen. Des Weiteren spiegelt sich die Vorliebe dieser beiden Werke in den Aufsatzthemen wider: Vielfach werden zum Werk Aufsätze verfasst, die *Hermann und Dorothea*, *Götz von Berlichingen* und *Iphigenie auf Tauris* (1779) zum Gegenstand haben (Popp 2005, 89). Für die Rezeption des Werkes des Klassikers Friedrich Schiller (1759–1805) lassen sich ähnliche Tendenzen feststellen: Auch sein dramatisches Werk steht im Zentrum unterrichtlichen Lehrens und Lernens (Sperlich 2013, 23–25).

Der Bestand schulisch relevanter Texte Goethes erfährt nach 1900 eine Veränderung, die gleichermaßen als Ausdruck der „größte[n] Zäsur in der Geschichte des gymnasialen Lektürekanons" (Korte 2011b, 506) gelten kann: die Berücksichtigung von Roman- und Novellenlektüren im Deutschunterricht. Bezogen auf das Goethesche Werk zeigt sich ein Anstieg der *Werther*-Lektüren. Zwar dominiert in den 1920er Jahren noch das Versepos *Hermann und Dorothea*, doch die Auseinandersetzung mit dem Jugendwerk Goethes nimmt kontinuierlich im Gymnasialunterricht der Weimarer Republik zu. Konnten in einer Werktitelstatistik für das Schuljahr 1922/1923 102 Nennungen für *Die Leiden des jungen Werther* (1774) und 505 Nennungen für *Hermann und Dorothea* verzeichnet werden, entfallen im Schuljahr 1927/1928 auf den Briefroman 226 Nennungen und auf das Versepos 489 Nennungen (Korte 2011b, 506). Diese um 1900 einsetzende Kanonausweitung, wie sie exemplarisch anhand von Goethes Werken illustriert werden kann, ist bis 1945 wirksam und erfährt zur Zeit der nationalsozialistischen Diktatur keine gravierenden Veränderungen (Korte 2011b, 507). Vielmehr werden die Werke im Sinne der NS-Ideologie gedeutet und nationale Traditionen verstärkt (Gruber 2005, 93–94). Bezogen auf Goethes Werke kann für *Hermann und Dorothea* sowie *Werther* ein Rückgang an Lektürehäufigkeit an höheren Schulen festgestellt werden; demgegenüber erfreuen sich *Faust* (1808/1829), *Götz von Berlichingen* und *Iphigenie auf Tauris* bis 1939 einer weiten Verbreitung im Unterricht (Behr 1980, 231). Erklärt wird diese Verschiebung damit, dass die „,undeutschen', die ,schlappen', individualistischen Künstlergestalten Tasso und Werther" (Behr 1980, 227) ebenso wenig wie Hermann als Prototyp des „deutsche[n] Mannes" gelten können (Behr 1980, 227). Dagegen sieht man im Drama *Faust* das vermeintlich Deutsche und im *Götz von Berlichingen* das vermeintlich Heroische repräsentiert (Behr 1980, 225). Schließlich finden die Werke der Klassiker im Reichslehrplan 1938 ihren Platz. Von Goethe werden die Werke *Götz von Berlichingen* oder *Egmont* für die siebte Klasse und *Iphigenie* und *Faust* (Erster Teil, Zweiter Teil, I, 1 und V) für die achte Klasse (Preußisches Ministerium 1938, 67–68) explizit aufgeführt, sodass eine Fortführung literarhistorischer Traditionen sichtbar wird (Lauf-Immersberger 1987, 70). Die auf den ersten Blick ‚undeutsche' Klassik und ihre Pflege stehen in quantitativer Hinsicht den vorangegangenen Epochen nicht nach (Hegele 1996, 82).

Die hier herausgearbeiteten Kontinuitäten sollen nicht darüber hinwegtäuschen, dass der NS-Staat Einfluss auf die Textauswahl in Schulbüchern nimmt. In die Lesebücher der Diktatur werden ideologisch gefärbte Schriften der Gegenwart ebenso aufgenommen wie politisch akzentuierte Schriften der Romantik verstärkt und das Korpus germanischer Heldendichtung ausgeweitet. Kriterium für die Auswahl von Texten der Vergangenheit bildet die ideologische Relevanz für die Gegenwart. Jedoch finden sich weniger klare Richtlinien, was im Unterricht zu lesen ist, als man erwarten würde (Hasubek 1972, 141–143). Ex negativo und gewaltsam wird bekämpft, was nicht in die Ideologie hineinpasst. Die Bücherverbrennungen des Jahres 1933 sind nicht zuletzt traurige Beispiele dafür (Hegel 1996, 88).

4 Zum Schülerbild in Hermann Hesses *Unterm Rad*: Statt eines Schlusswortes

Nach diesen historisch akzentuierten Darstellungen, die auf Lehr- und Lernmedien sowie staatlichen Verordnungen basieren, kommen am Ende der Ausführung Schüler zu Wort. Sowohl in autobiografischen Texten als auch in literarischen Werken finden sich vielfach Darstellungen zur Situation des erlebten Unterrichts. Bei einigen Schriftstellern werden eigene Erlebnisse der Schulzeit literarisch überformt und wirken mit solchen Texten auf die Konstruktion von (Literatur-)Unterricht ein (Gröblacher 2016). Im Leben und Werk Hermann Hesses (1877–1962) zeigen sich zahlreiche Spuren erlebten und konstruierten Unterrichts. Der fragmentarische Bildungsgang des späteren Nobelpreisträgers wird von ihm selbst wiederholt erwähnt (Lange und Melches 1999, 21). In diesen Kontext gehört sein Roman *Unterm Rad* (1906), in dem vom Aufstieg und Fall des Schülers Hans Giebenrat erzählt wird. Aufgrund seiner herausragenden Leistung kann der aus einem Dorf im Schwarzwald stammende Schüler am Landesexamen in Stuttgart teilnehmen. An das Bestehen der Prüfung ist beruflicher Aufstieg geknüpft, da die Klosterschule Maulbronn kostenfrei besucht werden kann; dort werden Pastoren und Landesbeamte zur Sicherung des Staates ausgebildet. Unterstützt vom Rektor und Pastor vor Ort wird Hans auf das Examen vorbereitet, das er als Zweitbester absolviert. Mit der Übersiedlung in das Internat Maulbronn muss Hans sich strengen Lern- und Lebensordnungen unterwerfen, die er zu erfüllen bereit ist. Allerdings machen ihm Kopfschmerzen immer wieder zu schaffen; des Weiteren schließt er Freundschaft mit Hermann Heilner, die für Hans neue Blicke auf das Leben und die Literatur eröffnet. Hermann, ein Gegenentwurf des strebsamen Hans, tritt für Dichtung ein, für das Zusammenspiel von Literatur und Welt und stellt nicht zuletzt die Praxis der Vermittlung antiker Texte infrage. Zu Beginn ihrer Freundschaft äußert sich Hermann verächtlich über seinen Unterricht:

„'Da lesen wir Homer', höhnte er weiter, 'wie wenn die Odysee ein Kochbuch wäre. Zwei Verse in der Stunde, dann wird Wort für Wort wiedergekäut und untersucht, bis es einem zum Ekel wird. Aber am Schluß der Stunde heißt es dann jedesmal: Sie haben hier einen Blick in das Geheimnis des dichterischen Schaffens getan! Bloß so als Soße um die Partikeln und Aoriste herum, damit man nicht ganz dran erstickt. Auf die Art kann mir der ganze Homer gestohlen werden. Überhaupt was geht uns eigentlich das alte griechische Zeug an? Wenn einer von uns einmal probieren wollte, ein bißchen griechisch zu leben, so würde er rausgeschmissen. Dabei heißt unsere Stube Hellas! Der reine Hohn! Warum heißt sie nicht ‚Papierkorb' oder ‚Sklavenkäfig' oder ‚Angströhre'? Das ganze klassische Zeug ist ja Schwindel" (Hesse 1985 [1906], 227).

Pointiert formuliert Hermann Heilner die Janusköpfigkeit in der Auseinandersetzung mit der klassischen Antike: Zwar wird Humanität beschworen, jedoch bleibt diese Staffage und darf nicht gelebt werden. Möglicherweise liefert der Dichterfreund Giebenrats eine Erklärung dafür, warum die im 19. Jahrhundert gepflegte Auseinandersetzung mit Vorstellungen von Humanität und Klassik, die historisch ihren Platz in der gymnasialen Schule findet, die Zeitgenossen nicht besser vor Übergriffen von Obrigkeit und Diktatur schützen kann. Sie hätten zu einem wichtigen Gegengewicht des völkisch-nationalistischen Denkens in den Schulen werden können: „Warum hat sie nicht obsiegt und die Dominanz des völkisch-nationalistischen Denkens in den Schulen nicht verhindert" (Fend 2008, 62)? In *Unterm Rad* wird einem Bildungsgang der Schüler ohne die Institution Schule das Wort geredet (Goebel 2013, 141); der pietistisch geprägte Schuhmachermeister Flaig verkörpert diese Auffassung und ermuntert Hans zu selbstbestimmten Rückzügen in die Natur und zur Unbeschwertheit – seine Versuche bleiben vergeblich. Nach dem tragischen Tod des Protagonisten Hans äußert sich Flaig am Begräbnistag dem Vater gegenüber wie folgt:

> „,Dort laufen ein paar Herrn', sagte er leise, ,die haben auch mitgeholfen, ihn so weit zu bringen.' ,Was?', fuhr der andere auf und starrte den Schuster zweifelnd und erschrocken an. [...] ,Seien Sie ruhig, Herr Nachbar. Ich hab ja bloß die Schulmeister gemeint.' ,Wieso? Wie denn?' ,Ach nichts weiter. Und Sie und ich, wir haben vielleicht auch mancherlei an dem Buben versäumt, meinen Sie nicht'" (Hesse 1985 [1906], 329)?

Unterm Rad wird heutzutage in der Schule gelesen und hat als Anti-, Schul- und Internatsliteratur sowie als Adoleszenz- und Entwicklungsliteratur eine gewisse Klassifizierung und Kanonisierung erfahren (Wrobel 2016, 177–178). Im Kontext der Auseinandersetzung mit Literatur und ihrer Institutionalisierung im langen 19. Jahrhundert wird mit *Unterm Rad* ein Kontrapunkt zur staatlichen Beschulung gesetzt: Das einseitig an übergeordneten Zielen ausgerichtete System Schule wird ebenso kritisiert wie die Verantwortung jedes Einzelnen für das Wohlergehen der Mitmenschen thematisiert – Ansprüche, die es bis heute im Deutsch- und Literaturunterricht einzulösen gilt.

Weiterführende Literatur

Boueke, Dietrich (Hrsg.) (1971). *Der Literaturunterricht*. Weinheim/Berlin/Basel.
Frank, Horst Joachim (1973). *Geschichte des Deutschunterrichts. Von den Anfängen bis 1945*. München.
Heinze, Carsten (2011). *Das Schulbuch im Innovationsprozess. Bildungspolitische Steuerung – Pädagogischer Anspruch – Unterrichtspraktische Wirkungserwartungen*. Bad Heilbrunn.

Jäger, Georg (1981). *Schule und literarische Kultur. Band 1: Sozialgeschichte des deutschen Unterrichts an höheren Schulen von der Spätaufklärung bis zum Vormärz*. Stuttgart.
Paefgen, Elisabeth K. (²2006). *Einführung in die Literaturdidaktik*. Stuttgart/Weimar.

Carola Surkamp
II.3 Literaturdidaktik seit 1945 aus Sicht der Fremdsprachendidaktik

1 Definition und Gegenstandsbereiche

Die fremdsprachliche Literaturdidaktik ist eine vergleichsweise junge akademische Teildisziplin der Fremdsprachendidaktik, die sich in Deutschland erst mit Beginn der 1970er Jahre an Universitäten und Pädagogischen Hochschulen als forschende Wissenschaft etabliert hat. Fremdsprachlichen Literaturunterricht und Konzepte zum Einsatz von Literatur im Fremdsprachenunterricht gibt es allerdings schon sehr viel länger: Seit der Eingliederung des Englischen und Französischen in den Fächerkanon humanistischer Gymnasien im 19. Jahrhundert wurden im neusprachlichen Unterricht auch literarische Texte gelesen. Deren Stellenwert für das Lehren und Lernen einer fremden Sprache wurde in der Geschichte des Fremdsprachenunterrichts jedoch unterschiedlich bewertet.

Die fremdsprachliche Literaturdidaktik ist eine angewandte Wissenschaft. Lothar Bredella hat sie als „Theorie *für* und *vom* Literaturunterricht" (Bredella et al. 2004b, 8) bezeichnet. Es handelt sich also um einen sowohl normativ als auch deskriptiv arbeitenden Forschungsbereich. Auf konzeptioneller Ebene geht die Literaturdidaktik den Fragen nach, welche Ziele des Fremdsprachenunterrichts durch die Beschäftigung mit literarischen Texten erreicht werden können, welche Texte sich für die Verfolgung welcher Ziele jeweils anbieten und wie Literatur in institutionell organisierten fremdsprachlichen Lehr- und Lernprozessen eingesetzt werden kann. Dafür rekurriert sie auf Bezugsdisziplinen, insbesondere auf die Literaturwissenschaft, ist aber nicht primär daran interessiert, wie das dort generierte Wissen im Unterricht vermittelt werden kann. Vielmehr konturiert sie einen eigenen Forschungsbereich, indem sie Theorien und Konzepte für die Begegnung mit literarischen Texten im Fremdsprachenunterricht, das heißt für dessen inhaltliche und methodische Gestaltung bei der Literaturarbeit, entwickelt.

Ausgehend vom Kommunikationsmodell literarischer Texte beziehungsweise von einem weiter gefassten Modell ‚didaktischer' Kommunikation über literarische Texte (vgl. Abb. 1) lassen sich verschiedene Gegenstandsbereiche der Literaturdidaktik ebenso wie unterschiedliche Zielorientierungen und Vorgehensweisen im fremdsprachlichen Literaturunterricht verdeutlichen. So kann der Fokus zum Beispiel auf dem literarischen Text selbst, das heißt auf den in ihm verhandelten Themen und dargestellten Inhalten sowie auf seinen formalen

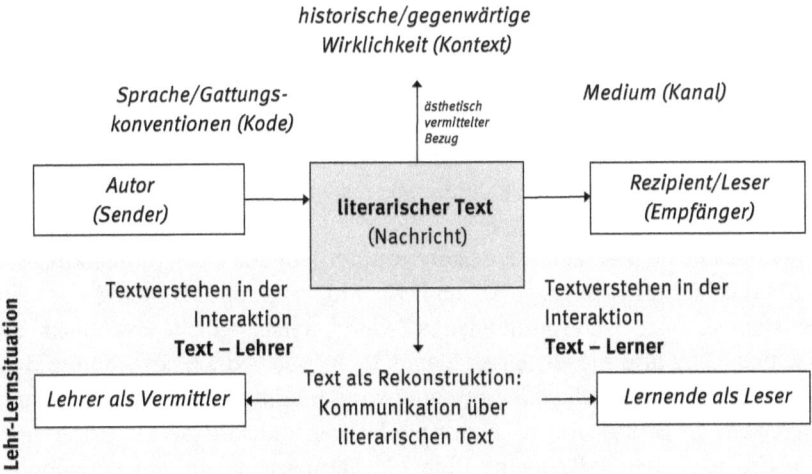

Abb. 1: Modell didaktischer Kommunikation über literarische Texte nach Surkamp und Nünning (2016, 24 und 25).

Merkmalen, liegen (Gegenstandsorientierung) oder aber die Lesenden mit ihren jeweiligen Voraussetzungssystemen, individuellen Rezeptionsweisen und spezifischen Motivationen stehen im Mittelpunkt (Rezipientenorientierung). Auch dem Autor beziehungsweise der Autorin kann besondere Aufmerksamkeit gewidmet werden, wenn biografische Aspekte in die Textinterpretation einfließen und im Unterricht die (allerdings vielfach kritisierte und problematisierte) Frage nach der Autorintention gestellt wird. Bei kontextualisierenden Ansätzen, welche die historische und/oder kulturelle Wirklichkeit des Textes einbeziehen, kommen ebenfalls außertextuelle Aspekte bei der Textarbeit zum Tragen. Hingegen wird der konkrete Unterrichtskontext in den Blick genommen, wenn es im Literaturunterricht um die Interaktionen zwischen Lehrperson und Lernenden oder der Lernenden untereinander geht. Insbesondere die bei Verhandlungen über Texte entstehenden und in Schülerprodukten teils auch beobachtbaren fremdsprachlich-diskursiven Prozesse werden hier betrachtet. Weitere unterrichtsbezogene kontextuelle Faktoren, die in literaturdidaktischen Untersuchungen eine Rolle spielen, sind didaktische Steuerungsmechanismen (wie die mit der Textbegegnung verbundenen Aufgaben und Aktivitäten), das übergeordnete Unterrichtsthema oder das Setting, in dem die Literaturarbeit erfolgt und das bei einem Theater- oder Kinobesuch beispielsweise auch ein außerschulischer Lernort sein kann.

Innerhalb der Literaturdidaktik lassen sich also eher philologisch oder eher pädagogisch ausgerichtete Positionen ausmachen (vgl. auch Nickel-Bacon 2006;

Winkler 2012). An diese können jeweils bestimmte methodische Präferenzen geknüpft sein. So sind gegenstandsorientierte Herangehensweisen vielfach mit Vorschlägen für textanalytische Aufgaben in Einzel- oder Kleingruppenarbeit verbunden oder sie stehen mit dem Unterrichtsgespräch in Tradition der Hermeneutik, während lernerorientierte Zugänge kooperative Lesemethoden favorisieren und kreative Bedeutungsaushandlungen, zum Beispiel über szenische Darstellungen, anzustoßen versuchen.

Ein Blick in die Geschichte von Literaturunterricht und Literaturdidaktik, wie er im Verlauf dieses Kapitels vorgenommen wird, zeigt, dass zu den genannten Gegenstandsbereichen zu verschiedenen Zeiten unterschiedliche Positionen vorherrschten, dass also die einzelnen Elemente unterschiedlich gewichtet und in ihren Relationen unterschiedlich bewertet wurden. Einflussgrößen waren (und sind) erstens die Bezugswissenschaften der Literaturdidaktik (also Literatur- und Kulturwissenschaften, Allgemeine Didaktik, Lernpsychologie und Erziehungswissenschaften), zweitens Entwicklungen in der Fremdsprachendidaktik allgemein und drittens (bildungs-)politische und institutionelle Rahmenbedingungen (wie z. B. Vorgaben in Curricula).

2 Geschichte des fremdsprachlichen Literaturunterrichts von den 1950er Jahren bis in die 1970er Jahre: Textzentrierung und Sprachfokussierung

Aussagen über den tatsächlichen Literaturunterricht in den neusprachlichen Fächern an deutschen Schulen nach 1945 zu treffen, ist schwierig. Es gibt kaum empirische Untersuchungen zu der Frage, was im Fremdsprachenunterricht wann, wie und mit welcher Zielsetzung gelesen wurde. Was allerdings zugänglich ist, sind Lektüreempfehlungen in Richtlinien und Lehrplänen, Veröffentlichungen von Unterrichtsmodellen durch Lehrkräfte, die Programme der Schulbuchverlage sowie Hinweise für den Einsatz von literarischen Texten im fremdsprachlichen Unterricht in allgemeinen fremdsprachendidaktischen Schriften. Auch ein kurzer Blick zurück ist hilfreich, um die Entwicklungen im fremdsprachlichen Literaturunterricht nach 1945 nachzuzeichnen.

Zu Zeiten des Nationalsozialismus stützten kulturkundliche Ansätze, die den Charakter eines Volkes auf bestimmte Eigenschaften reduzierten und somit stereotypisierend wirkten, die rassistische Ideologie des Regimes. Literarische Texte wurden deshalb für den Englischunterricht vorgeschlagen, weil sie als Ausdrucksform galten, anhand derer die wichtigsten Eigenschaften einer fremden Kultur ablesbar waren (vgl. Lehberger 1986, 94). Aufgrund ihrer nationalistischen ideologischen Implikationen rückte die Kulturkundebewegung nach 1945 im Fremdsprachenunterricht in den Hintergrund. Auch die kulturkundlich begründete Lektüreauswahl spielte keine Rolle mehr. Außerästhetische Wertungskriterien wurden als irrelevant erachtet (vgl. Freese 1981a, 48), und statt der im Rahmen der Kulturkunde vielfach empfohlenen *minor authors* wurde nunmehr die Beschäftigung mit ästhetisch anspruchsvoller Hochliteratur gefordert (vgl. Küpper 1982, 144).

Die Lektüreauswahl erwies sich im ersten Jahrzehnt nach Kriegsende jedoch als schwierig (vgl. auch Surkamp 2013). Viele Schulausgaben waren nicht mehr greifbar und eine Vielzahl von Neuerscheinungen aus England und den USA kam auf den Markt. Ende der 1950er Jahre fand daher eine große Kanondebatte statt – ausgelöst durch einen Aufsatz von August Schröder zur Lektüreauswahl im Englischunterricht in der Zeitschrift *Die Neueren Sprachen* und weitergeführt durch die Reaktionen anderer Fremdsprachendidaktiker auf diesen Aufsatz (alle Texte in Flechsig 1970). Die Debatte entzündete sich an den Auswahlkriterien: Schröder kritisierte den in seinen Augen zu umgangssprachlichen Sprachstil vieler zeitgenössischer Texte und stellte den humanistischen Bildungswert eines Textes in den

Vordergrund; Helmut Schrey monierte – in seinen Worten – „ethische Wertungen", aufgrund derer zum Beispiel Texte von Poe, Twain, James und Faulkner abgelehnt würden, und forderte stattdessen literarische Auswahlkriterien wie „Geschlossenheit, Überzeugungskraft, Wahrheit eines Lesestoffes" (Flechsig 1970, 352).

Eine besondere Situation bestand für den fremdsprachlichen Literaturunterricht an Schulen in der DDR (vgl. Enter und Lutz 1996). Literarische Werke aus Großbritannien und den USA waren bis auf Lektüreklassiker von Shakespeare oder Dickens nicht zu bekommen. Autoren wie Huxley und Orwell durften aus ideologischen Gründen nicht gelesen werden. Zudem lag der Fokus auf Russisch als erster Fremdsprache, was insofern auch Auswirkungen auf den Einsatz literarischer Texte im Englischunterricht hatte, als die Lektüre im Russischunterricht kaum möglich war und daher in der zweiten Fremdsprache sprachlich nicht mehr geleistet werden durfte (vgl. Enter und Lutz 1996, 362). Die Behandlung von Literatur war aus diesem Grund abgesehen von Gedichtinterpretationen auch nicht im Lehrplan verankert (vgl. Enter und Lutz 1996, 359). Wie Hellwig (2000, 75) zudem feststellt, sollten in der DDR insbesondere im Fremdsprachenunterricht der Sekundarstufe I keine literarischen Texte gelesen werden, da befürchtet wurde, diese könnten aufgrund ihrer Unbestimmtheit sowie ihrer Betonung von Individualität und Subjektivität destabilisierend wirken.

In der Bundesrepublik wurde Literatur unter dem zusätzlichen Einfluss des textzentrierten, an einer vermeintlich objektiven Literaturdeutung interessierten *New Criticism* aus den USA bis in die 1960er und 1970er Jahre hinein insbesondere im Englischunterricht losgelöst von ihrem historischen und kulturellen Kontext behandelt. Die Impulsgebung aus der Literaturwissenschaft lässt sich dadurch erklären, dass die Ausbildung von Gymnasiallehrenden für die sprachlichen Fächer an den Universitäten zu großen Teilen literaturwissenschaftlich geprägt war. Die Orientierung am *New Criticism* auch im schulischen Literaturunterricht zog im Fremdsprachen- ebenso wie im Deutschunterricht die Konzentration auf strukturalistische Interpretationsmethoden wie das *close reading* nach sich. Der Text selbst mit seinen spezifischen formalen Elementen rückte in den Mittelpunkt; betont wurde die Einheit von Inhalt und Form. Diese textimmanente Literaturbetrachtung bestimmte insofern auch das Verhältnis zwischen Lehrperson und Lernenden, als der Lehrperson die Rolle der Expertin zukam, die das Interpretationsergebnis schon vor der eigentlichen Textarbeit kannte und ihre Aufgabe darin sah, die Lernenden den Interpretationsprozess vorzugsweise im fragend-entwickelnden Unterrichtsgespräch in kleinen, festgelegten Schritten nachvollziehen zu lassen. Literatur wurde lehrerzentriert, kognitiv-analytisch und ohne Einbeziehung der individuellen Sichtweisen der Lernenden betrachtet. Nickel-Bacon (2006, 101) spricht daher von einer „Intellektualisierung des Literaturunterrichts" in den 1960er Jahren.

Der hohe Stellenwert literarischer Texte im Fremdsprachenunterricht blieb in den ersten beiden Jahrzehnten nach Kriegsende unangefochten. Literatur galt als „unverzichtbarer Kern vor allem des gymnasialen Fremdsprachenunterrichts" (Decke-Cornill und Küster 2010, 244). Diese Auffassung hat ihre Wurzeln im 19. Jahrhundert, in dem literarische Bildung als „Ausweis sozialer Überlegenheit" (Decke-Cornill und Küster 2010, 245) angesehen wurde. Die Vorstellung von höherer Bildung durch Literatur knüpft zudem an eine lange Tradition der Literaturarbeit im Fremdsprachenunterricht aus der Zeit an, als das Englische und Französische in den Fächerkanon humanistischer Gymnasien eingegliedert wurden. Zielsetzung und Unterrichtspraxis richteten sich im 19. Jahrhundert an den alten Sprachen Latein und Griechisch aus: Die kulturellen Leistungen des Zielsprachenlandes sollten über die Beschäftigung mit bedeutenden literarischen Werken kennengelernt werden. Diese klassisch-idealistische Begründung für den Einsatz literarischer Texte im (schulischen wie universitären) Fremdsprachenunterricht ist bis in die 1970er Jahre hinein auch in den Curricula feststellbar (vgl. Hallet 2010, 202). Einher ging sie mit einer Trennung von Literatur- und Sprachdidaktik, welche die Fremdsprachendidaktik ebenfalls bis zu dieser Zeit prägte (vgl. Brusch und Caspari 1998).

Ideologiekritisches Denken im Zuge der 1968er-Bewegung auf der einen sowie ein curricular-bedingter Fokus auf sprachdidaktische Fragen auf der anderen Seite führten ab den 1970er Jahren dazu, dass die Arbeit mit literarischen Texten im Fremdsprachenunterricht sehr viel geringer geschätzt wurde (vgl. Decke-Cornill und Küster 2010, 245; Volkmann 2009, 26). Hohe Literatur galt bestimmten politischen Positionen zufolge als „bildungsbürgerlich, esoterisch und arbeitsweltfern" (Hellwig 2000, 67). Wie Rück (1990, 7) herausstellt, bestand sogar die Auffassung, dass man Kinder vor Literatur schützen müsse, da diese nur passiv konsumiert würde. Literaturunterricht sollte verhindert werden, da dieser systemstabilisierend wirke (vgl. Hellwig 2000, 67).

Literarästhetische Inhalte und Lernformen verschwanden aber auch aufgrund einer curricularen Bewegung aus dem Fremdsprachenunterricht, die im Gegensatz zur bildungstheoretischen Didaktik mit ihrem Primat der Gegenstände die im Fremdsprachenunterricht zu erreichenden Lernziele betonte. Durch den Einfluss der audiolingualen Methode aus den USA waren diese vornehmlich sprachlicher Art, sodass Debatten über Autoren und Texte nur noch vermittelt geführt wurden: Der literarische Text an sich hatte keinen Wert, sondern nur im Hinblick auf die Erreichung eines bestimmten Lernziels (vgl. Christ 1994). Zudem wurden die geschriebene Sprache und die Fertigkeit des Lesens durch die Betonung der gesprochenen Sprache gerade mit Blick auf den Englischunterricht an Haupt- und Realschulen zurückgedrängt (vgl. Doff 2008, 295).

Auch die kommunikative Wende im Fremdsprachenunterricht hat maßgeblich zu dieser Entwicklung beigetragen. Der Fremdsprachenunterricht der 1970er und 80er Jahre war pragmatisch auf den Gebrauch der Fremdsprache in konkreten Gesprächssituationen ausgerichtet. Sowohl im Englisch- als auch im Französischunterricht wurde die Beschäftigung mit literarischen Texten weitgehend in die gymnasiale, in den 1970er Jahren reformierte und propädeutisch ausgerichtete Oberstufe verlagert (vgl. Caspari 2008). Für die Phase des Spracherwerbs in der Sekundarstufe I waren die Lehrwerke das Leitmedium, und diese enthielten bis auf ein paar Lieder, Gedichte oder Cartoons so gut wie keine literarischen Texte (vgl. Hellwig 2000, 42–49). Der traditionelle Bildungswert der Arbeit mit literarischen Texten stand nicht mehr im Fokus. Aber auch der Wert literarischer Kleinformen für einen auf die Oberstufe vorbereitenden Literaturunterricht in der Sekundarstufe I spielte keine Rolle mehr (vgl. Hellwig 2000, 65–67). Eindeutig im Vordergrund in Lehrplänen und fremdsprachendidaktischen Publikationen standen das Mündliche, eine funktionale, an der Realisierung von Sprechabsichten ausgerichtete Betrachtung von Sprache (vgl. Doff 2008, 295) sowie im Schriftlichen die Einbeziehung von Sach- und Gebrauchstexten mit hohem Wirklichkeitsbezug wie Speisekarten oder Fahrplänen. Literarische Texte galten daher allein schon aufgrund ihres fiktionalen Charakters als irrelevant für den Fremdsprachenunterricht (vgl. Rück 1989, 441).

Wie Hellwig herausstellt, war Hans Hunfeld zu Beginn der 1980er Jahre einer der ersten Fremdsprachendidaktiker, die den damit einhergehenden „Inhalts- und Anspruchsverfall" (Hellwig 2000, 67) des Fremdsprachenunterrichts beklagten. Erneut war es die stark literaturwissenschaftlich geprägte Lehrerbildung, die maßgeblich dazu beitrug, dass literarische Texte nicht völlig aus dem Fremdsprachenunterricht verschwanden. Eine eigenständige fremdsprachliche Literaturdidaktik gab es jedoch (noch) nicht (vgl. Rück 1990, 7). Erste Ansätze dazu zeigten sich zwar 1973 mit der Publikation von Helmut Schreys Band *Grundzüge der Literaturdidaktik*, in der der Autor basierend auf Erfahrungen mit der Waldorfpädagogik das persönlichkeitsbildende Potenzial literarischer Texte betonte und einen lernerorientierten Literaturunterricht skizzierte. Dennoch beklagt Hellwig (2000, 66), dass das Festhalten an rein werkzentrierten, weder kontext- noch adressatenbezogenen Textanalysen im Stil des *New Criticism* eine Weiterentwicklung literaturdidaktischer Ansätze und die Herausbildung neuer Konzepte für die Literaturarbeit im Fremdsprachenunterricht lange verhindert habe – und dies, obwohl schon Anfang der 1970er Jahre mit den Arbeiten von unter anderem Hans Robert Jauß und Wolfgang Iser in der Literaturwissenschaft ein Umbruch hin zu leserbezogenen Rezeptionstheorien stattfand.

3 Begründung der Disziplin und Entstehung einer rezeptionsästhetischen Literaturdidaktik ab Mitte der 1970er Jahre

Erst ab Mitte der 1970er Jahre kam es zu einem regelrechten „literaturdidaktische[n] Aufbruch" (Hellwig 1988, 19), wie sich an einer deutlich erhöhten Zahl an Publikationen zum Thema ablesen lässt, und zur Begründung der fremdsprachlichen Literaturdidaktik als Disziplin. Wolfgang Hallet (2010, 202) führt diesen Aufbruch zum einen darauf zurück, dass verstärkt nach neuen Argumenten für den Bildungswert literarischer Texte im Fremdsprachenunterricht gesucht wurde (vgl. z. B. Freese und Hermes 1977; Freese und Hermes 1981; Hunfeld 1977a). Zum anderen habe unter den Fremdsprachendidaktikern, die sich mit literaturdidaktischen Fragen beschäftigten, ein „Ringen um die Etablierung als eigenständige Disziplin jenseits der Allgemeinen Didaktik und der Literaturwissenschaft" (Hallet 2010, 202) stattgefunden. Gleichzeitig wurde von verschiedener Seite angemahnt, dass es für die Entwicklung einer eigenen Literaturdidaktik für den Fremdsprachenunterricht noch einer einheitlichen Rahmung und eines einheitlichen Fachdiskurses bedürfe (vgl. hierzu Doff 2008, 300). Eine der wichtigsten Aufgaben wurde in der Klärung der Frage gesehen, wie die sprachlichen Lernziele des Fremdsprachenunterrichts durch die Beschäftigung mit literarischen Texten erfüllt werden, wie also Spracherwerb und inhaltsbezogene Literaturarbeit integriert werden können (vgl. Schröder 1977, 157; Freese 1981a, 19–20). Wie Sabine Doff (2008, 300) hervorhebt, bestand die besondere Komplexität darin, dass im fremdsprachlichen Literaturunterricht die Zielsprache zugleich Gegenstand (in Form des fremdsprachigen Textes) und Verständigungsmittel (zur Kommunikation über den Text) ist. Als weitere Herausforderung galt die (Neu-)Bestimmung des Verhältnisses von Landeskunde- und Literaturunterricht (vgl. Hunfeld 1977, 139).

Neue Erkenntnisse und Konzepte für die geforderte einheitliche Rahmung einer fremdsprachlichen Literaturdidaktik wurden ab den 1980er Jahren aus der Rezeptionsästhetik (Jauß 1967; Iser 1976) und der Leseforschung (vgl. Groeben 1982) übertragen. Maßgeblich wirkte ein neuer Verstehensbegriff: Lesen wurde nicht als passiver Akt der Informationsentnahme, nicht als Entschlüsselung der im Text verborgenen Bedeutung angesehen, sondern als kreativer Akt der Bedeutungsbildung, der die Mitarbeit des Lesers verlangt. Bei der Lektüre eines Textes wandern diesem Verständnis zufolge nicht Informationen und Bedeutungen in Form einer Nachricht von einem Sender zu einem Empfänger, sondern Signale, die vom Leser durch eigene Bedeutungszuweisung interpretiert werden müssen. Lesen ist folglich eine Interaktion zwischen Text und Leser, bei der der Leser dem Gelesenen mithilfe seines Vorwissens und seiner Erfahrungen aktiv Sinn zuweist.

Dies bedeutet auch, dass beim Verstehen von Texten nicht nur rezeptive und kognitive Fähigkeiten eine Rolle spielen, sondern dass der Lesevorgang zusätzlich von produktiven, affektiven und imaginativen Momenten gekennzeichnet ist (vgl. Bredella 1985).

Vor diesem Hintergrund entwickelte sich eine rezeptionsästhetische Literaturdidaktik, die – ausgehend von den kognitiven und emotionalen Sinnbildungsprozessen der Lernenden – Literaturunterricht als Ort für subjektiv-individuelle Textbegegnungen konzeptualisierte und insbesondere mit den Namen von Lothar Bredella und Hans Hunfeld verbunden wurde. Diese machten die Hermeneutik Hans-Georg Gadamers für die fremdsprachliche Literaturdidaktik fruchtbar. Das Textverstehen wurde als Synthese von Text- und Leserperspektiven aufgefasst: Der Leser beziehungsweise die Leserin beginnt den Lektürevorgang mit bestimmten individuellen Erwartungen, Erfahrungen und Meinungen, die durch die Textrezeption verändert beziehungsweise erweitert werden können. Ein hermeneutisches Raster zur Analyse literarischer Texte hat in den 1980er Jahren Karlheinz Hellwig (vgl. 2000, 109) entwickelt. Mit Begründung der fremdsprachlichen Literaturdidaktik als Disziplin hat man also den Rezeptionsvorgang selbst zum „Kern des Literaturunterrichts" (Hallet 2010, 202) erhoben. Bis heute gilt das Prinzip der Rezeptionsorientierung als gemeinsamer Nenner literaturdidaktischer Ansätze (vgl. Hallet 2010, 202; Bredella und Burwitz-Melzer 2004).

Für die weitere Geschichte des Fremdsprachenunterrichts seit den 1980er Jahren zeitigte dies Konsequenzen sowohl für die Text- als auch für die Methodenwahl. Da nicht mehr der Text, sondern der Leser im Mittelpunkt stand, wurde eine schülerzentrierte Textauswahl empfohlen. Für den fremdsprachlichen Literaturunterricht sollten demzufolge vor allem solche Texte ausgewählt werden, „die den Leser in seiner Einheit als wahrnehmendes, emotionelles, imaginatives, erkennendes und ethisches Wesen ansprechen, die ihn zum Aufnehmen des Fremden motivieren, die ihn zum Integrieren unterschiedlicher Aspekte ermutigen und seine Vorstellungs- und Urteilskraft anregen" (Bredella 1980, 216–217). Die geforderte Schülerzentrierung bei der Lektüreauswahl spiegelte außerdem den Einfluss des kommunikativen Fremdsprachenunterrichts wider, denn als ein wichtiges Ziel des Literaturunterrichts wurde ebenfalls angesehen, Lernenden bedeutsame Sprechanlässe zu liefern. Es sollte in ihnen die Bereitschaft geweckt werden, sich mit dem Dargestellten auseinanderzusetzen. Wichtige Kriterien für die Textselektion waren daher auch Neugier weckende Inhalte und die thematische Nähe zur Lebenswelt der Schülerinnen und Schüler.

Manche Didaktiker warnten jedoch vor einer ausschließlichen Ausrichtung der Lektüreauswahl an den Lernenden, weil dies die Gefahr der totalen Beliebigkeit in sich berge (vgl. Freese 1981b, 54). Ebenso wenig sollte die Textselektion an rein überzeitlichen Wertkriterien ausgerichtet sein, da dadurch bestenfalls der jeweilige Kanon von gestern tradiert würde. Stattdessen schlug Freese (1981b, 54) die Orientierung an instrumentellen Wertungen vor, allerdings immer unter Berücksichtigung der Entstehungs- und Wirkungsgeschichte eines Textes. Er entwickelte zu Beginn der 1980er Jahre ein heuristisches Raster in Form eines Fragenkatalogs mit all jenen Aspekten, auf die bei der Lektürewahl für den Englischunterricht geachtet werden sollte (vgl. Freese 1981b).

Die Fokussierung auf den Rezeptionsvorgang innerhalb der rezeptionsästhetischen Literaturdidaktik hatte auch methodische Konsequenzen für den fremdsprachlichen Literaturunterricht. Um im Sinne des dialogischen Modells literarischen Verstehens zwischen Text und Lernenden zu vermitteln, wurde eine Reihe kreativer Verfahren im Umgang mit literarischen Texten entwickelt. Den Lernenden sollte auf diese Weise ermöglicht werden, individuell auf Texte zu reagieren, subjektive Lesarten auszubilden und verschiedene Deutungsansätze gemeinsam auszuhandeln. Diese Wende zu mehr Schülerorientierung auch im methodischen Vorgehen trug Entwicklungen in der Allgemeinen Didaktik Rechnung. Sie war bis in die Lehrpläne hinein prägend für den fremdsprachlichen Literaturunterricht der 1990er Jahre und bestimmt die fremdsprachliche Literaturdidaktik auch heute noch.

Im engen Zusammenhang mit der Schülerorientierung im fremdsprachlichen Literaturunterricht der 1980er und 1990er Jahre standen zwei Konzepte: die Handlungs- und die Prozessorientierung. Das Konzept der Handlungsorientierung ist innerhalb der Literaturdidaktik in enger Verknüpfung mit der Produktionsorientierung als eine Art Gegenentwurf zur Dominanz textanalytischer Verfahren beim Umgang mit literarischen Texten zu verstehen (vgl. Surkamp 2007). Die Herausbildung einer handlungsorientierten Literaturdidaktik hat zunächst in der Deutschdidaktik stattgefunden. Sie ist vor allem mit den Namen Gerhard Haas, Kaspar Spinner und Günter Waldmann verbunden. Ausgehend von der Beobachtung, dass ein nur analysierender Literaturunterricht unterschiedlichen Lernwegen und -präferenzen nicht gerecht wird und zu einer einseitigen Beanspruchung kognitiver Fähigkeiten führt, haben diese Literaturdidaktiker produktive und handelnde Formen des Umgangs mit Literatur entworfen und für deren vermehrten Einsatz im Unterricht plädiert. Die Lernenden sollten Texte nicht nur lesen und in ihre formalen Bestandteile zerlegen, sondern sich produktiv und handelnd mit ihnen auseinandersetzen, zum Beispiel durch das Schreiben neuer Texte, durch grafisch-bildliche, musikalische und pantomimische Umsetzungen sowie durch Formen des szenischen Spiels.

Die Entwicklung der Handlungs- und Produktionsorientierung ist jedoch keine Erfindung der 1980er und 1990er Jahre. Schon lange bevor der Begriff des handlungs- und produktionsorientierten Literaturunterrichts durch einen so betitelten Band von Gerhard Haas aus dem Jahre 1984 geprägt wurde (vgl. auch

Haas 2004), hat es ähnliche Unterrichtsformen gegeben (vgl. Jank und Meyer 1991; Spinner 2002). So forderte Johann Amos Comenius schon im 17. Jahrhundert Lehrende auf, ihren Schülern die Stoffvermittlung durch die Berücksichtigung aller Sinne zu erleichtern. Ein noch größeres Gewicht kommt in diesem Zusammenhang den Vertreterinnen und Vertretern der Reformpädagogik zu. Maria Montessori, Hugo Gaudig sowie etwas später Adolf Reichwein kritisierten zu Beginn beziehungsweise in der ersten Hälfte des 20. Jahrhunderts den lehrerzentrierten Unterricht und die ausschließliche Arbeit mit dem Schulbuch. Stattdessen stellten sie die schöpferischen Fähigkeiten und die Selbsttätigkeit der Lernenden in den Vordergrund und sahen Lernen als ganzheitlichen Prozess an. Ende der 1960er beziehungsweise Anfang der 1970er Jahre lieferte auch die pädagogische Kreativitätsdiskussion neue Anregungen für spielerische, experimentelle Formen des Umgangs mit Sprache und Texten.

Entscheidend für die Ausformung des handlungs- und produktionsorientierten Ansatzes in der Literaturdidaktik der 1980er und 1990er Jahre war zu großen Teilen die Rezeptionsästhetik. Durch deren Einsichten erwuchs innerhalb der Literaturdidaktik Kritik am traditionellen Literaturunterricht. Diese Kritik betraf vor allem die Annahme eines objektiven Textverstehens sowie die Betrachtung des Textes als in sich geschlossenes Kunstwerk. Resultate eines solchen, auf den Text als „Lern-Gegenstand" (Winter 1999, 177) konzentrierten Literaturunterrichts seien die Dominanz der Lehrperson, eine demotivierende Überbetonung des Formalen, die Vernachlässigung der Entwicklung von Lesebereitschaft und Lesefreude sowie Monotonie im methodischen Bereich (vgl. Winzer 2001, 6). Die kognitiven Lernziele seien von vornherein festgelegt und müssten von den Lernenden „nur noch in einem langwierigen Frage-Antwort-Spiel nachvollzogen werden" (Hermes 1994a, 251), wobei immer wieder das gleiche dreigliedrige Schema verwendet würde: Klärung von sprachlichen und inhaltlichen Problemen beziehungsweise Sicherung des Textverständnisses – gelenkte Textinterpretation – Abgabe einer persönlichen Stellungnahme.

Es wurde daher gefordert, im Literaturunterricht nicht länger die Instruktion einer bestimmten Lesart als Ziel anzusetzen. Vielmehr sollte die aktive Konstruktion eines Textsinns durch die Hinzuziehung des Vorwissens und der individuellen Lebenserfahrungen der Lernenden sowie durch das gemeinsame Aushandeln von Bedeutung im Klassenzimmer angestrebt werden. Dadurch verschoben sich die Zielorientierungen des Literaturunterrichts: Statt Wissensvermittlung – beispielsweise über einen Autor, eine Epoche oder ein literarisches Werk – rückte die Anregung der Lernenden zur Hypothesenbildung, zur intensiven Lektüre, zum Nachfragen, Reagieren und Stellungnehmen in den Vordergrund. Dies sollte die Lernenden langfristig zu einem unbefangenen und eigenständigen Umgang mit literarischen Texten befähigen.

Als Konsequenz aus diesen Einsichten wurde eine Vielzahl an handlungs- und produktionsorientierten Verfahren für den Literaturunterricht entwickelt (für eine Übersicht vgl. Nünning und Surkamp 2013, 154). Diese verlagerten den Akzent vom Text auf die Lernenden und deren Leseverstehen. Die aktive Rolle der Lernenden im Rezeptionsprozess sollte durch die Anregung befördert werden, „eigene Vorstellungen zum Text zu entfalten und sie in mannigfacher Form gestaltend zum Ausdruck zu bringen" (Haas et al. 1994a, 39). Nicht auf die Ermittlung der (richtigen) Bedeutung eines Textes oder der Autorintention kam es daher an. Im Vordergrund standen vielmehr die individuellen Rezeptionshandlungen der Lernenden (vgl. Rupp 1978; Rupp 1987, 70–77). Der handlungsorientierte Literaturunterricht drehte also das gewohnte Schema der Textarbeit um: Kreativität und Persönliches sollten ausdrücklich schon beim Sinnbildungsprozess eingesetzt werden und nicht erst zum Abschluss einer Unterrichtseinheit (vgl. Caspari 1994). Handlungsorientierte Verfahren im fremdsprachlichen Literaturunterricht sollten also zur Unterstützung der Sinnbildungsprozesse der Lernenden in Bezug auf die Sprache, den Inhalt, die Darstellungsverfahren und die kulturellen Implikationen eines Textes beitragen.

Die Einsicht in die Textrezeption als Prozess, der aktive Leserinnen und Leser erfordert, führte unter anderem bei Lothar Bredella zur Herausbildung einer prozessorientierten Literaturdidaktik. In einigen seiner Arbeiten (vgl. Bredella 1987) legt der Literaturdidaktiker dar, wie das methodische Vorgehen im Literaturunterricht strukturiert sein müsse, um Lernende im Rezeptionsprozess zu unterstützen und somit die selbstständige Erschließung literarischer Texte zu fördern. In den Lernenden sollen mentale Prozesse ausgelöst werden, bei denen es im Zusammenspiel von individuellen Leserperspektiven und textuellen Perspektiven zu neuen Erfahrungen und Sinnbildungen sowie ggf. zur Veränderung von Vorwissen und Vorannahmen kommen kann. Anfang der 1990er Jahre wurde die prozessorientierte Literaturdidaktik zu einer prozessorientierten Mediendidaktik weiterentwickelt (vgl. Gienow und Hellwig 1993; Hellwig 2007).

Die zunehmende Konzentration auf den Rezeptionsprozess innerhalb der Literaturdidaktik ist auch daran erkennbar, dass sich für die Textarbeit ein Drei-Phasen-Schema herausgebildet hat, das sich bis heute in Aufgabenstellungen für den fremdsprachlichen Literaturunterricht wiederfindet (vgl. Surkamp und Nünning 2016, 78–89). Die Phase vor dem Lesen, für die häufig handlungsorientierte Verfahren vorgeschlagen werden, soll dazu dienen, die Lernenden auf einen Text einzustimmen, sie an ihre eigenen Erfahrungen in Bezug auf das Thema des Textes anknüpfen zu lassen, ihr Vorverständnis zu aktivieren und eine Erwartungshaltung gegenüber dem Text zu wecken. Die Phase während des Lesens zielt darauf ab, das Textverständnis der Lernenden zu sichern und sie immer wieder zum aktiven Lesen und zum Dialog mit dem Text zu ermuntern. Bei der Interpretation des Textes in der Phase nach dem Lesen sollen die Lernenden auf ihre individuellen Eindrücke und Beobachtungen zurückgreifen und ihre im Leseprozess erlangten Erkenntnisse anwenden können. Eine solche Schritt-für-Schritt-Schulung im Textverstehen wurde – und wird – gerade im Kontext des Fremdsprachenunterrichts als wichtig erachtet, da fremdsprachige literarische Texte Barrieren sprachlicher, inhaltlicher und kultureller Art enthalten können, die durch eine prozessorientierte Herangehensweise leichter überwunden werden können.

Die Entwicklungen in der Deutschdidaktik waren aber nur ein Einflussfaktor für eine zunehmend handlungsorientierte Ausrichtung auch der fremdsprachlichen Literaturdidaktik. Die Methoden des fremdsprachlichen Literaturunterrichts haben sich in den 1980er und 1990er Jahren auch deshalb gewandelt, weil der Fremdsprachenunterricht insgesamt handlungsorientierter geworden ist und sich im Sprachunterricht das Lernziel der fremdsprachlichen Handlungskompetenz herausgebildet hat. Diese Entwicklung lässt sich wiederum auf die Einsicht zurückführen, dass die Instruktion einer Fremdsprache als reiner Wissensstoff in Form von Vokabeln und grammatischen Regeln Lernende nicht zum Gebrauch der fremden Sprache in lebensweltlichen Situationen befähigt. Anstatt Sprachbausteine isoliert zu üben oder bloß didaktisch motivierte Äußerungen zu tätigen, müssen sie die fremde Sprache in bedeutungsvollen Kontexten anwenden, um fremdsprachlich-kompetent handeln zu können. Um dieses Ziel zu erreichen, sollten die Lernenden die Fremdsprache im Unterricht als Instrument erfahren.

Die konkrete Umsetzung der Forderung nach einem handlungsorientierten Fremdsprachenunterricht warf jedoch im Hinblick auf die Schulpraxis eine wichtige Frage auf: „[W]ie kann Fremdsprachenlernen ein ‚handelndes' Lernen sein, wenn es in der Institution Schule stattfindet, das heißt in einem nicht-natürlichen, weil vorbereiteten und gesteuerten Kommunikationskontext [...]" (Bach und Timm 2013, 1)? Eine Lösung dieses Problems wurde darin gesehen, ein reichhaltiges Gesprächs- und Textangebot zur Verfügung zu stellen, „das thematisch für [die Lernenden] so bedeutsam ist, dass es sie zu sprachlichen Äußerungen herausfordert" (Bach und Timm 2013, 14). Außerdem sollten solche Methoden ausgewählt werden, die in den Lernenden das Bedürfnis wecken, mit den angebotenen Gesprächsinhalten und Texten „emotional-engagiert und nicht nur kognitiv-diskursiv umzugehen" (Bach und Timm 2003, 20).

Der Versuch einer engeren Zusammenführung von Sprach- und Literaturarbeit wurde auch in weiteren Konzeptionen eines kommunikativ ausgerichteten Fremdsprachenunterrichts sichtbar, allen voran in Rudolf Nissens Konzeptualisierung des literarischen Rezeptionsgesprächs als Lerngespräch. Nissen (1982, 114) hat als einer der Ersten das Potenzial des Sprechens über Literatur für das sprachliche Lernen herausgestellt. Zum einen werde Sprache nicht ausschließlich individuell, sondern vor allem auch sozial und somit interaktional gelernt, was in der Form des Unterrichtsgesprächs in der gemeinsamen Verarbeitung und Hervorbringung von Text geschehe (Nissen 1982, 115). Zum anderen sei explorierendes Sprechen im Unterricht notwendig für den Erwerb der fremden Sprache.

Insgesamt veränderte die handlungsorientierte Literaturdidaktik die Rollen von Lernenden und Lehrenden. Literaturunterricht wurde nicht als von der Lehrperson gesteuertes Frage-und-Antwort-Spiel konzipiert, sondern als Lernen in Einzel-, Partner- und Gruppenarbeit, bei dem die Förderung der Lernerautonomie im Mittelpunkt stand. Allerdings gab es auch Kritik an handlungsorientierten Verfahren. Häufig geäußerte Argumentationen bestanden darin, dass bei kreativen Verfahren die Texte selbst aus dem Blick zu geraten drohten, dass die Methode im Vordergrund stehe, nicht auf den Text abgestimmt sei und nur zu oberflächlichen Ergebnissen führe (vgl. Caspari 2005; Nickel-Bacon 2006, 108–109). Wie ein Text verstanden würde, hinge jedoch nicht nur von der Individualität des Lesers oder der Leserin ab, sondern auch von textuellen Steuerungsmechanismen, die mithilfe textanalytischer Verfahren ermittelt werden könnten, sowie von dem Entstehungs- und dem spezifischen Rezeptionskontext eines Werkes. Aufgabe des Literaturunterrichts sollte es daher auch sein, Lernenden Einblicke sowohl in den historischen und kulturellen Hintergrund eines Textes als auch in die Wirkungs- und Funktionsweisen von dessen textuellen Strategien zu vermitteln.

Heute ist es weitgehend unstrittig, dass kreatives und analytisches Arbeiten im Literaturunterricht miteinander verbunden werden sollten (vgl. Nickel-Bacon 2006, 110), zum Beispiel indem die durch handlungsorientierte Verfahren erlangten Ergebnisse auf den Ausgangstext zurückbezogen werden, um deren jeweilige Plausibilität in einer abschließenden Analyse des Textes und seines Kontextes zu überprüfen. Bis heute bedeutet dies allerdings auch, dass innerhalb der Literaturdidaktik immer wieder das Spannungsverhältnis zwischen der Textadäquatheit von Lesarten, also letztlich doch einer Orientierung am Text, und dem Prinzip der Lernerorientierung diskutiert wird (vgl. Decke-Cornill und Küster 2010, 247).

Darüber hinaus ist festzustellen, dass es die eine handlungsorientierte Literaturdidaktik nicht gibt. Insbesondere im Hinblick auf die theoretische Fundierung und die Ziele, die mit handlungs- und produktionsorientierten Verfahren im Literaturunterricht erreicht werden sollen, existieren unterschiedliche Schwerpunkte (vgl. auch Winzer 2001, Spinner 2002). Gerhard Haas zum Beispiel sieht eine der Hauptaufgaben des Literaturunterrichts darin, alle Schülerinnen und Schüler einzubeziehen. Daher plädiert er dafür, verstärkt Verfahren einzusetzen, die einen emotionalen und sinnenhaften Zugang zu literarischen Texten ermöglichen (vgl. Haas 2004). Günter Waldmann hingegen möchte durch produktionsorientierte Aufgaben vornehmlich erreichen, dass die Lernenden sich die Inhalte und formalen Elemente von Texten kreativ-produktiv erarbeiten und sowohl zu kompetenten Textrezipienten als auch -produzenten ausgebildet werden (vgl. Waldmann 1992; Waldmann 2008). Kaspar Spinner wiederum betont den Beitrag, den handlungs- und produktionsorientierte Verfahren für die Entfaltung der inneren Vorstellungskraft der Lernenden leisten. Für ihn ist die Imaginationskraft, das heißt die Fähigkeit, sich Situationen, Menschen und Konstellationen vorzustellen, eine wesentliche Voraussetzung für das literarische Verstehen (vgl. Spinner 1993, 494). Für den Fremdsprachenunterricht ist darüber hinaus noch eine weitere Schwerpunktsetzung zu verzeichnen, da entdeckt wurde, dass handlungsorientierte Verfahren auch dem interkulturellen Lernen dienen können.

4 Inter- und transkulturelles Lernen im Literaturunterricht der 1990er und 2000er Jahre

In den 1990er Jahren stand die fremdsprachliche Literaturdidaktik ganz im Zeichen des neuen Leitziels des interkulturellen Lernens. Den Richtlinien vieler Bundesländer zufolge sollte der Fremdsprachenunterricht nicht nur authentische Einblicke in die Vielfalt der Lebenswirklichkeiten anglofoner Kultur- und Sprachräume sowie den sachgerechten und kritischen Umgang mit Texten vermitteln, sondern den Lernenden darüber hinaus die Möglichkeit eröffnen, Distanz zu eigenen Sichtweisen und Haltungen herzustellen und eigene Wirklichkeiten zu hinterfragen. Lernende sollten interkulturelle Handlungsfähigkeit erwerben. Dazu zählen nicht nur ein Wissen über Zielsprachenländer sowie sprachliche und kommunikative Fähigkeiten, sondern auch bestimmte Haltungen wie der Respekt anderen gegenüber und Offenheit im Denken, Empathievermögen, die Fähigkeit zur Überschreitung der eigenen Sichtweise sowie die Bereitschaft zum Perspektivenwechsel. Da fremdsprachige Literatur Lernenden die Möglichkeit bietet, die Andersartigkeit fremder Wirklichkeitsmodelle kennenzulernen, sich auf fremde Sichtweisen einzulassen und, damit einhergehend, auch über die notwendige Begrenztheit der eigenen Weltsicht zu reflektieren, erlangte sie im Rahmen der hermeneutisch ausgerichteten Didaktik des Fremdverstehens besondere Bedeutung (vgl. Bredella et al. 2000).

Gerade in Bezug auf die Lernziele der Empathieförderung und der Perspektivenübernahme wurde dem Umgang mit Literatur im fremdsprachlichen Klassenzimmer große Bedeutung beigemessen. So betonte Bredella (1987, 247), dass Fremdverstehen ein kreatives Verstehen sei, bei dem Menschen bereit sein müssten, sich auf Neues und Fremdes einzulassen. Dies könne in der Auseinandersetzung mit literarischen Texten gefördert werden, wenn Lernende durch die Textarbeit dazu aufgefordert würden, fremde Erfahrungsperspektiven nachzuvollziehen und sich mit ihnen auseinanderzusetzen. Hier kamen sodann handlungs- und produktionsorientierte Verfahren ins Spiel: Aktivitäten wie das Umschreiben eines Textes aus einer anderen Perspektive oder die Übernahme einer Rolle bei der szenischen Umsetzung eines Textes sollten nicht nur den Wahrnehmungs- und Verstehenshorizont der Lernenden erweitern, sondern sie auch zum Nachvollzug und zur Übernahme fremder Sichtweisen herausfordern. Zudem herrschte die Auffassung vor, dass es der Schonraum der Fiktionalität erleichtere, probeweise Einstellungsänderungen zu vollziehen, die dann auch im lebensweltlichen Kontext zur Anwendung kommen könnten.

Das Ziel, Fremdverstehen durch den Umgang mit literarischen Texten im Fremdsprachenunterricht zu fördern, hatte demnach wenig mit der Übertragung von landeskundlichem Wissen – das heißt mit einer informationsentnehmenden Lektüre – zu tun. Vielmehr bestand es darin, die Bereitschaft, Fähigkeiten und Dispositionen der Schülerinnen und Schüler zu Empathie und Perspektivenübernahme auszubilden. Ein theoretischer Bezugsrahmen dafür, wie Lernende durch die literarische Textarbeit auf verschiedenen Ebenen lernen können, Fremde oder Fremdes besser zu verstehen, wurde von Ansgar Nünning (2000) entworfen. Er unterscheidet zwischen dem im Text dargestellten beziehungsweise inszenierten Fremdverstehen, dem rezeptionsästhetischen Fremdverstehen in der Interaktion zwischen Text und Leser und dem lebensweltlichen Fremdverstehen als langfristige didaktische Zielvorstellung. Da es sich beim Fremdverstehen zudem nicht um eine bestimmte, isolierte Fertigkeit, sondern um ein komplexes Bündel von kognitiv-affektiven Fähigkeiten handelt, wurde das Konzept in der fremdsprachlichen Literaturdidaktik durch Rückgriff auf Jean Piagets Begriff der Dezentrierung und Einsichten aus der Soziologie weiter ausdifferenziert in die Identifizierung, Differenzierung, Übernahme und Koordinierung anderer Sichtweisen (vgl. Surkamp und Nünning 2016, 37). In zahlreichen literaturdidaktischen Arbeiten wurden Vorschläge für konkrete Primärtexte, Zugangsmöglichkeiten und Aufgaben entwickelt, durch die die Fähigkeit und Bereitschaft zum Fremdverstehen gefördert werden können (vgl. u. a. Schinschke 1995; Burwitz-Melzer 2003).

Mit Aufkommen der Diskussion um das kulturtheoretische Konzept der Transkulturalität ist zu Beginn der 2000er Jahre auch in der Fremdsprachendidaktik Kritik an der Vorstellung von in sich geschlossenen, homogenen Kulturen geübt worden (vgl. Eckerth und Wendt 2003). Stattdessen wurde auf die Komplexität kultureller Austauschprozesse, die gegenseitige Durchdringung von Kulturen sowie die Hybridität von Identitätsentwürfen in einer zunehmend globalisierten und stark vernetzten Gesellschaft verwiesen. Diesen Entwicklungen angemessen schien eine Weiterentwicklung des interkulturellen Lernens zu einem inter- und transkulturellen Lernen im Fremdsprachenunterricht (vgl. Delanoy 2006). Dies hatte auch Auswirkungen auf die Literaturdidaktik. Vorgeschlagen wurde und wird ein Literaturunterricht, der durch die Beschäftigung mit literarischen Texten Aushandlungsprozesse über Migrationserfahrungen sowie über die Komplexität von Kultur(en) und Identität(en) ermöglicht (vgl. Fäcke 2006; Freitag-Hild 2010; Doff und Schulze-Engler 2011; Alter 2015).

Der Fremdsprachenunterricht selbst wurde als vielstimmiger kultureller Begegnungsraum konzeptualisiert, in dem Texte und Äußerungen verschiedener zielsprachlicher Kulturen, aber auch der Lehrenden und Lernenden in ein Zusammenspiel eintreten (vgl. Hallet 2002). Methodisch wurde dieses Zusammenspiel durch intertextuelle und intermediale Zugangsweisen ermöglicht. Literarische Texte erhielten dadurch einen besonderen Stellenwert für den Fremdsprachenunterricht, weil Begegnung und Kommunikation mit fremdsprachigen Kulturen und deren Repräsentanten im Schulunterricht in der Regel nur textuell-diskursiv beziehungsweise medial vermittelt verlaufen können.

Der große Einfluss der Konzepte der Inter- und Transkulturalität auf den fremdsprachlichen Literaturunterricht hat auch zu neuen Diskussionen über die Kanonfrage geführt. Mit Beginn der 1990er Jahre wurde für eine größere Variationsbreite bei der Lektürewahl für den Englischunterricht plädiert (vgl. z. B. Nünning 1989; Glaap 1990). Es wurde gefordert, die diachrone, geografische und kulturelle Vielfalt englischsprachiger Länder zu berücksichtigen, indem auch subkulturelle und postkoloniale Literaturen sowie Texte von ethnischen Minoritäten und von weiblichen Autoren im Fremdsprachenunterricht gelesen werden. Diese Entwicklung zeigt, dass die in verschiedenen außerschulischen Kontexten schon seit den späten 1960er Jahren stattfindenden gesellschaftlichen Prozesse und Initiativen – wie zum Beispiel das *Civil Rights Movement* in den USA, das heftige Diskussionen um Funktionen und Inhalte des ‚klassischen' Kanons auslöste, oder die Versuche der vom *Birmingham Centre for Contemporary Cultural Studies* beeinflussten politisch linken westdeutschen Anglistik, den etablierten Kanon ‚von unten' zu revidieren (vgl. Enter und Lutz 1996, 363) – nun auch Auswirkungen auf den Englischunterricht an deutschen Schulen nach sich zogen.

Aus Sicht der interkulturellen Literaturdidaktik stand das Prinzip der Perspektivenvielfalt bei der Textselektion an vorderster Stelle. Für das interkulturelle Lernen wurden besonders solche Texte als bedeutsam für den Fremdsprachenunterricht angesehen, „die interkulturelle Begegnungen und Charaktere mit multikulturellen Identitäten darstellen" (Bredella 2010a, 125). Perspektivenvielfalt sollte des Weiteren durch die Arbeit mit Textsequenzen statt mit Einzeltexten erreicht werden, das heißt durch die Zusammenschau möglichst komplementärer oder kontrastiver Texte zu einem Thema, um der Vielstimmigkeit von Kulturen Rechnung zu tragen (vgl. Decke-Cornill 1994; Hallet 2002). Mit der Erweiterung des interkulturellen Lernens zum transkulturellen Lernen wurden zunehmend Texte für den Fremdsprachenunterricht vorgeschlagen, welche die Komplexität und Überlappung, aber auch interne Widersprüchlichkeit von Kultur(en) und Identität(en) für Lernende erfahrbar machen, zum Beispiel anhand literarisch inszenierter Migrationserfahrungen (vgl. Freitag-Hild 2010).

5 Paradigmenwechsel und ihre Einflüsse auf die Literaturdidaktik seit den 2000er Jahren

Beeinflusst von weiteren Paradigmenwechseln innerhalb der Literatur- und Kulturwissenschaften, allen voran dem *cultural turn* und dem *pictorial turn*, haben sich seit den 2000er Jahren innerhalb der fremdsprachlichen Literaturdidaktik mehrere nebeneinander existierende Ansätze herausgebildet. Diese machen neue Begriffe von Kultur und Text sowie die Verbindung von Literatur und Kultur für die Literaturdidaktik fruchtbar und erweitern den Gegenstandsbereich der Literaturdidaktik.

Innerhalb der Kulturwissenschaften hat sich eine veränderte Vorstellung von dem herausgebildet, was Kultur bedeutet und welche Faktoren sie bedingen. Der Kulturbegriff wird mehrdimensional konzeptualisiert: Es wird davon ausgegangen, dass Kulturen nicht nur eine materiale Seite haben, sondern auch eine mentale und eine soziale (vgl. Posner 1991). Kultur kommt dieser Auffassung zufolge in unterschiedlichen Texten zur Ausprägung, in fiktionalen und nichtfiktionalen, in kanonisierten und populären sowie in medial unterschiedlich vermittelten Texten. Dem fremdsprachlichen Literaturunterricht wird daher heute ein weiter Textbegriff zugrunde gelegt. Außerdem erweitert sich die Literaturdidaktik zu einer Kulturdidaktik, da im Unterricht auch die immateriellen beziehungsweise mentalen Aspekte von Kultur – das heißt kollektive Erfahrungen, Denk- und Gefühlsweisen, handlungsleitende Werte und Normen sowie Wissensstände und Überzeugungen –, die in Texten zum Ausdruck kommen, berücksichtigt werden sollen. Auf diese Weise rücken Prozesse kultureller Sinngebung, Selbst- und Weltbilder von Kulturen sowie die historische Variabilität von Mentalitäten in das Blickfeld des fremdsprachlichen Literaturunterrichts. Darüber hinaus wird dafür plädiert, auch die soziale Dimension der Zielsprachenkulturen in den Fremdsprachenunterricht einzubinden, also die gesellschaftlichen Rahmenbedingungen, Praktiken und Institutionen einer Kultur, da diese die Entstehung, Ausprägung und Rezeption von Texten wesentlich bestimmen (vgl. z. B. Surkamp 2004).

In kulturwissenschaftlichen Konzeptualisierungen fremdsprachlichen Literaturunterrichts werden Texte demnach als kulturelle Ausdrucksträger angesehen, die über ihre Inhalte und Formen kulturelle Belange thematisieren und inszenieren (vgl. Hallet und Nünning 2007). Es wird davon ausgegangen, dass

Literatur in einem engen dynamischen Wechselverhältnis zur außertextuellen Realität steht, die sie kritisch hinterfragen und bisweilen auch umdeuten kann. Diese Einsicht findet sich auch in genderorientierten literaturdidaktischen Ansätzen, die sich unter anderem mit der Frage beschäftigen, wie Lernende mithilfe literarischer Texte für die Normativität des zweigeschlechtlichen Denkens sowie für die Hybridität und Performativität von Geschlecht sensibilisiert werden können (vgl. Decke-Cornill 2004; Volkmann 2007; Volkmann 2016b; König 2018). Weitere Plädoyers für ideologiekritische Lesarten im fremdsprachlichen Literaturunterricht finden sich in Arbeiten, die globales und literarisches Lernen zu verbinden suchen, zum Beispiel über die Auseinandersetzung mit sogenannten *global issues* wie Umweltproblemen, Armut und Reichtum oder Krieg und Frieden, die in vielen zeitgenössischen englischsprachigen Texten aus unterschiedlichen Ländern thematisiert werden (vgl. Volkmann 2009; Volkmann 2015; Lütge 2013a sowie einige der Beiträge in Hammer et al. 2012).

Über die Verbindung von *Gender Studies* und Literaturdidaktik werden seit den 2000er Jahren in der fremdsprachlichen Literaturdidaktik zudem poststrukturalistische, dekonstruierende Verfahren für den Literaturunterricht diskutiert (vgl. Decke-Cornill 2007; König 2018) – eine Auseinandersetzung, die in der Deutschdidaktik schon ein Jahrzehnt früher stattgefunden hat. Diese Verfahren stehen hermeneutischen Konzepten im Literaturunterricht sowie der Suche nach einem Textsinn bei der Literaturrezeption kritisch gegenüber. Sie zielen vielmehr darauf ab, Brüche und Widersprüche in Texten aufzudecken und einmal konstruierte Lesarten wieder zu hinterfragen (vgl. auch Nickel-Bacon 2006). Methodisch gewinnt dadurch das *close reading* mit einem Fokus auf sprachlichen Analysen erneut an Bedeutung.

Eine weitere Konsequenz aus den Einsichten der Kulturwissenschaften für die Praxis des fremdsprachlichen Literaturunterrichts ist die Forderung nach einer stärkeren Berücksichtigung der historischen Dimension literarischer Texte, also eine stärkere Kontextorientierung. Nicht nur analytische, sondern auch kreative Zugangsformen zu literarischen Texten hatten aufgrund ihrer Text- beziehungsweise Schülerzentriertheit für lange Zeit zu einer weitgehenden Ausblendung geschichtlicher Aspekte bei der Beschäftigung mit Literatur im Unterricht geführt. Diese Ausblendung betraf sowohl die Geschichtlichkeit des literarischen Formenrepertoires als auch die Geschichte des Romans, des Dramas oder der Lyrik selbst (vgl. Korte 2002, 206). Da text- und lernerorientierte Verfahren alleine keinen Einblick in den Produktions- und Wirkungskontext eines Werkes vermitteln können, soll in kulturdidaktischen Ansätzen innerhalb der fremdsprachlichen Literaturdidaktik die historische und kulturelle Dimension im Sinne eines *wide reading* (vgl. Hallet 2009a, 79) im Literaturunterricht stärker berücksichtigt werden.

Neben dem *cultural turn* in der Literaturwissenschaft haben die Wende zum Bild und die verstärkte Analyse visueller Informationen in verschiedenen Geisteswissenschaften die Weiterentwicklung der fremdsprachlichen Literaturdidaktik beeinflusst. Der sogenannte *pictorial turn* hat zur Erweiterung des Text- und Literaturbegriffs und damit auch zu einer Veränderung der Lernziele im Hinblick auf rezeptive und produktive Tätigkeiten von Fremdsprachenlernenden geführt. Seit den 2000er Jahren sollen Lernende im Umgang mit unterschiedlich medial vermittelten Texten geschult werden. Sie sollen nicht nur lernen, Texte lesend (und auch hörend) zu verstehen, sondern auch, bewegte und nicht bewegte Bilder zu entschlüsseln, das heißt, die unterschiedlichen Kulturzeichen verschiedener Mediengattungen zu dekodieren und in ihrem Wirkungs- und Funktionspotenzial zu bestimmen. Darüber hinaus sollen Schülerinnen und Schüler dazu befähigt werden, verschiedene Medien für eigene Kommunikationsabsichten auch in fremdsprachlichen Kontexten zu nutzen. Durch diese Erweiterung von der Leseverstehensförderung zur Ausbildung einer umfassenden Multiliteralität (vgl. Küster 2014) soll auch der veränderten, von Informationstechnologien bestimmten Lebenswelt der Lernenden Rechnung getragen werden.

Als Folge dieser Entwicklung sind eigene didaktische Ansätze zum Einsatz einzelner Mediengattungen im Fremdsprachenunterricht entstanden. Filmdidaktische Studien diskutieren die Potenziale audiovisueller Texte für das Lehren und Lernen fremder Sprachen – zum Beispiel mit Bezug auf Literaturverfilmungen (vgl. Surkamp 2009), aber auch unter Berücksichtigung von Spielfilmen als eigenständigen literarischen Kunstwerken (vgl. Blell und Lütge 2008; Leitze-Ungerer 2009; Blell et al. 2016). Mit multiliteralem Lernen beschäftigen sich außerdem Didaktikerinnen und Didaktiker, die Vorschläge für die Arbeit mit Comics und *graphic narratives* im Fremdsprachenunterricht konzipieren (vgl. Elsner et al. 2013; Ludwig und Pointer 2013; Hallet 2015a). Durch den Einsatz solcher Texte wird die Textrezeption für Fremdsprachenlernende zum „multiliteralen Akt" (Hallet 2015a, 197), da zum Leseverstehen das Bildverstehen, in diesem Fall die Entschlüsselung von comicspezifischer Zeichensprache, Farben und Layoutelementen, hinzukommt.

Trotz der großen Bedeutung, die literarischen Texten also seit den 1990er Jahren für das fremdsprachliche Lernen zugeschrieben wird, werden sie seit Bestehen des *Gemeinsamen Europäischen Referenzrahmens für Sprachen* (2001) und der *Nationalen Bildungsstandards für die erste Fremdsprache* (2004) in bildungspolitischen Vorgaben so gut wie nicht berücksichtigt (vgl. hierzu wie zum Folgenden Surkamp 2012). Die vielschichtigen Ziele bei der Beschäftigung mit Literatur scheinen sich dem Bestreben nach Messbarkeit und objektiver Überprüfbarkeit von Lernergebnissen in einem kompetenz- und outputorientierten Fremdsprachenunterricht zu entziehen. Die Entwicklung von Deskriptoren für die

Literaturarbeit und deren Übersetzung in Standardisierungen für zentrale Tests und Abschlussprüfungen werden als schwierig angesehen (vgl. Hallet 2009a, 74). Zudem reduzieren die Bildungsstandards den Begriff der kommunikativen Kompetenz auf die Anforderungen alltagsweltlicher Kommunikationssituationen, sodass das literarische Lesen kaum Platz findet. Wenn literarische Texte in den nationalen Bildungsstandards auftauchen, so werden sie vor allem bei der Lesekompetenzförderung berücksichtigt. Allerdings geht es dann um eine primär informationsentnehmende Lektüre, wie sie eher für Sachtexte angemessen ist.

Kritische Stimmen aus der Literaturdidaktik beklagen die durch die Fokussierung auf messbare Kompetenzen zum Ausdruck kommende Geringschätzung der subjektiven Momente von Bildungsprozessen. Die Bildungsstandards zögen eine Verengung des Bildungsbegriffs und eine Verarmung des Fremdsprachenunterrichts nach sich, da Bildung auf das Einüben von Fertigkeiten verkürzt und der Fremdsprachenunterricht auf empirisch testbare Aspekte beschränkt würde (vgl. z. B. Bredella und Hallet 2007b, 8).

Literaturdidaktische Bemühungen gehen daher als Reaktion auf diese Entwicklungen in den 2000er Jahren vor allem in zwei Richtungen. Zum einen wird an den Bildungsauftrag des Fremdsprachenunterrichts erinnert (vgl. z. B. Decke-Cornill und Gebhard 2007; Küster 2004, Küster 2015) – Laurenz Volkmann (2009, 27) spricht gar von einer „Renaissance des Bildungsbegriffes in der Fremdsprachendidaktik". Betont werden die Selbstzweckhaftigkeit des ästhetischen Lernens sowie die Bedeutung des Irritationspotenzials ästhetischer Erfahrungen für Prozesse der Persönlichkeitsbildung (vgl. Küster 2015, 20). Zudem benötige die für den Fremdsprachenunterricht angestrebte mitteilungsbezogene Kommunikation subjektiv bedeutsame Inhalte und komplexe Lerngegenstände (vgl. Küster 2015, 24). Literaturdidaktische Theoriebildung ist also heute in Teilen erneut mit der Frage nach dem „Wert der Auseinandersetzung mit Literatur im fremdsprachlichen Unterricht" (Weskamp 2015, 35) beschäftigt. Dadurch soll darauf hingewirkt werden, dass auch solche Ziele, Gegenstände und Inhalte als relevant für den Fremdsprachenunterricht erachtet werden, die in den Bildungsstandards nicht auftauchen.

Zum anderen bestehen Bestrebungen zu zeigen, wie der Einsatz literarischer Texte mit den neueren Kompetenzbeschreibungen vereinbart werden kann (vgl. Mordellet-Roggenbuck 2006; Burwitz-Melzer 2007c; Rössler 2010; Surkamp 2012; Lütge 2013b; Steininger 2014). Es wird als möglich angesehen, einzelne Kompetenzen im Umgang mit literarischen Texten soweit zu bestimmen, dass sie, wenn auch nicht messbar, so zumindest annähernd evaluierbar sind. So differenziert Eva Burwitz-Melzer (2007) Teilkompetenzen von literarischer Kompetenz auf unterschiedlichen Niveaustufen für die Klassen 10 bis 13, die vom sinnkonstituierenden Lesen über das Erfassen der jeweils besonderen ästhetischen und generischen

Merkmale eines Textes bis zu komplexen sprachlichen und kulturellen Kompetenzen wie dem Fremdverstehen und der Fähigkeit zur Anschlusskommunikation über einen literarischen Text reichen. Auch die Beiträge im Band von Hallet et al. (2015) zeigen, dass sich literaturbezogene Kompetenzen für den Fremdsprachenunterricht modellieren, in konkrete Könnensbeschreibungen fassen und in einem gestuften Curriculum für die Sekundarstufe I ausdifferenzieren lassen. Ausgegangen wird dabei von einem weiten Kompetenzbegriff, der neben ästhetischen und kognitiven auch motivationale, attitudinale, sprachliche und diskursive Teilkompetenzen einbezieht (vgl. Diehr und Surkamp 2015, 25–29).

Aus Sicht der Deutschdidaktikerin Iris Winkler könnte die Hinwendung zur Kompetenzorientierung im Literaturunterricht dazu beitragen, „alte und wenig ergiebige Dichotomien zwischen Lerner- und Gegenstandsorientierung zu überbrücken" (Winkler 2012, 20). Sie denkt, dass sich die im Literaturunterricht erwünschten Lernerfolge nur durch die wechselseitige Beeinflussung von Kompetenz-, Text- und Schülerorientierung hervorbringen lassen: „Wer sich auf literarische Texte einlässt und sich um ihr Verständnis bemüht, der erwirbt dabei Kompetenz – also leserseitige Dispositionen wie Vorwissen, Strategien, Motivationen [...]. Und nur wer über entsprechende Kompetenz verfügt, kann überhaupt zu einem gegenstandsadäquaten Textverständnis gelangen" (Winkler 2012, 23).

Neben diesen beiden skizzierten Richtungen, die die fremdsprachliche Literaturdidaktik in den letzten Jahren eingeschlagen hat, stellt Volkmann (2009) noch eine dritte fest, denn die Literaturdidaktik ist seiner Auffassung nach innerhalb der Fachgesellschaften als Disziplin nach wie vor sehr präsent. Dies lässt sich nicht nur an Tagungen beziehungsweise Konferenzsektionen zu literaturdidaktischen Themen und an daraus hervorgegangenen Sammelbänden ablesen (vgl. z. B. Küster et al. 2015), sondern auch an zahlreichen Einzelveröffentlichungen zum fremdsprachlichen Literaturunterricht. In diesen werden neue Konzepte und Methoden diskutiert, aber auch alte Fragestellungen neu in den Blick genommen.

So richtet sich das Augenmerk der Literaturdidaktik beispielsweise erneut auf die Leseförderung. Ausgehend von der Erkenntnis, dass Lesemotivation und die Entwicklung von Lesekompetenz eng zusammenhängen, wird darüber nachgedacht, wie Lernende durch die Beschäftigung mit literarischen Texten zum Lesen in der Fremdsprache angeregt und anhand kurzer literarischer Formen schon möglichst früh auf die Arbeit mit längeren und komplexeren Texten in der Oberstufe vorbereitet werden können (vgl. z. B. Delanoy et al. 2015a; Kuty 2015). Volkmann (2009, 24–25) betont, dass unter anderem durch die Einbeziehung populärer Texte Berührungsängste mit fremdsprachlicher Literatur genommen werden sollen. Auch die Verwendung von vereinfachten Lektüren sowie von Kinder- und Jugendliteratur, die alle einen frühen Einsatz von literarischen Texten in der

Sekundarstufe I erleichtern, wird diskutiert (vgl. Hesse 2009; Burwitz-Melzer und O'Sullivan 2016). Methodisch werden eine stärkere Anknüpfung an Vorgehensweisen aus dem Grundschulunterricht beziehungsweise dem früh beginnenden Fremdsprachenunterricht und die Schaffung einer lesefördernden Schul- und Unterrichtskultur, zum Beispiel über die Einrichtung von Klassenbibliotheken oder die Durchführung von Buchpräsentationen und Lesewettbewerben, empfohlen (vgl. Henseler und Surkamp 2007). Letzteres fördert das extensive Lesen literarischer Texte und damit die Automatisierung der Wort- und Satzerkennung in der Fremdsprache.

Eine weitere Kernfrage, die innerhalb der Literaturdidaktik immer wieder bearbeitet wird, ist die nach der Auswahl geeigneter Texte für den Fremdsprachenunterricht (vgl. Kirchhoff 2016). In den 2000er Jahren wird die Erweiterung des Schulkanons durch die Verkürzung der Regelschulzeit auf 12 Jahre, die Ausrichtung des Unterrichts an Lernstandards und die Einführung des Zentralabiturs mit der damit einhergehenden Bestimmung eines verbindlichen Kanons von Texten zur Vorbereitung und Durchführung der Abschlussprüfung wieder eingeschränkt. Eine weitere Form der Rekanonisierung scheint aus den Erfahrungen der Kompetenzorientierung und der dadurch hervorgerufenen Inhaltslosigkeit des Fremdsprachenunterrichts hervorzugehen. Es wird an den klassischen Bildungsauftrag des Gymnasiums erinnert und – damit einhergehend – eine neue Hinwendung zum Kanon gefordert. Schon 2001 beklagt Fehrmann (2001, 26) die „Entästhetisierung, Deliteralisierung [und] Entphilologisierung" des fremdsprachlichen Literaturunterrichts. Als Lösung wird eine Orientierung an literaturwissenschaftlichen Wertungskriterien angesehen: „Warum nicht statt Schülerbezogenheit, Aktualität und Alltagsrelevanz (von hier aus ist der Weg zur Beliebigkeit, zur Banalität und zur Infantilität leider nicht weit) gerade Außergewöhnlichkeit, *originality* und *strangeness* (nicht nur, aber auch im interkulturellen Sinn der Richtlinien und Lehrpläne) im Sinne Blooms zur inhaltlichen Richtschnur für die Selektion von Texten zur unterrichtlichen Behandlung machen" (Fehrmann 2001, 27)? Fehrmann argumentiert, dass nur der Umgang mit Klassikern zur Ausbildung zentraler Kulturtechniken führe und dass die Anstrengungsbereitschaft bei der Bewältigung schwieriger Lektüre in der Fremdsprache wichtig für die Ausbildung von Lesekompetenz und die eigenständige Aneignung von Texten sei (vgl. Fehrmann 2001, 27). Auch daher mag die ungebrochene Popularität der Werke Shakespeares rühren, die nicht nur in vielen Lehrplänen durchgehend als Pflichtlektüre genannt werden, sondern zu denen aus verschiedenen literatur-, kultur- und mediendidaktischen Perspektiven auch immer wieder neue Arbeiten entstehen (vgl. Petersohn und Volkmann 2010; Eisenmann und Lütge 2014).

Am Beispiel von Shakespeare und vorgeschlagenen Zugangsweisen zu seinen Texten lässt sich auch ersehen, dass die gegenwärtige Literaturdidaktik sich ebenfalls sehr produktiv mit der Frage beschäftigt, ob es für die einzelnen literarischen Gattungen jeweils eigener literaturdidaktischer Ansätze bedarf. Wie Hallet (2010, 203) erörtert, sind bestimmte ästhetische Formen einerseits mit spezifischen Weisen der Wirklichkeitsmodellierung verknüpft; andererseits stellen sie durch ihre besondere Gestalt jeweils besondere Anforderungen an ihre Rezipientinnen und Rezipienten. Beides verlangt nach „jeweils eigenen didaktischen Begründungen und Systematisierungen" (Hallet 2010, 203) für einzelne Genres. Diese werden seit ein paar Jahren zunehmend entwickelt, unter anderem zum Roman (vgl. Hallet und Nünning 2009a) und zu dramatischen Texten (vgl. Hallet und Surkamp 2015).

Veranschaulichen lässt sich dies exemplarisch anhand der Dramendidaktik. Da dramatische Texte im Gegensatz zu narrativen und lyrischen nicht primär für die Lektüre bestimmt sind, sondern als Spielvorlagen für szenische Aufführungen fungieren, sollen sie aus Sicht einer Literaturdidaktik, die sich auch medienwissenschaftlich begreift, vornehmlich durch szenische Umsetzungen erschlossen werden. Ein Ansatz, der im Literaturunterricht mit aus der Theaterarbeit entlehnten Methoden arbeitet, ist die Dramapädagogik. Insbesondere das von dem Theaterpädagogen Ingo Scheller (2004) entwickelte szenische Interpretationsverfahren wird auch im fremdsprachlichen Literaturunterricht verwendet, um über die Einfühlung in Figuren (z. B. durch Rolleninterviews, das Doppeln von Figuren, die Herstellung einer Stimmenskulptur oder das Ausagieren des im Text dargestellten Konflikts) individuelle Zugänge zu Texten zu finden und das Literaturverstehen zu erleichtern.

Durch die Konzentration auf einzelne Gattungen und den Rückgriff auf gattungsspezifische Handlungsbereiche wie den des Theaters haben nicht nur neue Methoden, sondern auch neue Lernziele Eingang in den Fremdsprachenunterricht gefunden. So hat sich zum Beispiel das Lernziel der performativen Kompetenz herausgebildet (vgl. Hallet 2015b; Schewe 2015). Darunter werden unterschiedliche Fähigkeiten, Fertigkeiten, Kenntnisse und Bereitschaften verstanden, die nötig sind, um den Inszenierungscharakter von lebensweltlichen Interaktionssituationen zu erkennen, an unterschiedlichen Interaktionsformen in der Fremdsprache mitzuwirken und diese kritisch-reflektiert zu hinterfragen (vgl. Surkamp und Hallet 2015, 11). Der Literaturunterricht leistet nach literaturdidaktischer Auffassung dann einen wichtigen Beitrag zur Ausbildung von performativer Kompetenz, wenn Lernende im spielerischen Umgang mit Texten persönliche Erfahrungen, Interessen und Ideen einbeziehen und dadurch fremdsprachige Interaktionssituationen initiieren und als selbstbestimmte Akteure mitgestalten können (vgl. Hallet 2015b). Als besonders motivierend gilt es, wenn die Arbeit mit unterschiedlichen Medien weitere Inszenierungsformen jenseits von Bühne und Klassenzimmer ermöglicht (vgl. Baier et al. 2015).

6 Offene Fragen und zukünftige Entwicklungen

Bis heute nicht umfassend geklärt ist die Frage nach Möglichkeiten der Integration von Sprach- und Textarbeit im Literaturunterricht. Schon lange besteht die Auffassung, dass das Verstehen fremdsprachiger Literatur nicht vom Spracherwerbsprozess gelöst werden kann (vgl. Glaap 1989, 120). Der Sprachdidaktiker Dieter Wolff (2003) weist auf der Grundlage kognitionswissenschaftlicher Erkenntnisse darauf hin, dass das Lesen literarischer Texte bei den Lernenden vorhandenes Wissen aktiviere und Prozesse des Inferierens fördere. Volkmann (2008a) wiederum betont aus literaturdidaktischer Sicht, dass die Beschäftigung mit Literatur der Förderung von Sprachbewusstheit diene, da das genaue Lesen und das Abwägen von semantischen Bedeutungen wesentliche Elemente bei der Rezeption literarischer Texte seien (vgl. auch Blell 2012). Mit Bruschs Konzept vom „Literatur- als Sprachunterricht" von 1989 sowie mit Zydatiß' Vorstellung eines „integrierten Literatur-Sprach-Unterrichts" von 1993 liegen zwar schon seit Jahrzehnten fremdsprachendidaktische Ansätze zu einem integrierten Literatur- und Sprachunterricht vor. Diese bedürfen jedoch zukünftig vor allem methodischer Konkretisierungen – gerade mit Blick auf die Kompetenzorientierung und auch unter Berücksichtigung der gegenwärtigen Zielsetzung einer mehrsprachigen, auf die Vermittlung sprachübergreifender und -vergleichender Kompetenzen abzielenden Ausbildung (zu ersten Überlegungen einer mehrsprachigkeitsorientierten Literaturdidaktik vgl. Delanoy 2014; Blell 2015).

Weitere auf die Zukunft ausgerichtete Forderungen betreffen die empirische Ausrichtung der fremdsprachlichen Literaturdidaktik. Viele Fremdsprachendidaktikerinnen und -didaktiker sind der Auffassung, dass die Teildisziplin der Literaturdidaktik noch viel stärker auch empirisch ergründen sollte, was literarische Texte genau für das Lehren und Lernen fremder Sprachen leisten können (vgl. Zydatiß 2005a, 279; Carter 2007, 11). Einige empirische Arbeiten zum Literatureinsatz im Fremdsprachenunterricht liegen bereits vor, insbesondere im Bereich des inter- und transkulturellen Lernens mit literarischen Texten (vgl. Burwitz-Melzer 2003; Fäcke 2006; Freitag-Hild 2010; Jäger 2011), in neuerer Zeit aber auch zum kompetenzfördernden Potenzial von Literaturarbeit (vgl. Steininger 2014) beziehungsweise zu Verstehens- und Aushandlungsprozessen bei der Beschäftigung mit literarischen Texten im Unterricht (vgl. Kimes-Link 2013; Bracker 2015). Doch generell ist ein Bruch zwischen Theorie und Empirie, zwischen konzeptionellen und empirischen Arbeiten in der Literaturdidaktik festzustellen. Besonders deutlich wird dies am Beispiel des handlungsorientierten Literaturunterrichts. Trotz der Verankerung handlungsorientierter Ansätze sowohl im fachdidaktischen Diskurs als auch in weiten Teilen der Unterrichtspraxis gibt es kaum empirische Arbeiten, die sich mit der Rekonstruktion von Interaktionsprozessen bei der Textrezeption oder mit der Wirkung handlungsorientierter Verfahren für die Ausbildung sprachlicher, kultureller und/oder literarischer Kompetenzen befassen (vgl. Schädlich und Surkamp 2015).

Empirisch orientierte literaturdidaktische Ansätze gibt es in der fremdsprachlichen Literaturdidaktik allerdings nicht erst seit den 2000er Jahren. So hat Werner Delanoy in vielen seiner Arbeiten schon in den 1990er Jahren das Potenzial eines reflektierenden Ansatzes aus Sicht des Unterrichtspraktikers für die Analyse von Interaktionen im Literaturunterricht illustriert (vgl. z. B. Delanoy 1996). Dennoch sind, wie auch Winkler (2012, 27) betont, noch viele empirische Fragen offen, zum Beispiel danach, wie sich fremdsprachliches und literarisches Lernen im Umgang mit unterschiedlich medial vermittelten Texten vollzieht, worin sich literarische Rezeptionsfähigkeit äußert und wie sich diese lehren und lernen lässt. Nicht zuletzt müssen diese Fragen künftig auch noch stärker mit Blick auf veränderte Rahmenbedingungen schulischen Unterrichtens erforscht werden. So ist bislang zum Beispiel erst in den Anfängen ergründet, inwiefern der Einsatz digitaler Medien für den Literaturunterricht fruchtbar gemacht werden kann (vgl. Lazar 2008; Leubner 2014). Des Weiteren ist noch weitgehend ungeklärt, wie die Beschäftigung mit literarischen Texten im inklusiven Unterricht erfolgen kann. Nieragden (2014, 167) ist der Auffassung, dass gerade eine konsequent weitergeführte rezeptionsästhetische Literaturdidaktik einen inklusiven Literaturunterricht ermögliche, da die Individualität von Lese- und Verstehensprozessen betont und gefördert würde (vgl. auch Surkamp 2017a). Wie Lernende im inklusiven Literaturunterricht individuelle Zugänge zu literarischen Texten finden können, hat Dannecker (2014) mit Bezug auf das Fach Deutsch empirisch untersucht. Für die Fremdsprachendidaktik stehen solche Studien allerdings noch aus.

7 Fazit

Eine historische Darstellung von Literaturunterricht und -didaktik läuft leicht Gefahr, ein linear beschreibbares Nacheinander verschiedener Ansätze zu suggerieren. Dies ist jedoch nicht der Fall – im Gegenteil: Viele der historisch beschriebenen Ansätze wirken bis heute fort, sodass die Literaturdidaktik in den 2010er Jahren im Plural gedacht werden muss (vgl. auch Nickel-Bacon 2006, 104). Die Koexistenz unterschiedlicher Ansätze wird gar als notwendig angesehen, um der Komplexität sowohl von literarischen Texten als auch vom sprachlichen und literarischen Lernen gerecht werden zu können (vgl. Nickel-Bacon 2006, 104; Delanoy et al. 2015b, 8). Daher benötigt die Literaturdidaktik auch in Zukunft den Dialog mit verschiedenen Bezugsdisziplinen und Institutionen der Literaturvermittlung. Eine wichtige Rolle kommt dabei den Lehrkräften zu, die Texte und Methoden kriteriengeleitet für ihren Unterricht auswählen und die Lernenden in ihren individuellen Textaneignungsprozessen unterstützen müssen (vgl. Delanoy 2015, 20). Eine wichtige Zukunftsaufgabe besteht folglich auch darin, die Ausbildung von Fremdsprachenlehrkräften für den Bereich des Literaturunterrichts noch stärker in den Blick zu nehmen und Konzepte für eine engere Verzahnung von literaturwissenschaftlichen, literaturdidaktischen, allgemeindidaktischen und pädagogischen Ausbildungsanteilen zu entwerfen.

Weiterführende Literatur

Bogdal, Klaus-Michael und Hermann Korte (Hrsg.) (2012). *Grundzüge der Literaturdidaktik*. München.
Bredella, Lothar und Wolfgang Hallet (Hrsg.) (2007a). *Literaturunterricht, Kompetenzen und Bildung*. Trier.
Delanoy, Werner, Maria Eisenmann und Frauke Matz (Hrsg.) (2015a). *Learning with literature in the EFL classroom*. Frankfurt a. M.
Hallet, Wolfgang und Ansgar Nünning (Hrsg.) (2007). *Neue Ansätze und Konzepte der Literatur- und Kulturdidaktik*. Trier.
Hallet, Wolfgang, Carola Surkamp und Ulrich Krämer (Hrsg.) (2015). *Literaturkompetenzen Englisch. Modellierung – Curriculum – Unterrichtsbeispiele*. Seelze-Velber.
Küster, Lutz, Christiane Lütge und Katharina Wieland (Hrsg.) (2015). *Literarisch-ästhetisches Lernen im Fremdsprachenunterricht. Theorie – Empirie – Unterrichtsperspektiven*. Frankfurt a. M.
Nickel-Bacon, Irmgard (2006). „Positionen der Literaturdidaktik. Methoden des Literaturunterrichts." *Empirische Unterrichtsforschung in der Literatur- und Lesedidaktik*. Hrsg. von Norbert Groeben und Bettina Hurrelmann. Weinheim/München: 95–114.

III Zentrale Fragestellungen

III.1 **Literaturdidaktische Aufgabenbereiche**

Ralf Weskamp
III.1.1 Ziele und Funktionen des Literaturunterrichts

1 Einführung

Literatur unterliegt heute mehr denn je auch marktwirtschaftlichen Überlegungen. Ihr Erfolg spiegelt sich in Verkaufszahlen und Autorenhonoraren; Leser sind nicht nur Konsumenten des literarischen Werkes, sondern einer Vielzahl marketingstrategisch positionierter Sekundärmaterialien, zu denen Filme, Websites, Spiele und Fanartikel gehören. Die Romane Joanne K. Rowlings oder Suzanne Collins' sind typische Beispiele hierfür. Und doch bedeuten das Lesen fiktionaler Texte oder der Besuch eines Theaterstücks einen Bruch mit dieser Zweckrationalität. Wir nehmen uns Zeit, um uns mit Literatur auseinanderzusetzen, werden mit intensiven Gefühlen belohnt und erleben eine Welt, die nicht die eigene ist. Nebenbei erfahren wir etwas über die Verhaltensweisen von Menschen anderer Kulturen, Orten und Zeiten oder etwas über Wesen, die nur in der Fantasie existieren. Literatur kann eine machtvolle Instanz sein, die zum Umdenken anregt und ganze Gesellschaften verändert. Denken wir an Harriet Beecher Stowes Roman *Uncle Tom's Cabin* und seinen Beitrag zur Sklavenfrage in Amerika, an Gerhard Hauptmanns Drama *Die Weber*, das den Menschen einen Spiegel vorhielt, indem es eine soziale Schicht zum Protagonisten machte, oder an George Orwells *Nineteen Eighty-Four*, das zur Chiffre für die Gefahren unkontrollierter politischer Macht bis in unsere Zeit wurde.

Literatur ist so mächtig, weil sie kraftvolle Inhalte mit ausdrucksstarker Sprache verbindet. Wir lesen und gehen ins Theater, um uns zu vergnügen und Emotionen zu erleben, aber wir lernen auch, die Welt zu verstehen und zu verändern. Auch wenn wir Literatur, den Romantikern folgend, als autonom betrachten wollen und sie nicht dahingehend bewerten möchten, ob sie eine ethisch-moralische Leistung vollbringt oder in anderer Weise nützlich ist, steht sie nicht außerhalb der Welt und hat eine Wirkung auf ihre Rezipienten, die – wie die PISA-Untersuchungen gezeigt haben – auch in andere Wissensdomänen reicht: „One of the home possessions that most clearly distinguishes advantaged students from their peers is the quantity of books at home. […] Other cultural possessions, such as works of art, classical literature and books of poetry, also characterise advantaged students […]" (OECD 2013a, 2).

Je mehr Bildungschancen vom Elternhaus abhängen, desto wichtiger wird es, diese Abhängigkeit durch schulisches Lernen zu reduzieren. Dies gilt für literarische Rezeptionsfähigkeit noch stärker als für die allgemeine Kompetenz, Texte zu verstehen, weil Literatur besonders vielfältige Funktionen hat, die zum Erreichen schulischer Ziele führen können. Hierzu zählen Bildung, Kompetenzerwerb, Kulturerfahrung, historisches Denken, kommunikative Fähigkeiten und die Entwicklung einer moralischen Haltung. In diesem Beitrag geht es darum, diese Funktionen und Ziele näher zu beleuchten. Dabei sprechen wir bewusst eher von Rezeption als von Lesen, weil die Auseinandersetzung mit Literatur über Genregrenzen hinweg erfolgen kann, beim Lesen eines Romans, einer Kurzgeschichte oder eines Gedichts ebenso wie beim Besuch des Theaters, beim Sehen eines Films in der Auseinandersetzung mit hybriden Formen, die verschiedene kommunikative Kanäle ansprechen, oder beim alltäglichen Erzählen von Geschichten.

2 Ziele und Funktionen

Doch was verstehen wir überhaupt unter ‚Zielen' und ‚Funktionen'? Eine Briefwaage hat die Funktion, das Gewicht eines Briefes zu ermitteln. Funktion zu haben, bedeutet, genau das zu tun, wofür etwas – ein Artefakt – geschaffen wurde. Das Ziel, die Waage zu verwenden, ist es, einen Brief korrekt zu frankieren. Ziele definieren beabsichtigte Effekte. Diese Unterscheidung ist wichtig, weil sich Funktionen und Ziele unterscheiden können. Die Briefwaage kann die Funktion haben, das Gewicht von Briefen festzustellen, aber dennoch einem völlig anderen Ziel dienen, zum Beispiel Unterlagen zu beschweren, damit diese nicht im Windzug vom Schreibtisch wehen. Der Nutzer der Briefwaage nimmt auf der Grundlage ihrer Eigenschaften eine Reihe von Alternativen wahr und nutzt diese seinen Bedürfnissen gemäß. Dabei sind einige Funktionen augenscheinlicher als andere und verändern sich möglicherweise mit der Zeit: Wenn es irgendwann nur noch einen elektronischen Briefverkehr gibt, dann wird sich niemand mehr daran erinnern, dass die Waage einmal dazu diente, das Gewicht von Briefen festzustellen. Die Funktion, Briefe zu wiegen, tritt immer mehr in den Hintergrund, bis die Waage schließlich nur noch als Briefbeschwerer oder für ganz andere Zwecke genutzt wird. Luhmann (1984, 405) hat darauf hingewiesen, dass Funktionen „immer Synthesen einer Mehrzahl von Möglichkeiten" sind.

Funktionen von Artefakten (Crilly 2010) werden zum einen durch die inhärenten Eigenschaften definiert (die Briefwaage kann deshalb zum Wiegen von Briefen verwendet werden, weil sie aufgrund des Zusammenspiels ihrer Einzelteile diese Funktion wahrnehmen kann), zum anderen aber auch durch die Menschen, die sie benutzen. Funktionen sind deshalb normativ, im Sinne von ‚dies sollte ein bestimmtes Artefakt leisten, und subjektiv, weil Menschen Artefakten eine Funktion zuweisen (wie das Wiegen von Briefen oder das Beschweren von Papier). Literatur, einmal losgelöst vom Unterricht betrachtet, lässt sich so anhand narratologischer Kategorien bestimmen, deren Zusammenspiel einen Text zu Literatur machen; sie lässt sich normativ fassen, etwa durch das Horaz'sche Diktum „aut prodesse volunt aut delectare poetae" (Horaz 1972 [ca. 19 v. Chr.], 24), aber auch individualistisch, indem sich der Sinn von Literatur für jeden Menschen höchst unterschiedlich erschließt, als kulturell-historischer Kommentar, als Unterhaltung oder als Beispiel dafür, wie im Spiel der Zeichen Bedeutung entsteht, die nicht mehr intersubjektiv nachprüfbar ist, wie die Postmoderne glaubt. Dabei unterliegt auch die Literatur einer Evolution, die sich aus dem Zeitgeist und der Philosophie der jeweiligen Epoche ergibt. So steht seit Kant der Gedanke im Raum, Literatur als autonom zu betrachten und nicht als Mittel zur moralischen Belehrung oder zur Erziehung (Kant 2014 [1790]). Dennoch bleiben auch die gerade nicht verfolgten Funktionen als Sedimente erhalten, so wie die Briefwaage in der elektronischen Zeit noch Briefe wiegen kann. Wenn Nützlichkeit durch Selbstbildung ersetzt wird, bedeutet dies nicht, dass Belehrung gänzlich ausgeschlossen ist. Wenn Literatur als Spiel der Zeichen gesehen wird, geht es primär nicht um Selbstbildung und trotzdem scheint diese Funktion auch in postmodernen Texten wie Christine Brooke-Roses *Out* noch durch, weil der Leser hier mehr als in anderen Romanen Bedeutung (er-)findet und sich mit seinen eigenen Kenntnissen und Fähigkeiten auseinandersetzen muss.

Auch beim Literaturunterricht ist es manchmal schwierig, zwischen beabsichtigten Funktionen und Nebeneffekten zu unterscheiden. So kann Literaturunterricht hermeneutisch bestimmt sein und Schüler im Sinne der klassisch-europäischen Bildungstradition an Verstehen heranführen, aber gleichzeitig auch Modell für formale Kompetenzen sein. Er kann zwischen interpretativen und performativen Ansätzen changieren, er kann vermitteln, was ‚gute' Literatur ist, er kann die historische und kulturelle Gebundenheit von Literatur aufzeigen, aber auch ihre überzeitliche Wirkung, er kann affektive Reaktionen erzeugen, aber auch kritisches Bewusstsein. Er kann das Kunstwerk an sich in den Blick nehmen, aber auch Modelle für die Sprachproduktion liefern und eingebettet sein in einen Sprachunterricht, dem es um die Erweiterung des Wortschatzes, der Grammatik und des textuellen Strukturwissens, um Kohärenz und Kohäsion, geht.

Ziele und Funktionen des Literaturunterrichts zu bestimmen, ist ein komplexes Unterfangen, weil sie sich weder aus literatur- noch aus bildungswissenschaftlicher Sicht allein ergeben. Bereits die Funktionsbestimmung von Literatur an sich ist nicht ohne Bezugnahme auf grundlegende philosophische, kulturwissenschaftliche oder kognitionspsychologische Positionen möglich. Im Unterricht tritt zum relativ intimen Verhältnis zwischen Text und Leser (um die narrativ-kommunikative Situation hier etwas zu simplifizieren) eine öffentliche, soziale Konstellation als institutionalisierte Lernumgebung, wie wir sie in Schule vorfinden. Literatur trifft damit auf ein Diskurssystem, das nicht literaturtheoretisch, sondern bildungswissenschaftlich, bildungspolitisch und fachdidaktisch bestimmt ist. Wenn im Folgenden einzelne Funktionen des Literaturunterrichts beschrieben werden, dann geschieht dies aus unterschiedlichen Ausgangspositionen heraus. Nimmt man beispielsweise Bildung und Kompetenzerwerb in den Blick, erfolgt die Zuschreibung von Zielen vor allem aus bildungswissenschaftlicher Sicht. Betrachtet man hingegen die kulturelle Funktion des Literaturunterrichts, dann bilden literaturtheoretische Fragestellungen den Ausgangs- und Mittelpunkt, dem sich bildungswissenschaftliche Aspekte unterordnen. Erst die Verbindung beider Zugangswege, wenn auch in unterschiedlicher Akzentuierung, lässt eine möglichst umfassende Darstellung der Funktionen und Ziele des Literaturunterrichts zu.

3 Bildung durch Literatur

Kaum ein Begriff hat den pädagogischen Diskurs seit dem 18. Jahrhundert so geprägt wie der der Bildung, und unter keinem anderen Paradigma fallen die Funktionen von Unterricht und Literatur so zusammen wie unter diesem. Der Ausgangspunkt für dieses besondere Verhältnis findet sich in der Aufklärung und deren Vorstellung von Freiheit und Autonomie des Willens (vgl. Kant 2014 [1790]). Menschen verfügen über eine innewohnende Kraft zur Perfektion, die keinem Nützlichkeitsideal gehorcht und die sich nicht durch Zwang, sondern allein durch inneren Antrieb entfaltet. Der Autonomie des Willens entspricht die Autonomie des Kunstwerks, das keine moralischen oder politischen Zwecke verfolgt, sondern dessen Sinn in ihm selbst und nicht in seiner Nützlichkeit liegt.

Hegel greift diesen Gedanken auf (auch wenn bei ihm Schönheit anders als bei Kant zur Eigenschaft eines Kunstwerks gehört und nicht als Wirkung auf den Betrachter verstanden wird) und sieht das Ziel von Kunst darin, „dass der Mensch die innere und äußere Welt sich zum geistigen Bewusstsein als einen Gegenstand zu erhaben hat, in welchem er sein eigens Selbst wiedererkennt" (Hegel 1970 [1817–1829], 52). Zwar leisten Kunst und Literatur auch einen Beitrag zur Belehrung und moralischen Bildung, aber nicht, weil dies ihr Zweck ist, sondern weil sie die inneren Kräfte des Menschen freisetzen, und zwar vor allem dann, wenn sich Form und Inhalt in ihnen vollkommen entsprechen. Kunst ist, wie Hegel schreibt, „in der Tat die erste Lehrerin der Völker" (Hegel 1970 [1817–1829], 76).

Die bildungspolitische Realisierung findet sich bei Wilhelm von Humboldt (Flitner 1956). Bildung, nicht Kampf und Revolution, verschafft innere Freiheit und damit das Fundament für staatsbürgerliches Handeln. In der kurzen Zeit, in der von Humboldt die Sektion für Kultus und öffentlichen Unterricht im preußischen Innenministerium leitete, wurden aus den Ideen der deutschen Klassik Elemente eines Schulsystems geschaffen, das wir im Kern heute noch in Deutschland vorfinden, nämlich das Gymnasium und das Abitur. Aufgabe der Schule war es, Bildung zu ermöglichen, damit sich jeder Einzelne, „aus sich selbst in seiner Eigenthümlichkeit" entwickele und „auch die physische Natur keine andre Gestalt von Menschenhänden empfängt, als ihr jeder Einzelne nach dem Maasse seines Bedürfnisses und seiner Neigung nur beschränkt durch die Gränzen seiner Kraft und seines Rechts, selbst und willkührlich giebt" (Humboldt 1851, 15).

Vor dem Hintergrund der aufgefächerten Thesen wird deutlich, dass Literatur einen entscheidenden Beitrag zur Bildung des Einzelnen leistet. Dies wird im künstlerischen Schaffen der Klassik selbst deutlich, zum Beispiel, wenn Bildungsromane als neue Gattung entstehen, aber auch im theoretischen Schrifttum, in dem Kunst und Literatur als Impulsgeber für Bildung verstanden werden. Besonders Schiller hat die Beziehung zwischen Ästhetik und Bildung betont, denn „durch die Schönheit wird der sinnliche Mensch zur Form und zum Denken geleitet; durch die Schönheit wird der geistige Mensch zur Materie zurückgeführt und der Sinnenwelt wiedergegeben" (Schiller 1966 [1793], 486). Er kritisiert die Fragmentierung der Menschen durch Spezialisierung und Arbeitsteilung, die bis heute immer wieder von der sozialkritischen Philosophie aufgegriffen wird. Die Lösung liegt für ihn in der „Anschauung des Schönen" (Schiller 1966 [1793], 480), in der der Mensch ganz zu sich findet. Ästhetische Bildung ist das Fundament der Freiheit, die die Aufklärung versprochen hat.

In der schulischen Praxis ergaben sich aus der Wertschätzung von Kunst und Literatur zunächst noch keine Folgerungen. Vielfach blieb die Lektüre sowohl der deutschen als auch der als wichtiger empfundenen lateinischen und griechischen Schriftsteller Privataufgabe der Schüler (vgl. Wiese 1864). Erst später entwickelten sich didaktische Positionen, wie die Robert Heinrich Hieckes (1842, 120): „Manches wird sehr ausführlich, nach den mannichfachsten Rücksichten und bis in das Einzelnste hinein zu erläutern sein [...]. Sodann eröffnet sich gerade in der Lectüre die reichste Möglichkeit zu eben so interessanten als bildenden Aufgaben für freie Vorträge, wie für schriftliche Arbeiten. Endlich darf durchaus des Vorlesens und Declamierens nicht vergessen werden, da beides eben so wichtig für Bildung des Organs als des Geschmackes ist."

Hiecke beschreibt hier die zwei wesentlichen Ziele eines bildenden Literaturunterrichts: intellektuelle Schulung durch Interpretation und emotionale Wirkung durch die besondere Sprache der Dichtung, die ganzheitlich erfahren werden muss. Welches dieser Ziele primär erreicht werden soll, ist bereits im 19. Jahrhundert heftig umstritten, ein Konflikt didaktischer Positionen, der bis heute andauert (Frank 1973). Ausgehend vom Primat einer schülerorientierten Didaktik und postmoderner Literaturtheorien (Weskamp 1997) werfen Kritiker des textorientierten Interpretationsgesprächs einem so gestalteten Unterricht Gefühlsleere und Schematismus vor und fordern eine handlungs- und performanzorientierte Auseinandersetzung mit Literatur. Sie betonen, dass die persönliche Meinung mehr zählt als das kodifizierte Wissen der Interpretationshilfen. Befürworter sehen in der Interpretation hingegen die Möglichkeit, gemeinsame Praktiken des Lesens, des Analysierens und des Deutens zu entwickeln und damit die Grundlage für das Verstehen und die Verständigung über einen Text zu schaffen (vgl. Albrecht et al. 2015).

Beide Positionen lassen sich, wie Hiecke bereits andeutet, durchaus miteinander verbinden. Bei Weskamp (2010) folgt dem Interpretationsgespräch eines Auszugs aus Nicholas Evans' *The Horse Whisperer* und der Analyse der Erzählperspektive eine Transformation des Textes durch Veränderung der Perspektive als kreative Schreibaufgabe, über deren Wirkung im Vergleich zum Original abschließend diskutiert wird. Dabei bleibt die für eine bildungsorientierte Literaturdidaktik zentrale Sicht von Literatur als autonomes Kunstwerk grundsätzlich erhalten: Zweck des Literaturunterrichts sind Verstehen und Entwicklung der ästhetischen Urteilskraft. Dieser Zweck wird sicherlich auch dann noch erfüllt, wenn die Perspektive vom Kunstwerk zur Interaktion zwischen Text und Leser wechselt, wie in der für die Literaturdidaktik einflussreichen Theorie Wolfgang Isers (1976). Denn hier füllt zwar der Leser ‚Leerstellen', die jedoch nicht beliebig, sondern intendierter Bestandteil der ‚Partitur' des Textes sind. Erst wenn die Handlungsorientierung verabsolutiert wird, ändert sich der Zweck von Literatur, indem sie für eine vermeintliche Schülerorientierung instrumentalisiert und als Baustein didaktischer Konzepte wie dem *task-based learning* verstanden wird (Caspari 2005). Literatur verliert hier ihren Status als autonomes Kunstwerk, und Literaturunterricht büßt in der Konsequenz seine bildende Funktion ein.

Wenn wir die Funktion von Literaturunterricht für die ästhetische Bildung eng fassen und in Bezug zu Begriffen wie Autonomie, Entwicklung und Urteilskraft setzen, dann dürfen wir nicht vergessen, dass das emanzipatorische Ziel immer auch in Gefahr war. Während in der deutschen Klassik Literatur aufklärerisch wirken sollte, trat spätestens mit der Romantik und dem Idealismus ein neuer Auftrag hinzu, nämlich die nationale Volksbildung und der Aufbau eines vaterländischen Zugehörigkeitsgefühls. Literaturunterricht sollte das vermeintlich ursprünglich Deutsche ans Licht bringen und entsprechende Lebensregeln vermitteln. Aus Humanismus wurde in Deutschland ‚Germanismus'. Otto Lyon schrieb in der von ihm mitbegründeten *Zeitschrift für den deutschen Unterricht*, dem ersten deutschdidaktischen Organ: „[So] ist es vor allem die Aufgabe der Schule, der die Jugend und damit in gewissem Sinne die Zukunft unseres Volkes anvertraut ist, Herz und Verstand des heranwachsenden Geschlechts in nationalem Sinne zu bilden und zu erziehen und dadurch mit darauf hinzuwirken, daß jene tiefe Erniedrigung, in die wir im Anfange unseres Jahrhunderts durch ein vaterlandsloses Weltbürgertum geradten waren, niemals wiederkehre" (Lyon 1893, 705–706).

Für Lyon war das Realgymnasium die Schulform, die hierzu im Gegensatz zum humanistischen Gymnasium in der Lage war. Zweck des Literaturunterrichts war es, „die deutschen Grundlagen und Stoffe unserer Literatur aufzusuchen und dem Schüler zum klaren Bewußtsein zu bringen" (Lyon 1893, 724). Diese verzerrte Rezeption des Bildungsbegriffs führte letztlich zu einer vollständigen Vereinnahmung durch eine nationalistische politische Ideologie, die den neuen, besseren Menschen beschwor und dem zentralen Aspekt der Selbstbestimmung keinen Platz mehr einräumte.

Der Vorteil des relativ unscharfen Begriffs der Bildung ist, dass er sich an das jeweils zeitgenössische Denken anpassen lässt, aber dieser Vorteil birgt auch stets die Gefahr der Erosion. Nietzsche beklagte etwa „den zusammengehäuften Wust des Erlernten, das nicht nach aussen wirkt", und die „Belehrung, die nicht Leben wird" (Nietzsche 1988 [1874], 280), und sieht Bildung als Schein, ein Gedanke, den Adorno mit dem Begriff der „Halbbildung" wieder aufgreift; und schließlich wird der Verlust von Bildung insgesamt beklagt (Liessmann 2006). Welche Schlussfolgerungen lassen sich hieraus für den Literaturunterricht ziehen? Die erste ist pessimistisch: Gerade weil Literatur und Bildung so eng zusammenhängen, bedeutet ein Abschied vom aufklärerischen Bildungsgedanken letztlich auch einen Abschied von Literatur im Unterricht. Diese Gefahr besteht latent, wenn Literatur zur Literalität wird und Lesen nur dann Bedeutung hat, wenn sie einen Gewinn für die Arbeitswelt, die Lebenswelt und für staatsbürgerliches Handeln bringt (vgl. The New London Group 1996). Die zweite Schlussfolgerung ist optimistisch. Unabhängig vom Zeitgeist und von bildungspolitischen Debatten bleibt es die Funktion des Literaturunterrichts, den Verstand zu kultivieren und ästhetisches Urteilsvermögen als *sensus communis* zu entwickeln. Kant nennt hierzu drei Grundsätze: „1. Selbstdenken; 2. An der Stelle jedes andern denken; 3. Jederzeit mit sich selbst einstimmig denken" (Kant 2014 [1790], 226).

Als Klafki in den 1980er Jahren eine Neubestimmung der Bildung unternimmt, sieht er die „ästhetische Wahrnehmungs-, Gestaltungs- und Urteilsfähigkeit" (Klafki 1994, 54) als Teil der Persönlichkeitsentwicklung, aber im Hinblick auf die Lösung „epochaltypische Schlüsselprobleme" (Klafki 1994, 56), zu denen er Friedensgefährdung, Ungleichheit und Umweltgefährdung zählt. Klafki entwickelt aus dieser Position keine Literaturdidaktik, aber ästhetische Erziehung wird diese Schlüsselprobleme nicht direkt behandeln können, zum Beispiel durch die Auswahl thematisch passender Romane, sondern indirekt im Sinne des Kant'schen *sensus communis*. In einer kultivierten unterrichtlichen Kommunikation wird sie die Lernenden zu ästhetischen Urteilen, zu Kritikfähigkeit, Offenheit und Toleranz befähigen. Und dies ist angesichts der sich rasant veränderten gesellschaftlichen Problemlagen kein schlechter Weg.

Die Autonomie von Literatur und ihre Rolle für die Persönlichkeitsbildung wird nicht nur in der muttersprachlichen Literaturdidaktik, sondern auch in der Fremdsprachendidaktik gesehen. Carter und Long (1991, 3) sprechen von einem „personal growth model". Lesen von Literatur solle zu einem unvergesslichen, sowohl individuellen als auch gemeinsamen Erlebnis werden.

Dass der Bildungsbegriff auch in unserer Zeit noch eine wichtige Rolle spielt, um den Sinn von Lernprozessen zu beschreiben, zeigt die Tatsache, dass er als ‚Kampfbegriff' gegen zweckrationale Erziehungskonzeptionen – wie die Kompetenzorientierung, um die es im nächsten Abschnitt geht – ins Feld geführt wird (Horlacher 2011). Der immer wieder stattfindende Rekurs auf den Bildungsbegriff trotz allen Wandels zeigt, dass Lernen im Kern ein Bekenntnis zur Autonomie der Persönlichkeit und zum freien Willen des Einzelnen beinhaltet. In diesem Bekenntnis haben Literatur und Literaturunterricht ihren festen Platz.

4 Literaturunterricht und Kompetenzerwerb

Bis zum Ende des 20. Jahrhunderts war die Erforschung von Unterricht zwar auf die schulische Realität bezogen, aber weitgehend geisteswissenschaftlich bestimmt. Ziel war es, Orientierungshilfen für die Praxis und die Bildungspolitik bereitzustellen, um die Qualität von Unterricht zu verbessern. Bis heute sind die hieraus gewonnenen Konzepte einer allgemeinen Didaktik in der Lehrerausbildung wirksam, seien es bildungstheoretische, lehrtheoretische, kommunikative oder konstruktivistische Varianten (Terhart 2008). Lehrkräfte wurden dabei als Umsetzer von in der Universität erarbeiteten Prinzipien gesehen, deren Maßstab es war, argumentativ so überzeugend zu sein, dass sie Auswirkungen auf das unterrichtliche Handeln in der Praxis hatten.

Das Vertrauen in eine solchermaßen geisteswissenschaftlich ausgerichtete allgemeine Didaktik wurde durch das signifikant unterdurchschnittliche Abschneiden Deutschlands in der ersten PISA-Studie erschüttert (Kirsch et al. 2002). Die Lösung sah man in einer empirischen Wende in der Unterrichtsforschung, wie sie schon in den 1960er Jahren von Heinrich Roth eingefordert worden war, nun aber zum dominanten Paradigma wurde. Anstelle der philosophisch-hermeneutischen Tradition, aus der auch der Bildungsbegriff stammt, traten die empirischen Sozialwissenschaften als Bezugspunkt. Es wurde deutlich, dass die Konzepte der allgemeinen Didaktik nicht hinreichend durch empirische Forschung abgesichert waren und dass sie nicht automatisch den Unterrichtserfolg garantieren. Dies liegt unter anderem darin begründet, so zeigte die Professionsforschung, dass Lehrkräfte zwar durchaus Theorien wahrnehmen, sie aber ihren Bedürfnissen und Erfahrungen anpassen. Lehrkräfte, so wurde deutlich, sind eher Problemlöser als Anwender didaktischer Positionen (Freeman 2002).

Ähnlich wie die Forschung setzte auch die Bildungspolitik auf Messbarkeit und schlug den aus den USA stammenden Weg der Standardisierung des Wissenserwerbs ein. Grundlage bildet dabei der Begriff ‚Kompetenzen', spezifische Beschreibungen von Wissen und Fähigkeiten, die auf Niveaustufen quantifiziert sind. In der Expertise zur Entwicklung nationaler Bildungsstandards (Klieme et al. 2003, 23) heißt es: „Bildungsstandards als Ergebnisse von Lernprozessen werden konkretisiert in Aufgabenstellungen und schließlich Verfahren, mit denen das Kompetenzniveau, das Schülerinnen und Schüler tatsächlich erreicht haben, empirisch zuverlässig erfasst werden kann." Bildungsstandards erfüllen ihren Zweck daher nur, wenn sie sich in Form von Aufgaben und Kompetenzstufen operationalisieren lassen, so, wie dies in den PISA-Erhebungen geschehen ist. Diese Idee ist nicht so neu, wie sie manchmal in der bildungspolitischen Debatte erscheint. Tatsächlich hatte Mager (1975) schon in den 1960er und 1970er Jahren eine Operationalisierung von Lernzielen vorgeschlagen, die als Verhaltensweisen von Lernenden beobachtet und quantifiziert werden können. So wie operationalisierte Lernziele sind auch Bildungsstandards reduktionistisch: Komplexe Sachverhalte werden in einfache, fundamentale Aspekte zerlegt, die dann zusammengenommen wieder ein Ganzes ergeben.

Vereinfacht kann man einen Unterricht, der auf Bildungsstandards beruht, als kompetenzorientiert bezeichnen. Eine solche Kompetenzorientierung hat gerade in den letzten Jahren erheblich Einfluss gewonnen, weil sie eine Brücke zwischen schulischem und lebenslangem Lernen schlägt und auf vermeintliche Bedürfnisse der Berufswelt abzielt (*employability*). Außerdem lässt sie sowohl eine kognitive als auch eine konstruktivistische Sicht auf das Lernen zu und erweist sich so als anschlussfähig zu empirisch ausgerichteten Forschungsdesigns und zu aktuellen Formen des Unterrichts wie dem projektorientierten, forschenden oder aufgabenorientierten Lernen (Koenen et al. 2015).

Es ist deshalb nicht verwunderlich, dass Kompetenzorientierung auch in der Literaturdidaktik diskutiert wird, so in der einschlägigen Monografie von Leubner, Saupe und Richter (2012). Die Autoren gehen davon aus, dass Literatur eine zentrale Funktion hat, nämlich die „Aneignung und Nutzung von persönlich und gesellschaftlich bedeutsamen Sichtweisen der Wirklichkeit" (Leubner et al. 2012, 28), und sie sehen als wichtigstes Ziel des Literaturunterrichts den Erwerb einer Textverstehenskompetenz, die sich anhand verschiedener Teilkompetenzen beschreiben lässt. Hierbei wird die erwähnte reduktionistische Sicht besonders deutlich: „Für eine systematische Förderung von Textverstehenskompetenz im Unterricht muss klar sein, inwieweit ihre Teilkompetenzen jeweils erlernbar sind [...]. Die Ausrichtung an den Teilleistungen bietet eine hilfreiche Grundstruktur für den Unterricht, die in vielfältiger Weise, so durch unterschiedliche Methoden, umgesetzt werden kann" (Leubner et al., 60–61).

Die Autoren entwickeln deshalb ein Kompetenzmodell aus drei Bereichen – Kompetenzen zum Erkennen von Textelementen und ihren Zusammenhängen, Deutungskompetenz und Bezugskompetenz – und greifen auf kognitive Lerntheorien zurück, um die Erlernbarkeit des Textverstehens zu beschreiben. Hierzu sei der Erwerb von deklarativem, prozeduralem und metakognitivem Wissen notwendig. Literatur wird nicht mehr als autonomes Kunstwerk gesehen, sondern als Mittel zum Zweck für den Kompetenzerwerb. Gegenüber Sachtexten habe sie den Vorteil, dass sie zu mehr Lesefreude führe und kulturelles Wissen vermittele.

Ähnliche Bemühungen, die Vermittlung von Kompetenzen als Ziele des Literaturunterrichts zu beschreiben, finden sich in der Fremdsprachendidaktik (z. B. Burwitz-Melzer 2007a), hier mit dem Hinweis, dass sich die Fremdsprachendidaktik auf die Kompetenzorientierung schon deshalb einlassen müsse, um ihr „einen angemessenen Platz in einem zeitgemäßen Bildungskonzept zu sichern" (Hallet 2009a, 58–59). Allerdings ist es bislang nicht hinreichend gelungen, tatsächlich detaillierte, beobachtbare *outcomes* zu beschreiben, die von Schülern im Umgang mit Literatur erwartet werden können. Dies ist vielleicht auch nicht möglich, weil, wie beispielsweise Küster (2015) betont, ästhetische Auseinandersetzung Zeit braucht und insofern gar nicht auf eine direkte, normierte und messbare Erfolgserwartung zielen kann. Ähnlich argumentiert Spinner (2008, 322): „Die Tatsache, dass eine angemessene Formulierung und Überprüfung von Bildungsstandards zum Literaturunterricht so schwierig ist, führt derzeit zur Gefahr, dass die spezifisch literarischen Erfahrungs- und Lernprozesse im Deutschunterricht marginalisiert und durch Lesetraining ersetzt werden."

Ob unterrichtliche Kompetenzorientierung tatsächlich zu mehr Effektivität beim Lernen führt oder einfach nur „alten Wein in neuen Schläuchen" (Wiater 2013) darstellt, sei dahingestellt. Auch sei dahingestellt, ob nicht die Kompetenzorientierung zwar aus der empirischen Pädagogik erwachsen ist, aber das Professionalitätswissen der Lehrkräfte genauso wenig ernst nimmt wie die geisteswissenschaftlich geprägten Erziehungswissenschaften. Auf jeden Fall hat sie erhebliche Konsequenzen für den Stellenwert, die Funktion und die Ziele von Literaturunterricht. Dies wird besonders deutlich in den Bildungsstandards im Fach Deutsch für die Allgemeine Hochschulreife (KMK 2012a). Hier werden die sogenannten prozessbezogenen Kompetenzbereiche Sprechen/Zuhören, Schreiben/Lesen als domänenspezifische Kompetenzbereiche konkretisiert und auf Texte und Medien bezogen. Die Auseinandersetzung mit literarischen Texten ist dabei nur eine von drei Subkategorien. In der fortgeführten Fremdsprache geht Literatur ganz in einer allgemeinen Text- und Medienkompetenz auf (KMK

2012b). Weil ästhetische Erfahrungen und Werturteile kaum empirisch fassbar sind, werden sie durch allgemeinere Kompetenzen ersetzt, etwa das Verstehen, Interpretieren und Analysieren geschriebener Texte, wie dies bei PISA geschieht.

Die Funktion von Literaturunterricht ist es dann, einen Beitrag zum Textverstehen zu leisten, um Lernenden zu ermöglichen– wie es die OECD formuliert – „eigene Ziele zu erreichen, das eigene Wissen und Potential weiterzuentwickeln und aktiv am gesellschaftlichen Leben teilzunehmen" (Kirsch et al. 2002, 28). Ziel des Literaturunterrichts ist es, der gesamtgesellschaftlichen Entwicklung zu dienen; aus Literatur wird „literacy": „these literacies will be essential in creating new or transformed forms of employment, new ways of participating as a citizen in public spaces, and new forms of community engagement" (Kalantzis und Cope 2012, 43). Auch das ist letztlich nicht neu. Bereits 1978 beklagte Wille eine „Funktionalisierung des Deutschunterrichts für die allgemeinen Lernziele der Schulreformkonzeption" (Wille 1978, 122) und stellte fest: „In einem solchen Literaturunterricht fungieren die jeweils spezifischen Texte nur als Mittel, mit dem eine informationstheoretisch bestimmte Rezeptionsfähigkeit vermittelt wird" (Wille 1978, 126). Es ist bemerkenswert, dass solche Positionen immer wieder in Vergessenheit geraten und man den Eindruck gewinnt, dass gerade in den Erziehungswissenschaften und Didaktiken kaum auf vorausgehende Erkenntnisse zurückgegriffen wird, wenn es um die Aufstellung neuer Theorien geht.

In einem Unterricht, der dem Ziel der Nützlichkeit folgt, hat Literatur keinen besonderen Stellenwert mehr. Sie ordnet sich den allgemeinen Zielen des lebenslangen Lernens unter, zu denen persönliche Entfaltung, soziale Integration sowie Berufsfindung und -ausübung gehören. Sehr deutlich wird dies in den amerikanischen *National Core Arts Standards*, in denen *philosophical foundations* in der ersten Spalte *lifelong goals* in der zweiten Spalte zugeordnet werden (National Coalition for Core Arts Standards 2014, 10), zum Beispiel:

The Arts as Community Engagement	
The arts provide means for individuals to collaborate and connect with others in an enjoyable inclusive environment as they create, prepare, and share artwork that bring communities together.	Artistically literate citizens seek artistic experience and support the arts in their local, state, national, and global communities.

Noch deutlicher als in den schulischen Bildungsstandards wird das Dilemma in der Hochschule. So versucht die Universität Roehampton das Ziel der *employability* dadurch umzusetzen, dass ihre Studenten der alten Sprachen Präsentationen halten, eine Website gestalten und Berufspraktika absolvieren müssen (Barrow et al. 2010).

Im Fremdsprachenunterricht hat die Kompetenzorientierung sicherlich einen größeren Stellenwert als im erstsprachlichen Deutschunterricht. Hier hat in den letzten Jahrzehnten der *Gemeinsame Europäische Referenzrahmen für Sprachen* und die ihm vorausgehenden Arbeiten des Europarats international einen enormen Einfluss auf die Erstellung von Lehrplänen, Abschlussprofilen und Testsystemen genommen. Im Zentrum des Sprachenlernens steht dabei das Ziel der kommunikativen Kompetenz, also Wissen, Fertigkeiten und Knowhow zu erwerben, das notwendig ist, um sprachlich etwas zu bewerkstelligen. Dabei wird Literatur nicht ausgeschlossen, jedoch geht der *Referenzrahmen* mit diesem Gegenstand unter der Überschrift „aesthetic uses of language" etwas hilflos um: „It is much to be hoped that teachers of literature at all levels may find many sections of the Framework relevant to their concerns and useful in making their aims and methods more transparent" (Council of Europe 2001, 56).

In Deutschland findet sich in den Lehrwerken tatsächlich eine Vielzahl literarischer Texte, international muss man jedoch konstatieren, dass sich Literatur als Gegenstandsbereich des Fremdsprachenunterrichts zumindest im gesamten 20. Jahrhundert im Rückzug befand (Kramsch und Kramsch 2000). Ob sich diese Tendenz umdrehen lässt, kann nicht sicher beantwortet werden, jedoch gibt es Hinweise darauf, dass das Interesse sowohl der Unterrichtspraxis als auch der Forschung an der Behandlung von Literatur im Fremdsprachenunterricht wieder zunimmt (Hall 2015). Dass Literatur und das Erzählen von Geschichten gerade für das Lernziel der kommunikativen Kompetenz von großer Bedeutung sind, hat insbesondere Piepho immer wieder betont, der in Deutschland entscheidend dazu beigetragen hat, dass der kommunikative Fremdsprachenunterricht sich gegenüber der audiolingualen Methode durchsetzen konnte: „Sie sind keine Zückerchen im Alltagsbrei des harten Unterrichtsgeschehens, sondern vielmehr der Kern des Spracherwerbsprozesses" (Piepho 2007, 7).

Fremdsprachenerwerb erfolgt im Wechselspiel zwischen sprachlichem Input, Interaktion und Output (Weskamp 2007). Je nach theoretischer Funktion werden diese Faktoren unterschiedlich gewichtet, jedoch ist ohne Input kein Spracherwerb möglich. Hinzu kommen andere Aspekte wie Motivation oder korrektives Feedback, die den Spracherwerb unterstützen. Literatur ist über ihre ästhetische und inhaltliche Bedeutung hinaus eine Ressource für den Spracherwerb. Charaktere und Erzähler äußern beispielsweise eine Fülle von Sprechakten, Aufforderungen, Bitten, Verboten, Absichtserklärungen, Entschuldigungen. Diese sind nicht immer transparent; die Lernenden müssen sich mit ihnen auseinandersetzen, individuell und – in der sozialen Situation des Klassenzimmers – mit ihren Mitschülern und der Lehrkraft. So wird der sprachliche Input verstehbar, eine Voraussetzung für den Spracherwerb.

Sprechakte können auswendig gelernt und als sogenannte *chunks* verwendet werden, noch bevor implizites oder explizites Regelwissen zur Verfügung steht. Im Klassengespräch und durch geeignete Aufgabenstellungen produzieren Schüler selbst die Fremdsprache, testen ihre Fähigkeiten, reflektieren über grammatische Strukturen, die sie für Äußerungen benötigen, und entwickeln allmählich diskursive Fähigkeiten. Die Lehrkraft kann hierzu Feedback und Reformulierungen anbieten und als Mittler zwischen den sprachlichen Fähigkeiten der Lerner und dem Verstehen des literarischen Textes fungieren (Thoms 2014). Dabei führt ein durch Literatur angereichertes Curriculum im Vergleich zur ausschließlichen Verwendung eines Lehrbuchs zu einem erheblich höheren Sprachlernzuwachs (Yang 2001).

Der positive Effekt von Literatur auf den Spracherwerb kann durch eine transformative Textanalyse noch gesteigert werden (Carter 2010). Hier nehmen Schüler die Rolle von Autoren ein, indem sie einen Text in einen anderen überführen, also ein Palimpsest im Sinne Genettes (1993) produzieren. So können Dramen prosifiziert, Dialoge weitergeführt oder parodiert werden. Dabei fokussieren die Lerner auf die formelle Seite der Sprache und nehmen die im literarischen Text verwendete Sprache genauer wahr; sie spielen mit Sprache, um eigene literarische Texte zu produzieren, und eignen sie sich so im Gebrauch an.

Die Integration von Literatur und Spracherwerb kann sogar zum grundlegenden Prinzip schulischen Fremdsprachenlernens werden, wie Hans-Jörg Modlmayr in seinem Unterricht gezeigt hat (Behrendt 1993). Ausgehend von den englischsprachigen *Ladybird*-Kinderbüchern baut er ein literarisches Sprachcurriculum auf, in dem zunehmend komplexere literarische Werke behandelt werden, wie beispielsweise Mark Twains *Tom Sawyer* in Klasse 7, Morton Rhues *The Wave* in Klasse 8 und William Goldings *Lord of the Flies* in Klasse 9. Literatur wird hier zur Triebfeder fremdsprachlichen Lernens.

5 Literaturunterricht als Vermittler von Kultur

Kultur und Literatur

Obwohl der Begriff ‚Kultur' *en vogue* in Feuilleton und Wissenschaft ist, entzieht er sich notorisch einer genauen Bestimmung. Kultur beinhaltet erstens eine Wertschätzung hochkultureller Aktivitäten, die mit einem Streben nach Perfektion verbunden ist. Literatur als Teil von Kultur wird dabei geradezu aus den Horizonten ihres Entstehens und ihrer Rezeption herausgelöst und gewinnt einen überzeitlichen Anspruch. Staiger (1977, 16–17) hat dies in seiner Variante werkimmanenten Interpretierens sehr deutlich gemacht: „Wenn dem Dichter sein Werk geglückt ist, trägt es keine Spuren seiner Entstehungsgeschichte mehr an sich. Dann ist es künstlerisch sinnlos, zu fragen, ob dies von jenem abhängig sei. Eines schwingt gelöst im anderen, und alles ist ein freies Spiel."

Hier ergibt sich eine deutliche Nähe zum Bildungsbegriff, und hier wird Kultur zur ästhetischen, überzeitlichen Wahrheit. Ziel des Literaturunterrichts ist es zu „begreifen, was uns ergreift" (Staiger 1977, 5), wobei die Ergriffenheit (die nicht bei allen Schülern automatisch eintritt) sich aus dem affektiven Erleben ergibt, das beispielsweise in handlungsorientierten Unterrichtsformen erzielt werden kann, aber gepaart mit der Erkenntnis, dass es die Form des literarischen Kunstwerks ist, die Ergriffenheit bewirkt.

Kultur bezieht sich zweitens auf die intellektuelle Entwicklung einer Gesamtgesellschaft, auf die Bedeutung der Künste und schließlich auf die Lebensweisen von Menschen als Ganzes. Bezugspunkt ist eine Elitekultur, die innerhalb der oberen sozialen Schichten einheitsstiftend wirkt. Kultur ist eingebettet in einer sinnstiftenden historischen Wahrheit. Noch zu Beginn des 20. Jahrhunderts sah Jespersen (1912, 9) den höchsten Sinn des Sprachunterrichts darin, Zugang zu den besten Gedanken und Institutionen einer Nation, ihrer Literatur und Kultur, sozusagen zum „Geist der Nation" zu erhalten.

Drittens wird der elitäre Kulturbegriff im 20. Jahrhundert zunehmend einer Demokratisierung unterworfen und generell auf soziale Praktiken bezogen, die in einer Gesellschaft präsent sind. Einen frühen, bemerkenswert umfassenden Definitionsversuch in diese Richtung haben Kroeber und Kluckhohn (1952, 181) unternommen, indem sie Kultur als ein symbolisch vermitteltes Verhaltensmuster beschreiben, deren Kern aus tradierten Ideen und Werten besteht, die gegenwärtiges wie zukünftiges Handeln bestimmen und die sich aus den Errungenschaften und Artefakten einer bestimmten Gruppe ableiten lassen. Literatur büßt dabei ihre Einzigartigkeit ein, aus dem Werk wird der Text, der erst in der Beziehung zu anderen Texten und Diskursen Relevanz gewinnt: „Das Werk ist ein Bruchstück Substanz, es nimmt einen Teil innerhalb des Raums der Bücher ein (zum Beispiel in einer Bibliothek). Der ‚Text' hingegen ist ein methodologisches Feld", wie Barthes (2005, 42), feststellt und nahelegt, dass ein Text nie endet, sondern durch seine Einbindung in immer wieder neue und andere Diskurse fortgeschrieben wird. Versteht man Literatur als Teil eines unendlichen Ensembles sozialer Praktiken, dann können Leser als Akteure gesehen werden, die kulturelle Bedeutung schaffen, oder aber als Produkte von Kultur, die einer unbewussten Ideologisierung unterliegen (Althusser 2010). Welche dieser Blickrichtungen man auch wählen mag, Ziel des Literaturunterrichts ist es, Literatur als Teil von kulturellen Diskursen und nicht von stabilen historischen Wahrheiten zu verstehen und ihre beeinflussende Wirkung – Foucault (2005) spricht von „Macht" – sichtbar zu machen.

Viertens gilt es zu bedenken, dass es, während in der postmodernen Sehweise das Typische, Allgemeine und Zusammenfassende des Kulturbegriffs aus dem Blick gerät und durch das Partikulare, aber auch durch die Polyfonie verschiedenster Diskurse ersetzt wird, auch Gegenbewegungen dazu gibt, die betonen, dass Kultur nicht einfach gelebtes Leben ist, sondern aus dem Alltäglichen heraussticht und deshalb der Vermittlung bedarf. Insbesondere Assmann hat betont, dass sich das „kulturelle Gedächtnis", wie er es nennt, nicht von selbst herumspricht, sondern „sorgfältiger Einweisung" bedürfe: „Dadurch kommt eine Kontrolle der Verbreitung zustande, die einerseits auf Pflicht zur Teilnahme dringt und andererseits das Recht auf Teilhabe vorenthält" (Assmann 2000, 55). Entsprechend kommt dem Literaturunterricht die Funktion des *gatekeeper* zu, insbesondere, wenn es um Kanonisierung geht.

Betrachtet man Literatur als Teil kultureller Prozesse, dann ergeben sich für den Literaturunterricht mehrere Ziele: Literaturunterricht macht die Beziehung zwischen der historischen Situation, in der ein Text entstanden ist, und dem Text selbst deutlich. Er macht für Schüler begreifbar, dass dieser nicht nur in der Gegenwart existiert, sondern Teil einer historischen Entwicklung ist. Literaturunterricht vermittelt aber auch zwischen dem Einzelnen und der „unüberschaubaren Vielfalt der Kultur" (Fuhrmann 2002, 41) durch die Auswahl bedeutsamer Texte, er schafft also eine Art überzeitliche Kultur. Und schließlich macht Literaturunterricht erfahrbar, dass Literatur Teil menschlicher Kommunikation ist, eine hochentwickelte Ausdrucksform dessen, was in Form von Geschichten grundlegend für unsere Kognition ist.

Literaturunterricht und der Kontext von Literatur

Wenn wir über Kontextualisierung von Literatur sprechen, dann ergeben sich wiederum sehr unterschiedliche Sehweisen, die Konsequenzen für die Ziele des Literaturunterrichts haben: Man kann Literatur historisieren, also sie in Beziehung zu der Zeit setzen, in der sie entstanden ist. Diese Zeit lässt sich monolithisch, als einheitsstiftendes Ganzes betrachten, so, wie dies beispielsweise Tillyard (1943) bei William Shakespeare getan hat. Damit wird der Schriftsteller als jemand gesehen, der das Weltbild einer Zeit absorbiert, künstlerisch verarbeitet und letztlich propagiert, und das literarische Werk ist das Produkt geschichtlich determinierter Werte und Vorstellungen. Im Literaturunterricht erfahren die Schüler etwas über *Shakespeare and his Times* (so der Titel eines Unterrichtsmodells der 1980er Jahre), lernbares geschichtliches Wissen, das sie in der Lektüre eines Dramas Shakespeares' wiederfinden sollen. Literatur illustriert Geschichte.

Um eine solche, zumindest aus heutiger Sicht naive Wechselbeziehung zwischen Werk und Geschichte aufzulösen, kann man Literatur ahistorisch betrachten, wie dies der *New Criticism* getan hat, man kann aber auch die kulturelle Situiertheit von Literatur in die Gegenwart, genauer in die Psyche des Rezipienten verlagern. Die philosophische Grundlage finden wir bei Gadamer (1990 [1960]), wenn er Verstehen als Weitergabe und Entwicklung verschiedener Deutungsmuster begreift, als Symbiose von Vergangenheit und Gegenwart, als die Verschmelzung von Horizonten. In der Literaturdidaktik haben Bredella und Burwitz-Melzer diesen Gedanken aufgegriffen und darauf hingewiesen, dass Literatur als Modell der Wirklichkeit voraussetzt, „dass der Leser die Welt des literarischen Textes in ihrer Verschiedenartigkeit von der eigenen Welt begreift und die Welt des literarischen Textes auf seine eigene Welt bezieht" (Bredella und Burwitz-Melzer 2004, 80). Ziel des Literaturunterrichts ist damit die Ausbildung eines Bewusstseins, dass es keine Originalbedeutung eines literarischen Textes gibt, sondern dass Verstehen immer durch Interpretationen erfolgt, die kulturell bestimmt sind. Allerdings besteht die Gefahr, dass das Interpretieren von Literatur sich allein auf den Gegenwartshorizont der Lernenden bezieht und zur gepflegten Konversation wird, in der Schüler über ihre Alltagserfahrungen sprechen, anstatt dass es zu einer ernsthaften wissenschaftlichen oder zumindest wissenschaftspropädeutischen Auseinandersetzung führt.

Eine dritte Möglichkeit, Literatur und Kultur in Beziehung zu setzen, hat der *New Historicism* aufgezeigt. Hier wird der literarische Text nicht als etwas Besonderes gesehen, sondern als gleichberechtigt in einem Netzwerk kultureller Diskurse (wie Religion, Politik, Wirtschaft, Kunst), die sich gegenseitig beeinflussen. Wie beim Historismus wird der literarische Text als Informant einer bestimmten Zeit begriffen, aber gebunden an eine rhetorische Struktur, die fiktional ist. Im *New Historicism* ist dabei die Beziehung von Geschichte und Literatur nicht mehr einseitig; Literatur spiegelt nicht Geschichte, sondern sie ist Teil von ihr, ein Text, der andere Texte kommentiert und durch diese kommentiert wird. Das Ziel des *New Historicism* gilt analog auch für den Literaturunterricht: „[W]e wanted to delve as deeply as possible into the creative matrices of particular historical cultures and at the same time we wanted to understand how certain products of these cultures could seem to possess a certain independence. In our scholarship, the relative positions of text and context often shift, so that what has been the mere background makes a claim for attention that has hitherto been given only to the foregrounded and privileged work of art, yet we wish to know how the foregrounding came about." (Gallagher und Greenblatt 2000, 16)

Methodisch beziehen sich die in diesem Paradigma arbeitenden Wissenschaftler häufig auf Geertz' anthropologischen Ansatz der dichten Beschreibung, in der es um Detailreichtum und Genauigkeit geht und darum, wie einzelne Aspekte sich gegenseitig ergänzen und erklären: „A good interpretation of anything – a poem, a person, a history, a ritual, an institution, a society – takes us into the heart of that of which it is the interpretation" (Geertz 1973, 18). Die Auseinandersetzung mit Literatur und ihrer Zeit zielt auf das Partikulare, das Bedeutung erlangt, und nicht auf die große kohärente Geschichtsschreibung, die vielleicht ebenso viel verdeckt, wie sie erklärt.

Die Idee des *New Historicism*, Literatur zwar in einen kulturell-historischen Kontext einzuordnen, jedoch eher von den Rändern her zu denken als von dominierenden Diskursen, lässt sich im forschenden Lernen konkretisieren, bei dem Schüler lernen, Fragen an einen literarischen Text zu stellen und diese Fragen mithilfe einer Vielzahl von Materialien zu beantworten. Sie lernen so, nicht nur selbstständig zu arbeiten, sondern entwickeln auch Expertise in der wissenschaftlichen Auseinandersetzung mit Literatur und ihrem Kontext (Kulthau et al. 2015; vgl. auch Beilecke et al. 2014). So wird beispielsweise Shakespeares' *King Lear* von Schülern nicht als Illustration des elisabethanischen Weltbildes verstanden, sondern als kritische Reflexion des Selbstbilds Jakob I., das dieser in seiner Schrift *The Trew Laws of Free Monarchies* entwickelt (Weskamp 2006). Llyod Jones' Roman *Mister Pip* wird zum Material in der Erforschung postkolonialer Konflikte, hier am Beispiel Bougainvilles, indem er intertextuell mit unterschiedlichen Sachtexten und mit Charles Dickens' *Great Expectations* gelesen wird. Die Schüler erfahren so, wie sich fiktionale Texte wirkungsmächtig in politische Diskurse einmischen können und eine andere, emotionalere Dimension der Erfahrung eröffnen als Sachtexte (Weskamp 2012).

Literaturunterricht als Kanonvermittlung

Der Begriff des Kanons wirkt für manche, insbesondere im postmodernen Diskurs, als Anachronismus und Provokation. Gerade im fremdsprachlichen Unterricht, vielleicht noch mehr als im muttersprachlichen Deutschunterricht, ist deshalb der Ruf nach einem alternativen Kanon laut geworden, verbunden mit der Unterstellung, dass die „kanonisierten Schulklassiker" weder für die Motivation förderlich seien, noch dazu beitrügen, „eingefahrene Methoden" zu verändern (Nünning 1997a, 5). Sicherlich kann man offene Wege der Textauswahl gehen, ohne die Qualität der Lektüre zu beeinträchtigen, beispielsweise, indem man Schüler Werke von Literaturpreisträgern im Internet recherchieren lässt und gemeinsam mit ihnen aussucht (Weskamp 2000). Dennoch bleibt der

Kanon unverzichtbar, denn er weist dem Literaturunterricht eine kulturselektive Funktion zu. Er hebt die Polyfonie der Kultur auf und reduziert sie auf einige wenige, orientierende Diskurse. Auf der einen Seite ist dies nicht unproblematisch und hat mit der Ausübung von Macht im Sinne Foucaults zu tun. Durch den Kanon erhalten einige Texte einen besonderen Stellenwert; ihre Kenntnis privilegiert. Auf der anderen Seite ist der Kanon ein Vermächtnis an die nachfolgende Generation, er mutet etwas zu, indem er nicht alle kulturellen Diskurse gleichbehandelt, sondern zur Auseinandersetzung und Stellungnahme zwingt, mit welchem Ergebnis auch immer. Selbst wenn man einen Kanon ablehnt, ist dies nur möglich, wenn man sich mit ihm auseinandergesetzt hat.

Ein Kanon ist, wie besonders Fuhrmann (2002) betont, das Gegenteil von Erlebnisgesellschaft, er führt in das Beste ein, was eine Gesellschaft zu bieten hat, und ist Teil einer europäischen Tradition, in der Bildung und Kultur zusammenfallen und die heute zu verloren gehen droht: „Die europäische Schule der Gegenwart ermangelt einer die Realität im Vorhinein ordnende Orientierung, sie ermangelt einer Kraft, die das Vielerlei möglichen Wissens durchdringt und zu einer sinnvollen Einheit bindet" (Fuhrmann 2002, 34). Der Verzicht auf bestimmte Texte bedeutet hiernach Orientierungslosigkeit, den Verzicht auf kulturelles Verstehen und intertextuelle Anspielungen. Wenn heute im Englischunterricht beispielsweise auf die Lektüre von George Orwells *Nineteen Eighty-Four* verzichtet wird, dann werden viele Phänomene intransparent, Zeitungsartikel, die sich mit Gewalt beschäftigen und Begriffe wie ‚Gedankenpolizei' oder ‚der große Bruder' verwenden, aber auch literarische Texte selbst: Grass' Roman *Die Rättin*, Filme wie *Eagle Eye* oder Videospiele wie *Batman: Arkham City*. Ohne Kanon ist Polyfonie nicht verständlich; ohne ihn werden Zusammenhänge unsichtbar.

Ein Kanon entsteht auf der Basis einer Vielzahl von kollektiven Entscheidungen. Brown (2010), der versucht, diese Prozesse zu systematisieren, unterscheidet dabei externe und interne Kriterien: Externe Kriterien sind beispielsweise Tradition und Beharrungskraft, Wertschätzung durch Gruppen und Individuen, Relevanz in der literaturwissenschaftlichen Forschung, Präsenz in den Medien und Verfügbarkeit; zu den internen Kriterien gehören ästhetischer Anspruch und ästhetische Wirkung, exemplarische Rolle in der Literaturgeschichte, Unterhaltungswert und die Fähigkeit, kulturelle Zusammenhänge zu illustrieren. Ein solcher Katalog suggeriert allerdings faire, objektive Entscheidungsprozesse, die so nicht stattfinden. In jedem Kanon manifestiert sich eine bestimmte Sehweise, die das Spektrum literarischer Werke auf eine relativ geringe Zahl reduziert, die den Maßstab für ästhetische Werturteile bildet und notwendigerweise verzerrend wirkt. Welche Sehweise dies ist, hängt auch von den Interessen der Forschung ab. Lauer (1991, 53) illustriert dies am Beispiel der amerikanischen Literaturgeschichte und stellt fest: „[T]he literary history of the dominant white and male culture will only in a limited degree be a useful account of the development of the varied literary cultures of the United States. A full literary history of this country requires both parallel and integrated accounts of differing literary traditions and thus of differing (and changing) social realities. We are only at the beginning of the creation of such complex history."

Die Stärke des Kanons ist somit auch seine Schwäche, denn wer entscheidet darüber, welche Texte kanonisch sein sollen, welches die dominante Kultur ist, welche Diskurse und Identitäten ausgeschlossen werden? Gerade dies kann aber im Literaturunterricht Diskussionsanlässe bieten. Schüler lesen kanonische Texte, vergleichen sie – wie im *New Historicism* – mit anderen Texten, die nicht zum Kanon gehören, und erforschen die Gründe für die Auswahl. Sie lernen dabei auch, dass kanonische Texte meist intellektuell herausfordernd sind und eine besondere, methodisch anspruchsvolle Art der Lektüre bedürfen. Sie sind nicht einfach, weil sie es notwendig machen, vom zeitgenössischen Geschmack zu abstrahieren. Sie zeigen, dass es überhaupt so etwas wie ein kulturelles Gedächtnis gibt, das über eine Generation hinausreicht (vgl. Assmann 2000).

6 Literaturunterricht, Kognition und Kommunikation

Mit den Aspekten von Kontext und Kanon haben wir Literatur innerhalb von Kultur, das heißt innerhalb eines von Menschen geschaffenen semiotischen Systems, betrachtet. Nun richten wir den Blick von dieser eher makrokulturellen zu einer mikrokulturellen Perspektive und stellen die Frage, welche Bedeutung Literatur für das Denken und für die Kognition von Menschen hat.

Menschen sind ab etwa dem vierten Lebensjahr in der Lage, sich in andere hineinzuversetzen und Schlussfolgerungen über deren Vorstellungen, Wünsche und Ziele zu ziehen. Diese als *Theory of Mind* bezeichnete Fähigkeit bildet die Grundlage für soziales Verhalten und Kultur und entwickelt sich über die gesamte Lebensspanne eines Menschen weiter. Sie hat eine kognitive Komponente, die es uns erlaubt, Schlussfolgerungen über die Vorstellungen anderer zu ziehen, und eine affektive Komponente, um uns in die Emotionen unserer Mitmenschen hineinzuversetzen. Ohne die *Theory of Mind* wären wir nicht in der Lage, Literatur zu verstehen (Siegal und Varley 2002). Es ist deshalb nicht verwunderlich, dass ein gemeinsames neuronales Netzwerk für die *Theory of Mind* und für das Verstehen von Geschichten nachgewiesen werden konnte (Mar 2011) und dass das Lesen von Literatur nicht nur eine *Theory of Mind* voraussetzt, sondern sich auch positiv auf deren Entwicklung auswirkt (Kidd und Castano 2013).

Literatur simuliert soziale Situationen, sie gibt Einblicke in verschiedenste Begebenheiten und in das Handeln von Menschen, denen wir so nie begegnen würden. Sie trägt zur Empathiefähigkeit bei, indem sie uns gar keine andere Wahl lässt, als uns in andere Menschen, in ihre Vorstellungen und Emotionen hineinzuversetzen, und zwar über kulturelle und zeitliche Grenzen hinweg. Da Literatur uns eine Vielfalt sozialer Situationen simulativ erleben lässt, fordert sie von uns eine Reaktion, einen Abgleich mit eigenen Anschauungen: „Fiction is a laboratory [...] that allows us to experiment in a controlled and safe manner with intentions, emotions, and emotion-evoking situations that would be impossible and often highly undesirable in the real world" (Mar und Oatley 2008, 183).

Literatur erzeugt auf unterschiedlichen Ebenen Emotionen: Während des Leseprozesses fühlen wir mit den Charakteren oder lassen uns durch die Beschreibung des Settings in eine bestimmte Stimmung versetzen; wir reagieren auf formale Strukturen des Textes, zum Beispiel, indem eine Metapher Erinnerungen weckt und Emotionen hervorruft, wir begegnen einzelnen Episoden oder einem Text als Ganzem mit Zufriedenheit und Freude oder mit Unzufriedenheit und Enttäuschung; wir empfinden, wie uns Literatur verändert, unser Selbst beeinflusst (Miall und Kuiken 2002). Gedanken und Gefühle, wie sie sich beispielsweise beim Lesen eines Romans entfalten, sind das Produkt der Interaktion unserer Gedankenwelt und der Struktur des Textes, die auf unterschiedlichen sprachlichen Ebenen wirksam wird: beispielsweise durch Thema und Rhema, durch die Referenzstruktur oder durch das flexible Spiel mit Zeit, durch das Episoden und Ereignisse ausgedehnt oder verkürzt, summarisch oder szenisch gefasst, vorausschauend oder zurückblickend erzählt werden. Dies ist keine neue Erkenntnis. Aristoteles hat bereits darauf hingewiesen, dass der Verlauf eines Dramas ihm nicht nur einen temporalen Rahmen gibt, sondern auch zu emotionalen Reaktionen wie Angst und Mitleid führt und dass die sprachliche Gestaltung „Erregungszustände" wie Jammern, Schaudern oder Zorn hervorruft (Aristoteles 1982 [ca. 335 v. Chr.], 61).

Literatur ist in einer kulturellen Evolution aus der Fähigkeit von Menschen hervorgegangen, Geschichten zu erzählen und zu verstehen (Weskamp 2015). Sie unterscheidet sich von dieser allgemeinen Fähigkeit quantitativ durch die Möglichkeit, eine Vielzahl sozialer Situationen zu simulieren und – bei Romanen – Leser, Text und Autor in einem intertextuellen Spiel miteinander in Verbindung zu bringen. Literatur löst den Text als äußeres, rein sprachliches Artefakt auf, weil sie Sinnwelten bedient, die der Rezipient einbringt, auch wenn sie die Rezeption sprachlich und gezielt auf eine Wirkung hin ausrichtet. Literatur enthält „Spielregeln", wie Iser (1994, 176) dies nennt, deren Diskursstruktur Bachtin (1981, 263) wie folgt beschreibt: „The novel orchestrates all its themes, the totality of the world of objects and ideas depicted and expressed it it, by means of the social diversity of speech types [raznorečie] and by the differing individual voices that flourish under such conditions."

Geschichten erzählen zu können, sei es in Form alltäglicher Begebenheiten oder in Form von Literatur, erweitert unsere Kommunikationsmöglichkeiten erheblich. Dies mag der Grund dafür sein, dass mit der Evolution von Sprache in der Menschheitsgeschichte auch narrative Fähigkeiten verbunden waren. Menschen erzählten Geschichten, weil diese wegen ihrer emotionalen Wirkung Aufmerksamkeit sicherten, wenn es darum ging, Wissen und Erfahrungen weiterzugeben. Die Fähigkeit, gute Geschichten zu erzählen, bedeutete einen gesellschaftlichen Statusgewinn und war ein machtvolles Instrument der Überzeugung, das das Überleben in Jäger-und-Sammler-Gesellschaften sicherte (Boyd 2009).

Auch heute bauen unterschiedliche Disziplinen auf die Überzeugungskraft von Geschichten: Im Management dienen sie dazu, die Belegschaft eines Unternehmens für neue Ziele zu gewinnen; bei Gerichtsverhandlungen lassen sie einen Angeklagten menschlicher erscheinen und wecken Verständnis für seine Taten. Aus diesem Grunde ist es nicht verwunderlich, dass Geschichten in den letzten Jahrzehnten auch über die Literatur- und Kulturwissenschaften hinaus ein hohes akademisches Interesse gefunden haben (Kreiswirth 2000).

Die Affinität von Menschen zu Geschichten (und damit auch zu Literatur) hat jedoch nicht nur für das soziale Handeln Bedeutung, sondern auch für unsere Kognition. Bruner (1986) beispielsweise geht von zwei Modi des Denkens aus: einem paradigmatischen, das Erklären und Verstehen ermöglicht, und einem narrativen, das Absichten und Handlungen eine zeitliche und örtliche Dimension verleiht und nicht auf das Allgemeine zielt, sondern auf das Besondere. Ricœur (1984) meint, dass Narrative der Erinnerung eine Struktur sowohl auf symbolischer als auch auf temporaler Ebene geben. Durch sie erhalten memorierte Episoden einen Sinn und werden zu einem erzählten Ganzen. Narrative Identitäten sind Interpretationen des gelebten Lebens, das ständig neu interpretiert wird. Sie entstehen in ähnlicher Weise wie die Charaktere in Geschichten, die auch nicht in ihren Eigenschaften festgelegt sind, sondern sich im Verlaufe der Handlung und im Rezeptionsprozess verändern.

Identität kann als internalisierte Lebensgeschichte gesehen werden, einer Auseinandersetzung mit der Vergangenheit, der Gegenwart und der Zukunft (McAdams 2001). Bereits fünfjährige Kinder sind in der Lage, ihre Biografie als kohärente Geschichte zu beschreiben und dabei Elemente des Erzählens zu verwenden, die sich auch in literarischen Texten wiederfinden; sie wissen, dass Geschichten in einer bestimmten Zeit und an einem bestimmten Ort spielen, dass sie Charaktere beinhalten, die ihre Wünsche und Vorstellungen offenbaren. Sie wissen, dass Geschichten dazu da sind, anderen mitgeteilt zu werden, und dass sie deshalb nicht langweilig wirken dürfen, sondern Überraschungen beinhalten sollten. Die Autorenschaft des Einzelnen an der eigenen Lebensgeschichte führt dazu, dass diese immer wieder umgeschrieben wird. Sich selbst als Identität wahrzunehmen, bedarf nämlich einer kohärenten Geschichte, die deshalb kohärent ist, weil sie nicht eine objektive, unveränderbare Wahrheit enthält, sondern weil sie dem Muster und der Flexibilität einer Erzählung folgt. Menschen können sogar dazu veranlasst werden, falsche Erinnerungen mit verblüffenden Details in ihre Biografie zu integrieren, wenn dadurch Kohärenz entsteht (Loftus und Pickrell 1995).

Wenn sich zumindest ein Teil unseres Denkens und unserer Identität als Narrativ bestimmen lässt, dann hat dies auch Auswirkung auf die Makroperspektive von Kultur, denn dann könnte man diese als Konglomerat von Erzählungen betrachten, die sich zu einer Megaerzählung zusammenschließen und so Gemeinschaften und Gesellschaften konstituieren, die sich wiederum als ‚Megasubjekte' verhalten und die ähnliche, manchmal stürmische Entwicklungen durchmachen wie die Charaktere in Romanen (Müller-Funk 2008). Und wenn Narrative – Geschichten als alltägliche Form und Literatur als Elaborat – so existenziell für unser Leben sind, dann müssen sie im Unterricht nicht mehr eigens legitimiert werden, sei es durch einen Rückbezug auf Bildung oder auf Kompetenzentwicklung.

Was bedeutet dies für die Ziele des Literaturunterrichts? Es bedeutet primär, dass der Literaturunterricht Schülern die Möglichkeit geben muss, sich als erzählende Spezies zu entdecken, also Erfahrungsräume für Geschichten und Literatur herzustellen. Hierzu müssen Schüler immer wieder Gelegenheit erhalten, eigene Geschichten zu erzählen, beispielsweise indem sie erzählen, was sie am Tag zuvor, am Wochenende, während einer Reise und so weiter erlebt haben. Lehrkräfte können anhand eigenen Erzählens hierfür Muster liefern und mit Phrasen und Strukturen Hinweise geben, durch die das Erzählen interessanter wird (Weskamp 2015).

Ein sehr beeindruckendes Beispiel für eine methodische Umsetzung mit Kindergartenkindern findet sich bei Paley (1981; vgl. auch Cooper 2005), die die Fülle von Geschichten der Kinder nutzt, um deren Bewusstsein für Narrative zu entwickeln: Sie lässt Kinder Geschichten erzählen, stellt ihnen Fragen, lässt sie mit Ideen spielen und schreibt diese Geschichten auf, sodass sie von anderen Kindern nachgespielt werden können. Beim Diktieren der eigenen Geschichte erleben die Kinder Unterstützung – *scaffolding* im Sinne Vygotskys (1978) – im Bereich des Ausdrucks, der Syntax, der narrativen Form und sie erleben, wie ihre Gedanken Schriftform bekommen. Aus narrativem Denken entsteht eine Vorform von Literatur. Diese wird dann von anderen Kindern spontan, aber wiederum mit Unterstützung der Lehrkraft, dramatisiert. Aus der schriftlich vorliegenden Geschichte werden so die Intentionen und Emotionen herausgelesen und für alle sichtbar gemacht. In ähnlicher Weise können produktive Verfahren, wie sie beispielsweise Spinner (1999) beschreibt, dazu beitragen, sich der Bedeutung und der Wirkung von Narrativen bewusst zu werden. In fortgeschrittenen Lerngruppen tragen *writers' workshops* dazu bei, selbst Literatur zu schreiben und Elemente narrativer Kunst kennenzulernen. Weskamp (2010) verbindet in seinem Unterrichtsbeispiel zu Nicholas Evans' *The Horse Whisperer* narrative Praxis mit kognitiver Reflexion, indem Schüler einen Ausschnitt aus dem Roman zweifach transformieren. In einer ersten Transformation verändern sie die Erzählperspektive, spielen so mit dem Text und seiner Wirkung und erfahren, welche Wirkung die Erweiterung oder Reduzierung erzählerischer Information hat. In einer zweiten Transformation wird aus der umgeschriebenen Erzählung Theater; aus Lesen wird Performanz, aus Lesern werden Zuschauer; Wirkung entfaltet sich in der Interaktion von Schauspielern und Publikum.

Auf der Rezeptionsseite sind Literaturzirkel eine Möglichkeit, Literatur und die eigene Lebenswelt in Beziehung zueinander zu setzen und zu ergründen, wie der ästhetische und emotionale Effekt von Literatur zustande kommt. Literaturzirkel sind im Prinzip ungesteuert; die Diskussionen, die sich hier abspielen, ergeben sich aus dem, was die Lernenden interessiert: Handlung und Charaktere, die Sprache des Autors, wie man sich in einem Text wiederfindet und wie einen die Lektüre verändert hat (Schlick et al. 1999). Literaturzirkel klären den ästhetischen und emotionalen Effekt von Literatur. Damit dies funktioniert, benötigen die Schüler sozialkognitive Werkzeuge, zum Beispiel, indem sie ihre Reaktion auf einzelne Textabschnitte für die Diskussion im Literaturzirkel aufschreiben. Schüler lernen so, wie ihr Denken die Textrezeption beeinflusst und wie Bedeutung in der dynamischen Interaktion mit dem Text entsteht.

In der Kombination solcher und anderer geeigneter methodischer Verfahren erkennen die Schüler, dass Literatur auf Geschichtenerzählen basiert, aber auch darüber hinausgeht, indem sie eine Form schafft, die in unserer Kultur, Geschichte und in unseren Erfahrungen verwurzelt ist: „The formal sequence therefore functions as a staging of meaning and feeling: a staging that is realized in what I have called a performative reading. Works of literature offer many kinds of pleasure, but one aspect of the pleasure that can be called peculiarly literary derives from this staging, this intense bit distanced playing out of what might be the most intimate, the most strongly felt, constituents of our lives." (Attridge 2004, 109)

Genau diese Verflochtenheit von Bedeutung schafft die Eigenheit, mit der Literatur Menschen anspricht. Ziel des Unterrichts ist es, weniger eine ‚Interpretation' zu liefern, als schon während des Lesens (oder des Zuschauens) einen individuellen Kommentar entstehen zu lassen, was der Text mit dem Leser, mit seinem Wissen, seinem Bewusstsein und seinem Verstehen von Kultur gemacht hat.

7 Literaturunterricht als moralische Erziehung

Die Analogie, die Bruner (vgl. letztes Kapitel) zwischen Literatur, Kognition und Lebensgeschichte hergestellt hat, treibt Nussbaum (1985) noch einen Schritt weiter: Das gute Leben sei im Ergebnis ein literarisches Kunstwerk. Literatur habe Potenzial, so stellt sie in Bezug auf Henry James fest, ethische Verhaltensweisen hervorzubringen: „So it offers us, by the very fact that it is a novel, training in a tender and loving objectivity that we can also cultivate in life" (Nussbaum 1985, 527). Für Bohlin lässt sich hieraus ein didaktisches Konzept der moralischen Erziehung entwickeln, in der Literatur eine zentrale Rolle einnimmt: „Literature gives students privileged insight into the moral journey of a life. Excellent narrative literature invites students to experience vicariously the desires, conflicts, trials, and triumphs of characters. In sum, excellent fiction writers reveal the moral contours of a life" (Bohlin 2005, 27).

Literatur und Literaturunterricht dienen so gesehen dem Nachdenken über das richtige Handeln und über eine erstrebenswerte Welt. Viele Schriftsteller betonen diese erzieherische Kraft, wie beispielsweise in den moralischen Wochenzeitschriften des 18. Jahrhunderts oder in den sozialkritischen Romanen des viktorianischen Zeitalters deutlich wird. Auch Charles Dickens beschreibt sie in seinem Vorwort zu *Oliver Twist* mit eindringlichen Worten: „The cold wet shelterless midnight streets of London; the foul and frowsy dens, where vice is closely packed and lacks the room to turn; the haunts of hunger and disease; the shabby rags that scarcely hold together; where are the attractions of these things? Have they no lesson, and do they not whisper something beyond the little-regarded warning of an abstract moral precept?" (Dickens 1998 [1846], lv)

Bennett (z. B. 1993) hat viel verkaufte Anthologien für Schüler, Lehrkräfte und Eltern herausgebracht, in denen fiktionale Texte zum tugendhaften Handeln, zu Selbstdisziplin, Mitgefühl und Verantwortungsbewusstsein anregen sollen.

Doch stimmt es überhaupt, dass geeignete Literatur uns zu besseren Menschen macht und es eine Funktion des Literaturunterrichts ist, zu moralischem Handeln zu erziehen? Zur Beantwortung dieser Frage müssen wir uns vergegenwärtigen, dass es den Befürwortern dieser Position nicht darum geht, Nachdenken über menschliche Verhaltensweisen anzuregen, sondern darum, die richtige Moral zu vermitteln. Dahinter steht der Glaube, dass jede Geschichte in jedem Leser oder Zuhörer die gleiche Reaktion hervorruft, der Leser also die Intention des Autors unmittelbar erfasst. Tatsächlich ist das Verstehen jedoch davon abhängig, über welche kognitiven Schemata wir verfügen. Diese Schemata sind informelle, unbewusste Theorien über Ereignisse, Objekte und Situationen und stellen in der Summe unsere Wahrnehmung der Realität dar (Rumelhart 1991).

Wenn wir beispielsweise einen Roman lesen, dann setzen wir uns aktiv mit dem Inhalt auseinander, passen Informationen an vorhandene Schemata an oder verändern diese gegebenenfalls. Wir stellen während des Lesens Hypothesen über das Gelesene auf, überprüfen diese auf ihre Plausibilität und justieren Schemata neu, sodass eine schlüssige Bedeutung entsteht. Schemata basieren auf vielfältigen Erfahrungen, sie verändern sich dynamisch, aber sie sind auch relativ stabil, weil sie keine einzelnen Informationen beinhalten, die durch neue Informationen ersetzt werden, sondern allgemeine Muster, die unter ähnlichen Bedingungen zu einem bestimmten, kontextuell (oder kulturell) angemessenen Verhalten führen (vgl. Ghosh und Gilboa 2013). Wenn Menschen also narrative Information auf der Grundlage von Schemata verarbeiten, dann können wir nicht mit Sicherheit sagen, welcher Effekt eintritt, schon gar nicht im Hinblick auf eine bestimmte moralische Lehre.

Darüber hinaus machen Menschen eine sozialpsychologische Entwicklung durch, die Kohlberg anhand von Moralstufen beschrieben hat. Beispielsweise beschreibt Stufe I ein an Strafe und Gehorsam orientiertes Verhalten, Stufe III bezieht sich auf Konformität und Erwartungserfüllung, Stufe VI beinhaltet universelle ethische Prinzipien. Diese Stufen werden sequenziell durchlaufen und können nicht übersprungen werden (Kohlberg 1996). Das Verstehen literarischer Texte basiert daher nicht nur auf Schemata, sondern auch auf der moralischen Entwicklung des Lesers, und moralische Dilemma werden vor dem Hintergrund der jeweiligen Moralstufe interpretiert. So versteht ein Leser ein moralisches Dilemma, in dem es eigentlich um Recht und Ordnung (Kohlbergs Stufe IV) geht, möglicherweise als Handlung, um einer Strafe zu entgehen (Kohlbergs Stufe I). Weiterhin sind Leser einer höheren Moralstufe in der Lage, Texte mit komplexeren moralischen Problemen genauer wiederzugeben und eigene Erwägungen zu ergänzen (Narvaez 2002). Literaturunterricht kann deshalb, auch bei wohlgemeinter Unterstützung durch die Lehrkräfte, weder erreichen, dass ein moralisches Problem von Schülern in der intendierten Form wahrgenommen wird, noch, dass Schüler nach der Lektüre auf einer höheren Moralstufe handeln. Hierzu sind andere pädagogische Interventionen sinnvoller, beispielsweise das Schaffen einer Lerngemeinschaft, in der Vertrauen herrscht, in der Regeln erarbeitet werden, die alle teilen können, und in der eine gemeinsame Verantwortlichkeit geschaffen wird. Moralisches Handeln entwickelt sich in der Auseinandersetzung mit anderen Menschen (vgl. Zizek et al. 2015).

Die Funktion von Literaturunterricht kann aus diesen Gründen nicht moralische Unterweisung sein. Dies bedeutet nicht, dass die moralische Dimension von Literatur im Unterricht keine Rolle spielt. Tatsächlich erlauben gerade narrative Strukturen, abstrakte Ideen so zu illustrieren, dass Standpunkte deutlicher werden. Wir fühlen mit den Charakteren und damit mit den Konflikten, die sie bewegen. So lässt sich beispielsweise die komplexe Beziehungsstruktur zwischen Jane Eyre und Edward Rochester ebenso zum Gegenstand ethischer Betrachtungen machen wie die grundsätzliche Frage über die Bedeutung der Moral in einer Gesellschaft der totalen Transparenz, die Dave Eggers in seinem Roman *The Circle* stellt. Literatur ist gerade dann besonders interessant, wenn sie nicht vorbildliches Handeln beschreibt und uns belehrt, sondern wenn sie uns mit Charakteren konfrontiert, die vielschichtig sind und selbst um eine Haltung ringen. Literatur erweitert insofern das Spektrum der Begegnung mit moralischen Konflikten. Dabei geht es jedoch nicht darum, eine moralische Position zu übernehmen, die einen Anspruch auf Unabdingbarkeit hat, sondern darum, uns im Hinblick auf menschliches Handeln nachdenklicher zu machen und zu verstehen, was Menschen motiviert, in bestimmten Situationen so und nicht anders zu agieren. Ähnlich wie bei der Bildung ist auch hier die Wirkung von Literatur indirekt. Darüber hinaus können literarische Texte aber auch Gegenstand einer wissenschaftlichen oder zumindest wissenschaftspropädeutischen Auseinandersetzung mit ethischen Fragen sein. So können moralische Dilemmata, die man in literarischen Texten vorfindet, tugendethisch, deontologisch und teleologisch betrachtet werden, um ein differenziertes Instrumentarium zur Beurteilung von Handlungsweisen auszubilden (vgl. Aoudjit 2012).

8 Zusammenfassung und Ausblick

Literaturunterricht umfasst eine Reihe von Funktionen, denen Ziele als beabsichtigte Effekte zugeordnet werden können. In diesem Beitrag sind folgende Funktionen und Ziele identifiziert worden:

Funktionen	Ziele: Literaturunterricht soll ...
Bildung	– die inneren Kräfte des Menschen freisetzen und entwickeln, – zu Freiheit und Autonomie des Menschen beitragen, – ästhetische Urteilskraft und ästhetisches Bewusstsein entwickeln, – den Intellekt schulen.
Kompetenzerwerb	– zur *employability* beitragen, – zu lebenslangem Lernen befähigen, – zur allgemeinen Lesefähigkeit (*literacy*) beitragen, – Input-, Output-, Interaktionsmöglichkeiten beim Fremdsprachenerwerb schaffen.

Funktionen	Ziele: Literaturunterricht soll ...
Kulturvermittlung	– die überzeitliche Bedeutung von Literatur deutlich machen,
	– zeigen, dass Literatur Teil diskursiver Systeme ist, die sich wechselseitig beeinflussen,
	– Literatur als Teil des ‚kulturellen Gedächtnisses' verstehbar machen,
	– einen literarischen Kanon als Orientierungshilfe vorstellen,
	– Literatur als Dokument einer Zeit untersuchen,
	– die wechselseitige Bedingtheit von Literatur und Geschichte aufzeigen.
Kognition und Kommunikation	– zeigen, dass Narrative ein Element des Denkens und eine Form der Kommunikation darstellen,
	– die eigene Lebensgeschichte als Narrativ erfahrbar machen,
	– Literatur als Spiel mit der eigenen Gedankenwelt erleben lassen,
	– die sprachliche Form von Literatur als Ursache für ihre ästhetischen und emotionalen Effekte aufzeigen.
Moralische Bildung	– zeigen, dass Literatur nicht dazu geeignet ist, ein Modell für gutes Leben zu liefern,
	– zeigen, dass Literatur analysierbare moralische Konflikte enthält,
	– dazu beitragen, menschliche Verhaltensweisen zu verstehen.

Welche Funktion tatsächlich erfüllt und welche Ziele verfolgt werden, hängt – wie eingangs erörtert – unter anderem von den Menschen ab, die sich mit Literatur im Unterricht auseinandersetzen. Aus der Vielfalt lässt sich ableiten, dass der gelegentlich befürchtete Profil- und Bedeutungsverlust des Literaturunterrichts nicht eingetreten ist. Es wird aber auch deutlich, dass es problematisch ist, wenn sich der Literaturunterricht auf nur eine oder wenige Funktionen beschränkt. Diese Gefahr besteht beispielsweise in der Kompetenzorientierung, wenn diese absolut gesetzt ist und so die bildende oder kulturstiftende Funktion des Literaturunterrichts zu wenig Beachtung erfährt.

Für die Fachdidaktik ergeben sich zwei wesentliche Aufgaben, die Forschung und Praxis betreffen: Die Forschung darf nicht aus dem Blick verlieren, dass Literaturunterricht nicht nur ‚Unterricht' ist, der mit den Methoden der empirischen Forschung beschreibbar ist, sondern dass es auch um Literatur geht, die hermeneutisch betrachtet werden muss. Nur wenn hier ein ausgewogenes Verhältnis besteht, entgeht die literaturdidaktische Forschung der Gefahr, die Besonderheiten von Literatur als Unterrichtsgegenstand aus dem Auge zu verlieren. Für die Unterrichtspraxis gilt analog, immer wieder zu hinterfragen, welche Ziele sie mit dem Literaturunterricht verfolgt, ob möglichst vielfältige Funktionen Beachtung finden und welche Interpretations- und Unterrichtsmethoden hierzu besonders geeignet sind.

Literaturdidaktische Forschung und schulischer Literaturunterricht könnten in gemeinsamen Aktionsforschungsprojekten zusammenfinden, in denen Unterrichts- und Interpretationsroutinen hinterfragt und neue Praktiken erprobt werden. Die hier beschriebene Funktionsvielfalt literarischer Texte bildet dabei einen Ausgangspunkt, um zu erforschen, wie Lehrkräfte beispielsweise die Relevanz des *New Historicism* für den Literaturunterricht einschätzen, wie sie den Ansatz in ihren Unterricht integrieren und welche Veränderungen sich hieraus sowohl für den Unterricht als auch für die Rezeption literarischer Werke durch die Schüler ergeben.

Weiterführende Literatur

Attridge, Derek (2004). *The singularity of literature*. London.
Frank, Horst Joachim (1975). *Geschichte des Deutschunterrichts. Von den Anfängen bis 1945*. Frankfurt a. M.
Küster, Lutz, Christiane Lütge und Katharina Wieland (Hrsg.) (2015). *Literarisch-ästhetisches Lernen im Fremdsprachenunterricht. Theorie – Empirie – Unterrichtsperspektiven*. Frankfurt a. M.
Leubner, Martin, Anja Saupe und Matthias Richter (2016). *Literaturdidaktik*. Berlin.
Teranishi, Masayuki, Yoshifumi Saito und Katie Wales (Hrsg.) (2015). *Literature and language learning in the EFL classroom*. Basingstoke.

Dieter Wrobel
III.1.2 Literarische Sozialisation und literarisches Lernen

Wird in der Fachdidaktik von literarischer Sozialisation gesprochen, dann geht es grundsätzlich um die „Beantwortung der Frage, wie jemand im Zeitalter von Computer und Fernsehen dauerhafte Lesegewohnheiten ausbildet" (Eggert und Garbe 2003, 1). Ob nun eher auf literarisches Lesen in einer Rezeptionskonkurrenz mit anderen Medien oder stärker der Aspekt des literarischen Lernens fokussiert wird, in jedem Fall ist davon auszugehen, dass es (didaktisch) modellierter und moderierter Situationen bedarf, um Kinder beziehungsweise Jugendliche in einen auf vertieftes Verstehen ausgerichteten Dialog mit literarischen Texten zu involvieren. Und dies auch jenseits der Institution Schule, denn literarische Sozialisation „schließt alle Gelegenheiten ein, bei denen Kinder und Jugendliche mit Literatur in Berührung kommen – auch die zufälligen und auch die medial vermittelten" (Abraham 1998, 12).

Das Konzept der literarischen Sozialisation ist durch einen Transfer der Sozialisationstheorie in die Literaturdidaktik in den 1990er Jahren begründet worden. Sie markiert das Ergebnis einer zunehmenden Kritik an vorausgehenden Modellvorstellungen zur Aneignung von Literatur und damit von literarischer Bildung in weitem Sinn. Im Kern wird dabei die Frage verhandelt, welche Bedingungen vorliegen müssen, damit sich ein Individuum (sukzessive) zum Leser entwickeln kann. Während die Sozialisationstheorie hierzu prominent die Wirksamkeit exogener Faktoren hervorhebt, haben vorausgehende Modelle auf der Basis der Entwicklungspsychologie vor allem endogene Faktoren beziehungsweise entwicklungspsychologische Phasen zur Erklärung herangezogen.

Mit dem Paradigmenwechsel zu und der weitgehenden Akzeptanz von sozialisationstheoretischen Modellen sind ältere Vorstellungen aber keineswegs verschwunden oder wirkungslos geworden. Vor allem jenseits der didaktischen Forschungsdiskurse sind nach wie vor Vorstellungen wirksam, dass Kinder und Jugendliche auf der Basis ihrer entwicklungspsychologisch begründeten und beschreibbaren Genese Phasen der literaturbezogenen Entwicklung und Rezeptionsfähigkeit durchlaufen, dass letztlich das Lebensalter in Korrespondenz mit zuweisbaren Entwicklungsstufen die Aneignung und Rezeption von Literatur beeinflusst. Allein die völlig unstrittig vorgenommene Kennzeichnung der allermeisten Kinder- und Jugendbücher für ein konkret ausgewiesenes Lesealter beziehungsweise für eine Lesealtersspanne reproduziert weiterhin implizit solche Vorstellungen, die Leseentwicklungen an Lebensalter binden und einen in Phasen segmentierbaren Prozess annehmen, den jedes Individuum in vergleichbarem Alter durchläuft. Und auch in unterrichtspragmatischer beziehungsweise praktisch-methodischer Hinsicht ist das Inszenierungsmuster der Klassenlektüre, bei dem die Schülerinnen und Schüler einer Lerngruppe zeitgleich einen literarischen Text lesen und (i. d. R. anschließend) erschließen, als weitreichende Negation von Heterogenitätsbefunden der Lese- und literaturbezogenen Rezeptionsvorgänge zu werten (vgl. Wrobel 2009a, 18–27). In solchen etablierten Praktiken äußert sich die Langlebigkeit von Modellen, die individuell höchst unterschiedlich verlaufende Prozesse der literarischen Sozialisation mindestens tendenziell ausblenden und an der weitgehend überholten Idee der Kohortenbildung zur Organisation literaturbezogener Bildungsprozesse festhalten.

1 Von der Entwicklungspsychologie zur Sozialisationstheorie

Die Konzepte der Literarisierung beziehungsweise nachfolgend des literarischen Lernens lassen sich für das 20. Jahrhundert als ein anhaltendes Aushandeln um Positionen verstehen, die einerseits normierende Vorstellungen nutzen und andererseits zunehmend in Richtung individualisierender Ansätze vorgehen (vgl. zur Entwicklung des Literaturunterrichts Hegele 1996). Vereinfacht lässt sich auf der Zeitachse eine Entwicklung nachzeichnen, die von strikter Kohortenbildung auf der Basis entwicklungspsychologischer Phasierung über zögerliche, dann verstärkte Berücksichtigung individueller Verläufe unter verstärkter Betonung der Wirksamkeit exogener Faktoren in Richtung Differenzierung und Individualisierung der literarischen Sozialisation verläuft.

Lesealtersstufen (Charlotte Bühler – Susanne Engelmann)

Mit dem Modell der Lesealtersstufen, das in der entwicklungspsychologischen Tradition gründet, hat Charlotte Bühler 1918 ein erstes Phasenschema zur Literarisierung von Kindern und Heranwachsenden vorgelegt. In ihrer Studie ordnet sie exemplarisch die Rezeption verschiedener literarischer Texte beziehungsweise Genres in den kindlichen Entwicklungsprozess ein und formuliert daran anschließend Lesealtersstufen, die am Lebensalter und damit an prototypischen Entwicklungsschritten orientiert sind. Diese Annahme nutzt die Vorstellung, dass es einen kausalen und temporären Zusammenhang zwischen kindlichen Entwicklungsstufen und dem Leseverhalten von Kindern gibt (vgl. Bühler 1918,

21). Bühler weist einzelnen Lebensspannen zwischen dem zweiten und dem 12. Lebensjahr solche Lesealtersstufen zu. Die „literarische Vorperiode [der] Struwwelpeterzeit" (Bühler 1918, 22) geht von der bevorzugten Rezeption von bildgestützten Textformen aus. Dieser Phase schließt sich das Märchenalter an, das durch die voranschreitende Aneignung fantastischer (Text-)Räume sowie durch veränderte Rezeptionshaltungen (bspw. Mitsprechen von Texten, Wunsch nach Wiederholungen bekannter Texte) gekennzeichnet ist. Eine Zunahme der Abstraktions- sowie der sich weiterentwickelnden Imaginationsfähigkeit markiert den Übertritt in das Robinsonalter (vgl. Bühler 1918, 20), das mit Abschluss etwa des 12. Lebensjahres durchlaufen ist. Hierbei stehen Texte mit abenteuerlichen Inhalten sowie im Text enthaltene Konkretisierungen von Lebensumständen einzelner Figuren im Zentrum des kindlichen Leseinteresses. Die Orientierung Bühlers an den konkreten Texten, am Struwwelpeter sowie am (Volks-)Märchen und dem *Robinson*, zur Kennzeichnung der Lesealtersstufen, greift auf einen prominenten und über Jahrzehnte hinweg viel rezipierten Vorschlag zurück, den Gustav Willmann bereits 1869 veröffentlichte. Willmanns Modell gilt bis in die 1920er Jahre hinein (die 5. Auflage erschien 1916) als maßgeblich für die Auswahl und zur Begründung literarischer Texte für den Unterricht.

Susanne Engelmann erweitert 1926 das Lesealtermodell Bühlers, indem sie die nachfolgenden Lebens- und Entwicklungsspannen zwischen dem 12. und dem 20. Lebensjahr berücksichtigt. Sie ergänzt die Lesealtersstufen um das Dramen- und Balladenalter (12. bis 15. Lebensjahr) sowie um das lyrische und Romanalter (15. bis 20. Lebensjahr). Engelmann argumentiert wie Bühler mit entwicklungspsychologisch motivierten Abfolgen von Lesepräferenzen sowie mit der Idee der „Lebensergänzung" (Engelmann 1926, 104). Darin äußert sich die Auffassung, dass Heranwachsende durch literarische Texte die alters- und entwicklungsgemäßen Verstehens- und Reflexionshorizonte festigen; Lehrkräfte haben demnach die Aufgabe, die schülerseitigen Voraussetzungen einzuschätzen und ein entsprechendes Literaturangebot bereitzustellen.

Das Modell der Lesealtersstufen nach Bühler und Engelmann geht konsequent vom Prinzip der Kohortenbildung aus, dabei wird eine Alterskohorte aufgrund idealtypischer entwicklungspsychologischer Aspekte dann mit Blick auf literarisches Verstehen homogenisiert. Dies folgt der Annahme, dass literarisches Verstehen und literarisches Lernen ausschließlich ein Ergebnis der endogenen Entwicklung eines Individuums sei; die Wirksamkeit exogener Einflüsse wird dezidiert nicht in Erwägung gezogen. Das Modell der Lesealtersstufen hat bis in die 1960er Jahre hinein und teilweise auch noch weit darüber hinaus maßgeblich die Vorstellungen vom literarischen Lernen und seiner Organisation in schulischen Kontexten beeinflusst. Nicht zuletzt ist Robert Ulshöfer, „einflussreicher Mentor des gymnasialen Deutschunterrichts in der Nachkriegszeit" (Kepser und

Abraham 2016, 97) hierfür verantwortlich, weil er in seiner *Methodik des Deutschunterrichtes* (1952) auf die Lesealtersstufen zurückgegriffen und das Modell so in die Nachkriegsdidaktik transferiert hat. Jüngere Einschätzungen, die dagegen die Rolle exogener Einflüsse hervorheben und einer sozialisationstheoretischen Argumentation folgen, kritisieren das Modell der Lesealtersstufen als theoretisch nicht hinreichend gesichert (vgl. bspw. Rosebrock 1995, 23) oder bewerten es als „naiv und unsachlich" (Beinlich 1980, 14).

Leseneigungen (Walter Quast)

Doch auch zuvor wird bereits Modifikationsbedarf an der ausschließlich entwicklungspsychologischen Argumentation angemahnt. So geht Walter Quast in seinem Ansatz (1923) davon aus, dass sich die individuellen Merkmale eines Lesers eben nicht typisieren, systematisieren oder zu altersbezogenen Kohorten zusammenzufassen lassen. Auf der Basis von 3.600 ausgewerteten Schüleraufsätzen zum Thema ‚Welches Buch hat mir am besten gefallen und warum?' gelangt Quast zur modellbildenden Annahme, dass individuelle Leseneigungen zu erheblich differenzierteren Lektürepraxen führen, als das Modell der Lesealtersstufen dies suggeriert. Für ergänzende Befragungen nutzt Quast außerdem eine Matrix soziometrischer Daten, sodass neben dem Lebensalter als basale Variable auch Daten wie Geschlecht der Befragten, der Sozialraum (Stadt oder Land) und der Bildungsgrad (je besuchter Schulform) in die Auswertung einbezogen werden (vgl. Quast 1923, 105). Besondere Bedeutung schreibt Quast einer geschlechterdifferenzierten Leseentwicklung zu. Dieses grobe, auch nichtentwicklungspsychologische Aspekte umfassende Kriterienraster kann mit Recht als eine Vorstufe der Erfassung von individuellen Lektürepräferenzen gelten, auch wenn bei Quast dann letztlich doch noch der Gedanke der zusammenfassenden Ausweisung von Lese- und Rezeptionstypen dominiert. Immerhin rückt seine Studie vom Primat der Entwicklungspsychologie ab und bezieht überhaupt individuelle soziometrische Daten mit ein. Die Interpretation der Daten zeigt jedoch, wie stark Quast im zeitgenössischen Diskurs verhaftet ist. So nimmt er beispielsweise Einzeläußerungen aus den Aufsätzen her, um daran doch wieder kohortenspezifische Lesepräferenzen zu begründen; er sieht etwa in der Präferenz jugendlicher Leserinnen für literarische Texte zu Naturthemen eine Bestätigung für „das Wesen des Weiblichen und seine starke Gefühlsbetontheit" (Quast 1923, 151) und findet zugleich auch männliche Rollenklischees wie die Präferenz für Themen aus Technik oder Geschichte bestätigt (Quast 1923, 152–154).

Leseantrieb (Elisabeth Schliebe-Lippert)

Zwar ist Elisabeth Schliebe-Lippert eine Bühler-Schülerin und entsprechend (entwicklungs-)psychologisch geprägt, aber ihre 1934 erstveröffentlichte und 1950 weiterentwickelte Arbeit nimmt erstmals prominent die Lesemotivation des Individuums in den Blick, auch wenn der Untertitel der Erstpublikation noch eine andere Argumentation erwarten lässt: *Entwicklungsverlauf der literarästhetischen Erlebnisfähigkeit* (Schliebe-Lippert 1934). In ihrer später ergänzten Arbeit geht Schliebe-Lippert von der Existenz zweier Lesemotivationen beziehungsweise -antriebe aus, die auf die Innen- und die Außenwelt des Lesers ausgerichtet sind. Einerseits nennt sie den Antrieb, „die Welt der Gegenstände und ihrer Zusammenhänge" erschließen zu wollen, andererseits geht sie von dem Antrieb der „Begegnung mit dem Menschen" aus; gemeinsam bilden diese die „Grundrichtungen des literarischen Interesses" (Schliebe-Lippert 1950, 51). Ihr motivationsorientiertes Modell geht davon aus, dass auch präliterale Phasen, die „Vorstadien der Lesefähigkeit" (Schliebe-Lippert 1950, 51), und das Erwachsenenalter einbezogen sind. Implizit wird aber immer noch ein entwicklungsbezogener Prozess angenommen, denn Schliebe-Lippert geht davon aus, dass ein Individuum zu einer lesebezogenen „Hochform der vollästhetischen Beruhigungsphase" und zu „endgültige[n] literarische[n] Interessen" (Schliebe-Lippert 1950, 56) gelangt, dass also der Leseentwicklungsprozess als ein Sichhochlesen zu anspruchsvolleren und ästhetisch komplexeren Texten vorliegt. Literaturrezeption und literarisches Lernen sind in dieser Sichtweise ein vom Individuum auf der Basis der eigenen Interessen gesteuerter Vorgang. Das markiert auch den entscheidenden Schritt weg von der Bühlerschen Modellbildung. Schliebe-Lippert argumentiert dagegen gemäß einer anthropologischen Orientierung, wenn sie herausstellt, dass die „literarästhetische Entwicklung [...] ein Teil der menschlichen Entwicklung insgesamt" sei (Schliebe-Lippert 1950, 51). Auch in methodischer Hinsicht besetzt Schliebe-Lippert eine Scharnierfunktion, denn neben den entwicklungs- und prozessbezogenen Phasen geht sie sehr wohl auch davon aus, dass Leseantrieb beziehungsweise Lesemotivation durch soziokulturelle Einflussfaktoren beeinflusst wird; sie nennt beispielsweise neben anderen auch „Wohnraumfragen, Buchpreise, [den] unentwickelte[n] Zustand der Schul-, Jugend- und Volksbüchereien, [die] wirtschaftliche Notlage der deutschen Durchschnittsfamilie" (Schliebe-Lippert 1950, 59).

Abkehr von (entwicklungs-)psychologischen Modellen

Seit den 1970er Jahren mehrt sich die Kritik an den entwicklungspsychologisch fundierten Phasenmodellen und der einseitigen Betonung endogener Faktoren.

Empirische Studien stellen heraus, dass trotz intensivierter Bildungsbemühungen innerhalb des Systems Schule das Lesen literarischer Texte eine mindestens stagnierende, wenn nicht gar rückläufige kulturelle Praxis ist. Dieser Befund veranlasst zu provozierender Kritik: So fragt etwa Giehrl (1978, 156–157), ob es sich denn überhaupt noch lohne, zum Lesen zu motivieren; Dahrendorf (1972, 150) spricht in diesem Zusammenhang gar von der „volkspädagogischen Unwirksamkeit" literarischer Bildung in der Schule. Dagegen gewinnt die Relation zwischen Leser und literarischem Text im Zusammenhang mit der Etablierung der Rezeptionsästhetik (vgl. v. a. Iser 1975; Iser 1976) ab Mitte der 1970er Jahre an Bedeutung. Der Auffassung Isers folgend, dass ein literarischer Text eine „Partitur" (Iser 1976, 177) sei, hat sich in der Literaturdidaktik das Methodenparadigma der Handlungs- und Produktionsorientierung formuliert, das hinsichtlich der Wahrnehmung und Aneignung literarischer Texte sowie literaturbezogener Lernprozesse nun stärker von der Persönlichkeit des Rezipienten ausgeht. Dies hat Auswirkungen auf die Wahrnehmung des literarischen Lesens, auf die Kontextuierung des literarischen Lernens und seine Zielvorstellungen und verändert schließlich auch den Blick auf das Literatur lesende Individuum und seine soziokulturellen (Lern-)Voraussetzungen. Darin liegt gleichsam ein Wendepunkt begründet, der eine Anschlussfähigkeit gerade für sozialisationstheoretische Perspektiven besitzt.

Im Kontext der Ausbuchstabierung des Paradigmas der Lesesozialisation gilt es zu unterscheiden zwischen einerseits den leseförderenden Ansätzen, die, vor allem durch die PISA-Ergebnisse angestoßen, sich überwiegend auf pragmatische beziehungsweise informatorische Texte beziehen (vgl. hierzu Rosebrock und Nix 2014), sowie andererseits den auf das literarische Lernen bezogenen Ansätzen. Leseförderung mit Schwerpunkt auf pragmatischen Texten ist vor allem auf Lesekompetenz ausgerichtet. Dagegen verfolgen unterstützungsorientierte Ansätze zum literarischen Lernen im Wesentlichen die Stabilisierung des Selbstkonzeptes als Leser auch unter Nutzung (lese-)motivationssteigernder Verfahren sowie Ansätze zum Ausbau von (schulischer) Lesekultur sowie zum Erwerb literarischer und ästhetischer Bildung (vgl. hierzu Spinner 2006; Spinner 2007).

Neue didaktische Ansätze auf der Basis sozialisationstheoretischer Ergebnisse

Aus der Vielzahl von forschungsbezogenen und unterrichtspraktischen Hinweisen zur Förderung des literarischen Lernens sind exemplarisch diese Beispiele zu nennen, die grundlegende Zusammenhänge in den Mittelpunkt stellen:

(1) Richard Bamberger hat die Methodik der Lesemotivation durchgearbeitet. Leitendes Ziel dieser Literaturpädagogik ist es, das Lesen durch die Ausbildung von Lesehaltungen und Leseinteressen zu unterstützen und im besten Fall auch über die Schulzeit hinaus zu stabilisieren beziehungsweise zu habitualisieren. Die Betonung der Passung zwischen Leser und Lektüre rückt damit unter motivationalen beziehungsweise motivationspsychologischen Aspekten in den Vordergrund. Zu erwähnen sind Bambergers Arbeiten zur Methodik der Leseerziehung (vgl. z. B. 2000) genau deshalb, denn die darin enthaltenen Ansätze zu einer Individualisierung des Lesens und damit auch des literarischen Lernens sind ohne einen Rückbezug auf das Konzept der literarischen Sozialisation kaum denkbar. Bamberger (2000, 119) postuliert grundsätzlich, dass das „Hauptziel der literarischen Erziehung" darin bestehe, „die einzelnen Schüler zu befähigen, die Bücher zu finden, die ihren Interessen und Bedürfnissen entsprechen". Gerade diese Findungsprozesse zu Interessen und Bedürfnissen sind aber nicht zu trennen von denjenigen individuellen Voraussetzungen, die Lernende im Rahmen ihrer jeweiligen literarischen Sozialisation erfahren haben. Das Konzept Bambergers ist prominent von Andrea Bertschi-Kaufmann (1998 und 2000) weiterentwickelt worden, die vor allem Unterrichtsarrangementformen rund um freie Lesestunden untersucht und deren Wirksamkeit in Bezug auf lesebezogene Selbstkonzeptionen und auf literarisches Lernen nachweist.

(2) Auch das Literarisierungskonzept von Klaus Maiwald nutzt Ergebnisse der Lesesozialisationsforschung, um literarisches Lesen und Lernen in der Schule an der lesebiografisch relevanten Problemstelle der literarischen Pubertät (vgl. Schön 1991, 117) zu forcieren. Maiwald geht von einer Kritik am zunehmenden Auseinanderfallen zwischen schulischen und außerschulischen Rezeptions- und Aneignungsformen literarischer Texte aus und schlägt vor, Anschlüsse zwischen schulischem literarischen Lesen und Privatlektüre herzustellen. Der erste und basale Schritt zur Literarisierung besteht nach Maiwald darin, von privaten Leseaktivitäten der Schülerinnen und Schüler auszugehen, sodann „literarische Diskrepanzerfahrungen" zu ermöglichen und die „Aneignungen literarischer Alterität zu organisieren" (Maiwald 2001, 38). Der methodische Kern des Literarisierungskonzepts liegt in der Koppelung von je zwei Texten; einer ist als Anker in privaten Lesegewohnheiten zu sehen, der zweite, dann im Rahmen des literarischen Lernens zugeschaltete Text ermöglicht sprachliche wie inhaltliche Alteritätserfahrungen. Als Beispiele für solche Texttandems nennt Maiwald Stephen Kings *Shining* und Patrick Süskinds *Das Parfüm*, Nancy H. Kleinbaums *Der Club der toten Dichter* und Friedrich Torbergs *Der Schüler Gerber* oder Charlotte Kerners *Geboren 1999* und Aldous Huxleys *Schöne neue Welt* (vgl. Maiwald 2001, 71). Auch bei diesem Konzept liegt der Zugriff in den außerschulischen Aspekten der literarischen Sozialisation.

(3) Als Brückenschlag zwischen Lesedidaktik und der Anbahnung literarischen Lernens für Schülerinnen und Schülern vor allem außerhalb des gymnasialen Bildungsgangs ist das *Hattinger Modell* zur Individualisierung der Leseförderung (Wrobel 2009a; Wrobel 2009b) zu sehen. Durch die Routinisierung von individuellen Lesestunden im Anschluss an die Arbeiten Bertschi-Kaufmanns, die in den Stundenplan integriert sind, kommen Schülerinnen und Schüler regelmäßig und wiederholt in Kontakt mit einer Vielzahl von literarischen Texten, aus denen sie ihre Lektüre auswählen, selbst planen, dann vornehmen und zu der sie nachfolgend in Anschlusskommunikationen (im verbalen Austausch und/oder schriftlich) Leseeindrücke festhalten und abgleichen. Entsprechend der individuellen, durch die Lesesozialisation prädeterminierten Selbstkonzepte sowie Lesevorerfahrungen kann sich die Passung zwischen Texten und Lesenden einpendeln, sodass sich auch die Progression des literarischen Handelns gerade jenseits des üblichen Inszenierungsmusters der Klassenlektüre individualisiert. Auch das *recreational reading program* (Dube 2014), ein ebenfalls positiv evaluiertes Programm zur Leseförderung, nutzt ähnliche Routinen. Dieses Programm, das unter dem Namen *Meine LeseZeit* firmiert, kombiniert stille, individualisierte Lesezeiten mit gezielter Unterstützung bei der Buchauswahl durch Lehrkräfte und verschiedene anschlusskommunikative Aktivitäten.

Gemeinsam ist diesen stellvertretend genannten Modellen zur Förderung des literarischen Lesens und Lernens, dass sie auf den Ergebnissen der Lesesozialisationsforschung beruhen und ohne diese so nicht denkbar wären.

2 Literarische Sozialisation: Grundlagen – Instanzen – Ergebnisse

Sozialisationstheorie und Ko-Konstruktion

Im Gegensatz zu den entwicklungspsychologisch basierten Vorstellungen geht das Konzept der literarischen Sozialisation von der (Hoch-)Wirksamkeit exogener Faktoren aus. Der damit verbundene Paradigmenwechsel schließt allerdings die Berücksichtigung endogener Einflussfaktoren nicht gänzlich aus, sondern bezieht diese individuellen Merkmale durchaus mit in die Modellbildung ein. Die Sozialisationstheorie, die hier spezifizierend auf das Leseverhalten appliziert wird, versteht sich in der doppelten Tradition sowohl soziologischer als eben auch explizit psychologischer Forschung (vgl. zur Sozialisationstheorie

Hurrelmann und Bauer 2015). Diese Forschungsakzentuierung ist klar abzugrenzen von einer anders orientierten Forschungsrichtung, die „Sozialisation durch Literatur" (Fend 1979) untersucht und nachzeichnen will, wie literarische Texte als Sozialisationsliteratur funktionieren – oder auch instrumentalisiert werden können.

Das Erkenntnisinteresse der Forschungen zur literarischen Sozialisation lässt sich so formulieren, dass Antworten auf die Frage möglich werden sollen, welche äußeren Einflüsse sich unter Berücksichtigung der personellen Dispositionen fördernd oder hemmend auf die lesebezogene Entwicklung eines Individuums auswirken und die literaturbezogenen und auf Lesen gerichteten Handlungsoptionen beeinflussen oder steuern. Damit wird die Grundsatzdebatte, ob der Mensch durch ‚Anlagen' oder ‚Umwelt' beeinflusst wird, im Sinne eines entschiedenen Sowohl-als-auch auf Fragen der Literarisierung bezogen. Bettina Hurrelmann (1998, 48) spitzt dies zur Formulierung zu, dass im Zusammenhang der literarischen Sozialisation nach dem gefragt werde, was im „Überschneidungsbereich von Literatur- und Erziehungssystem geschieht". Dieser Überschneidungsbereich ist historisch variabel, das heißt, dass die jeweiligen Kontexte sozialer und gesellschaftlicher Bedingungen immer mitzudenken sind. Kepser und Abraham (2016, 112–118) stellen aus diesem Grund das literarische Lernen nicht allein in den Prozess der Sozialisation im engeren Sinn ein, sondern berücksichtigen daneben auch Beiträge zur Individuation sowie zur Enkulturation eines Individuums.

In sozialisationstheoretischer Sicht ist nicht primär das Hineinwachsen eines Individuums in die jeweils herrschenden soziokulturellen Handlungspraxen oder in Normensysteme zu beschreiben. Vielmehr geht die Sozialisationstheorie – und nachfolgend auch die Forschung zur literarischen Sozialisation – zentral davon aus, dass ein Individuum aktiv und selbstgesteuert aus einer Vielzahl von Entwicklungs- und Handlungsbedingungen auswählt (vgl. Hurrelmann 2004, 37–38). Die besondere Betonung der Eigenaktivität des Individuums greift die sozialisationstheoretische Grundannahme auf, dass Erwerbsprozesse nicht lediglich übernommen werden, sondern dass immer Prozesse sozialer Ko-Konstruktion (vgl. Youniss 1994) vorliegen. In diesem Sinne argumentieren auch Groeben und Schroeder (2004, 306), die in der Ko-Konstruktion das „zentrale Modell" für die Lese- und literarische Sozialisation sehen. Die Wechselwirkungen, die zwischen der Kognition eines Individuums und seiner Umwelt festzustellen sind, werden im Modell der Ko-Konstruktion aufgegriffen und lese- beziehungsweise literaturaffin konkretisiert. Dies geschieht, indem Sozialisation als ein Angebot von „Mitgliedschaftsentwürfen" (Hurrelmann und Ulich 2002, 8) verstanden wird; das Individuum kann diese nun annehmen oder eben auch nicht. Solche Mitgliedschaftsentwürfe können als identitätsstiftende

Selbstbilder wirksam werden und sich zum Beispiel im Selbstkonzept ‚Leser' oder im Selbstkonzept ‚Nichtleser' konkretisieren. Weiterhin bezieht das Modell der Ko-Konstruktion gesellschaftliche und kulturelle Veränderungsprozesse mit ein; so kann etwa die Bewertung einzelner literarischer Genres in die Realisierung von Selbstbildern einbezogen werden. Die Lektüre von Comics kann das exemplarisch illustrieren: Galten Comics in den 1950er und 1960er Jahren noch vor allem als triviale Texte, deren Lektüre sich außerhalb eines jeden Literaritätsanspruchs abspielte, so hat der inzwischen vollzogene Wandel in der Bewertung von Comics (einschließlich Graphic Novels) ein anderes lesebezogenes Selbstbild von Comic-Lesenden zur Folge. Hieran zeigt sich beispielhaft, dass der Prozess der literarischen Sozialisation nicht allein von leserbezogenen Persönlichkeitsentwicklungen abhängt, sondern individuelle Merkmale (z. B. Genrepräferenzen) und auch Umwelteinflüsse (z. B. Genrebewertungen) korreliert und daher als „Wechselwirkung zwischen sozialen und individuellen Voraussetzungen" (Hurrelmann 2006, 19) beziehungsweise als „produktive Verarbeitung der Realität" (Hurrelmann und Bauer 2015, 11) durch ein Individuum zu verstehen ist.

Lesesozialisation und literarische Sozialisation

Das Konzept der Sozialisationstheorie ist seit den 1990er Jahren im Diskurs der Fachdidaktik angekommen; im Anschluss an die Ergebnisse der ersten PISA-Studie (2000) hat es deutlich an Relevanz zugelegt. Weil die PISA-Studie im Kern ein auf nichtliterarische Texte bezogenes Konzept von Lesekompetenz (*reading literacy*) nutzt, hat sich im Zuge der Post-PISA-Forschung das schon vorher angelegte Nebeneinander von ‚Lesesozialisation' und ‚literarischer Sozialisation' weiterentwickelt. Zwar gehen letztlich beide Stränge davon aus, dass Lesen beziehungsweise die Verfügbarkeit von Lesekompetenz erst recht unter den fortschreitenden Bedingungen der Mediengesellschaft als die zentrale „Schlüsselqualifikation" (Groeben und Hurrelmann 2004, 440) schlechthin zu gelten hat, dennoch sind beide Ausformulierungen trotz erheblicher Schnittmengen nicht identisch.

Lesesozialisation als Forschungsfeld bezieht sich auf die basalen Fähigkeiten eines Individuums, einen Text dekodieren zu können (vgl. Hurrelmann 1999). Da hier ausdrücklich von einem weiten Textbegriff ausgegangen wird, der nicht nur Printtexte einschließt, sind neben Medientexten (Film, Hörspiel u. a. m.) dezidiert auch nichtliterarische Texte (Sach- und informatorische Texte u. a. m.) eingeschlossen. Des Weiteren umfassen Forschungen zur Lesesozialisation auch Fragestellungen zum Erwerb von individuellen Einstellungen, Haltungen und kulturellen Praxen, die sich auf den Umgang mit Texten – literarischen wie nichtliterarischen – beziehen. Dagegen ist literarische Sozialisation als Forschungsfeld enger als die Zielperspektive der literarischen Bildung gesteckt und insofern hinsichtlich der Lektürebasis auf literarische Texte fokussiert. Nach Eggert und Garbe (2003, 7) soll mittels Erfassung der Bedingungen der literarischen Sozialisation die Untersuchung „verschiedener Lektüreformen und -funktionen in lebensgeschichtlicher Perspektive" möglich werden. Insofern stehen hier fiktionale und ästhetische Texte ungeachtet ihrer medialen Repräsentation im Zentrum, deren Rezeptionshandlungen erfasst und ausgewertet werden. Auch forschungsmethodisch sind Unterschiede festzustellen: Daten zur Lesesozialisation werden vorzugsweise mittels empirischer Forschung erhoben, während literarische Sozialisation in ihrem Selbstverständnis eine eher historisch-hermeneutische Disziplin ist (vgl. Eggert und Garbe 2003, 8). Allerdings sind solche Abgrenzungen ausgesprochen relativ; so sind zum Beispiel Methoden der qualitativen Empirie, die unter anderem im Zusammenhang mit der Rekonstruktion von Lektürebiografien zum Einsatz kommen, zwar empirische Forschungsmethoden, gleichwohl werden damit eher einzelfallbezogene und historisch interpretierte Befunde erhoben. Außerdem hat sich forschungspragmatisch eine Konkurrenz zwischen Lese- und literarischer Sozialisation als wenig zielführend erwiesen, sodass inzwischen nicht die Trennlinien betont werden, sondern die gemeinsamen Fragestellungen. Mittlerweile hat sich „der Begriff der Lesesozialisation allgemein als Oberbegriff etabliert" (Garbe et al. 2009, 170).

Der bereits erwähnte „Überschneidungsbereich von Literatur- und Erziehungssystem" (Hurrelmann 1998, 48) ist im menschlichen Lebensverlauf mehreren gravierenden Veränderungen unterworfen und richtet sich daher wiederholt neu aus. Besonders markant werden diese Veränderungen dann, wenn sich in aufeinanderfolgenden Lebensphasen die wichtigsten Sozialisationsinstanzen beziehungsweise -agenturen ablösen. Aus diesem Grund ist die Erforschung von Phasen und Verläufen der Lese- beziehungsweise literarischen Sozialisation nach einem Mehrebenenmodell systematisierbar, das Akteure auf der Mikroebene (Individuum), der Mesoebene (Sozialisationsagenturen) und der Makroebene (Gesellschaft) zusammendenkt (vgl. Hurrelmann 2006, 24):

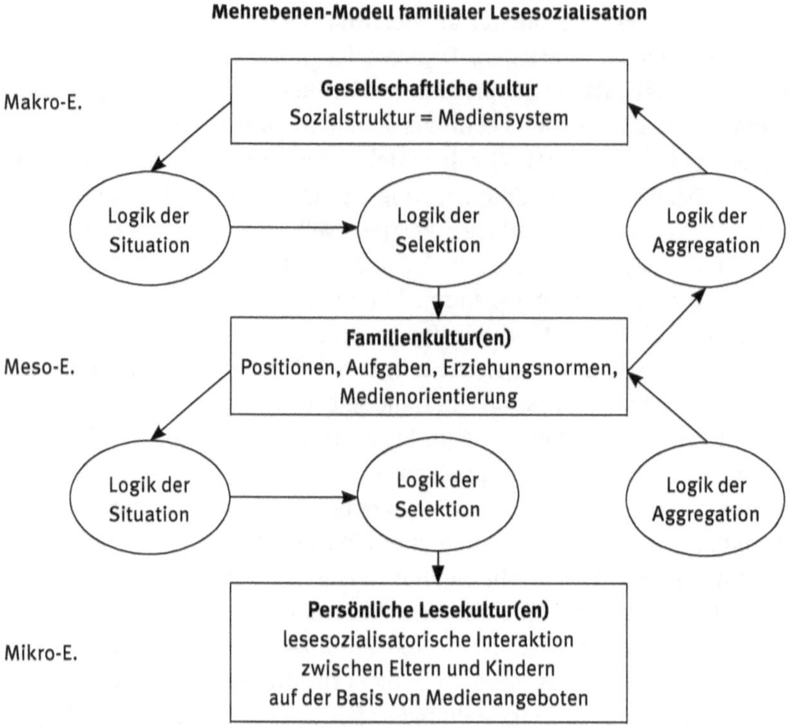

Mehrebenen-Modell familialer Lesesozialisation

Makro-E.

Gesellschaftliche Kultur
Sozialstruktur = Mediensystem

Logik der Situation → Logik der Selektion → Logik der Aggregation

Meso-E.

Familienkultur(en)
Positionen, Aufgaben, Erziehungsnormen, Medienorientierung

Logik der Situation → Logik der Selektion → Logik der Aggregation

Mikro-E.

Persönliche Lesekultur(en)
lesesozialisatorische Interaktion zwischen Eltern und Kindern auf der Basis von Medienangeboten

Abb. 1: Mehrebenenmodell (Hurrelmann 2006, 24)

Dieses Modell vermag Interdependenzen zwischen der individuellen Ausprägung von Lesekultur, ihre Beeinflussung durch soziale Beziehungen ('Familienkultur(en)') und schließlich durch gesellschaftliche Wandelprozesse (vgl. hierzu Hurrelmann et al. 2006) zu fassen und Teilprozesse der Lese- beziehungsweise literarischen Sozialisation zu separieren. Da für die ko-konstruktiven Aneignungs- und Vermittlungsprozesse vor allem die Sozialisationsagenturen beziehungsweise -instanzen bedeutsam sind, können diese in ihren lese- und literaturbezogenen Einflüssen nachgezeichnet werden. Analog zu Differenzierungen innerhalb der Sozialisationstheorie lassen sich die primäre Instanz (Familie), die sekundäre Instanz (Bildungssystem: Vorschule und Schule) sowie die tertiäre Instanz (soziokulturelles Umfeld/Peergroup) unterscheiden. Die in der Sozialisationstheorie wiederholt genannte quartäre Instanz (Medien) ist für diese Darstellung der Lese- beziehungsweise literarischen Sozialisation insofern zu vernachlässigen, weil Mediennutzung ohnehin bereits im Kontext der drei vorgenannten Instanzen mitbetrachtet wird; in einem solchen Sinne versteht Pieper

(2010, 94) umfassend „Lese- und literarische Sozialisation als Teil der Mediensozialisation". Zudem steht in der Sozialisationstheorie diese Instanz gleichsam quer zu den drei anderen, weil sie nicht in einem hierarchisch-chronologischen Sinne zu verstehen ist, sondern von Anfang an prozessbegleitend mitläuft.

Aus der Analyse der drei Sozialisationsagenturen lassen sich Daten ermitteln, die zu idealtypischen Lesebiografien verdichtet werden können (vgl. exemplarische Lese(auto)biografien bei Pieper et al. 2004). Auf der Zeitachse sind in der Abfolge die Einflüsse durch die sozialisationsrelevanten Agenturen beziehungsweise Institutionen der sozialen Umwelt – Familie, Grundschule, Bibliotheken, weiterführende Schule mit Peergroup und Fachlehrkräften – zu nennen. Dem entsprechen aufseiten des Heranwachsenden die Phase der primären literarischen Initiation und des Schriftspracherwerbs, die Phase einer lustvollen Kinderlektüre, die Phase einer (literarischen) Lesekrise beziehungsweise der Lesepubertät sowie die Adoleszenzphase mit der Ausdifferenzierung von präferierten Lesemodi, unter denen im Sinne einer sekundären literarischen Initiation (vor allem bei weiblichen Adoleszenten) die spätere Rezeption von literarischen Texten besonders begünstigt wird (Abb. 2). Dieser Übersicht sind gleichsam die lese- und literaturbezogenen Ausstiege eingeschrieben, so ist beispielsweise ein Fehlen der Phase der lustvoll erlebten Kinderlektüre kein zwingendes Kriterium für eine Karriere als Nichtleser, dennoch ist diese wahrscheinlicher als eine gegenteilige Karriere als Leser.

Eine solche Prozessstruktur lässt sich abstrahiert formulieren; dann kann mit Garbe, Holle und von Salisch (2006) von drei Plateaus der literalen beziehungsweise der literarischen Entwicklung gesprochen werden. Diese sind zu sehen (1) in der Herausbildung basaler literarischer Fähigkeiten (Familien- und Vorschulphase), (2) in der Autonomisierung des Lesens in der Phase der späteren Kindheit (Einfluss von Schule und Peergroups) sowie (3) in der Ausdifferenzierung von Lesemodi, Lesegewohnheiten und Lektürepräferenzen in der Adoleszenzphase. Rosebrock und Nix (2014, 30) kommentieren diese Phasierung mit dem Hinweis auf dessen Orientierung an der Mittelschicht. Es ist durchaus nachzuweisen, dass die genannten Plateaus 2 und 3 in ungünstigeren sozialen Lagen eben nicht als Normalfall anzusehen sind und erreicht werden (können).

Im Verlauf der Phasen beziehungsweise der Plateaus können die beteiligten Sozialisationsagenturen entweder vorzugsweise literatur- und lesebegünstigende Faktoren versammeln und den „Engelskreis schulischer Lesesozialisation" (Garbe et al. 2009, 197) konstituieren oder aber gegenteilig literatur- und leseverhindernde Faktoren umfassen, die dann den „Teufelskreis schulischer Lesesozialisation" (Garbe et al. 2009, 196) bilden. Für die Einflüsse der jeweiligen Sozialisationsagenturen ist zudem in vielfacher Hinsicht das Geschlecht der Leseeleven relevant, sodass hieraus für die empirischen Untersuchungen und die Interpreta-

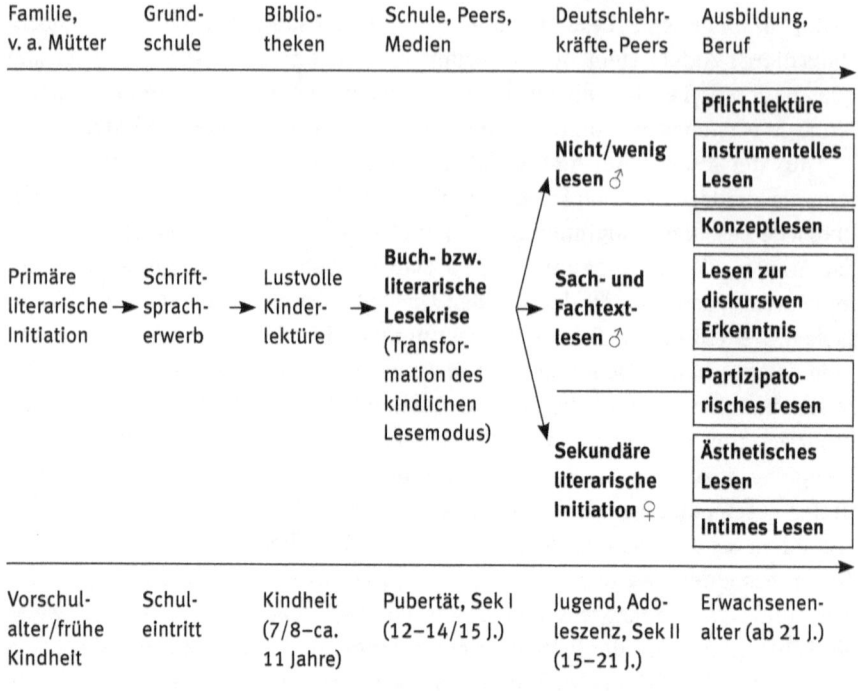

Abb. 2: Schema des prototypischen Verlaufs einer (gelingenden) Lesesozialisation (Philipp 2011a, 20)

tion der Ergebnisse eine zusätzliche Differenzierungskategorie erwächst. Zudem ist darauf hinzuweisen, dass nicht allein an den Übertrittsstellen zwischen einander folgenden Sozialisationsagenturen quasi Sollbruchstellen oder Verstärkungsmechanismen mit Blick auf Lesen und Literaturrezeption enthalten sind, sondern dass die Agenturen der Lese- und literarischen Sozialisation auch zwischenzeitlich Interdependenzen aufweisen (vgl. Philipp 2011a, 139–144).

Sozialisationsagentur Familie

Die literarische Sozialisation beginnt bereits lange vor dem Eintritt in die Schule und damit lange vor einem strukturierten und gezielt auf Aufbau, Erwerb, Verfestigung und Ausdifferenzierung von Kompetenzen ausgerichteten Bildungsabschnitt. In der Herkunftsfamilie wird das Fundament für die literarische Sozialisation gelegt – und damit nicht selten auch bereits darüber mitentschieden, welchen Grad an Literalisierung ein Individuum erwerben wird, weiterhin wird zu einem nicht unerheblichen Teil der spätere Bildungserfolg mitbegründet (vgl.

Hurrelmann et al. 1993). Gerade der hierin zum Ausdruck kommende Zusammenhang zwischen familial-sozialer Herkunft und Bildungsperspektiven zählt zu den Relationen, die schon in der ersten PISA-Studie öffentlichkeitswirksam belegt und bestätigt worden sind und die im Kern zu den eigentlichen Skandalen in der gegenwärtigen Bildungslandschaft zählen (vgl. Baumert und Schümer 2001; Becker und Schubert 2006).

Mit Blick auf die literarische Sozialisation ist die Agentur Familie in gleich doppelter Weise involviert:

(1) Als Erstes wird durch den alltäglichen Umgang mit Texten (und Medien aller Art) innerhalb der Familie ein prägender Einfluss ausgeübt. Dabei sind Merkmale wie die Ausstattung des Elternhauses mit Büchern und anderen Medien auf der materialen Ebene ebenso relevant wie deren Nutzung beziehungsweise Nutzungsgewohnheiten (Textpräferenzen, Vielfalt von Lesestoffen, Frequenz, Taktung, Einbezug in den Tagesablauf u. a.) durch Bezugspersonen mit Vorbildcharakter, also beispielsweise Mütter, Väter, Geschwister und andere. Für die literarische Sozialisation ist es von besonderer Bedeutung, in welchem Umfang und auf der Basis welcher Texte eine generationsverklammernde Befassung mit Texten zustande kommt. Die konkrete Ausgestaltung der Phase der „prä- und paraliterarischen Kommunikation" (Hurrelmann 2006, 29) durch familiäre Bezugspersonen ist dabei besonders markant. In Familien beziehungsweise in Eltern-Kind-Konstellationen, in denen regelmäßig gemeinsam Bilderbücher gelesen (vgl. hierzu Wieler 2014), Geschichten erzählt oder literarische Texte wie zum Beispiel Märchen nacherzählt werden, in denen Medientexte (z. B. aus dem Fernsehen) gemeinsam, begleitet und durch Kommunikation flankiert rezipiert werden, sind Grad und Intensität der literarischen Sozialisation besonders hoch. Außerdem ist die Anbahnung des Übergangs von einer Phase der Mündlichkeit zur Phase der Schriftlichkeit auf diesem Wege solide fundiert; dies haben Untersuchungen von Petra Wieler (1997) eindeutig festgestellt.

Nicht folgenlos ist auch die Tatsache, dass gerade in dieser frühen Phase der literarischen Sozialisation vor allem Mütter aktiv sind, während Väter in Funktion von Lesevorbild, Vorleser oder Geschichtenerzähler statistisch signifikant seltener in Erscheinung treten (vgl. Stiftung Lesen 2009). Insofern vermittelt bereits die Sozialisationsagentur Familie durch die innerfamiliäre Aufgabenteilung erste geschlechtsbezogene Lesebilder, die in nachfolgenden Sozialisationsagenturen wirksam bleiben.

(2) Auf einer anderen Ebene vermittelt die Sozialisationsagentur Familie neben praktisch-pragmatischen Aspekten auch informell vermittelte Wertungen und Prägungen, die sich auf die Wertschätzung im Umgang mit (literarischen) Texten und Medien beziehen. Dabei sind vor allem die Einstellungen der Familienmitglieder zum kulturellen Kapital (sensu Bourdieu) zu nennen. Indem eine

Familie wiederholt Signale der Text- und Literaturnähe oder -ferne sendet, wird ein Orientierungsmuster für (Klein-)Kinder mitgesendet, das über die eigene Positionierung gegenüber der Lesekultur und der Schriftkultur sowie den Wünschen nach Teilhabe daran oder eben nicht mitentscheidet.

Sozialisationsagentur Bildungssystem: Vorschule und Schule

Die erheblich differierenden Sozialisationsverläufe und -erfahrungen, die Kinder innerhalb der Familie mitbekommen, sind zu einem deutlichen Teil verantwortlich für die Heterogenität der Lernvoraussetzungen, mit denen Kindern die sekundäre Sozialisationsinstanz betreten. Bereits in vorschulischen Einrichtungen (Kindergarten, Kita) sind die sprach- und implizit wie explizit text- oder literaturbezogenen Voraussetzungen denkbar heterogen; das Stichwort der Heterogenität kann in diesem Zusammenhang auch jenseits von eventuellen Migrationskontexten verwendet werden; mindestens so bedeutend sind die unterschiedlichen soziokulturellen Kontexte auch der muttersprachlichen Herkunftsfamilien (vgl. hierzu Günther 2012, 12–14). Für die vorschulischen Bildungseinrichtungen stehen – auch als Reaktion auf die PISA-I-Studie – mittlerweile bundesländerspezifische Kataloge zur Verfügung, die Bildungsbereiche und Kompetenzstufen beschreiben und vorgeben. Zwar variieren die Bildungspläne je nach Bundesland hinsichtlich der Benennung von Bildungsbereichen, des Umfangs und der Präzision von Leitgedanken erheblich, aber länderübergreifend steht der Bildungsbereich Sprache an prominenter Stelle.

Exemplarisch kann dies für den *Bayerischen Bildungs- und Erziehungsplan für Kinder in Tageseinrichtungen bis zur Einschulung* (2012) dargestellt werden. Hierin nimmt der Bildungsbereich ‚Sprache und Literacy' eine besondere Stellung ein. Allein die Übersicht über die „[l]iteracybezogene[n] Interessen und Kompetenzen" (Bayerisches Staatsministerium 2012, 197) zeigt eine Fülle an Kompetenzperspektiven auf, die weit über den Spracherwerb hinausgehen und bereits dezidiert auf schulische literarische Sozialisation hin angelegt sind; einige davon lauten „Verständnis und Gebrauch von nichtsituativ gebundener Sprache, d. h. von sprachlichen Mitteilungen, die sich nicht auf die unmittelbare Situation beziehen oder auf etwas, das beiden Gesprächspartnern vertraut ist (Kinder erzählen z. B. vom Urlaub)", „Textverständnis entwickeln (längeren Erzählungen folgen, den Sinn eines Textes verstehen und diskutieren können; den Bezug zwischen Texten und den eigenen Erfahrungen herstellen; verschiedene Textsorten und Medien vergleichen können)", „Entwicklung von Interessen und Kompetenzen rund um Bücher und Buchkultur, Schreiben und Schriftkultur (‚Literaturkompetenz', Interesse an Büchern und Geschichten, Lesefreude,

Interesse an Schrift)", „Freude und Interesse an Laut- und Wortspielen, Reimen und Gedichten", „Kenntnis verschiedener Sprachstile und Textsorten erwerben (z. B. Alltagsgespräch, Märchen, Sachinformation, Höflichkeitsregeln)" (Bayerisches Staatsministerium 2012, 167–168). Diese Vorgabendichte und -vielfalt belegt nachweislich, dass vorschulische Bildung dezidiert auf inhaltliche Aspekte der literarischen Sozialisation hinarbeiten soll. Damit ist dann in medialer Hinsicht auch deutlich über das Bilderbuch als Bezugsmedien für vorschulische literarische Sozialisation hinausgewiesen, wenngleich textfreie und texthaltige Bilderbücher in der Praxis wesentliche Materialien sein werden und auch zentrale Funktionen für den Erwerb von Sprache und literarischer Kompetenz besitzen (vgl. Näger 2013; Schönauer-Schneider 2012, 242–257; zur Literalitätserziehung in der Vorschule vgl. Andresen 2010). Ob diese Kompetenzperspektiven indes auch tatsächlich systematisch und vergleichbar erreicht werden, lässt sich gegenwärtig nicht gesichert sagen. Ebenfalls ist nicht zu belegen, ob beziehungsweise dass sich die Ausbildung des pädagogischen Personals de facto inhaltlich auf die genannten Aufgaben hin verändert hat.

Es wird aber deutlich, dass der Vorschule eine veränderte Funktion innerhalb des Bildungsgangs und speziell auch mit Blick auf literarische Sozialisation zugeschrieben worden ist. Herauszustellen ist außerdem, dass der Elternarbeit, dem Einbezug der Eltern in den Prozess vorschulischer Bildung, deutlicher Stellenwert zugeschrieben wird; dies kann als ein Ergebnis der Forschungen zur Relevanz der primären Sozialisationsinstanz gewertet werden, die gerade im Vorschulalter noch eine erhebliche Bedeutung besitzt. Denn die bereits früh auseinanderfallenden Vorerfahrungen von Kindern im Umgang mit literarischen Texten beziehungsweise Medien sollen idealerweise nicht erst bei Schuleintritt angeglichen werden; vielmehr ist die vorschulische Bildungseinrichtung bereits mit ersten Kompensationsaufgaben betraut.

Daher lässt sich eine wesentliche Funktion, die Bettina Hurrelmann für die Schule (nicht nur für die Primarstufe) fordert, problemlos nach unten in den Bereich der Elementarbildung verlängern: Hurrelmann fordert angesichts der eher zunehmenden Heterogenität von lese- und literaturbezogenen Lernvoraussetzungen von Schülerinnen und Schülern, dass die (Grund-)Schule vor allem eine Kompensationsfunktion realisieren müsse. Vor dem Hintergrund der Medienausstattung auch der Kinderzimmer vertritt sie vehement das Anliegen der Leseförderung, um „dem Lesen seinen Platz im Medienensemble zu sichern, es als kulturelle Praxis zu stabilisieren und zu stärken" (Hurrelmann und Elias 1998, 3) und um Ungleichheiten angesichts disparater literarischer Sozialisationsverläufe in der primären Sozialisationsagentur frühestmöglich auszugleichen. Gerade in diesem Sinne ist die Kompensationsfunktion bereits auf vorschulische Bildungseinrichtungen anzuwenden. In der Argumentation Hurrelmanns verfolgt der Kompensationsansatz eine doppelte Funktion, denn neben dem Angleichen von Lesefähigkeiten soll dezidiert die Rezeption literarischer Texte ausgleichend gefördert werden: „Leseförderung meint einen möglichst unverschulten Umgang mit Texten, eine stärker didaktische Orientierung an den Mustern, Zielen und Gratifikationen der Alltagspraxis des Lesens, die vorrangige Berücksichtigung entwicklungsspezifischer Interessen und Rezeptionsmodi, die Akzeptanz auch von Lesematerialien, die der Schulkultur eher fremd, der durch den Medienverbund geprägten Kinder- und Jugendkultur aber vertraut sind" (Hurrelmann und Elias 1998, 4). Damit empfiehlt Hurrelmann implizit auch solche literarischen Texte beziehungsweise Genres, die traditionell nicht im Unterricht verhandelt worden sind, um daran literarische Praxen sowie elementare literarische Bildung zu erwerben. Zugleich ist Hurrelmanns Position als eine dezidiert literaturbezogene Ausweitung des ansonsten auf informatorische Texte ausgerichteten PISA-Konzepts *reading literacy* aufzufassen, an dem zu Recht das Fehlen von motivationalen und selbstbildbezogenen Komponenten moniert und das in Bezug auf Lesehandlungen als zu stark utilitaristisch kritisiert wird. Zudem erfordert die Heterogenität der Lernvoraussetzungen in Vorschule und Schule, dass die methodischen Möglichkeiten der Leseförderung breit angelegt und ausdifferenziert sein müssen.

Allerdings ist auch für die Einrichtungen der sekundären Sozialisationsagentur wiederum festzuhalten, dass vorzugsweise weibliche Lesebezugspersonen aktiv sind. Die These von der ‚Feminisierung des Lesens' (vgl. Garbe 2008) ist dabei nicht bedeutungslos, denn wenn Jungen und Mädchen in Familie, Vorschule und Schule überwiegend mit weiblichen Lesebegleitpersonen in Kontakt treten können, ist nicht verwunderlich, dass eine „enge Verknüpfung von ‚Lesen' und ‚Weiblichkeit'" (Garbe 2013, 84) besteht, die mit Blick auf das lesebezogene Selbstbild gerade der Jungen eher nachteilig wirkt. Und dieser Befund wird noch dadurch verstärkt, dass weibliche Lehrkräfte unbewusst dazu tendieren, in der Auswahl der Lektüren (v. a. zur Nutzung im Inszenierungsmuster der Klassenlektüre) eher die thematischen Lese- und Literaturpräferenzen von Mädchen anzusprechen. Dass die literarische Sozialisation geschlechtsspezifische Muster aufweist, dass Mädchen und Jungen anders und anderes lesen, ist empirisch gesichert (vgl. Philipp und Garbe 2007). Dies bezieht sich auf bevorzugte Lektüren (Themen und Genres), auf Frequenz, Dauer und Häufigkeit des Lesens sowie auch auf das Nutzungsverhalten anderer (elektronischer beziehungsweise digitaler) Medien.

Sozialisationsagentur soziokulturelles Umfeld: Peergroup

Der Ablösungsprozess Heranwachsender von Bezugspersonen im familialen Umfeld bewirkt für die literarische Sozialisation eine Neuorientierung, in deren

Mittelpunkt zunehmend die Peergroup steht. Gerade die im schulischen wie im außerschulischen Kontext von Jugendlichen selbst gewählten Bezugsgruppen wirken sich erheblich auf die vorherrschenden Einstellungen zum Lesen literarischer Texte aus und beeinflussen Intensität und Umfang von Lesehandlungen. Vor allem Philipps empirische Studie (2008) lässt keinen Zweifel an der Wirksamkeit der Orientierung an der Peergroup. Allerdings kann nicht eindeutig geklärt werden, ob die Auswahl von Peers unter Berücksichtigung der eigenen Leseaffinität vorgenommen wird oder ob sich eigenes Leseverhalten beziehungsweise das eigene lesebezogene Selbstbild an dem in einer Peergroup vorherrschenden Muster orientiert. Ob ein Jugendlicher also seine Peers aussucht, weil diese auch lesen, oder ob sich ein Jugendlicher literaturnah beziehungsweise literaturfern aufstellt, weil dies in der Peergroup, der er sich aus anderen Gründen (z. B. Sport) angeschlossen hat, entsprechend etabliert ist, bleibt fraglich.

Zudem ist für Teile der Lesesozialisationsforschung auf ein folgenreiches Missverständnis Mit Blick auf die Peergroup hinzuweisen: Vielfach wird eine schulische Lerngruppe beziehungsweise Schulklasse als Peergroup aufgefasst und entsprechend auf literatur- und lesebezogene Einstellungen und Praxis hin befragt; es lassen sich auch Peergroup-bezogene Fördervorschläge finden, die dann für die Bezugsgruppe der Schulklasse empfohlen werden. Dies ist jedoch eine Verkürzung des sozialisationstheoretischen beziehungsweise soziologischen Konzepts einer Peergroup. Krappmann (2002, 364) bestimmt diese vor allem durch das Moment der Soziabilität und kennzeichnet eine Peergroup durch „die Disposition, Handlungspläne miteinander abzustimmen, und zwar ohne das Streben, einander zu dominieren, und mit dem Vorsatz, grundlosen Streit zu unterlassen". Von einem solchen Verständnis ausgehend, kann eine Schulklasse nicht als eine Peergroup bezeichnet werden – im Gegenteil: Quer durch eine Schulkasse verlaufen mehrere Gruppengrenzen, die unter anderem entlang unterschiedlicher, im Zeitverlauf variabler Kriterien wie Geschlecht, außerschulischer Interessenlagen, Szenezugehörigkeiten, Besitz statuszuweisender Gegenstände oder Kleidung verlaufen. Entsprechend lassen sich auch in einer Schulkasse, die sich im Gegensatz zur Peergroup nicht nach dem Prinzip der Freiwilligkeit konstituiert hat, höchst unterschiedliche Einstellungen und Praxen zum Umgang mit Literatur feststellen.

Die Bedeutung von Peergroups für das jugendliche Leseverhalten beziehungsweise die Einstellung zur Literatur ist nicht zu bestreiten. Dies hat Meier in einer domänenspezifischen Perspektive für das Leseinteresse formuliert. Demnach besteht zwischen dem Eigeninteresse eines Jugendlichen und der identitätsstiftenden Funktion einer Peergroup eine enge Koinzidenz; zudem geht Meier davon aus, dass zwischen Peergroup-bezogenem Verhalten von Jugendlichen und fachlichem Kompetenzerwerb erhebliche Zusammenhänge bestehen (vgl. Meier 2004, 193–196). Daher ist die Peergroup auch hinsichtlich der literarischen Sozialisation eine didaktisch relevante Zielgruppe und zugleich eine „unterschätzte Ressource" (Philipp 2011b, 63), sofern sie nicht verkürzt als Lerngruppe betrachtet wird. Zur Stützung und Ausdifferenzierung literarischer Sozialisation lässt sich Peer-Education (vgl. Nörber 2004) im schulischen Kontext gewinnbringend einsetzen, da der Einfluss der Peers erheblich ist. Dies kann dann Auswirkungen auf Lehr-Lernarrangements haben, die eben nicht durchgehend auf die ganze Lerngruppe abzielen müssen, sondern je nach Lesepräferenz (Gattungen, Themen), nach bevorzugtem Lesemodus (vgl. hierzu Graf 2004) oder nach unterschiedlichen Rezeptions- und Anschlusskommunikationspräferenzen arbeitsteilig differenziert zu denken sind. Da die zunehmende Bedeutung der Peergroup lesebiografisch mit der Lesepubertät beziehungsweise einem Knick in der Lesemotivation verbunden ist, darf die Berücksichtigung der Peergroup für den Prozess der literarischen Sozialisation nicht unterschätzt werden.

3 Leseförderung und literarisches Lernen im Unterricht

Vor allem nach der Veröffentlichung der PISA-I-Studie (vgl. PISA-Konsortium 2001) hat es eine kaum überschaubare Vielzahl von Studien zur Leseforschung sowie zur Leseförderung gegeben. Im Zentrum stehen in Anlehnung an das Setting der PISA-Studien vor allem informatorische Texte und das vor allem hierauf bezogene Konzept der *reading literacy*. Literarische Texte und literarisches Lernen werden wiederum deutlich weniger zum Gegenstand genommen, wenngleich der Umgang mit literarischen Texten durchaus als eine Teilkompetenz der Lesekompetenz gewertet wird (vgl. Artelt und Schlagmüller 2004; zum Konstrukt Lesekompetenz Groeben und Hurrelmann 2002). Auch in der grundlegenden Übersicht von Rosebrock und Nix (2014) sind das literarische Lernen beziehungsweise Aspekte der literarischen Sozialisation enthalten. Das Mehrebenenmodell des Lesens greift das Konzept der literarischen Sozialisation unter dem Stichwort der ‚sozialen Ebene' auf, verortet die selbstbildbezogenen Aspekte auf der ‚Subjektebene' und ist auch auf der ‚Prozessebene' anschlussfähig für literarische Texte:

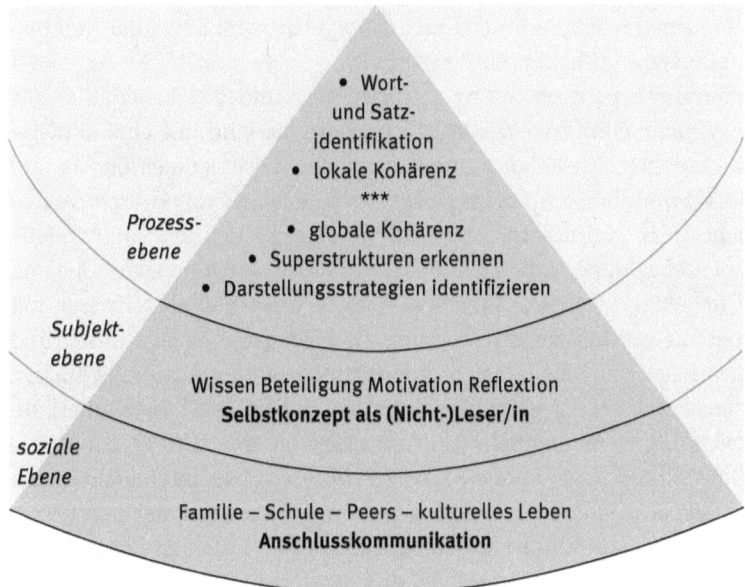

Abb. 3: Mehrebenenmodell des Lesens (Rosebrock und Nix 2014, 15)

Dennoch sind die etablierten und empirisch evaluierten Ansätze zur Leseförderung hauptsächlich für pragmatische beziehungsweise für Sachtexte angelegt und geprüft worden. Gleichwohl halten sie Anschlussstellen für das literarische Lesen und das literarische Lernen bereit. Daher sollen die wesentlichen Förderansätze (Vielleseverfahren, Lautleseverfahren und Lesestrategien) für literarisches Lernen durchmustert und knapp erläutert und um ein Konzept der Förderung von Lesekultur ergänzt werden.

Vielleseverfahren

Die Vielleseverfahren gehen davon aus, dass Schülerinnen und Schülern regelmäßige und feste Lesezeiten zur Verfügung stehen. Diese können außerschulisch situiert (z. B. die Leseolympiade nach Bamberger 2000) oder fest in den Stundenplan integriert sein (z. B. das Hattinger Modell nach Wrobel 2009a und Wrobel 2009b). Im Kern geht es darum, dass jenseits des Inszenierungsmusters der Klassenlektüre individuelle Leseprozesse angeschoben und begleitet werden. Dies kann für leseschwächere und/oder literaturferne Schülerinnen und Schüler bedeuten, dass sie sukzessive an unterschiedliche Genres erst herangeführt oder mit basalen Lesetechniken vertraut gemacht werden; dies kann für lesestarke und/oder literaturnahe Schülerinnen und Schüler ebenso im Sinne der Habitualisierung von Lesegewohnheiten zielführend sein.

Vielleseverfahren belassen es nicht dabei, Zeit und gegebenenfalls Lektüreauswahlmöglichkeiten bereitzustellen, sondern sie sind auf eine situierte Rahmung ausgerichtet. Diese kann unterschiedliche Zielsetzungen und darauf ausgerichtete Operationen umfassen; so kann die Reflexion von Leseprozessen, die mündliche oder schriftliche Anschlusskommunikation, das individuelle Anlegen von Lesebegleitportfolios, die Bearbeitung von Aufgaben, vor allem an die Lesezeit angehängt werden. Auf diese Weise können Vielleseverfahren mit den lese- und literaturbezogenen Leistungszuwächsen der Schülerinnen und Schüler mitwachsen, denn sie lassen sich individualisiert auf unterschiedlichen Niveaus ansetzen. Für schwächere Schülerinnen und Schüler können innerhalb der Vielleseverfahren der Kompensationsgedanke, basale Beiträge zur literarischen Sozialisation, motivationale Strategien auf der Basis interessanter und anregender Lesestoffe oder die Ausbildung eines Selbstkonzepts als Leser prioritär sein. Lese- und literaturerfahrene Schülerinnen und Schüler können in einem Setting des situierten Viellesens vor allem differenzierende Leseerfahrungen im Hinblick auf Genres, auf historische Entwicklungen und Intertextualität oder hinsichtlich weiterer Aspekte des literarischen Lernens machen. In jedem Fall ist festzuhalten, dass die Leseprozesse didaktisch flankiert und begleitet werden müssen (vgl. Rosebrock und Nix 2014, 71); dies kann beispielsweise durch den didaktischen Dreischritt von Lesen, Schreiben und Sprechen (vgl. Wrobel 2009b) geschehen.

Lautleseverfahren

Mit den beispielsweise von Rosebrock und Nix (2014, 33–56) vorgeschlagenen Lautleseverfahren können Schülerinnen und Schüler durch lautes Lesen, Vorlesen oder Mitlesen kürzerer Texte die „Lesefähigkeit bei der Worterkennung, der Verbindung von Wortfolgen im Satzzusammenhang und bei der Herstellung von Relationen zwischen einzelnen Sätzen verbessern" (Rosebrock und Nix 2014, 33); insofern zielen diese Verfahren auf die Herstellung von lokaler Kohärenz beim Textverstehen ab. Ziel ist eine Steigerung der Leseflüssigkeit und ein damit einhergehendes verbessertes Textverstehen (vgl. auch Kutzelmann und Rosebrock 2018). Für dieses Verfahren kommen literarische Texte eher nicht infrage, da ihre Spezifik wie Bedeutungsüberschuss und Polyvalenz das angestrebte Ziel eher konterkarieren.

Lesestrategien

Die Vermittlung von textbezogenen, eher kognitiven oder von auf die Überwachung des Leseprozesses und daher eher metakognitiven Lesestrategien wird in der Regel ebenfalls auf Sachtexte bezogen. Dies liegt daran, dass auf kognitiver Ebene die konkreten Strategieoperationen wie Vorwissen aktivieren, Textabschnitte zusammenfassen und Ähnliches stark auf die Ermittlung und Strukturierung von Informationen, die im Text enthalten sind, ausgerichtet sind. Zwar sind solche Strategien auch für literarische Texte nutzbar und an ihnen erlernbar, aber es besteht mindestens die Gefahr, dass literarische Texte auf den Aspekt der Informationsermittlung reduziert werden. Das mag mit Blick auf leseschwache und literaturferne Schülerinnen und Schüler beziehungsweise mit Blick auf einfache literarische Texte ein erster anbahnender Schritt zum literarischen Lernen sein.

Metakognitive Strategien hingegen sind deutlich zielführender auf literarische Texte zu applizieren. Ihre Funktion liegt darin, dass Schülerinnen und Schüler eigene Leseprozesse planen, überwachen und regulieren können. Auf diese Weise sind sie dann in der Lage, auch bei komplexeren literarischen Texten Verstehens- und andere Rezeptionshindernisse beim Lesen wahrzunehmen und diesen entsprechend abzuhelfen. Da metakognitive Lesestrategien als wesentlicher Beitrag zum selbstregulierten Lernen zu sehen sind (vgl. Artel et al. 2001; Frederking 2003), lassen sie sich domänenspezifisch auch für literarisches Lernen konkretisieren und nutzbar machen.

Konkrete Vorschläge zum Lernen von Lesestrategien kombinieren in der Regel kognitive und metakognitive Strategien, so in den etablierten Konzepten *Wir werden Textdetektive* (Gold et al. 2004), *Wir sind Textdetektive* (Souvignier und Trenk-Hinterberger 2013) oder *Lesen. Das Training* (Bertschi-Kaufmann et al. 2007).

Förderung der Lesekultur

Ein Konzept von Lesekultur geht über einzelne Förderansätze, über die Fachgrenzen und über die Schuljahre hinaus und sieht sämtliche Beiträge zur literarischen Sozialisation als eigenständige Säule der Leseförderung und als Aufgabe der gesamten Schule jenseits von Fachunterricht an (vgl. Wrobel und Nickel-Bacon 2012). Hierunter werden all jene lese- und literaturbezogenen Aktivitäten zusammengefasst, die eine Schule organisieren kann und die sie als Leseschule ausweist. Da hier Dauerhaftigkeit und Nachhaltigkeit im Zentrum stehen, geht es weniger um eine eher eklektizistisch verfahrende Addition von Einzelmaßnahmen, als vielmehr darum, dass alle für eine Schule relevanten Bezugsgruppen gemeinsam Leseförderung, Beiträge zur Lesesozialisation sowie fokussierter auch literarische Bildung als fachlich-pädagogisches Leitziel akzeptieren und dies beispielsweise im Schulprogramm auch festgehalten wird.

Literarisches Lernen nach Spinner

Alle Bemühungen zur Förderung der literarischen Sozialisation laufen letztendlich in einem Konzept des literarischen Lernens zusammen. Abraham hat literaturbezogene Lerneffekte unterschieden, die aus „Tätigkeiten des Lesens, Erzählens, Zuhörens und Darübersprechens" (1998, 135–136), also aus der Rezeption und aus Formen der Anschlusskommunikation, ergeben. Demnach umfasst literarisches Lernen den Erwerb von ‚Strukturmustern', beispielsweise zu literarischen Genres, den Erwerb von ‚Identifikationsmustern' auf der Basis literarischer Figuren, den Erwerb von ‚Gefühlsbildungsmustern' im Sinne der Ausprägung emotionaler Intelligenz und die Verbesserung der Rezeptionsfähigkeit, die auf kognitive und emotionale Schemata der Auseinandersetzung mit Literatur gerichtet ist (vgl. Abraham 1998, 136). Dieser Zugriff auf literarisches Lernen verbindet anthropologische Perspektiven mit dem spezifischen Affizierungspotenzial, das von literarischen Texten ausgeht.

Das gegenwärtig relevanteste Konzept hierzu stammt von Spinner (2006; aus kritischer Perspektive Kammler 2006 und Spinner 2015) und unternimmt den Versuch, in die zahlreichen Begriffsbestimmungen des literarischen Lernens Schneisen in einer kompetenzorientierten Perspektive zu schlagen. Spinner geht dabei von einem spiralcurricular gedachten Ansatz aus, der bereits in frühen, unter Umständen schon vorschulischen Phasen basale Beiträge zum literarischen Lernen fundiert, die dann in nachfolgenden Schleifen wiederholt, vertieft, ausdifferenziert, erweitert werden. Gerade in der Betonung der frühen literaturbezogenen Lernprozesse, die nicht allein im Rahmen schulischen Unterrichts stattfinden müssen, ist das Konzept auch an Überlegungen zur literarischen Sozialisation und ihren Agenturen anschlussfähig.

Bereits in der Erstpublikation seines viel zitierten Konzepts weist Spinner darauf hin, dass diese elf Aspekte keinesfalls literarisches Lernen beziehungsweise literarische Bildung in Gänze vermessen, sondern dass Ergänzungen möglich und erforderlich sind. Solche Erweiterungen können in der Formulierung weiterer Beiträge zum literarischen Lernen bestehen, wie sie zum Beispiel im Aufbau literarischer Wertungskompetenz, moralischer Urteilsfähigkeit oder im Erwerb von Wissen über den Literatur- beziehungsweise Buchmarkt zu sehen sind.

	Individuation	Sozialisation	Enkulturation
(1.)	**beim Lesen und Hören Vorstellungen entwickeln**	sich über textbezogene Vorstellungen austauschen	die Rezeptionsgeschichte reflektieren und auf die eigene (innere) Wahrnehmung beziehen
(2.)	**subjektive Involviertheit und genau Wahrnehmung miteinander ins Spiel bringen**	die vom Text angestoßene Selbstreflexion im Austausch mit anderen nutzen	
(3.)	Präferenzen für Arten und Stile poetischer Rede entwickeln	Literarische Texte präsentieren (akustisch, visuell, szenisch vortragen) und Textpräsentationen beurteilen	**sprachliche Gestaltung (im kulturellen Kontext) aufmerksam wahrnehmen**
(4.)	**Perspektiven literarischer Figuren nachvollziehen**	Perspektivübernahmen anderer bei der Lektüre als Angebot zur Erweiterung der eigenen begrenzten Weitsicht verstehen	eine literarische Figur als Ausdruck eines Lebensgefühls einer Generation, einer Epoche (usw.) verstehen
(5.)	zum Sinnbildungsprozess durch Herstellen innertextlicher Bezüge aktiv beitragen	Sich über Textkohärenzen mit anderen Rezipienten verständigen	**narrative und dramaturgische Handlungslogik verstehen**
(6.)	den vom literarischen Text angebotenen Weltentwurf verstehen und imaginativ ausgestalten	über literarische Weltentwürfe mit anderen sprechen und ihren Bezug zur Realität ausloten, ohne Literatur als Wirklichkeitsabbildung misszuverstehen	**mit Fiktionalität bewusst umgehen**
(7.)	**metaphorische und symbolische Ausdrucksweise verstehen**	Metaphern und Symbole in verschiedenen Bereichen des täglichen Lebenswahrnehmen und sich darüber verständigen	uneigentliche Rede als ästhetischen Weltzugang begreifen und schätzen
(8.)	**sich auf die Unabschließbarkeit des Sinnbildungsprozesses einlassen**	andere Sichtweisen auf einen literarischen Text diskutieren und als gleichberechtigt zulassen	Werten: divergierende Kriterien und Interpretationen desselben Textes als Beiträge zum Diskurs über Literatur verstehen
(9.)	einen literarischen Text mit der eigenen Lebenserfahrung in Bezug setzen	**mit dem literarischen Gespräch vertraut werden**	Literatur als Ergebnis eines kulturellen Aushandlungsprozesses verstehen
(10.)	Präferenzen für Gattungen und Genres entwickeln	bevorzugte Gegenstände und Modi literarischer Rezeption zum Thema in einer Gruppe machen	**prototypische Vorstellungen von Gattungen und Genres gewinnen**

	Individuation	Sozialisation	Enkulturation
(11.)	eigene Vorstellungen von Epochen und Strömungen der Literatur in Vergangenheit und Gegenwart bilden	sich zu bestimmten Epochen kommunikativ verhalten (Interesse, Ablehnung usw. bekunden) können	**literaturhistorisches Bewusstsein entwickeln**

Abb. 4: Aspekte literarischen Lernens (nach Spinner 2006, 6–16 – fett gedruckt), erweitert um Hinweise von Kepser und Abraham (2016, 117–118)

Eine weitere Differenzierung dieses Konzepts einer kompetenzorientierten Ausbuchstabierung des literarischen Lernens nehmen Kepser und Abraham (2016, 117–118) vor, indem sie die von Spinner genannten Aspekte in eine nach Individuation, Sozialisation und Enkulturation unterteilende Matrix eingeben und entsprechend ergänzen. Auf diesem Wege wird vor allem die Bindung zwischen Prozessen der literarischen Bildung und der grundlegenden Ausrichtung auf eine subjektorientierte Didaktik verdeutlicht, für die Sozialisation im Zusammenhang einer umfassend gedachten Persönlichkeits- und Identitätsbildung steht.

Weiterführende Literatur

Eggert, Hartmut und Christine Garbe (22003). *Literarische Sozialisation*. Stuttgart/Weimar.
Garbe, Christine, Karl Holle und Tatjana Jesch (2009). *Texte lesen. Lesekompetenz – Textverstehen – Lesedidaktik – Lesesozialisation*. Stuttgart.
Philipp, Maik (2011a). *Lesesozialisation in Kindheit und Jugend. Lesemotivation, Leseverhalten und Lesekompetenz in Familie, Schule und Peer-Beziehungen*. Stuttgart.
Wrobel, Dieter (2009b). *Individuell lesen lernen. Das Hattinger Modell zur nachhaltigen Leseförderung in der Sekundarstufe*. Baltmannsweiler.

Christiane Fäcke
III.1.3 Literaturunterricht und Bildungsstandards

1 Kompetenzorientierung im Deutsch- und Fremdsprachenunterricht

Der Deutsch- und Fremdsprachenunterricht und damit auch der Literaturunterricht sind immer auch bildungspolitischen Einflüssen, das heißt Entscheidungen der Kultusbehörden und curricularen Vorgaben unterworfen. Zeichnet man die Entwicklung seit 2000 nach, so ist vor allem eine Wende von der Inputorientierung hin zur Fokussierung auf den Output zu verzeichnen. Einen entscheidenden Wendepunkt bildet die PISA-Studie (Baumert et al. 2001), die massive Defizite der Leistungen der Schülerinnen und Schüler sichtbar machte und ein Umdenken der Bildungspolitik auslöste. Ausgehend von Überlegungen, dass an Inhalten des Unterrichts ansetzende Regulierungen und Vorgaben Leistungsdefizite Lernender weder sichtbar machen noch aufheben können, sollten vielmehr die zu erzielenden Kompetenzen der Lernenden anvisiert werden. Dabei wird von einem umfassenden Kompetenzbegriff ausgegangen, der deklaratives und prozedurales Wissen der Lernenden sowie ihre Einstellungen zum Lernen insgesamt berücksichtigt: „Kompetenzen sind die bei Individuen verfügbaren oder durch sie erlernbaren kognitiven Fähigkeiten und Fertigkeiten, um bestimmte Probleme zu lösen, sowie die damit verbundenen motivationalen, volitionalen und sozialen Bereitschaften und Fähigkeiten, um die Problemlösungen in variablen Situationen erfolgreich und verantwortungsvoll nutzen zu können" (Weinert 2001, 27 ff.).

Die Orientierung an diesem Kompetenzbegriff führt für den Deutsch- und Fremdsprachenunterricht nicht nur zur Ausrichtung an überprüfbaren Kompetenzen, sondern auch zur Nachordnung der Themen und Inhalte sowie zur Gestaltung des Unterrichts mit Lern- und Prüfungsaufgaben. Die daraus resultierende Vernachlässigung einer theoretischen Reflexion der Unterrichtsinhalte und die Konzentration auf Kompetenzen bedeuten auch eine veränderte Stellung literarischer Texte im Deutsch- und Fremdsprachenunterricht. Die eher hermeneutisch ausgerichtete Literaturdidaktik mit ihren Überlegungen zu Text- und Leserorientierung, die vor allem aus Traditionen der Rezeptionsästhetik (Iser 1972; Jauß 1994; Spinner 1999; Bredella und Burwitz-Melzer 2004) für den schulischen Unterricht fruchtbar gemacht wurden, wird von einem Verständnis abgelöst, in dem *reading literacy* und die Relevanz für Nutzbarkeit im Alltag im Vordergrund stehen. „*Reading literacy is understanding, using, reflecting on and engaging with written texts, in order to achieve one's goals, develop one's knowledge and potential, and participate in society.* […]. Reading literacy includes a wide range of cognitive competencies, from basic decoding, to knowledge of words, grammar and larger linguistic and textual structures and features, to knowledge about the world. […]. ‚[R]eading literacy' is intended to express the active, purposeful and functional application of reading in a range of situations and for various purposes. […]. [S]tudents' reading literacy is important for their active participation in their community and economic and personal life" (OECD 2013b, 61).

Dieses Verständnis von Lesekompetenz als Basis zur Bewältigung des Alltags, zur Teilhabe an der Gesellschaft und zur erfolgreichen Gestaltung des eigenen Lebens führt zu einer Aufwertung alltagsrelevanter Texte, zum Beispiel zum Lesen von Fahrplänen, Zeitungen oder des Wetterberichts, und damit auch zu einer Abwertung literarischer Texte, denen eine geringere Bedeutung zur Vermittlung von Kompetenzen im Sinne der *reading literacy* beigemessen wird.

2 Bildungsstandards

Die Kultusministerkonferenz verabschiedete im Dezember 2003 Bildungsstandards für den Mittleren Schulabschluss im Fach Deutsch (KMK 2003c) und für die erste Fremdsprache (Englisch/Französisch) (KMK 2003b) sowie im Oktober 2012 Bildungsstandards für die Allgemeine Hochschulreife im Fach Deutsch (KMK 2012b) und für die fortgeführte Fremdsprache (Englisch/Französisch) (KMK 2012b). „Bildungsstandards formulieren Anforderungen an das Lehren und Lernen in der Schule. Sie benennen Ziele für die pädagogische Arbeit, ausgedrückt als erwünschte Lernergebnisse der Schülerinnen und Schüler" (Klieme et al. 2003, 19). In den Bildungsstandards werden allgemeine Bildungsziele formuliert. Im Mittelpunkt stehen Kompetenzen, die Lernende am Ende einer bestimmten Jahrgangsstufe erreichen sollten. Relevant ist die konkrete Beschreibung der Kompetenzen, ihre Umsetzung in Aufgabenstellungen und möglichst auch ihre Überprüfung mithilfe von Testverfahren (Klieme et al. 2003, 19).

Diesem Verständnis zufolge bedeutet Kompetenz weit mehr als nur ‚träges' Wissen und schließt die Umsetzung von Wissen, Können und Einstellungen zur Lösung von ‚Aufgaben' und ‚Problemen' mit ein. Eine leistungsbezogene Erfassung und Messung ist diesem Verständnis zufolge zentral: „Kompetenz stellt die Verbindung zwischen Wissen und Können her und ist als Befähigung zur Bewältigung von Situationen bzw. von Aufgaben zu sehen. Jede Illustration oder Operationalisierung einer Kompetenz muss sich daher auf konkrete Anforderungssituationen beziehen" (Klieme et al. 2003, 73). Damit umfasst dieser Kompetenzbegriff nicht allein Kompetenz im Sinne von Wissen, sondern auch Performanz im Sinne von Handeln.

Bildungsstandards im Fach Deutsch

Die Bildungsstandards im Fach Deutsch legen die Grundstruktur des Schulfachs fest und sind auch für den Literaturunterricht bindend. Zentrale Zielsetzungen der Bildungsstandards für den Mittleren Schulabschluss werden aus der grundlegenden Bedeutung des Umgangs mit Texten hergeleitet:

> Texte verstehen, ihnen weiterführende, sachgerechte Informationen entnehmen, sich mündlich und schriftlich in unterschiedlichen Situationen verständigen, verschiedene Schreibformen beherrschen, Medien fachbezogen nutzen und vor allem interessiert und verständig lesen und auch Kreativität entfalten, das sind Voraussetzungen, die für die Teilhabe am gesellschaftlichen Leben, für die Vorbereitung einer beruflichen Ausbildung und für die Fortsetzung der Schullaufbahn wesentlich sind (KMK 2003c, 6).

Der Deutschunterricht leiste damit einen Beitrag zur Allgemeinbildung, wobei Orientierungs- und Handlungswissen in den Bereichen Sprache, Literatur und Medien sowie Verstehens- und Verständigungskompetenz anvisiert werden. Kulturelle und ästhetische Traditionen seien von Bedeutung für gesellschaftliche Entwicklungen, sodass Jugendliche sich mit Erscheinungsformen von Sprache und Literatur in Gegenwart und Vergangenheit beschäftigen sollen. Dabei wird ein Zusammenhang zwischen der individuellen Entwicklung und Reifung Jugendlicher und der Relevanz kultureller, sprachlicher, literarischer und medialer Ausdrucksformen hergestellt (KMK 2003c, 6).

Damit wird neben der Vermittlung von Werten und Normvorstellungen auch auf die Relevanz von Leseerfahrungen durch die Auseinandersetzung mit Literatur verwiesen, die einen Beitrag zur Persönlichkeitsentwicklung leiste. So geht es auch um die Entwicklung der Lesekompetenz sowie um die Förderung von Leseinteresse und Lesefreude.

Für das Fach Deutsch sind vier Kompetenzbereiche vorgesehen, in die jeweils spezifische Methoden- und Arbeitstechniken integriert sind:

> **„Sprache und Sprachgebrauch untersuchen**
> Sprache zur Verständigung gebrauchen, fachliche Kenntnisse erwerben, über Verwendung von Sprache nachdenken und sie als System verstehen [...]
>
> **Sprechen und Zuhören**
> zu anderen, mit anderen, vor anderen sprechen, Hörverstehen entwickeln [...]

Schreiben
reflektierend, kommunikativ und gestalterisch schreiben [...]

Lesen – mit Texten und Medien umgehen
Lesen, Texte und Medien verstehen und nutzen, Kenntnisse über Literatur erwerben [...]"
(KMK 2003c, 8).

Die inhaltliche Ausgestaltung und Strukturierung dieser vier Kompetenzbereiche macht deutlich, dass literarische Texte in diesen Dokumenten gegenüber anderen Texten keine hervorgehobene Stellung einnehmen. Zunächst steht der Umgang mit jeglicher Form von Texten im Vordergrund. Darüber hinaus wird Orientierungswissen in Sprache und Literatur (KMK 2003c, 9) anvisiert oder auch die Kompetenz, „literarische Texte verstehen und nutzen [zu können]" (KMK 2003c, 14), verfolgt.

Die Bildungsstandards im Fach Deutsch für die Allgemeine Hochschulreife (KMK 2012c) führen diese Positionen weiter. Sie heben die Auseinandersetzung mit Literatur, Sprache und Kommunikation als Charakteristikum des Deutschunterrichts hervor, wobei produktive und rezeptive Text- und Gesprächskompetenz ebenso wie literarhistorisches und ästhetisches Bewusstsein anvisiert werden (KMK 2012c, 13). Dabei gibt es folgende Kompetenzbereiche (KMK 2012c, 15 ff.): (1) Sprechen und Zuhören (dialogische Gesprächsformen: mit anderen sprechen, monologische Gesprächsformen: vor anderen sprechen); (2) Schreiben (Schreibstrategien anwenden, in unterschiedlichen Textformen schreiben), (3) Lesen; (4) sich mit Texten und Medien auseinandersetzen (sich mit literarischen Texten auseinandersetzen, sich mit pragmatischen Texten auseinandersetzen, sich mit Texten unterschiedlicher medialer Form und Theaterinszenierungen auseinandersetzen), (5) Sprache und Sprachgebrauch reflektieren.

Anders als noch in den Bildungsstandards für den Mittleren Schulabschluss gibt es hier die Kompetenz, sich mit literarischen Texten auseinanderzusetzen, die explizit der Auseinandersetzung mit literarischen Texten gewidmet ist: „Die Schülerinnen und Schüler erschließen sich literarische Texte von der Aufklärung bis zur Gegenwart und verstehen das Ästhetische als eine spezifische Weise der Wahrnehmung, der Gestaltung und der Erkenntnis. Sie verfügen über ein literaturgeschichtliches und poetologisches Überblickswissen, das Werke aller Gattungen umfasst, und stellen Zusammenhänge zwischen literarischer Tradition und Gegenwartsliteratur auch unter interkulturellen Gesichtspunkten her" (KMK 2012b, 18).

Dieser Kompetenzbereich trägt der Bezugnahme auf literarische Texte Rechnung, wobei inhaltliche Bezüge zur Literaturgeschichte oder zu Gattungswissen explizit formuliert werden. Literatur kommt damit vor allem in der Sekundarstufe II ein expliziter Stellenwert im Fach Deutsch zu, während gleichzeitig das Verständnis von *reading literacy* die Grundstruktur der Bildungsstandards prägt, die mehrheitlich Kompetenzen und nur wenige Kenntnisse benennen und sich vor allem auf kognitive Leistungen im Leseprozess beziehen.

Bildungsstandards für die erste beziehungsweise fortgeführte Fremdsprache (Englisch/Französisch)

Ausgehend vom *Gemeinsamen Europäischen Referenzrahmen für Sprachen* (Europarat 2001) rücken die Bildungsstandards für die erste Fremdsprache (Englisch/Französisch) für den Mittleren Schulabschluss (KMK 2003b) kommunikative, interkulturelle und methodische Kompetenzen in den Mittelpunkt und stellen Zusammenhänge zur persönlichen Weiterentwicklung und zu beruflichem Erfolg der Lernenden her. Fremdsprachenlernen wird primär im Blick auf eine mögliche Anwendung betrachtet, was wesentlich auch die Erziehung Jugendlicher zu verantwortungsvollen, mündigen Bürgern impliziert (vgl. KMK 2003b, 6).

Der Erwerb der angestrebten Kompetenzen wird durch sprachlich und kognitiv anspruchsvolle Aufgaben, durch Herstellung von Bezügen zwischen mehreren erlernten Fremdsprachen, durch Methodenkompetenz und Förderung von Selbstständigkeit und Selbstverantwortung unterstützt. Dabei sollen „den Schülerinnen und Schülern mit ausdrücklichem Bezug auf die aktive Teilhabe am gesellschaftlichen und kulturellen Leben auch Themen- und Handlungsfelder in ihrer literarischen bzw. ästhetischen/gestalterischen Qualität erfahrbar gemacht werden [...]" (KMK 2003b, 7–8).

Nur wenige Kompetenzbeschreibungen in den Bildungsstandards berücksichtigen die Auseinandersetzung mit literarischen Texten, allerdings sind sie in das Leseverstehen anderer Texte eingebettet:

„Die Schülerinnen und Schüler können [...]
- längere Texte nach gewünschten Informationen durchsuchen und Informationen aus verschiedenen Texten zusammentragen, um eine bestimmte Aufgabe zu lösen (B1+),
- in kürzeren literarischen Texten (z. B. Short Stories) die wesentlichen Aussagen erfassen und diese zusammentragen, um eine bestimmte Aufgabe zu lösen (B1),
- die Aussagen einfacher literarischer Texte verstehen,
- in klar geschriebenen argumentativen Texten zu vertrauten Themen die wesentlichen Schlussfolgerungen erkennen, z. B. in Zeitungsartikeln (B1/B1+)" (KMK 2003b, 12).

Der Sekundarstufe I entsprechend geht es um das Lesen und Verstehen von einfacheren und kürzeren literarischen Texten, zum Beispiel Short Stories oder Jugendliteratur. Im Vordergrund steht die Informationsentnahme beim Verstehen der Texte, hingegen kommen komplexere Perspektiven wie der Umgang mit der Mehrdeutigkeit literarischer Texte oder ihre Relevanz mit Blick auf interkulturelle Kompetenzen hier nicht zur Sprache.

Die Bildungsstandards für die fortgeführte Fremdsprache für die Allgemeine Hochschulreife (KMK 2012a) entwickeln dieses Verständnis weiter und weiten es den Jahrgangsstufen entsprechend aus.

Die Kompetenzen werden folgendermaßen strukturiert (KMK 2012a, 13 ff.): 1. funktionale kommunikative Kompetenz (Hör-/Hörsehverstehen, Leseverstehen, Schreiben, Sprechen, Sprachmittlung, Verfügen über sprachliche Mittel und kommunikative Strategien); 2. interkulturelle kommunikative Kompetenz (Verstehen, Handeln, Wissen, Einstellungen, Bewusstheit); 3. Text- und Medienkompetenz (mündlich, schriftlich, medial); 4. Sprachbewusstheit; 5. Sprachlernkompetenz.

In dieser Struktur wird Literatur zunächst nicht explizit erwähnt. Daneben spielen Inhalte eine Rolle, zum Beispiel Kenntnisse über anglofone beziehungsweise frankofone Kulturen und die Auseinandersetzung mit Themen der Lebens- und Erfahrungswelt der Lernenden, des öffentlichen Lebens der Zielkulturen, des Alltags und der Berufswelt sowie Themen globaler Bedeutung.

Auch kulturelle, politische, gesellschaftliche, wirtschaftliche, geografische und geschichtliche Aspekte kommen zum Tragen. „Werke der Literatur, Filme, thematisch relevante Werke der darstellenden Kunst eröffnen spezifische Zugänge zu unterschiedlichen individuellen, universellen und kulturspezifischen Sichtweisen" (KMK 2012a, 10).

In dieser Passage wird Literatur nun explizit für den Fremdsprachenunterricht berücksichtigt. Darüber hinaus spielen Texte (und damit auch literarische Texte) in verschiedenen Teilkompetenzen eine Rolle. So wird beispielsweise angestrebt, dass Schülerinnen und Schüler Texte zu literarischen und nichtliterarischen Textvorlagen verfassen (KMK 2012a, 18) und dass sie literarische und nichtliterarische Textvorlagen transformieren (KMK 2012a, 19).

Gerade im Bereich der Text- und Medienkompetenz erfolgt ein deutlicher Bezug auf literarische Texte. Für das grundlegende Niveau wird Folgendes formuliert:

„Die Schülerinnen und Schüler können
- sprachlich und inhaltlich komplexe, literarische und nicht-literarische Texte verstehen und strukturiert zusammenfassen
- mithilfe sprachlichen, inhaltlichen sowie textsortenspezifischen und ggf. stilistisch-rhetorischen Wissens literarische und nicht-literarische Texte aufgabenbezogen analysieren, deuten und die gewonnenen Aussagen am Text belegen
- die Wirkung spezifischer Gestaltungsmittel medial vermittelter Texte erkennen und deuten
- sich mit den Perspektiven und Handlungsmustern von Akteuren, Charakteren und Figuren auseinandersetzen und ggf. einen Perspektivenwechsel vollziehen
- bei der Deutung eine eigene Perspektive herausarbeiten und plausibel darstellen
- Textvorlagen durch das Verfassen eigener – auch kreativer – Texte erschließen, interpretieren und ggf. weiterführen

- ihr Erstverstehen kritisch reflektieren, relativieren und ggf. revidieren
- Hilfsmittel zum vertieften sprachlichen, inhaltlichen und textuellen Verstehen und Produzieren von Texten selbstständig verwenden" (KMK 2012a, 23).

In dieser Struktur und Gestaltung wird eine deutliche Weiterentwicklung gegenüber den Bildungsstandards für den Mittleren Schulabschluss (KMK 2003b) erkennbar: Die Text- und Medienkompetenz ist umfassender angelegt als die funktionalen kommunikativen Kompetenzen und trägt der Vielschichtigkeit der Auseinandersetzung mit literarischen Texten stärker Rechnung. Die Bildungsstandards für die Allgemeine Hochschulreife (KMK 2012b) legen einen breiten Textbegriff zugrunde, sie visieren neben der Rezeption auch die Produktion von Texten an und stellen Verknüpfungen zu interkulturellen Kompetenzen, zu Sprachlernkompetenz und zu Sprachbewusstheit her (vgl. Caspari 2013).

Insgesamt werden literarische Texte in den Bildungsstandards berücksichtigt, jedoch gleichzeitig in ein Verständnis der *reading literacy* im Rahmen eines weiten Textbegriffs eingefügt.

3 Ästhetisch-literarische Kompetenzen in der Diskussion

So sinnvoll Kompetenzorientierung und Bildungsstandards in ihrem Bestreben nach Vergleichbarkeit und Transparenz des Umgangs mit allen Lernenden, nach Verbindung von Kompetenz und Performanz oder nach einem Fokus auf Output statt Input auch sind, führen sie doch gleichzeitig auch zu einem veränderten Verständnis des Literaturunterrichts und tendenziell zu einer Reduktion der Relevanz literarischer Texte im Deutsch- und Fremdsprachenunterricht. Daher sind Fragen zum Verhältnis zwischen Literaturunterricht, Bildungsstandards und Kompetenzorientierung in der Deutsch- und Fremdsprachendidaktik Gegenstand kontroverser Diskurse. Dabei geht es um den Stellenwert literarischer Texte im Deutsch- und Fremdsprachenunterricht, um die Gewichtung, Ausgestaltung und Zielsetzungen des Literaturunterrichts im Zeichen der Kompetenzorientierung oder auch um das Verständnis ästhetisch-literarischer Kompetenzen.

Die Auseinandersetzungen bewegen sich zwischen zwei Polen (Fäcke 2013): Auf der einen Seite stehen Positionen, die die Vereinbarkeit von Bildungsstandards und literarisch-ästhetischer Bildung kritisch betrachten und die in einem pragmatisch ausgerichteten Lesekompetenzbegriff die Gefahr eines utilitaristischen Umgangs mit Literatur, die Vernachlässigung von Bildungszielen sowie den Verlust eines lustvollen literarischen Lesens sehen. Hierzu gehören vor allem diejenigen, deren Verständnis des Literaturunterrichts durch Überlegungen in der Tradition der Rezeptionsästhetik geprägt ist (z. B. Bredella 2007a; Spinner 2005). Der Fokus der Bildungsstandards (insbesondere des Mittleren Schulabschlusses) auf kognitive und leicht evaluierbare Kompetenzen führe zur Einengung des Kompetenzbegriffs, sodass bildungsorientierte und damit auch ästhetisch-literarische Kompetenzen nicht berücksichtigt würden (Bonnet und Breidbach 2013).

Auf der anderen Seite stehen Positionen mit einer kritischen Einstellung gegenüber der Vorrangstellung eines philologisch geprägten Literaturunterrichts mit klassischem Literaturkanon und bildungsorientierter Wissensvermittlung, was zu einem Votum für die Bildungsstandards als orientierendem Prinzip auch für den Literaturunterricht führt. Anstelle vorwiegend textanalytisch-interpretatorischer Arbeit mit Literatur wird eher ein bedarfsbezogener beziehungsweise fertigkeits-, medien- oder inhaltsorientierter Zugang (vgl. Zydatiß 2001, 223) favorisiert (Schröder 2001; Zydatiß 2005b).

In den Fremdsprachendidaktiken gibt es moderate Positionen zwischen den genannten Polen (vgl. zur Spannbreite der Positionen Bausch et al. 2005). So sehen sich einige Literaturdidaktiker vor die Herausforderung gestellt, den Literaturunterricht vor dem Hintergrund der Kompetenzorientierung zu legitimieren und Kompetenzbeschreibungen für den Umgang mit Literatur vorzulegen, und einige Vertreter eines an den Bildungswissenschaften orientierten Diskurses stellen sich die Frage nach der Bildungsrelevanz und den Inhalten im Bildungsprozess.

Konkrete Anknüpfungspunkte bestehen zum Beispiel in Überlegungen zur Entwicklung eines Kompetenzschemas für den fremdsprachlichen Literaturunterricht mit entsprechenden Niveaustufen (Burwitz-Melzer 2007b), zur Präzisierung ästhetisch-literarischer Kompetenzen (Rössler 2010) oder auch zur Entwicklung eines Literaturcurriculums, das den kontinuierlichen Aufbau literarischer Kompetenzen für die Sekundarstufe I beinhaltet (Hallet und Nöth 2015). Diesen Positionen ist gemeinsam, dass sie die Logik eines kompetenzorientierten Diskurses auf ästhetisch-literarische Kompetenzen beziehen und operationalisierbare Kompetenzen für diesen Bereich formulieren.

Wer den Literaturunterricht und die Entwicklung von Kompetenzen im Fremdsprachenunterricht zusammendenkt, erachtet die Verbindung von Literatur, Bildung und Kompetenzen als Herausforderung und nicht als Bedrohung (Hallet 2015a). Dies führt auch zu einem weiten Literaturbegriff „literarisch-ästhetischer Texte", der zum Beispiel auch Sitcoms, Comics und Graphic Novels beinhaltet, und zu einem kompetenzorientierten Konzept literarischer Bildung, das den Erwerb lebensweltbezogener und literaturbezogener Kompetenzen umfasst (Hallet 2015, 13–14).

Positionen, die die genannten Pole zusammendenken, führen auch zur Entwicklung eines Modells literaturbezogener Kompetenzen für die Sekundarstufe I, indem motivationale und attitudinale Kompetenzen, ästhetische und kognitive Kompetenzen sowie sprachliche und diskursive Kompetenzen unterschieden werden (Diehr und Surkamp 2015, 25). Diese Überlegungen zur Evaluation literaturbezogener Fähigkeiten (Diehr und Surkamp 2015) machen das Spannungsverhältnis eines kompetenzorientierten Literaturunterrichts deutlich. So schlagen Bärbel Diehr und Carola Surkamp eine informelle Selbst- und Peerevaluation, Lerntagebücher und Portfolios für die Evaluation vor, sie verweisen auf die bestehende schulische Praxis der Evaluation auf Basis literarischer Texte, allerdings vermeiden sie eine kritische Bezugnahme auf kompetenzorientierte Prüfungsaufgaben, wie sie beispielsweise in den Bildungsstandards zur Illustration vorgegeben sind (Diehr und Surkamp 2015, 34 ff.).

Auch in der Deutschdidaktik gibt es umfangreiche Diskussionen zum Verhältnis zwischen Literaturunterricht und Bildungsstandards. Die Positionen spiegeln sich im Verständnis und in der Ausdifferenzierung der Kompetenzen, die mit der Lektüre literarischer Texte im Unterricht verbunden werden.

So nimmt Norbert Groeben für den Deutschunterricht keine Unterscheidung zwischen dem Lesen literarischer und nicht-literarischer Texte vor (Groeben 2002b). Die kognitionspsychologische Lesekompetenzforschung (Richter und Christmann 2002) fokussiert den Leseprozess unter Bezugnahme auf hierarchische Modelle des Lesens beziehungsweise Textverstehens und auf interindividuelle Unterschiede, wobei die Frage der Textsortenspezifik als irrelevant abgelehnt wird.

Ausgehend von einem Verständnis von „Lesekompetenz als eine[r] Form gesellschaftlich-kultureller Teilhabe" (Schreier und Rupp 2002, 251) und vor dem Hintergrund aktueller gesellschaftlicher Entwicklungen verliere „die Unterscheidung zwischen Informations- und literarischen Texten als auch zwischen Informations- und literarischem Lesen im Rahmen einer Mediengesellschaft an Bedeutung" (Schreier und Rupp 2002, 269), sodass das Lesen als kognitiv-konstruktive Aktivität verstanden wird, ohne Unterscheidungen der Lesetexte (und Spezifika literarischer Texte) zu treffen.

Andere hingegen differenzieren zwischen Lesekompetenz und literarischer Rezeptionskompetenz (Eggert 2002) oder zwischen dem Lesen von Sachtexten und von literarischen Texten, wobei Letztere durch Fiktionalität, Polyvalenz und Ästhetik zu charakterisieren seien (Rosebrock und Wirthwein 2014, 18). Dieses Verständnis umfasst die Berücksichtigung der Subjektebene von Lesekompetenz, das heißt das Leseengagement, das lesebezogene Selbstkonzept, Selbstreflexion oder auch die Lesesituation. Literarisches Lesen sei subjektiv und somit schwer zu evaluieren. Daher werde in den Bildungsstandards nicht explizit zwischen Lesekompetenz in Bezug auf Sachtexte und auf literarische Texte unterschieden, sodass Leistungsorientierung im Widerspruch zu ästhetischer Bildung stehe (Rosebrock und Wirthwein 2014, 20).

Neben der Skepsis gegenüber literaturdidaktischer Forschung im Bereich der Kompetenzorientierung (Abraham 2007) wird empirische Forschung auch in der Literaturdidaktik realisiert, zum Beispiel in Studien zur literarischen Verstehenskompetenz (Frederking 2013b) oder auch zur literarästhetischen Kommunikation im Deutschunterricht (Frederking et al. 2013). Dabei zeigt sich, dass sachtextuelle Lesekompetenz und literarische Verstehenskompetenz empirisch unterscheidbare Kompetenzdimensionen beziehungsweise Konstrukte sind (Frederking 2013b, 128–129). Dies führt zur Unterscheidung von *reading literacy* und *literary literacy*. Relevant sind in diesen Kontexten die Mehrdeutigkeit und Ästhetik literarischer Texte, das subjektive Leseverständnis sowie schwer operationalisierbare literarische Verstehenskompetenzen.

4 Herkömmlicher Literaturunterricht und standardbasierter Literaturunterricht im Vergleich

Nach der Darstellung aktueller Entwicklungen im Kontext der Bildungsstandards sowie verschiedener Diskurse in den Didaktiken steht im Folgenden der Literaturunterricht selbst im Mittelpunkt. So werden Gemeinsamkeiten und Unterschiede zwischen einem rezeptionsästhetisch geprägten Literaturunterricht und einem standardbasierten Literaturunterricht zusammenfassend dargestellt und analysiert. Der historische Rückblick auf die Literaturdidaktik zeigt unter anderem Entwicklungen verschiedener literaturdidaktischer Modelle im Spannungsfeld zwischen Text- und Leserorientierung auf. So war der Literaturunterricht unter anderem von Sichtweisen des *New Criticism*, von einer ideologiekritischen Literaturwissenschaft und besonders von der Rezeptionsästhetik geprägt (Fäcke 2017, 196 ff.)

Begründungen und Zielsetzungen des Literaturunterrichts wurden aus dem Bildungsbegriff in der Tradition Humboldts abgeleitet und zielten neben der Vermittlung kanonisierter Themen und literarischer Texte auf die Bildung, Erziehung und Persönlichkeitsentwicklung Jugendlicher, die an der Auseinandersetzung mit Goethe, Shakespeare und Molière reifen sollten. Fragen der Werteerziehung, die Auseinandersetzung mit dem Wahren und Schönen, mit Fragen von Freiheit, Schuld und Verantwortung wurden als zentrale Bestandteile gymnasialer Bildung gesehen, zu der die Lektüre des *Hamlet*, Lessings Ringparabel oder der Existenzialismus Sartres einen Beitrag leisten sollten.

Während im Deutschunterricht die Komplexität und der Voraussetzungsreichtum von Texten als relevante Kriterien zur Auswahl literarischer Texte gelten, ist gerade im Fremdsprachenunterricht der Grad der Angemessenheit für das fremdsprachliche Niveau der Lernenden ein zentrales Kriterium, sodass in den ersten Lernjahren adaptierte und didaktisch aufbereitete Texte oder auch Texte der Kinder- und Jugendliteratur gelesen werden. Im fortgeschrittenen Fremdsprachenunterricht besteht zunehmend die Tendenz zur Lektüre längerer literarischer Ganzschriften, vor allem im Bereich der Sekundarstufe II.

Gerade für den Französischunterricht gibt es seit Jahrzehnten einen ausgeprägten literarischen Kanon. Nach empirischen Untersuchungen über die Verwendung literarischer Texte im Französischunterricht, das heißt zum Einsatz französischer Autoren und Werke im Oberstufenunterricht von den 1970er bis zu den 1990er Jahren (Weller 2000), dominierten immer wieder bestimmte Autoren. Dabei unterscheidet sich die Reihenfolge der Favoriten leicht. Dazu gehören Camus, Molière, Sartre, Saint-Exupéry, Maupassant, Voltaire, Anouilh und Ionesco. Die häufigsten genannten literarischen Texte sind: *Le Petit Prince*, *L'Étranger*, *Rhinocéros*, *Antigone*, *Huis clos*, *La Peste*, *Le Cid* und *Candide*. Abgesehen von Corneille und Racine, die noch in den 1970er Jahren dominieren und in den 1990er Jahren eher hintere Ränge einnehmen, stehen mit Camus, Sartre, Molière und Saint-Exupéry konstant dieselben Autoren an der Spitze.

Da es demgegenüber bislang noch keine empirisch begründeten Ergebnisse zur Umsetzung eines standardbasierten Literaturunterrichts gibt, lassen sich an dieser Stelle nur Rückschlüsse aus inhaltlichen Präzisierungen der Bildungsstandards oder aus Unterrichtsmaterialien, das heißt Lehrwerken und Lektüren, ziehen. Der Literaturunterricht auf Basis der Bildungsstandards ist eingebettet in einen breiten Textbegriff, demzufolge literarische Texte keine Sonderstellung neben anderen Texten einnehmen. Die Orientierung an *reading literacy* führt dazu, dass Literatur nicht als Selbstzweck gesehen wird, sondern einer lebensnahen Anwendung dienen soll. Als Ziel wird für die Lernenden wiederum persönliche Entwicklung und gesellschaftliche Teilhabe formuliert. Texte werden insgesamt mit Blick auf ihren Voraussetzungsreichtum, ihre sprachliche Komplexität und ihre inhaltliche Dichte (KMK 2012b, 15) ausgewählt.

Insgesamt hat sich der Stellenwert des Literaturunterrichts nach Einführung der Bildungsstandards und nach Umsetzung eines an Aufgaben ausgerichteten Unterrichts verändert. Die Reduktion literarischer Texte in Lehrmaterialien für den Fremdsprachenunterricht legt die Schlussfolgerung nahe, dass die Lektüre literarischer Texte gegenüber anderen Texten an Gewicht verloren hat. Darüber hinaus ist die Bearbeitung der Texte weniger an Aufgaben im Zeichen der Rezeptionsästhetik orientiert, sondern eher im Sinne der Aufgabenorientierung (Ellis 2003) gestaltet.

Im Folgenden werden die Charakteristika eines herkömmlichen, von der Rezeptionsästhetik geprägten Literaturunterrichts mit denen eines kompetenzorientierten, standardbasierten Literaturunterrichts verglichen. Die Übersicht ist zwangsläufig simplifizierend, um die jeweiligen Besonderheiten hervorzuheben.

‚Traditioneller' Literaturunterricht	Standardbasierter Literaturunterricht
Literaturauswahl: – geprägt durch literaturwissenschaftlich begründeten literarischen Kanon und – curriculare Vorgaben (Lehrplan)	Literaturauswahl: – geprägt durch Lernerorientierung, Lernerinteresse, Grad der Komplexität, vorausgesetzte Vorkenntnisse, Altersangemessenheit – keine konkreten inhaltlichen Vorgaben in den Bildungsstandards; Ausnahme: „Literaturepochen von der Aufklärung bis zur Gegenwart" (KMK 2012b, 18)
Literarischer Kanon: – Textauswahl nach Kriterien der Qualität, Komplexität und Repräsentativität einzelner literarischer Texte – z. B. im Französischunterricht kanonisierte Autoren/Texte: Molière, Voltaire (*Candide*), Maupassant (Novellen), Camus (*L'Étranger*), Ionesco (*Rhinocéros*), La Fontaine (Fabeln), Prévert (Gedichte)	Literarischer Kanon: – Textauswahl nach Kriterien der Umsetzbarkeit und Anwendbarkeit in lebensnahen Zusammenhängen – Betonung des Bezugs zu interkulturellen Kompetenzen – Angemessenheit, Qualität, Komplexität der Texte
Begründung des Literaturunterrichts: – Vermittlung zentraler Texte der deutschsprachigen/englischsprachigen/französischsprachigen Literatur – Beitrag zu Bildung und Persönlichkeitsentwicklung	Begründung des Literaturunterrichts: – keine spezifischen Aussagen in den Bildungsstandards – insgesamt: Förderung von Allgemeinbildung und Persönlichkeitsentwicklung
Stellenwert des Literaturunterrichts: – im Fach Deutsch: Literaturunterricht als ein zentraler Bereich des Unterrichts der Sekundarstufen I und II – in den Fremdsprachen: Literaturunterricht als ein nachgeordneter Bereich in der Spracherwerbsphase der Sekundarstufe I, Literaturunterricht als ein zentraler Bereich in der Sekundarstufe II	Stellenwert des Literaturunterrichts: – im Fach Deutsch: Literaturunterricht als ein zentraler Bereich des Unterrichts der Sekundarstufen I und II – in den Fremdsprachen: deutliche Nachordnung des Literaturunterrichts in der Sekundarstufe I (z. T. völlige Ausgrenzung aus der Spracherwerbsphase), Literaturunterricht als ein nachgeordneter Bereich in der Sekundarstufe II
Durchführung des Literaturunterrichts: – Umsetzung zwischen Text- und Leserorientierung – Prägung durch Rezeptionsästhetik, kreative Verfahren, Handlungs- und Produktionsorientierung	Durchführung des Literaturunterrichts: – standardbasierte Umsetzung mit Aufgabenorientierung (*task based language learning*) (Ellis 2003)

5 Aufgabenorientierung

Erste Anfänge der Aufgabenorientierung finden sich in den 1980er Jahren im englischsprachigen Raum, jedoch setzt sich *task based language learning* (Ellis 2003) erst nach der Jahrtausendwende in Deutschland breiter durch (z. B. Müller-Hartmann 2005; Leubner und Saupe 2016).

Charakteristika und Zielsetzungen bestehen in der konsequenten Berücksichtigung des konkreten und persönlichen Lebensbezugs beim Lernen einer Fremdsprache, sodass der Fremdsprachenunterricht nicht auf der Grundlage fiktiver Situationen umgesetzt wird, sondern mit authentischen Aufgaben, bei denen die Schülerinnen und Schüler als sie selbst handeln und die Aufgaben bearbeiten beziehungsweise lösen. „Eine *task* nennt den Zweck und das erwartete Ergebnis einer Aktivität, sie legt den Schwerpunkt auf die Bedeutung dessen, was gesagt wird und nicht auf die Verwendung einer bestimmten Form (z. B. die Anwendung einer grammatischen Struktur) und sie versucht, die Sprache so zu verwenden, wie sie im Alltag vorkommen könnte (*real or authentic language use*)" (Müller-Hartmann 2005, 3).

Dieses Verständnis einer ‚Aufgabe' weist große Unterschiede zu dem bisher gängigen Aufgabenbegriff im Fremdsprachenunterricht auf, sodass eine *task* in diesem Sinne nicht mit der Gestaltung gängiger Hausaufgaben oder Übungen beziehungsweise *exercices* übereinstimmt, in denen Lückenübungen, Umformungsübungen und ähnliche Formate dominieren. Aufgaben zielen auf die Aushandlung von Bedeutung und visieren flüssige Sprachproduktion, sprachliche Richtigkeit und sprachliche Komplexität (*fluency, accuracy, complexity*) bei den Schülerinnen und Schülern an. Charakteristika bestehen daher in der Fokussierung individueller und vielfältiger Lösungswege zur Bewältigung einer Aufgabe, in der Berücksichtigung von Authentizität oder der Bezugnahme auf komplexe Teilaspekte wie zum Beispiel auf funktionale oder formalsprachliche Aspekte. Somit kann eine Aufgabe auf das Klassenzimmer oder auch auf außerschulische Kontexte gerichtet sein. Aufgaben sind primär inhaltsbezogen, können allerdings ebenfalls formale Aspekte der Sprache berücksichtigen oder auch einen Bezug zu Bildung entwickeln: „1. Bildungsrelevante Aufgaben haben Bedeutung für die Alltagswelt der Schüler (also die unmittelbare Gegenwart) und für ihre vermutliche Zukunft. Darüber hinaus haben sie exemplarische Bedeutung, d. h. sie dienen der Klärung allgemeiner Zusammenhänge. 2. Bildungsrelevante Aufgaben fördern die Teilhabe an einer Kultur, die zunehmend mehrsprachig orientiert ist" (Weskamp 2004, 168).

Aus dieser Konzeption entwickelt sich ein bestimmtes Verständnis von Aufgaben, das den Überlegungen im Kontext der Kompetenzorientierung und der Bildungsstandards in weiten Teilen entspricht beziehungsweise entgegenkommt.

Charakteristika der Aufgaben bestehen in
- lebensweltlichem Bezug: außerschulische Realitäten als Rahmen und Inhalt einer Aufgabe, Abkehr von der Pseudoauthentizität fiktiver Übungen der kommunikativen Didaktik;
- Handlungsorientierung: konkrete Umsetzungen der Aufgaben möglichst mit authentischem Bezug innerhalb des Klassenraums (*pedagogical task*) oder mit Bezügen über den Klassenraum hinaus (*real world task, target task*);
- Komplexität: Rahmenaufgabe und verschiedene Teilaufgaben zur Vorbereitung auf die Rahmenaufgabe;
- Outputorientierung: konkrete Ergebnisse der Aufgaben, zu erreichende Kompetenzen aufseiten der Schülerinnen und Schüler;
- Inhaltsorientierung: Themen und Inhalte im Vordergrund der Aufgabe, Nachordnung formaler oder metasprachlicher Perspektiven;
- Problemorientierung: Bearbeitung, Bewältigung oder Lösung möglichst ‚realer' Probleme;
- Lernerorientierung: Berücksichtigung der Lernenden, ihrer individuellen und vielfältigen Lösungswege, ihrer Umgangsweisen mit der Aufgabenstellung und Antworten auf die *task*;
- Offenheit: Prinzipien des offenen Unterrichts oder konstruktivistischer Lerngestaltungen, verändertes Verhältnis zwischen Lehrenden und Lernenden, Lehrende als Lernbegleiter und Lernberater (vgl. Fäcke 2017, 82).

Insgesamt rückt in einem an Übungen orientierten Fremdsprachenunterricht vor allem die sprachliche Form ins Zentrum und die Schülerinnen und Schüler werden häufig in eine durch Passivität und Reaktion gekennzeichnete Lernerrolle gebracht. Dahingehend rückt die Bedeutung und Funktion der Sprache im aufgabenorientierten Fremdsprachenunterricht in den Mittelpunkt und die Schülerinnen und Schüler werden als Sprachanwender gesehen. Viele aktuelle Lehrwerke sind am Prinzip der Aufgabenorientierung ausgerichtet und bilden damit einen Indikator für die zunehmende Verbreitung dieses Ansatzes.

Auch in der Deutschdidaktik wird Aufgabenorientierung im Zuge der Ausrichtung an Kompetenzen zentral aufgegriffen. Neben Parallelen zu den oben genannten Charakteristika aus fremdsprachendidaktischen Diskursen werden in der Deutschdidaktik auch Aufgabenmodelle entwickelt, die explizit auf das Textverstehen im Literaturunterricht bezogen sind. Im Mittelpunkt von Aufgaben zu literarischen Texten steht die Texterschließung im Literaturunterricht, in der es um die Erkennung der Strukturen literarischer Texte, um Textdeutung und um den Bezug auf die Lebenswirklichkeit geht (Leubner und Staupe 2016).

6 Standardbasierter Literaturunterricht

Standardbasierter Literaturunterricht ist im Sinne der Aufgabenorientierung wesentlich durch Lern- und Prüfungsaufgaben geprägt, die im Folgenden an Beispielaufgaben aus den Bildungsstandards analysiert werden. Die Bildungsstandards im Fach Deutsch (KMK 2012b) enthalten drei illustrierende Lernaufgaben zum Kompetenzbereich „Sich mit Texten und Medien auseinandersetzen", von denen zwei auf literarische Texte Bezug nehmen (KMK 2012b, 122 ff. und 131 ff.). Darüber hinaus gibt es sieben illustrierende Prüfungsaufgaben, darunter zwei zur Interpretation literarischer Texte (KMK 2012b, 30 ff. und 44 ff.) und eine zur Erörterung literarischer Texte (KMK 2012b, 54 ff.). Die Texte stammen von Autoren des 20. Jahrhunderts (Franz Kafka, Bertold Brecht, Franz Werfel und Paul Zech) und von den Klassikern Johann Wolfgang von Goethe, Friedrich Schiller und Joseph von Eichendorff.

In den Bildungsstandards für die fortgeführte Fremdsprache (Englisch/Französisch) (KMK 2012a) finden sich drei Lernaufgaben zum Fach Englisch und vier Lernaufgaben zum Fach Französisch. Jeweils zwei Lernaufgaben zu Englisch beziehungsweise Französisch nehmen Bezug auf einen literarischen Text, das heißt für Englisch sind es zwei Karikaturen und für Französisch ein Comic und ein Textauszug von Marcel Proust (KMK 2012a, 247 ff., 286 ff., 325 ff. und 342 ff.). Daneben gibt es jeweils drei Prüfungsaufgaben für Englisch und Französisch, von denen insgesamt fünf Aufgaben literarische Texte – einen Cartoon und vier Auszüge aus Gegenwartsromanen – enthalten (KMK 2012a, 40 ff., 68 ff., 103 ff., 146 ff. und 167 ff.).

Diese erste Übersicht verdeutlicht, dass literarische Texte im Deutschunterricht einen höheren Stellenwert einnehmen als im Fremdsprachenunterricht, der zudem von einem weiten Textbegriff geprägt ist.

Im Folgenden werden eine Lernaufgabe im Fach Deutsch und eine Prüfungsaufgabe für das Fach Französisch exemplarisch vorgestellt und analysiert, um die Struktur und Gestaltung des standardbasierten Literaturunterrichts zu verdeutlichen.

Lernaufgaben

Lernaufgaben im Fach Deutsch nehmen auf pragmatische Texte und auf literarische Texte Bezug. Einen Schwerpunkt bilden die Interpretation und die Erörterung literarischer Texte.

Die Lernaufgabe „Zwielicht" (KMK 2012b, 131 ff.) hat als Textvorlagen das Gedicht *Zwielicht* von Joseph von Eichendorff, einen Textausschnitt aus seinem

Roman *Ahnung und Gegenwart*, in dem dieses Gedicht enthalten ist, sowie das Gedicht *Dämmrung senkte sich von oben* von Johann Wolfgang von Goethe. Damit bezieht sich diese Aufgabe auf zentrale Autoren beziehungsweise Epochen der deutschen Literaturgeschichte.

Mit der Bearbeitung dieser literarischen Texte in neun Teilaufgaben werden folgende Kompetenzen anvisiert:

„Die Schülerinnen und Schüler können
- diachrone und synchrone Zusammenhänge zwischen literarischen Texten ermitteln und Bezüge zu weiteren Kontexten herstellen [...]
- Mehrdeutigkeit als konstitutives Merkmal literarischer Texte nachweisen [...]
- ihr Textverständnis argumentativ durch gattungspoetologische und literaturgeschichtliche Kenntnisse über die Literaturepochen von der Aufklärung bis zur Gegenwart stützen" (KMK 2012b, 132).

Die Aufgaben zur Interpretation der Texte sind im Sinne der Kompetenzorientierung angelegt. Die konkreten Vorgaben der folgenden Teilaufgabe laden zur Auseinandersetzung mit dem Text ein. Das Format ist durch eindeutige Arbeitsaufträge charakterisiert:

„Gedichtsammlungen sind oft thematisch gegliedert.
Lesen Sie das vorliegende Eichendorff-Gedicht ‚Zwielicht' und ordnen sie es mehreren Themenbereichen zu:
- Tageszeiten
- Natur und Menschenwelt
- Nachtseiten des Menschen
- Schicksal
- Krieg und Frieden
- Das Unheimliche
- Trost der Nacht
- Warnung vor dunklen Kräften
- Jäger und Jagd
- Liebe und Liebesverrat

Begründen Sie Ihre Entscheidung unter Rückgriff auf den Text und diskutieren Sie die angebotenen Zuordnungen in Ihrer Lerngruppe" (KMK 2012b, 133).

Leseverstehen wird hier anhand konkreter Anregungen überprüft, wobei der Offenheit und Mehrdeutigkeit des literarischen Textes Rechnung getragen wird, indem die Lernenden ihre Entscheidungen miteinander diskutieren. Auch die folgende Aufgabe trägt einem Globalverstehen Rechnung, indem die Überprüfbarkeit am Text mitberücksichtigt wird:

„Der Titel ‚Zwielicht' findet sich zum ersten Mal 1837 in der Ausgabe ‚Gedichte von Joseph Freiherrn von Eichendorff'.

Notieren Sie Ihre Assoziationen zum Begriff ‚Zwielicht' und stellen Sie Bezüge zum Gedicht her.
Prüfen Sie, ob der Titel auch dann zum Gedicht passt, wenn Sie den Kontext von ‚Ahnung und Gegenwart', soweit er Ihnen bekannt ist, berücksichtigen. Begründen Sie Ihre Ergebnisse unter Rückgriff auf das Gedicht im Kontext des Ihnen vorliegenden Romanauszugs" (KMK 2012b, 136).

Insgesamt zielen die Teilaufgaben auf den Aufbau eines Textweltmodells, auf die Validierung unterschiedlicher Deutungsangebote, auf die Interpretation des Textes auf der Ebene globaler Kohärenz, auf Sensibilisierung für die Mehrdeutigkeit des literarischen Textes, auf die Einbettung in den Kontext des Romans, auf die Auseinandersetzung mit dessen kulturhistorischer Kontextuierung und die Reflexion diachroner und synchroner Zusammenhänge (vgl. KMK 2012b, 137).

Die Struktur der Aufgabenformate ist an den eingangs formulierten Kompetenzen ausgerichtet, das heißt an dem, was Lernende durch die Bearbeitung der Aufgabe erreichen sollen. So geht es weder um die Vermittlung literarhistorischer Kenntnisse zu den Autoren beziehungsweise zur Epoche an sich noch um leserorientierte Aufgabenstellungen in der Tradition der Rezeptionsästhetik, die zum Beispiel auf das Verstehen der Denk- und Handlungsstrukturen der literarischen Protagonisten abheben oder auf kreative Verfahren, die Empathie und Perspektivenwechsel anbahnen sollen (Beispielaufgabe: Versetze dich in die Lage des Romanhelden und schreibe einen Brief an seine Schwester.).

Lernaufgaben für die Fremdsprachen sind analog gestaltet, berücksichtigen jedoch tendenziell eher alltagsrelevante Dimensionen unter Rückgriff auf einen breiten Textbegriff (vgl. z. B. die Aufgabe zu *La Madeleine* von Marcel Proust; KMK 2012a, 342).

Prüfungsaufgaben

In den Bildungsstandards für die fortgeführte Fremdsprache (Englisch/Französisch) wird für das Französischabitur folgende Prüfungsaufgabe (KMK 2012a, 146 ff.) zur Illustration vorgeschlagen:

Die Aufgabe „A la recherche d'un emploi" umfasst wie in den Fremdsprachen üblich mehrere Teilaufgaben, das heißt jeweils eine Teilaufgabe zum Leseverstehen, zum Schreiben und zur Sprachmittlung. Die Textgrundlage für das Leseverstehen und die Schreibaufgabe sind ein Ausschnitt aus dem Gegenwartsroman *Les tribulations d'une caissière* (Sam 2008). In dem Textausschnitt geht es um Empfehlungen für ein Bewerbungsgespräch auf eine Stelle als Kassiererin in einem großen Supermarkt.

Die erste Teilaufgabe bezieht sich auf das Leseverstehen (KMK 2012a, 150), das mit einem Multiple-Choice-Test überprüft wird. Die Lernenden entscheiden, ob ein Item zu einzelnen Textpassagen richtig oder falsch ist beziehungsweise ob es nicht im Text vorkommt, und führen zur Begründung Textbelege dazu an.

Daran schließt die komplexe Schreibaufgabe an:

2a Dégagez l'opinion d'Anna Sam sur les entretiens d'embauche dans les grandes surfaces tenant compte des moyens narratifs qu'elle emploie.

2b Discutez la position d'un manager en partant du passage suivant : « J'ai besoin de trouver un boulot pour vivre. Réponse fortement déconseillée. » (l.22).

2c TV5 vous invite à discuter avec d'autres jeunes : « Un boulot pour vivre ou pour s'épanouir ? » Pour ouvrir le débat, chaque participant est invité à prendre position. Rédigez le manuscrit (1 à 2 pages) de votre intervention personnelle. Attention : après l'émission, le manuscrit sera publié sur le site de TV5.
(KMK 2012a, 152)

Die Teilaufgabe 2a ist reproduktiv angelegt. Hier soll die Position der Autorin zu den Arbeitsbedingungen der Kassiererinnen herausgearbeitet und dabei auch auf erzählerische Mittel Bezug genommen werden. In der Teilaufgabe 2b geht es um implizites Textverstehen, insofern als dass die Perspektive eines Managers analysiert werden soll, wobei implizite Textinformationen mit textexternem Wissen verbunden werden. Teilaufgabe 2c fordert im Rahmen einer TV-Debatte eine Stellungnahme zu diesem Thema ein, die im Anschluss auf der Internetseite des Senders publiziert werden soll.

Der dritte Prüfungsteil beinhaltet eine Sprachmittlung mit Kontext- und Adressatenbezug. Die Prüflinge hören ein französischsprachiges Radiointerview zum Thema ‚Jobvermittlung' und sollen die wesentlichen Inhalte dem eigenen Bruder auf Deutsch in einer E-Mail zusammenfassend darstellen.

Insgesamt werden mit dieser Prüfungsaufgabe verschiedene Teilkompetenzen abgefragt, die unter anderem auch mit literarischen Texten in Zusammenhang stehen. Dazu gehören die Text- und Medienkompetenz, das Lesen und das Schreiben. Im Vergleich zum Fach Deutsch werden die Teilkompetenzen für den Fremdsprachenunterricht weit stärker ausdifferenziert:

„Text- und Medienkompetenz
Die Schülerinnen und Schüler können
- mithilfe sprachlichen, inhaltlichen sowie textsortenspezifischen und ggf. stilistisch-rhetorischen Wissens literarische und nicht-literarische Texte aufgabenbezogen analysieren, deuten und ihre Aussagen am Text belegen (Aufgabe 1–2)

- sich mit den Perspektiven und Handlungsmustern von Akteuren, Charakteren und Figuren auseinandersetzen und ggf. einen Perspektivenwechsel vollziehen (Aufgabe 2a, b)
- bei der Deutung eine eigene Perspektive herausarbeiten und plausibel darstellen (Aufgabe 2b)" (KMK 2012a: 147).

Analoge Ausdifferenzierungen der Kompetenzbeschreibungen gibt es auch für die Teilkompetenzen Lesen und Schreiben. Die Kompetenzbeschreibungen fallen gemäß der Aufgabenstruktur differenziert aus. Ausgehend von der Unterscheidung einzelner Teilkompetenzen werden die einzelnen Kompetenzen den Aufgaben konkret zugeordnet.

Charakteristika von Lern- und Prüfungsaufgaben

Die angeführten Beispiele machen Besonderheiten der Aufgabenformate für den Deutsch- und Fremdsprachenunterricht deutlich. Die Aufgaben in den Bildungsstandards sind textbasiert und berücksichtigen auch literarische Texte. Während Texte der Gegenwartsliteratur vor allem in den Fremdsprachen zum Einsatz kommen, zeigen Textbeispiele von Goethe, Eichendorff (KMK 2012b, 131 ff.) und Proust (KMK 2012a, 342), dass auch klassische, kanonisierte Literatur im standardbasierten Unterricht bearbeitet werden kann. Insgesamt ist die Auswahl der Texte von der Komplexität der Textstruktur, der Informationsdichte und dem Abstraktionsgrad bestimmt.

Charakteristika der Aufgaben sind die Berücksichtigung von Textsortenvielfalt, die möglichst klare Abgrenzung der einzelnen Teilaufgaben voneinander und ihre thematische Einbettung. Die Aufgaben haben Standardbezug und beinhalten in den Fremdsprachen primär Bezüge zu den Kompetenzbereichen Text-Medien-Kompetenz und interkulturelle kommunikative Kompetenz. Im Fach Deutsch spielen die Kompetenzen „Sich mit Texten und Medien auseinandersetzen" und insbesondere „Sich mit literarischen Texten auseinandersetzen" eine zentrale Rolle.

Die Aufgaben eröffnen Schülerinnen und Schülern Spielräume der Ausgestaltung und eigene Schwerpunktsetzungen. Gleichzeitig sind die Aufgabenformate durch Eindeutigkeit und Klarheit charakterisiert, was zum Ausschluss offener, wenig eindeutig überprüfbarer Aufgaben führt, wie zum Beispiel: „Schreibe einen Text zu Arbeitsbedingungen von Kassiererinnen." oder auch „Schreibe eine Erörterung zum Thema ‚Liebe'."

Daneben lassen sich Unterschiede zwischen den Aufgaben im Fach Deutsch und in den Fremdsprachen zumindest in Bezug auf die illustrierenden Aufgaben in den Bildungsstandards (KMK 2012a; KMK 2012b) feststellen. So sind die Teilkompetenzen in den Fremdsprachen deutlicher ausdifferenziert als im Fach Deutsch. Die illustrierenden Aufgaben sind in Deutsch stärker und häufiger auf klassische, kanonisierte Literatur bezogen als in den Fremdsprachen (z. B. KMK 2012b, 54 ff.; KMK 2012a, 40 ff. und 103 ff.). Darüber hinaus sind die Aufgabenformate in den Fremdsprachen mehr in aktuelle und konkrete Lebenskontexte eingebunden als in Deutsch. Während in Deutsch eine Teilaufgabe darin bestehen kann, dass beispielsweise Bezüge zwischen dem Titel eines Gedichts und dem Gedicht selbst diskutiert werden sollen, gibt es in den Fremdsprachen mehr Teilaufgaben mit (fiktivem) Bezug zu realen Lebenssituationen, wie dem Verweis auf einen Blog, dem Verfassen einer E-Mail oder der Formulierung einer Stellungnahme, die als Leserbrief in einer Zeitung oder im Internet publiziert werden soll (KMK 2012a, 40 ff. und 103 ff.).

7 Ausblick

Seit einigen Jahrzehnten gibt es konzeptionelle Veränderungen im Deutsch- und Fremdsprachenunterricht, die auch die Gewichtung des Literaturunterrichts und die Textauswahl betreffen. Insgesamt zeichnet sich dabei vor allem in den Fremdsprachen eine kontinuierliche Reduktion literarischer Texte ab. Die Tendenzen bestehen in einer Abkehr von klassischer Literatur und textorientiertem Literaturunterricht sowie in der Hinwendung zu (literarischen) Texten für einen Unterricht, der Lebensbezug und Umsetzbarkeit im Sinne der *reading literacy* stärker in den Vordergrund stellt.

Der klassische Bildungskanon des gymnasialen Literaturunterrichts in den Fächern Deutsch, Englisch und Französisch weicht damit einem kompetenzorientierten Bildungsverständnis, das sich einem konkreten Anwendungsbezug stärker verpflichtet sieht. Dies wirkt sich ebenfalls auf den Literaturunterricht aus. Die von den Bildungsstandards ausgelösten Modifikationen des Literaturunterrichts führen tendenziell zur Reduktion der Bedeutung des Literaturunterrichts, zu einem weiten Textbegriff und damit zu veränderter Auswahl literarischer Texte. Standardbasierter Literaturunterricht gestaltet sich insgesamt vorwiegend durch Lern- und Prüfungsaufgaben.

Die Entwicklungen seit der Publikation der PISA-Studie (Baumert et al. 2001) und der Einführung der Kompetenzorientierung im Zuge der Bildungsstandards beinhalten etliche konstruktive Impulse für den Literaturunterricht, die jedoch auch mit Nachteilen behaftet sind. Der gegenwärtige Stand der Diskussionen in Literaturdidaktik, Bildungswissenschaften und Bildungspolitik bildet dieses Spannungsverhältnis ab und lässt weitere Entwicklungen erwarten. Dazu gehören vermutlich erneute und verstärkte Diskussionen von Inhalten, Werten und Themen, die im Literaturunterricht zu verhandeln sind.

Weiterführende Literatur

Bausch, Karl-Richard et al. (Hrsg.) (2005). *Bildungsstandards für den Fremdsprachenunterricht auf dem Prüfstand. Arbeitspapiere der 25. Frühjahrskonferenz zur Erforschung des Fremdsprachenunterrichts*. Tübingen.

Bredella, Lothar (2007b). „Die welterzeugende und welterschließende Kraft literarischer Texte. Gegen einen verengten Begriff von literarischer Kompetenz und Bildung". *Literaturunterricht, Kompetenzen und Bildung*. Hrsg. von Lothar Bredella und Wolfgang Hallet. Trier: 65–85.

Fäcke, Christiane (2013). „‚Weiche Kompetenzen' als Prüfstein zur Integration von Bildung und Standards". *Bildung – Kompetenz – Literalität. Fremdsprachenunterricht zwischen Standardisierung und Bildungsanspruch*. Hrsg. von Andreas Grünewald et al. Seelze-Velber: 36–46.

Hallet, Wolfgang (2015a). „Literatur, Bildung und Kompetenzen. Eine bildungstheoretische Begründung für ein literaturbezogenes Kompetenzcurriculum". *Literaturkompetenzen Englisch. Modellierung – Curriculum – Unterrichtsbeispiele*. Hrsg. von Wolfgang Hallet et al. Seelze-Velber: 9–20.

Sabine Anselm
III.1.4 Ästhetische und ethische Bildung im Literaturunterricht

1 Anmerkungen aus historischer Perspektive

Literaturunterricht in der Schule hat heute eine doppelte Bedeutung: Zum einen ist er Ausdruck des institutionalisierten Miteinanders von ästhetischer und ethischer Bildung und der Ort, an dem Teilhabe an Kultur initiiert wird. Dabei sind domänenspezifische Praktiken – beispielsweise Analysieren und Interpretieren – einzuüben, die eine elementare Voraussetzung für ästhetische und ethische Bildung darstellen. Die in diesem Kontext beteiligten Akteure erhalten sowohl eine normierende, als auch eine legitimierende Funktion dafür, was grundsätzlich unter Bildung zu verstehen ist (vgl. Obraz 2009, 181). Zum anderen stellt Literaturunterricht einen Kulminationspunkt dar, an dem die wechselseitige Bezogenheit von Ästhetik und Ethik exemplarisch sichtbar wird. Und dies hat eine voraussetzungsreiche Tradition: Die Einführung des Literaturunterrichts an Gymnasien hing eng mit dem Gedanken der Bildung aller im Menschen angelegten Kräfte im Sinne Humboldts und Herders beziehungsweise mit der ästhetischen Erziehung in der Auffassung Schillers zusammen (vgl. Müller-Michaels 2012, 31). Humboldt vermochte es, die Idee einer *Erziehung zur Humanität* in politische Programmatik umzusetzen: So war 1812 in der Abiturprüfungsordnung erstmals auch Deutsch als abiturrelevantes Hauptfach an preußischen Gymnasien vorgesehen. Allerdings wurde der Unterricht zunächst von Lehrenden erteilt, die in der Klassischen Philologie ausgebildet worden waren. Dies änderte sich zwar mit der preußischen Lehrerprüfungsordnung vom 20. April 1831 (Goer 2016, 13), doch die bisherige Lehrerschaft wurde nicht ersetzt, sodass das klassische Gedankengut weiterhin seine Wirksamkeit entfaltete. Erschwerend für diese Neukonzeption kam hinzu, dass zunächst Vorbehalte gegenüber der deutschen Literatur bestanden: Während die klassische lateinische und griechische Literatur durch den Vorbildcharakter der Antike legitimiert war, wurde befürchtet, dass deutsche Literatur „zum reinen Vergnügungslesen" (Goer 2016, 13) verführe, da bei ihr keine Übersetzungsleistung notwendig sei – so lautete ein verbreitetes pädagogisches Verdikt. Die Verlagerung dahin, dass Literatur eine Berechtigung als Unterrichtsgegenstand erhielt, ist also maßgeblich auf die humanistischen Bildungs- und Erziehungstheorien zurückzuführen. Diese schrieben Literatur als ästhetischer Kunst eine zentrale Rolle bei der ethischen Bildung des Menschen zu Humanität und Freiheit zu.

Der deutsche Literaturunterricht, der schließlich nach einer Reform 1834 als Hauptfach in den Fächerkanon des Gymnasiums aufgenommen wurde, beschränkte sich zunächst auf Aufgaben der formalen Bildung hinsichtlich der Schulung des sprachlichen sowie des logischen Denkens. Durch ambitionierte Reformbemühungen erfuhr die Literatur der deutschen Klassik jedoch eine pädagogische Aufwertung: Die Literaturrezeption wurde mit der schriftlichen Produktion von Aufsätzen verknüpft und avancierte zur *Denkschulung*. Schließlich wurde 1859 erstmals die ethische Bedeutung des *Unterrichts im Deutschen* hervorgehoben, getragen von dem Lehrziel, in die vaterländische Literatur einzuführen. Der neue Deutschunterricht konnte so dazu beitragen, die deutsche Schule zu einer „Lehrerin der nationalen Ethik" (Frank 1973, 507) werden zu lassen. In der Konsequenz sollte die Herausbildung eines entsprechenden Literaturkanons Ausdruck für dieses Ziel sein. Der Musterlehrplan aus den 1860er Jahren enthielt aus diesem Grund das Nibelungenlied und hauptsächlich Texte von Luther, Herder, Lessing, Klopstock, Goethe und Schiller. Weiterhin wurde die Zurücknahme der stärker analytisch ausgerichteten Konzeptionen für den Deutschunterricht abgelöst von Ansätzen, die die Bedeutung von Einfühlung und Erlebnis als Zugangsweisen zur Dichtung mittels Methoden emphatischer Aneignung herausstellten. Eine kritische Reflexion in der Reformpädagogik, die der Lektüre von kindgemäßer Literatur weniger Relevanz einräumte (vgl. Mieth 1994), wirkte Entwicklungen wie dieser entgegen und wurde ihrerseits wieder von dem Bemühen um eine emotionale Aufladung eines gesinnungsbildenden Literaturunterrichts abgelöst.

Als der Deutschunterricht im Kaiserreich zum Mittelpunkt des Gymnasiums wurde, lautete das vorgegebene Motto: „Wir sollen nationale junge Deutsche erziehen und nicht junge Griechen und Römer" (zit. n. Frank 1973, 512). Mit diesem richtungsweisenden Ausspruch Wilhelms II. während der Eröffnungsrede auf der Berliner Schulkonferenz von 1890 wurde ein Programm formuliert, das nach und nach deutlicher werden ließ, dass der Deutschunterricht das Monopol ästhetisch-ethischer Bildung der bisher prägenden klassischen Sprachen Latein und Griechisch programmatisch übernommen hatte. So verwundert es nicht, dass der neu gegründete Deutsche Germanistenverband 1912 eine Umgestaltung des Deutschunterrichts zu einer *Deutschkunde* forderte. Dementsprechend erfuhr die Literaturauswahl für die Gesinnungsbildung eine „ideologische Einpassung" (Müller-Michaels 2012, 41). Dadurch wurde die Dominanz eines moralisch-ethischen Prinzips im Literaturunterricht gegenüber einem ästhetischen überdeutlich. In den Folgejahren bis hin zum Nationalsozialismus wurde der Literaturunterricht immer wieder für ideologische Zwecke instrumentalisiert (vgl. Albisetti und Lundgreen 1991, 258).

In dieser Zeit des den Humanismus ablösenden programmatischen „Germanismus" (Goer 2016, 16) wurde dem Einzelnen ein „politischer Dienstwert"

(Peters, zit. n. Müller-Michaels 2012, 42) zuerkannt, der die Vorstellung von „selbstherrlichen Einzelpersönlichkeiten" (Peters, zit. n. Müller-Michaels 2012, 42) ersetzte. Die ästhetische Bildung im Literaturunterricht wurde instrumentalisiert, um wertbezogene Leitbilddiskussionen im Sinne einer materialen Wertethik umzusetzen, die ohne Ausrichtung an einer universalen Moral erfolgten. Dagegen konnten auch Appelle, wie sie etwa der Münchner Soziologe Max Weber formulierte, nur wenig ausrichten. Weber warnte die Studierenden in seiner berühmten Rede *Wissenschaft als Beruf* davor, Werteerziehung als „Kathederprophetie" (Weber 2011 [1919], 30) zu verstehen. Vor dem Hintergrund der sich entwickelnden modernen Sozialwissenschaften erneuerte Weber das an Kants Beschreibung der Grenzen der Vernunft angelehnte Postulat, dass auf der Grundlage empirischer Beschreibungen keine Aussagen über ethische Wertungen gemacht werden könnten, ohne den Boden der empirischen Wissenschaften zu verlassen und den Gestus des Propheten einzunehmen. Ungeachtet dessen fand die Literaturauswahl für den Deutschunterricht vor dem Hintergrund der Annahme statt, Werte verdankten sich einer überzeitlich gültigen Vorstellungswelt und ließen eine metaphysische Begründung erkennen. In diesem Zusammenhang wurde auch über die Rolle der Lehrenden diskutiert, die den Überblick in Fragen der Werteerziehung ebenso behalten sollten wie bei der Auswahl und unterrichtlichen Thematisierung von Literatur. Dass dies nicht unproblematisch war, weil es den Lehrpersonen an ethischer Bewusstheit mangelte, dokumentiert beispielsweise eine Äußerung von Nicolai Hartmann im Jahr 1926, der darauf hinweist, dass mit den Unterrichtsgegenständen – insbesondere im Literaturunterricht – auch Fragen der Werteerziehung verbunden seien: „Unmerklich tun sich an Lehrgegenständen und Lebensfragen die Wertprobleme auf, und ungewollt leitet ein jeder, der rügt, rät, aufmerksam macht oder *literarischen Stoff* [meine Hervorhebung, S. A.] bespricht, den Wertblick des Unverbildeten auf seine ewigen Gegenstände, die ethischen Werte" (Hartmann 1962, 32). Es bedarf – so Hartmann weiter – eines professionellen, altersgerechten Umgangs mit ethischen Implikationen, und zwar insbesondere im Umgang mit literarischen Texten.

Eine grundlegend neue Diskussion dieser Fragestellungen erfolgte im Blick auf den Deutschunterricht allerdings erst nach Beendigung der nationalsozialistischen Schreckensherrschaft unter veränderten politischen Rahmenbedingungen, die insbesondere die gesellschaftliche Verantwortung der Literaturauswahl reflektierte und die Zielsetzung des Literaturunterrichts neu bestimmte. Es galt nun, die Lernenden im Umgang mit *Literatur als Lebenshilfe*, das heißt, Unterstützung bei einem moralischen Neuanfang, in einem *moralisch erziehenden Unterricht* zu schulen (vgl. Spinner 2004a, 102) beziehungsweise in der DDR, die Schülerinnen und Schüler dem sozialistischen Menschenbild gemäß zu erziehen (Goer 2016, 17).

Aufgrund der Erfahrungen einer missbrauchsanfälligen ethischen Wirkung literarischer Texte war allerdings eine anhaltende Verunsicherung bei der Festlegung von Bildungs- und Erziehungszielen zu erkennen. Die Entscheidungen orientierten sich schließlich an normativen Leitlinien wie den Bestimmungen des Grundgesetzes und mündeten in bildungstheoretisch fundierten Lernzielbestimmungen, die den erzieherischen Wert der Literatur weiterhin anerkannten. Die vom französischen Germanisten Robert Minder angeregte und die Phase „versäumter Lektionen" (Glotz und Langenbucher 1965) beendende *Lesebuchdiskussion* der 1950er bis 1960er Jahre hatte wesentlichen Anteil an einer Neuorientierung des Literaturunterrichts, der sich der Literatur der Moderne und der unmittelbaren Gegenwart zu öffnen begann und der ästhetischen Irritationskraft von Literatur Geltung verlieh.

Mit Aufkommen der sogenannten kritischen Didaktik zu Beginn der 1970er Jahre erfolgte im Rahmen einer stärker gesellschaftsorientierten Didaktik eine Öffnung des Deutschunterrichts, die sich bis hin zu einer Politisierung des Literaturunterrichts und damit einer erneuten Instrumentalisierung der Ästhetik für pädagogische Zwecke entwickelte. Neue Textsorten wurden schulfähig – etwa auch die Kinder- und Jugendliteratur, die im Deutschunterricht bis heute breite Resonanz erfährt. Seit den 1980er Jahren vollzog sich eine konstruktivistisch ausgerichtete Wende, die auf die Lernprozesse fokussierte. In der Folge fand eine schülerorientierte Lektüreauswahl statt. Dem Individuum sollte größtmöglicher Freiraum gegeben werden, sich seinem individuellen ‚Wollen' gemäß zu entfalten. Für den Deutschunterricht bedeutete dies, dass systematisch festgelegte Kriterien bei der Lektüreauswahl unbeachtet blieben (vgl. Dawidowski 2012, 8–9; Pfäfflin 2012, 2; Beisbart und Marenbach 2010, 117). Die Annäherung an Lektürestoffe erfolgte mit Anleihen der Rezeptionsästhetik, Poststrukturalismus und Konstruktivismus tendenziell subjektiv, während objektive Gehalte relativiert wurden. Die individuelle Reaktion der Schüler und Schülerinnen auf den Text wurde mehrheitlich ebenso als Wert des Lektüreunterrichts betrachtet wie auch die Lust am Lesen (vgl. Hochstadt et al. 2015, 123–124, 134–135; Pauldrach 2010, 24–27). Literatur sollte – beziehungsweise soll, denn nach wie vor beansprucht das konzeptionelle Erbe der Schülerorientierung Aktualität – zum einen die Gefühlswelt der Leser und Leserinnen direkt ansprechen und als Medium der Selbsterkundung die inneren Welten erforschen, zum anderen befähigt Literatur zum Mitleiden im Sinne Lessings, befördert Empathie und leistet somit einen Beitrag zur sozialen Kompetenz.

Dem literaturbezogenen Fremdverstehen, das sich in der ästhetischen Wahrnehmung realisiert, ist somit eine ethische Dimension inhärent (vgl. Spinner 2004a, 104–106). Wiederholt hatten ethisch-moralische Implikationen der problemorientierten Literatur Vorrang vor literarästhetisch ausgerichteten Fragestellungen. Zeugnis hiervon ist etwa die Kontroverse um die Nutzbarmachung der Kinder- und Jugendliteratur zwischen Gerhard Haas und Bettina Hurrelmann (vgl. Haas 1988; Hurrelmann 1988). Diese Debatte um die pädagogische Ausrichtung der Kinder- und Jugendliteratur zeigt bis heute Auswirkungen hinsichtlich literarästhetischer Bewertungsprozesse. Aktuell formiert sie sich in Fragen nach der *Zumutbarkeit* von Literatur im Deutschunterricht (vgl. dazu Anselm 2017; Becker 2016). Das bedeutet: Im aufklärerischen Sinn ist ästhetische Bildung im Literaturunterricht als Herausforderung zu verstehen; mittels ethischer Bildung durch Literatur wird der Prozess der Identitätsbildung Lernender begleitet und sie werden zu mündigen Lesern und Leserinnen ausgebildet (vgl. Anselm 2017). Diese Überlegungen sind zukünftig auch im Kontext veränderter medial bedingter Rezeptionserfahrungen zu reflektieren und auf einen erweiterten Textbegriff, der beispielsweise Filme und Computerspiele inkludiert, zu beziehen.

2 Ziele des Literaturunterrichts

Im Rückblick auf die Geschichte des Deutschunterrichts wird noch eine weitere, grundlegende Fragestellung erkennbar, nämlich inwiefern der Literaturunterricht emanzipatorische Wirkung entfaltet und moralische Erziehung befördert. Eine Beantwortung dieser Frage setzt die Reflexion des zugrundeliegenden Bildungsbegriffes voraus (vgl. zum Folgenden Treml 2000, 213–215): Bildung kann als aktiver Prozess des Individuums verstanden werden, der durch *äußere* Faktoren angeregt wird. Daraus resultierende *innere* Veränderungen lassen sich entweder dem Individuum zuschreiben, dann ist von *Handeln* zu sprechen, oder aber der Welt zurechnen und als *Erleben* bezeichnen. Zuweilen wird es als Erfahrungsverlust an der Realität beklagt, dass kognitive Bildung Wissen vermittelt und dabei auf das Wissen anderer zurückgreift, das wiederum auf übermitteltem Wissen aufbaut. Jedoch liegt in dieser Vorgehensweise *gebildeter Leser* im Sinne Peter Bieris die Chance begründet, auf Wissen zurückzugreifen, das man nicht selbst erfahren, sondern beispielsweise erlesen hat, das aber doch Veränderungen des Lebensvollzugs bewirkt. Hinzu kommt, dass diese Art der Wissensvermittlung zur Optimierung der Wissensaufnahme – zumal in einer globalisierten Lebenswelt – beiträgt und höhere Komplexitätsgrade erfassen lässt, etwa durch die Kombination von Wahrnehmungsmöglichkeiten. Darin liegt, evolutionär betrachtet, das Potenzial *ästhetischer Bildung*. Ergänzend dazu richtet sich der Fokus *ethischer Bildung* darauf, nicht nur das Wissen, sondern insbesondere das Handeln durch die Bewertung von Alternativen zu regulieren.

Überlegungen zur Bildung schließen also eine Verhältnisbestimmung von Ästhetik und Ethik ein. Einer modernen Bildungstheorie sind damit Konstellationen inhärent, die bereits im 19. Jahrhundert konstitutiv waren. So erörterten etwa Herbart, Kant, Schiller und Humboldt einen möglichen Zusammenhang zwischen der Genese von Moralität und dem Schönen. Diskutiert wurde, inwiefern das Schöne beziehungsweise die Werke der schönen Künste verfeinernde, veredelnde und versittlichende Wirkungen auf die sinnliche Natur des Menschen haben. Herbart räumte dabei den Werken der klassischen griechischen Dichtung einen besonderen Ort im Kanon des Unterrichts ein, weil er davon ausging, dass die Rezeption des Schönen und die Freisetzung der Einbildungskraft zu einem nichtbegrifflichen Gedankenspiel bildend sind. Kant führte diesen Gedanken in der *Kritik der reinen Vernunft* (1781) weiter aus und betonte, dass der Mensch ohne die Bildung innerer Vorstellungen nicht über Sinneswahrnehmungen verfügen könne. Die Einbildungskraft sei Bindeglied zwischen Anschauung und Begriff: Sollen Wahrnehmung und Vorstellung zu einer Erfahrung werden, müsse ein Moment des Denkens und auch der Versprachlichung hinzukommen.

Schiller entwickelte schließlich aus Kants Denken heraus seine Theorie der ästhetischen Erziehung und postulierte die Einheit des Guten, Wahren und Schönen. Daraus bezog Schiller einerseits Position für eine erzieherische Kraft des Ästhetischen und andererseits gegen Formen der Funktionalisierung beziehungsweise Verzweckung von Literatur und Kunst im Erziehungssystem und versuchte, sich der heteronomen Inanspruchnahme des Ästhetischen zu entledigen respektive diese zu kritisieren: Zum Konzept des Schönen müsse das Erhabene (der Natur) hinzutreten, das an die eigene Endlichkeit erinnere.

Humboldt schließlich verschränkte staats- und bildungstheoretische Aspekte miteinander und stellte die Bildung sogar noch über die Belange des Staates: Die Sinnlichkeit des Menschen, die potenziell Streitigkeiten verursache, solle nicht gezügelt, sondern als Antriebsenergie nutzbar gemacht werden, indem sie zu verfeinern und zu kultivieren sei. Gleichwohl dürfe „von der Staatsseite aus ästhetische Bildung nur angeregt und ermöglicht, aber nicht durch positive Maßnahmen betrieben werden" (Koch 2008, 703).

An Überlegungen wie diesen wird deutlich, dass Ethik und Ästhetik als einander ergänzende Theorieformen verstanden werden und die Problematik einer Funktionalisierung von Literatur und Kunst in der ästhetischen Theoriebildung von Anfang an mitreflektiert wird. Um nun im Hinblick auf den Literaturunterricht das Verhältnis von ästhetischer und ethischer Bildung näher beleuchten zu können, sind zunächst Begriffsklärungen von *Ästhetik* und *ästhetischer Bildung* durchzuführen sowie daran anschließend eine didaktische Perspektivierung vorzunehmen. Darauf aufbauend lässt sich das Verhältnis zur *ethischen Bildung* erläutern.

3 Begriffsklärungen: Ästhetik und ästhetische Bildung

Alexander Gottlieb Baumgartens zweibändiges Werk *Aesthetica* aus dem Jahr 1750 ist prägend für die Begriffsbildung. Er misst nicht nur wissenschaftlichem und logischem Denken, das heißt der Vernunft, sondern auch dem sinnlichen Erkennen Bedeutung zu und definiert *Ästhetik* als „Wissenschaft der sinnlichen Erkenntnis" (Baumgarten 2013 [1988], § 1). Zunächst findet noch keine Verengung des Ästhetikbegriffes auf das Schöne und die Kunst statt, sondern es werden drei Modalitäten unterschieden: das verstandesmäßige Erkennen und Urteilen, das moralisch-praktische sowie auf das richtige Handeln bezogene Erkennen und schließlich das ästhetische Erkennen und Urteilen. Das Adjektiv *ästhetisch* bezeichnet zuerst sowohl die Art der Wahrnehmung eines Gegenstandes (der Kunst oder der Natur) als auch ein Charakteristikum von Gegenständen. Erst allmählich etabliert sich die spezifische Leistung der Ästhetik als *philosophische Teildisziplin* durch die Anfertigung von Beschreibungsmodellen, die das Schöne, das Erhabene und die Kunst in Beziehung zu anderen Werten wie dem Wahren und dem Guten setzen und die autonome Eigenlogik ästhetischer Sinnformen herausarbeiten. Dadurch differenziert sich die Verwendung des Begriffs weiter aus (vgl. Buntfuß 2011, 42): Unter *Ästhetik* wird erstens die *Theorie des Schönen* (oder Erhabenen oder sogar Hässlichen), zweitens die *Theorie der schönen Künste* und drittens (im ursprünglichen Wortsinn) die *Theorie der Wahrnehmung* (gr. *aisthesis*: sinnliche Wahrnehmung) verstanden. Dementsprechend ergeben sich drei unterschiedliche Ansatzpunkte zur Erschließung des Begriffs Ästhetik: Ein sachlich und historisch erster Zugang resultiert aus dem Verhältnis zwischen dem Schönen und dem Transzendentalen, da das Schöne neben dem Wahren und dem Guten seit der Antike als eines von drei Transzendentalien verstanden wird. Das höchste Gut ist auch schön, herrlich und erhaben. Diese Auffassung findet sich vor allem in der platonischen Tradition: Alles Schöne und Erhabene ist durchscheinend für das Göttliche und fungiert als ein innerweltlicher Verweis auf das Überweltliche. Eine zweite Schnittstelle wird durch die Frage nach den angemessenen Darstellungsformen markiert. Weil menschliche Denk- und Ausdrucksfähigkeit dazu nur unzureichend in der Lage ist, kommt die Sprache der als autonom geltenden Kunst ins Spiel. Zum Dritten erweist sich *ästhetische Bildung* als Oberbegriff für alle pädagogischen Praxen, die einzelne ästhetische Felder wie Literatur, Kunst, Musik oder Theater als Bildung der Wahrnehmung und der Gefühle zum Gegenstand haben. Sie ist Grundbegriff bildungstheoretischer Diskurse, in denen es um Fragen der Persönlichkeitsbildung in ästhetischen Erfahrungen geht. Insofern trägt ästhetische Bildung zum

Aufbau und Erhalt des kulturellen Kapitals im Sinne Bourdieus bei (vgl. Zabka 2013, 462).

Die Antworten auf die Frage nach Wesen und Aufgabe von ästhetischer Bildung sind – anders als die bereits zuvor ausgeführten Hinweise zur Entstehung des Ästhetikbegriffes – äußerst heterogen und transdisziplinär zu verorten. Ästhetische Bildung ist ein zentrales Element klassischer wie moderner Bildungsvorstellungen (vgl. Frederking et al. 2013). Ursprünglich geht der Begriff auf Schillers Schrift *Über die ästhetische Erziehung des Menschen* (2000 [1795]) zurück. Auch wenn hier von *Erziehung* die Rede ist, werden beide Begriffe zunächst gleichbedeutend verwendet. Alternativ war in der Nachfolge auch von „Geschmacksbildung" (Koch 2008, 691) die Rede, was heute in der Regel durch den Begriff der ‚ästhetischen Erfahrung' ersetzt wird. Als revolutionär kann Schillers Ansatz insofern gelten, als ästhetische Bildung hier den Kern von Bildung überhaupt konstituiert: Im Verbund mit sinnlichem Empfinden und Gefühl, das heißt durch ästhetische Erfahrung, soll mittels ästhetischer Erziehung zugleich die Vernunft des Menschen geschult und verbessert sowie für moralisches Empfinden empfänglicher gemacht werden. Es ist nämlich davon auszugehen, dass die von Formen des Wissens und den Forderungen der Moral und Ethik zu unterscheidende Kunst, zu der insbesondere Literatur zu rechnen ist, durch ihre Autonomie und Eigenlogik ästhetisch bildend ist. Das Individuum erreicht durch eine auf diesem Weg gewonnene *ästhetische Erfahrung* beziehungsweise deren Reflexion spezifische Formen von Bildung, die sich von anderen Zugängen zur Welt, wie sie durch Vernunft, Wissen oder moralisches Urteilen möglich werden, kategorial als *kontemplativ-korresponsive* und *imaginativ-ästhetische* Erfahrung unterscheiden lassen: Die *Ästhetik der Kontemplation* führt mittels „sinnabstinenter Aufmerksamkeit" aus der Alltagswirklichkeit heraus (vgl. Seel 1996, 125–144) und die ästhetische Praxis sucht mittels der Gestaltung der eigenen Lebenswelt nicht nach Differenzerfahrung, sondern nach Übereinstimmung, also nach Korrespondenzen zwischen ästhetischem Objekt und der eigenen Lebenswelt beziehungsweise dem eigenen Lebensgefühl. Im Unterschied dazu setzt die *Ästhetik der Imagination* einen reflexiv bewussten Umgang mit Kunstwerken voraus: Die Beziehungen, die mittels ästhetischer Erfahrung zu Objekten aufgebaut werden, unterliegen keiner einseitigen handlungsorientierten Zielorientierung, sondern der Sinn und Zweck liegt in der Erfahrung selbst begründet.

Denkt man diese Idee des Selbstzwecks konsequent weiter, so lässt sich daraus ein weiteres Merkmal ästhetischer Erfahrung ableiten (vgl. zum Folgenden Brandstätter 2012): Gegenstand ästhetischer Wahrnehmung und Erfahrung ist nicht nur das Wahrgenommene, sondern gleichzeitig auch der Akt der Wahrnehmung. Diese Selbstbezogenheit ästhetischer Erfahrung wird im Umgang mit Kunst durch die „Duplizität von Materialität und Bedeutung" (Brandstätter 2012,

177) deutlich: Ein Bild stellt etwas konkret dar und ist gleichzeitig als Objekt mit einer bestimmten Materialität erlebbar. Erst wenn ein Bild als Bild wahrgenommen wird, ein akustisches Ereignis als Musik, ein literarischer Text als Literatur, lässt sich also von ästhetischer Erfahrung sprechen. Ein Erkennen *von* Kunst und ein Erkennen *durch* Kunst stellen grundlegende Formen der Kunstbegegnung dar.

Diese Überlegungen lassen sich auf den Umgang mit Literatur übertragen, wobei das Verhältnis der ästhetischen Erfahrung zur Verbalsprache ein zentrales Thema des ästhetischen Diskurses ist: Ästhetische Erfahrung widersetzt sich in ihrer Bezogenheit auf die Sinnlichkeit in gewisser Weise dem sprachlichen Zugriff. Das im Rahmen der Erkenntnistheorie viel diskutierte Wechselverhältnis zwischen Anschauung und Begriff erfährt im Kontext ästhetischer Fragestellungen eine besondere Brisanz. Die ästhetische Anschauung findet ihre Erfüllung niemals in definierenden Begriffen, denn das Einzigartige der ästhetischen, sinnlichen Erfahrung kann nicht vom allgemeinen Charakter der Begriffe erfasst werden.

4 Didaktische Perspektivierung ästhetischer Bildung

Sowohl die Schulung der Sinneswahrnehmung als auch die Erzeugung von Kunst(werken) ist unter ästhetischer Bildung zu verstehen (vgl. zum Folgenden Zabka 2013, 453–455). Dabei spielt die sinnlich-leibhafte Erfahrung eine zentrale Rolle, die im Kontext von Einzeldidaktiken (Hören, visuelle Wahrnehmung etc.) gefördert werden soll und in der Regel spezifischen Fächern wie dem Musik- oder Kunstunterricht zugeordnet ist. Der Deutschunterricht widmet sich im Sinne ästhetischer Bildung beidem, da wortsprachliche Zeichen sowohl gesprochen als auch visuell wahrgenommen und zuweilen mit Mimik, Gestik, Bildern, Filmen und Musik verbunden werden. Damit verändern sich die Bedingungen und Möglichkeiten des Verstehens und die Fächer gehen integrativ synergetische und synästhetische Verbindungen ein. Hierbei ist insbesondere im Hinblick auf den Literaturunterricht zu reflektieren, inwiefern die Sprache über Möglichkeiten verfügt, das Besondere und Einmalige mittels eines „mimetischen Sprechens" (Brandstätter 2012, 178) in Worte zu fassen. Gerade in Lehr-Lernkontexten fungiert die Sprache nämlich als Medium zum Verstehen von Literatur und Kunst sowie zur Kommunikation über ästhetische Erfahrungen. Das bringt Herausforderungen mit sich und zudem ist die Herauslösung des Subjektes aus dem unmittelbaren Eingebundensein in die alltägliche Lebenswelt konstitutiv für ästhetische Erfahrung: Diese ist einerseits frei von äußeren Zwecken und erfordert eine Auseinandersetzung mit dem Wahrgenommenen mittels Fantasie und Denkvermögen (vgl. Düwell 1999, 93). Darum ist eine direktive Einwirkung und Lenkung schwierig, da ästhetische Erfahrung vielmehr „selbstzwecklich und reflexiv" (Fenner 2000, 22) ist und durch spielerisches Experimentieren neue Perspektiven auf die Wirklichkeit sowie ästhetischen Genuss und Wohlgefallen entstehen lässt. Andererseits müssen diese Erfahrungen durch *ästhetische Erziehung* bewusst gesteuert werden, das heißt, es wird davon ausgegangen, dass entsprechende Erfahrungen pädagogisch wünschenswert und – anders als bei der Vorstellung einer ästhetischen Erfahrung – gezielt vermittelbar sind. Sie stellen einen wichtigen Bestandteil der Allgemeinbildung dar und sind die Grundvoraussetzung ästhetischer Bildung, die sie lediglich durch die geplante Bereitstellung von Angeboten, durch die Schaffung geeigneter Rahmenbedingungen und dadurch, dass zudem auch noch eine bewusste Vorauswahl der ästhetischen Gegenstände getroffen wird, vorbereiten können (vgl. Dietrich et al. 2013, 27).

Alle diese Vermittlungsversuche setzen jedoch eine Haltung voraus, die ästhetisches Erleben ermöglicht. Um dies einzuüben beziehungsweise zu ermöglichen, hat sich Ästhetik im Erziehungssystem auch als Thema oder Fach etablieren können und wird beispielsweise in der Schule als Teil der Fächer Kunst, Musik und Deutsch unterrichtet. Dabei ist – wie bereits einleitend dargestellt – zuweilen deutlich, dass ästhetische Erziehung keineswegs immer den Primat der Zweckfreiheit des Ästhetischen berücksichtigt hat, sondern dass ästhetische Bildungsprozesse funktionalisiert und beispielsweise für Sozialdisziplinierung genutzt beziehungsweise mit außerästhetischen Ansprüchen wie der Notwendigkeit der Ausbildung gesellschaftlich erwünschter Charakterzüge und Tugenden belastet wurden. Hinzu kommt, dass ästhetische Erziehung eigentlich nur interdisziplinär erfolgen kann, was eine strenge Fächertrennung im Grunde obsolet macht. Denn ästhetische Bildungsprozesse beziehen nicht nur Kunst- und Medienerfahrungen, sondern auch deren Versprachlichung ein. Deshalb gehört beispielsweise die Beschreibung von Bildern und Filmen auch zu den Aufgaben des Deutschunterrichtes.

Zudem sind Selbstwahrnehmung und -mitteilung des Subjekts mittels Sprache ein wichtiger Teil der Persönlichkeitsbildung. Genau hier setzt ästhetische Erziehung an: Ästhetisches Denken kann die üblicherweise vorherrschende lineare Logik des Denkens ergänzen und korrigieren. Insbesondere beim Verstehen von Geschichten ist nämlich ein vernetzendes Denken zentral. Zu Recht gelten literarische Texte deswegen als wichtige Gegenstände ästhetischer Bildung, um „die innere Natur des Menschen" (Kreft 1977, 255) nach außen zu kehren und kommunizierbar werden zu lassen. In dieser Hinsicht zielt ästhetische Bildung auf einen bestimmten Habitus der wahrnehmenden Subjekte: Es sollen Aufmerksamkeit und Kontemplation gefördert werden, indem habituelle Muster durchbrochen und dadurch Rezipienten und Rezipientinnen irritiert werden (vgl. Abraham 2000, 30). Durch diese Alteritätserfahrungen und deren Artikulation kann die Kunstrezeption einerseits Erlebnisse des Genusses, der Entspannung und des Glücksempfindens bereitstellen, andererseits ruft sie durch eine allzu massive Irritation und das Unterlaufen bekannter Wahrnehmungsmuster möglicherweise auch Frustration hervor. Zu vermeiden ist deshalb (insbesondere im schulischen Kontext), eine Überforderung der Rezipienten und Rezipientinnen durch zu ungewohnte Wahrnehmungen.

Ästhetischer Bildung werden also vielfältige Funktionen zugeschrieben: Übergeordnetes Ziel im Deutschunterricht ist die Förderung von Kreativität (vgl. Zabka 2013, 462). Sie ermöglicht persönliche Entfaltung, Entspannung, Genuss, Entlastung und Alltagsbewältigung, indem beispielsweise durch Probehandeln die möglichen Verhaltensspielräume ausgelotet werden können. Außerdem geht es um die Vermittlung von Präsentationsleistungen, wie etwa das Vortragen eines Textes, das beispielsweise mittels entsprechender Mimik und Gestik unterstützt wird, oder um Äußerungen über ästhetische Phänomene (z. B. Kritiken, Essays etc.) sowie um Fragen der Wertung. Trotz dieser unterschiedlichen Erwartungen gibt es bezüglich der „Versprechungen des Ästhetischen" (Ehrenspeck 2001, 15) auch Kontinuitäten. So wird davon ausgegangen, dass Ästhetik zu einer ganzheitlichen Bildung führe. Da sich aber die Ergebnisse ästhetischer Bildung nicht wie Resultate anderer Lehr- und Lernbemühungen testen und messen lassen, füllen sich die Leerstellen vielfach mit Versprechungen und Erwartungen über generalisierbare und nachhaltige Wirkungen.

Vor diesem Hintergrund stellt sich aktuell die Frage nach der tatsächlichen, das heißt empirisch nachweisbaren, positiven Auswirkung auf Bildungs- und Erziehungsprozesse. Die Aufklärung über die empirische Basis solcher Prozesse stellt deshalb nach der in den 1980er und 1990er Jahren notwendigen Wiederentdeckung des „vergessenen Ästhetischen" (Mollenhauer 1990, 17) und dessen theoretischer Reflexion in Zeiten der empirischen Bildungsforschung unter dem Leitaspekt der Kompetenzorientierung von Bildungsprozessen eine Herausforderung dar. Das Unvergleichliche ästhetischer Erfahrung und die modernen Bildungsbemühungen streben, so formulierte Mollenhauer bereits 1990 in provokanter Weise, auseinander. Dies führte zu einem Anwachsen der didaktischen Diskussion, um genau zu prüfen, von welchem theoretischen Begriff ästhetischer Erfahrung in der empirischen Forschung auszugehen sei. Ebenso problematisch ist es im Hinblick auf eine empirische Untersuchung, allgemein über ästhetische Erfahrung und Bildung zu forschen oder gar über eine Standardisierung nachzudenken (vgl. auch Zabka 2010, 463). Gerade in der Erziehungswissenschaft bleibt die notwendige Differenzierung solch unterschiedlicher ästhetischer Sinnformen bezogen auf Prozesse ästhetischer Bildung immer noch ein Desiderat.

5 Verhältnisbestimmung von ästhetischer und ethischer Bildung

Literatur ist ein ästhetisches Reflexionsmedium, das zwar nicht sagt, welche Lebensführung die richtige ist, aber neue Aspekte der Bewertung erschließt. So verstanden eröffnet sich ein Freiraum, verschiedenen Welt- und Selbstsichten zu begegnen, die vor dem Hintergrund ethischer Bildung zur Begründung eines verantwortlichen Handelns führen können. Denn Ethik (gr. *ethos*: Sitte, Brauch, Charakter) lässt sich als Theorie des guten und gerechten Handelns definieren und ist die philosophische Disziplin, die die allgemeinen Prinzipien oder Beurteilungskriterien zur Bestimmung des richtigen menschlichen Handelns erörtert (vgl. Fenner 2008, 5). Die sich eröffnenden Handlungsspielräume sind ethisch betrachtet ungerichtet, können also sowohl zu moralischem als auch unmoralischem Handeln genutzt werden (vgl. Düwell 2000, 27). Im Blick auf den schulischen Literaturunterricht ist ethische Bildung darum als Teil der ästhetischen Bildung zu begreifen. Literatur im Deutschunterricht ist nämlich nur scheinbar autonom, da die erzieherische Aufgabe im Rahmen aller in der Schule thematisierten Fragestellungen konstitutiv ist. So plausibel diese Vorstellung ist, so kontrovers wird sie diskutiert.

Seit der Aufklärung findet im Bildungsdiskurs ein Nachdenken über das Verhältnis von Ästhetik und Freiheit statt. Die Frage, ob ästhetische Bildung als Individualisierung verstanden werden kann und Kunst somit ein autonomer Status zuerkannt wird, ist in der Tat auch für den Literaturunterricht von entscheidender Bedeutung. In ähnlicher Weise gelten Überlegungen wie diese für die ethischen Implikationen im Bildungsprozess. Denn das spannungsreiche Verhältnis von Ästhetik und Ethik hat eine Geschichte, die mit Platons *Politeia* im 4. Jahrhundert vor Christus beginnt, dann in der *Poetik* des Aristoteles vertieft wird und durch Schiller, Lessing und Goethe ihre moderne Begründung erfährt. In einem dialektischen Prozess wie diesem wiederholt sich bis heute eine konträre Sicht: einerseits die Vorstellung einer Autonomie beziehungsweise andererseits einer gesellschaftlichen Funktion von Kunst. Während Platon die Künstler aus dem Idealstaat ausgeschlossen wissen will, wenn sie nicht die Wahrheit sagen und so die Seelen der Zuschauer durch Sinnlichkeit verderben beziehungsweise deren Vernunftorientierung zerstören, so wird gleichwohl der Kunst eine erzieherische Wirkung zugeschrieben, sofern sie sich um die Verbreitung der Idee der Gerechtigkeit verdient macht. Platon fordert also vom Künstler, Sittlichkeit und die Interessen des Staates als Maßstab für sein Schaffen zu nehmen. Alle Dichtungen, die diesen Forderungen nicht entsprechen, müssen verbannt werden.

Aristoteles übernimmt Platons Ansatz, dass die Dichtung nicht die Ungerechten als Glückliche und die Gerechten als Unglückliche darstellen dürfe, schränkt aber dessen Geltung ein: Als Held kommt für Aristoteles nur infrage, wer nicht aufgrund seiner Schlechtigkeit oder seines Gerechtigkeitsstrebens, sondern wegen eines tragischen Fehlers ins Unglück gerate. Anders als Platon glaubt Aristoteles daran, die gefährlichen Kräfte der Leidenschaften gleichsam einem Gift zu guten Zwecken benutzen zu können. Die Tragödie soll Jammer (*eleos*) und Schaudern (*phobos*) hervorrufen und dadurch eine Reinigung (*katharsis*) von den Affekten bewirken. Die Wiedergabe dieser Begriffe mit den Worten Lessings als *Mitleid* und *Furcht* ist eigentlich unzulässig und einer aufklärerischen Intention geschuldet: Lessing „erhebt das Mitleid zum Ursprung aller Moralität" (Schings 1980, 39). Bei Aristoteles hingegen wird die Katharsis noch nicht im Sinne einer sittlichen Moralisierung verstanden, sondern als elementare, lustvolle Erleichterung.

In Weiterführung der Überlegungen von Aristoteles wird bei Lessing also eine moralische Besserung des Zuschauers intendiert. Literatur erhält im Kontext der Aufklärung damit eine didaktisch-ethische Stoßrichtung. Und auch Schiller ist der Auffassung, dass Kunst moralische Besserung erzeugen kann: Der Mensch gelangt durch ästhetische Erziehung zu vernünftigem Handeln. Es ist das Schöne und das Erhabene in Natur und Kunst, von dem die ästhetische Erziehung des Gefühls ausgeht, die zwischen Rationalität und Aktivität Übergänge ermöglicht und so die verschiedenen Seiten des Menschen vereint, zugleich aber durch ihre sozialisierende Wirkung die Individuen untereinander verbindet. Kunst und Literatur sollen die Menschen moralisch bessern und auf eine Stufe der Sittlichkeit emporheben, auf der sich Veränderungen gewaltlos und gleichsam von selbst vollziehen.

Die Aufgabe der Kunst ist somit darin zu sehen, die höhere Natur sinnfällig zu machen; also einen eigentlich rein geistigen Gegenstand in den Bereich der menschlichen Wahrnehmung zu ziehen. Voraussetzung dafür ist die innere Geschlossenheit des Kunstwerks. Dieses soll, analog zur großen Welt der Erscheinungen, „eine kleine Welt für sich" (Goethe 2006 [1896], 92) sein. Dafür muss es unabhängig von Kontexten – etwa historischem Hintergrundwissen – ganz aus sich selbst heraus verständlich sein und den Gesetzen der Kausalität, also von Ursache und Wirkung, vollkommen entsprechen: Zu zeigen ist nur das Wahrscheinliche, nicht das Zufällige, Mögliche, wirklich Vorgefallene. Die Form, das heißt Aufbau, Sprache und Metrik, soll bis ins letzte Detail mit dem Inhalt korrelieren. Denn es handelt sich um die Forderung der Idealisierung: Der poetische Stoff wird auf sein Zentrum hin, gemeint ist die höhere Natur, verdichtet. Dieses Muster tritt als auf dem Weg der Logik zu erschließendes Muster für die Rezipienten und Rezipientinnen erkennbar hervor. Die kleine Welt des Kunstwerks macht unmittelbar erfahrbar, was in der Realität nur zu erahnen ist. Der Kunst wird also pädagogische Wirkung zugetraut: Das Gefühlsleben ist zu veredeln, der Verstand zu schärfen; beide Gemütskräfte sind von ihrem tendenziell antagonistischen in ein harmonisches Verhältnis zu überführen. Die Willensfreiheit soll hergestellt werden. Gleichzeitig muss der Mensch befähigt werden, unter allen Umständen seine Willensfreiheit zu bewahren. Nicht aber soll die Kunst über diese allgemeinen Ansprüche hinausgehen und darf, wenn sie Kunst bleiben möchte, keine unmittelbare Intention – etwa eine konkrete politische – besitzen.

Diese Auffassung Schillers, dass Dichtung einen moralischen Zweck habe, wurde beispielsweise von Rousseau und Schlegel nicht geteilt. Sie waren der Ansicht, dass Kunst den Menschen nicht nur belehrt, sondern auch Vergnügen bereitet, das man um seiner selbst willen sucht. Das Schöne könne nicht mittels Vernunft erkannt, sondern müsse hervorgebracht oder empfunden werden. Dies ist eine Position, die etwa der autonomieästhetischen Sichtweise Kants in der *Kritik der Urteilskraft* (1790) von Kunst als „interesselosem Wohlgefallen" (Kant 1983b [1790], BA 17, 288) nahekommt. Hierin erfolgt gewissermaßen eine *Entfunktionalisierung* der Literatur im Blick auf die Wirkungsästhetik mit der Grundüberzeugung, dass eine ethisch-moralische Besserung durch Ästhetik nicht möglich ist. Diese vor allem zur Zeit der Romantik vertretene ästhetische Autonomieauffassung wurde im Vormärz wiederum etwa von Heinrich Heine einerseits durch die Vorstellung der Kunst als Erkenntnismittel der Freiheit aufgehoben und andererseits setzte sie sich als autonomieästhetische Traditionslinie nach der Romantik über zum Beispiel Schopenhauer – Wagner –Nietzsche fort. Sie erhielt in der modernen Literatur bei Friedrich Nietzsche und vor allem bei Gottfried Benn eine metaphysische beziehungsweise nihilistische Ausprägung. Kunst hat in dieser Traditionslinie keine ethische Funktion, sondern eine erkenntnistheoretische oder metaphysische. Eine ähnliche dialektische Abfolge wiederholte sich durch das Zerbrechen der aufklärerischen Perspektive im sogenannten Bürgerlichen Realismus mit der Vorstellung von einer restaurierenden, entpolitisierten und idealistischen Literatur. Eine Fortsetzung des politischen Anspruchs, der im Naturalismus die Politisierungstradition des Sturm und Drang aufgreift, vollzog sich im 20. Jahrhundert beispielsweise in der sozialistischen Literatur.

Die Rehabilitierung des Bildungsbegriffs in den 1980er Jahren gab Anlass, über das Konzept ästhetischer Bildung nachzudenken und nach der bildenden Wirkung von Kunst und Ästhetik zu fragen. Das Interesse an ästhetischer Bildung implizierte eine Renaissance der klassischen Konzeptionen des Ästhetischen, ästhetischer Bildung und Erziehung, wie sie in den Theorien Kants, Schillers, Humboldts oder Herbarts grundgelegt wurden. Auch auf reformpädagogische Konzepte des Ästhetischen wurde wieder verstärkt Bezug genommen.

Im Zuge des sogenannten *ethical turn* in den 1980er Jahren gewannen schließlich Ansätze an Bedeutung, die das spezifische Verhältnis von Ethik und Literatur untersuchten und somit zur Begründung einer *narrativen Ethik* beitrugen. Als deren wichtigste Vertreter sind Martha Nussbaum und Richard Rorty zu nennen. Beide gehen davon aus, dass literarische Werke Werte oder ethisch relevante Erfahrungen vermitteln oder sogar zu Einsichten in allgemeine Moralprinzipien verhelfen (vgl. Waldow 2011). Dies geschieht in erster Linie über eine emotionale Sensibilisierung der Rezipienten und Rezipientinnen. Denn im Gegensatz zu philosophischen Abhandlungen vermag Literatur für die Leidensfähigkeit und Verletzlichkeit der Menschen zu sensibilisieren, weil sie neben dem Intellekt auch Fantasie und Gefühl anspricht und sich die Leser und Leserinnen so gut in die dargestellten Figuren hineinversetzen können.

So verstanden kann Literatur zur Entfaltung individueller Autonomie beitragen: Literatur ermöglicht es dem Leser, einen imaginären Raum zu betreten, der ihm die Möglichkeit zur Befreiung von inneren, psychischen Zwängen wie auch von äußeren, gesellschaftlichen Konventionen zugesteht. Literatur erlaubt es gewissermaßen, ein anderes Leben zu führen als jenes, in das die Einzelnen als sozial handelnde Menschen eingespannt sind. Zu berücksichtigen ist im Kontext einer globalisierten Lebenswelt, dass Literatur den Erfahrungsraum über den unmittelbar erfahrbaren Bereich hinaus erweitert, dadurch die Bewusstheit über die anonymisierte Reichweite eigener Handlungen über die eigene Lebenswelt hinaus erzeugt und so im Sinne Ulrich Becks eine Art imaginierte „Fernmoral" (Beck 2015, 217) erzeugt. Darum können literarische Texte mit ihrer reichhaltigen dichterischen Sprache und der Förderung von Einbildungskraft und Mitgefühl zuweilen für das Finden von Lösungen zwischenmenschlicher Konflikte wichtiger werden als rationale Betrachtungen. Aber auch wenn Literatur in der Auffassung Rortys die Solidarität zwischen den Menschen steigern kann, da die Wahrnehmung von Verletzlichkeit und Hilfsbedürftigkeit unverzichtbar für sozialethisches Handeln ist, so sollten Gefühle nicht gegen rationale Prinzipien ausgespielt werden. Denn Gefühle können subjektiv sein und zuweilen einer kognitiven Prüfung bedürfen. Zudem betreffen moralische Konflikte doch auch die Gesellschaft oder öffentliche Institutionen und erfordern allgemein begründbare Entscheidungen.

Kunst kann auf moralische Probleme und Konflikte aufmerksam machen und die Konsequenzen des Befolgens oder Verletzens moralischer Normen für die Betroffenen veranschaulichen. Denn mit der Darstellung von Normenanwendungen in konkreten Einzelfällen werden bestimmte Werthaltungen suggeriert, hinterfragt oder lediglich Anstöße zu ethischen Überlegungen gegeben. In unterschiedlicher Intensität manifestieren Kunstwerke durch moralisierende beziehungsweise problematisierende Strukturen – in gewissen Genres mehr, in anderen weniger – eine wertende Haltung gegenüber dem Handeln der Figuren oder den ihnen zugrunde liegenden Normen. Einerseits schreiben sie damit Rezipienten und Rezipientinnen gleichsam eine bestimmte moralische Reaktion vor, wenn beispielsweise die Anwendung von Gewalt implizit verurteilt wird, indem eine gewalttätige Figur ein schreckliches Ende nimmt. Allerdings werden die entsprechenden Normen nicht diskursiv-argumentativ begründet oder kritisiert. Stattdessen reduzieren Kunstwerke die Komplexität einer moralischen Konfliktsituation, lenken die ethischen Reflexionen in eine einseitige Richtung oder wecken irrationale Hoffnungen und Ängste (vgl. Düwell 1999, 14–15). Andererseits weisen sie dann möglicherweise dilemmatische Strukturen auf oder enden in der Aporie und geben die Entscheidungsfindung an die Rezipierenden weiter. Je nach Text realisiert sich ein anderes Potenzial zur ethischen Bildung. Die Kunst und die sie reflektierende Ästhetik können also immer nur eine Ergänzung zu einer rationalen Ethik bilden, die sich um eine möglichst umfassende, systematische, argumentative Auseinandersetzung mit strittigen ethischen Problemkomplexen bemüht. Angesichts dieser Synergie von ästhetischen und ethischen Fragen bieten literarische Texte Anlässe, um diskursive Aushandlungsprozesse im unterrichtlichen Kontext einzuüben und zu reflektieren. Das ist konstitutiv für die Vorstellung von Bildung und gehört zum Kern eines Literaturunterrichts, dem gesellschaftliche Relevanz zukommt.

6 Ausblick: Offene Fragen und Forschungsdesiderate

Infolge einer *Ästhetisierung der Lebenswelt* schwinden in den Augen vieler postmoderner Denker und Denkerinnen die Differenzen zwischen Ästhetik und Ethik beziehungsweise ihren jeweiligen Gegenstandsbereichen (vgl. zum Folgenden Fenner 2012). Nach Wolfgang Welsch ist die Ethik im Begriff, sich in eine „Subdisziplin der Ästhetik zu verwandeln" (Welsch 1993, 44). Während im individualethischen Bereich die ästhetische Perfektionierung von Körper, Seele und Geist ins Zentrum rücke, sollen in sozialethischer Hinsicht ästhetische Kompetenzen im zwischenmenschlichen Zusammenleben den Verlust moralischer Standards ausgleichen. Welsch hebt dabei die Bedeutung der Kunsterfahrung hervor, weil die moderne Kunst „geradezu eine Werkstatt und Schule vollendeter Pluralität" (Welsch 2010 [1990], 69) darstelle. Statt sich nur mit dem schönen Schein zu beschäftigen, soll die Ästhetik ein ethisch bedeutsames Konzept einer „ästhetischen Gerechtigkeit" als Gerechtigkeit gegenüber dem Heterogenen entwickeln (vgl. Welsch 1996, 133–134).

Literaturunterricht soll zudem die Fähigkeit zur Unterscheidung zwischen Fiktionalität und Realität vermitteln. Dazu werden sowohl zeichentheoretische Aspekte als auch allgemeine Überlegungen zu verschiedenen Formen des

Denkens verwendet. So wird die Stärke der Kunst darin gesehen, ergänzend zum schlussfolgernden logischen auch das vergleichende Denken in Ähnlichkeiten anzuregen (vgl. Brandstätter 2008, 21–23) – manche gehen sogar so weit zu behaupten, das ästhetische Denken sei das eigentlich realistische (vgl. Welsch 1996, 142). Zudem erfolgt durch die Medialisierung eine Erweiterung des Erfahrungsraums, der zunehmend ästhetisch überformt ist. Mündigkeit verlangt heute somit ein Mindestmaß an *aesthetic literacy* – verstanden als ästhetische Bildung durch ästhetische Rezeptionsfähigkeit. Es wird damit auf den Umstand hingewiesen, dass angesichts einer Wirklichkeit, die immer stärker ästhetische Züge annimmt, der bewusste ästhetische Umgang mit der Welt der eigentlich adäquate ist. Die Omnipräsenz der Medien und damit die grundsätzlich mediale Vermitteltheit der Welt haben dazu geführt, dass kaum noch zwischen Fiktionen und Realität zu unterscheiden ist. Durch das Einlassen auf ästhetische Phänomene ist zu lernen, auf welche Weise mit Pluralität, Heterogenität, Differenzen und Widersprüchen umzugehen ist.

Dies hat Auswirkungen auf ein Konzept ästhetischer Bildung. Es bedeutet, Rahmenbedingungen für ästhetische Erfahrungen in einem umfassenden Sinn zu schaffen. Angesichts der mit der digitalen Revolution einhergehenden Veränderungen wird mehr als deutlich, dass es nicht mehr nur die eine, wirkliche Realität, sondern eine Fülle verschiedener Wirklichkeiten gibt. Mit Schlagwörtern wie *artistic research* beziehungsweise *empirische Ästhetik* (vgl. Menninghaus 2010) wird nach Möglichkeiten gesucht, die Erkenntnisformen von Wissenschaft, Kunst und Literatur in einen neuen produktiven Zusammenhang zu stellen. Kritik vonseiten der Literaturwissenschaft (vgl. Brandstätter 2012, 179), die betont, Wahrheit sei keine überzeugende Leitkategorie zur Untersuchung ästhetischer Erfahrung, ist zwar berechtigt. Doch wie auch immer man sich gegenüber der Frage der ästhetischen Erkenntnis positioniert, Einigkeit scheint darin zu bestehen, dass ästhetischen Erfahrungen gerade in unserer aktuellen Welt eine besondere Bedeutung zukommt. Dies gilt insbesondere im Blick auf den Literaturunterricht. Zu fragen ist darum, welche Bedeutung die (empirische) Ästhetik als Reflexionstheorie für Erziehungs- beziehungsweise Bildungsprozesse haben kann.

Auch wenn die Wahrung einer Autonomie beider Perspektiven von Ethik und Ästhetik zentral ist, also sowohl eine Ästhetisierung der Ethik wie auch eine Moralisierung der Kunst für unangemessen erachtet wird, so gilt es zu konstatieren, dass die Autonomieästhetik eine puristisch-fachwissenschaftliche Konstruktion darstellt. Die Vorstellung einer Autonomie der Kunst beziehungsweise der Literatur ist im Kontext der Schule letztlich nicht vorstellbar. Vielmehr sind ästhetische und ethische Fragestellungen zusammenzudenken, da Literatur im Unterricht mit bestimmten Zielsetzungen verbunden wird und letztlich auch durch den

Erziehungs- und Bildungsauftrag der Schule bestimmt ist. Literaturunterricht ist also im Sinne einer *ethical literacy* weder zweck- noch wertfrei, zumal Texte eine bestimmte Weltsicht vermitteln. Die Schiller'sche Sichtweise von ästhetischer Bildung als einer grundlegenden Basis für Moralität, die zuweilen als Position der heutigen Kunst und Gesellschaft/Politik als nicht mehr angemessen eingeschätzt wurde (vgl. Zabka 2013, 463), erlebt eine Renaissance.

Moralische Kompetenz stellt – so das Ergebnis entsprechender Studien Mitte der 1980er Jahre (vgl. Kreft 1986) – gewissermaßen die Voraussetzung der Lektüre dar, da prinzipiell in *jeder* Literatur moralische Konflikte zu finden sind. Auch den agierenden fiktiven Personen und Institutionen ist moralische Kompetenz zuzuschreiben. Denn Kritik an Normen, Ideologien und Ähnlichem wird in literarischen Texten meistens indirekt, das heißt über Ironie, Humor, Parodie oder Tragik, geübt. Da davon auszugehen ist, dass moralische Konflikte und sprachliche Phänomene wie beispielsweise Ironie in literarischen Texten direkt in ästhetische Phänomene transformiert werden, ist die Untersuchung der *poetischen Kompetenz* sowohl seitens der Literaturwissenschaft als auch der Entwicklungspsychologie zentral (vgl. Frederking et al. 2016). In Anknüpfung an die Vorstellung zur Moralentwicklung durch Lawrence Kohlberg, der bei der Erforschung moralischer Entwicklungsstufen mit narrativen Texten arbeitete, werden diese zur Moralerziehung eingesetzt. Somit kann die Beschäftigung mit den fiktiven Konflikten für die moralische Erziehung von besonderer Bedeutung sein, weil sie vom Entscheidungsdruck der realen Konfliktsituation entlastet ist. Zudem entfällt die unmittelbare Involviertheit, denn die Konflikte stehen nicht als isolierte Dilemmata da, sondern sind in situative und affektive Kontexte eingebunden. Dabei gelingt es, Moral über ein ästhetisches, ein poetisches Medium zu vermitteln. Diese Möglichkeit, „Moralerziehung und ästhetische Erziehung zu integrieren, scheint beide zu steigern und vor Gefahren schützen zu können, vor den Gefahren des Moralismus und des Ästhetizismus" (Kreft 1986, 269). Eine Synthese von kognitiver Entwicklungspsychologie und Literaturwissenschaft ergab also ein wechselseitig wirksames Diagnoseinstrument, das die Analyse der Textstrukturen ebenso ermöglichte wie diejenige der entwicklungsabhängigen kognitiven Fähigkeiten der Schüler und Schülerinnen zur literarischen Rezeption. Damit wurden didaktische Entscheidungen der Textauswahl beziehungsweise der Abstimmung auf die Schüler und Schülerinnen kontrollierbar. Unter dem Titel *Zur Psychologie des Literaturunterrichts* (1987) sind diesbezüglich Ergebnisse von Heiner Willenberg publiziert worden. In Ansätzen wie diesen liegt der Beginn einer empirischen Herangehensweise an die Erforschung des Zusammenhangs von ästhetischer und ethischer Bildung im Deutschunterricht, die sich bis heute weiterentwickelt (vgl. Frederking et al. 2013; Frederking 2016).

Den größten Einschnitt erfuhr die konzeptionelle Orientierung des Literaturunterrichts jedoch in der Folge des PISA-Schocks. Der einseitig ausgerichtete Blick auf die Ausprägung von Lesekompetenz als Nachweis eines empirisch nachweisbaren Bildungserfolgs, die *Vermessung* des Deutschunterrichts durch Bildungsstandards (vgl. Paul et al. 2008) und eine funktionalistisch enggeführte Modellierung von Kompetenzen verdrängten Fragen ästhetischer und ethischer Bildung – zumindest in der Deutschlehrer- und Deutschlehrerinnenbildung (vgl. Anselm 2011). Zudem führte die sukzessive Etablierung eigenständiger ästhetischer Didaktiken zu einer unbeabsichtigten „Banalisierung der bildungstheoretischen Ansprüche" (Koch 2008, 712). Dadurch begann sich die Idee einer grundständigen ästhetischen Bildung aufzulösen (vgl. Frederking 2013a). Gegenwärtig konzentrieren sich didaktische Fragestellungen darauf, ob sich Entscheidungen für Handlungsalternativen im Literaturunterricht, etwa im Blick auf Literaturauswahl und Ziele der Lektüre, pragmatisch durch Erfahrungswissen, systematisch durch Argumentieren oder empirisch durch Evaluationen begründen lassen beziehungsweise ob nicht sogar eine Kombination der Herangehensweisen konstitutiv für Didaktik als Wissenschaft sein muss. Manche Didaktiker vertreten sogar in mangelnder Reflexion der Überlegungen des *Positivismusstreites* die Auffassung, nur mittels empirischer Herangehensweisen sei es möglich, *wertneutral* zu agieren und *richtig* zwischen wahr beziehungsweise falsch unterscheiden zu können (vgl. Kepser und Abraham 2016, 14). Zuweilen ist sogar die „Ausblendung einer Reflexion von impliziter und expliziter Normativität" (Müller-Michaels 2017, 72) zu konstatieren.

Aktuell bleibt es offen, ob „Deutschdidaktik als eingreifende Kulturwissenschaft" (Kepser 2013, 60–61) (wieder) Einfluss auf politische Entscheidung nehmen wird oder sich durch diese bestimmen lässt. Die Zielsetzungen des Literaturunterrichts und damit verbunden die Verhältnisbestimmung von ästhetischer und ethischer Bildung sind (erneut) in der Diskussion.

Weiterführende Literatur

Fenner, Dagmar (2013). *Was kann und darf Kunst? Ein ethischer Grundriss*. Frankfurt a. M.
Gelfert, Hans-Dieter (32010). *Was ist gute Literatur? Wie man gute Bücher von schlechten unterscheidet*. München.
Joisten, Karen (Hrsg.) (2007). *Narrative Ethik. Das Gute und das Böse erzählen*. Berlin.
Klüger, Ruth (1996). *Frauen lesen anders. Essays*. München.
Mandry, Christoph (Hrsg.) (2003). *Literatur ohne Moral. Literaturwissenschaften und Ethik im Gespräch*. Münster u. a.
Mieth, Dietmar (Hrsg.) (2000). *Erzählen und Moral. Narrativität im Spannungsfeld von Ethik und Ästhetik*. Tübingen.

Schulze-Bergmann, Joachim (2015). *Werte im Literaturunterricht. Entwicklungspsychologische Grundlagen, professionelles Lehrverhalten, methodische Schritte zur Arbeit in heterogenen Gruppen*. Frankfurt a. M. u. a.

Uwe Küchler
III.1.5 Hochschuldidaktische Aspekte der Vermittlung von Literatur

Die Vermittlung von Literatur lässt sich in philologischen Fächern und Fachdidaktiken, aber auch Bildungswissenschaften (Bredella et al. 2004, 8) verorten. Nur mit Einschränkung und erst in jüngster Zeit kann von einer Anerkennung als originäre und emanzipierte Forschungsrichtung gesprochen werden. Der Leitgedanke der „Literaturdidaktik als Theorie *für* und *vom* Literaturunterricht" (Bredella et al. 2004, 8) gilt als wegweisend und fordert dazu auf, sich von den Vorstellungen einer sogenannten Abbilddidaktik, der einseitigen Repräsentation fachwissenschaftlicher Inhalte mit didaktischen und methodischen Mitteln, zu lösen. Literaturvermittlung soll vielmehr als selbstbestimmter Forschungsbereich etabliert werden und auch literaturtheoretische Grundlagenforschung einbeziehen. Im Gegensatz zur Forschung wird Lehre und Vermittlung nur ein begrenzter Beitrag zur Schaffung, Analyse, Kontextualisierung, Verknüpfung oder Transformation der Wissensbestände literatur- und kulturwissenschaftlicher Disziplinen zugestanden. Obwohl die Grenzüberschreitung (*transgressing boundaries*) als ihr originäres und emanzipatorisches Methodenrepertoire wertgeschätzt wird, machen selbst die Amerikastudien an der Grenze zwischen Theorie und Hochschullehre halt (Bach und Donnerstag 2007; Freese 2005).

Die wissenschaftliche Auseinandersetzung mit hochschuldidaktischer Literaturvermittlung orientiert sich in nicht geringem Maße an den Erkenntnissen der fachdidaktischen Literaturvermittlung (vgl. auch Hallet 2013, 10; Schädlich 2009). So kommt Schädlich zu der Auffassung, dass die (auf schulischen Unterricht ausgelegte) Fachdidaktik durchaus nützliche Ideen und „lohnende Anknüpfungspunkte für die fachwissenschaftliche Lehre" (Schädlich 2004, 303) aufzuweisen hat. Die Unterscheidung zwischen schulischer und hochschulischer Literaturdidaktik kann nach Schädlich nicht prinzipiell sein, sondern höchstens in Einzelheiten vorgenommen werden. Weil die Bereiche der Literatur- und Kulturwissenschaften überwiegend einen hohen Anteil der Lehramtsstudierenden ausbilden, muss gleichzeitig gefragt werden, wie es der Hochschuldidaktik gelingen kann, ein fachlich kompatibles, etwa auf Hermeneutik und Interpretation fußendes Lehr-Lernarrangement zu entwickeln (Hallet 2013, 10). Spezifisch hochschuldidaktische Literaturseminare sind als Forschungsgegenstand dennoch selten. Ausgehend von einem dialogischen Verhältnis zwischen Literaturwissenschaft und Literaturdidaktik betont Nünning, dass es sich hierbei nicht etwa um einen monodirektionalen Austausch handeln dürfte, sondern dass auch Literaturtheoretiker von der Praxis literarischer Vermittlung lernen könnten (Nünning

2004a, 68 und 92–93). Dabei ist die Bedeutung von Literaturvermittlung in den Philologien unbestreitbar. Wie aber sieht es mit anderen akademischen Disziplinen aus? Welche kultur-, sozial- und gesellschaftswissenschaftlichen Disziplinen arbeiten mit literarischen Texten und welche Erkenntnisse können sie daraus gewinnen? Lassen sich auch literaturdidaktische Anwendungsbereiche außerhalb der Geisteswissenschaften verorten?

Literatur dient häufig als Mittel, um andere Lernziele zu erreichen, und konzentriert sich damit auf einzelne Teilaspekte literarischer Kompetenzen. Literaturvermittlung folgt dann funktionalistischen Ansprüchen und riskiert dadurch, die wissenschaftliche Tiefe beziehungsweise das erkenntnistheoretische Potenzial von literaturdidaktischen Lehr- und Lernkontexten aus den Augen zu verlieren. Große Aufmerksamkeit wird dem interkulturellen Lernen, Fremdverstehen und Kulturbewusstheit zuteil. An literarischen Zeugnissen können des Weiteren Fertigkeiten des Beobachtens, Identifizierens und Differenzierens, des Vergleichens oder Koordinierens von historischen ebenso wie kulturellen Zeugnissen eingeübt und Begriffsbildung wie Bedeutungskonstruktion etwa in den Fächern Geschichte, Klimatologie oder Marketing geschult werden.

1 Definition von Literaturvermittlung und Hochschuldidaktik

Literatur bezeichnet die „Gesamtheit des Geschriebenen" (Moser 2016, 943), wobei häufig die traditionelle Einschränkung entlang (sprach-)künstlerischer und ästhetischer Qualitätsmerkmale vorgenommen wird. Eine solche ‚schöne' Literatur grenzt sich beispielsweise von Sach- und Gebrauchstexten ab und zeichnet sich durch Nutzung narrativer Mittel, imaginierter und fiktionaler Konstellationen und eines ästhetisch überformten Sprachgebrauchs aus. An die Rezeption dieser Textsorten werden unterschiedliche Anforderungen gestellt. Die Literatur, wie jede Textsorte, stellt implizit eine ganz eigene Welt und darin inbegriffene Handlungsmöglichkeiten dar (Radvan 2017, 278; vgl. auch Bredella 2007b). Gerade im Hinblick auf literarische, narrative Texte darf die Lektüre nicht als „ein monodirektionales Dekodieren missverstanden [werden], als das Entziffern beziehungsweise das Entnehmen von einmal irreversibel in einen Text eingeschriebenen Informationen" (Radvan 2017, 281). Vielmehr erzeugt das Lesen literarischer Texte eine Vielzahl an individuellen „Sinnzuschreibungen" (Radvan 2017, 281). In diesem Prozess entsteht bei den Lesenden eine mentale Repräsentation der im Text entworfenen Situationen, Umstände oder Figurenkonstellationen, sprich das Modell einer fiktionalen Welt. Auf diese Weise ermöglicht Literatur „eine Brücke zu fremden Vorstellungen und Erfahrungen – in Gegenwart, Vergangenheit und Zukunft" (Radvan 2017, 280). Das sozial-vermittelnde und interkulturelle Potenzial von Literatur bringt Nussbaum auf den Punkt, wenn sie auf die Bedeutung von Literatur im Kontext des soziokulturellen Lebens verweist. Für das Individuum besitzt Literatur das Potenzial, „to wrest from our frequently obtuse and blunted imagination an acknowledgement of those who are other than ourselves, both in concrete circumstances and even in thought and emotion" (Nussbaum 1997, 111–112). Es sind diese Möglichkeiten, die nach Nussbaums Auffassung die grundlegende Signifikanz von Literatur in der Hochschulbildung begründen. Literaturvermittlung vermag somit ein „Kontingenzbewusstsein" (Nünning 2004, 89) herauszubilden. Es besteht darin, „durch den Umgang mit fremden Wirklichkeitsvorstellungen über die notwendige Begrenztheit der eigenen Weltsicht zu reflektieren und die Andersartigkeit fremder Wirklichkeitsmodelle kennen zu lernen" (Nünning 2004a, 93).

Das transdisziplinäre Wissensgebiet der Hochschuldidaktik befasst sich mit Struktur, Leitlinien und Formaten ebenso wie der institutionellen Lenkung hochschulischen Lernens, Vermittelns und Lehrens. Dabei bewegt sich die Hochschuldidaktik im Spannungsfeld von Wissenschafts-, Praxis- und Personenbezug (Huber 1983, 117–127; vgl. auch Küchler 2007, 128): Sie fragt danach, wie fachliches Konzeptionswissen entsteht, vermittelt, übertragen und angewandt werden kann. Seit der Orientierung an Kompetenzen und *learning outcomes* rückt das Verhältnis der Wissensproduktion zu ihren gesellschaftlichen ebenso wie beschäftigungsrelevanten Ansprüchen und Kontexten noch stärker ins Zentrum der Aufmerksamkeit. Letztlich bleibt gleichwohl das Verhältnis der Hochschullehre zu den Bedürfnissen und Bedingungen lernender oder lehrender Individuen zentraler Angelpunkt moderner Hochschullehre. Das Ziel hochschulischer Vermittlung ist die optimierte Gestaltung von Lehr- und Lernprozessen sowie deren Erforschung. Mit der Veränderung der Hochschule durch die Bildungsexpansion hat sich auch deren Intention verändert. Neben die wissenschaftliche Auseinandersetzung tritt zunehmend auch die Vorbereitung „der jungen Generation auf außeruniversitäre berufliche Tätigkeiten" (Huber 1983, 31). In der Hochschullehre sind zunehmend auch Aspekte der Ausbildung für nichtwissenschaftliche Qualifikationen zu berücksichtigen (Huber 1983, 31).

Die deutsche Triade von Fachwissenschaft, Fachdidaktik und Hochschuldidaktik ist im anglofonen Wissenschaftsraum so nicht bekannt. Dort hat sich in den letzten Jahrzehnten ein *Scholarship of Teaching and Learning* herausgebildet, das sich sowohl mit akademischer Lehre als auch mit der Erforschung von Lehrprozessen beschäftigt und explizit die Erforschung der Hochschullehre anregt (Shulman 2012, 50). Das *Scholarship of Teaching and Learning* erfüllt Aufgaben fachdidaktischer wie hochschulischer Forschung. Die deutsche Hochschuldidaktik greift daher diese Forschung sehr bereitwillig auf (vgl. Huber et al. 2014). Wurden in der Vergangenheit Professionalisierung und die Herausbildung der Lehrkompetenz bei Dozierenden als vorausgesetzt angesehen, dem eigenen Erleben oder der Lektüre von Erfahrungsberichten überlassen (Showalter 2003, 12), so gibt es heute in der Bundesrepublik Deutschland ein nahezu flächendeckendes, selten aber fachspezifisches Fortbildungs- und Zertifikatsprogramm sowie vereinzeltes Forschungsinteresse auch im Bereich Literaturvermittlung. Die Konkurrenz zwischen prestigeträchtiger Forschung und vernachlässigter Hochschullehre (und ihrer Erforschung) ist damit noch nicht aufgehoben.

Entwicklungen der jüngeren Hochschuldidaktik sind insbesondere durch das Paradigma der stärkeren Orientierung an den Belangen Studierender gekennzeichnet, die auch als *shift from teaching to learning* bezeichnet wird (Szczyrba 2005, 307; vgl. auch Wildt 2006; Küchler 2007). Wie also können Innovation, Interaktion und Kommunikation in Bezug auf Literatur als hochschuldidaktischer Gegenstand in Lehr-Lernsituationen und Lehrformaten umgesetzt werden? Eine auf Literatur spezialisierte Strömung der Hochschuldidaktik ist noch nicht geläufig, sodass die Literaturvermittlung im Hochschulkontext ihre Anregungen häufig der Deutsch- und Fremdsprachendidaktiken entnimmt (Schädlich 2009). Für die Literaturvermittlung an Universitäten und Hochschulen gibt es zwar keine einheitlichen Ziele oder Vorgaben, da sie innerhalb der Disziplinen und Studienprogramme ausgehandelt werden. Allein im Zuge einer Standardisierung der Lehrerbildung wurden einheitliche, wenngleich allgemein gehaltene Ansprüche formuliert. Daraus lassen sich nur bedingt Leitlinien für die hochschulische Literaturvermittlung ableiten, denn die Vorgaben im Fach Deutsch und in den Fremdsprachen gehen kaum über „vertieftes, strukturiertes und anschlussfähiges Fachwissen" sowie „grundlegende Fragestellungen und Methoden" hinaus (KMK 2008, 35–26 und 23–24).

Mit der Modularisierung von Studiengängen und der Kompetenzorientierung hochschulischer Lehrformate verändert sich der Spielraum auch für die Literaturvermittlung. In dieser Umbruchphase stehen weniger hochschuldidaktische Prämissen im Vordergrund, sondern eher bildungspolitische Maßnahmen, internationale Vergleichbarkeit und Marketinganstrengungen der Hochschulen und Studiengänge. Es werden hochschuldidaktische *Best-Practice*-Modelle artikuliert und primär auf „spezifische Professionalisierungskontexte" und ökonomisch gut verwertbare „Schlüsselqualifikationen" und „employability" bezogen. Entsprechend kultusministerieller Vorgaben soll „fachbasiertes Wissen problemorientiert" aufgearbeitet werden und um dies „exemplarisch" durchführen zu können, wird ein hochschuldidaktischer „Erprobungsraum" (Welbers 2012, 14–18) gefordert. Mit einer derart schematischen und abstrakten Überstülpung der Kompetenzorientierung lässt sich Literatur kaum mehr bedeutungsvoll vermitteln.

Vielmehr müssten bildungspolitische Vorgaben die Besonderheiten der Literaturvermittlung berücksichtigen. Literatur kann stets nur in individuellen Interpretationsprozessen erschlossen werden, denn bei literarischen Texten geht es um die narrative Verdichtung realer oder fiktiver Ereignisse, um die Personifizierung gesellschaftlicher Phänomene und die Repräsentation besonderer menschlicher Erfahrungen und Schicksale. Bei Literatur handelt es sich also per se um einen individuellen und exemplarischen Erprobungsraum. Demnach sind bildungspolitische Setzungen gerade im Hinblick auf die Arbeit geisteswissenschaftlicher Fächer und auf die Vermittlung von Literatur zu überprüfen. Die Modularisierung und Kompetenzorientierung wird als ein Weg propagiert, um die Herausforderungen des 21. Jahrhunderts zu bewältigen (Welbers 2012, 22). Diese positive Sichtweise wirft zumindest im Hinblick auf Literaturvermittlung und Aspekte der Kulturbegegnung ungeklärte Fragen auf.

2 Hauptaspekte von Literaturvermittlung im hochschulischen Kontext

Literarische Texte, Erzählliteratur und die Fähigkeit zum Geschichtenerzählen müssen in ihrer grundlegenden und herausragenden Bedeutsamkeit als menschliches Grundbedürfnis verstanden werden. Bredella (2012, 14) argumentiert, dass Geschichtenerzählen eine Form des Erkennens und Verstehens ist. Folglich ermöglicht Literatur den Individuen die Einordnung außergewöhnlicher oder unbekannter Ereignisse und ihrer Erfahrungen in zeitlichen Abfolgen oder in kausale Zusammenhänge. Sie erlaubt es, Erlebnisse in einen moralischen, kulturellen, gesellschaftlichen oder ethischen Bezugskontext zu setzen und ihnen damit jeweilige Bedeutungen zuzuweisen. Damit haben das Erzählen und die Literatur einen großen Stellenwert nicht nur zur Orientierung im (Alltags-)Leben oder zur Identitätsbildung, sondern auch für die Entwicklung kognitiver Strukturen. Ungewöhnliches in bestehende Muster einzuordnen, aktiviert stets auch das individuelle Vorverständnis, indem Erwartungen, Normsetzungen und kulturelle Muster automatisch aufgerufen werden. Normabweichungen oder -verletzungen regen nicht nur das Nachdenken und metakognitive Prozesse an, sie sprechen auch die Gefühle der Lesenden an und fordern damit deren Empathievermögen und Perspektivenübernahme heraus (Bredella 2012, 15–7; Bredella 2007; Bredella 2002). Die affektive Komponente literarischer Texte, somit die Rolle der Emotionen und der persönlichen Involviertheit, ist ausschlaggebend für die Vermittlung von Literatur. Aber gerade jene Komponenten, die als Alleinstellungsmerkmal literarischen Lernens gelten können, lassen sich zur empirischen Überprüfung und Standardisierung nicht so leicht operationalisieren (Burwitz-Melzer 2008; vgl. auch Lütge 2013b, 195).

Die in literarischen Texten eingeschriebene Mehrdeutigkeit und Ambiguität intensiviert die Verarbeitung narrativer Muster und erhöht die Gedächtnisleistung. Das menschliche Gehirn ist nur eingeschränkt erfolgreich darin, Fakten und unverbundene Details zu verarbeiten, „[...] aber es kann lange Geschichten mit ihren Handlungsabfolgen, Handlungsüberschneidungen und Konflikten im Gedächtnis behalten, und es scheint, dass wir Erzählstrukturen und Schemata von Geschichten nicht erst ausdrücklich erlernen müssen" (Bredella 2012, 18). Die kognitive und emotionale Verarbeitung literarischer Texte kann als Wissens- und Bedeutungskonstruktion angesehen werden. Nur wenn Literatur mit ihren neuen Informationen bewusst verarbeitet, verstanden, bewertet und bedeutungsvoll mit vorhandenem, persönlichem Vorwissen verknüpft wird, kann von Wissenszuwachs und damit von bedeutungsvollem Lernen gesprochen werden. Maßgeblich für die Gedächtnisleistung und die spätere Anwendung des Wissens in neuen, flexiblen Kontexten ist die Neukodierung eingehender Information vor dem Hintergrund des Vorwissens. Durch diesen individuellen Vermittlungsprozess werden bestimmte Aspekte ausgelassen, verändert oder an einen neuen Kontext angepasst, manche Gesichtspunkte gehen verloren. Wissen im Allgemeinen oder eine subjektive Geschichte werden dann als glaubwürdig eingeordnet, wenn die narrativen Impulse im Rahmen der erschaffenen Welt sinnhaft und kulturell glaubwürdig erscheinen, wenn also die Geschichte sich in bestehende Muster und Wissensbestände einordnen lässt (vgl. Küchler 2017, 561–563).

Der hochschuldidaktische Paradigmenwechsel – *shift from teaching to learning* – führt zur Rollendiversifizierung für Hochschullehrende (Szczyrba 2005). Unter dieser Prämisse ist Wissenschaft als soziales Interaktionssystem zu verstehen, in dessen Gefüge die virtuelle Perspektivenübernahme zum wichtigsten (hochschul-)didaktischen Instrument wird. Die Hinwendung zu den Studierenden und ihrer Heterogenität liegt begründet in der „anthropologisch angelegte[n] Fähigkeit zum Verständnis Anderer und ihrer Intentionen" durch den virtuellen Prozess der Perspektivenübernahme (Szczyrba 2005, 308). Diese Grundvorstellung verspricht erfolgreiches Lernen und Lehren, weil das Individuum sich durch die Übernahme – und im Idealfall die Koordination – der Perspektiven über Verhältnismäßigkeit von Handlungen vergewissern kann. Dabei spielt es gar keine Rolle, ob Perspektiven und Szenarien nun real oder fiktiv, rückblickend oder antizipierend sind. Es ist jedoch auch zu beachten, dass die Perspektivenübernahme keine Gewissheiten verspricht und daher in immer weiteren, interaktiven Schleifen fortgeführt wird und im Kontext weiterer Perspektiven zu einem vollständigeren, aber niemals absolut sicheren Bild führen kann. Die Perspektivenübernahme bildet eine der Grundlagen für gelingende Hochschuldidaktik und ebenso sind der Wechsel und die Koordination von Perspektiven entscheidendes Fundament für die erfolgreiche Lektüre und Vermittlung von Literatur. Das Einüben dieser Schritte – nach Nünning das Identifizieren, Differenzieren, Übernehmen und Koordinieren von verschiedenen Perspektiven – „erweiter[t] die Möglichkeiten kritischen, disziplinären Lernens und verspr[icht] ein größeres Handlungsrepertoire (Küchler 2013, 155; vgl. hier insbesondere Nünning 2000; Bredella 2012).

Mit Verweis auf die Prozesse der Perspektivenübernahme bezeichnet Szczyrba (2005, 310) die Hochschullehre als „reflektiertes soziales Handeln in Beziehung". Die in Auseinandersetzung mit eigenen Sichtweisen und die Reflexion dargebotener Multiperspektivität sowohl eigener, erlebter als auch in Lernmaterialien und Literatur dargestellter Handlungsmuster begründet die Perspektivenübernahme auf mindestens zwei Ebenen. Einerseits müssen Lernende und Lehrende in universitären (wie schulischen) Lehrveranstaltungen ihr bisheriges Wissen, ihre Muster und Sichtweisen mit den Anforderungen oder Handlungen anderer abgleichen und schließlich eine eigene Position dazu finden. Andererseits müssen sie in ebensolchen Prozessen das Lernmaterial oder die Literatur durchdringen und Handlungsmuster oder Rationalisierungen auf der Ebene der Darstellung durchdenken und sich ebenso dazu positionieren.

Mit dieser Prämisse lässt sich der wichtige Fokus auf die Lernenden in der Hochschule erklären, der Blick für didaktische Überlegungen und methodische Entscheidungen weiten und indirekt die wichtige Rolle von fiktionaler Literatur auch über den Radius der Philologien hinaus plausibilisieren. Der Anspruch an die Hochschullehre wird hierdurch komplexer und zwingt Lehrende in ein breiteres Rollenspektrum und zu umfangreicheren methodischen Überlegungen. Statt disziplinär verknüpftes Wissen oder ein Methodeninstrumentarium lediglich zu präsentieren und damit die Studierenden zu instruieren, werden den Lehrenden nun aktivierende, beratende und moderierende, zur Selbstorganisation befähigende Lehrtätigkeiten abverlangt. Diese Auffassung von Hochschuldidaktik erfordert es auch, bestimmte Lernmomente zu inszenieren und Seminarumgebungen gezielt zu gestalten. Globalisierungstendenzen und gesellschaftliche Entwicklungen, die Internationalisierung der Hochschullandschaft, Interdisziplinarität und Interkulturalität vieler Lehr-, Lern- und Forschungssituationen sowie Digitalisierung und veränderter globaler Zugang zu Wissensnetzwerken diversifizieren und verkomplizieren die Bedingungen für hochschulische Lehre seit der Jahrtausendwende (Szczyrba 2005, 308).

Um die Komplexität literaturdidaktischer Kompetenzmodelle zu reduzieren und die Zielstellung zu konkretisieren, erarbeitet Lütge mit Verweis auf Hallet ein Model der *literary literacy* oder literarischen Kompetenz (Lütge 2013b; vgl. auch Hallet 2007). In einem ersten Schritt hat sie Bredellas wegweisende Hauptgesichtspunkte literarischen Lernens zu je vier Kompetenzen und Dimensionen gruppiert (Lütge 2012, 193–195): Mit der interpretativen Kompetenz werden Lernende befähigt, verschiedenartige Lesarten eines Textes miteinander zu vergleichen und Gemeinsamkeiten beziehungsweise Unterschiede einzuschätzen. Die Story-Kompetenz bezieht sich auf die wichtige Errungenschaft des Geschichtenerzählens und seines Verstehens, das einen Beitrag zur individuellen Identitätsbildung und dem Erzählvermögen der Lernenden leistet. Sich in Perspektiven anderer versetzen, diese Sichtweisen aufeinander abzustimmen und damit die eigene Position zu dezentrieren, ist Merkmal der interkulturellen Kompetenz, die sehr eng mit literarischem Verständnis verknüpft ist. Um literarische Formen, Stile und Bauelemente zu erkennen, bedarf es zudem der stilistischen Kompetenz (Lütge 2013b, 193).

Während die vier genannten Teilkompetenzen auf einzelne, empirisch überprüfbare Fertigkeiten heruntergebrochen werden können, ist dies mit den Dimensionen nicht möglich: Das Interesse am Leben und den Erfahrungen anderer Individuen erlaubt den Lesenden und Lernenden, eigene Erfahrungen unter neuen Gesichtspunkten zu reflektieren, und verleiht damit eigenen Erlebnissen oder Lebensfragen neue Orientierung. Hierin besteht die Orientierungsdimension literarischen Lernens. Um literarische Texte wertschätzen zu können, bedarf es der performativen Dimension. Lernende steuern bei der Lektüre den Horizont eigener Erfahrungen und Handlungen bei. Durch das Wechselspiel zwischen Text und Lesenden entsteht eine je individuelle Interpretation. Das eigene ästhetische Erleben und Empfinden des Textes und Lektüreprozesses zeigt die ästhetische Dimension des Lesens. Schließlich bietet insbesondere der Perspektivenwechsel die Möglichkeit, andere Erlebnisweisen und Interpretationen von Konflikten zu erfahren und damit auch ethisches Empfinden der Lesenden, die ethische Dimension, zu schulen (Lütge 2013b, 194–195).

Auf Basis dieser Kompetenzen und Dimensionen definieren Lütge (2013b) und Hallet (2007) *literary literacy*, um die Komplexität erforderlicher Fertigkeiten und einen progressiven Lernzuwachs mit Literatur abzubilden: Literarische Lesekompetenz umfasst die allgemeine Lesefähigkeit (*literacy*) ebenso wie das *close reading* und die Fähigkeit des emotionalen Sicheinlassens auf Text und Lektüre (vgl. Lütge 2013b, 198–199). Mit der verknüpfenden Literatur-Kultur-Kompetenz beziehen sie sich auf die Fähigkeit, historisches und (inter-)kulturelles Wissen in einem Text zu erkennen, literarische Texte als Ausgangspunkt für eigenes, individuelles und persönliches Geschichtenerzählen zu nutzen und in einen dialogischen Austausch mit dem Text zu treten, indem Verschiedenheit darin anerkannt und als Bereicherung empfunden wird (Lütge 2013b, 199). Von Reflexionskompetenz sprechen sie, wenn die Fähigkeit des Reflektierens bestimmter Handlungen, Einstellungen oder Werte vorgefunden wird. Dies kann in Bezug auf deren Darstellung im literarischen Text, zum narrativen Diskurs und seiner Darstellung ebenso wie auf einer Metaebene zum Leseprozess selbst und der emotionalen Involviertheit geschehen (Lütge 2013b, 199). Wird mit fremdsprachiger Literatur gearbeitet, ergibt sich ergänzend die Fremdsprachendiskurskompetenz, mit der sowohl fremdsprachliche Lernprozesse und das Erkennen wie Nutzen fremdsprachlicher Diskurse als auch die Koordination von fremden und eigenen Perspektiven umfasst werden (Lütge 2013b, 199). Die Skepsis gegenüber der Kompetenzorientierung wird von Hallet relativiert, wenn er zusammenfassend sagt: „Ein zeitgemäßer Begriff universitärer Bildung kommt ohne die Vorstellung vom selbstbestimmten Subjekt als Akteur/in in fachlichen und gesellschaftlichen Diskursen nicht aus und eine partizipative Vorstellung von Bildung ist ohne Kompetenzen als Kenntnisse, Fähigkeiten, Fertigkeiten und Einstellungen nicht denkbar" (Hallet 2013, 22).

Durch die Befassung mit Professionalisierung, der Perspektivenübernahme und der Lern- und Studierendenorientierung geraten auch Persönlichkeitsbildung und Rollenverständnis von Hochschullehrenden in den Blick und erhöhen die Ansprüche an die Einzelnen: „Teachers should read contemporary literature, go to the theatre and movies, watch television, write in all forms, and reflect on how all these activities contribute to what we do in class" (Showalter 2003, viii). Zur Persönlichkeitsbildung und Professionalisierung gehört ferner, die eigene Isolation zu überwinden und den Austausch mit anderen Hochschullehrenden zu suchen. Hierzu zählen auch pädagogische Kompetenzen, die (Lehr-)Performanz, die Benotung der Lernleistungen, die Formulierung von Prüfungsaufgaben sowie deren Bewertung (Showalter 2003, 1–20). Eine Herausforderung ist der im Rahmen hochschulischer Lehrveranstaltungen zu bewältigende Umfang an literarischer Lektüre. Selbst Anleitungen zur Hochschullehre mit Literatur arbeiten mitunter auf der Basis literarischer Vignetten und verzichten damit auf Herausbildung einiger Ziele, die sich nur mit längerer Lektüre einstellen würde (vgl. etwa Zaremba und Hecht 2016; Kampmann und Knoch 2015).

Die Entwicklung eines gelingenden, den jeweiligen Lehr-Lernbedingungen angemessenen methodischen Zugangs setzt einen fundierten theoretischen Überblick, Professionswissen und die Reflexion der eigenen Lehrpersönlichkeit voraus (Showalter 2003, 38). Hier kommen eine klare Zielstellung, Besonderheiten der ausgewählten Literatur ebenso wie Theorien und Modelle zur Geltung. Im Sinne eines „hochschuldidaktischen Dreiecks" (Wildt 2006) lässt sich die Literaturvermittlung auf drei Orientierungspunkte ausrichten:

(1) Wird die Aufmerksamkeit auf thematische Inhalte oder den literarischen Text gerichtet, rücken politische Einstellungen, wissenschaftliche Erkenntnisse oder umkämpfte Interpretationen in den Mittelpunkt, wie dies beispielsweise bei der *critical pedagogy* (Slevin und Young 1996; Giroux 1993) und *teach the conflicts* (Graff 1992; vgl. auch Volkmann 2004, 107–109) erfolgt.

(2) Die Vermittlungsarbeit in Lehrveranstaltungen kann auch auf die Lehrperson ausgerichtet werden: Das Augenmerk liegt bei dieser Konstellation auf der Performanz der Dozierenden und ihrem hochschuldidaktischen ‚Methodenkoffer', beispielsweise auf theaterpädagogischem Repertoire und der sich entfaltenden Gruppendynamik des Seminars. Wichtig sind die Seminaratmosphäre und gegenseitiges Vertrauen für die Herausbildung einer solchen pädagogischen Gemeinschaft (Showalter 2003, 32–34).

(3) Im Angesicht des *shift from teaching to learning* wird der Fokus auf die Studierenden, die Lernbedingungen und ihre Textbegegnung in einem durch Interaktion und Kollaboration gekennzeichneten Lernprozess gerichtet. Indem die Aufmerksamkeit sich auf die Interaktion der Studierenden mit dem Text richtet, können Gelingensbedingungen für das kognitive wie affektive Entdecken von Textstrukturen, die aktive Auseinandersetzung mit Literatur angeregt werden. Das Interesse richtet sich dabei auf die Frage, wie Studierende Literatur lernen und wie sie beim Erlernen literarischer Kompetenzen unterstützt werden können (Showalter 2003, 35–36; vgl. auch Szczyrba 2005; Bredella 2004).

3 Geschichte hochschulischer Literaturvermittlung

Abraham bezieht sich auf Erkenntnisse der evolutionären Kulturanthropologie, wonach nicht so sehr die Sprache an sich, sondern die „Fähigkeit des Teilens" (Abraham 2013, 88) Kern der Menschwerdung sei. Auf dem Teilen beruht demnach das „Mit-Teilen [...] und damit der Ursprung von sozialem Austausch, Kommunikation und schließlich menschliche Sprache" (Abraham 2013, 88). In diesem Lichte sind nicht allein die komplexen (De-)Kodierungspraktiken der Literatur von Interesse. Die Bedeutung literarischer Texte ergibt sich daraus, dass sie „vielmehr Medium eines Zeigens und damit ‚Gemeinsammachens' von Vorstellungen, Weltbildern, Wünschen, Ängsten, Utopien, und zwar mit allen Mitteln ästhetischer Sprachverwendung" sind (Abraham 2013, 89).

Weil Literaturvermittlung sich bisher eng an literaturwissenschaftlichen Theorien und Modellen orientiert hat (Schädlich 2004, 302), können einige Ziele hochschulischer Literaturvermittlung anhand literaturtheoretischer Strömungen und historischen Paradigmen abgelesen werden (Showalter 2003, 22–23). Im 19. Jahrhundert stand die moralische und humanistische Bildung des Individuums im Vordergrund und die Literatur wurde als Spiegel der Hochkultur verstanden und gelehrt. Im ersten Drittel des 20. Jahrhunderts wird Literatur mit dem Anspruch gelehrt, ein Gegengewicht zu den ordinären, verwerflichen Auswüchsen der modernen Massengesellschaft und industriellen Technisierung zum Ausdruck zu bringen. Damit dient sie dem gesellschaftlich-kulturellen Austausch und der Selbstvergewisserung und Sinnfindung der Lernenden und Lesenden (Showalter 2003, 23). Mit geopolitischen und gesellschaftlichen Spannungen sowie neuen literaturtheoretischen Zugängen wendet sich die Zielsetzung der Literaturvermittlung einem anderen Extrem zu. In der Mitte des 20. Jahrhunderts wird mit dem *close reading* die außertextliche Welt vollkommen ausgeblendet: „New Critical close reading isolated the text from historical contexts and subjective interpretation, and offered a tough-minded quasi-scientific methodology that gave literary study some parity with the science as an academic discipline" (Showalter 2003, 23; vgl. auch Bredella 2004, 24–32). Bereits in den 1960er und 1970er Jahren drängen politische Bewegungen und Minderheiten aber wieder in den Vordergrund und verbinden Literaturvermittlung mit Identitätspolitik und kulturellem Kontext. Hochschulische Seminare dienten nun explizit der Bewusstwerdung über gesellschaftliche Zustände ebenso wie sprachliche, erzählerische und ästhetische Unterdrückungsmechanismen in der Literatur (Showalter 2003, 23; vgl. auch Bredella 2004, 33–34 und 55–59).

Während seit den 1980er Jahren theoretische Zugriffe auf Literatur in den Vordergrund rücken und in den Literaturseminaren zu einer Proliferation von literaturtheoretischen Zugängen führen, erwirkt die Kompetenzorientierung seit der Jahrtausendwende einen Fokus auf funktionalistische Zugänge zur Literatur. Die Rolle von literarischen Texten an der Hochschule und im Schulunterricht wird durch die Kompetenzorientierung und die Schwierigkeiten empirischer Überprüfbarkeit dieses äußerst komplexen Clusters an Fähigkeiten der literarischen Kompetenz vor allem bildungspolitisch neu infrage gestellt und herausgefordert (Lütge 2013b). Im *Gemeinsamen Europäischen Referenzrahmen* für den Fremdsprachenunterricht konstatiert der Europarat zwar Folgendes: „Literary studies serve many more educational purposes – intellectual, moral and emotional, linguistic and cultural – than the purely aesthetic" (Europarat 2001, GER 4.3.5). Diese Einlassungen werden von Lütge (2013b, 193) jedoch als „apologetisch" kritisiert, weil die Marginalisierung dazu führt, dass Literaturvermittlung in Hochschule und Schule als nebensächlich wahrgenommen werden und ihren Beitrag zu Sinnbildung, Verständnis und Orientierung in einer sich rasant verändernden Welt nicht mehr bewirken können.

Die Definition von Lernzielen geht von der entscheidenden Frage aus: „How much do students need to know in order to gain real understanding of the complexities of any literary text or author, let alone a historical period" (Showalter 2003, 12)? Heute lässt sich zusammenfassend festhalten, dass die Ziele hochschulischer Literaturvermittlung als übertragbare Fertigkeiten zu verstehen sind: „Overall, our objective in teaching literature is to train our students to think, read, analyze, and write like literary scholars, to approach literary problems as trained specialists in the field do, to learn a literary methodology, in short to ‚do' literature as scientists ‚do' science" (Showalter 2003, 25). Die Studierenden sollen das breite Spektrum kognitiver Operationen einüben, die zur analytischen, ästhetischen und kreativen Durchdringung erzählender Texte notwendig sind, sodass sie sich vom Wissen über das Verständnis zur Analyse, Anwendung und Synthese bewegen. Bredella fordert von der Literaturdidaktik ein, die „Interaktion zwischen Text und Leser" so zu organisieren, „dass der Leser einerseits ein besseres Verständnis der Realität gewinnt, auf die der Text explizit oder implizit verweist, und dass er andererseits als Mitspieler, umsichtig urteilender Zuschauer und reflektierter Kritiker auch ein erweitertes und differentes Selbst- und Weltverständnis gewinnt" (Bredella 2004, 60). Dieser Auffassung folgt auch Schädlich, wenn sie in der „Relativierung literaturwissenschaftlicher Erkenntnisse und in ihrer Anbindung an die Rezeptionsprozesse der Studierenden" die Hauptaufgabe der Literaturdidaktik sieht, diesen Anspruch aber in keiner Weise als „Verzicht auf die Konfrontation mit Literaturtheorie und Analysemodellen" (Schädlich 2004, 301) verstanden wissen will.

4 Forschungsdesiderate

Die bildungspolitische Stoßrichtung der vergangenen Jahre hat die Kompetenzorientierung gefördert und verbindliche Bildungsstandards für die Schule sowie Lehrerbildung eingeführt. An den Universitäten herrschen nunmehr modularisierte Studiengänge und die standardisierte Berechnung von Studienleistungen nach Arbeitsstunden. Welche Rolle aber spielen die Impulse aus den einzelnen Fächern und disziplinären Traditionen im Hinblick auf die Fachinhalte? Die Bestimmung der Inhalte im Kontext der Kompetenzorientierung ist längst nicht ausdiskutiert. Insbesondere für die Betrachtung von Literatur wird dies immer wieder angeführt, weil sich der Umgang mit Literatur, in der Interpretation literarischer Texte im weitesten – nämlich im ästhetischen, kulturgeschichtlichen, interkulturellen und transkulturellen – Sinne noch kaum mit den Mitteln und Maßnahmen der Kompetenzmodellierung fassen lässt. So spricht Hallet (2013, 3) von der Herausforderung, die hochschuldidaktische Literaturarbeit nicht auf Schlüsselqualifikationen zu reduzieren, weil hierdurch der breite Bildungsanspruch literarischer Vermittlung verloren ginge. Wie bildet hochschuldidaktische Literaturvermittlung die Kompetenzen heraus, die das Wahrnehmen gesellschaftlicher Verantwortung, die kulturelle Wirkung von Literatur oder das autonome Agieren der Individuen ermöglichen (Hallet 2013, 6–7). Welchen Beitrag leistet hochschuldidaktische Literaturvermittlung zur Ausbildung von Lehrpersönlichkeiten und wie wird die Entwicklung notwendiger professioneller Kompetenzen beispielsweise für das Lehramt angeregt (Hallet 2013, 9)? Hochschulische Studiengänge müssen sich fragen, „ob sie die zukünftigen Lehrer/innen mit jenen Kenntnissen, Fähigkeiten und Einstellungen ausstatten, die sie angesichts erheblicher kultureller Dynamiken und sich rapide verändernder professioneller Anforderungen benötigen" (Hallet 2013, 10).

Die jüngere Bildungspolitik richtet ihren Fokus auf Heterogenität und Inklusion. Dieses Anliegen wird durch geopolitische Entwicklungen, wie beispielsweise die Flüchtlingssituation in Europa, vorangetrieben. Hiervon ausgehend muss die spezifisch bundesdeutsche Interpretation des Begriffs Inklusion als behindertengerechte Ausgestaltung der Bildungsinstitutionen zugunsten eines breiteren Bewusstseins für Heterogenität und Diversität (Ziemen 2017; Bohl et al. 2017, hier insbesondere Radke 2017) auch in hochschuldidaktischen Kontexten diskutiert und neu bestimmt werden. Gerade die hochschulische Literaturvermittlung könnte bei der Erweiterung des Begriffs interessante Impulse geben, indem sie die Frage ergründet, wie literarisch vermittelte Erfahrungen entlang verschiedenster Differenzlinien und Kategorien zu einer tatsächlich inklusiven (Hoch-)Schule und Gesellschaft beitragen könnten. Es sollte nicht übersehen werden, dass Literatur mitunter Vorstellungen vom Umgang mit Differenzerleben bereithält und zur Diskussion (un-)angemessener Rollenmodelle einlädt (Wheeler 2013).

Für die Literatur- und Kulturwissenschaften formuliert Hallet einen umfassenden hochschuldidaktischen Forschungsbedarf: Er fragt danach, welche hochschuldidaktischen Formate, welche Rollenbilder und Zielformulierungen erfolgversprechend wären und kritisiert, dass Hochschullehre zu häufig noch auf „intuitiven Annahmen" (Hallet 2013, 9) zu diesen Vermittlungskomponenten beruht. Er regt daher die empirische Fundierung hochschuldidaktischer Arbeit an. Hochschuldidaktik soll „Expertise für die qualitative und quantitative Erforschung des Unterrichts in ihren Fächern" entwickeln und sich auf Formate und Bedingungen mit deren Verknüpfungen zu anderen wissenschaftlichen Fächern beziehen, „aber auch der kognitiven und sprachlich-diskursiven Wegen des Wissenserwerbs" (Hallet 2013, 9) dienen und zu deren besserem Verständnis und zur methodischen Vervollkommnung beitragen.

Ein weiteres Desiderat ist die Erforschung und Entwicklung einer ‚Bildung durch forschendes Lernen in den Literatur- und Kulturwissenschaften', wie sie Nünning geltend macht. Es geht um das Ergründen „innovativer (ggf. disziplinspezifischer Lehr-/Lernformen" (Nünning 2013, 43) und Einbeziehen von Studierenden in die laufende Forschung. Er spricht gar von neuen Arbeitsformen, wie der „undergraduate research" (Nünning 2013, 44), die infolge differente Formen der hochschuldidaktischen Bewertung und Prüfung nach sich ziehen müssten. Mit diesen Vorschlägen fragt Nünning, ob Humboldts Bildungsideal besser entsprochen und die Berufschancen der Studierenden erhöht werden könnten, wenn forschendes Lernen konsequenter umgesetzt würde und damit die „bislang ohnehin schon zu weit fortgeschrittene Trennung von Forschung und Lehre" zurückgenommen würde (Nünning 2013, 44).

Dramatische Entwicklungen in der Weltpolitik lassen erneut die Frage aufkommen, welche Rolle der hochschulischen Literaturvermittlung in Krisenzeiten zugestanden wird. Showalter fragt: „What should teachers do in the classroom in times of crisis, disaster, tragedy, sorrow, and panic? Does teaching literature, rather than economics or physics, demand that we rise to these occasions, and if so, how" (Showalter 2003, 131)? Sie leitet dann logisch über zur hochschuldidaktischen Herausforderung solcher Momente auch im Hinblick auf Inhalte, methodische Zugänge und Selbstverständnis der Literaturdidaktik, wenn sie bemerkt, „how vulnerable our assumptions about the usefulness of literature were, but also how meaningful it can be to rise to an occasion with all our skills and learning and expertise" (Showalter 2003, 135). Die geopolitischen Aufgaben der näheren Zukunft sind kaum zu überblicken: Klimawandel und Umweltzerstörung, gesellschaftlicher Wertewandel, geopolitische Verwerfungen durch Globalisierung und Massenmigration. Werden Lektüre, Analyse und kritisch-kreative Befassung mit Literatur zur Lösung fachlicher wie interdisziplinärer, didaktischer, pädagogischer und gesellschaftlicher Herausforderungen beitragen oder werden sie als ästhetisches Beiwerk, zur Ausbildung von beruflichen Kommunikationsfertigkeiten verdrängt? Für die Hochschuldidaktik besteht die Herausforderung darin, die spezifischen Qualitäten literarischer Texte und das (nur) fiktionaler Erzählliteratur innewohnende Potenzial zu definieren, um Notwendigkeit und Chancen von Literatur in der Lehrerbildung, in anderen Studiengängen und in Forschungsprojekten besser zu begründen.

Durch ökonomische Zwänge, die Standardisierung des Bildungssystems oder auch durch die Forderung nach verstärkter Digitalisierung aller Gesellschaftsbereiche werden die Rolle literarischen Wissens und die Notwendigkeit von literarischen Texten in der Hochschullehre herausgefordert und hinterfragt. Gleichzeitig führen die digitalen Möglichkeiten technischer Verfügbarkeit und massenhafter Reproduktion von literarischen Texten wie die Prozesse von Globalisierung und transkultureller Migration zu weiterwachsender Heterogenität und einer Vervielfältigung nicht nur der literarischen Inhalte, sondern auch der hochschuldidaktischen Anforderungen und Ansprüche. Es ist zu erwarten, dass diese Grundsituation die Universitäten und die Hochschuldidaktik im Allgemeinen, aber die Vermittlung von Literatur im Besonderen vor neue Herausforderungen und Chancen stellen wird.

Weiterführende Literatur

Bredella, Lothar, Werner Delanoy und Carola Surkamp (Hrsg.) (2004a). *Literaturdidaktik im Dialog*. Tübingen.
Bredella, Lothar (2007b). „Die welterzeugende und welterschließende Kraft literarischer Texte. Gegen einen verengten Begriff von literarischer Kompetenz und Bildung". *Literaturunterricht, Kompetenzen und Bildung*. Hrsg. von Lothar Bredella und Wolfgang Hallet. Trier: 65–85.
Hallet, Wolfgang (Hrsg.) (2013b). *Literatur- und kulturwissenschaftliche Hochschuldidaktik: Konzepte, Methoden, Lehrbeispiele*. Trier.
Schädlich, Birgit (2009). *Literatur Lesen Lernen. Literaturwissenschaftliche Seminare aus der Perspektive von Lehrenden und Studierenden: Eine qualitativ-empirische Studie*. Trier.
Showalter, Elaine (2003). *Teaching literature*. Malden.

III.2 **Literarische Gegenstände und Konzepte**

Petra Kirchhoff
III.2.1 Kanondiskussion und Textauswahl

Bis in die 1960er Jahre basierte die Auswahl literarischer Texte im schulischen Kontext auf verbindlichen kanonischen Vorgaben, wie sie beispielsweise in Lehrplänen zu finden waren. Dies wurde jedoch seitdem von Literaturdidaktikern und Literaturwissenschaftlern unterschiedlicher Disziplinen wie etwa Schütz und Raitz (1976, 9) sowie Brackert und Raitz (1974) in der Germanistik oder Beck (1995) und Nünning (1997) in der Anglistik/Amerikanistik als überkommen abgelehnt und mit der grundsätzlichen Forderung nach einem offenen Kanon erwidert. Inzwischen ist die Debatte um einen verbindlichen literarischen Kanon auch im literaturwissenschaftlichen Studium weitgehend verstummt, wenngleich im Kielwasser der Modularisierung von Studiengängen gemäß dem Bologna-Modell eine neue Tendenz zur Standardisierung an Universitäten beobachtet wird (Stuck 2013). Derzeit scheint die Diskussion um einen Kanon zum Beispiel in der Germanistik (Drügh et al. 2017) angesichts eines neuen Rechtfertigungsdrucks auf das Studienfach und einer sich verändernden Studierendenschaft neu entfacht zu werden. Auch in der literaturwissenschaftlichen Forschung wird das Themenfeld ‚Kanon' derzeit eingehend reflektiert – allerdings aus der Perspektive von Wert- und Wertungstheorien des 20. Jahrhunderts. Nicht die emphatische Festlegung kanonisch ‚gültiger' Werklisten, sondern deren literaturwissenschaftlich-kritische Überprüfung anhand von Kanontheorien, Modellen der Kanonbildung und Untersuchungen über die Instanzen der Wertung im Literaturbetrieb beschäftigt die Literaturwissenschaft (Rippl und Winko 2013).

Eine der Instanzen der Wertung von Literatur ist die Schule, von deren Warte aus das Thema des literarischen Kanons immer noch eine weit reichende, praktische Bedeutung hat. In Zeiten, in denen Literatur nicht mehr „als das wichtigste kulturelle Selbstverständigungsmedium betrachtet werden dürfte" (Drügh et al. 2017), sondern Schüler und Schülerinnen sich entlang anderer Medienbiografien entwickeln und nur noch selten mit einem literarischen Kanon vertraut sind, wird dem Kanon literarischer Texte in der Schule wieder eine wichtige Orientierungsfunktion zugeschrieben (Rippl und Winko 2013). Gleichzeitig entzieht sich die aktuelle Kanondiskussion einer verbindlichen Antwort im traditionellen Sinne. Angesichts der gegenwärtigen Vielfalt literarischer Formen, die von Multimodalität und Prozesshaftigkeit sowie von multiplen Perspektiven auf eine globale Welt geprägt sind, erscheint das Dilemma zwischen einem Verlangen nach Gültigkeit und ihrer reflexiven Relativierung zunächst schwer auflösbar.

1 Begriffe literarischer Kanons

Unter einem literarischen Kanon versteht man ein Korpus an Texten, denen ein herausgehobener literarischer Wert sowie eine normsetzende und zeitüberdauernde Bedeutung zugeschrieben wird. Werke eines Kanons stehen häufig im besonderen Fokus literaturkritischer und literaturwissenschaftlicher Betrachtung oder bilden im Kontext von Bildungseinrichtungen den Kern häufig rezipierter Texte. Nach Ansicht von Harold Bloom, dem vielleicht einflussreichsten Fürsprecher eines dezidierten, normativen *western canon*, hat der Kanon die Funktion eines Gedächtnissystems, in das ausgewählte Werke aufgenommen, gespeichert und zueinander in Bezug gesetzt werden (Bloom 1994, 17). Weniger normativ betrachtet, wird mit dem Kanonbegriff ein sich ständig veränderndes Korpus an viel rezipierter und diskutierter Literatur erfasst. Diese offenere Lesart des Begriffs erlaubt die zeitgleiche Koexistenz unterschiedlicher Kanonformen. Korte unterscheidet hier unter anderem zwischen einem „Kernkanon" und „akuten Kanons". Der Kernkanon wird von Autoren und Titeln gebildet, die lange Zeit überdauernd in allen Kanoninstanzen einen festen Platz hatten. Hierzu gehören beispielsweise die Texte der Weimarer Klassik (Korte 2002, 64). Von Heydebrand führt die Langlebigkeit dieses Kernkanons darauf zurück, dass gerade aus diesen Texten „immer wieder unterschiedliche Normen abgeleitet werden können" (von Heydebrand 1993, 6). Unter einem ‚akuten Kanon' versteht Korte in Rückgriff auf von Heydebrand eine leicht veränderbare und von Zeitkontexten abhängige Sammlung an Texten (von Heydebrand 1993).

Die Bedeutung dieses pluralen Verständnisses lässt sich schon an der Vielzahl von Anthologien ablesen, die nach geografischen Räumen, thematischer Verwandtschaft oder gattungsspezifischen Merkmalen kategorisiert werden. Die ‚akuten' Kanons oder Randkanons beanspruchen für sich nicht den Stellenwert eines elitären kulturellen Kapitals westlicher Literatur, sondern stellen mit ihrer Postulierung immer zugleich die Frage, was Kanonizität im Kontext von Postkolonialismus und Globalisierung bedeutet (Mukherjee 2015).

Die frühere Ansicht, dass ein Werk einzig aufgrund seiner ästhetischen Qualität kanonischen Status erlangt, gilt inzwischen als überholt. Vielmehr geht man davon aus, dass Texte auch aufgrund von kontextuellen Bedingungen, die beispielsweise genderspezifisch, postkolonial oder literatursoziologisch beeinflusst sein können, Einlass in einen Kanon finden. Gleichwohl drängen die kontextuellen Faktoren in der Kanonisierung eines Werkes dessen literarische Qualitäten nicht gänzlich zur Seite, sondern Kontexte und Qualitäten bedingen sich gegenseitig: Wie es scheint, gehen die breitere Öffentlichkeit, die Literatur- und Kulturwissenschaft sowie die Bildungseinrichtungen Hand in Hand bei der Etablierung eines Kanons. Schule, Universität und Literaturvermittler wirken dabei als Hauptinstanzen (Rippl und Winko 2013). Damit ist jeder Kanon das Ergebnis komplexer Kanonisierungsprozesse mit Phasen der De- und Rekanonisierung. Diese Prozesse wurden beispielsweise von Böhler (1998) in mehreren Nationalliteraturen nachgezeichnet. Sie zeigen sich auch im schulischen Kanon in Deutschland, zum Beispiel bei dystopischen Texten des frühen 20. Jahrhunderts wie etwa Aldous Huxleys *Brave New World* oder George Orwells *Animal Farm* (vgl. den Überblick bei Kirchhoff 2016a, 235). Zwischenzeitlich schon für wenig relevant gehalten, fanden sie gerade in den letzten Jahren wieder Eingang in die Lektüre- und Bestsellerlisten junger Leser.

2 Historische Entwicklung und aktuelle Befunde zu schulischen Kanons

Literatur- und kulturwissenschaftlich geprägte Kontroversen, die in der literaturinteressierten Öffentlichkeit und an Universitäten geführt werden, wie etwa die um die Pluralisierung des Kanonbegriffs, können die Auswahl von Texten im schulischen Englischunterricht beeinflussen. Daher ist die Geschichte des Phänomens Kanon auch im Wechselspiel der außer- und innerschulischen Kanonisierungsfragen zu sehen. Der fachdidaktischen Forschung gelingt es zunehmend, begründete Erkenntnisse über schulische Rahmenbedingungen sowie die Beschaffenheit der schulischen Kanons sowohl historisch als auch aktuell zu erarbeiten (z. B. Kirchhoff 2016a; Korte 2002; Surkamp 2013). Beispielhaft ist hierfür die englischdidaktische Forschung. Einen Überblick vom Beginn des institutionalisierten Fremdsprachenunterrichts in den 1830er Jahren über die neusprachliche Reformbewegung und die kulturkundliche Ausrichtung in den 1920er und 1930er Jahren bis heute bietet Surkamp (2013). Sie zeigt auf, wie sich im 19. Jahrhundert die Rolle literarischer Texte im Fremdsprachenunterricht zwischen „der allgemeinen und der utilitaristischen Ausrichtung des Fremdsprachenunterrichts" (Surkamp 2013, 194) entwickelt. Zum einen wurde literarischen Texten zunehmend eine maßgebliche Bedeutung als Ausdruck von Nationalkulturen zugeschrieben, zum anderen zieht man literarische Texte vor allem an höheren Schulen für Übersetzungen heran. Im Zuge der neusprachlichen Reformbewegung, die die Schulung konkreter fremdsprachlicher Fertigkeiten fordert, entwickelt sich der Umgang mit literarischen Texten weg vom reinen Übersetzen hin zu Sprech- und Schreibübungen. Eine erste Diskussion über einen schulischen literarischen Kanon im Fremdsprachenunterricht entstand in den 1890er Jahren, als ein sogenannter Kanonausschuss den Auftrag hatte, eine Auswahl an zweckmäßigen Werken für den Sprachunterricht festzulegen, eine Forderung allerdings, die der Ausschuss letztendlich nicht einzulösen vermochte. In den 1920er und 1930er Jahren dienten literarische Texte im Kontext einer kulturkundlichen Ausrichtung vor allem als Kontrastfolie zur positiven Profilierung der eigenen Kultur (vgl. Christ 1994; Freese 1981). In der Phase des Nationalsozialismus erfuhr der kulturkundliche Ansatz eine rassistische Instrumentalisierung, indem beispielsweise William Shakespeares Drama *The Merchant of Venice* auf Deutschlands Bühnen und in Deutschlands Schulen zur antisemitischen Propaganda missbraucht wurde (Schülting 2009). Im Anschluss an den Zweiten Weltkrieg wandte man sich innerhalb und außerhalb der Schule vor allem textimmanenten Auswahlkriterien zu und strebte so eine Entideologisierung der Textauswahl an (Surkamp 2013, 196–197).

Seit den 1960er und 1970er Jahren sah man die Verwendung literarischer Texte häufig eingebettet in den Gesamtkontext des kommunikativen Englischunterrichts. Hier dienten literarische Texte vor allem der Arbeit an fremdsprachlichen Aspekten oder als sogenanntes *springboard for language production* (Hall 2015, 51). Dabei standen weniger literaturästhetische Aspekte und damit die Entwicklung einer literarischen Kompetenz im Vordergrund, sondern vielmehr wurde das Anregungspotenzial eines literarischen Textes zum direkten Austausch unterschiedlicher Lesarten und Standpunkte in der Fremdsprache genutzt. Aber gewiss sind es gerade auch die literaturästhetisch wertvollen Texte, die genau dieses Anregungspotenzial freilegen können, so beispielsweise die Kurzgeschichte *Shooting an Elephant* von Orwell (2008). In diesem Text wird sehr eindrücklich das Dilemma eines britischen Soldaten im kolonialen Birma dargestellt, der vor der Entscheidung steht, entweder einen wild gewordenen, aber inzwischen wieder zahmen Elefantenbullen zu erschießen, um Macht und Ordnung zu verkörpern, oder den Elefanten am Leben zu lassen und in der Bevölkerung als Feigling zu gelten. Unter Hinzunahme kulturgeschichtlichen Hintergrundwissens kann im Unterricht beispielsweise eine metaphorische Lesart des Textes erarbeitet und diskutiert werden.

Fast zeitgleich gewann in den USA und dann auch in der deutschen Öffentlichkeit eine immer heftiger geführte Diskussion um einen zentralen Kanon an Momentum. In dieser spielten vor allem textimmanente, intertextuelle sowie – in Blooms (1994) Zuspitzung – ideologische Kriterien eine Rolle. Literaturwissenschaftler wie Kermode (1979) wiesen darauf hin, dass die Autorisierung literarischer Werke in einem Kanon als Funktion des kulturellen Konservatismus von Institutionen kritisch betrachtet werden sollte. Zwischen diesen beiden Polen, nämlich zwischen dem vermeintlich traditionell-konservativen und dem progressiv-reformorientierten, die mehr Autorinnen und Schriftsteller ethnischer Minderheiten in den Kanons der Bildungsinstitutionen verankert sehen wollten, entspannen sich die sogenannten *canon wars* (Donadio 2007). Mit Blick auf die heutigen Universitäten stellen wir fest, dass sich die Vorstellung eines offenen Kanons durchgesetzt hat. Wenn überhaupt kann man heute eine Auseinandersetzung zwischen dem Anspruch, Studierende mit wichtigen Texten vertraut zu machen (*canon-orientation*), und der Vermittlung von Theorien und Methoden der Literatur- und Textkritik (*theory-orientation*) beobachten. Selbst Elaine Showalter, eine 2003 emeritierte feministische Literaturtheoretikerin, stellt fest: „This period of discovery and recovery (for example, of women writers) has been stimulating, exciting and renewing [...]. But now it's time for a period of evaluation and consolidation" (Donadio 2007). Hinzu kommt, dass sich literarische Texte vielerorts nach einer Fokussierung auf postkoloniale Literaturen und deren Betrachtung in den *Postcolonical Studies* zunehmend in globalen, transkulturellen Räumen verorten und von diesen aus auch rezipiert werden.

An deutschen Schulen war noch bis in die 1960er Jahre ein fest tradierter, literaturdidaktischer Kanon in Lehrplänen und Lehrwerken sichtbar. Als Resultat der vielstimmigen Forderung nach einem offenen Kanon in den 1990er Jahren wurde den Schulen eine große Freiheit in der Auswahl literarischer Texte zugestanden. Folglich gewannen gemeinsam mit der steuernden Funktion von Unterrichtsmaterialien institutionell geprägte Vorstellungen von in der Schule lesenswerten Texten an Bedeutung (Korte 2002, 71). So entstand in vielen Fächern ein ungeschriebener Kanon an Werken, die immer wieder gelesen wurden (Korte 2002, 71). Schnell stand dabei der Vorwurf im Raum, Englischlehrkräfte würden auf die immer gleichen Texte zurückgreifen, die zu einem Großteil im frühen 20. Jahrhundert veröffentlicht wurden. Ganz konkret wurde dies als Vorwurf für das Fach Englisch von Nünning formuliert. In einer Umfrage, die er 1997 mit 421 Studierenden der Universität Köln durchführte, entfielen 78 Prozent auf folgende Top-Ten-Titel: *Lord of the Flies* (William Golding), *Brave New World* (Aldous Huxley), *Animal Farm* (George Orwell), *The Catcher in the Rye* (J. D. Salinger), *1984* (George Orwell), *Cal* (Bernard MacLaverty), *The Great Gatsby* (Scott Fitzgerald), *Fahrenheit 451* (Ray Bradbury), *The Pearl* (John Steinbeck*)*, *The Loneliness of the Long Distance Runner* (Alan Sillitoe), *To Kill a Mockingbird* (Harper Lee). Insgesamt konnten die Studierenden nur 106 unterschiedliche Texte erinnern. Lyrische Texte waren unterrepräsentiert. Gegenwartsliteratur, Werke von Frauen, ethnischen Minderheiten oder aus den Commonwealth-Staaten wären an Schulen nur vereinzelt zu finden, wohingegen Romane aus der Zeit von 1910 bis 1960 überrepräsentiert seien (Nünning 1997b). Damit wäre die Kanonrevision im Zuge der *Gender Studies*, der *Postcolonial Studies* und des *cultural turn* sowie die Umgestaltung und Pluralisierung des Kanons der amerikanischen Literatur seit den 1960ern an der Schule vorbeigegangen. Diese Behauptungen schienen in den punktuellen Befragungen von Studierenden beispielsweise von Schreyer (1978), Beck (1995), Nünning (1997) oder Peters und Underweg (2005) bestätigt.

In der Folge wurden Vermutungen über die Gründe für die Etablierung eines sogenannten heimlichen Kanons, der sich selbst perpetuiert, angestellt. Lehrkräfte würden, so hieß es bei Nünning, der Gewohnheit nachgeben oder gar einer „angeborene[n] menschliche[n] Faulheit" (Nünning 1997, 5) folgen. Zudem wurde ein „Desinteresse der Lehrer" (Benz 1990, 81–82) oder ein Verlust an Orientierung angesichts der neuen Vielzahl an Titeln, Autoren, kulturellen Räumen und Materialien festgestellt (Burwitz-Melzer 2003, 19). Seitdem fand dieser pejorative, die Lehrkräfte beschädigende Befund Eingang in viele Publikationen, die sich mit der Literaturauswahl und dem Kanon im Fremdsprachenunterricht beschäftigten (z. B. Nünning und Surkamp 2010, 39ff.; Thaler 2016, 100–102).

Aktuellere Forschungsarbeiten zur vermeintlichen Existenz des „heimlichen Kanons" zeichnen jedoch ein anderes Bild (Kirchhoff 2016a; Paefgen 2006): Die Ergebnisse einer Umfrage in den Bundesländern Bayern, Brandenburg, Hessen, Mecklenburg-Vorpommern, Nordrhein-Westfalen und Sachsen mit 913 Studierenden an sieben deutschen Universitäten zeigten, dass lediglich 36 Prozent der Nennungen auf die Top-Ten-Titel entfielen (Kirchhoff 2016a, 234). Insgesamt erinnerten sich die Studierenden in den Jahren 2009 bis 2014 an durchschnittlich 0,6 unterschiedliche literarische Texte (913 Studierende erinnerten 557 individuelle Titel) im Gegensatz zu lediglich 0,2 literarischen Titeln (421 Studierende erinnerten 106 individuelle Titel) in der Kölner Studie aus dem Jahr 1997. Folgende zehn Titel wurden in der neueren Studie am häufigsten genannt: *Macbeth* (William Shakespeare), *Brave New World* (Aldous Huxley), *Romeo and Juliet* (William Shakespeare), *Shakespeare's Sonnets* (William Shakespeare), *About a Boy* (Nick Hornby), *Death of a Salesman* (Arthur Miller), *The Tortilla Curtain* (T. C. Boyle), *Lord of the Flies* (William Golding), *Much Ado about Nothing* (William Shakespeare) und *Animal Farm* (George Orwell). Im Gesamtkorpus der Studie erinnerten 27 Prozent der Studierenden zeitgenössische Autoren. Ob hier eine Steigerung zu verzeichnen ist, kann aufgrund der lückenhaften Datenbasis der Vergleichspublikation nicht festgestellt werden. Kinder- und Jugendliteratur spielte erstaunlicherweise mit lediglich 26 Prozent der Nennungen eine untergeordnete Rolle, was die Vermutung nahelegt, dass literarische Texte zumeist in der Oberstufe gelesen werden. Die vergleichsweise häufige Nennung von Shakespeare-Texten mag der Tatsache geschuldet sein, dass oft nur seine Werke in Lehrplänen für die Oberstufe des Gymnasiums verbindlich genannt oder empfohlen werden. In der Gesamtschau deuten die Ergebnisse darauf hin, dass auch der schulische Kanon eine Erweiterung hin zu einem offenen Kanon erfahren hat. Für den Deutschunterricht zeichnet Paefgen (2006) eine ähnliche Entwicklung nach. Aus ihrer Sicht folgte der letzten Phase der kanonischen Vorgaben bis in die fünfziger Jahre eine bis heute andauernde Phase der freien Wahlmöglichkeit, die jedoch häufig auf Rahmenplänen basiert (Paefgen 2006, 55–56). Im Rahmen einer Sichtung von literarischen Texten mit hohen Absatzzahlen stellt sie fest, dass die Auswahl der Texte insgesamt gegenwartsbezogener geworden ist, diese aber auch weiterhin für den schulischen Deutschunterricht unumstrittene Werke enthält (Paefgen 2006, 60). Damit beschreiben die Studien von Paefgen (2006) und Kirchhoff (2016a) in den Kernfächern Deutsch und Englisch ähnliche Tendenzen.

3 Textauswahl an Schulen

Als einer Hauptinstanz der Kanonisierung kommt der Schule eine eminente Bedeutung zu, denn in dieser ersten institutionell gesteuerten Lesesozialisation formt sich ein Verständnis der künftig erwachsenen Leser über lesenswerte literarische Texte aus. Im Kontext Schule üben Lehrplanverantwortliche und vor allem Kollegien erheblichen Einfluss auf die Auswahl von literarischen Texten für den Unterricht aus, wobei die Programme von Schulbuchverlagen mit annotierten Fassungen und umfangreichen Begleitmaterialien für Schüler und Lehrkräfte Verstärkereffekte in der Literaturauswahl an sich ziehen (Korte 2002, 71). Aus kulturwissenschaftlicher Sicht erwächst der Schule damit ein nicht zu unterschätzender Einfluss auf das kulturelle Gedächtnis unserer Gesellschaft (Assmann 2013, 80). In diesem Zusammenhang weist Burwitz-Melzer (2003, 17–18) zu Recht darauf hin, dass nicht nur für das Gymnasium, sondern dezidiert auch für Haupt-, Real- und Regelschulen entweder eine lehrwerksgesteuerte Auswahl an literarischen Texten oder eine Handreichung voller Lektürevorschläge in konkretisierender Ergänzung zu den jeweiligen Lehrplänen erarbeitet werden sollte.

Ebenso wie andere Kanons sind auch die schulischen von De- und Rekanonisierungsprozessen geprägt. Dabei scheint die Rolle einer vormals normsetzenden, von gesellschaftlichen Eliten geprägten Auswahl immer geringer zu werden. Die „Auflösung der Textsorte Literatur" (Volkmann 2010, 249) und die Öffnung gegenüber popkulturellen und medial vermittelten Textsorten wie etwa Slam-Poetry oder die relativ neue literarische Form der ‚Twitterfiction' (Kirchhoff 2016b) tat ihr Übriges zur Öffnung des schulischen Kanons. Literarische Texte für den Fremdsprachenunterricht werden aktuell in Deutschland meist von Lehrkräften sowie von Schülerinnen und Schülern ausgewählt, mit der Ausnahme einiger Bundesländer, die konkrete Vorgaben zu literarischen Texten zum Beispiel in Vorbereitung auf das Abitur machen. Mit dieser Abwendung von einem materiellen, in konkreten Autoren und Titeln festgelegten Kanon gewann folglich ein Katalog an Auswahlkriterien an Bedeutung (Korte 2002, 73).

4 Kriterien zur Auswahl literarischer Texte

Nach der Öffnung des Kanons literarischer Texte für den Schulunterricht steht weniger die Frage nach der Kanonizität eines Textes bei dessen Auswahl im Vordergrund, sondern es spielen vielmehr textimmanente und didaktische Kriterien eine Rolle. Denn seit der rezeptionsästhetischen Hinwendung zum Leser orientiert sich die Literaturdidaktik bei der Auswahl von Texten sowie im vermittelnden Umgang mit diesen an literaturästhetischen Gesichtspunkten, dem Adressatenbezug sowie an den Lernzielen des Fremdsprachenunterrichts, die in der Beschäftigung mit englischsprachigen literarischen Texten erreicht werden können (Burwitz-Melzer 2003, 18).

Für viele fachdidaktische Autoren steht heute vor allem eine adressatengerechte Auswahl an literarischen Texten im Vordergrund. Dabei wird vor allem in Betracht gezogen, welche thematische Relevanz ein literarischer Text für Leser in der Entwicklung von Kindern zu Jugendlichen und zu jungen Erwachsenen entfalten kann. Zum Adressatenbezug im Fremdsprachenunterricht gehört außerdem der Abgleich zwischen dem sprachlichen Können der Leser und der Textschwierigkeit. Hierbei kann der Schwierigkeitsgrad der Texte sowohl *unter* als auch etwas *über* der Lesefähigkeit der Schülerinnen und Schüler liegen. Die Entscheidung über den sprachlichen Schwierigkeitsgrad bestimmt sich einerseits danach, welche Aufgaben mit welchem Textpensum bewältigt werden sollen. Andererseits entscheidet über die auszuwählende Sprachschwierigkeit die Frage, ob Hilfsmittel für eine selbstständige Erarbeitung der Texte herangezogen werden dürfen. Die konkrete Anwendung der Auswahlkriterien hängt damit wesentlich vom methodischen Zugang ab. Werden Texte beispielsweise extensiv gelesen, so ist es wichtig, dass der Schwierigkeitsgrad etwas unter den Lesefähigkeiten der Schülerinnen und Schüler liegt, um ein hohes Lesetempo und eine hohe Lesemotivation zu gewährleisten (Bamford 2004; Kirchhoff 2009). Weitere adressatenbezogene Auswahlkriterien sind die Textlänge und das Genre. Hinzu kommen Aspekte der Lesemotivation, der Vorerfahrung und – damit verbunden – der Lesebereitschaft.

Schließlich muss sich die Textauswahl auch an den zu erreichenden Lehr- und Lernzielen messen lassen. Zentrales Bildungsziel des Englischunterrichts ist die interkulturelle kommunikative Kompetenz sowie die Befähigung und Motivation zum lebenslangen Lernen. Insbesondere Widdowson (1985, 180) weist darauf hin, dass literarische Texte aus linguistischer Perspektive zunächst als sprachliche Modelle im Englischunterricht fungieren. So kann beispielsweise die Lesekompetenz mit Fokus auf Lesestrategien sowie in einem nächsten Schritt die Hör- und Sprechkompetenz entwickelt werden. Durch einen literarischen Text können ebenso das mentale Lexikon, die mentale Grammatik sowie die Sprachbewusstheit weiterentwickelt werden. Inzwischen haben sowohl die Englischdidaktik als auch verwandte Disziplinen Modellierungen der Lesekompetenz literarischer Texte entwickelt (Burwitz-Melzer 2007c; Steininger 2014) und Vorschläge zu ihrer Entwicklung und Förderung formuliert (Schilcher und Pissarek 2015).

Zudem weisen viele Literaturdidaktiker darauf hin, dass die Schülerinnen und Schüler insbesondere in der Auseinandersetzung mit literarischen Texten interkulturelle Kompetenz entwickeln können. Gerade in vielen aktuellen Texten der anglofonen Welt stünde literarisch inszeniertes Fremdverstehen im Zentrum. In solchen Texten werden oft unterschiedliche Perspektiven auf ein kulturell determiniertes Phänomen zum Ausdruck gebracht. Daher seien diese Lektüren besonders geeignet zur Entwicklung interkultureller Kompetenz. Insofern gilt es auch, Texte auszuwählen, die einen tieferen Einblick in die Geschichte, die kulturelle Entwicklung und die Lebensweisen vermitteln, aus denen sie stammen. Damit fordern sie zu einer persönlichen Auseinandersetzung mit kulturbedingten Haltungen auf und regen so zur Entwicklung von Empathie-, Urteils- und Kooperationsfähigkeit an (Bredella 2000; Bredella 2012; Burwitz-Melzer 2006). Dabei bewegt sich – laut Bredella – das interkulturelle Verstehen zwischen Trans- und Multikulturalität, indem es uns ermöglicht, die Hybridität von Kulturen und die gleichzeitige Existenz distinkter Kulturen zu reflektieren und dabei auf Absolutheitsansprüche zu verzichten (Bredella 2012, 119).

Neben dem Auswahlkriterium der kulturellen Diversität in literarischen Texten gilt es in Zukunft, ebenso Texte in den Unterricht einzubringen, die in Auseinandersetzung mit einem monolingualen gesellschaftlichen Habitus und heteronormativen Vorstellungen treten (Merse 2017). Zu diesen Texten zählt unter anderem die multilinguale amerikanische Literatur, wie sie bereits 1998 in Sollors' Sammelband beschrieben wurde (Sollors 1998), oder ein Roman wie Levithans *Every Day* (2013). Letzterer erzählt die Geschichte eines Jungen, der jeden Tag im Körper eines oder einer anderen Jugendlichen erwacht und der seine Geschlechtsidentität schließlich auf der Basis der vielfältigen, in diesem Prozess gemachten Erfahrungen findet.

5 Bandbreite an Lesetexten und Unterrichtsmaterialien

Nicht zuletzt gilt es bei der Auswahl von Texten, vor allem das Interesse und das Selbstvertrauen von Lesern mit wenig Leseerfahrung und unter Umständen mit geringer Lesemotivation zu wecken. Hier kann eine geschickte Auswahl einer Bandbreite an Texten langfristig Lesemotivation erzeugen und erhalten. Inzwischen können Lehrkräfte auf eine schier unüberschaubare Zahl an Vorschlägen von Lesetexten für den Unterricht zurückgreifen. Diese reichen von sprachlich sehr reduzierten Leseheften bis hin zu annotierten Originalausgaben, in denen lediglich das zum Textverständnis unbedingt notwendige Vokabular meist in der Zielsprache erläutert wird.

Da auch Lerner mit geringen fremdsprachlichen Kenntnissen an literarische Texte herangeführt werden sollen, spielen sogenannte *graded readers* im fremdsprachlichen Unterricht seit geraumer Zeit eine große Rolle. Bei diesen handelt es sich um literarische Texte, die für fremdsprachliche Lerner innerhalb eines abgestuften Rahmens sprachlicher, inhaltlicher und literarischer Schwierigkeitsniveaus verfasst oder angepasst wurden. Bei diesen Texten kann es sich um Originale in einfacher Sprache und Struktur (z. B. Brooke 2002; Ford 2008) oder um sogenannte *re-tells* klassischer Texte (z. B. Dafoe 2009; Shelley 2000) handeln. Immer häufiger werden *graded readers* mit Nebentexten versehen, die Glossare, *pre-*, *while-* and *post-reading activities*, Zusatzmaterialien zu Themen des Haupttextes oder auch ganze Übungskapitel zu grammatikalischen Aspekten enthalten. Allerdings muss in Zweifel gezogen werden, ob diese gut gemeinte Erweiterung der Texte sich nicht negativ auf den Leseprozess auswirkt, indem der Lesefluss immer wieder von Übungen unterbrochen wird, mit denen Schülerinnen und Schülern aus herkömmlichen Lehrbüchern schon hinlänglich vertraut sind.

In Claridges Interviews mit vier Herausgebern weltweit operierender, renommierter *graded-reader*-Reihen wird deutlich, dass das hauptsächliche verlegerische Augenmerk auf das relativ schwer zu fassende Kriterium der ‚guten Story' gelegt wird. Diese soll die in der Mehrheit junge Leserschaft vor allem dazu motivieren, viel zu lesen (Claridge 2012). Ganz ähnliche Argumente werden in den Laudationes im Rahmen von Preisverleihungen für *graded readers* vorgebracht (Claridge 2012, 115). Nodelmann (1982) kritisiert schon früh, dass neu erzählte oder adaptierte Texte vor allem die aktionsgeladenen Szenen wiedergeben, ohne einen ersten Vorgeschmack auf literarische Qualitäten des historischen Ausgangstextes zu geben. Zudem wäre zu diskutieren, ob es nicht lernförderlich sein könnte, existierende Kompetenzmodelle des literarischen Lernens für den Fremdsprachenunterricht auch in den *graded readers* zu realisieren (Burwitz-Melzer 2007c). Andernfalls könnte hier die Chance verpasst werden, literarisches Lernen mit fremdsprachlichen Texten durch eine Progression ihrer textuellen Komplexität und der begleitenden Aufgabenstellungen zu entwickeln.

Ganz ähnlich verhält es sich mit der Thematik des interkulturellen Lernens auf der Basis von *graded readers*. Zum Beispiel könnten *graded-reader*-Reihen mit immer komplexer werdenden multiperspektivischen Darstellungen interkulturell signifikanter Begegnungen zu einer stufenweisen Entwicklung interkultureller Kompetenz beitragen. Derzeit gehen die Herausgeber von *graded readers* ganz unterschiedlich mit diesem zentralen Lernbereich des Fremdsprachenunterrichts um. Während *Oxford University Press* die Reihe *Stories Around the World* mit *graded readers* mit dezidiert interkulturell signifikanter Literatur wie beispielsweise *The Meaning of Gifts* (Bassett 2008) oder *A Time of Waiting. Stories from Around the World* entwickelt, scheuen andere Verlage diesen Themenbereich. So haben es sich die Herausgeber der *Macmillan Guided Readers* erstaunlicherweise zum Ziel gesetzt, vor allem narrative Texte zu veröffentlichen, die kulturell möglichst neutral sind und damit Lesern aus anderen Kulturkreisen besonders leicht zugänglich sein sollen. Auch sogenannte *strong topics* wie Religion oder Homosexualität werden bewusst ausgeklammert. Ähnlich verfahren die Herausgeber der *Penguin Readers* und in moderaterer Form diejenigen der *Cambridge Readers*, die vor allem um Verständlichkeit und weniger um ein möglichst hohes Maß an politischer Korrektheit bemüht zu sein scheinen (Claridge 2012, 111).

6 Offene Fragen und Forschungsdesiderate

Eine Antwort auf die Frage nach dem schulischen Kanon speist sich aus zahlreichen Diskursen: Die Literaturwissenschaft wirkt allein schon aufgrund ihres großen Einflusses in der ersten Phase der Lehrerbildung weiterhin als wichtige Kanonisierungsinstanz. Ihre Öffnung hin zu den Kulturwissenschaften, zur Anthropologie, zur Soziologie sowie zu den Medienwissenschaften bringt eine weit reichende Ausdehnung des Textbegriffs mit sich, was nicht ohne Auswirkung auf die Entwicklung weiterer alternativer Kanons bleibt. Möglicherweise werden aktuelle, gesellschaftlich relevante Themenbereiche wie etwa die Globalisierung oder neue Gattungen wie die *young adult verse novel* das Interesse der Leser an Universität und Schule auf sich ziehen. Auch schulinterne Entwicklungen wie die Verkürzung der gymnasialen Lernzeit oder die Kompetenzorientierung dürften langfristig Einfluss auf die Auswahl von literarischen Texten für den Englischunterricht nehmen.

Aus historischer Perspektive bleiben Erkenntnisse zum Lektürekanon im Englischunterricht in der DDR und unmittelbar nach der Wende bis auf wenige Arbeiten (z. B. Enter und Lutz 1996; Lindner 2008) weiterhin ein Desiderat. Aus einer Forschungsarbeit zum Studienfach Anglistik wissen wir, dass *Robinson Crusoe* als einziges Werk eines britischen Autors „als Demonstrationsobjekt des sozialistischen Arbeitsbegriffs" (Lindner 2008) zum Lektürekanon der DDR gehörte.

Aus literaturdidaktischer Perspektive gilt es, die konzeptionellen Vorarbeiten zum Konstrukt der literarischen Kompetenz (Burwitz-Melzer 2007c; Steininger 2014) in eine Entwicklungsperspektive vor dem Hintergrund einer rezeptionsorientierten Passung zu überführen. Diese kann eine wichtige Grundlage für eine fremdsprachendidaktisch begründete Progression in der Komplexität literarischer Texte bilden, wie sie von Lütge (2013a) für den Englischunterricht beschrieben wurde. An dieser Stelle wären auch empirisch fundierte Forschungsarbeiten zum Erwerb literarischer Kompetenz mit fremdsprachlichen Texten erforderlich. Wenig beachtet wird bislang auch die Notwendigkeit eines sich über alle Lehrerbildungsphasen hinweg weiterentwickelnden Professionswissens von Lehrkräften über Literaturauswahl und Literaturdidaktik. So stellt sich beispielsweise die Frage, ob Lehrkräfte die für die Schule relevante Kinder- und Jugendliteratur kennenlernen sollten, zum Beispiel in Form eines verbindlichen Bestandteils des literaturwissenschaftlichen Studiums im Sinne einer Textorientierung. Erste Studien, die das Professionswissen von Englischlehrkräften zur Kinder- und Jugendliteratur erfassen, deuten auf ein mögliches Defizit in diesem Bereich hin (Kirchhoff 2017). Oder genügt es, wenn zukünftige Lehrkräfte das notwendige Rüstzeug im Sinne einer Theorieorientierung zur eigenständigen Erarbeitung von Texten in Vorbereitung auf die gemeinsame Lektüre mit Schülern mitbringen?

Literarische Genres erneuern sich stets, indem sie unter anderem neue Formen der Kommunikation wie Twitter zu einem literarischen Medium wandeln (Kirchhoff 2016b). Außerdem spiegeln sich immer wieder neue Themen, wie etwa das der fließenden Geschlechtergrenzen, in literarischen Texten. Für das Fach Englisch steht die Frage im Raum, welchen Einfluss das Englische als Lingua franca in multilingualen Kontexten auch auf die literarische Produktion sowie auf Kanonsierungsprozesse ausüben wird. Dass eine Diskussion der Frage, welche Texte es wert sind, an die nächste Generation vermittelt zu werden, nicht überflüssig geworden ist, sondern ganz im Gegenteil vor dem Hintergrund eines Kanons der Gewohnheit erneut an Bedeutung gewinnt (Korte 2002, 62), trifft für den Schulkanon in allen Sprachfächern zu.

Weiterführende Literatur

Kirchhoff, Petra (2016a). „Is there a hidden canon of English literature in German secondary schools?". *Teaching languages. Sprachen lehren*. Hrsg. von Friederike Klippel. Münster: 229–248.

Korte, Hermann (²2012b). „Historische Kanonforschung und Verfahren der Textauswahl". *Grundzüge der Literaturdidaktik*. Hrsg. von Klaus-Michael Bogdal und Hermann Korte. München: 61–77.

Rippl, Gabriele und Simone Winko (Hrsg.) (2013). *Handbuch Kanon und Wertung. Theorien, Instanzen, Geschichte*. Stuttgart.

Surkamp, Carola (2013). „Geschichte der Kanones englischsprachiger Literatur an deutschen Schulen". *Handbuch Kanon und Wertung. Theorien, Instanzen, Geschichte*. Hrsg. von Gabriele Rippl und Simone Winko. Stuttgart: 193–199.

Sigrid Thielking
III.2.2 Didaktik der Literaturgeschichte

1 Literaturgeschichte, didaktisch – Phänomen und Selbstverständnis

Literaturdidaktik hat als eigenständige Disziplin „die Vermittlung zum Orientierungspunkt ihrer Arbeit gewählt" (Bogdal 2002, 13); das gilt in besonderer Weise auch für die fachdidaktische Sicht auf die Literaturgeschichte. Im Mittelpunkt stehen dabei anders als in der fachwissenschaftlichen Erforschung eigenständige Versuche zu deren Erhellung in Verbindung mit dem lebensweltlichen Bezug der Lernenden und der Befähigung zur kulturellen Anschluss- und Handlungsfähigkeit. Für den Umgang mit Literaturgeschichte in der Unterrichts- und Seminarpraxis gilt: „‚Epochen der Literaturgeschichte' sind lehr- und lernbare Ordnungskategorien [...]. Die schulischen Lernmittel sind ganz überwiegend so aufgebaut, dass sie diesem Konzept des Wissenserwerbs zuarbeiten" (Fingerhut 2001, 88).

So kann Literaturgeschichte, als „eine operative Fiktion" (Wagner-Egelhaaf 2014, 91) betrachtet, den Lernenden als ein Geflecht von literarischen Beeinflussungen, Ausprägungen, Prozessverläufen und Produkten kultureller ‚Gewordenheit' transparent gemacht werden, um divergente Entwicklungen zu verstehen und intertextuelle Bezugnahmen zu erfahren. Zudem soll ihre Vermittlung im Rahmen des Deutschunterrichts beziehungsweise der germanistischen Hochschullehre im Sinne des Erlernens und Anwendens eines fundierten Orientierungswissens dazu anleiten, literaturbezogene Ordnungssysteme und deren Kategorien, Ansprüche und Leistungen kennenzulernen und flexibel auf Beispiele anzuwenden. In dieser anspruchsvollen Verknüpfungsleistung und deren Bezug oder Kontrast zur Lebens- und Erfahrungswelt einer Schüler- und Studentenschaft soll Literaturgeschichte zuordnend und kritisch hinterfragbar erlernt werden. Diese Beurteilungskompetenz kann sowohl in bestätigender Weise als auch im Sinne einer produktiven Kontrastierung umgesetzt werden.

Literaturgeschichte findet im postfaktischen Zeitalter nur noch dosiert im Schulfach Deutsch statt; sie hat vor allem in der gymnasialen Oberstufe und darüber hinaus in einschlägigen Universitätsseminaren noch ihren residualen Platz. Schon im Verlauf des letzten Jahrzehnts des vergangenen Jahrhunderts ist die der Literaturgeschichte zugestandene Relevanz in der schulischen Vermittlung und Hochschullehre eher fragwürdig geworden beziehungsweise offensichtlich – in Konkurrenz zu anderen Anforderungen – weiter in den Hintergrund getreten. Die Literaturgeschichte verschwand mit wenigen Ausnahmen nahezu aus der Sekundarstufe I, und auch auf ihrem ursprünglichen Feld, dem Deutschunterricht der Sekundarstufe II, sah sie sich marginalisiert und zurückgedrängt. Nicht zuletzt die systemisch bestehende Unübersichtlichkeit der Lehrpläne, Kerncurricula und anderer Strukturvorgaben in den verschiedenen deutschen Bundesländern haben diese Reserviertheit gegenüber der Vermittlung von Literaturgeschichte gestützt (vgl. Abraham und Rauch 2011, 59–63).

Eine gewisse Neuorientierung mit gegenläufig akzentuierenden Maßgaben, neuen Aufgabendimensionen und Zielperspektiven nach dem PISA-Schock hat mit ihrer Betonung von Testanforderungen, ihren Messbarkeitsparadigmen und den entsprechenden Kompetenzzuschnitten ein Übriges zum Stagnieren dieses Feldes beigetragen. Zwar gilt auch weiterhin, dass „Literaturwissenschaftler und -didaktiker [...] beide professionelle Vermittler von Literatur in staatlichen Institutionen (Universitäten und Schulen) mit einem gemeinsamen gesellschaftlichen (kulturellen) Auftrag" (Bogdal 2002, 13) sind, jedoch scheint das Interesse am selbstdefinitorischen Rang einer literaturgeschichtlichen Identifikations- und Vermittlungsmacht gebrochen oder diese wird kompetenzbezogen erneut zur Disposition und infrage gestellt. Auch in den Zielperspektiven, was Literaturgeschichte denn fachdidaktisch zu umfassen habe, herrscht kaum mehr Einigkeit. Wozu der Literaturunterricht in dieser Hinsicht schwerpunktmäßig eher dienen sollte, bleibt umstritten: ob er etwa als „Beitrag zur Identitätsbildung, als Fähigkeit zur Teilhabe [...], als literarisches Lernen, als Interpretation literarischer Texte, als Vermittlung literaturgeschichtlichen Wissens, als Basis literarischer Bildung etc." (Abraham und Rauch 2011, 57) gedacht sei.

Konnte die leserorientierte Rezeptionsforschung im Rekurs auf frühe Versuche einer Positionierung seit den 1970er Jahren, etwa durch Harald Weinrich oder Hans Robert Jauß, der Literaturgeschichte noch eine ungebrochene Attraktivität und Konjunktur bescheinigen (vgl. Nünning 1998, 321), so ergab sich für die schulische Beschäftigung mit Literaturgeschichte schon bald ein anderes Bild. Hier erschien sie, ähnlich wie die mit ihr verschwisterte, komplexe schulische Kanonfrage, zunehmend als sperrig beziehungsweise als „schwieriges Geschäft" (Korte 2003, 2). Ob sie nun im Verdacht stand, traditionell noch der überkommenen Autorintention Vorschub zu leisten oder ob sie ihre Bedeutsamkeit vornehmlich auf die Sichtweise der Rezipienten auslagerte, die Skepsis gegenüber ihrer Notwendigkeit und Leistungsfähigkeit in einem Literaturunterricht „zwischen Bildungsanspruch und Leistungsmessung" (Fingerhut 2013, 79) stieg deutlich im Kurs. So wurde die „Kanonkrise bei schulischer Lektüre" letztlich weiter ausgreifend sogar als „Autoritätsverlust der Schule" gedeutet. Diese Beobachtung ist mit der vehementen Forderung nach Lehrkräften verbunden worden, „die eine breite Textauswahl kennen und das kulturelle Gedächtnis im Bereich der Literatur verteidigen und Kanondiskussionen *führen können*" (Abraham 2014, 420).

Zwar wurde zum Zwecke einer vorspurenden Lenkung und eines orientierenden Ganges durch die Literaturgeschichte die Bedeutung einer diachronen, Jahrhunderte überspannenden, genetisch-chronologischen Sicht auf Literaturgeschichte fachdidaktisch nie gänzlich außer Kraft gesetzt, insgesamt wuchs ihr gegenüber jedoch eine reservierte Aufmerksamkeit. Das führte schließlich zu einer im Exemplarischen gesuchten synchronen Literaturbetrachtung. Dies geschah in Korrektivfunktion gegenüber Konventionen und Defiziten einer diachronen Literaturgeschichte und rief Gedanken über die prinzipiell begrenzte Vermittelbarkeit von Historizität, ungeachtet der wissenschaftlichen Verfahrensweisen dichter Beschreibung und der Popularität des *New Historicism*, im Schulunterricht und im Seminar auf den Plan. Dabei sind solche punktuell vorgenommenen synchronen Unterrichtsangebote methodisch nicht weniger anspruchsvoll; ungeachtet ihrer lockeren Verknüpfung, erweisen sie sich nicht selten des exemplarischen Formats wegen als straffer durchkomponiert. Scheint auch eine diachrone Literaturgeschichte bereits ihre historisch-sukzessive Gebrauchsanordnung in sich selbst zu tragen, so sind die didaktischen Vorzüge der Vergegenwärtigung gerade auch bei einem strikt synchronen Nutzungsverfahren nicht zu leugnen.

Ein eher unkonventionelles Beispiel für ein offenes Verfahren, mit dem sich die Rezipienten ein Jahr literarisch in seiner Essenz ‚erobern', ist zum Beispiel mit Hans Ulrich Gumbrechts Kompilation *1926. Ein Jahr am Rand der Zeit* gegeben. Revueartig werden unterschiedliche Thematiken aufgerufen, um sich mehr oder weniger zu einem zeitgenössischen Gesamtbild zusammenzusetzen. Gumbrecht beschreibt die Chronologie verweigernde und darin fast anarchisch anmutende, hingegen umso wirksamere implizite Didaxe des Gebrauchs hinsichtlich des hier animierend synchronen Vorgehens. Statt mit dem Anfang zu beginnen, empfiehlt er: „Beginnen Sie mit irgendeinem der 51 Einträge in irgendeinem der drei Abschnitte. [...] Lesen Sie, solange Ihr Interesse anhält [...]. Auf diese Weise bahnen Sie sich Ihren eigenen Lektüreweg" (Gumbrecht 2001, 7).

Die selbsttätige Arbeit an Knotenpunkten ist im Synchronen konzeptionell erwünscht, durch sie erhöht sich bereits die Initiation in wesentliche, wenngleich ausgewählte literar-, sozial- oder mentalitätsgeschichtliche Zusammenhänge. In abgewandelter, jedoch strategisch ähnlich ambitionierter Weise betonte auch David E. Wellbery eine auswählende Konzentration und ein Gelingen der Synchronie als aussichtsreiche Zugänge, „wenn sich die Vorstellung von Werken und Ereignissen auf das Besondere richte[t]" (Wellbery et al. 2007, 15). Die Akkumulation von deskriptivem und deklarativem Wissen steht bei beiden Varianten, der synchronen wie der diachronen, als traditionelle Begründungsfigur im Vordergrund.

2 Literaturgeschichte als Umbaulandschaften

Seitens der Fachdidaktik wurde für die Aneignung und Vermittlung von literaturgeschichtlichen Zusammenhängen zunehmend seit Ende der 1990er Jahre ein intelligentes, das heißt flexibles, übertragbares und damit funktionales Wissen gefordert und angestrebt, das jeweils situativ gebunden in seinen Dimensionen reflexionsfähig und lösungsorientiert bleiben sollte. Literaturgeschichte verortet sich dabei in einem offenen Feld und geht von der Prämisse einer für jede Schülergeneration unterschiedlichen Anwendung wie auch von einer wirksamen Rezeption von *Literaturgeschichte als permanente[r] Umbaulandschaft* (Thielking 2003b) aus. Diese variable, auf ständigen ‚Umbau' angelegte Sicht auf Literaturgeschichte entzieht sich in ihrer funktionalen Dynamik jedem Aufgehen in einer bloßen Wiedergabe traditioneller und deklarativer Wissens-, Anordnungs- und Deutungsbestände. Vielmehr ist der Ansatz einer generationell offenen Komposition in allen Punkten auf das Verändern und Eingreifen und darüber hinaus auf ein Neusituieren, Kontextualisieren und Fortschreiben unter eigenen kulturellen Vorzeichen ausgelegt; kurz: Er ist im Kern auf das Probieren, auf die Selbsttätigkeit und ein forschendes Lernen hin angelegt.

So wurde unter anderem die generationelle Varianz betont: Jede neue Generation reflektiert und revidiert selbst im Zugriff eines forschenden Lernens die variablen Bausteine ‚ihrer' Literaturgeschichte, unterzieht sie einer Erprobung und stellt sie zwischen Erbe und Innovation neu zusammen. Ein solches Vorgehen zieht dann eine Folge von begründbaren De- und Rekanonisierungen nach sich. So gesehen zielt jede Beschäftigung mit Literaturgeschichte dezidiert auf deren Konstruktion als „permanente Umbaulandschaft" (Thielking 2003b) mit je anderen, eigens eingenommenen Ablehnungsgesten, Halte- und Höhepunkten. Jede Generation von Lernenden hat folglich ihre Sicht auf den Prozess der Literaturgeschichte auszubilden, darf und soll Werke, Autoren und bestehende Deutungsgeschichten ergänzen, verabschieden oder gar ‚wiederentdecken'. Dabei folgt sie konzeptionell der Bildung eines literarischen Fundus als ‚Baukasten', über dessen Bestückung und Dauer sie sich vorläufig und bis zur nächsten Revision verständigt. Vorzugsweise entstehen so akzeptierte und funktional hinterfragte ‚literarische Reihen'. Jede Generation reagiert dabei auf vorhergehende Entscheidungen, schafft und erkennt so ihre Favoriten an und produziert zugleich auch ihren ‚blinden Fleck'. So lassen sich fachdidaktische Versuche erklären, die den grundsätzlich generationell wirksamen Ansatz aufgreifen, ihn aber metakritisch weiterzuführen versuchen, indem sie sich auf eine weniger deklarative als dynamische Art mit der Literaturgeschichte befassen. Dabei lassen sich erste Anklänge zu einer solchen fluktuierenden Sichtweise bereits Ende des 19. Jahrhunderts etwa in Erich Schmidts Rede vom „Geist der Generation" auffinden.

Bereits hier fand sich die Anregung zu erfragen, „wie sind die Generationen in einander geschoben, denn Generationen so wenig als Perioden der Litteratur oder Epochen im Dasein des Individuums lösen einander wie Schildwachen auf die Minute ab" (Schmidt 1886, 495).

Seit der kompetenzorientierten Wende in der Fachdidaktik nach 2000 wird auch der Frage nach der Relevanz und didaktischen Tragfähigkeit einer diesbezüglich eigenen Kompetenz für Literaturgeschichte nachgegangen; sie ist letztlich noch nicht abschließend positiv beantwortet, geschweige denn in allen Implikationen geklärt (vgl. Abraham und Rauch 2011, 64–65). Daneben stehen vergleichbare Forderungen nach der Qualität und Fokussierung der Leistung im Rahmen eines kritischen und sensiblen Umgangs mit Literaturgeschichte. Der bedingte Wert von Epochenzuschreibungen als Gliederungsfaktoren führt zu Überlegungen eines didaktisch relevanten „Textverstehen[s] plus ‚Einordnungskompetenz'" (Bonholt und Rupp 2006, 62). Letztere wäre neben der Reflexion und Bewertung von Zusammenhängen erst noch empirisch zu erheben.

3 Einbezug von Rezeptionsgeschichte in den Literaturgeschichtsunterricht

Im Blick auf das von der Literaturdidaktik zunächst seit Ende des vergangenen Jahrhunderts favorisierte Konzept der Epochenumbrüche beziehungsweise der Sattelzeiten erschien eine Reihe von literarischen Werken zur Markierung von hinterfragbaren Periodisierungsversuchen und Epochenspezifik tauglich; auch wurden einzelne Beispiele als Nachweis erfüllter Gattungsnormen genutzt. Eine nicht länger deklarative, sondern dynamisch angelegte Didaktik der Literaturgeschichte liefert dazu vor allem immer wieder funktionale ‚Gebrauchsgeschichten', die sie deutungskanonisch detailliert nachzuzeichnen versucht, sodass auch hier mehr und mehr der „Einbezug von Überlieferungs- und Verwertungsgeschichten in den Literaturgeschichtsunterricht" (Thielking 2003a, 127) wichtig wurde. Ihre Inanspruchnahmen haben zweifellos Teile von Werken lebendig und im Gespräch gehalten, sie an Mehrgenerationen von Leserinnen und Lesern ‚anschlussfähig' zu halten versucht, ohne zwangsläufig ehern und normierend zu wirken. Dass es dabei zu unterschiedlichen Konjunkturen in der schulischen Rezeptionsgeschichte kommt, ist nachvollziehbar, vielleicht sogar begrüßenswert und als Phänomen äußerst vielschichtig. Es bleibt seither für Anwendungs- wie für übergeordnete Metadiskussionen zur Literaturgeschichte bestimmend.

Signifikanterweise schält sich eine weitere, für Fokussierungen und Bewertungen innerhalb der Literaturgeschichte hilfreiche Rezeptionslinie heraus, die bis heute wirksam erscheint. Hierbei bewegt sich die Leserschaft auf den Spuren berühmter Experten, ihrer Urteile, Empfehlungen oder Anregungen zu Relektüren. Es sind etablierte Autorinnen und Autoren, die vormachten, wie und was man in welchen Traditionslinien und -brüchen pointiert lesen möge. Als Kronzeugen einer solchen, gleichsam wegweisenden Beispielrezeption können Gelehrte und Schriftsteller, wie beispielsweise Lessing und Goethe, Heinrich und Thomas Mann, Walter Benjamin und Vladimir Nabokov, Harold Bloom, Thomas Bernhard oder auch Italo Calvino gelten. Deren ‚vorbildliche', aber durchaus nicht verbindliche Lesarten, Expertisen oder auch Provokationen ergeben Hinweise, ja prominente Lizenzen dafür, exklusiv zu legitimieren, was an Werk, Zeit und Autor lohnenswert zu betrachten und im literaturgeschichtlichen Kontext zu fokussieren sei. Auf der Basis solcher Anregungen werden damit erste ‚Wissensinseln', Schlüsseltexte und Textreihen zur Erweiterung literaturgeschichtlicher Kenntnisse erworben. Diese aus der Literatur und ihrer Deutungen selbst generierten Einschätzungen etwaiger Lesevorbilder erhalten lenkende Bedeutung, aber enthalten auch (Be-)Wertungsaspekte nachgeborener Schriftsteller. Sie sind in ihrer fortwirkenden Relevanz und Regulierung für die Darbietung der Literaturgeschichte in Schule wie Hochschule kaum zu überschätzen. Das zeigen einzelne Beispiele in Ausstellungskatalogen ebenso wie die fachdidaktische Hilfsliteratur von einigen Verlagen. Hier spielen zudem Werkbearbeitungen für die Schule wie auch Debatten um den Grad von Eingriffen, etwa um die Chancen beziehungsweise Grenzen von didaktisch bearbeiteten Vereinfachungslektüren (vgl. Deutscher Germanistenverband 2003), eine Rolle. Das selbsttätige Erarbeiten von literaturgeschichtlichen Zusammenhängen und Hintergründen durch die Lernenden könnte von eigens konzipierten und ergänzenden Materialienbänden – also in Verbindung mit produktionsorientiertem Unterricht – durchgeführt werden, indem ein „historisch und thematisch kommentiertes und bebildertes Lesebuch" (Fingerhut 2013, 92) als ein Vademecum beziehungsweise ‚didaktischer Ausstellungskatalog' dient. Hier wird durch eine verdichtete und informative Zurichtung und Ausstattung von Beispielen mit Lösungsmöglichkeiten ein Instruktionsmaterial (vgl. Fingerhut 2013, 90–92) vorgeschlagen, um besonders die „Entdeckerfreude dem Text gegenüber [zu] stimulieren" (Fingerhut 2013, 89).

Des Weiteren gehören überlieferte Kontroversen und Überbietungsversuche seit jeher mit in das Darstellungsfeld der Literaturgeschichte, sie erzeugen wiederum produktive Diskussionen und fordern begründete Standpunkte und können deshalb, wenn auch dosiert, in die Unterrichtsarbeit einbezogen werden. Selbst Aspekte wie eine durch Literatur beanspruchte Meinungsführerschaft oder auch Renommiersucht und Ruhmverzicht gehören neben dem Vergleich von Arbeitsprogrammen und Publikationsweisen (Anpassung oder Verweigerung gegenüber den Anforderungen des Literatursystems) mit auf die Unterrichtsagenda.

Der schulischen Vermittlung von Literatur geht es „um die Begründung von positivem literarischem Wissen und damit um die essentielle Frage [...], welche Kenntnisse (Werke, Autoren, Gattungen, Schreibweisen usw.) von Lernenden im besten Sinne des Wortes gewusst werden sollen, *weil* sie für das kulturelle Gedächtnis unserer Gesellschaft unverzichtbar sind" (Janle 2015, 14–15). Hierbei geht es weniger um die Gewinnung von festen Ordnungsvorstellungen, wie sie die Periodisierungsversuche per Epochenzäsuren und Epochenaufweichungen zwar suggerierten, aber immer weniger einlösen konnten. Es geht stattdessen methodisch fruchtbarer um einen erprobenden und neugierig machenden, originellen und spannenden Umgang mit der großen Fülle und Komplexität, die unsere Literaturgeschichte anbietet. In dieser Hinsicht sind Lernoperationen, wie Anleiten, ‚Vormachen', Beobachtungen sammeln, Einschätzungen diskutieren und revidieren lassen, also kurz ein Zusammenspiel von vorläufig Disparatem, unabdingbar. Zudem geht es beim ‚Erlernen' von Literaturgeschichte besonders darum, schrittweise zu eigenen experimentellen Beobachtungen vorzudringen und Verknüpfungsversuche zu wagen; methodisch bedeutet dies, Hypothesen zu bilden, zu überprüfen, zu bestätigen beziehungsweise zu verwerfen, auch neu anzusetzen und weiter zu verknüpfen. Entsprechend stehen komplexe und netzbildende Anforderungsprofile fachdidaktisch im Mittelpunkt, weshalb auch in theoretischen Darstellungsversuchen für die Literaturgeschichte im Unterricht zutreffend und mit einer einhegenden Bildlichkeit gerne von Geländer- und Haltepunkten (vgl. Janle 2015, 15 und 17) oder aber von Spurensuche und Auswegen aus einer labyrinthischen Literatur, von der Benutzung der Wegemetaphern, von der Eröffnung von Durchblicken, dem Aufstöbern von Schlauchverbindungen oder Schneisen die Rede ist (vgl. Nutz 1997, 49; vgl. Thielking 2003b, 44–45).

Als derartiger Versuch, ‚Wege' in die komplex-chaotische Literaturgeschichte zu ebnen, ist jüngst ein didaktisch-phänomenologischer Vorstoß zur „Prototypikalität" (Janle 2015) einzelner Werkkonstellationen unternommen worden. Hierbei soll der Vielfalt der Literaturgeschichte durch exemplarische, textaufmerksame Lektüren steuernd begegnet werden. Dazu wird mittels ausgewählter literarischer Werke über „Prototypen zum Erwerb basaler kognitiv-affektiver Schemata" (Janle 2015, 55) geführt. Im Ergebnis verweist dieser Ansatz jedoch eher auf eine konventionelle Arbeit an eng ausgewählten Texten zurück, was nicht nur einer Renaissance des Exemplarischen, sondern überdies einer pointierten Rückkehr zum materialen Kanon Vorschub leistet. Dennoch verspricht das Vorgehen auch, dass so punktuell und „allmählich ein differenziertes, mentales Straßen- und Wegesystem" (Janle 2015, 55) angelegt werde.

4 Umgang mit der Mehrdimensionalität und Diskontinuität der Literaturgeschichte im Unterricht

Im Gegensatz hierzu herrscht in der Fachdidaktik über eines jedoch ein breiter Konsens: Literaturgeschichte folgt demnach keinem sukzessiv abzuspulenden roten Ariadne-Faden durchs Labyrinth, allenfalls können in ihr, heuristisch gesehen, Verankerungsplätze aufgesucht werden und zu einem sich allmählich ausbildenden Koordinatennetz bei den Lernenden beitragen. Von dort aus sind dann weitere, zunehmend selbstständige Navigationsversuche zu erproben. Ein solches Vorgehen setzt allerdings einen allen Routinen und dem Zeitbudget des Unterrichts zuwiderlaufenden Prozess der Auseinandersetzung voraus, der gleichwohl mittelfristig Erfolg und Gewinn versprechen könnte. Das Sichten und Benutzen einer breiten Palette von literaturbezogenen Materialien, verbunden etwa mit dem Hinzuziehen von Sachtexten aus anderen Gebieten, könnte auch der Forderung entgegenkommen, dass Schüler lernen sollen, selbsttätig und „gestützt auf unterschiedliche Materialien, eigenständig Rückschlüsse auf historische Zusammenhänge zu ziehen" (Abraham und Rauch 2011, 65). Das entspräche dann zwar immer noch einem indirekt angeleiteten, wesentlich aber als Selbsteroberung erfahrenen literaturgeschichtlichen Unterricht. Dessen prinzipiell offene Anlage versucht das Ausprobieren von Brückenschlägen zu Vorhergegangenem, ermuntert aber auch zu Spekulationen über Späteres und Kommendes. Hier zählt dann das prozessbetonte Lernen mehr als das schnelle und bündige Einlösen und Memorieren bloßer Fakten und Ergebnisse. Das Anregen zu eigenbestimmten Versuchen soll helfen, üblichen, aber auch ungewöhnlichen Verbindungen nachzuspüren und sie beherzt aufzudecken. Dabei scheint das Durchlaufen intertextueller Beispielreihen und das Umkreisen von Einflüssen wichtiger als eine Gängelung am Band literaturgeschichtlicher Chronologie, da Literaturgeschichte ohnehin längst einem losen und zuweilen löchrigen Knäuel gleicht, wenn sie nicht gar der Vorstellung der zerzausten kafkaschen *Odradek*-Spule nahekommt.

Um diese offenen Anreize in der Herangehensweise zu initiieren und vor allem einen dosiert selbsttätigen Umgang mit Literatur zuzulassen, um schließlich als Zielperspektive das allmähliche Entstehen eines Verbindungswissens gelingen zu lassen, besteht eines der Kompetenzziele des Literaturunterrichts in der Oberstufe darin, dass die Schülerinnen und Schüler epochenübergreifend und periodisierungskritisch mögliche Konstruktionen durchspielen und bewerten. Dabei sollten sie Sprünge, Relaisstücke, Sollbruchstellen und schließlich auch Begrenzung und Reichweiten literarischer Folgeverhältnisse erkennen. Im

Kontext einer funktionalen und dynamisch verstandenen Literaturgeschichte werden sie dazu angehalten, literaturgeschichtliche Verknüpfungen punktuell herzustellen, in ihren Auswirkungen strukturell zu erfassen und die so gewonnenen Ergebnisse auf andere Beispielketten, besser ‚literarische Reihen' oder gar ganze Netzgeflechte literarischer Werkleistungen zu übertragen. Sie erkennen dann durch ihr eigenes exemplarisches und forschendes Lernen, dass Literaturgeschichte zu keiner Zeit etwas Statisches oder chronologisch Zwangsläufiges war und ist, dass es vielmehr in diesem Feld Verquickungen, Beeinflussungen und Bewegungsmuster in alle Richtungen gibt. In diesem Sinne gilt es für die Lernenden, ebenso bewahrende wie progressive, obsolete wie vorauseilende Positionen und Richtungen innerhalb der Literaturgeschichte kennenzulernen und auszuschreiten oder auch Mischungsverhältnisse aus regressiven wie eben auch epochenüberschreitenden, künftigen und progressiven literarischen Referenzen zu erfahren.

Geradezu ephemer wirken so über Epochen hinweg und auch in den herausfordernden Gemengelagen von Epochenumbrüchen herkömmliche literaturgeschichtliche Aussagen; in ihnen wird manch offensichtlicher Spagat fragwürdig und deutbar. So sind Epochen und Strömungen doch, sollen sie adäquat aufgenommen werden, keinesfalls eindimensional und als bloße Abfolge darzustellen. Als unzulänglich zur Erfassung von Literaturgeschichte wird etwa der chronologisch-genetische, teleologische Progress und dessen Zugriffsmodellierung zunehmend abgelehnt, sprich: Das Eine löst eben nicht einfach das Andere ab. Gerade das diffizile Spektrum des Diskontinuierlichen, Sprunghaften, Unpassenden, Überschreitenden, und dann doch auch wieder überraschend Anknüpfungsbereiten, lässt die Lernenden diese Bündelungen und Irritationen innerhalb der Literaturgeschichte erfahren – niemals endgültig, immer wandel- und hinterfragbar. Schon dies sind herausfordernde Lektionen eines Zulassens und Aushaltens von Provisorischem und zunächst offensichtlich Divergentem (vgl. Kämper-van den Boogaart 2011, 31–32).

Nur in diesem offenen und fluktuierenden Verständnis können Erzeugnisse aus literaturhistorisch weit auseinanderliegenden Zeiträumen zu Makroepochen überspannt und die über sich hinauswachsenden Züge, die den Vorschein einer späteren Zeit oder die Referenz auf eine weit vergangene Zeit aufweisen, erkannt werden. Auf diese Weise werden diachrone Beispielverläufe wie auch synchrone Scharnierstellen markiert und unterirdische Schlauchverbindungen exemplarisch verfolgt. Zudem wird das explizit diachrone, dem literaturgeschichtlichen Phasenmodell zugrunde liegende Muster beispielhaft gebrochen und hinterfragbar, geht es darum, wie schon Karl Otto Conrady vor Jahrzehnten anmahnte, „die Implikationen und Konsequenzen aufzuspüren [...], die mit Herausbildung, Durchsetzung und Gebrauch der Epochennamen verbunden sind" (Conrady 1983, 22).

Paradigmatisch erprobt werden kann dieses Verfahren durch das eigene, selbsttätige und provisorische Anlegen und Umkonstruieren einer ‚literarischen Reihe' – als einer von vielen denkbaren. Daraus ergibt sich zwangsläufig ein wissenschaftspropädeutisch „angeleitetes Forschen" (Fingerhut 2013, 89), das sich durch Gratifikationsversprechen, etwa der Hinführung zu begründeten Werturteilen, auszeichnet. Es wird zumeist darauf hingewiesen, dass es hier wichtig sei, verschiedene Kontexte zusammenzubringen, um sie in ihren Berührungsmomenten, Auswirkungen und wechselseitigen Beeinflussungen überprüfen zu lernen.

Auf diese Weise wird auch ein gängig praktiziertes Annäherungs- und Wertungsmuster eingeübt und (re-)produziert, außerdem wird die Konstruktionsbereitschaft gestärkt und das eigene Urteil wird geschärft. In der Vermittlung inspirierender und experimenteller Zusammenhänge und in dem ‚wagemutigen' Umgang mit intertextuellen Konstellationen und Kommunikaten würden Schülerinnen und Schüler nicht nur Expertenmeinungen und Meisteressays kennenlernen, sondern eine eigene, experimentelle und fallweise kombinierende Vorgehensweise als wichtige Praxis und Maßstab literaturgeschichtlicher Fantasie- und Erkenntnisfähigkeit entwickeln. Dieser Arbeitsprozess legt damit nicht etwa nur eine Beispielabfolge dar oder gar fest, sondern zeigt gerade die Dynamiken der literaturgeschichtlichen Einflüsse, Behauptungen und Querverweise eigenzeitlicher, motivischer und intertextueller Art auf.

5 Kanonwerkstatt und Lernen an ‚Schaustellen von Kultur-in-Funktion'

Die Literatur bildet im Zusammenspiel mit anderen Wissensformen und Künsten ein historisch-kulturelles Gewebe, das sich zwar von Epocheneinteilungen durchkreuzt und doch auch als fortwirkend erweist, wobei regressive wie progressive Schleifen beobachtbar sind. Literaturgeschichte als grundsätzlich variables Konstrukt wirkt funktional und offen, kann als produktives Moment einer fortwährenden kulturellen ‚Recycling-Werkstatt' oder eine mobile ‚Umbaulandschaft Literatur' verstanden werden – bis hin zur detektivisch zu entdeckenden Anschlussfähigkeit und Fortschreibung durch eine aktuelle und reflektierte Teilhabe der Lernenden an der literarischen Kultur. Eine didaktische Sichtweise auf die Leistungsfähigkeit von Literaturgeschichte kann in Lehr- und Lernkontexten in Schulen und Seminaren an Beispielen literarischer Vor- und Nachfolgeverhältnisse erfolgen. Hierbei werden jeweils verschiedene Perspektiven auf Motivdurchläufe, sich verändernde Gattungsaspekte wie auch auf kritische Revisionen zu Epocheneinteilungen und wechselnden Mechanismen einer De- und Rekanonisierung innerhalb von Kern-, Rand- und Deutungskanones eingenommen, in mehrfachen Gängen und Durchläufen exemplarisch aufgezeigt und neu verknüpft.

Einen kontrovers diskutierten Fall bietet beispielsweise die Literatur des ‚Poetischen Realismus' zwischen 1850 und 1895, die ungeachtet einer überlappenden Gemengelage die Qualität einer Gelenk- und Navigationsstelle in literaturgeschichtlicher Hinsicht aufweist. Sie darf womöglich gerade dort gelingend genannt werden, wo ihr programmatisches Verklärungsgebot sich als unzureichend erweist und auf Überschreitung hin angelegt war. Es kann demzufolge, dies wäre eine mögliche Erkenntnis im Literaturgeschichtsunterricht, ein und dieselbe Episode zu früheren Epochen mehr oder weniger eng verknüpft sein (Bsp.: Wie viel Vormärz steckt im Realismus der zweiten Hälfte des 19. Jahrhunderts?); ihre Thematiken, Stile und Repräsentationen können aber zugleich auch prospektiv auf protomoderne Themen und Entwicklungen ins 20. Jahrhundert hinein verweisen (Bsp.: Wie viel Thomas Mann steckt schon in Theodor Storm?) und sinnvoll angedockt werden (vgl. Thielking 2003b, 49). Mit dieser Doppelperspektive wird der changierende Charakter eines Konstrukts, das Literaturgeschichte immer ist, in didaktischer Hinsicht als dynamisierend erkannt und Schülerinnen und Schülern die eingangs beschriebene ‚Umbaulandschaft Literatur' beispielhaft bestätigt. Mit der Aufforderung zum verknüpfenden Zusammenstellen und dissoziierenden Verwerfen, mit anderen Worten dem Experimentieren an Textkonvoluten und Kontexten verändert sich je nach Grad der Bricolage und der Umbauintensität die Darbietung einer nicht länger als eindimensional wahrgenommenen Literaturgeschichte. Damit werden Epochenbegriffe und Epochengrenzen kritisch ‚aufgebrochen', in ihrer Indienstnahme und in ihrem Gebrauchscharakter gezeigt und an „ideale[n] Schaustellen von Kultur-in-Funktion" (Thielking 2003b, 47) befragt und zu hinterfragen erlernt. Die Ausführenden eines so verstandenen literaturgeschichtlichen Lernens werden darin dann versuchsweise zu eigenständig Prüfenden und Navigierenden, im Idealfall sogar zu weiterführenden komparatistischen Ausflügen angeregt. Dies schult ihren Umgang mit Literatur, auch im Blick auf die immer wieder infrage zu stellenden Zuordnungsqualitäten, und trägt entschieden zur Ausbildung von „Kanonkompetenz" (Thielking 2003b, 47) im Sinne eines reflektierten Metawissens bei. Dabei muss betont werden, dass eine alleinige Fixierung auf Einzelwerke nicht zwingend in Erscheinung treten muss, sondern zur Darlegung und Einhegung der Gemengelage sich auch andere Werkzeuge und Darstellungsmodi eignen, wie etwa „Kurven, Karten, Stammbäume" (Moretti 2009) und andere Einträge oder Schemata. Nur so wird eine Vielschichtigkeit an Bezügen entdeckt und die ontologische Beschaffenheit von Literaturgeschichte reflektiert; also auch und gerade über literarische Stichproben und detaillierte Annäherungs- und Dokumentationsformate, wie zum Beispiel das Erstellen von literarischen Atlanten, die Feststellung von signifikanten Häufungen oder auch von Singularitäten, von Markierungen hinsichtlich literarischer Ortschaft und Eigenzeitlichkeit.

Gelernt wird dann anschaulich und in ausgewählten Versuchsanordnungen, dass die Literatur in literargeschichtlicher Hinsicht je nach Standpunkt und Zeit der Betrachtung eine ‚bewegliche Erzählung' bleibt, sodass ein und derselbe Text in unterschiedliche Kontexte hineinragt, dort mitwirkt und in Reihungsversuchen mehrfach aufgehoben und perpetuiert sein kann. Die Auseinandersetzung mit einer literaturgeschichtlichen Beispielepoche ist so nicht länger statisch und abgeschlossen, sondern offen, äußerst mobil und stets neu begründbar, insgesamt also variabel und von Lesergeneration zu Lesergeneration deshalb auch mitkonturiert und deutbar, das heißt zum anschlussfähigen Gebrauch innerhalb eines zunehmend selbsttätigen Versuchslabors im Sinne des forschenden Lernens bestimmt. Methodisch gelöst werden muss dafür das Problem, wie Jugendliche neben der Anleitung durch die Anregungen einer Lehrperson, auch selbstständig einen materialgestützten Zugang zu diesem Entscheidungswissen erlangen. Für den notwendigen Input der Schülerinnen und Schüler sind hier die Bereitstellung geeigneter Textsammlungen und speziell für eine Zielgruppe aufbereitete Literaturgeschichten oder Lesebücher zum Einlesen erforderlich. Von ihnen darf man sich Orientierung und Hilfestellung bei der Anbahnung einer habituellen Ausbildung zum kulturell Interessierten und Versierten versprechen (vgl. Fingerhut 2013, 90–91). Über eine bloß didaktische Ratgeberliteratur hinaus wird so ein Anspruch von Nachhaltigkeit im Sinne einer *sustainability of cultural reading* erhoben: „So benutzt wie ein Katalog in einer Ausstellung, unterstützt die Literaturgeschichte die Anschlusskommunikation, also das eigentlich bildende Zentrum der schulischen Arbeit an literarischen Texten" (Fingerhut 2013, 92). Zugleich wird deutlich, dass es bislang noch an „Items, die eine kontinuierlich wachsende Kennerschaft erfassen würden" (Fingerhut 2013, 95), mangelt – wie auch an der wissenschaftlichen Begleitforschung. Hier könnte ein künftiges Forschungsfeld literaturgeschichtsdidaktisch skizziert und beschritten werden.

6 Globalisierung und cultural empowerment – Herausforderungen und Forschungsdesiderate

Bereits Ende des 19. Jahrhunderts hatte Erich Schmidt in seinem bis heute lesenswerten Plädoyer für die an viele Parameter anknüpfenden ‚Wege' zur Literatur die

Notwendigkeit einer Öffnung zu vielfältigen, darunter auch nachbarschaftlichen und geopolitisch-landschaftlichen Sichtweisen auf Literaturgeschichte reklamiert, dabei jedoch hellsichtig vor jeder nationalpolitischen Verengung gewarnt. Er stellte ihr vielmehr ein tolerantes und kosmopolitisches Vorgehen gegenüber und er konstatiert: „Der Begriff der Nationallitteratur duldet gleichwohl keinen engherzigen Schutzzoll; im geistigen Leben sind wir freihändlerisch" (Schmidt 1886, 493). Bereits hier finden sich eben als „Wege und Ziele" auch Anregungen und rudimentäre Hinweise auf eine aufkeimende Genderbetrachtung wie auch Religionstoleranz und auf die Relevanz und Auswirkungen der damals neueren Naturwissenschaft. Daneben wird nicht versäumt, auf die Bedeutung einer ergänzenden Betrachtung anderer Nationalliteraturen zu verweisen (vgl. Schmidt 1886, 491–496).

Eine zeitgemäße Didaktik der Literaturgeschichte verändert sich heute erst recht zu einer nationalphilologisch nicht länger sinnvoll ausgerichteten Angelegenheit. Dieses Credo macht eine ganze Reihe von Neuakzentuierungen nötig und wirft offene Fragen und Forschungsdesiderate auf, die abschließend nur angedeutet werden können. Sie betreffen die Auswirkungen von Globalisierungstendenzen ebenso wie die Implementierung einer umfassend verstandenen, nachhaltigen ‚kulturellen Befähigung' und deren Faktoren (vgl. Gad 2013, 234).

Eine auf verschiedene Horizonte der literaturgeschichtlichen Beschäftigung auszuweitende Wahrnehmung sowie eine ambitionierte eigen- und fremdkulturelle Entwicklungsarbeit haben demzufolge auch ihren Niederschlag in stärker komparativen Konzepten zu finden. Dabei ist zu vermeiden, dass die Kurzschlüsse einer nationalliterarisch angelegten Didaktik der Literaturgeschichte nicht lediglich universal ausgeweitet und weitergetragen würden; so als wären literarische Entwicklungen und Erscheinungen in fragwürdige Epochenbegriffe umzugießen und als wäre damit weiterhin dem reinen „Absuchen einzelner Werke auf das Vorhandensein von Epochenmerkmalen" (Abraham und Rauch 2011, 66) eine nunmehr größere Bühne zu verleihen.

Didaktisch bisher wenig eingelöst sind sinnvolle komparatistische Vergleiche beispielsweise in der Einschätzung der nationalliterarisch ausgeformten ‚Realismen'. Auch dies ist wohl ein sich nur langsam öffnendes Feld, das es über die nationalen Orientierungen hinaus zu bestellen gälte, wie schon das Aufgeben der zu engen nationalliterarischen Sichtweise etwa im ‚Poetischen Realismus' (vgl. Abraham und Becker 2010, 10–11) sich als notwendig erweist.

Für eine Didaktik der Literaturgeschichte wäre es eine wesentlich neue Qualität und folglich ein dringendes Desiderat, den zumeist nationalliterarisch eng gefassten Horizont im modernen Literaturunterricht mehrfach und bewusster zu überschreiten. In Zeiten der Globalisierung sind kosmopolitische Sichtweisen auf Literaturgeschichte in den Mittelpunkt zu rücken. Unter diesen Vorzeichen sind auch Aspekte wie Multi-, Inter-, Trans- und Diversitätskulturen in adäquater Weise zu berücksichtigen. Hierbei könnte durchaus auch eine Beerbung der kühnen und eleganten Kulturbrückenschläge westöstlicher literarischer Erkundungen, wie schon die Klassiker sie vorzeichneten, also eine Neubelebung auch der vergleichenden Klassikerlektüre, von Relevanz sein.

Darüber hinaus ist aber auch ein intensives Nachdenken über den Status von weltweit rezipierten internationalen Lektüren neuerer Provenienz mit dem Zeug zu ‚Neuklassikern' (vgl. Bogner 2013; Calvino 2003) und eine dementsprechende Literaturgeschichte in versuchsweise globaler Sicht bedeutsam und sinnvoll. Hierzu müsste jedoch erst einmal eine didaktische Kritik installiert werden, von der die aktuellen (Neu-)Klassiker im Unterricht wie im Seminar kontinuierlich behandelt, moderiert und bewertet würden. Hinzu treten in der letzten Zeit die Auswirkungen und Herausforderungen (*grand challenges*), die eine Lektürepraxis in einer heterogenen und plurikulturellen Gesellschaft in der Auseinandersetzung mit Migration, Flüchtlingsbelangen und ‚Willkommenskultur' erfordern. Darin spielt die Gestaltung einer kosmopolitischen Bürgergesellschaft und der unterstützenden Entwicklung einer auch und gerade auf Literaturkenntnis basierenden *citizenship* auch im Sinne kultureller Teilidentitäten (z. B. als Einwanderer, Europäer, Weltbürger) eine gewichtige Rolle. Unter diesen Auspizien könnten literaturgeschichtliche Annäherungen als Angebote von möglichen Narrativen unter je veränderlichen gesellschaftlichen Entwicklungen und, wie jüngst überzeugend expliziert, als prägend für die identifikatorische „Mitwirkung an der Gestaltung einer befriedeten Zivilgesellschaft" (Stierstorfer 2014, 221) jeweils besondere Relevanz erhalten. Was sie ergänzend zur Kritik an analogen (vgl. Nutz 1997, 39–42), seither aber sich überkreuzenden Metanarrationsmustern bereithält, könnten weitere Untersuchungen zu spezifisch angelegten, ‚alternativen' Erzählverfahren von Literaturgeschichten und deren Folgen für eine Didaktik der Literaturgeschichte einfangen und zur Disposition stellen. Hierher gehört auch die methodologische Befähigung, Lernende an sperrige Sichtweisen, an eine schwierig auszuhaltende und sogar vorübergehende Unsicherheit im Urteilen heranzuführen und sie zu ermutigen, auf dem Feld der Literaturgeschichte konzeptuell und vorgabenkritisch „Fragen [zu] stellen und wissenschaftliche Konstruktionen [...] in Frage [zu] stellen" (Fingerhut 2013, 101).

Dies ist eine demokratisch notwendige und von Generation zu Generation an jeweils anderen Texten und Zusammenhängen erprobte Entwicklung, deren Umsetzungsanspruch und funktionale Orientierungsleistung, nicht nur fachdidaktisch gesehen, in den Fokus rücken sollte. Sie wird dann ein Selbstverständnis als flexibilisierte ‚Didaktik der Literaturgeschichte' jenseits deklarativer Zugriffstraditionen und ‚ewiger Gewissheiten' vermitteln und damit eine zeitgemäß pluralistisch-kritische Umgangsweise mit vielen Literaturgeschichten einüben können. Das dürfte niemals zu einer „Pseudogeschichte" (Jauß 1970, 172) als bloßer Ansammlung von toten Fakten hinführen, sondern sollte lebhafte, vielstimmige, nicht versiegende Lesarten von literarischer Erinnerungs- und Deutungsarbeit unterstützen, um die erwünschte fluktuierende Initiation in eine literarisch-kulturelle Kommunikation zu gewährleisten, die einen zeitgemäßen, variablen und wachen Unterricht in Literaturgeschichte als auch künftig relevant auszeichnet.

Weiterführende Literatur

Löffler, Sigrid (2014). *Die neue Weltliteratur und ihre großen Erzähler*. München.
Neuhaus, Stefan (2017). *Grundriss der Neueren deutschsprachigen Literaturgeschichte*. Tübingen.
Reich-Ranicki, Marcel (2014). *Meine Geschichte der deutschen Literatur. Vom Mittelalter bis zur Gegenwart*. Hrsg. von Thomas Anz. München.
Richter, Sandra (2017). *Eine Weltgeschichte der deutschsprachigen Literatur*. München.
Sørensen, Bengt Algot (2012/2016). *Geschichte der deutschen Literatur*. 2 Bände. München.

Engelbert Thaler
III.2.3 Lyrik im Sprachunterricht

1 Definition

Kinder zeigen eine natürliche Affinität zu Lyrik, da sie früh mit Kinderversen sowie Geschichten mit repetitiver Struktur in Kontakt treten. Im Kindergarten setzen sie sich oft in einen Stuhlkreis und sprechen Fingerspiele nach oder skandieren Jahreszeitenlieder. Deswegen ist es nachvollziehbar, dass die meisten von uns intuitiv ein Gedicht erkennen.

Eine exakte Definition von Lyrik zu geben, erweist sich jedoch als deutlich schwieriger (z. B. Arnold 1999; Friedrich 2006; Korte 2012a; Thaler 2016). Normative Begriffsbestimmungen rekurrieren oft auf ein einziges Charakteristikum und werden damit der Vielzahl unterschiedlicher Typen nicht gerecht. Deskriptive Definitionen, die mehrere Kriterien berücksichtigen, folgen einem pragmatischeren Ansatz. In der zeitgenössischen Diskussion (vgl. Burdorf 2011) konkurrieren mehrere Ansätze der Lyriktheorie. So betont die Differenztheorie die zahlreichen grammatischen Abweichungen der Lyrik von der Alltagssprache. Die Formtheorie hebt dagegen auf das Merkmal von Gedichten ab, in Versen gefasst zu sein. Die Mehrkomponententheorie verweist schließlich auf einige tendenziell oft auftretende Charakteristika lyrischer Texte, die allerdings weder als notwendige noch als ausschließliche Merkmale verstanden werden (Müller-Zettelmann 2000).

Die folgende Liste typischer Lyrik-Charakteristika basiert auf Müller-Zettelmanns (2000) deskriptivem Mehrkomponentenmodell:

- Kürze (normalerweise geringerer Umfang als Epik und Drama)
- Thematische Dichte (Reduktion, Kompression)
- Gesteigerte Subjektivität (individuelle Erfahrung)
- Musikalität (Verwandtschaft mit Liedern)
- Ästhetische Selbstreferentialität (Selbstreflexivität, Künstlichkeit)
- Strukturelle Komplexität (Vers, Metrum, Strophe)
- Phonologische Komplexität (Klang, Reim)
- Morphologische Komplexität (Wörter, Wortbildung)
- Syntaktische Komplexität (Satzbau)
- Semantische Komplexität (figurativer Stil)

2 Legitimation

Zur unterrichtlichen Rechtfertigung wird auf Lyrik als Bildungsgut, Lebenshilfe, Anstoß zur Emanzipation, Material für Spracharbeit und Instrument der Wissenschaftspropädeutik verwiesen (Werner 1993; Bode 1983). Ausgehend von Müller-Zettelmanns Charakteristika (vgl. 1.), werden in Tabelle 1 weitere Argumente für den Einsatz von Gedichten im (Fremd-)Sprachenunterricht genannt.

Tab. 1: Potenzial von Lyrik im Unterricht

Potenzial von Gedichten im Sprachunterricht	
Merkmale	*Vorzüge*
Kürze	– Flexibler Einsatz (verschiedene Ziele, alle Niveaustufen)
	– Verwendung in einer 45-Minuten-Stunde
	– Möglichkeit des Einsatzes für jüngere Lerner
Verdichtung	– Notwendigkeit statarischen Lesens
	– Fokus auf Wesentliches
	– Intensive Rezeption
Subjektivität	– Emotionale Ladung
	– Persönliche Leserreaktion
	– Interkulturelles Lernen
Musikalität	– Aktivierung verschiedener Sinne (Ganzheitlichkeit)
	– Erleichterung der Speicherung/Erinnerung
	– Stimulus für Rezitation
	– Bearbeitung als Song
Selbstreferenzialität	– Persönliche Ansprache
	– Außergewöhnlichkeit der Vorlage
	– Förderung von Sprachbewusstsein
Komplexität	– Linguistische Verwertbarkeit
	– Ambiguität
	– Interpretatorische Offenheit (Rezeptionsästhetik)
	– Stilistische Analyse
	– Modell für kreative Aktivitäten

Wie man aus der Tabelle ersieht, kann der Einsatz von Gedichten vielfältige segensreiche Wirkungen im Unterricht entfalten. Zusätzlich hat Lyrik als literarische Form in den letzten Jahrzehnten eine Renaissance erlebt, zumindest in Großbritannien und den USA.

3 Geschichte

Für den Deutschunterricht konstatiert Korte (2012a, 209), dass Lyrik im 19. Jahrhundert eine sehr beliebte Gattung war: „Für Jugendliche waren das Lesen von Gedichten, besonders aber das Rezitieren und Deklamieren von Versen, das Singen von Liedern und im Bildungsbürgertum nicht zuletzt auch die eigenen Schreibversuche eine Art Initiation in die Literatur, die unbestritten das kulturelle Leitmedium mit entsprechendem Einfluss auf individuelle wie kollektive Identitätsbildungen war. Die beliebteste, verbreitetste Gattung war das Lied, so dass es keineswegs verwundert, dass Lyrikunterricht wesentlich eine Sache des Musik- und Gesangsunterrichts war." Dabei stand sowohl innerhalb als auch außerhalb der Schule nicht die Interpretationskunst oder Privatlektüre im Zentrum, sondern „ein weit verzweigtes, auf Identifikation und kollektiver Selbstdarstellung basierendes Rezeptionssystem" (Korte 2012a, 209). Inzwischen stellt sich die Rezeptionssituation völlig anders dar: „[H]eute heißt Umgang mit Lyrik: Lesen von Gedichten, in aller Regel allein, privat, zurückgezogen" (Korte 2012a, 210).

Für den Englischunterricht untersucht Werner in ihrer Dissertation die didaktische Diskussion um Lyrik nach 1945: „Nahezu einstimmig wird über den ganzen hier untersuchten Zeitraum hinweg der Lyrik eine Randstellung im Englischunterricht bescheinigt" (Werner 1994, 9). Als Gründe für die „Lyrik-Misere" werden die abschreckende Wirkung von Gedichten auf Schüler und Schülerinnen, die Randstellung in Lehrplänen und Lehrwerken, die mangelhafte Materialbasis, aber auch die Scheu der Lehrkräfte vor ‚schwieriger Literatur' – in fachlicher und unterrichtsmethodischer Hinsicht – aufgeführt.

Lieder hingegen, das heißt gesungene Gedichte, wurden schon immer im fremdsprachlichen Unterricht verwendet (Murphey 1990, 135ff.). Schon im Mittelalter fungierte das Lied als bewährtes Instrument zur Schulung der Aussprache. In den letzten 100 Jahren beschränkte sich der Musikeinsatz lange Zeit schulartspezifisch auf die Primarstufe und die Waldorfschulen sowie genrespezifisch auf traditionelle *folk songs* (*Old MacDonald had a farm*). Man begnügte sich dabei meist mit dem gemeinsamen Singen dieser Lieder nebst Erklärung unbekannter Vokabeln im Liedtext (Thaler 2010). Eine folgenreiche Erweiterung des Liedguts fand durch den Siegeszug der Popmusik statt, der in den 1960er Jahren einsetzte. Beatlemania, Flower-Power und Rock-Rebellion erhoben Popsongs zum wichtigsten Medium und Produkte englischer Sprache bei vielen Jugendlichen (und zukünftigen Englischlehrern und -lehrerinnen) zum wichtigen Gut. Kein Englischlehrbuch verzichtet deshalb heute auf die Integration von Songs.

Neben Liedern und Kinderreimen wurden – in der gymnasialen Oberstufe – auch regelmäßig Shakespeare-Sonette und vereinzelt Gedichte aus anderen Epochen (z. B. *Romantic poetry*, *war poems*) behandelt. Gleichwohl nahm Lyrik lange Zeit eine Randstellung ein. Die Komplexität und Selbstreferenzialität vieler Gedichte sowie ein einseitiger formalistisch-analytischer Methodenansatz haben die Kluft zwischen Gedicht und Lernenden (und Lehrenden) vertieft. Relativierend muss aber konstatiert werden, „dass die Schüler kaum die Gattung Lyrik rundweg ablehnen, sondern vielmehr die Art und Weise, wie sie in der Schule präsentiert und behandelt wird" (Werner 1993, 23).

Die „Paria-Stellung" (Mihm 1972) der Lyrik scheint in den letzten zwei Jahrzehnten jedoch ein wenig aufgebrochen zu werden. Das bekannte Projekt *Poems on the Underground* in der Londoner U-Bahn, Poetry-Slams in Kneipen, zahlreiche Formen von *nonsense poetry* in der Werbung sowie die Buchangebote und Verkaufszahlen der Verlage weisen auf eine neue Popularität von Gedichten hin.

4 Ziele

Für den Deutschunterricht wird zunächst die Kompetenz der Schülerinnen und Schüler zur Teilnahme am literarischen Leben angestrebt (u. a. Korte 2012a; Spinner 1995a). Die Vermittlungsaufgabe des Deutschunterrichts erschöpft sich allerdings nicht in der Hinführung zu einem virtuosen Umgang mit spezifischen Formenrepertoires. „Das Lern-Set poetologischer Begriffe wie Metrum, Reim, Rhythmus, Vers- und Strophenform, vor allem im Gymnasium immer noch gern gepflegter Unterrichtsstoff, bliebe totes schulisches Wissen, wenn es nicht in die Erprobung und Beobachtung sprachlicher Prozesse eingebunden wäre" (Korte 2012a, 211). Deshalb werden in den didaktischen Legitimationsversuchen verschiedener Autoren Ziele wie Sprachsensibilisierung, Sprachverdichtung, Sprachkonzentration und Bewusstsein der Prägnanz lyrischer Sprache genannt (u. a. Förster 2000; Homann 1999; Spinner 1995a). Daneben wird auf die aus sprachlicher Sensibilisierung resultierende Ich-Stärkung und Identitätsfindung verwiesen. „Gerade im Unterricht der Sekundarstufe I gewinnt die Bearbeitung von Subjektivität eine besondere Bedeutung, da die Schüler im Pubertätsalter die stärksten Identitätserschütterungen erfahren" (Spinner 1995a, 17).

Als übergeordnetes Ziel im fremdsprachlichen Literaturunterricht kann man *Literary Communicative Competence* (LCC) postulieren, die aus der Trias von Können, Fertigkeiten und Haltungen besteht (Thaler 2016; ähnlich auch Küster et al. 2015; Nünning und Surkamp 2006). Analog dazu lassen sich auch für die Verwendung von Lyrik im Englischunterricht diese drei Domänen in ihrer ausdifferenzierten Form als Zielvorstellung avisieren (Abb. 1). Die drei Bereiche sowie die drei Sub-Fertigkeiten müssen vor dem Hintergrund kommunikativer Kompetenz betrachtet werden, id est sie sollten nicht als separate Dimensionen

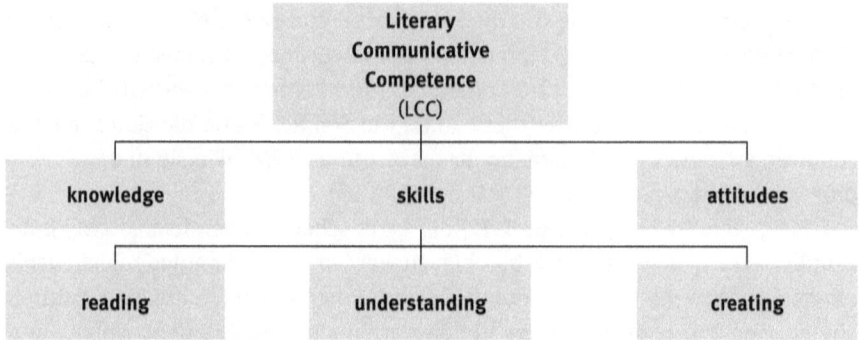

Abb. 1: Literarische kommunikative Kompetenz

angesteuert werden, sondern lyrikbasierte Kommunikation und Aushandeln von Bedeutung fördern.

5 Lyrische Formen

Der tradierte Lyrikkanon war lange Zeit an Gemüts- und Stimmungspoesie orientiert (Korte 2012a, 212). Die Umbruchbewegungen der 60er Jahre des letzten Jahrhunderts erhoben aber moderne Lyrik (und moderne Literaturtheorien) zu einem anspruchsvollen Unterrichtsstoff.

Auch im (fortgeschrittenen) Englischunterricht wurden traditionelle lyrische Genres wie Sonette, Balladen, Oden oder dramatische Monologe (vereinzelt) eingesetzt (Thaler 2016). McRaes (1994) Unterscheidung zwischen *literature with a capital L* und *literature with a small l* hat zu einer Öffnung des Kanons geführt. Ein Beispiel dafür findet sich bei Taubenböck (2004), die uns darauf aufmerksam macht, dass es auch humorvolle Lyrikgenres gibt: „If it ain't fun, it ain't poetry". Wenn man ihr Motto ernst nimmt, müssen konventionelle Formen durch alternative Typen ergänzt werden. Deren Kürze, Einfachheit und Appellcharakter machen sie für den Einsatz auch unterhalb der Oberstufe geeignet. „Mit diesem zu *poetries* hin erweiterten Lyrikbegriff müsste es gelingen, die für SchülerInnen meist abschreckende Vorstellung von einem Gedicht als ehrfurchtsvoll zu bewunderndem hermeneutischen Mysterium abzubauen" (Taubenböck 2004, 5).

Abbildung 3 zeigt den Reichtum poetischer Formen und enthält auch einige der innovativeren, unkonventionellen Genres – der Singular ‚poetry' könnte in der Tat durch den Plural ‚poetries' ersetzt werden.

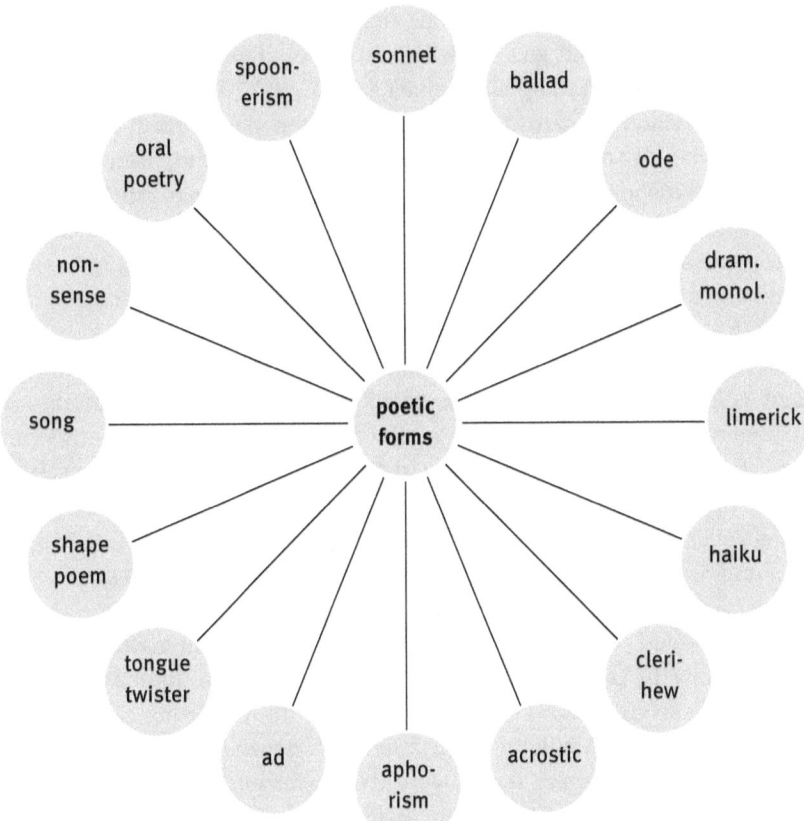

Abb. 2: Lyrische Formen

Im Folgenden sollen einige der unkonventionelleren Formen jeweils in einem Dreischritt kurz beleuchtet werden: knappe Beschreibung, ausgewählte methodisch-didaktische Überlegungen und – gelegentlich – auch ein Beispiel zur Illustration des Genres (Thaler 2016; vgl. auch Pfister 1994; Mayringer 1979).

Nonsensgedichte werden üblicherweise wegen des humoristischen Effekts erstellt. Der paradoxe, alberne, witzige oder einfach seltsame Effekt beruht oft auf Nonsenswörtern, das heißt Wörtern ohne klare oder überhaupt ohne jede Bedeutung (z. B. Lewis Carroll, Edward Lear), auf inkompatiblen Wortpaaren mit grammatischem, aber keinem semantischen Sinn, mehrdeutiger Grammatik oder unsinnigen Situationen. Nonsensdichtung kann auf eine lange, insbesondere englische Tradition zurückblicken, da sie die absurden Tendenzen des britischen Humors reflektiert. Solche Gedichte eignen sich gut für eine linguistische

Analyse, die auf die Quelle des Unsinns zielt, oder können einfach wegen ihrer skurrilen Anziehungskraft goutiert werden: „‚I see' said the blind man / To the deaf woman / As he picked up his hammer and saw."

Ein Akrostichon (gr. *akróstichon*, *ákros*: extrem und gr. *stíchos*: Vers) ist eine (Vers-)Form, bei der die Anfänge (Buchstaben bei Wortfolgen, Wörter bei Versfolgen) hintereinander gelesen einen Namen oder Satz ergeben. Ein Akrostichon kann anstatt der omnipräsenten Mindmap als Einstieg in ein neues Thema eingesetzt werden, wobei die Lehrkraft die Buchstaben des Themas untereinanderschreibt und die Lernenden die Zeilen mit ihrem Hintergrundwissen ergänzen. Es kann auch als Rahmen für persönliche Assoziationen fungieren.

Ein Clerihew ist eine kurze, humorvolle, biografische Strophe, die von Edmund Clerihew Bentley in der ersten Hälfte des 19. Jahrhunderts erfunden wurde. Es besteht aus vier Zeilen unterschiedlicher Länge, wobei die dritte und vierte Zeile normalerweise länger sind als die ersten beiden. Das Reimschema lautet aabb. Die erste Zeile führt den Namen des Protagonisten ein und die folgenden drei Zeilen zeigen ihn aus einer ungewöhnlichen oder humorvollen Perspektive: „Professor Albert Einstein / Always drew a fine line / Between positive and negative / And what was purely relative."

Nachdem die Schüler und Schülerinnen mit dieser Form vertraut gemacht wurden, könnte die Lehrkraft ihnen die erste und letzte Zeile eines bislang unbekannten Gedichts als Ausgangspunkt der Übung zur Verfügung stellen. Wenn die Schülerinnen und Schüler die fehlenden Mittelzeilen kreativ ergänzt haben, kann es spannend werden zu sehen, wer am nächsten am Original ist.

Ein Spoonerismus bezeichnet ein Wortspiel, bei dem korrespondierende Konsonanten, Vokale oder Morpheme vertauscht werden. Der Begriff geht auf Reverend William Archibald Spooner (1844–1930) zurück, der für dieses Faible berühmt wurde. Wenn er unbewusst erfolgt, ist ein Spoonerismus ein Versprecher, wenn er aber bewusst konstruiert wird, ist er als Form des *pun* zu verstehen. Man darf einen Spoonerismus nicht verwechseln mit Malapropismen, das heißt unkorrekten Verwendungen eines Wortes durch die Substitution eines ähnlich klingenden Wortes mit verschiedener Bedeutung. Eine Aufgabe für die Lernenden könnte lauten, den Spoonerismus zu korrigieren und zudem über die Situation zu spekulieren, in der die Aussage getroffen wurde: „Let us raise our glasses to the queer old Dean."

Ein Haiku ist ein japanisches Gedicht, wobei die traditionelle Form aus 5, 7, 5 *on* (japanisch *on* entspricht ungefähr einer englischen Silbe) besteht, zwei verschiedene Wendungen kombiniert, einen deutlichen grammatischen Bruch aufweist und die Natur sowie den Platz des Menschen in der Natur fokussiert. Moderne Haiku-Poeten behandeln verschiedenste Themen, verwenden oft drei Zeilen mit insgesamt höchstens 17 Silben – 3 Zeilen mit 2–3 und 2 Versfüßen sowie einer Pause nach dem zweiten oder fünften – und setzen Zäsuren, um zwei Situationen zu vergleichen beziehungsweise zu kontrastieren: „empty room: / one swinging coat hanger / measures the silence".

Es kann für die Lernenden eine beträchtliche Herausforderung darstellen, die verschiedenen Konzepte, Wendungen, Kontraste und Zäsuren zu identifizieren. Wenn erst einmal eine pfiffige Idee gefunden ist, kann das Schreiben eines Haikus ziemlich schnell erfolgen. Anschließende Präsentationen vor der Klasse können kontroverse Interpretationen hervorrufen.

Der Ausdruck ‚Konkrete Poesie' (*concrete poetry, shape poetry, pattern poetry, visual poetry*) bezieht sich auf Gedichte, in denen jenseits der konventionellen bedeutungskonstituierenden Elemente (Wörter, Reim, Metrum) das typografische Arrangement der Wörter den intendierten Effekt vermittelt. So kann zum Beispiel leerer Raum zwischen Wörtern ein Tennisnetz formen oder einen Mangel an Kommunikation symbolisieren (vgl. Roger McGoughs berühmtes *40-love*). Wenn man Schülerinnen und Schülern als *scaffolding* einige Beispiele vorgibt, haben sie gewöhnlich keine größeren Probleme, ihre eigenen *shape poems* zu kreieren – eine Aufgabe, die sie mit Freude und oft erstaunlichen Ergebnissen bearbeiten.

Aphorismen sind kurze, witzige Aussagen oder Zitate. „Für ihre Verwendung im Englischunterricht sprechen folgende Konstituenten: Kürze, Prägnanz, Sentenzhaftigkeit, Überraschungseffekt, Aufforderungscharakter (Provokation), Rhetorik/Stilistik, Humor (Ironie, Satire)" (Thaler 2004, 36). Eine Liste mit 25 verschiedenen Unterrichtstechniken für die Arbeit mit Aphorismen findet sich bei Thaler (2004).

Popsongs einschließlich Raps erfreuen sich bei Lernenden großer Beliebtheit. Wenn Shakespeare heute leben würde, würde er vielleicht Liedtexte schreiben – und wenn Bob Dylan im Elisabethanischen Zeitalter gelebt hätte, hätte er vielleicht Sonette geschrieben. Neben Dylan gibt es weitere herausragende Songwriter wie Leonard Cohen oder Sting, deren Texte sowohl genossen als auch für linguistische und interkulturelle Zwecke analysiert werden können. Stings *Englishman in New York* kann nicht nur einer poetischen und kulturellen Analyse unterzogen, sondern beispielsweise auch mit der Kurzgeschichte *The Jolly Corner* von Henry James verglichen werden (Thaler 2005).

Auch religiöse Texte können Eingang ins Klassenzimmer finden, so zum Beispiel Gebete oder Grabinschriften. Ein Epitaph ist ein häufig in Versform verfasster Text, der den Verstorbenen ehrt und in einen Grabstein oder eine Gedenktafel eingraviert ist. Zahlreiche Dichter haben vor ihrem Tod ihre eigenen Epitaphe verfasst. Ein guter Grabvers ist einprägsam oder denkwürdig, spricht die Leserinnen und Leser direkt an und erinnert sie an ihre eigene Sterblichkeit. Einige dieser Verse sprühen sogar vor Humor, wobei sie Wortspiele und andere rhetorische Mittel einsetzen: „Excuse my dust" lautet Dorothy Parkers Vorschlag für ihre eigene Grabinschrift. All diese Stilmittel können in einem Unterrichtsgespräch eruiert werden.

Unter *performance poetry* versteht man eine Form mündlicher Lyrik, die nicht für die Print-Distribution gedacht ist, sondern spezifisch für eine Darbietung vor einem Publikum verfasst wird. Lehrkräfte könnten ihre Klassen ermutigen, ihre eigenen Poetry-Slams an der Schule oder öffentlichen Orten zu organisieren.

6 Methoden

Vor dem wissenschaftstheoretischen Hintergrund der zunehmenden Relevanz moderner Literaturtheorien wie Rezeptionsästhetik, Poststrukturalismus und Konstruktivismus findet seit den 80er Jahren des letzten Jahrhunderts im Sprachunterricht ein methodischer Paradigmenwechsel statt (z. B. Haas 1997; Korte 2012). Handlungs- und produktionsorientierte Verfahren ergänzen die traditionellen analytischen und kognitiven Techniken, zum Beispiel durch Umgestalten, Ergänzen oder Umsetzen von Texten in andere Medien, praktisches und selbsttätiges Handeln und durch aktiven Gebrauch verschiedener Sinne (Ganzheitlichkeit).

Für die Lyrikbehandlung im Deutschunterricht gelten inzwischen weitere methodische Prinzipien (Korte 2012, 207–208):
- keine bloße Addition einzelner Gedichtstunden, sondern eher Unterrichtsreihen zu lyrischen Genres
- Einbettung von Gedichten in übergreifende thematische Sequenzen
- Kombinationen mit anderen (literarischen und nichtliterarischen) Texten
- Verzicht auf moralpädagogische Unterrichtsstrategien
- Öffnung des lyrischen Schulkanons

Auch im Fremdsprachenunterricht dominierte bei der Arbeit mit Lyrik lange Zeit ein kognitiv-analytischer Ansatz, der das Gedicht mittels intensiv-statarischer Lektüre (*close reading*) in seine Einzelteile zerlegte. Ein rapider Motivationsabfall seitens der Schüler und Schülerinnen war oft die Konsequenz. Inzwischen wurde hier die Methodik geöffnet, das heißt, kreative und experimentelle Verfahren ergänzen heute die kognitive Durchdringung.

Die folgenden Verfahren, Techniken und Methoden sind nach dem gebräuchlichsten Strukturmuster gegliedert, das heißt dem Prozessmodell mit einer *prereading, while-reading* und *post-reading stage* (Tab. 2, vgl. Lütge et. al. 2012, Thaler 2016).

Tab. 2: PWP-Modell

Struktur einer Lyrik-Stunde	
Prozessstufe	*Aktivitäten*
P R E	– Information zum Autor – Erklärung der kommunikativen Situation – Diskussion des Titels – Kreatives Schreiben – Verwendung von Medien
W H I L E	– Lesen des gesamten Gedichts – Lesen eines unvollständigen Textes – Lesen eines veränderten Textes
P O S T	– Erster Eindruck – Allgemeines Verständnis – Detaillierte Analyse – Integration von Hintergrundinformationen – Evaluation – Rezitieren – Kreative Aktivitäten

In der *pre-reading stage* kann die Lehrkraft Informationen zum Autor des Gedichts geben und die kommunikative Situation verdeutlichen (*Wer spricht mit wem worüber?*). Bei der Betrachtung des Titels können die Lernenden über den Inhalt spekulieren und dabei ihr ‚Weltwissen' einbringen; solch ein *brainstorming* – oder vielmehr *heartstorming* – mag mithilfe eines *Assoziationssterns* an der Tafel erfolgen, das heißt eines Kreises mit vielen Strahlen, auf denen die Ideen der Schüler und Schülerinnen festgehalten werden. Die Schülerinnen und Schüler können zum Titel auch ihr eigenes Gedicht verfassen. Verschiedene auditive und visuelle Medien (u. a. Geräusche, Bilder, Fotos, Zeichnungen) vermögen ebenfalls zum Thema zu führen und das Interesse der Lernenden zu wecken.

Die *while-reading stage* besteht primär aus der Lektüre des Gedichts. Der ganze Text kann (mehrmals) von der Lehrkraft oder einem (leistungsstarken) Schüler vorgelesen oder via moderner Medien präsentiert werden. Beispielsweise ist *The Poetry Archive* (www.poetryarchive.org) eine Online-Sammlung von Dichterlesungen, hier kann man den Stimmen zeitgenössischer und vergangener Poeten kostenlos lauschen. Um das aktive Moment zu stärken, kann ein unvollständiges oder geändertes Handout ausgeteilt werden. Verschiedene Techniken bieten sich hier an:

- ‚Verkehrte Zeilenfolge': Das Gedicht wird in Einzelteile zerschnitten, die Schüler und Schülerinnen müssen die Zeilen in die richtige Reihenfolge bringen.
- ‚Alternativen': Bei einigen Wörtern werden zwei oder drei Alternativen gegeben, die Lernenden müssen die passendste auswählen.
- ‚Zwei in einem': Zwei verschiedene Gedichte werden zu einem verbunden und die Schüler und Schülerinnen müssen sie sortieren.
- ‚Prosa und Gedicht': Ein Gedicht wird wie ein Prosatext gesetzt, die Lernenden müssen es in die lyrische Form zurückbringen.
- ‚Lückengedicht': Einige Wörter werden gestrichen (Reimwörter, erste oder letzte Wörter einer Zeile, einige Verse, eine ganze Strophe) und die Schüler und Schülerinnen müssen das Gedicht vervollständigen. Als Differenzierungsmaßnahme kann bei schwächeren (oder jüngeren) Lernenden eine Liste mit den ausgelassenen Wörtern am Ende hinzugefügt werden.
- ‚Mondegreen' (Freudscher Verhörer): Einige Wörter werden durch ähnlich klingende ersetzt und die Schüler und Schülerinnen müssen sie unterstreichen und austauschen. Diese Technik eignet sich vorzüglich für die Schulung des Hörverstehens bei Popsongs.

Die Vorzüge all dieser Verfremdungstechniken liegen in ihrem puzzleartigen Charakter. Detektiv zu spielen, fehlende Dinge zu finden oder die Reihenfolge zu rekonstruieren, sind in der Regel motivierend. Während dieses Prozesses werden die Lernenden sensibilisiert für die formalen und thematischen Charakteristika von Lyrik und beschäftigen sich tiefer gehend mit den verborgenen Bedeutungen. Dabei lautet die Zielvorgabe nicht, den originalen Wortlaut getreu wiedergeben zu können. Es gibt hier kein Richtig oder Falsch, verschiedene sprachliche Alternativen sind möglich, *sensible guesses* sind erwünscht und Optionen sollten begründet werden. Auf diese Weise werden die Lernenden angeleitet, sich auf einen Text zu konzentrieren und seine grundlegende Bedeutung zu erfassen. Dies mag später zu einer profunderen Analyse führen.

In der *post-reading stage* sollten die Lernenden die Möglichkeit erhalten, ihre persönliche Haltung zu dem Gelesenen (oder Gehörten) zu artikulieren. An solch einen Austausch von Ersteindrücken kann sich eine allgemeine Verständnisüberprüfung anschließen: Der Typus des Gedichts wird bestimmt (narrativ, deskriptiv, reflektierend o. Ä.), die Situation wird – sofern noch nicht erfolgt – erläutert (*Wer spricht? Wer wird angesprochen?*), das Thema wird geklärt (*Was ist das Hauptthema? Was hat der Titel für einen Bezug zum Thema?*), die Hauptaussage wird diskutiert (*Was ist die Botschaft? Welche Reaktion soll hervorgerufen werden?*) und der Ton wird beschrieben (*Wie ist die vorherrschende Stimmung?*). Ein allgemeines Verständnis kann danach zu einer detaillierten Analyse vertieft werden, in der die verschiedenen poetischen Stilmittel Berücksichtigung finden. Der analytische Ansatz ist immer noch angebracht, wenn er gemäßigt auftritt, dem Alter der Lernenden angepasst ist und eine persönliche Verbindung mit dem Gedicht stiftet.

Zu einer befriedigenden Interpretation gehört im Kontext der Schuldidaktik in der Regel auch der Verweis auf den literaturhistorischen und biografischen Hintergrund des Gedichts. Grundlegende Kenntnisse einschlägiger literaturtheoretischer Richtungen wie *New Historicism* (Neuer Historizismus, Poetics of Culture, Kulturpoetik, Stephen Greenblatt), aber auch konträrer Ansätze (z. B. *New Criticism*, traditioneller Historismus) sind hier erstrebenswert (Thaler 2016). Auf der Grundlage all dieser Ergebnisse kann eine ausgewogene persönliche Evaluation des Gedichts die Ersteindrücke aus der *pre-reading stage* modifizieren.

Gedichte können im Rahmen des Unterrichts auch laut gelesen und rezitiert werden. Dies kann das Verständnis vertiefen und den Schülerinnen und Schülern bewusst machen, dass aktive Leser einer Passage eine eigene Bedeutung verleihen und dies den Effekt für den Hörer bestimmt. Das Rezitieren muss natürlich angeleitet werden: In Kleingruppen und mit Unterstützung durch die Lehrkraft denken Schüler und Schülerinnen über Metrum, Rhythmus, Pausen, Betonung, Lautstärke, Stimmung, Körpersprache und andere poetische Konstituenten nach. Verschiedene Rezitationstechniken stehen dann zur Auswahl – wobei jedes Verfahren auch gewisse Probleme in sich birgt (z. B. die Gefahr zweckfreier, sinnverfälschender Narretei bei *stop and go*):

- *choral reading*: Die ganze Klasse (oder eine Teilgruppe) trägt das Gedicht vor
- *role reading*: Das Gedicht wird mit unterschiedlichen Rollen gelesen (z. B. abwechselnd Mädchen und Jungen)
- *mood reading*: Ton oder Lautstärke werden verändert (z. B. glücklich vs. wütend; laut vs. leise)
- *chain reading*: Jeder Schüler liest nur eine Zeile, bis die ganze Klasse teilgenommen hat
- *stop and go*: Ein Schüler beginnt und hört irgendwann auf; der Nachbar muss fortfahren
- *commented reading*: Ein Schüler liest vor und streut gelegentlich *asides* ein, das heißt, er sagt, was er mag oder nicht versteht

Die *post-reading stage* sollte allerdings nicht nur aus Rezitation und Kognition bestehen. Als Folge- oder Transferaufgaben stehen vielfältige kreative Aktivitäten zur Verfügung. Neben den schriftlichen Formen (z. B.: *Füge eine weitere Strophe hinzu*) gibt es auch visuelle Typen (z. B.: *Übertrage das Gedicht in eine Collage*), musikalische Optionen (z. B.: *Verbinde den Text mit einer passenden Melodie*), audiovisuelle Aufgaben (z. B.: *Erstelle einen kurzen Videoclip – und lade ihn auf*

YouTube hoch) und digitale Formen (z. B.: *Beteilige dich an einer der zahlreichen Poetry-Websites*). Lyrik kann im Unterricht auch dafür da sein, zu spielen, zu experimentieren und alternative Ideen auszuprobieren – denn *poetry* kann auch bedeuten: *poe-try*.

Zwischen dieser spielerisch-handlungsorientierten Herangehensweise und dem analytisch-kognitiven Ansatz sollte eine vernünftige Balance angestrebt werden. Zu Letzterer gehört auch die Analyse poetischer Stilmittel auf der strukturellen, phonologischen, morphologischen, syntaktischen und semantischen Ebene (vgl. zu Formen, Definitionen und Beispielen Thaler 2016). Diese rhetorischen Techniken tauchen auch in dramatischen und narrativen Texten auf, was die Bedeutung ihrer Vermittlung unterstreicht. Meist reicht es nicht aus, nur den Typus des Stilmittels zu identifizieren, sondern auch seine jeweilige Funktion muss erhellt werden, um zu einer tieferen Wertschätzung der entsprechenden Passage zu gelangen (Ludwig 1994). Die am häufigsten vorkommenden – und in Prüfungen abgefragten – Effekte und Funktionen sind:

- *einen bestimmten Aspekt betonen (die häufigste Funktion)*
- *das Interesse des Lesers wecken/die Aufmerksamkeit des Lesers zu erregen*
- *den Leser zum Denken bringen*
- *eine Situation/Person/Idee/ein Ereignis kritisieren/satirisch darstellen*
- *einen schönen Reim finden*
- *Humor erzeugen*
- *den Leser amüsieren/unterhalten*
- *lustige/enthüllende Assoziationen hervorrufen*
- *ein inneres Bild schaffen*
- *die Passage lebendig machen*
- *den Leser überraschen*

Da all diese Funktionen auch von dem spezifischen Kontext abhängen, in dem das Stilmittel verwendet wird, müssen die Lernenden vor Verallgemeinerungen gewarnt werden; häufig konstatieren sie Effekte ohne großes Nachdenken.

7 Desiderata

„Die Tradition der Fremdsprachendidaktik wiederholt die Frage nach der Lyrik im Fremdsprachenunterricht mit schöner Regelmäßigkeit – wenn auch nicht in konstanter Dringlichkeit" (Hunfeld 1977b, 7). Inzwischen gibt es erstens eine Vielzahl von (meist kurzen) Artikeln und (überwiegend positiven) Erfahrungsberichten in Fachzeitschriften (z. B. *Praxis Fremdsprachenunterricht, Der Fremd-*

sprachliche Unterricht, Deutsch, DeutschMagazin, Unterricht Französisch), zweitens eine Darstellung von Lyrik als einer von mehreren literarischen Gattungen in Überblickswerken zur Fremdsprachendidaktik oder Literaturdidaktik (z. B. Abraham und Kasper 2006; Franz und Hochholzer 2006; Nünning und Surkamp 2006; Thaler 2012; Thaler 2016), drittens eine Fülle an Materialsammlungen und Anthologien sowie auch eine größere Anzahl von Interpretationssammlungen (meist auf rein literaturwissenschaftlicher Basis). Viele Autoren theoretischer Publikationen argumentieren auf der Basis von amtlichen Vorgaben oder verbreiteter Lehrwerke, haben aber keinen Einblick in die konkrete Unterrichtspraxis. Die Erfahrungsberichte von Praktikern bieten impressionistische Eindrücke, sind auf den Einzelfall reduziert und stellen aus nachvollziehbaren Gründen Verlauf und Ergebnis der Unterrichtssequenzen (zu) positiv dar.

„Äußerst wichtig wären empirische Studien zum Lyrikunterricht." Diese Forderung stellt Werner (1993, 182) bereits vor der Jahrhundertwende. Sowohl in diachroner als auch synchroner Perspektive müssten Ziele, Selektionen, Methoden, Lehrer- und Schülerrolle auf einer belastbaren empirischen Basis untersucht werden. Was für fremdsprachendidaktische Forschung generell gilt, trifft auch auf lyrikdidaktische Forschung zu. „Basierend auf den drei grundständigen Forschungsrichtungen der historischen, theoretischen und empirischen Forschung, haben sowohl quantitative als auch qualitative Ansätze ihre Berechtigung, neben analytisch-nomologischen Methoden mit Variablenkontrolle und Standardisierung auch die explorativ-interventionistische Erfassung komplexen Unterrichtsgeschehens mit dem Ziel ihrer Veränderung, neben statistischen Instrumenten auch hermeneutischer Zirkel und integrative Reflektion, dazu Introspektion (‚Lautes Denken', Tagebücher), Befragung (Interviews, Gruppendiskussion, Fragebogen), Beobachtung (mit Ton- bzw. Videoaufnahmen), Dokumentenanalyse (Stundenplanungen, Lehrmaterialien usw.), Diskursanalyse, historische Forschung, ethnografische Studien und Aktionsforschung" (Thaler 2017, 127). Ein ausbalanciertes Forschungsparadigma ist dementsprechend vonnöten.

Um effektiven und motivierenden Literaturunterricht mit Lyrik zu gestalten, bedarf es einer zweifachen Öffnung hin zu *poetries* und *poe-try*. Die textliche Öffnung muss neben den traditionellen Gedichtformen auch alternative Genres in das Klassenzimmer holen, die methodische Öffnung sollte neben kognitiv-analytischen auch handlungsorientiert-kreative Unterrichtstechniken berücksichtigen. Ein solches Vorgehen steht ganz im Zeichen eines Balanced Teaching (Thaler 2012; Thaler 2010; Thaler 2008).

Weiterführende Literatur

Franz, Kurt und Rupert Hochholzer (2006). *Lyrik im Deutschunterricht. Grundlagen – Methoden – Beispiele*. Baltmannsweiler.
Haas, Gerhard (2004). *Handlungs- und produktionsorientierter Literaturunterricht. Theorie und Praxis eines ‚anderen Literaturunterrichtes' für die Primar- und Sekundarstufe*. Stuttgart.
Korte, Hermann (2012a). „Lyrik im Unterricht". *Grundzüge der Literaturdidaktik*. Hrsg. von Klaus-Michael Bogdal. München: 201–216.
Taubenböck, Andrea (2004). „If it ain't a pleasure, it ain't a poem. Lyrik – eine Gattung, die begeistern kann". *Der Fremdsprachliche Unterricht Englisch* 67 (2004): 4–9.
Thaler, Engelbert (2012). *Englisch unterrichten*. Berlin.
Thaler, Engelbert (22016). *Teaching English literature*. Paderborn.
Werner, Annette (1994). *Lyrik im Englischunterricht nach 1945. Die Entwicklung einer fachdidaktischen Debatte*. Augsburg.

Maria Eisenmann
III.2.4 Dramatische Texte im Literaturunterricht

1 Einleitung

Angesichts der großen Medienvielfalt und der damit einhergehenden Konkurrenz unter den einzelnen Medien hat das Theater seine Leitfunktion längst an Film, Fernsehen und in den letzten Jahren zunehmend an digitale Verbreitungsformen abgetreten. Es scheint, als besäßen heutzutage Theaterbesuche oder gar das Lesen dramatischer Texte bei vielen Jugendlichen keinen hohen Stellenwert mehr. Zwar stellt niemand die auf eine lange Gattungsgeschichte zurückgreifende Kulturwertigkeit des Dramas ernsthaft infrage, dennoch ist die Relevanz des Dramas als Unterrichtsgegenstand sowohl in der Literaturdidaktik des Faches Deutsch als auch des fremdsprachlichen Unterrichts seit jeher Gegenstand einer Kontroverse (vgl. z. B. Ahrens et al. 2008; Abraham und Kepser 2016; Nowoczien 2012). Und dennoch hat die Behandlung von Dramen im traditionellen und modernen (fremdsprachlichen) Literaturunterricht schon immer ihren festen Platz und wird im Sinne einer ästhetischen Bildung sowie im Rahmen des interkulturellen Lernens eingesetzt. Dies gilt für das Drama als Spieltext in der Primar- und Sekundarstufe I ebenso wie für didaktisierte, adaptierte und authentische Texte für fortgeschrittenere Lerngruppen.

Historisch hat die Dramendidaktik bereits viele verschiedene Ansätze durchlaufen – von der klassischen Übersetzung (z. B. Shakespeare-Dramen), dem gattungstheoretischen Ansatz über kritische Textanalyseverfahren, handlungs-, produkt- und prozessorientierte Methoden bis hin zu kreativen und performativen Ansätzen. Die Bandbreite an Empfehlungen und Anregungen für die heutige Unterrichtspraxis reicht hierbei von szenischen Interpretationsverfahren und Inszenierungsformen über projektorientierte Formen des Theaterbesuchs bis zum Einsatz digitaler Medien, die sporadisch integriert werden. Um aber „dramatischen Texten in der Schule gerecht werden zu können, bedarf es einer sinnvollen Verbindung von gattungspoetischen, theaterpädagogischen und produktionsorientierten Verfahren, wobei die Schwerpunkte – je nach konkretem Unterrichtsvorhaben und Jahrgangsstufe – durchaus verschieden gelagert sein können" (Abraham und Kammler 2005, 4). Der folgende Beitrag widmet sich in diesem Sinne nach der Begriffsklärung dem Überblick über die verschiedenen Zielsetzungen sowie über didaktische und methodische Ansätze, wie dramatische Texte im Literaturunterricht gewinnbringend behandelt werden können.

2 Das Drama – eine Begriffsdefinition

Die Frage, was nun genau ein Drama ist, lässt sich nicht leicht beantworten (vgl. Pfister 2001). Auf den ersten Blick unterscheiden sich dramatische Texte durch ihr äußeres Erscheinungsbild von Epik oder Lyrik. Deren Entwicklungsgeschichte und die Vielfalt dramatischer Formen verunmöglichen es jedoch nahezu, eine allgemeingültige Definition zu eruieren (vgl. Schmidt 2008, 23). Eine Annäherung an das Drama (altgr. *dráma*: Handlung) als ein literarisches Genre gelingt vielleicht am ehesten in Anlehnung an die triadische Gattungstypologie Goethes, deren Elemente er als ‚Naturformen' bezeichnet und in die Großgattungen Epik, Lyrik und Dramatik gegliedert hat. Diese Einteilung wird „von Lehrenden und Lernenden zu Recht umstandslos vorausgesetzt, kommentarlos übernommen und bis zu Emil Staigers Gattungspoetik (1954) zur Regel erklärt" (Denk und Möbius 2008, 14). Demnach kann Lyrik als expressive Gattung bezeichnet werden, die in der Regel einen subjektiven Bewusstseinsinhalt, Stimmungen und Empfindungen des lyrischen Ichs ausdrückt. Die Totalität des Epischen in Raum und Zeit steht der äußersten Komprimierung des Dramatischen gegenüber; beide Formen hingegen fingieren Realität. Im Gegensatz zu lyrischen und epischen Texten kennzeichnet dramatische Texte eine Handlung, die über ihre Grundstruktur unmittelbar erfahrbar ist und sich, angelehnt an die Poetik des Aristoteles, aus einem Zusammenspiel von Handlung, Zeit, Ort, Figuren und Sprache (Dialog und Monolog), Konflikt sowie Haupt- und Nebentext herausbildet. Am wichtigsten ist dabei der Begriff der Handlung, der abhängig von Fähigkeiten, Bedürfnissen, Motivationen und Intentionen der Figuren immer auch eine Situationsveränderung impliziert. Nach Volker Klotz (vgl. Klotz 1999) verläuft in der geschlossenen beziehungsweise tektonischen Form des Dramas im Gegensatz zum offenen Drama der Handlungsaufbau der Handlung nach dem klassischen Fünf-Akt-Schema, bestehend aus (I) Exposition, (II) Steigerung des Konflikts, (III) Höhepunkt, Peripetie/Klimax sowie Beginn des tragischen Falls des Protagonisten, (IV) retardierendes Moment beziehungsweise Fall/Umkehr und (V) Katastrophe (in der Tragödie) beziehungsweise Lösung des Konflikts/Auflösung der Spannung (in der Komödie).

Das offene beziehungsweise atektonische Drama stellt, wie oben bereits angeklungen, ein Gegenmodell zur geschlossenen Form dar, in dem die Einheit aus Ort, Zeit und Handlung bewusst aufgebrochen wird. So sind Szenen oftmals autonom und polymethisch angeordnet, das heißt, die Handlungsfolge ist zerrissen, mehrere Handlungen verlaufen gleichzeitig, der inhaltliche Zusammenhang ist häufig nur durch komplementäre Stränge nachvollziehbar. Auch die Figurenanzahl ist in der Regel deutlich größer, die Sprache weicht nicht selten von der Norm ab, weil sie an der Alltagssprache orientiert ist und/oder Stilebenen mischt. Die offene Form des Dramas entspricht mehr oder weniger einem Konglomerat

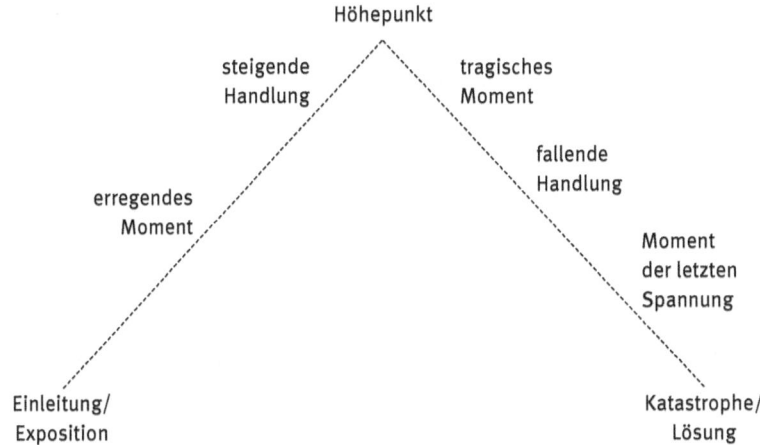

Abb. 1: Die geschlossene Form des Dramas (nach Gustav Freytag)

aus diversen Dramentypen unterschiedlicher Epochen, die sich nicht den klassizistischen Regeln beugen und sich häufig auf Shakespeare als Vorbild berufen. Seit Beginn des 20. Jahrhunderts zeichnen sich deren Texte vor allem durch eine Dekonstruktion dramatischer Grundstrukturen aus, gleichzeitig grenzen sie sich von jenen konventionellen dramatischen Texten ab, die einer früheren Entstehungszeit angehören, wie zum Beispiel vom antiken oder barocken Drama. Somit lässt sich das Drama der Gegenwart in die Formtypen „geschlossenes und offenes Drama, episches Theater, Lehrstück und dokumentarisches Theater" unterteilen (Waldmann in Nowoczien 2012, 81).

Die verschiedenen Ausprägungen dramatischer Texte lassen sich nach formalen Merkmalen kategorisieren und gattungsorientiert klassifizieren (vgl. dazu Denk und Möbius 2008, 213; Nowoczien 2012, 79; von Wilpert 1989, 108–109). Zu den typischen Eigenschaften gehören dramaturgische Fragestellungen wie die nach dem äußeren Aufbau (Zieldrama, analytisches Drama, Mehrakter, Einakter, Szenenreihe, Monodrama, Pantomime, Puppenspiel, Schattenspiel, Vaudeville, Melodrama, Singspiel, Operette, Oper, Musikdrama), nach dem Ausgang (Tragödie, Komödie, Rührstück, Schauspiel, Tragikomödie), nach der dem Text zugrunde liegenden Struktur (Figuren-, Raum-, Geschehensdrama), nach den verkörperten geistigen Prinzipien (Ideen-, Problem-, Tendenzdrama), nach der Ursache des Konflikts (Schicksals-, Charakter-, Milieudrama, Intrigenstück), nach der Stoffwahl (bürgerliches Trauerspiel, historisches Drama, geistliches Drama, Künstlerdrama, Märchendrama, Zauberstück, Konversationsstück) und nach der Individualität der Figuren (Charakter-, Typendrama). Geht man von einem erweiterten Textbegriff aus, so zählen auch Hör- und Fernsehspiele sowie Filme als „mediendramatische Formen" (Payrhuber 1991, 23) zu den dramatischen Darbietungsarten. Wegen der vielen in ihnen enthaltenen dramatischen Grundelemente (z. B. der szenischen Darstellungsweise der Handlung) gehören mittlerweile auch viele Computerspiele diesem Genre an.

Aufgrund seiner beiden unterschiedlichen Repräsentationsformen als gedruckter Text und als Aufführung nimmt das Drama im Vergleich zu narrativen und lyrischen Texten zudem eine Sonderstellung ein. Da der dramatische Text nicht primär für die Lektüre bestimmt ist, sondern als Spielvorlage für szenische Aufführungen (vgl. Glaap 1987) beziehungsweise als *scripts* (vgl. Gibson 1998), spricht man vom plurimedialen Charakter dramatischer Texte. Dies spielt gerade in einer medienwissenschaftlich orientierten Literaturdidaktik eine nicht unerhebliche Rolle. Waldmann vergleicht dramatische Texte zu Recht mit dem Drehbuch des Filmgenres (vgl. Waldmann 2008, 117). So existieren Mischformen wie zum Beispiel der Spielfilm, bei dem es sich um einen Modus des Darstellens und Erzählens handelt. Neben den wenigen sogenannten reinen Lesedramen ist das Drama „eigentlich kein Lesetext, sondern eine Partitur, ein Spielentwurf, eine Anweisung für eine aktive und produktive szenische Umsetzung" (Waldmann 2008, 2). Demzufolge ist ein dramatischer Text ein semiotisch ausgefülltes Bedeutungssystem, welches erlaubt, sich von der schriftlichen Gebundenheit des Dramas zu entfernen und es als ‚Handlung' in das Unterrichtsgeschehen im weitesten Sinne einzubeziehen. Das Dramatische ist demnach mehr als eine schriftliche Fixierung, denn das Improvisationstheater oder Ansätze szenischer Interpretation kommen auch ohne schriftliche Grundlage aus. Die spezifische Eigenschaft eines dramatischen Textes liegt also in seiner Aufführungsdimension, durch die sich das Drama von Epik und Lyrik als eigene und definierbare Gattung abhebt.

3 Dramendidaktik und Dramapädagogik

Während es zur Literaturwissenschaft einige Untersuchungen gibt, die sich dezidiert der dramatischen Form widmen (vgl. z. B. Marx 2012), ist es gleichermaßen bezeichnend wie aufschlussreich, dass weder *Metzlers Lexikon Fremdsprachendidaktik* (2010) noch das *Handbuch Fremdsprachenunterricht* (2016) explizite Hinweise auf das Drama als Unterrichtsgegenstand liefern. Obwohl Letzteres in seiner Einleitung ankündigt, den Fremdsprachenunterricht „möglichst vollständig zu erfassen und differenziert darzustellen" (Burwitz-Melzer et al. 2016, XVII), unterscheidet es lediglich in „Inhalte zur Entwicklung sprachlicher und literarischer Kompetenzen" (Kap. 33) und „Dramapädagogische Ansätze" (Kap. 75).

Auch in *Metzlers Lexikon Fremdsprachendidaktik* wird nur zwischen „Dramapädagogik" (2010, 38–41) und „Literaturdidaktik" (2010, 201–205) differenziert. Zwar gilt für das Fach Deutsch die Prämisse, dass Dramenunterricht heute auch stets Theaterunterricht sein müsse (vgl. Abraham und Kepser 2016, 196), doch wird gleichzeitig das mangelnde „Interesse an der Entwicklung von Vermittlungskonzepten, neuen Rezeptionsmodalitäten und klaren didaktischen Strategien für dramatische Texte und deren theatralische Ausdrucksformen" (Abraham und Kepser 2016, 197) beklagt.

Anders verhält sich dies im Handbuch *Dramendidaktik und Dramapädagogik im Fremdsprachenunterricht*, in dem der Fokus auf der Arbeit mit szenisch-dramatischen Verfahren liegt und beide Begriffe als „übergreifende Ansätze" (Surkamp und Hallet 2015, 1) in Kombination dargestellt werden. Zwar gibt es zwischen beiden Ansätzen durchaus Überschneidungen, Genese und Intention sind aber dennoch unterschiedlicher Natur. In Anlehnung an das aus dem angelsächsischen Sprachraum stammende dramapädagogische Unterrichtskonzept *Drama in Education* (vgl. z. B. Bolton) ist der Begriff Dramapädagogik seit Ende der 1980er Jahre auch in der deutschen fachdidaktischen Diskussion fest etabliert. Im Sinne einer methodischen Konkretisierung und Erweiterung des kommunikativen Ansatzes handelt es sich dabei um ein ganzheitlich ausgerichtetes Unterrichtskonzept, das sich spezieller theatertechnischer Methoden bedient und darauf ausgerichtet ist, individuelle Lernmöglichkeiten zu eröffnen. Es stellt eine kreative, handlungsorientierte Form des Lehrens und Lernens dar, die Spielen und Darstellen im Unterricht mit einschließt und durch die Interdependenz von kognitiven und affektiven Inhalten den Unterrichtsertrag wesentlich erhöht (vgl. Schewe 1993). Dramapädagogik schafft durch die ‚Als-ob-Situation' Freiräume für subjektives Erleben und Erfahren. Ziele dieses Konzepts sind die Entwicklung und Förderung kommunikativer Kompetenz im Sinne eines Sprachhandelns. Im Gegensatz zur Dramendidaktik ist es ausschließlich methodisch angelegt, sodass in dessen Mittelpunkt nicht unbedingt ein literarischer Text stehen muss.

Die Dramendidaktik hingegen geht vom literarischen Werk aus, dessen Literarizität in bestimmten Strukturelementen wie Handlung, Sprache, Figuren, Raum- und Zeitkonstellation zum Ausdruck kommt. „Will man einen dramatischen Text adäquat behandeln, dann muss man ihn auch als literarischen Text ernst nehmen, d. h. die Elemente beachten, die ihn zu einem literarischen Kunstwerk machen" (Schmidt 2008, 25). Dramatische Texte bieten eine Vielzahl an Konzepten, methodischen Zugängen und praktischen Einsatzmöglichkeiten. Dabei haben textanalytische, rezeptionsästhetische Verfahren genau den gleichen Stellenwert wie kreative und performative Ansätze, die in den letzten Jahren wiederum weiträumig Platz im Unterrichtsgeschehen gefunden haben. Häufig ist der dramatische Text Anlass zu selbsttätigem und kreativem Handeln im mündlichen, schriftlichen und darstellerischen Bereich.

4 Dramendidaktik: Ein historischer Abriss

Wenngleich Literatur- und Dramendidaktik vergleichsweise junge Disziplinen sind, deren Institutionalisierung als wissenschaftliche Forschungsfelder sich erst seit den 1970er Jahren herauskristallisierte, sind literarische Schriften seit langem fester Bestandteil des Fremdsprachenunterrichts. Innerhalb der Literaturdidaktik nehmen dabei dramatische Texte eine Sonderstellung ein. „Wurden in frühen Jahrhunderten Dramenausschnitte und Dialoge gerne im Fremdsprachenunterricht eingesetzt, verschwand das Genre ab dem 18./19. Jhd. zunächst vollkommen aus der didaktischen Diskussion" (Nowoczien 2012, 81). Bis weit in die 1960er Jahre galt das Drama als Textsorte beziehungsweise die ‚Dramatik' als Gattung (Denk 2006; Denk und Möbius 2008) als die „für den Unterricht sperrigste" (Abraham und Kepser 2016, 196), sie wurde häufig als zu komplex angesehen und infolgedessen aus dem Unterrichtsgeschehen ausgeschlossen. Eine Sonderrolle sowohl im Englisch- als auch im Deutschunterricht nahmen jedoch seit dem 19. Jahrhundert die Dramen Shakespeares ein, denn „es gibt kaum einen vergleichbaren Fall, in dem ein fremdsprachiger Autor außerhalb des fremdsprachlichen Unterrichts so selbstverständlich kanonisiert und im festen Bildungsbestand der weiterführenden Schulen verankert wurde" (Hallet 2006, 207). Es ist allgemein bekannt, dass die Shakespeare-Rezeption in Deutschland eine wechselhafte Geschichte aufweist, in welcher der Dichter für die verschiedensten Interessen in den Dienst genommen wurde. Dass die Deutschen eine besondere Affinität zu Shakespeare haben, lässt sich auch an der bereits 1864 erfolgten Gründung der Deutschen Shakespeare-Gesellschaft erkennen. Im Zuge des deutschen Chauvinismus des 19. Jahrhunderts wurde Shakespeare sogar als der „dritte deutsche Klassiker" neben Goethe und Schiller beansprucht (Jordan 1861).

Grundsätzlich hatte sich nach dem Zweiten Weltkrieg im Zuge einer textzentrierten Literaturwissenschaft die textimmanente Interpretation als Standardmethode etabliert, deren Wurzeln im *New Criticism* liegen, der in den 1950er und 1960er Jahren maßgeblichen Einfluss auf Literaturdidaktik und Literaturunterricht hatte. Dieser Ansatz stellt den literarischen Text als autonomes Kunstwerk, das aus sich selbst heraus gedeutet, also werkimmanent interpretiert wird, in den Mittelpunkt. Textorientierung hieß auch für den Dramenunterricht, einen Text im Hinblick auf sprachliche und strukturelle Merkmale nach formalen Kriterien zu analysieren und dadurch dessen Geschlossenheit sowie Kunstwerkcharakter nachzuweisen.

Beeinflusst durch literaturtheoretische Positionen wie *Structuralism, Deconstructivism, Feminism, Psychoanalysis, New Historicism* oder *Cultural Materialism* wurden den Rezipienten beziehungsweise Lernenden solchermaßen vielfältige Interpretationsmöglichkeiten dramatischer Texte eröffnet. Auch wenn die einzelnen Interpretationsansätze die Gefahr bergen, einen Text lediglich monoperspektivisch zu betrachten, bieten die Vielzahl und das Zusammenspiel der Ansätze gleichzeitig die Chance, die Vielschichtigkeit eines Dramas im Unterricht zu erfassen. Hierbei kann der Forderung nach Prozessorientierung Rechnung getragen werden, wenn der Fokus auf der Erarbeitung der Interpretation selbst liegt.

In Deutschland besitzt die Literaturdidaktik mit der „Jungleserkunde" (Maier 1987, 310) eine lange Tradition, die mit Charlotte Bühler, Susanne Engelmann und Eduard Spranger in den ersten Jahren des 20. Jahrhunderts ihren Anfang nahm und von Alexander Beinlich noch bis in die 1970er Jahre fortgeführt wurde. Gemäß der von Charlotte Bühler und Susanne Engelmann postulierten Lesealtertheorie, auch bekannt als Fünf-Phasen-Modell, entwickelt sich das Literaturverständnis von Schülerinnen und Schüler über verschiedene Stufen, denen bestimmte Gattungen beziehungsweise Subgattungen zugeordnet werden. So befand man erst gegen Ende der Schulzeit die Jugendlichen für reif genug, sich mit der Gattung Drama auseinanderzusetzen. Die innerhalb der Jungleserkunde entwickelten Lesealtersstufen und -phasen wirken zum Teil noch bis in die zeitgenössische Literaturdidaktik hinein, zum Beispiel bei der Zuordnung von Lesestoffen in verschiedenen Curricula. Aus heutiger Sicht gelten die Erhebungsmethoden der Jungleserkunde allerdings als fraglich und kaum empirisch abgesichert. Die Lesephasen sind häufig bloße Hypothesen, die unsystematischen Beobachtungen von Lehrkräften entstammen. „Wer sich Anfang der 70er Jahre den jugendlichen Lesern und der Entwicklung ihrer Lektürepraxis zuwendete, der fragte nach der Verankerung der ‚literarästhetischen Erziehung' in der Gesellschaft" (Eggert 2009, 229).

Während die Zielsetzungen der Unterrichtskonzepte unmittelbar nach dem Zweiten Weltkrieg bis in die 1960er Jahre hinein vorwiegend durch die Bildungstheorie bestimmt waren, galten die 1970er Jahre als eher „antiliterarische Zeit" (Nowoczien 2012, 81), in der das Drama als Teil einer elitärmittelständischen, bildungsbürgerlichen Kultur vehement abgelehnt und gerade das klassische Drama als antiquiert betrachtet wurde, weil es zu wenig Identifikationsmöglichkeiten und keinerlei Lebensweltbezug für die Lernenden anböte (vgl. z. B. Grünewaldt in Nowoczien 2012, 81). Mit der kommunikativen Wende hat in dieser Zeit vor allem der Fremdsprachenunterricht durch eine neue, pragmatische Orientierung einen Paradigmenwechsel erfahren. Die Fähigkeit zur Alltagskommunikation in den Fremdsprachen rückte nunmehr in den Mittelpunkt des Unterrichtsgeschehens, traditionelle Bildungswerte wurden grundsätzlich hinterfragt und dramatische Texte waren nur noch Bestandteil des bildungstheoretischen Anspruchs des

Gymnasiums (Sekundarstufe II). Formale Merkmale dramatischer Texte gerieten dabei zunehmend in den Hintergrund, inhaltliche Aussagen, die den Text in einen soziokulturellen Kontext englischsprachiger Literatur setzten, wurden hingegen stärker fokussiert. Lernende sollten sich mit bedeutenden Werken der Hochkultur (z. B. mit denen Goethes, Schillers, Shakespeares, Büchners, Becketts, Pinters, Albees, Millers und Williams') beschäftigen und gleichzeitig für die Abläufe zwischenmenschlicher Kommunikation sensibilisiert werden (vgl. Hallet und Surkamp 2015, 3; Volkmann 2008b, 188). Erst im Laufe der 1980er und 1990er Jahre kam es durch den Einzug audiovisueller und kommunikativer Prinzipien zu einer Neubewertung des fremdsprachlichen Dramenunterrichts, wodurch der didaktische Stellenwert des Dramas im unterrichtlichen Geschehen deutlich zunahm (vgl. Ahrens et al. 2008, ix).

Als Folge der literaturwissenschaftlichen Rezeptionsästhetik (Iser; Jauß), der Hermeneutik (Gadamer) sowie einer grundsätzlichen Tendenz zur Lernerorientierung wurde die Rolle der Rezipienten beziehungsweise Lernenden als Mitgestalter des literarischen Textes bereits in den 1980er Jahren neu definiert (vgl. Freese 1981; Bredella 1985). Das Verstehen literarischer Texte vollzog sich somit als dialektischer Interaktionsprozess zwischen Text und Leser, wobei der Leser vor dem Hintergrund seines eigenen Motivations- und Erfahrungshorizontes aktiv Bedeutung konstruierte. Für die Dramendidaktik bedeutete dies im Hinblick auf eine kommunikative Ausrichtung des Fremdsprachenunterrichts die Betonung der aktiven Schülerrolle und schüleraktivierender Verfahren bei der Konstitution von Textbedeutung (vgl. Delanoy 2015, 20). Somit wurde Lesen und Verstehen als dialogisches, interaktionales Text-Leser-Verhältnis (*reader response*) verstanden und der Rezeptionsvorgang selbst entwickelte sich zum Kern der Arbeit mit dem dramatischen Text (vgl. Surkamp 2017b, 234–235). Die Textauswahl enthielt nun häufig kürzere Formate wie Sketche, Minidramen oder *short plays*, da diese durch ihre lebendigen Kommunikationsformen und der Einbettung in situative Kontexte als direkte Vorbilder für die Förderung des Hörverstehens und die sprachliche Kompetenzerweiterung dienten.

Die Lehr- und Bildungspläne weisen seit den 1990er Jahren eine eindeutige Tendenz einer grundsätzlich stärkeren kulturwissenschaftlichen Orientierung (*intercultural turn*) in den Sprach- und Geisteswissenschaften auf, und zwar verbunden mit einer (multi-)medialen Öffnung des traditionellen philologischen Textbegriffs, was wiederum auch den Fokus der Beschäftigung mit dramatischen Texten veränderte. Fragen des Fremdverstehens, des Kulturvergleichs und der Identität, bezogen auf historische und kulturelle Dimensionen, traten nun mehr und mehr in den Vordergrund (vgl. Bredella et al. 2000). Gerade dramatische Texte bieten Chancen, sich selbst zu erfahren, fremde und eigene Vorstellungen miteinander in Beziehung zu setzen und somit ein vertieftes Verständnis von sich selbst und den anderen, der eigenen und fremden Lebenswelten zu erlangen. Dramen können dies besonders gut, weil sie ‚Bilder des Lebens' darbieten, die unmittelbar sinnenhaft wirken. Sie liefern Bilder in einer fiktionalen Welt, die Alternativen zu individuellen Lebensentwürfen und Lebensvollzügen, zu den Schemata und den Strukturen gesellschaftlichen Lebens aufzeigen, in denen sich ihre Rezipienten bewegen. Wer sich darauf einlässt, kann neue Erfahrungen machen und neue Erkenntnisse gewinnen (vgl. Payrhuber 1998, 649–652).

Die letzten Jahre schließlich führten zu einer sukzessiven Auflösung der Vorstellung eines einheitlichen literarischen Kanons in Verbindung mit Konzepten einer Nationalliteratur. Die Idee eines Kanons als die einer hermetisch-sakrosankten Textsammlung ist zugunsten der Kanonerweiterung beziehungsweise -abschaffung und verschiedenartiger Auffassungen der Welt- und landesübergreifenden Literaturen gewichen. Inzwischen haben globale, antibildungsbürgerliche und intermediale Perspektiven die Aufmerksamkeit auf transkulturelle, transnationale und translokale dramatische Texte gelenkt, unter anderem auf multi- und populärkulturelle Texte, postkoloniale Literaturen (*writing back*) oder andere mediendramatische und multimediale Formen wie zum Beispiel den Film (vgl. Thaler 2016, 174–181) oder das digitale Drama (*hypertext*). Ausgehend von einem erweiterten Literaturbegriff, neuen soziokulturellen Herausforderungen, aber auch durch die Integration neuer Medien und neuer Technologien hat sich ein Paradigmenwechsel hin zu transkulturellen und globalen Kernthemen, zum Beispiel zu Aspekten wie Gender und Ethnizität, sowie zur Beschäftigung mit kinder- und jugendadäquaten Dramen für alle Altersgruppen und alle Schularten vollzogen.

Ebendieser Paradigmenwechsel hat einen deutlichen Einfluss auf Ausweitung und Ausdifferenzierung methodischer Herangehensweisen, gestützt durch mittlerweile allgemeingültige, lernpsychologisch perspektivierte unterrichtspraktische Prinzipien wie Schülerorientierung, Prozessorientierung oder Lernerautonomie. Neben textanalytische Verfahren treten nun auch handlungs- und produktionsorientierte Ansätze, bei denen Inhalt und Form durch eigenes Sprachhandeln erschlossen werden. Deshalb wird der dramatische Text mit seinem performativen Potenzial nicht nur als didaktischer Dialog, sondern auch in seiner literarischen Form als unterrichtsunabhängiger Kommunikationsdiskurs angesehen. Die Lernenden treten sozusagen in einen Diskurs mit dem dramatischen Text, wodurch ihr kritisches Denken, ihre kreativen Begabungen und ihre Empathiefähigkeiten gefördert werden sollen.

Die Begründung der Dramendidaktik als eigene Disziplin ist heute einerseits mit der Suche nach neuen Argumenten für den Bildungswert des fremdsprachlichen Dramenunterrichts verknüpft, andererseits mit der Auseinandersetzung als eigene Disziplin innerhalb der allgemeinen Literaturdidaktik oder Literaturwissenschaft. Im Mittelpunkt eines modernen Ansatzes zur Dramendidaktik sollten neben der ästhetischen Erfahrung vor allem sprachfördernde, kommunikative und interpretatorische Kompetenzen im Vordergrund stehen. Die Lernenden sollten textuelle Varianten der dramatischen Untergattungen wahrnehmen, aber vielmehr noch „den kulturellen Hintergrund dramatischen Handelns in einer literarisch und medial geprägten Wissensgesellschaft diagnostizieren" (Ahrens et al. 2008, x).

5 Typologien dramendidaktischer Ansätze

Es gibt eine Reihe konkurrierender Typologien dramendidaktischer Ansätze mit unterschiedlichen Zielsetzungen (vgl. z. B. Payrhuber 1998, 660–662; Bogdal und Kammler 2006, 183–186; Ahrens et al. 2008; Abraham und Kepser 2016, 195 ff.; Hallet und Surkamp 2015). Darin werden unter anderem häufig Konzepte einer aufführungsbezogenen Lektürepraxis als zielführend für den Dramenunterricht genannt oder das Drama an sich als Lernmethode propagiert (z. B. Schewe 2015). Diese beiden Ansätze werden im Folgenden ausgespart, weil der Fokus auf fachdidaktischen Konzepten liegen soll. Ausgehend von der Plurimedialität (vgl. Pfister 2001, 24) und dem dieser zugrunde liegenden Partiturcharakter eines dramatischen Textes, lassen sich die Typologien dramendidaktischer Ansätze wie folgt unterscheiden:

Abb. 2: Dramendidaktische Konzepte

Analytisch-interpretierende Verfahren

Bei einem analytisch-interpretierenden Dramenunterricht handelt es sich um einen wissenschaftspropädeutischen Prozess mit kognitiven Lernzielen und wissenschaftlichen Interpretationsmethoden. Dieser in der Regel thematisch-holistisch geprägte Ansatz wird bezeichnet als Beschreibung und Analyse von gattungs- beziehungsweise textsortenspezifischen Strukturen und Vermittlung dieses Strukturwissens im Literaturunterricht. Dabei handelt es sich im Allgemeinen um eine textübergreifende Analyse von literaturhistorischen (z. B. klassisches Drama, naturalistisches Drama), gattungsspezifischen (z. B. Tragödie, Komödie) oder sonstigen Strukturelementen (z. B. Figuren, Handlung, Dialog, Zeit und Raum) des dramatischen Textes, um Untersuchungen zur Rezeptions- und Wirkungsgeschichte sowie Theaterkritik (vgl. Marx 2012; Pfister 2001). Die Erforschung dieser Elemente ist philologisch-kognitiv ausgerichtet und beinhaltet das, was man klassischerweise unter Textanalyse versteht.

Deutende Annäherungen an den Dramentext sind im Hinblick auf Zugangsweisen und Fragestellungen per se sehr vielschichtig und komplex. In einem rezeptionsästhetisch geprägten Unterricht interessieren vor allem Auseinandersetzungen mit dem Text, die auf das Lesergespräch setzen, auf die Bedeutungen, Hypothesen und Annahmen, die sich während des Lesens herausbilden, die im Gespräch vorgestellt und anhand von Textstellen belegt, in argumentativen Phasen verteidigt oder wieder verworfen werden. Dieser textorientierten Vorgehensweise hängt jedoch häufig der Ruch an, die Perspektive der Lernenden, also die Schülerorientierung, zu ignorieren oder zumindest zu vernachlässigen und stattdessen einem Diktat „schematischen Abarbeiten[s] eines Katalogs von sprachlich-formalen Analysekriterien" (Schmidt 2008, 22) zu folgen, das nicht dazu geeignet ist, bei den Lernenden Interesse am literarischen Text zu wecken. Dagegen spricht jedoch der Umstand, dass sich Unterricht immer auch am Gegenstand, in diesem Fall am literarischen Text, orientieren muss. Zudem zeigt die Mehrdimensionalität von Interessen, Begabungen und Neigungen in heterogenen Lerngruppen, dass es mit Blick auf die Interessenförderung bedeutsam ist, Wissen über den Textgegenstand zu vermitteln und dadurch auch die kognitive Seite der Lernenden miteinzubeziehen. Die Textanalyse ermöglicht somit Einsichten in die Besonderheiten des dramatischen Textes, sodass Lernende Interesse an Literatur entwickeln oder bereits bestehendes Interesse weiter vertiefen, das heißt, analytische Verfahren sind ergo nicht ausschließlich text-, sondern ebenso schülerorientiert. Für die analytische Annäherung an das Drama sollen zunächst seine elementaren Bausteine, deren Kenntnis für den heutigen Literaturunterricht zwingend ist, erläutert werden.

Figur

Als Figuren werden alle im Drama auftretenden fiktiven Personen, die sich schriftlich im gelesenen Drama und in physischer Präsenz im inszenierten Drama manifestieren, bezeichnet. Pfister (2001, 221) setzt den Begriff ‚Figur' bewusst von der ‚Person' oder dem ‚Charakter' ab, um auf das „intentional Gemachte, Konstrukthafte, Artifizielle" (Pfister 2001, 221) zu verweisen. Hinzu kommt noch der Begriff ‚Rolle', die der Schauspieler während eines Stückes auf der Bühne verkörpert (vgl. Nünning und Surkamp 2010, 164) und die gegebenenfalls schon schriftlich im Text selbst vorliegt. Der Schauspieler verleiht der Rolle „eine optische und akustische Erscheinung, ergänzt sie mit seinem Bewegungsrepertoire und gestaltet sie durch Rhythmisierung und Dynamisierung" (Marx 2012, 105). Analog verhält es sich mit dem Personal (vgl. Nünning und Surkamp 2010, 164), also der Gesamtheit aller auftretenden Figuren in einem Stück, die üblicherweise vor Beginn der ersten Szene, in der Regel der Reihenfolge des Auftretens nach, meist mit Namen und kurzer Funktionsbezeichnung aufgelistet werden (*dramatis personae*). Des Weiteren wird zwischen Hauptfiguren, also den zentralen Figuren der Haupthandlung mit den größten Textanteilen, und Nebenfiguren, also den den Hauptfiguren zur Seite gestellte Figuren, die oft eher einen dramaturgischen Zweck erfüllen, unterschieden. Grundsätzlich gibt es zwei Wege, um zu Erkenntnissen über das Erscheinungsbild einer Figur, den sogenannten Habitus, zu gelangen: über die direkte Charakterisierung, also über das, was die Figur selbst und andere in Dialogen und Monologen über sie sagen, und über die indirekte Charakterisierung, das heißt über Handlungen, Äußerungen und sonstige Merkmale einer Figur. Die Analyse der Figurenkonzeption stellt Fragen nach der Entwicklung, Ausformung und Klarheit einer Figur. Dabei wird grundsätzlich zwischen statisch und dynamisch angelegten, ein- und mehrdimensional konzipierten sowie geschlossen und offen dargestellten Figuren unterschieden (vgl. Pfister 2001, 241–250). Ein weiteres Untersuchungskriterium ist die Figurenkonstellation, die dazu dient, das Beziehungsgeflecht der Figuren untereinander aufzuzeigen. Neben der qualitativ beschreibenden Figurenkonstellation gibt die Figurenkonfiguration Aufschluss darüber, welche und wie viele Figuren sich zu einem bestimmten Zeitpunkt auf der Bühne befinden, und hat damit einen eher quantitativen Charakter.

Handlung

Nicht nur für die reine Textinterpretation, sondern auch für eine mögliche Inszenierung sind Kenntnisse sowohl über Figuren als auch über die Handlung unerlässlich. Nach Lessing ist Handlung eine „Verknüpfung von Begebenheiten"

(Lessing 1786, 215). Die Analyse der Handlungsstruktur verdeutlicht „die Interdependenz von Handlung und Figur" (Pfister 2001, 220). Das dramatische Geschehen wird durch die Dialoge der Figuren vorangetrieben, was im Umkehrschluss wieder Einfluss auf die weiteren Entwicklungsschritte nimmt. Die Handlung eines Dramas ist in der Regel in Akte und diese wiederum in Szenen unterteilt. Anders als in epischen Texten, in denen die Handlung nur erzählt wird, dreht sich beim Drama alles um ebendiese. So kann sie im *hic et nunc* ganz unmittelbar präsentiert werden, das heißt, Schauspieler stellen in ihren Rollen im Bühnengeschehen die Handlung durch Dialoge und Monologe dar. Entscheidend ist dabei in der Regel ein Konflikt, der den Dreh- und Angelpunkt des gesamten Geschehens bildet. Handlung kann aber fiktiv durch szenische und narrative Darstellung auch repräsentativ vermittelt werden (Marx 2012, 113). Die Haupthandlung ist in der Regel der Kern des Stückes, die Nebenhandlungen sind von ihr abhängig und tragen zur Entwicklung des Konfliktes bei. Während Haupt- und Nebenstrang in der klassischen Form des Dramas noch klar identifizierbar sind, ist diese Abgrenzung und Hierarchisierung in vielen zeitgenössischen Texten nicht mehr möglich.

Dialog

Im Gegensatz zu anderen Gattungen findet der größte Teil an Information bei dramatischen Texten in Form von Dialogen statt. Neben Figur und Handlung ist der Dialog eines der drei Grundelemente im Drama, die unvermittelt wahrgenommen werden. Auch der Stil der dramatischen Sprache (z. B. Versform, Alltagssprache, Dialekt etc.) trägt zur Charakterisierung der Figuren bei. Ergänzt wird dies lediglich durch Anweisungen, die im Bühnenspiel via Mimik, Gestik und Handlungen umgesetzt werden. Die Besonderheit eines Dramendialogs liegt in der Überlappung von innerem und äußerem Kommunikationssystem. Pfister (2001, 149) sieht hier eine „Polyfunktionalität dramatischer Sprache", weil der Kommunikationsprozess auf mehreren einander überlagernden Ebenen stattfindet. Zum einen kommunizieren und interagieren die Figuren miteinander, zum anderen dient der Dialog der Kommunikation zwischen Autor, Text, Regisseur, Schauspieler, Inszenierung und Zuschauer. Mahler (vgl. 2004, 71) spricht sogar noch von einer dritten lebensweltlichen Ebene, das heißt von der Konfrontation des Bühnengeschehens mit der eigenen Lebenswelt (vgl. Kommunikationsmodelle in Nünning und Surkamp 2010, 149–153). Kommunikation erfolgt im Drama grundsätzlich dialogisch oder monologisch. Monologisches Sprechen kann in zwei Kategorien unterteilt werden: Es handelt sich entweder um ein Selbstgespräch ohne Adressaten, das die Innensicht auf eine Figur vertieft und nicht dazu gedacht ist, andere Akteure zu beeinflussen (*soliloquy*) – wie zum Beispiel im berühmten Monolog („To be, or not to be ...") in Shakespeares *Hamlet* –, oder um eine in sich geschlossene Einzelrede größeren Umfangs (*monologue*) – zum Beispiel die demagogische Totenrede des Marc Antony in Shakespeares *Julius Caesar*, eine der rhetorisch wirkungsvollsten politischen Reden der Weltliteratur. Die Gemeinsamkeit beider Formen ist also der einzelne Sprecher; sie unterscheiden sich allerdings darin, wer zuhört. Weitere Formen der dramatischen Informationsvermittlung sind beispielsweise der Botenbericht oder die Mauerschau (Teichoskopie), die dazu dienen, die Zuschauer in Kenntnis von Ereignissen zu setzen, die für die Handlung zwar wichtig sind, jedoch nicht direkt auf der Bühne dargestellt werden.

Raum und Zeit

Raum und Zeit sind neben den Figuren und ihren (non-)verbalen Aktivitäten Grundkategorien dramatischer Texte. Ganz ähnlich wie die Überlappung von innerem und äußerem Kommunikationssystem überlagern sich der innere, fiktive Raum, in der die Geschichte stattfindet, und der äußere, reale Bühnen- und Theaterraum (vgl. Pfister 2001, 327). Zur Raumdarstellung setzt der Regisseur verschiedene technische Mittel ein, die das gesamte Bühnenbild ergeben, so zum Beispiel Requisiten und Beleuchtung. Der fiktive Raum ist dabei nicht immer in seiner Ganzheit konkret fassbar, denn häufig sprechen Figuren von Räumen, in denen sie sich *off stage* bewegen, die also nicht auf der Bühne dargestellt werden. Es handelt sich dabei um einen gesprochenen Raum und es bleibt der Imagination der Zuschauer überlassen, diesen zu füllen (vgl. Nünning und Surkamp 2010, 169–170). Ähnlich verhält es sich mit der Analyse der Zeit, denn auch hier wird zwischen realer Spielzeit, das heißt dem „Zeitraum vom Beginn bis zum Ende der Aufführung, abzüglich der Pausen" (Pfister 2001, 369) und fiktiver gespielter Zeit, die im Text selbst fixiert ist, unterschieden. Vergleichbar mit narrativen Texten gibt es grundsätzlich anachronische und chronologisch erzählte Geschichten, Vorankündigungen, Vorausdeutungen und Rückblenden.

Intertextuell-intermediale Verfahren

Intertextualität ist ein literaturwissenschaftlicher Begriff, der das Verhältnis zwischen einzelnen Texten bezeichnet. Als sogenannte Intertexte gelten Adaptionen und Transformationen, aber auch Interpretationen und Übersetzungen (vgl. Surkamp 2017b, 153). Jede Textdidaktik stellt folglich nicht nur einen Bezug zum Text selbst, sondern immer auch zum Textrezipienten und zu anderen Texten her. Das von Franz Kuna (1986) bereits in den 1980er Jahren als „Dialog der Texte" bezeichnete Phänomen bedeutet, dass alle im Unterricht behandelten Texte interagieren und an der Diskussion wie Gesprächspartner teilnehmen. Das Konstrukt Intertextualität steht in engem Zusammenhang mit dem von Michail Bachtin in den 1960er Jahren entwickelten Konzept der Dialogizität eines Textes. Dass ein Text als offenes, dynamisches System betrachtet werden kann, wurde mit dem poststrukturalistischen Ansatz von Julia Kristeva und Roland Barthes in den 1960er Jahren weiterentwickelt, die den Begriff der Intertextualität in die literaturwissenschaftliche Diskussion eingeführt haben und Bachtins Dialogizitätsmodell auf den textuellen Status von Literatur im Ganzen übertrugen (vgl. Broich und Pfister 1985, IX und 1–2). Das Bachtin'sche Konzept kann somit als Grundlage zu Kristevas Intertextualitätsbegriff gesehen werden und lieferte entscheidende Anstöße zur „Entgrenzung des Textbegriffs" (Broich und Pfister 1985, 9), das heißt zur Loslösung des in der traditionellen, strukturalistischen Literaturwissenschaft eng gefassten Textbegriffs, der den Text als statische und in sich geschlossene Einheit begreift (Eisenmann 2008, 106–107). Ein Text kann folglich nur dann verstanden werden, wenn die Querverweise zu anderen Diskursen erkannt werden. So wird er nicht mehr als fertiges Produkt analysiert, sondern im Hinblick auf seine Prozessualität. So gesehen ist jeder Text auf einer jeden Stufe seines Entstehens als Resultat von Veränderungen zugrundeliegender Texte und damit auch hinsichtlich kultureller Systeme aufzufassen. Bei der Auswahl der Texte ist daher zwingend zu prüfen, wie jene miteinander in Beziehung gebracht werden können und welche thematische beziehungsweise kulturelle Wirklichkeit schwerpunktmäßig behandelt werden soll.

Im Sinne eines weiten, auch andere Medien umfassenden Textbegriffs wird der Ausdruck ‚Intertextualität' auch weitgehend mit dem der ‚Intermedialität' gleichgesetzt, wodurch die Beziehungen und Transformationen zwischen allen möglichen semiotischen Systemen erfasst werden können (vgl. Surkamp 2017b, 154). Durch die Verflechtung von traditionellen, analogen und in den letzten Jahren auch digitalen Texten entsteht in Anlehnung an einen *texte général* (Kristeva 1970) ein multimedialer Hypertext (Altmayer 2004). Dies ist sicher auch dem kulturellen Phänomen allseitiger Beziehungen zwischen verschiedenen medialen Darstellungsformen, insbesondere (audio-)visuellen Formaten, geschuldet. Durch die große Auswahl an Literaturverfilmungen, aber auch (animierten) Kurzfilmen, Comics, Graphic Novels, Mangas, Bilderbüchern, (postkolonialen) Adaptionen, Musik oder Bildern kann der Unterricht im Hinblick auf ein intertextuell-intermediales Wechselspiel hin aufgebrochen werden. Dieser stetig wachsende Markt, der sich gerade durch das gewaltige Onlineangebot rasant entwickelt, ist didaktische Herausforderung und Chance zugleich; denn unterrichtspraktische Methoden für die Umsetzung im Klassenzimmer spielen im Kontext der Medienerziehung und Ausbildung der Medienkompetenz eine wichtige Rolle. Doch obwohl der Umgang mit Medien und die Reflexion über mediale Wirkungszusammenhänge heutzutage einen festen Platz im Lehrplan beanspruchen, ist das Lernen im Medienverbund noch immer keine Selbstverständlichkeit. Tatsächlich setzt eine solche Vernetzung die Existenz einer oder mehrerer intermedialer Schnittstellen voraus, die den Übergang von einem Medium zum anderen überhaupt erst ermöglichen.

Gerade wegen ihres plurimedialen Charakters bieten sich dramatische Texte als solche Schnittstellen an, da sie als Spielvorlage für szenische Aufführungen oder auch Verfilmungen dienen können. Dadurch ergibt sich per se eine sehr enge Verknüpfung von Drama, Theater und Film. Ein intermedialer Vergleich verschiedener Transformationen hilft dabei, das Textverständnis zu vertiefen, sensibel für die Ästhetik und Funktionalität einzelner Medien zu werden und eine kritisch-reflektierende Medienkompetenz zu erlangen. Hierbei spielt der Einsatz von Filmen im Unterricht als Ergänzung oder Kombination zum literarischen Text sicher die prominenteste Rolle (vgl. Lütge 2013b). Im Gegensatz zur Theateraufführung, bei welcher der Zuschauer das Geschehen aus konstanter Entfernung und Perspektive betrachtet, können durch filmische Techniken und durch die damit einhergehende Möglichkeit zur Montage raumzeitlich kontinuierlich gedachte Handlungsabläufe diskontinuierlich dargestellt, unter- und auch abgebrochen werden. Genau hierin besteht die Nähe des Films zum Narrativen, denn die „variable und bewegliche Kamera im Film stellt [...] ein vermittelndes Kommunikationssystem dar, erfüllt eine Erzählfunktion, die der [...] des fiktiven Erzählers in narrativen Texten entspricht" (Pfister 2001, 48). Der „Film als vierte Gattung" (Leubner et al. 2016, 138) ist aufgrund seiner technischen Optionen in der Lage, Strukturelemente dramatischer und narrativer Texte miteinander zu verbinden. Um jedoch die Aufführungsdimension eines dramatischen Textes zu erfahren, bieten sich für die Lernenden zum Beispiel der Besuch einer Theatervorstellung, der (kontrastive) Einsatz von Inszenierungsaufzeichnungen oder aber auch der Vergleich einer Bühnen- mit einer Filmversion an. Ziel ist es, Einsichten zu vermitteln, wie und mit welcher Wirkung ein dramatischer Text jeweils umgesetzt wird (Bedeutung von Sprache, Stimme, Gestik, Mimik, Proxemik, Kulissen, Requisiten etc.) und wie unterschiedlich die verschiedenen Medien Informationen transportieren, Spannung erzeugen oder die Sympathie des Rezipienten wecken.

Hilfreiche Anregungen für die Vorgehensweise bei der Filmanalyse geben Nünning und Surkamp (2010, 251–256), die einen dreigeteilten Bezugsrahmen (literarische, dramatische und cineastische Aspekte) für die Analyse anbieten, in dem literarische Aspekte wie Handlung, Figuren, Themen, Raum, Zeit und

Erzählweise untersucht werden. Unter dramatische Aspekte fallen Rollenbesetzung, Gestik, Mimik, Körpersprache, Maske, Kostüme, Schauplatz und Requisiten. Cineastische Aspekte betreffen Fragen zur speziellen Machart eines Films, das heißt die diesem zugrunde liegende Grammatik filmischer Handlung. Zur Filmsprache (*language of film*) gehören Komponenten wie Kameraeinstellung, -perspektive und -bewegung, Farben und Beleuchtung sowie Ton und Musik.

Szenisch-kreative Verfahren

Neben der traditionellen Textanalyse und intertextuellen Verfahren gibt es viele kreative handlungsorientierte Ansätze, die den affektiven Aspekt des dramatischen Textes akzentuieren, indem sie auf die „Spielorientierung" und das „Prinzip des Theatralischen" (Denk und Möbius 2008, 87) ausgerichtet sind. Durch das Einbringen der eigenen Reaktion auf den Text im Sinne einer *reader response* werden die Lernenden für die Wirkung des dramatischen Ausdrucks sensibilisiert, was keinen Widerspruch zu analytischen Verfahren darstellt, sondern diese ergänzt. Szenische Verfahren sind somit nicht als Alternative zur Textanalyse zu sehen, sondern als deren gattungsadäquate Um- beziehungsweise Fortsetzung mit den Mitteln des sinnlichen, dramatischen Gestaltens. Die Schülerinnen und Schüler werden immer wieder dazu aufgefordert, ihre Reaktionen zu reflektieren, zu kommentieren und sie erneut mit dem Potenzial des Textes zu vergleichen. Es ist eine Art des integrativen Lernens und entspricht genuin dem Konzept der Ganzheitlichkeit dramatischer Texte, die ohne szenische Realisierung unvollständig und auch abstrakt bleiben.

Nach diesem Ansatz werden Dramen als Spielvorlage betrachtet, sie sind schüleraktivierend und fördern somit die Kreativität und Spontaneität der Lernenden. Anders als beim Darstellenden Spiel oder Schülertheater geht es dabei jedoch „nicht um das Theatralische Produkt, die Aufführung, die gelungene Inszenierung, sondern um den szenischen Deutungsprozess und die Handlungen, über die sich die Schüler und Schülerinnen im Schutze von Rollen und Szenen den Text und eigene Haltungen bewusst machen" (Scheller 2008, 1). Im szenischen Spiel (auch bekannt unter *drama approach, workshop approach, acting-out approach*) wird das literarische Verstehen durch aktives Handeln, durch dramatisches Gestalten in kooperativen Lernprozessen hergestellt. Textgegenstand, Probleme und Strukturen werden themazentriert und metakommunikativ szenisch erarbeitet, durch das Erspielen erfahrbar gemacht und gleichzeitig subjektiv interpretiert. Scheller spricht von der „Einfühlung in Rollen und Szenen" (2008, 5), wonach Wissen, Erlebnisse und Gefühle der Lernenden als Grundlage für Erkenntnisprozesse dienen und auf diese Weise das intuitive Verständnis von historischen, sozialen, kulturellen und sprachlichen Zusammenhängen erleichtern. Um dies zu erreichen, können sich Lehrkräfte heute aus einem reichen Fundus an verschiedensten Quellen und Materialien bedienen – von dramenpädagogischen Ansätzen bis hin zu ganz praktischen Methoden der Umsetzung im Unterricht (vgl. Bolton 1979; Maley und Duff 1982; Schewe 1993; Scheller 1998; Ahrens et al. 2008; Hallet und Surkamp 2015; Küppers et al. 2011). Neben dramapädagogischen Übungen wie beispielsweise Aufwärmphasen und Entspannungsübungen (vgl. z. B. Wedel 2008; Nünning und Surkamp 2010, 193; Scenario 2014; Scenario 2015; DfU 142/2016) sind die Möglichkeiten für Schüleraktivitäten im Unterrichtsgeschehen vielfältig. Um währenddessen den Text als ein sinnlich erfahrbares Medium gesprochener Sprache zu erleben, eignet sich als Einstieg zum Beispiel das laute Lesen, was allein, gemeinsam mit einem Partner oder im Plenum umgesetzt werden kann (Surkamp 2015, 148). Durch das Ausprobieren verschiedener Rollen mit unterschiedlicher Gestik und Mimik, aber auch akustischer und prosodischer Parameter, wie zum Beispiel Intonation, Lautstärke, Tempo, Rhythmus und Pausen, kann der Blick für das Verhalten und Interagieren der Figuren geschärft werden. Weitere Ansätze szenischer Verfahren reichen von pantomimischen Darstellungsweisen über das (An-)Spielen einzelner Szenen, das Inszenieren von Standbildern (*freeze frames*) zur Klärung der Figurenkonstellation, das Umgestalten und anschließende Spielen der bearbeiteten Szene aus anderer Perspektive bis zum Improvisieren von im Text nicht vorkommenden Dialogen oder Monologen, bis zur Inszenierung einer Vorgeschichte (*prequel*) und weiteren Verfahren des szenischen Lesens und Interpretierens (zu den vielfältigen Möglichkeiten dazu vgl. Waldmann 2008). Da es bei all diesen Ansätzen nicht um die Produktion eines gesamten Stückes geht und somit alle Aktivitäten in den regulären Schulalltag integriert werden können, wird das Klassenzimmer zur Bühne (*classroom as stage*; Stredder 2006), die Einrichtung zu Requisiten und die Lernenden zu Schauspielern und Zuschauern gleichermaßen.

Bereits in den 1990er Jahren hob Scheller (1998, 158) die Bedeutung des szenischen Spiels für das interkulturelle Verstehen hervor, weil es durch die nachahmende Einfühlung möglich sei, „die konkreten Wahrnehmungen, Bedürfnisse, Interaktionsformen und Beziehungen dieser Menschen am eigenen Leibe nachzuvollziehen und z. T. lustvoll zu erleben"; dass gerade (fremdsprachige) Literatur Lernenden die Möglichkeit eröffnet, die Andersartigkeit fremder Wirklichkeitsmodelle kennenzulernen, sich auf fremde Sichtweisen einzulassen und auch über die notwendige Begrenztheit der eigenen Weltsicht zu reflektieren, ist hinreichend bekannt und in den letzten Jahren in zahlreichen literatur- und kulturdidaktischen Publikationen sowohl theoretisch wie unterrichtsmethodisch umfassend in den Blick genommen worden (z. B. Bredella und Burwitz-Melzer 2004; Bredella 2010b; Hammer et al. 2012). Der besondere Stellenwert dramatischer Texte für das Aushandeln von Intentionen und Interessen, aber auch für die Begegnung mit Empathie und Perspektivenübernahme liegt vor allem an ihrem Spielcharakter (Glaap 1987). Szenisches Interpretieren ist somit im Sinne eines entdeckenden Lernens eine potenzielle Art der Literaturbetrachtung, die kreative Fähigkeiten anspricht und gleichzeitig ein Erprobungsfeld für Perspektivenübernahme bietet. Das szenische Spiel als dramapädagogischer Ansatz ist eine Methode der spielerischen Darstellung von Situationen, in denen es um Verhalten und den Umgang mit möglichen Konflikten, aber auch um das Nachempfinden von Situationen aus dem Leben anderer (Menschen) geht. Ziel des erfahrungsbezogenen Lernens ist es, abstrakte Aspekte menschlichen Verhaltens konkret und greifbar zu machen. So zielt das Spiel darauf, Wahrnehmungen zu erweitern und körperliche oder auch sprachliche Verhaltensmuster zu aktivieren, zu diskutieren und zu reflektieren. Gerade deshalb bieten szenisch-kreative Ansätze ein großes Potenzial für das interkulturelle Lernen als ein reflexives und von Differenzerfahrungen ausgehendes Lernen. Angelehnt an Nünning und Surkamp (2013, 165) sowie Lütge (2015a, 193–194) lässt sich die besondere Eignung dramatischer Texte zur Vermittlung interkultureller Kompetenzen im schulischen Fremdsprachenunterricht an den folgenden vier Faktoren festmachen:

(1) Die Unmittelbarkeit dramatischer Texte erleichtert das Sichhineinversetzen der Lernenden in fremde Situationen und Kontexte.
(2) Die Übernahme einer fremden Perspektive wird erprobt, indem Lernende sich in eine fremde Erlebniswelt einfühlen.
(3) Es werden fremde Kontexte in Form von ‚Spielräumen' erschafft, was die zeitweilige Aufgabe eigenkultureller Erfahrungen, Wahrnehmungskonzepte und Deutungsmuster erlaubt, derer es beim Verstehen fremder Kulturen bedarf.
(4) Durch handlungs- und prozessorientierte Textarbeit, was durch eine Reihe spielerischer Zugangsweisen noch explizit gefördert werden kann, besitzen sie einen gattungsspezifischen Aufforderungscharakter zum aktiven Perspektivenwechsel.

Szenische Verfahren sind dennoch keine Selbstläufer, das heißt, es müssen immer auch Alter, Entwicklungsstand und Interessen der Schülerinnen und Schüler berücksichtigt werden. Lehrkräfte müssen beispielsweise wissen, wie der entwicklungsbedingten Scheu älterer Lernender vor dem Sichpräsentieren begegnet und wie diese nach Möglichkeit abgebaut werden kann.

Handlungs- und produktionsorientierte Verfahren

Ähnlich wie szenisch-kreative Verfahren wird der „Doppelbegriff" (Lütge 2015a, 190) der Handlungs- und Produktionsorientierung häufig zur Abgrenzung gegenüber rationalen, textanalytischen Verfahren verwendet. Das Prinzip der „Handlungsorientierung als Ziel und Methode" (Bach und Timm 2013, 1–9) hat sich seit den 1980er Jahren als ganzheitliches und schüleraktivierendes Konzept etabliert, das die Potenziale der „Schule als Lebenswelt" (Bach und Timm 2013, 1) für den Aufbau einer umfassenden (fremdsprachlichen) kommunikativen Kompetenz zu nutzen weiß. Im Sinne von Authentizität oder genauer gesagt Authentisierung soll den Lernenden ermöglicht werden, ziel- und partnerorientiert zu kommunizieren, um auf diese Weise fremdsprachliche Handlungskompetenz zu entwickeln. Authentizität wird hier als Ergebnis eines Prozesses der Authentisierung betrachtet. Angestoßen wurde dieser *authentication*-Prozess von Henry G. Widdowson (1978), der zwischen *genuine* (Originaltext) und *authentic* (lernergerechter Umgang mit dem Originaltext) unterscheidet. Das heißt, die Authentisierung genuiner Texte erfolgt per se durch den Rezeptionsprozess, in diesem Fall durch den Umgang der Lernenden mit dem Text in der Unterrichtssituation.

Ein Kernziel des handlungsorientierten Unterrichts ist die Produktorientierung, das heißt das Bestreben, im Unterrichtsgeschehen sprachliche oder materielle Handlungsergebnisse hervorzubringen. Dabei sollen mit Blick auf die Ganzheitlichkeit kognitive, sinnenhafte und affektive Zugänge miteinander verknüpft werden. Eine strikte Unterscheidung zwischen szenischen und produktionsorientierten Ansätzen ist dabei kaum möglich, weil sie im Unterrichtsalltag häufig in Kombination auftreten und ihre Übergänge fließend sind. Wird die Handlungsorientierung um den Aspekt der Produktionsorientierung ergänzt, so wird der Fokus auf eigene, in der Regel kreative Textschöpfungen im Sinne von Konkretisierung, Rekonstruktion beziehungsweise Transformation gelenkt. Es handelt sich also um schreiborientierte Verfahren mit einem Schwerpunkt auf dem produktiven Erzeugen von (neuen) Texten, Textteilen oder -varianten beziehungsweise um das Umgestalten, Ergänzen oder Umsetzen von Texten in andere Medien (vgl. Waldmann 2008, 2).

Dieser Ansatz basiert auf drei literaturtheoretischen Positionen: Gemäß der Rezeptionsästhetik wird der Text vom Leser mitgeschaffen, das heißt, bedingt durch das individuell und gesellschaftlich geprägte Sinnsystem des Rezipienten, durch dessen intellektuelle und emotionale Disposition und Imagination wird der Leser beziehungsweise Lernende zum Koproduzenten des literarischen Textes. Eine weitere Grundlage ist der maßgebliche Einfluss des Poststrukturalismus, der den Text als ein dynamisches Gebilde und nicht als ein geschlossenes intentionales Ganzes sieht. Demnach ist ein Text von verschiedenen Bedeutungssträngen durchzogen und transportiert keinen objektivierbaren Sinn. Entscheidende Impulse des Konstruktivismus lassen sich in der Radikalisierung der Auffassung festmachen, dass der Sinn eines Textes ein Konstrukt des Lesers ist. Das heißt, textorientierter produktiver Umgang mit Dramen ist immer auch mit dramenspezifischen Schreibaufgaben verbunden, die den Lesevorgang als Wahrnehmungs-, Konkretisierungs- und Interpretationsprozess konstituieren. Produktive Verfahren zielen also zum einen auf die Erkundung des Dramas durch eigenes kreatives Schreiben einer dramatischen Sequenz und zum anderen auf einen rezeptionsästhetisch rückgebundenen aktiven und produktiven Umgang mit Dramentexten ab.

Wenngleich nicht immer eine völlige Trennschärfe zwischen den Begriffen ‚handlungsorientiert' und ‚produktionsorientiert' gegeben ist, handelt es sich im engeren Sinn um zwei schüleraktivierende Grundformen. Nach Nünning und Surkamp lassen sich die Begriffe insofern unterscheiden, als dass der handelnde Umgang mit Texten einen „ästhetisch-künstlerisch[en]" Zugang bedeutet und somit eher im gestalterischen und spielerischen Ansatz liegt, während sich der produktionsorientierte Literaturunterricht dem Erstellen eigener Texte auf Basis der Vorlage widmet (2013, 153–157). Handlungsorientierte Verfahren umfassen unter anderem visuelle Ansätze durch verschiedene Schreib- und Bildgestaltungen, Collagen, Grafiken, Illustrationen oder Zeichnungen, akustische Zugangsformen wie zum Beispiel unterschiedliche Vortragsweisen, Vertonungen, musikalische Untermalung und zudem szenische Ansätze, die sich auch im Bereich der szenisch-kreativen Verfahren verorten lassen, wie zum Beispiel Standbilder, Pantomime, (innere) Monologe oder Dialoge, spielerische Darstellung, auch als Puppen-, Marionetten- oder Schattenspiel (Haas et al. 1994b, 24). Produktionsorientierte Verfahren im Dramenunterricht sind hingegen im Wesentlichen textproduktive Verfahren und schließen unter anderem Konkretisierung, das heißt das Ausfantasieren oder Antizipieren von Textstellen, Rekonstruktion und Antizipation, also einen Text aus seinen Teilen zusammenzusetzen oder Texte zu entflechten, sich auf Fantasiereise einzulassen, ausgelassene Wörter beziehungsweise Sätze einzufügen oder zu Schlüsselwörtern eigene Texte zu verfassen, mit ein. Zudem besteht die Option des Transformierens, also eine potenzielle Fortsetzung, Vorgeschichte oder thematische Varianten zu einem Text zu schreiben, Paralleltexte, einen inneren Monolog, eine erlebte Rede, einen Brief, eine Tagebuchnotiz einer Figur zu verfassen, sich selbst in einen Text hineinzudichten und eine Szene zu gestalten, einen Text in einem anderen Stil zu erzählen oder in eine andere Sprachvarietät (z. B. Dialekt) umzuschreiben.

Handlungs- und produktionsorientierte Verfahren unterstützen nicht nur das allgemeine Bildungsziel der Selbstständigkeit und Selbsttätigkeit, sondern sie ermöglichen darüber hinaus einen individualisierenden Unterricht, der eine Intensivierung der Lernprozesse erlaubt. „Die Ausrichtung an den Interessen, aber auch Bedürfnissen der Lernerpersönlichkeiten, ihrem Denken und Fühlen, stellt dabei als charakteristisches Merkmal ein Verbindungsglied zwischen allgemein didaktischen und speziell literaturdidaktisch orientierten Überlegungen dar" (Lütge 2015, 191). Im Gegensatz zum rein analytischen Verfahren kann dadurch sowohl muttersprachlicher als auch fremdsprachlicher Literaturunterricht verschiedensten Begabungstypen und Fähigkeiten gerecht werden, was wiederum einen positiven Einfluss auf die Lese- und Lernmotivation haben kann. Gleichzeitig wird die Produziertheit von Texten verdeutlicht und dergestalt ein Beitrag zur Textanalysekompetenz geleistet.

6 Ausblick

In den derzeit aktuellen und zu Recht kritisierten Bildungsstandards werden die Kompetenzen, die deutsche Schülerinnen und Schüler erwerben sollen, verbindlich vorgegeben. Im Hinblick auf normierende Vorschriften und Postulate ist der Legitimierungsdruck stark gestiegen, innerhalb der anwendungsorientierten Literaturdidaktik kann man fast von einem *essential turn* sprechen. Eine omnipräsente Testkultur fordert von der Literaturdidaktik den passgenauen Zuschnitt von Standards und Kompetenzen, von Evaluationsinstrumenten und den ministeriellen Vorgaben entsprechenden Lehrerhandreichungen zu den zentralisierten Texten. Des Weiteren scheinen die gegenwärtigen bildungspolitischen Diskussionen im Zusammenhang mit der Implementierung einheitlicher Bildungsstandards die Bedeutung der Literatur im (Fremdsprachen-)Unterricht zu marginalisieren (vgl. Hallet et al. 2015, 7). Neben der Debatte um grundsätzliche Chancen und Probleme einer Einführung von Standards geht es häufig auch um die Schwierigkeiten, die sich bei der Formulierung und Überprüfung von Bildungsstandards zum literarischen Verstehen ergeben. Hierbei zeigen sich die Grenzen der Kompetenzmodelle, die der Vieldeutigkeit literarischer Texte, der Vorstellungsbildung beim Lesen und der subjektiven Involviertheit des Textrezipienten nicht gerecht werden können. Auch eine kritisch-reflektierende Medienkompetenz oder eine ästhetische Sensibilisierung, zu denen Literaturunterricht beiträgt, wird in den Bildungsstandards kaum berücksichtigt.

Allerdings werden derzeit einige zukunftsweisende literaturbezogene Kompetenzmodelle (z. B. Diehr und Surkamp 2015) und Kompetenzcurricula (z. B. Hallet und Nöth 2015, 41) entwickelt, die fachübergreifend beziehungsweise interdisziplinär angelegt sind und die Möglichkeit bieten, „die literarisch-ästhetische Erziehung wieder zu einem Gesamtprojekt schulischer Bildung zu machen" (Hallet 2015, 19). Es ist nun also die Aufgabe der Dramendidaktik, diese Ansätze weiter zu verfolgen und zusätzliche Kompetenzmodelle für den Umgang mit dramatischen Texten zu konstruieren, die alle für den Umgang mit dieser Gattung relevanten Kompetenzen berücksichtigen. Daran anschließen sollten sich jedoch auch Konzepte, Methoden und praktische Einsatzmöglichkeiten für die Arbeit mit Dramen und dramapädagogischen Verfahren zugunsten eines zeitgemäßen, kompetenzorientierten (Fremdsprachen-)Unterrichts. Dazu gehört neben dem Erwerb sprachlicher Kompetenzen auch derjenige ästhetisch-kognitiver sowie interkulturell-kommunikativer. Ein übergeordnetes Ziel des Literaturunterrichts sollte es jedoch sein, literarische Bildung vor dem Hintergrund literaturbezogener Kompetenzen zu betrachten.

Weiterführende Literatur

Ahrens, Rüdiger; Eisenmann, Maria und Matthias Merkl (Hrsg.) (2008). *Moderne Dramendidaktik für den Englischunterricht*. Heidelberg.
Denk, Rudolf und Thomas Möbius (2008). *Dramen- und Theaterdidaktik. Eine Einführung*. Berlin.
Elis, Franziska und Carola Surkamp (Hrsg.) (2016). „Dramapädagogik". *Der Fremdsprachliche Unterricht Englisch* 49.142 (2016).
Haack, Adrian (2017). *Dramapädagogik, Selbstkompetenz und Professionalisierung Performative Identitätsarbeit im Lehramtsstudium Englisch*. Stuttgart.
Hallet, Wolfgang und Carola Surkamp (Hrsg.) (2015). *Dramendidaktik und Dramenpädagogik im Fremdsprachenunterricht*. Trier.
Küppers, Almut, Torben Schmidt und Maik Walter (Hrsg.) (2011). *Inszenierungen im Fremdsprachenunterricht: Grundlagen, Formen, Perspektiven*. Braunschweig.

Renata Behrendt
III.2.5 Romane und Erzählungen

1 Romandidaktik als Gattungsdidaktik?

Am Anfang der Überlegungen zu Romandidaktik ist es erforderlich, die Frage zu stellen, ob eine Romandidaktik im Sinne einer Gattungsdidaktik heute noch relevant ist. In der postmodernen Literatur sowie in der Literaturwissenschaft und der Literaturdidaktik, die sich mit dieser Literatur beschäftigen, lassen sich Phänomene beobachten, die solch eine Frage erlauben. Zu den markantesten Entwicklungen gehören die Auflösung der Gattungsgrenzen und Experimente mit der Form. Die Folgen dieser Entwicklungen und Veränderungen sind gerade im Bereich der Epik auffällig. So wird eine genaue Unterscheidung und Abgrenzung einzelner epischer Untergattungen voneinander immer problematischer. Grenzüberschreitungen und Übergänge zwischen den einzelnen Gattungen gestalten sich fließend. So tragen viele Jugendromane dystopische Züge oder sie stehen an der Grenze zur Science-Fiction (vgl. Josting und Dreier 2013, 94). Als plakatives Beispiel für die Aufhebung der Gattungsgrenzen kann die Verbindung von Adoleszenzromanen und der *All-Age*-Literatur (vgl. Gansel 2016, 8) angeführt werden.

Im Hinblick auf den Umgang mit der Gattung Roman im Unterricht zeichnet sich eine Zwangslage ab. Einerseits wird die Notwendigkeit der Beschäftigung mit literarischen Gattungen hervorgehoben. Dabei geht es heutzutage nicht darum, deklaratives Wissen über die Genres zu vermitteln, im Literaturunterricht soll vielmehr das Gattungswissen herangezogen werden, um das Verstehen der literarischen Texte zu vertiefen. Einer der von Kaspar Spinner formulierten 11 Aspekte literarischen Lernens lautet: „Prototypische Vorstellungen von Gattungen/Genres gewinnen" (Spinner 2006, 13). Die Schülerinnen und Schüler sollen anhand von Textbeispielen ganzheitliche Vorstellungen von den einzelnen Gattungen gewinnen, um die Besonderheiten der Texte umso schärfer wahrnehmen zu können. Gattungswissen ermöglicht den Schülerinnen und Schülern, den von ihnen gelesenen Text in Bezug auf Gattungsmerkmale mit anderen Texten zu vergleichen und somit die Besonderheiten des betrachteten Textes festzustellen (vgl. Pfeiffer 2013, 61). Darüber hinaus kann „eine gewisse Vertrautheit" (Spinner 2014, 9) mit den Gattungen und Untergattungen das literarische Verstehen unterstützen. „Ohne Gattungswissen sind manche literarischen Verstehensprozesse nicht möglich" (Schilcher und Pissarek 2015, 22).

Andererseits bietet literaturdidaktische Literatur kaum gattungstypologisch orientierte Konzepte zur Didaktik des Romans an. Die wenigen Ausnahmen bilden der kompetenzorientierte Gesamtentwurf einer Didaktik und Methodik des Romans für die Sekundarstufe von Ehlers (2017), die in der Zeitschrift *Der Deutschunterricht* (2/2016) versammelten Beiträge zu aktuellen Adoleszenzromanen, die unterrichtspraktisch orientierte Publikation von Wrobel (2013), der von Hallet und Nünning (2009) vorgelegte Versuch einer Romandidaktik, die im fremdsprachlichen Literaturunterricht Englisch praktikabel sein soll, die bahnbrechende Arbeit von Gansel (1999) zu Adoleszenzromanen und zu modernen Kinderromanen und das aus der Unterrichtspraxis hervorgegangene Modell zur Analyse und Interpretation der Romane von Gutbrod (1996).

Zahlreiche andere fachdidaktische Publikationen scheinen die Fokussierung auf konkrete Gattungen zu meiden. Die Rede ist von epischen Texten, Erzähltexten oder generell von Erzählungen. Ins Zentrum des didaktischen Interesses rückt das Erzählen. Erkenntnisse der Narratologie gewinnen in der literaturdidaktischen Diskussion zunehmend an Bedeutung, wenn es darum geht, Kategorien für die Analyse von Erzähltexten im Unterricht zu entwickeln und die entworfenen Konzepte erzähltheoretisch zu begründen. In den vorgelegten Modellen zeichnet sich die Tendenz ab, Analysekategorien möglichst einzuschränken und sich dabei auf solche zu konzentrieren, die sich bei der Behandlung von verschiedenen Gattungen beziehungsweise Texten anwenden lassen. Hierbei können und sollen auch die Grenzen der medialen Formen überschritten werden. Stellvertretend für ein solches Vorgehen steht die von Leubner und Saupe (2006) konzipierte medienintegrative Didaktik der Erzählung, die literarisches, filmisches und interaktives Erzählen einschließt.

Mit dem Roman liegt eine anspruchsvolle ästhetische Form des Erzählens vor, die sich im Bereich der aktuellen Kinder- und Jugendliteratur durch einige interessante Merkmale auszeichnet. Zu diesen Besonderheiten gehören vor allem die Nähe zu anderen Gattungen, die Produktion nach dem Prinzip der Serialität und die Möglichkeit der Rezeption im Medienverbund (vgl. Maiwald 2007). Damit sind zugleich Herausforderungen benannt, denen sich eine zeitgemäße Didaktik stellen muss, wenn sie es sich zur Aufgabe macht, die Romane im Unterricht zu behandeln. Das Gattungswissen wird dabei insofern eine Rolle spielen, als es in der Vielfalt der Ausprägungen des Romans eine Orientierung bietet und zugleich den Blick für Variationen schärft (vgl. Spinner 2006, 13).

2 Geschichte des Romans im Unterricht

Als Ganzschrift stand der Roman lange Zeit im Konkurrenzverhältnis zum Lesebuch. Die als problematisch geltende Textlänge war für eine späte Einbeziehung des Romans in den Unterricht verantwortlich. Ganzschriften wie Roman oder

Novelle wurden gemäß einer quantitativ orientierten Progression im Unterricht erst für die höheren Jahrgangsstufen vorgesehen (vgl. Helmers 1976, 349). Die Erkenntnis, dass auch kurze epische Formen wie Erzählung, Parabel oder Kurzgeschichte die Leserinnen und Leser mit umfassenden Weltentwürfen, anspruchsvoller Raum-Zeit-Gestaltung und komplizierten Erzählverfahren konfrontieren, rückte strukturelle Aspekte in den Vordergrund. Ewers (2000, 250–253) bestimmte den Aspekt der Komplexität als Kriterium für curriculare Progression. Nicht die Textlänge, sondern die Anzahl und Art der Verknüpfung der Handlungsstränge, Rückblenden, Zeitraffung oder -dehnung, direkte und indirekte Rede sind für den Schwierigkeitsgrad der epischen Texte entscheidend (vgl. Pfeiffer 2002, 197). Die Orientierung an der Komplexität des literarischen Textes als Kriterium für seine Behandlung im Unterricht öffnete dem Roman die Tür in das Klassenzimmer. Zugleich zeigte sich aber, dass literarisches Lernen ebenfalls mit komplexen, kurzen epischen Texten gefördert werden kann. Für Spinner gehör(t)en Kurzgeschichten und kurze Prosa zum Standardrepertoire des Deutschunterrichts (Spinner 1984; Spinner 2012).

Einen entscheidenden Beitrag zur Etablierung des Romans im Unterricht hat die Kinder- und Jugendliteratur geleistet. Die vorrangig an Kinder und Jugendliche adressierte (Ewers 2016, 3–4) und altersspezifische Probleme thematisierende Literatur fand seit den 1970er Jahren verstärkt Eingang in den Unterricht. Eine besondere Bedeutung gewann dabei der Adoleszenzroman, der sich in den 1970er Jahren als eine neue Subgattung im Subsystem der Kinder- und Jugendliteratur herausgebildet hatte. Die Veröffentlichung von Ulrich Plenzdorfs *Die neuen Leiden des jungen W.* markierte 1973 einen Durchbruch in der deutschsprachigen Kinder- und Jugendliteratur. Der Versuch, den Adoleszenzroman gattungstypologisch zu bestimmen, muss die Entwicklung der Gattung in diachroner Perspektive berücksichtigen. Zum einen ist auf die lange Geschichte der Adoleszenzliteratur zu verweisen, am Anfang derer Goethes *Die Leiden des jungen Werther* und Moritz' *Anton Reiser* stehen. Um die Jahrhundertwende entstehen Schulromane und -erzählungen von Rainer Maria Rilke (*Die Turnstunde*, 1904), Hermann Hesse (*Unterm Rad*, 1906) und Robert Musil (*Die Verwirrungen des Zöglings Törleß*, 1906), welche Gansel zu klassischen Adoleszenztexten zählt. Nach 1945 lässt sich eine kontinuierlich anhaltende Produktion von Adoleszenzliteratur beobachten, die von Günter Grass (*Katz und Maus*, 1961) bis zur Popliteratur der 1990er Jahre reicht. Zum anderen ist eine gewisse Dynamik zu beachten, mit der die Literatur auf die sich schnell ändernde Jugendkultur und die für die Jugend relevanten Entwicklungen in der Gesellschaft zu reagieren versucht. Folglich kommt es zu neuen Ausprägungen des Adoleszenzromans. In der Forschung werden klassische, moderne und postmoderne Adoleszenzromane unterschieden. Für die Behandlung im Unterricht waren die charakteristischen Merkmale jeweils entscheidend. Während die Protagonisten im modernen Adoleszenzroman beispielsweise die Gesellschaft kritisieren, den Konsum ablehnen und die Mediennutzung verweigern, distanzieren sich Protagonisten des postmodernen Adoleszenzromans von den gesellschaftlichen Werten, genießen den Konsum und sammeln gerne Erfahrungen mit Medien. Die postmodernen ‚Nesthocker' zeigen kein Interesse daran, in der Familie Gleichberechtigung zu erkämpfen oder ihren eigenen Weg einzuschlagen. Die Sexualität spielt für sie keine zentrale Rolle mehr. Die Selbstverwirklichung als autonomes Ich hat als Lebensziel an Bedeutung verloren. Unterschiede zwischen den beiden Typen des Adoleszenzromans zeigen sich ebenfalls auf der strukturellen Ebene. Anstelle des im modernen Adoleszenzroman dominierenden Ich-Erzählers treten in den postmodernen Formen Montage und Polyfonie auf (Gansel 2010, 171–186).

Die aktuellen Adoleszenzromane – so unterschiedlich sie sein mögen – weisen einige Gemeinsamkeiten auf. Von ihren direkten Vorgängern unterscheiden sie sich in der Art der Darstellung der Adoleszenz. Diese wird nicht mehr als eine die Existenz erschütternde Krise behandelt. Die Romane provozieren mit der Härte der Darstellung, was beispielsweise in einer vulgären Schreibweise Ausdruck finden kann. Gansel konstatiert eine Verschiebung des Interesses vom ‚Was' zum ‚Wie' der Darstellung und attestiert den gegenwärtigen Adoleszenzromanen eine Tendenz zur „Ästhetisierung der Wirklichkeit" (Gansel 2016, 10–11).

Typische Themen der Adoleszenz wie der Übergang von der Kindheit in das Erwachsenenalter und die damit verbundenen Konflikte in der Familie, Probleme im Sexualleben und Auseinandersetzungen im politischen und sozialen Umfeld werden seit den späten 1990er Jahren in Romanen behandelt, die unter dem Label ‚Poproman' erscheinen. Dazu gehören beispielsweise die Texte von Benjamin von Stuckrad-Barre *Soloalbum* (1998) und *Livealbum* (1999), Benjamin Leberts *Crazy* (1999), *Der Vogel ist ein Rabe* (2003), *Kannst du* (2006) und die Romane von Alexa Hennig von Lange *Relax* (1997), *Ich bin's* (2000), *Erste Liebe* (2004), *Leute ich fühle mich leicht* (2008), *Peace* (2009). Diese Popromane „stehen exemplarisch für den (post)modernen Adoleszenzroman" (Gansel 2010, 186–187).

Die ständige Reflexion darüber, welche Konfliktfelder, Identitätsmuster und Orientierungsangebote für die Jugendlichen an Bedeutung gewinnen oder verlieren, begründet die Relevanz der Adoleszenzromane für den Unterricht. Im identitätsorientierten Literaturunterricht bieten Adoleszenzromane für Mädchen und Jungen ein ‚Erprobungsfeld' für existentielle Probleme der Pubertät und des Erwachsenwerdens (vgl. die Beiträge in *Der Deutschunterricht* 2 2016).

Auf den Bestsellerlisten der Kinder- und Jugendliteratur dominieren seit einigen Jahren Romane, die darauf angelegt sind, ihre Geschichten in fortlaufenden Teilen zu erzählen, die den Leserinnen und Lesern je nach ihrem Rezeptionsverhalten in kürzeren oder längeren Zeitabschnitten vorgelegt werden. Besonders beliebt sind Stephenie Meyers *Twilight* (4 Bde., 2006–2009), Suzanne Collins *Die Tribute von Panem* (3 Bde., 2009–2011) und Cornelia Funkes *Tintenwelt* (3 Bde., 2003–2007) und *Reckless* (3 Bde., seit 2010) sowie Joanne K. Rowlings *Harry Potter* (7 Bde., 1997–2007). All diese Romane sind nach dem ästhetischen Formprinzip der Serialität konzipiert, das gegenwärtig ein wichtiges „Gestaltungsprinzip von Kunst und Orientierungsmuster für die Rezeption von Texten und Medien" (Anders und Staiger 2016, 1) geworden ist. Serielle Erzählformen zeichnen sich durch „die Ausrichtung auf ihre eigene Rückkehr" und durch die Rückkopplung der Erzählungen an ihre Rezeption aus. Von abgeschlossenen Werken unterscheiden sie sich durch die Fähigkeit, ihre Wirkung parallel zum Rezeptionsprozess zu beobachten und durch den Einsatz von medientechnischen Neuerungen und narrativen Verfahren das Interesse des Rezipienten immer wieder neu zu entfachen (vgl. Kelleter 2012, 22–26).

Je nach Art der Fortsetzung wird zwischen syntagmatischen und paradigmatischen Serien unterschieden. Als syntagmatisch wird die Fortsetzung bezeichnet, wenn zu abgeschlossenen Serien verschiedene Medienverbundprodukte entstehen oder wenn die Geschichten über verschiedene Medien hinweg fortgesetzt werden. Eine paradigmatische Fortsetzung liegt vor, wenn alte Serien reproduziert oder variiert werden (vgl. Schlachter 2016, 100). Serien und Zyklen entfalten ein inter- und transmediales Erzähluniversum, das an die kindlichen und jugendlichen Rezipienten neue Anforderungen stellt. Das Formprinzip der Serie zu verstehen, den Figuren im Medienwechsel zu folgen, das Fortlaufen der Geschichte zu antizipieren und analog oder digital zu diskutieren oder sich am Schreiben von Fanfiction zu beteiligen, sind zwar große Herausforderungen, zugleich aber auch interessante Lernfelder. Die seriellen Jugendromane werden vor allem in der Freizeit gelesen, auch die Anschlusskommunikation findet meistens außerhalb des Unterrichts statt. In ihrer Studie haben Schilcher und Pissarek (2015, 1) belegt, dass sich die intensive Freizeitlektüre nicht automatisch auf literarische Kompetenzen positiv auswirkt. Darum wird die Schule populäre serielle Romane künftig stärker in den Unterricht einbeziehen müssen. Eine Romandidaktik, die serielle Jugendromane fokussiert, wird sich mit dem „Ideologie- und Trivialitätsverdacht" (Kelleter 2012, 19) sowie mit dem Vorwurf, sich bei der Auswahl der Lektüre am kommerziellen Erfolg der Romane zu orientieren, auseinandersetzen müssen. Um solche Kritik widerlegen zu können, darf sie die Beteiligung der seriellen Erzählformen „am Prozess ästhetischer Modernisierung" (Kelleter 2012, 22) nicht übersehen. Eine Romandidaktik, die serielle Erzählformen als Gegenstand literarischen Lernens betrachtet, kann, Umberto Eco folgend, zwischen einer ‚naiven' und einer ‚gewitzten' Lesart unterscheiden, das heißt, die Leserinnen und Leser dazu anregen, nicht nur „die Varianten des Plots", sondern vor allem „die Varianten der Erzählweise" zu verfolgen (Anders und Staiger 2016, Bd. 1, 11). Mit solchen Untersuchungen können Lernende das das serielle Erzählen prägende Phänomen, „gleichzeitig Wiedererkennbarkeit und Spannung, Redundanz und Variabilität zu schaffen" (Eco, zit. n. Kelleter 2012, 28), bewusst wahrnehmen und begreifen.

3 Bedeutung der Romane für jugendliche Leser

Das Erzählen stellt ein Bindeglied zwischen dem Roman und dem Menschen dar. Der Roman gilt „als Herd einer Unendlichkeit des Erzählens" (Rohde 2013, 21). Den Erzählungen wird eine anthropologische Bedeutsamkeit zugestanden: „Nirgends gibt es und gab es jemals ein Volk ohne Erzählung: alle Klassen, alle menschlichen Gruppen besitzen ihre Erzählungen" (Barthes 1988, 102). Auch literarische Erzählungen erfüllen verschiedene Funktionen für die Menschen. In Erzählungen werden existentiell wichtige Fragen behandelt, sodass die Lektüre den Leser zum Nachdenken über den Sinn des Lebens sowie über seine Rolle in verschiedenen sozialen und kulturellen Kontexten anhalten kann. Erzählungen zuzuhören oder diese zu lesen, ermöglicht es, dem Alltag zeitweise zu entfliehen, in eine andere Welt einzutauchen und somit das Bedürfnis nach Entspannung und Spannung zugleich zu befriedigen. Der Austausch über das Gehörte oder Gelesene, sei es in der Peergroup, im Unterricht oder durch die Erstellung einer Fanfiktion, kann das Gefühl der Verbundenheit mit anderen Lesern wecken.

Bei jugendlichen Lesern steht die anthropologische Bedeutsamkeit der Romane ebenfalls im Vordergrund (vgl. Hallet 2009b, 34). Die Begründungen der Jugendjury für die Nominierungen für den Jugendjurypreis 2016 bringen deutlich zum Ausdruck, dass sich Schülerinnen und Schüler für Romane beziehungsweise Jugendbücher interessieren, die zum Nachdenken über altersspezifische Themen einladen, so zum Beispiel die eigene Rolle in der Peergroup, Freundschaft oder die Möglichkeit, seine Träume zu verwirklichen. Hoch im Kurs stehen Romane, in denen es „um Selbstfindung und Selbstbestimmung und immer wieder um die Fragen, was das Leben ist und was es ausmacht," (Deutscher Jugendliteraturpreis 2016) geht. Die größte Aufmerksamkeit galt 2016 Romanen, die brandaktuelle Themen wie Kriege und Schicksale der Flüchtlinge aufgreifen und diese für die Jugendlichen plausibel und literaturästhetisch hochwertig darstellen sowie zur Reflexion über das Zeitgeschehen anregen (vgl. dazu *Train Kids* von Dirk Reinhardt (Nominierung 2016) und *Der Sommer unter schwarzen Flügeln* von Peer Martin (Preis der Jugendjury 2016).

Die Wahl der Jugendjury lässt vermuten, junge Leser nehmen den Roman in seiner Funktion „als Reflexionsinstrument für (Zeit-)Geschichte" (Wrobel 2013, 14) wahr. Romanlektüre erfüllt für die Jugendlichen erkennbar die Funktion, an gesellschaftlich bedeutsamen Entwicklungen teilzuhaben, sich zu aktuellen Ereignissen in Beziehung zu setzen – und zwar im Schutzraum der eigenen Imagination. Allerdings können die in der Auseinandersetzung mit fiktiven Welten eines Romans gesammelten Erfahrungen auf die Wirklichkeit übertragen werden. Im Sinne von konstruktivistischen Lerntheorien verweisen Leubner et al. auf die „wirklichkeitsüberschreitende Funktion" (Leubner et al. 2012, 92) von literarischen Erzählungen, die den Lesern dazu verhilft, neue Betrachtungsweisen und Perspektiven auf ihre Lebenswirklichkeit zu gewinnen. Die Erzählungen fordern die Leser auf, „neue Sichtweisen von Wirklichkeit in ihre bisherigen Wahrnehmungsmuster zu integrieren" (Leubner et al. 2012, 92). Realistische Geschichten und Romane, die Geschichten aus dem Alltag von heutigen Kindern präsentieren, erfüllen eine pädagogische Funktion. „Kinder können in solchen Geschichten eigene Probleme wiederfinden und fremde Erlebnisperspektiven nachvollziehen" (Pompe et al. 2016, 182). Die Beschäftigung mit solchen Geschichten und Romanen zielt darauf ab, das Selbstbewusstsein der Kinder zu stärken und sie zum selbstständigen Nachdenken über Probleme zu befähigen. Der Unterricht soll sich folglich zur Aufgabe machen, die Lektüre der Romane mit der Lebenswelt der Schülerinnen und Schüler zu verknüpfen: Der Weg führt hier „vom narrativen Diskurs zur Diskursfähigkeit" (Hallet 2009c, 77) der Lernenden.

4 Aspekte des Umgangs mit Romanen im Unterricht

Lesen und Verstehen von literarischen Texten setzt bei den Leserinnen und Lesern andere Fähigkeiten voraus als der Umgang mit nichtliterarischen Texten. Frederking modelliert die literarästhetische Verstehenskompetenz als ein mehrdimensionales Konstrukt, das drei Teilfähigkeiten umfasst: eine semantische, die „die Fähigkeit zum Erschließen zentraler Inhalte, Sinnstrukturen und Deutungsspielräume eines literarischen Textes" (Frederking 2013b, 122) benennt, eine idiolektale, mit der „die Fähigkeit zum Erfassen der formalen Spezifika eines literarischen Textes und ihrer ästhetischen Funktion" beschrieben wird und eine kontextuelle, die „die Fähigkeit zum Erfassen außertextueller Bezüge" (Frederking 2013b, 122) bezeichnet.

Fachdidaktische Abhandlungen zum literarischen Lernen und zu literarischen Kompetenzen (Spinner 2006; Kammler 2006; Frederking 2010) wie auch die in den Bildungsstandards formulierten Teilkompetenzen im Bereich ‚Mit Texten und Medien umgehen' legen es nahe, bei der Arbeit mit einem Roman im Unterricht drei Aspekte zu berücksichtigen. Der erste Aspekt bezieht sich auf den

Roman als Text. Das Ziel der Auseinandersetzung liegt folglich darin, den Roman als Text zu erschließen, das heißt, dem Roman Informationen zu entnehmen, seine Handlungslogik zu verstehen und sein Sinnangebot nachzuvollziehen. Auf diese Weise werden zwei in den Bildungsstandards genannte Teilkompetenzen fokussiert: erstens „wesentliche Elemente eines Textes erfassen" und zweitens „zentrale Inhalte erschließen" (KMK 2003b, 14). Der zweite Aspekt bezieht sich auf die Form des Romans und ihre ästhetische Wirkung. In den Bildungsstandards spielt dieser Aspekt eine wesentliche Rolle und findet in der Formulierung „sprachliche Gestaltungsmittel in ihren Wirkungszusammenhängen und in ihrer historischen Bedingtheit erkennen" (KMK 2003b, 14) einen adäquaten Ausdruck. Für die Lehrkräfte resultiert daraus die Aufgabe, die Analysefähigkeiten der Lernenden zu fördern. Dazu gehört unter anderem die Vermittlung von Kategorien und Verfahren der Erzähltextanalyse und die zielbewusste Anwendung dieser Kategorien an konkreten Texten, damit die Schülerinnen und Schüler „wesentliche Fachbegriffe zur Erschließung von Literatur kennen und anwenden" (KMK 2003b, 14) können. Der dritte Aspekt geht über die Textebene hinaus und bezieht Informationen über den Autor sowie über den historischen und kulturellen Entstehungskontext des Romans mit ein. Laut Bildungsstandards geht es hier darum, „Zusammenhänge zwischen Text, Entstehungszeit und Leben des Autors/der Autorin bei der Arbeit an Texten aus Gegenwart und Vergangenheit" (KMK 2003b, 14) herzustellen.

Die Behandlung eines Romans im Unterricht nach den genannten Aspekten ermöglicht es, dem durch quantitative empirische Bildungsforschung belegten Unterschied zwischen allgemeiner Lese- und literarästhetischer Verstehenskompetenz (Brüggemann und Frederking 2013, 5) Rechnung zu tragen.

Romane erschließen/verstehen

Die Behandlung eines Romans im Unterricht beginnt mit der Lektüre des Textes. Dabei können die Lehrkräfte jeweils individuell entscheiden, ob der Roman vor dem Unterricht oder im Klassenzimmer, im Ganzen oder (sukzessive) in Fragmenten gelesen wird. Wrobel (2013, 72) geht von einer Vorablektüre aus, die mit einer Aufgabe oder Leseperspektive verbunden werden sollte. Die Lektüre eines Romans muss je nach Lernvoraussetzungen der Schüler und je nachdem, ob sie im mutter-, zweit- oder fremdsprachigen Unterricht stattfindet, (vor-)entlastet werden. Als bewährtes Verfahren hierzu gilt die Anwendung der Lesestrategien. Diese können bereits vor der Lektüre eingesetzt werden, um eine Erwartungshaltung gegenüber dem Text aufzubauen und das Vorwissen der Leserinnen und Leser zu aktivieren. In Bezug auf den Roman bietet es sich an, Assoziationen zum

Titel zu sammeln, den Klappentext zu lesen, Informationen über den Autor und den Entstehungskontext zu recherchieren oder über das Genre nachzudenken. Die im Vorfeld angestellten Überlegungen können während oder nach der Lektüre bestätigt oder verworfen werden. Auf diese Weise entsteht „ein kohärentes mentales Modell des Textes im Inneren des Lesers" (Rosebrock und Nix 2014, 81). Die Fähigkeit, Lesestrategien selbstständig einzusetzen, um sich beispielsweise zu vergewissern, ob man das Gelesene verstanden hat, stellt neben der Festlegung des Leseziels und der Reflexion über die eigene Leseleistung eine Teilkompetenz des selbstregulierten Lesens dar (vgl. Philipp 2012, 133). Die Fähigkeit zur Selbstregulation erhält bei der Lektüre umfangreicher, kognitiv und auch sprachlich anspruchsvoller Romane große Relevanz. Sie unterstützt die Leser dabei, den inhaltlichen Zusammenhang beziehungsweise die globale Kohärenz des Textes zu erfassen. Somit trägt die Selbstregulation indirekt zur Bildung eines mentalen Modells des Textes bei. In diesem Modell wird nicht nur das im Text Dargestellte analog oder propositional repräsentiert, auch das Vorwissen der Leserinnen und Leser, das sie heranziehen mussten, um die Leerstellen zu schließen, findet im Modell seinen Ausdruck.

Im Umgang mit Romanen können Lesestrategien sowohl auf den Text selbst als auch auf den Leseprozess bezogen werden. In Analogie zu diesen beiden Funktionen unterscheidet Ehlers zwischen kognitiven Lesestrategien, die „einen Roman und seine Lektüre zur Person des Lesers in Verbindung bringen" (Ehlers 2017), und metakognitiven Lesestrategien, mit denen die Leserinnen und Leser ihren Lese- und Verstehensprozess kontrollieren und steuern können (vgl. Ehlers 2017, 128–132).

Das Erschließen von Romanen erweist sich als weniger problematisch, wenn Leserinnen und Leser lernen, beim Aufbau mentaler Modelle des Textes darauf zurückzugreifen, was literarische und Alltagserzählungen gemeinsam haben, das sind ‚Erfahrungshaftigkeit' und ‚narrative Schemata'. Sowohl der Alltag als auch die Romane konfrontieren die Menschen mit differenzierten und komplexen Erzählmustern. Diese können aber jeweils mithilfe von „narrativen Verarbeitungs-, Verstehens-, Denk- und Diskursmustern" bewältigt werden, die im Alltag erworben werden. Im Sinne der kognitiven Narratologie werden bei der Lektüre von Romanen narrative Schemata aktiviert, die auch beim Erschließen von alltäglichen Erzählungen und Situationen angewendet werden (vgl. Hallet 2009b, 46–47).

Romane analysieren

Der zweite Schritt einer kompetenzorientierten Behandlung eines Romans im Unterricht vollzieht sich in der Untersuchung seiner formalen Spezifika und ihrer ästhetischen Funktion. Mit der Romananalyse wird das Ziel verfolgt, die literarisch-ästhetische Kompetenz auszubauen. *„What's the difference?"* – das ist für Bode (2005, VII) die entscheidende Frage der Romananalyse. Auf konkrete Romantexte angewendet ermöglicht diese Frage beispielsweise, die Funktion von Erzählsituationen zu untersuchen. Die „analytische Zergliederung eines Romans" ist für Bode dann sinnvoll, wenn man fragt, was verändert sich, wenn „hier erzählerisch gerafft, dort aber gedehnt wird" (Bode 2005, VII). Die auf die Funktion von Textelementen ausgerichtete Frage macht deutlich, dass sich ein kompetenter Umgang mit den Analysekategorien nicht darauf beschränken darf, diese zu kennen. Größere Bedeutung kommt der Fähigkeit zu, diese auch anzuwenden, um Textelemente umzuformen und anschließend über die veränderte Wirkung zu reflektieren.

Im Unterricht zielt die Romananalyse vor allem darauf ab, das Verständnis des Romans zu vertiefen. Im Hinblick auf die Besonderheiten des Romans wie Vielstimmigkeit und Multiperspektivität scheint die Anwendung der Analysekategorien notwendig zu sein, sonst „können Leser/innen das Deutungs- und Bedeutungsangebot eines Romans nur begrenzt wahrnehmen oder sie schließen gar vom Erzähler oder von Figuren direkt auf ‚die' Bedeutung des Textes oder auf den Autor" (Hallet und Nünning 2009b, 4–5). Die erzähltheoretischen Analyseinstrumente sind für Freese (2009, 22; 25) unverzichtbar, um die persönlichen Lektüreerfahrungen zu präzisieren und um über die Mitteilung subjektiver Meinungen hinauszugehen. Die Romananalyse zeigt „die Grenzen der textangemessenen Deutungsmöglichkeiten" (Leubner und Saupe 2006, 40) auf, sie könne aber auch das Lektüreerlebnis intensivieren und den Schülerinnen und Schülern somit zu einem persönlich bedeutsamen Verstehen verhelfen (Leubner und Saupe 2006, 40). Die Romananalyse scheint einerseits eine praktikable Maßnahme gegen das Verbleiben der Schülerinnen und Schüler auf der Ebene der subjektiven Leseeindrücke zu sein, andererseits verspricht sie, zu neuen Erkenntnissen und zu einer persönlich bedeutsamen Interpretation zu führen. Für die Lehrkräfte liegt die Herausforderung darin, zwischen den beiden Erwartungen ein Gleichgewicht zu schaffen, und zwar so, dass die Motivation, Romane zu lesen und sich mit der Lektüre erzählanalytisch zu beschäftigen, nicht verloren geht. Eine Lösung für dieses Dilemma liegt in der Romananalyse selbst, konkret darin, wie diese modelliert wird. Verfahren, die den Schülerinnen und Schülern zeigen, dass ihre Leseeindrücke durch literarische Darstellungsverfahren bedingt sind oder dass formale Aspekte mit Bedeutung aufgeladen und somit für die Textinterpretation relevant sind, ermöglichen, die subjektive Perspektive der Lernenden mit der Romananalyse zu verbinden (vgl. Nünning und Surkamp 2009, 111).

Ein weiteres Ziel der Romananalyse im Unterricht besteht im Aufbau rezeptiver und produktiver narrativer Kompetenz. Dieser Vorsatz geht auf die in vielen

Bereichen des Lebens mittlerweile anerkannte Bedeutung des *storytelling* für die Konstruktion von Wirklichkeit und für die Hervorbringung einer Corporate Identity zurück. In den Wirtschaftswissenschaften ist beispielsweise von ‚narrativem Management' und *corporate storytelling* die Rede. Das Erzählen wird in diesem Bereich als eine vermittelbare und erlernbare Kulturtechnik aufgefasst, die zum Beispiel zum Zwecke der Gestaltung der Führung im Unternehmen eingesetzt wird. Vor dem Hintergrund der zunehmenden Bedeutung narrativer Kompetenz in der heutigen Medien- und Arbeitswelt schreiben Nünning und Surkamp (2009, 111) der Romananalyse eine konkrete Funktion zu: Sie solle die Schülerinnen und Schüler zur Produktion von und zur Kommunikation durch Geschichten befähigen. Beim (fremdsprachlichen) Unterricht handelt es sich folglich um die Umsetzung pragmatischer Ziele: Die Förderung narrativer Kompetenz auf der Grundlage von Romananalysen solle einen Beitrag zur beruflichen Qualifizierung der Schülerinnen und Schüler leisten (vgl. Nünning und Surkamp 2009, 111).

Textanalyse und somit auch Romananalyse gilt in der Literaturdidaktik als ein erlernbares Verfahren, das im Unterricht gezielt gefördert werden kann. Die Schülerinnen und Schüler können systematisch lernen, mithilfe von textanalytischen Kategorien Textelemente zu ermitteln und die funktionalen Zusammenhänge zwischen diesen Elementen zu bestimmen. Die Fachdidaktiken Deutsch und Englisch haben verschiedene Konzepte vorgelegt, wie dieses Ziel im Unterricht erreicht werden kann.

Leubner et al. (2012, 61–63) wollen den Schülerinnen und Schülern zunächst Wissen über Analysekategorien vermitteln. Neben fachwissenschaftlicher Angemessenheit sollen die für den schulischen Gebrauch gewählten Analysekategorien das Kriterium der Einfachheit, der Konzentration auf den Inhalt und Figuren und der Medienintegration erfüllen. Das deklarative wird dann in prozedurales Wissen umgewandelt, das sich in der Fähigkeit manifestiert, Analysekategorien für die Texterschließung zu nutzen. Die höchste Kompetenzstufe wird mit metakognitivem Wissen umschrieben. Damit ist die Fähigkeit der Lernenden gemeint, ohne Hilfestellung der Lehrkraft einer literarischen Gattung angemessene und ergiebige Analysekategorien selbstständig zu wählen und anzuwenden (vgl. Leubner und Saupe 2006, 22–25). Hallet und Nünning (2009, 4) fordern, neue Erkenntnisse der Erzähltheorie, insbesondere die neu erarbeiteten Verfahren und Modelle der Textanalyse, in die Romandidaktik einzubeziehen.

Für ein erprobtes Mittel zur Erreichung dieser Ziele werden in beiden Didaktiken Fragenkataloge gehalten, die den Schülerinnen und Schülern zur Verfügung gestellt werden. Die Romananalyse orientiert sich folglich an detailliert ausgearbeiteten Fragen, die den einzelnen „systematisch aufgebauten Analyseschritten" (Nünning und Surkamp 2009, 91) entsprechen. Leubner und Saupe betrachten Fragenkataloge als „Grundinventar der Erzähltextanalyse" und als „Strategiewissen" (Leubner und Saupe 2006, 28), das zur Lösung der Aufgabe Textanalyse herangezogen werden kann.

Der von Schilcher und Pissarek (2015, 319–323) vorgelegte Fragenkatalog zur Interpretation literarischer Texte beinhaltet beispielsweise Fragen zur Analyse von räumlicher Strukturierung, von zeitlicher Gestaltung, von Figuren und Figurenkonstellationen, von Erzählperspektive, -situation und -weise, von formaler und sprachlicher Überstrukturierung und zum Kontext. Literarische Kompetenz äußert sich darin, Fragen auswählen zu können, die für die Interpretation eines Textes relevant sind. „Durch die Fokussierung auf bestimmte Fragen wird verhindert, dass die Textanalyse oder Interpretation zu einer inhaltsleeren ‚Ritualbildung' führt" (Schilcher und Pissarek 2015, 20–21).

Die Anwendung von textanalytischen Verfahren im Unterricht galt in der Vergangenheit als ein umstrittenes Vorgehen und wurde kontrovers diskutiert (vgl. *Praxis Deutsch* H. 98/1989). Bei der Untersuchung von Kinder- und Jugendliteratur wurden textanalytische Verfahren meistens ausgelassen. Dies resultierte einerseits aus der Überzeugung, Kinder- und Jugendliteratur verstehe sich von selbst, andererseits fokussierte der Unterricht auf Inhalte und Themen, und zwar in pädagogischer Absicht. Erst nach dem Erscheinen von Adoleszenzromanen, die moderne Formen des Erzählens produktiv nutzten, ist deutlich geworden, dass textanalytische Verfahren bei der Behandlung von Kinder- und Jugendliteratur unabdingbar sind. Die Einführung solcher Verfahren in den Unterricht in den 1960er Jahren wurde als Alternative zum „irrationalen Umgang mit Literatur" zunächst begrüßt. Allerdings zeigte sich bald, dass die Orientierung an den Analysekategorien das ästhetische Erleben zerstöre und die Identifikation mit der literarischen Welt verhindere. Darüber hinaus schienen die Aspekte der Kontrollierbarkeit und der Überprüfbarkeit bedeutender zu sein als die Entwicklung eines subjektiv bedeutsamen Verstehens der literarischen Texte. In der rezeptionsästhetisch orientierten Literaturdidaktik hat die Textanalyse an Bedeutung verloren. Textanalytische Elemente sind aber im produktionsorientierten Ansatz wiederzufinden, beispielsweise dort, wo die Aufgabe den Wechsel der Erzählperspektive erfordert (vgl. hierzu Lange 2012, 55–58). Die PISA-Studie hat einerseits eine Diskussion über den Zusammenhang von analytischen Verfahren und Lesevergnügen hervorgerufen (vgl. Pfeiffer 2013, 64–65), andererseits hat sie gezeigt, dass textanalytische Kenntnisse das Textverstehen unterstützen (Nünning und Surkamp 2009, 90).

Die Relevanz textanalytischer Verfahren für das Verstehen der Texte ist heutzutage unstrittig. Ein Konsens, welche textanalytischen Kategorien im Unterricht vermittelt werden sollen, konnte aber nicht erzielt werden (Leubner et al. 2012, 62). In der Literaturdidaktik lassen sich zwei Tendenzen feststellen: Erstens wird versucht, unterrichtsrelevante beziehungsweise für die Schülerinnen und

Schüler leicht nachvollziehbare und auf unterschiedliche Texte anwendbare Analysemodelle zu entwickeln. Diese Modelle gehen von einem erweiterten Textbegriff aus und versuchen solche Analysekategorien zu konstruieren, mit denen literarische wie auch filmische Erzählungen untersucht werden können. Zweitens wird das Postulat erhoben, die neuesten Erkenntnisse der Erzähltheorie in didaktische Kontexte stärker einzubeziehen. In beiden Fällen wird das Ziel verfolgt, die Textanalyse als ein systematisches Verfahren zur Erschließung der Texte im Unterricht weiterzuentwickeln. Dazu zwei Beispiele:

Beispiel 1: Komplikationsmodell
Mit seinem Komplikationsmodell legt Leubner (Leubner und Saupe 2006, 60–63; Leubner 2013, 98–99) ein Grundmodell zur Analyse von Handlungen und Figuren in Erzählungen aller Medien vor. Im Zentrum dieses Modells stehen die Kategorien der Komplikation und der Auflösung. Sie werden von Faktoren ergänzt, welche auf explizit oder implizit dargestellte Motive für die Komplikation oder für die Auflösung hinweisen. Fragen zu Raum und Zeit bilden den Rahmen für die Untersuchung der Handlung. In Bezug auf die Figuren geht es zuerst darum zu klären, welche Figuren eine besondere Funktion für die Handlung erfüllen und deswegen analysiert werden sollen. Das Modell lenkt die Aufmerksamkeit der Leserinnen und Leser auf Figuren, die eine Komplikation in ihrem Leben erfahren. Diese resultiert aus einer Schädigung oder einem Mangel, das heißt, der Figur ist ein materielles oder immaterielles Gut besonders wichtig; sie hat es verloren, hat es nie besessen oder befindet sich in der Gefahr, es zu verlieren. Falls die Figur das Gut (zurück-)gewinnen, bekommen oder bewahren kann, spricht man von einer positiven Auflösung. Faktoren, die darüber entscheiden, ob es zu einer positiven, negativen oder neutralen Auflösung kommt, sind Einflüsse von Natur, Gesellschaft oder Eigenschaften der Figur selbst. Dieses strukturalistisch orientierte Modell verbindet die Analyse von Handlungen mit derjenigen der Figuren. Die vorgegebenen Kategorien ermöglichen es, zahlreiche Fragen zu generieren und auf diese Weise die narrative Struktur des Textes und sein Bedeutungspotenzial schrittweise auszuloten.

Beispiel 2: Erzähltheoretische Romananalyse
Die erzähltheoretische Romananalyse bietet einen umfassenden Fragenkatalog an, der sich an Kategorien neuerer Erzähltheorien orientiert. Von Narrativität als einer spezifischen Dimension von Erzähltexten ausgehend, werden die Kategorien von *story* und *discourse* als Hauptelemente der Romananalyse bestimmt und genau ausdifferenziert. Auf der Ebene der *story* – der erzählten Geschichte – unterscheidet man die Elemente Handlung, Figuren, Raum und Zeit. Die Analyse eines Romans kann mit der Anfertigung eines ‚Inhaltsresümees' beginnen, in

dem Informationen zu den Figuren und zu den Relationen der Figuren zueinander aufgezeigt werden und die erzählte Geschichte in Handlungsstränge aufgeteilt sowie mit Angaben zu Raum und Zeit versehen wird (vgl. Nünning und Surkamp 2009, 94). Allein für die Analyse der Figuren stellt das Modell neun spezifische Fragen zur Verfügung, die zwischen einer impliziten und expliziten Charakterisierung der Figur zu unterscheiden erlauben und das Verhältnis des Erzählers zu der Figur fokussieren (z. B „Does the narrator pass judgments on him?"; Nünning und Surkamp 2009, 95).

Auf der Ebene des *discourse* – der Gestaltung der Geschichte durch den Erzähler – rücken die Erzählsituation und die Erzählperspektive in den Mittelpunkt. Einen Anhaltspunkt für die Analyse gibt die Unterscheidung zwischen Aspekten, die sich auf den Erzählvorgang (Erzählen) beziehen, und solchen, die „die perspektivische Brechung der erzählten Welt durch wahrnehmende Subjekte" (Fokalisierung) betreffen. Im Vordergrund stehen dementsprechend die Fragen: „Wer erzählt den Roman?" „Aus wessen Perspektive wird die fiktionale Welt wahrgenommen?" (Nünning und Surkamp 2009, 98). Auch für diese Kategorien hält die erzähltheoretische Romananalyse spezifische Fragen bereit, die einen Ich-Erzähler, einen Er-Erzähler, einen auktorialen Erzähler und eine neutrale Erzählerinstanz zu bestimmen helfen (vgl. Nünning und Surkamp 2009, 99–100). Die Analysefragen werden auf Englisch formuliert, um „elementares kritisches Vokabular" (Nünning und Surkamp 2009, 109) bereitzustellen und somit einen kompetenten Austausch über Romane im fremdsprachlichen Unterricht Englisch zu fördern.

Romane kontextualisieren

Eine kompetenzorientierte Erarbeitung der Romane im Unterricht wird durch seine inner- und außerliterarische Kontextualisierung abgerundet. Der kontextuellen Teildimension der literarästhetischen Verstehenskompetenz kommt insofern eine besondere Bedeutung zu, als das Erfassen außertextueller Bezüge und der System- oder Einzeltextreferenzen zu neuen Erkenntnissen über den literarischen Text führen und/oder neue, bisher unentdeckte Bedeutungen generieren kann.

Die Herstellung von Bezügen zwischen dem Roman und nichtliterarischen Texten erlangt große Relevanz. Der Roman wird in der Literaturdidaktik als narrativer Diskurs betrachtet, der mit den großen gesellschaftlichen Diskursen in einem „intrinsischen Zusammenhang" steht und erst hier seine Bedeutung gewinnt. Die Leserinnen und Leser beziehen sich während der Romanlektüre auf die Diskurse in der Gesellschaft, indem sie die Zusammenhänge zwischen dem Roman und diesen Diskursen erkennen, rekonstruieren oder aktiv herstellen (vgl.

Hallet 2009c, 85). Kontextualisierung kann gesellschaftliche, kulturelle, geistesgeschichtliche, politische oder ökonomische Umstände, in die der Roman verwoben ist, erhellen und somit das Kontextwissen der Lernenden erweitern und ihr Verständnis des Textes intensivieren. Die intertextuelle Lektüre sollte im Unterricht allerdings nicht auf die Suche nach textlichen Spuren reduziert werden. Ein wichtiges Ziel liegt darin, auf die „Bedeutungskonstitution im Umgang mit literarischen Texten [als] Resultat von kulturellen Prozessen" (Kammler 2013, 311) Aufmerksamkeit zu lenken. Mit den Bildungsstandards für die Allgemeine Hochschulreife sind die Weichen für eine diskursanalytische Behandlung der Romane im Deutschunterricht, zumindest in der gymnasialen Oberstufe, gestellt. Die Bildungsstandards sehen vor, dass die Schülerinnen und Schüler „Produktions-, Rezeptions- und Wirkungsbedingungen berücksichtigen". Auf dem erhöhten Niveau können sie „wissenschaftliche Sekundärtexte, philosophische Schriften und historische Abhandlungen in die Kontextualisierung literarischer Werke einbeziehen" (KMK 2012a, 18–19). Im fremdsprachlichen Unterricht wird eine diskursanalytische Romanlektüre mit der Entwicklung der fremdsprachlichen Diskurskompetenz begründet (vgl. Hallet 2009c, 85).

Eine literaturbezogene Kontextualisierung kann zur Förderung des literarischen Lernens beitragen – insbesondere solcher Aspekte wie „literaturhistorisches Bewusstsein entwickeln" und „prototypische Vorstellungen von Gattungen/Genres gewinnen" (Spinner 2006, 13). Der Vergleich eines gegenwärtigen Adoleszenzromans mit einem modernen oder postmodernen erlaubt den Schülerinnen und Schülern, Einsichten in die historische Entwicklung dieser Gattung zu nehmen. Eine intertextuelle Lektüre kann außerdem einen „Einblick in intertextuelle Zusammenhänge" gewähren und den literarischen Text als „Reaktion auf Vorausgegangenes" wahrnehmen lassen. Dies entspricht auch den in den Bildungsstandards für die Allgemeine Hochschulreife formulierten Kompetenzen; die Schülerinnen und Schüler können beispielsweise „diachrone und synchrone Zusammenhänge zwischen literarischen Texten ermitteln" oder „Motive, Themen und Strukturen literarischer Schriften [...] vergleichen" (KMK 2012, 18–19).

Zieht man die Bildungsstandards für den mittleren Schulabschluss zum Vergleich heran, zeigt sich einerseits, dass die Kompetenzbeschreibungen hier weniger ausdifferenziert sind. Die zu erwerbenden Kompetenzen beziehen sich auf die Herstellung der Zusammenhänge zwischen dem Text, seiner Entstehungszeit und dem Leben des Autors. Die Schülerinnen und Schüler können außerdem „sprachliche Gestaltungsmittel in ihren Wirkungszusammenhängen und in ihrer historischen Bedingtheit erkennen" (KMK 2003a, 14). Der Vergleich legt andererseits nahe, dass im Deutschunterricht Texte und Relationen zwischen den Texten untersucht werden. Dabei geht es meistens um die Herstellung von literaturästhetischen oder literatur- und zeithistorischen Bezügen zwischen einem literarischen Text und einem bestimmten literarischen Vorgängertext oder nichtliterarischen Texten. Der von Kristeva in die Literaturtheorie eingeführte Begriff der Intertextualität hat in der Literaturdidaktik keinen günstigen Nährboden gefunden. „Denn eine Literaturdidaktik, die sich vom Begriff des Werkes vollständig verabschiedet, erscheint kaum praktikabel" (Kammler 2013, 309).

Was die Kontextualisierung im Deutschunterricht betrifft, lassen sich gleich mehrere Problemfelder aufzeigen. Erstens setzt intertextuelle Lektüre entsprechendes (literatur-)historisches und kulturelles Wissen voraus. Dieses Wissen wird aber erst im Unterricht aufgebaut (vgl. Wrobel 2013, 13). Im engen Zusammenhang damit steht die Frage nach dem Bildungsauftrag der Schule – wie viel ‚Expertenwissen' soll im Unterricht vermittelt werden und worin unterscheidet sich ein solches Expertenwissen von kultureller Kompetenz (vgl. Kammler 2013, 310; Schilcher und Pissarek 2015, 34). Zweitens stellt kontextuelles literarisches Verstehen für die Schülerinnen und Schüler eine enorme Herausforderung dar. In einer empirischen Untersuchung konnte Frederking nachweisen, dass Lernende erhebliche Schwierigkeiten damit haben, „externe Informationen auf einen literarischen Text anzuwenden und diese für eigene vertiefte Interpretation zu nutzen" (Frederking 2013b, 133). Das dritte Problemfeld betrifft die Lernarrangements. Einerseits besteht die Notwendigkeit, kontextuelle Verstehenskompetenz gezielt zu fördern (vgl. Frederking 2013b, 133), andererseits stellt sich die Frage, wie die Aufgaben modelliert werden sollen, damit die Schülerinnen und Schüler die Bezüge zwischen den Texten möglichst selbstständig entdecken beziehungsweise herstellen können (vgl. Kammler 2013, 312).

Die Literaturdidaktik hat bisweilen nur vereinzelt Antworten und Lösungen für die benannten Probleme vorgelegt. Im Hinblick auf die mangelnden Kenntnisse über Prätexte bei den Schülerinnen und Schülern plädiert Kammler (2013, 315) für eine relativ starke Instruktion durch die Lehrkräfte und für die Fokussierung auf die Aufdeckung und Untersuchung von Systemreferenzen. Einzeltextreferenzen könnten im Unterricht insofern thematisiert werden, als die Bezugnahme auf den Prätext eindeutig markiert sei – beispielsweise sei dies im Titel Plenzdorfs *Die neuen Leiden des jungen W.* der Fall. Bei solchen Markierungen steigt die Wahrscheinlichkeit, dass die Schülerinnen und Schüler „selbstständig Hypothesen über mögliche intertextuelle[] Bezüge" (Kammler 2013, 313) formulieren.

Wrobel schlägt vor, nicht nur thematische Sachtexte und andere literarische Texte in die Erarbeitung eines Romans einzubeziehen. Auch Autorenbiografien sowie öffentliche Reaktionen auf das Werk und seinen Autor könnten das Textverstehen positiv beeinflussen und über historische, soziale, politische und gesellschaftliche Zusammenhänge, in denen ein Roman steht, Aufschluss geben. Der Förderung kontextuellen literarischen Verstehens tragen Wrobels Kontextualisierungsvorschläge insofern Rechnung, als sie durch die Formulierung von konkreten Aufgaben und Arbeitsimpulsen, das herangezogene Material direkt auf Romanstellen beziehen. Die Schülerinnen und Schüler werden dazu angehalten, sich sowohl mit einem Selbstkommentar des Romanautors oder einem wissenschaftlichen Bericht als auch mit ausgewählten Romanstellen intensiv auseinanderzusetzen, indem sie diese miteinander vergleichen, Gemeinsamkeiten und Unterschiede aufdecken und den Kommentar des Autors anhand von Romanauszügen be- oder widerlegen oder die in einer Rezension präsentierte Meinung zu einem Roman an der Lektüre überprüfen (vgl. Wrobel 2013, Downloadmaterial zu Daniel Kehlmanns *Die Vermessung der Welt*).

5 Offene Fragen, Forschungsdesiderate

Viele Kinder und Jugendliche lesen in ihrer Freizeit sehr gerne Romane (Pfeiffer 2013, 63), doch in der Schule finden Romane weitaus weniger Beachtung als dies dem Leseinteresse der Schülerinnen und Schüler angemessen wäre. Dies ist der Fall, obwohl Lesepräferenzen der Grundschulkinder (Plath und Richter 2016, 491) erforscht sind und die Didaktik die Diskrepanz zwischen dem Leseinteresse der Kinder und dem Angebot der Schule als problematisch herausgestellt hat (vgl. Pompe et al. 2016, 175). Romane könnten stärker im Unterricht gelesen werden, um Lesemotivation und ästhetische Genussfähigkeit zu fördern. In der Literaturdidaktik fehlt es allerdings an Konzepten, wie der Umgang mit einem Roman in einem kompetenzorientierten Literaturunterricht modelliert werden kann. Dabei geht es zum einen darum, einen Konsens darüber zu erzielen, worin die literarische Kompetenz sich äußern könnte. In diesem Zusammenhang gewinnen Fragen nach dem Gattungswissen und dem Vorwissen der Lernenden sowie die Unterscheidung zwischen allgemeiner Leseverstehenskompetenz und literarischer Verstehenskompetenz an Bedeutung. Zum anderen liegt das Problem darin, wie die Teilkompetenzen gemessen werden könnten. Vor dem Hintergrund dieser Problemlage formulieren Schilcher und Pissarek (2015) eine detaillierte Kompetenzmodellierung. Auf diese Weise wäre es einerseits möglich, Aufgaben zu generieren, welche die Schülerinnen und Schüler „kognitiv aktivieren und ihre Problemlösefähigkeit anregen" würden, andererseits könnten geeignete „Strategien und Prozeduren" vermittelt werden, „die bei der Lösung komplexer werdender Aufgaben helfen" (Schilcher und Pissarek 2015, 34).

Weiterführende Literatur

Bode, Christoph (2005). *Der Roman. Eine Einführung.* Tübingen/Basel.
Der Deutschunterricht 2 (2016).
Ehlers, Swantje (2017). *Der Roman im Deutschunterricht.* Paderborn.
Gansel, Carsten (42010). *Moderne Kinder- und Jugendliteratur. Vorschläge für einen kompetenzorientierten Unterricht.* Berlin.
Hallet, Wolfgang und Ansgar Nünning (2009). *Romandidaktik. Theoretische Grundlagen, Methoden, Lektüreanregungen.* Trier.
Leubner, Martin und Anja Saupe (2006). *Erzählungen in Literatur und Medien und ihre Didaktik.* Baltmannsweiler.
Wrobel, Dieter (2013). *Romane von Kafka bis Kehlmann. Literarisches Lernen in der Sekundarstufe I und II.* Seelze-Velber.

Emer O'Sullivan und Dietmar Rösler
III.2.6 Kinder- und Jugendliteratur

1 Kinder- und Jugendliteratur und ihre normativen Bestimmungen

Die Auffassungen und Erwartungen darüber, was Kinder- und Jugendliteratur ist beziehungsweise sein soll, welchen Anforderungen sie genügen muss, wie sie sich gestalten und welche Funktionen sie erfüllen soll, unterscheiden sich, und zwar je nachdem, aus welchem Blickwinkel, mit welcher normativen Bestimmung sie betrachtet wird. Drei Hauptnormen spielen dabei eine Rolle: eine pädagogische Norm, die in der Kinder- und Jugendliteratur in erster Linie ein Medium der moralischen Erziehung, der Vermittlung von Kenntnissen, von Werten und Verhaltensweisen, aber auch der Schulung der Lesekompetenz und des Literaturerwerbs sieht; eine (leser-)psychologische Norm, die die Adressatenbezogenheit in den Vordergrund rückt und von den Bedürfnissen, Interessen und Kompetenzen der Zielgruppe ausgeht, und eine ästhetische Norm, die Kinderliteratur in erster Linie als Literatur betrachtet und sie dementsprechend nach ihrer ästhetischen Stimmigkeit beurteilt. Nach Letzterer gelten für die Kinder- und Jugendliteratur die gleichen Forderungen, die auch an die allgemeine Literatur gestellt werden: Sie soll sich nicht an die Leser anpassen, sondern vor allem literarischen Ansprüchen genügen. Diese drei Positionen lassen sich zwar systematisch unterscheiden, in der Praxis spielen sie in der Regel – mit unterschiedlicher Gewichtung – zusammen (vgl. dazu Ewers 2012, 135–153).

Die Gewichtung der jeweiligen Normen, verbunden mit den jeweiligen aktuellen gesellschaftlichen Vorstellungen von Kindheit und dem, was man für kindgerechte Texte hält, lässt sich besonders deutlich zeigen, wenn man Übersetzungsvergleiche vornimmt, sowohl diachron im Hinblick auf Neuübersetzungen eines Textes zu verschiedenen Zeiten als auch synchron beim Vergleich von Übersetzungen in unterschiedliche Sprachen und Kulturräume. Dabei wird die normative Ausrichtung der Übersetzung von verschiedenen Faktoren bestimmt, von der jeweils kultur- und zeitspezifisch vorherrschenden Einstellung Kindern und Kinderliteratur gegenüber, der Verlagspolitik, von Rücksichtnahmen auf die vermeintlichen Erwartungen der erwachsenen Vermittler, vom Kindheitsbild des Übersetzers und Ähnlichem. Die Instanz des impliziten Übersetzers tritt bei Texten, die vorwiegend nach der ästhetischen Norm übersetzt werden, hinter die des impliziten Autors des Ausgangstexts zurück. Die Stimme des Übersetzers kann man hingegen besonders deutlich vernehmen, wenn pädagogische oder (leser-)psychologische normative Vorstellungen vorherrschen und zum Beispiel die angenommene kindliche Rezeptionsfähigkeit in der Zielkultur sich offensichtlich von der in der Ausgangskultur unterscheidet oder wenn abweichende Normvorstellungen, bezogen auf sprachliche Varietäten und/oder gesellschaftliche Werte eine Rolle spielen (vgl. O'Sullivan 2003). Ein extremes Beispiel für die Wahrnehmbarkeit einer Übersetzerstimme, die den Zieltext mit der entsprechenden ‚Justierung' versieht, ist die Aufblähung einer fünfzeiligen Passage aus Lewis Carrolls *Alice in Wonderland* zu einer achtzehnzeiligen in einer der deutschen Übersetzungen (Carroll 1949, 69), in der alles Bedrohliche und aller Nonsens der Ausgangsfassung entfernt und dem deutschen Leser ein beflissenes deutsches Schulmädchen, das ein Kochrezept für Mockturtlesuppe referiert, vorgesetzt wird. Weitere Adaptionsbeispiele wie sprachliche Anpassungen im Hinblick auf die Registerwahl, Entschärfungen von sexuell expliziten Szenen oder die Abschwächung eines respektlosen Umgangs mit Autoritäten zeigen, wie in Übersetzungen die Anforderungen der pädagogischen Norm die der ästhetischen überstimmen können (vgl. dazu die Analyse einer Vielzahl von Beispielen in O'Sullivan 2000, 192–221).

Eine Besonderheit von Kinder- und Jugendliteratur ist die asymmetrische Kommunikationssituation. Kinder- und Jugendliteratur ist eine Literatur, die von Erwachsenen Kindern und Jugendlichen zugeteilt wird. Sie wird zwar von Kindern und Jugendlichen gelesen (beziehungsweise sie wird ihnen vorgelesen), aber die Autoren, die Redakteure, die Rezensenten, die Bibliothekare, die empfehlenden Buchhändler, die Mitglieder von Jurys und sonstige mit der Distribution, Vermittlung und zum Teil Bewertung befasste Instanzen sind in der Regel Erwachsene – wenn auch punktuell, zum Beispiel mit der Einrichtung von Kinderjurys bei Literaturpreisen, der Versuch gemacht wird, dieses Erwachsenenmonopol zu durchbrechen: So gibt es seit 2003 neben der ‚Kritikerjury' beim Deutschen Jugendliteraturpreis eine unabhängige Jugendjury, die einen eigenen Preis verleiht. Aufgrund dieser Asymmetrie ist es unvermeidlich, dass in der Kinder- und Jugendliteratur sehr häufig eine Widerspiegelung dessen erfolgt, was Erwachsene in einem bestimmten gesellschaftlichen Kontext zu einer bestimmten Zeit als geeignet für Kinder und Jugendliche ansehen (was nicht notwendigerweise identisch mit den Texten ist, die diese lesen wollen). Um dieser Besonderheit gerecht zu werden, arbeitet die Kinder- und Jugendliteraturforschung mit drei Kategorien zur Klassifizierung ihres Korpus (s. u.).

Die oben beschriebene Asymmetrie der Kommunikation, in der Erwachsene Produzenten, Verteiler und Empfehler sind, hat zur Folge, dass neben den eigentlichen jungen Adressaten auch Erwachsene kinder- und jugendliterarische Texte mit- und vorlesen. Die Berücksichtigung erwachsener Leser als Vermittler führt zu einer Doppeladressierung im Bereich kinderliterarischer Texte. Und nicht nur in ihrer Rolle als Vermittler, sondern auch als Leser können Erwachsene durch Elemente wie Ironie oder Intertexte in kinderliterarischen Texten gesondert angesprochen werden. Mit dem Begriff der Mehrfachadressierung bezeichnet man Texte, die verschiedenen Leseraltern unterschiedliche Lektüren anbieten. Diskutiert wurde unter anderem, inwieweit in Kinderbüchern eingeschriebene Leserrollen für Erwachsene ein Faktor des Erfolgs bestimmter Bücher sein können. So enthält zum Beispiel ein Buch wie A. A. Milnes *Winnie-the-Pooh* nicht nur Textpassagen, die für den kindlichen Leser ein pures Lesevergnügen darstellen; mit satirischen und parodistischen Elementen und dem Wissensvorsprung, den der Erwachsene genießt, hat der Roman auch eine Ebene der Adressierung an die vorlesenden Erwachsenen. Auch hier ist wieder ein Blick in die Übersetzungsgeschichte interessant: Während die erste deutsche Übersetzung von *Winnie-the-Pooh* 1928 die doppelte Adressierung nicht mitübersetzt und somit eventuell dazu beigetragen hat, dass diesem Buch zunächst im deutschsprachigen Raum kein Erfolg beschieden war, ist es Harry Rowohlt in der 1987 erschienenen Neuübersetzung gelungen, die Angebote nicht nur für den kindlichen, sondern auch für die erwachsenen Leser im Ausgangstext besser zu identifizieren und keinen Leser in seiner Übersetzung zu kurz kommen zu lassen – den erwachsenen zum Beispiel nicht durch die Übertragung des parodistischen Umgangs mit Maklersprache oder Small Talk.

In der Kinder- und Jugendliteraturforschung wird unterschieden (vgl. den Überblick in Ewers 2012, 13–27) zwischen (1) der spezifischen Kinder- und Jugendliteratur – der Literatur, die spezifisch für Kinder und Jugendliche geschrieben worden ist, also zum Beispiel *Pippi Langstrumpf* oder *Pinocchio*; (2) der intentionalen Kinder- und Jugendliteratur, die über die spezifische Kinder- und Jugendliteratur hinaus auch die von gesellschaftlichen Instanzen zur geeigneten Lektüre für Kinder und Jugendliche erklärten Texte umfasst, also zum Beispiel Adaptionen von ursprünglich nicht an Kinder adressierten Texten wie *Gullivers Reisen* oder *Don Quijote* und für Kinder herausgegebene Anthologien von Lyrik aus dem Bereich der Allgemeinliteratur, und (3) der Kinder- und Jugendlektüre, einer Kategorie, die versucht zu erfassen, was von Kindern und Jugendlichen tatsächlich gelesen wird. Und das sind neben der intentionalen Kinder- und Jugendliteratur (zumindest, wenn sie nicht nur geschenkt, sondern auch gelesen wird) zum Teil Texte, die im Widerspruch stehen zu dem, was die gesellschaftlichen Instanzen für empfehlenswerte Texte halten. Klassische Beispiele dafür sind Romane von Stephen King, aber auch die am Anfang des 20. Jahrhunderts aus Amerika importierten Serienhefte wie *Buffalo Bill* oder *Nick Carter*, deren große Popularität einen heftigen Kampf gegen Schund auslöste (vgl. Jäger 1998). Dieser flammte in den 1950er Jahren wieder auf, in denen ‚Schund' unter anderem mithilfe des ‚guten Jugendbuchs' bekämpft werden sollte (vgl. dazu Müller 2014).

Die spezifische Kinder- und Jugendliteratur hat sich erst im Laufe des 19. und 20. Jahrhunderts zur prototypischen Kinder- und Jugendliteratur entwickelt.

Mit dem Sammelbegriff ‚Kinder- und Jugendliteratur' wird eine große Menge sehr unterschiedlicher Texte zusammengefasst, von Büchern mit einer starken haptischen Komponente für Kleinstkinder, Erstlesebüchern, Bilderbüchern, Lyrik, Abenteuerromanen, psychologischen Romanen bis hin zu komplexen Adoleszenzromanen, die sich im Hinblick auf ästhetische Komplexität nicht von Texten unterscheiden, die der allgemeinen Literatur zugeordnet werden. Hinzu kommt, dass in den letzten Jahren die sogenannte *All-Age*-Literatur in den Markt drängt. Dabei handelt es sich zum Teil um Texte, die sich sowohl an Kinder beziehungsweise Jugendliche als auch an Erwachsene richten und auch von diesen rezipiert werden, manchmal in zwei verschiedenen Ausgaben erscheinend, die sich zum Teil textidentisch, aber mit unterschiedlicher Aufmachung an jugendliche und erwachsene Leser separat wenden, wie zum Beispiel die *Harry-Potter*-Romane. Diese Vielfalt des Korpus der Kinder- und Jugendliteratur macht es (fast) unmöglich, verallgemeinernde Sätze über ebendiese oder den didaktischen Umgang mit ihr zu formulieren, die für alle Gattungen und Formen der Kinder- und Jugendliteratur mit ihren unterschiedlichen Graden an Komplexität und ästhetischen Ansprüchen gelten.

Ebenfalls zu den Besonderheiten von Kinder- und Jugendliteratur gehört, dass sie stärker noch als andere Literaturen auf das veränderte Mediennutzungsverhalten ihrer intendierten Rezipienten reagiert. Infolge der Globalisierung, aber auch der Kommodifizierung der Kindheit taucht die Kinderliteratur häufig in sogenannten Medienverbünden auf, also in Verbindung mit Kino- oder Fernsehfilmen, mit Figuren in sozialen Netzwerken und vor allen Dingen auch mit ausgeprägten Merchandisingkonzepten, zum Beispiel bei Figuren von Beatrix Potter, bei Bob, dem Baumeister oder bei Prinzessin Lillifee. Kinder- und Jugendliteratur wird durch den Medienverbund nur zu einem Teil und auch nicht unbedingt zu einem führenden Teil, manchmal aber auch zum Ausgangsmedium eines multimedialen Unterhaltungsangebots. Darüber hinaus wirken sich das veränderte Mediennutzungsverhalten und die Mediendynamik auch auf die Produktion der Texte aus; narrative Strategien, Bildsprache, intertextuelle und mediale Bezüge, Genrehybridisierung, Serialität und anderes beziehen die Vertrautheit der Leser mit Medien ein.

2 Einfachheit von Kinder- und Jugendliteratur als verführerische Kategorie für die Didaktik

Zu den Merkmalen von Kinder- und Jugendliteratur, die auf den ersten Blick für die Didaktik besonders attraktiv sind, gehört ihre sogenannte Einfachheit. Dies ist ein verführerisches Konzept, es lässt sich interpretieren als Hinweis darauf, dass hier Texte vorliegen, die sprachlich so einfach sind, dass sie früher als andere in didaktischen Zusammenhängen verwendet werden können. Im kinderliteraturwissenschaftlichen Diskurs wird die Kategorie der Einfachheit jedoch nicht vornehmlich als Beschreibung eines linguistischen Phänomens verstanden, sondern – wie von Lypp 1984 eingeführt – als Kategorie, die sich auf basalpoetische Prinzipien und eine spezifische Form der Komplexitätsreduzierung bezieht. Sie ist anschließend auch in didaktischen Kontexten aufgenommen und adaptiert worden.

Einfachheit kann man auf verschiedenen Ebenen eines Textes ausmachen: auf der Handlungsebene, als formale und strukturelle Einfachheit, als sprachliche Einfachheit und bei Bilderbüchern auch auf der bildästhetischen Ebene. Anhand der Analyse der verschiedenen Ebenen des ‚einfachen' Bilderbuchs *I want my hat back* von Jon Klassen (2012) lässt sich zeigen, wie Einfachheit zwar auf all diesen Ebenen gegeben sein kann, wie durch eine produktive Spannung zwischen dem Verbalen und dem Visuellen, bei der sich Text und Bild widersprechen, jedoch das angeblich schlichte Bilderbuch komplexe, philosophische Fragen aufwerfen und ein Beispiel von einfacher Vielschichtigkeit abgeben kann (vgl. O'Sullivan 2016, 26–30).

Mit der Vorstellung von Einfachheit verbunden ist die sogenannte Brückenfunktion, die der Kinder- und Jugendliteratur zugeschrieben wird. Dieser Begriff funktioniert auf zwei Ebenen, zum einen soll diese Literatur einen Bezug zur Lebenswelt kindlicher und jugendlicher Leser und damit eine Brücke zwischen Text und Erfahrung herstellen. Zum anderen, das ist die stärker didaktische Interpretation der Brückenfunktion, stellt die Lektüre von kinderliterarischen Texten die Brücke zum Lesen allgemeinliterarischer Texte dar. Implizit in dieser Idee von Brücke schwingt mit, dass die Kinder- und Jugendliteratur nicht den gleichen Stellenwert wie ‚erwachsene' Literatur hat, sondern etwas ist, was nützlich ist, um das ‚richtige' Lesen zu lernen. Diese Vorstellung von Brückenfunktion spiegelt die allgemein anzutreffende Wertung, Kinderliteratur sei lediglich eine Vorstufe zur ‚richtigen' Literatur und dementsprechend ästhetisch weniger wert als Literatur für Erwachsene. Man muss deshalb aufpassen, dass man bei der Arbeit mit kinderliterarischen Texten nicht vergisst, dass diese ebenso wie allgemeinliterarische Texte einen Beitrag zur ästhetischen Erziehung leisten können und sollen.

Für die Fremdsprachendidaktik kann man nun die Brückenmetapher noch einen Schritt weiterdenken. Ein kinderliterarischer Text ist manchmal der erste Ganztext in einer fremden Sprache und „damit der große Schritt über die angstbesetzte Schwelle, sich in der Fremdsprache tatsächlich auf einen Text selbstständig einzulassen und nicht mehr darauf zu warten, dass man im Unterricht mit Häppchen aus dem Lehrwerk gefüttert wird" (O'Sullivan und Rösler 2013, 45). Dies gilt, und das ist eine besondere Herausforderung für die Fremdsprachendidaktik, eventuell auch für erwachsene Leser. Hier könnte sowohl die sprachliche Einfachheit kinderliterarischer Texte als auch ein Sicheinlassen der erwachsenen Lernenden auf einen spielerischen Umgang mit Kinderliteratur dazu führen, dass bereits zu einem relativ frühen Zeitpunkt des Erwerbs der neuen Sprache eine Beschäftigung mit einer Ganzschrift erfolgt, die im traditionellen Unterricht, der allgemeinliterarische Texte verwenden würde, sprachlich noch nicht möglich wäre.

3 Argumente für und gegen die Arbeit mit (Kinder-)Literatur

Im Gegensatz zum erstsprachlichen Unterricht, in dem Literatur in Form des schulischen Literaturkanons mehr oder weniger selbstverständlich als Gegenstand des Unterrichts angesehen wird, ist im Fremdsprachenunterricht eine Diskussion über die Rolle von Literatur zu verzeichnen. Koppensteiner (2001) hat hiefür Argumente zusammengestellt: Die Zahl der tatsächlich an Literatur interessierten Lernenden sei relativ klein, Literatur produziere Langeweile, sei lebensfremd, zu intellektuell oder veraltet. Die Texte seien schwierig und von der Alltagssprache abweichend, sie seien keine Modelle, die unmittelbar in den Alltag überführbar seien; literarische Texte lieferten zu wenig Arbeitsmöglichkeiten für den Bereich Grammatik und Wortschatz – so lauten die Argumente gegen den Einsatz. Interessant ist, dass bei den Argumenten für die Verwendung literarischer Texte inhaltliche Ähnlichkeiten mit den gerade angeführten nicht zu übersehen sind, geändert hat sich das Vorzeichen: Literarische Texte könnten zu einem persönlichen Engagement führen, weshalb es gerade nicht zu Langeweile komme, sie lieferten eine besondere Sprachqualität und damit auch einen Wortschatz, der nicht in traditionellen Sprachlehrbüchern vorkomme. Man kann sich des Eindrucks nicht erwehren, dass Argumente wie guter versus schlechter Wortschatz oder Langeweile versus Vermeidung von Langeweile in gewisser Weise beliebig sind. Sinnvoller als auf der generellen Ebene Argumente für und gegen Literatur auszutauschen, wie das vor allen Dingen in der globalen Methodendiskussion häufig der Fall war, ist es wohl, bezogen auf konkrete Lernende, Lernziele und erreichte Sprachniveaus, zu fragen, welche literarischen Texte wann sinnvoll sind.

Wenn es für das Fremdsprachenlernen schon auf der Ebene der allgemeinen Literatur derartige Diskussionen gibt, ist es nicht verwunderlich, dass die Diskussion um den Einsatz von Kinder- und Jugendliteratur im Fremdsprachenunterricht noch kritischer geführt wird. Man kann zum Beispiel argumentieren, dass die knappe Zeit, die im Fremdsprachenunterricht ohnehin nur zur Verfügung steht, dann doch sinnvollerweise für kanonische Texte der Zielkultur verwendet werden sollte und nicht für Kinder- und Jugendliteratur. Dieses Argument greift zum einen die Geringschätzung, die der Kinder- und Jugendliteratur gegenüber aufgebracht wird, auf, zum anderen setzt sie parallel zur Diskussion der Erstsprachdidaktik die Kenntnisse bestimmter Texte als Teil der Bildung in einer Fremdsprache als gegeben voraus; und drittens ignoriert diese Argumentation, dass es eine Diskussion um die Arbeit mit literarischen Texten gibt, die gerade nicht vom Status der Texte ausgeht, sondern von der Frage, welchen Beitrag diese Texte zum Fremdsprachenlernen und zur ästhetischen Bildung von bestimmten Personen an bestimmten Orten zu bestimmten Zeiten leisten.

Wenn man Literatur nicht nur als Gegenstand des Fremdsprachenunterrichts betrachtet, sondern auch ihre Rolle im Spracherwerbsprozess berücksichtigt, dann unterscheidet sich die Diskussion über die Arbeit mit Kinder- und Jugendliteratur von der über die Arbeit mit Allgemeinliteratur. Neben dem oben angeführten Argument der doppelten Brückenfunktion ist es vor allen Dingen die Altersangemessenheit, die sich in den Vordergrund drängt: Kinderliterarische Texte sind gut für den Unterricht mit Kindern und jugendliterarische Texte sind gut für den Unterricht mit Jugendlichen, heißt es dann, weil diese sich auf die jeweilige Lebenswelt beziehen, die angemessene sprachliche Varietät repräsentieren und über gleichaltrige Protagonisten Identifikationsmöglichkeiten bieten (vgl. die Zusammenfassung der Argumente in O'Sullivan und Rösler 2013, 44–46).

Allerdings zeigt gerade eine differenziertere Auseinandersetzung mit dem Begriff der Einfachheit in kinderliterarischen Texten, dass es nicht wenige Texte gibt, die zwar eine sprachliche Einfachheit an den Tag legen, die sie für Sprachlernanfänger zugänglich machen, gleichzeitig aber eine kognitive Komplexität oder auch einen literarischen Anspruch vorweisen, die die Texte auch für ältere Jugendliche oder Erwachsene attraktiv machen können, da sie ihren zielsprachenunabhängigen ästhetischen und kognitiven Fähigkeiten gerecht werden. Es handelt sich dabei häufig um sogenannte *Crossover*- oder *All-Age*-Bilderbücher, die aufgrund ihrer Mehrfachkodierung beispielsweise einen einfach formulierten Text mit komplexeren Angeboten auf der Bildebene kombinieren können. Auf diese Weise kann die Kluft zwischen eingeschränkten sprachlichen Ausdrucksmitteln und intellektuellem Anspruch überbrückt werden (vgl. die zahlreichen Beispiele in Burwitz-Melzer und O'Sullivan 2016). Wichtiger als die Frage nach der Altersangemessenheit wird so die Frage nach der Zugänglichkeit: „Die Fragestellung, die an einen (wie auch immer gearteten) Text herangetragen wird, bedingt die Komplexität der Interpretation mehr als die Textstruktur an sich" (Blume 2016, 60). Gerade für die Kompetenzstufendiskussion in der Literaturdidaktik, so Blume, könnte es fruchtbar sein, diese nicht an Texten, sondern an Zugängen beziehungsweise Fragestellungen festzumachen.

4 Kinder- und Jugendliteratur und Fremdsprachendidaktik

Fremdsprachendidaktische Forschungsbeiträge, hauptsächlich in Form von Artikeln, zur Kinder- und Jugendliteratur im deutschsprachigen Raum gibt es schon seit langer Zeit und sie waren, wie der Überblicksartikel der Zeitschrift für Fremdsprachenforschung aus dem Jahr 2002 zeigt (vgl. O'Sullivan und Rösler 2002), nicht nur zahlreich, sondern deckten auch ein breites Themenspektrum ab. Bemerkenswert ist im Rückblick, wie wenig sich viele dieser Arbeiten aufeinander bezogen, ein gemeinsames Bewusstsein darüber, dass man nicht einen allgemeinliteraturdidaktischen Beitrag produzierte, sondern einen, der sich mit einem Teil von Literatur mit spezifischen Merkmalen befasste, schien oft nicht vorhanden. Nach dem Millennium hat sich dies geändert. Fachzeitschriften produzierten Themenhefte (vgl. z. B. *Fremdsprache Deutsch*, 2002; *Der fremdsprachliche Unterricht Spanisch*, 2008), es erschienen Bibliografien (vgl. z. B. Caspari 2011), Sammelbände (vgl. z. B. Bland und Lütge 2013), Monografien (Bland 2013) und programmatische Artikel (vgl. z. B. Caspari 2007). 2013 entstand mit *Children's Literature in English Language Teaching* (CLELE) eine speziell auf Kinder- und Jugendliteratur und Fremdsprachenlernen (Englisch) bezogene Zeitschrift, mit der Arbeit von O'Sullivan und Rösler erschien 2013 eine erste Einführung. 2014 wurde die Arbeitsgemeinschaft für die interdisziplinäre Erforschung und Förderung der Kinder- und Jugendliteratur im Fremdsprachenunterricht (AIDEFF) gegründet, ein Zusammenschluss von Didaktikern und Kinderliteraturwissenschaftlern, der auf seiner Gründungstagung das Konzept der Einfachheit zum Gegenstand machte (vgl. Burwitz-Melzer und O'Sullivan 2016). Auch allgemeine literaturdidaktische Themen wurden nun aus der Perspektive der Kinder- und Jugendliteratur betrachtet wie beispielsweise die Diskussion zur „Anbahnung von literarisch-ästhetischem Lesen" anhand des Einsatzes frankofoner Jugendliteratur in Hethey 2015 oder des Erwerbs von literarischer und sprachlicher Kompetenz anhand von englischsprachigen Bilderbüchern und Graphic Novels (vgl. Burwitz-Melzer 2013).

Wenn man sich die Geschichte des Fremdsprachenunterrichts und seiner globalen Methoden anschaut, stellt man erstaunliche Unterschiede im Hinblick auf den Stellenwert literarischer Texte fest. Ästhetik und Fremdsprachenunterricht haben eine lange, aber nicht immer sehr erfolgreiche gemeinsame Geschichte, und in dieser Beziehung ging es eigentlich eher selten um die Frage, wie der Fremdsprachenunterricht zur ästhetischen Bildung beiträgt, sondern eher um diejenige, welche Kunstformen in den Fremdsprachenunterricht zu integrieren seien beziehungsweise ob sie überhaupt im Fremdsprachenunterricht auftauchen sollten. Musik und bildende Kunst haben lange Zeit eher ein Nischendasein geführt, de facto ging es fast immer um die Frage, welche Rolle Literatur, und zwar die Literatur der Zielsprache, im Fremdsprachenunterricht spielen soll.

Bei dem heutzutage abgewerteten Grammatik-Übersetzungsunterricht war die Sache eindeutig, Literatur spielte eine wesentliche Rolle, das Lesen hochkultureller Texte war ein wichtiges Ziel des Fremdsprachenunterrichts. Diese zumindest in der Theorie selbstverständliche Verbindung von Menschenbildung und Fremdsprachenlernen wurde im 20. Jahrhundert gekappt, die Fremdsprachendidaktik wurde auf unterschiedliche Weise überwiegend utilitaristisch, Literatur wurde entweder komplett ausgegrenzt, wie zum Beispiel in der audiolingualen Methode, oder im Hinblick auf ihre Funktionalität für den Spracherwerbsprozess diskutiert. Dass konkrete Poesie eine Zeit lang häufig in Lehrwerken für Deutsch als Fremdsprache auftauchte, hatte eher damit zu tun, dass man glaubte, daran Grammatikvermittlung betreiben zu können, als mit einem echten Interesse an deutscher Lyrik. Und dass in letzter Zeit zumindest punktuell ein neues Interesse an den Kunstformen im Fremdsprachenunterricht festzustellen ist und dass dieses Mal auch die Musik stärker in den Fokus gerät (Badstübner-Kizik 2007), ist eine erfreuliche Entwicklung, wobei allerdings nicht immer klar ist, inwieweit dabei tatsächlich ein Interesse an ästhetischer Bildung vorliegt und damit eine Wiederbelebung der Verbindung von Fremdsprachenlernen und Menschenbildung beabsichtigt ist beziehungsweise inwieweit lediglich eine Erweiterung der Gegenstände unter funktionalen Gesichtspunkten zur besseren Unterstützung des Spracherwerbs vorgenommen wird.

Wenn das didaktische Pendel von der starken Alltags- und Kommunikationsorientierung zurückschwingt zu einer stärkeren Würdigung der Verbindung von Fremdsprachenlernen und Menschenbildung, wird auch die Beziehung von Fremdsprachenlernen und ästhetischer Bildung wieder radikaler diskutierbar (vgl. als aktuelle Tendenz Küster et al. 2015; Bernstein und Lercher 2014). Eine Akzeptanz von ästhetischer Bildung als Selbstzweck, die den Lernenden hilft,

Zugänge zu künstlerischen Produkten aufzubauen und mit ihrer Fokussierung auf Stil und Form einen Beitrag zur individuellen Persönlichkeitsbildung leistet, ändert die Fragestellung: Was können Erst- und Fremdsprachenunterricht zur ästhetischen Bildung beitragen, lautet dann die Leitfrage. Und nicht mehr: Zur Vermittlung welcher sprachlichen und kulturellen Phänomene können welche ästhetischen Texte wie verwendet werden?

5 Kriterien für die Auswahl von Originaltexten und adaptierten Texten

Besonders hinsichtlich des Unterrichts für Jugendliche wird oft das Auswahlkriterium der Lebensweltorientierung hervorgehoben, zumeist verbunden mit der Identitätsthematik. Für Jugendliche im Prozess der sogenannten Identitätsfindung müssten jugendliterarische Texte, in denen Protagonisten mit dieser Problematik konfrontiert werden, besonders geeignet sein. Ein interessantes Auswahlkriterium könnte für den Fremdsprachenunterricht außerdem sein, dass die Texte unterschiedliche Normvorstellungen von eigenkulturellen und fremdkulturellen Umgebungen deutlich machen, sodass diese zu einem herausfordernden Gegenstand für den Unterricht werden können. Für das Fach Deutsch als Fremdsprache ist zum Beispiel die Frage, ob man einen Roman wie Benjamin Leberts *Crazy* einsetzen kann, wie das von Geist 2002 für den DaF-Unterricht in Dänemark beschrieben wird, eine, die in unterschiedlichen Teilen der Welt Reaktionen von totaler Ablehnung bis starker Zustimmung für eine herausfordernde Lektüre hervorrufen wird. Auch ein Übersetzungsvergleich kann, wie bereits oben erwähnt, unterschiedliche Normvorstellungen zu einem interessanten Gesprächsgegenstand werden lassen, wenn eigenkulturelle Texte in der Übersetzung als abgeschwächt erscheinen.

Unter den Kriterien, die häufig für die Auswahl von literarischen Texten für den Unterricht herangezogen werden, ist die sprachliche Angemessenheit der Texte ein besonders interessantes und zugleich problematisches Kriterium. Im Gegensatz zu Lehrwerken, die mit Wortschatz und Grammatikprogressionen arbeiten und versuchen, für den jeweiligen Sprachstand angemessene Texte zu finden oder zu produzieren (wodurch sie häufig wenig authentisch und inhaltlich unterfordernd wirken), legen sich literarische Texte keine derartigen Progressionszwänge auf. Insofern ist es bemerkenswert, dass man trotzdem glaubt, ein Kriterium wie die sprachliche Angemessenheit in den Vordergrund rücken zu können. Paradoxerweise findet man Argumentationslinien, die versuchen, die literarischen Texte so nahe wie möglich an die jeweilige Lehrwerkprogression heranzubringen. Man kann über Wortschatzstatistiken oder auch über die Statistiken der vorkommenden grammatischen Strukturen festhalten, dass x Prozent der auf einem bestimmten Sprachstand beherrschten Wörter oder Strukturen in dem Text vorkommen, und von einer hohen Prozentzahl auf die sprachliche Angemessenheit schließen. Wenn man eine derartige Analyse von Vorkommen bestimmter Wörter und Strukturen dann noch verbindet mit stilistischen Forderungen wie der, ein Text für die Grundschule solle übersichtlich im Satzbau bleiben und ohne Rückblenden oder Erzähleinschübe auskommen (vgl. Stefanova 2005, 90), oder wenn man sie mit Forderungen verbindet, ein Text solle zwar eine authentische Sprache transportieren, jedoch ohne zu viel Slang oder „ungrammatical colloquialisms" (Moffit 1998, 18), dann gerät man in die paradoxe Situation, dass man eigentlich möchte, dass die literarischen Texte wie Lehrwerke sind, aber eben nicht wie Lehrwerke aussehen, sondern wie Literatur. Vergessen wird dabei, dass ungewöhnlicher Wortschatz eben nicht nur ein Lernhindernis darstellt, sondern auch eine Herausforderung: „[L]iterarische Texte können einen fremdsprachigen Leser ja auch dadurch begeistern, dass er etwas ‚Exotisches' gelernt hat, was dann vielleicht viel länger in seinem Kopf bleibt als das Alltagsvokabular. ‚Alltag' und ‚Authentizität' sind in der didaktischen Diskussion zwar positiv konnotierte Begriffe, aber man muss aufpassen, dass man bei der Suche nach ihnen nicht das übersieht, was gerade das Aufregende an literarischen Texten ausmachen kann" (O'Sullivan und Rösler 2013, 51).

Der Wunsch nach möglichst genauer Passung ist ein Beleg für die weitgehende Funktionalisierung des literarischen Textes. Es ist sicher richtig, dass man sich überlegt, welche Texte ungefähr zum Sprachstand der Lernenden gehören, und auch statistische Hilfsmittel können dabei sinnvoll sein. Aber wenn diese Anpassung noch mit Forderungen wie der verbunden wird, sprachliche Eigenheiten so abzuschleifen, dass sie möglichst keine Herausforderungen darstellen, dann ist die Gefahr relativ groß, dass von dem, was einen literarischen Text ausmacht, so wenig übrig bleibt, dass man besser bei der Lehrwerksarbeit bleibt. Wenn man mit Adaptionen arbeitet, dann nur mit solchen, die die Spezifik des Kunstwerks bei aller notwendigen Adaption an Lernende und Lernprozessnotwendigkeiten nicht zerstören.

Es gibt verschiedene Arten der Adaption von literarischen Texten. Am wenigsten invasiv ist die vollständige Beibehaltung des Originaltextes, der durch Paratexte wie landeskundliche Erklärungen oder Wortschatzhilfen ergänzt wird. Invasive Adaptionen streichen entweder Passagen des Originaltextes und/oder greifen durch Veränderungen von Textpassagen in den Text ein. Ziel dieser Adaptionen ist es, die Texte zu vereinfachen und sie so Lesern auf einem Sprachniveau zugänglich zu machen, auf dem sie nach Auffassung der Lehrenden oder der Adaptierenden mit dem Originaltext noch nicht umgehen könnten. Adaptionen haben im schulischen Unterricht eine große Tradition als sogenannte leichte Lektüren wie *easy readers* oder *lectures facile* (vgl. Hermes 2006a; zur Authentizität derartiger Texte Claridge 2005). Dabei überwiegen in der theoretischen fachdidaktischen Literatur die kritischen Stimmen, „die sich aber meist nur im Grundsätzlichen bewegen und sich nicht auf empirische Daten stützen, während empirische Untersuchungen zu differenzierteren Ergebnissen kommen" (Hermes 2016, 155). Eher selten gibt es Adaptionen durch den Autor des Originals selbst, wie das für den Bereich Deutsch als Fremdsprache auf Initiative des Goethe-Instituts geschah (z. B. Nöstlinger 1991 und die sie begleitende didaktische Hilfe Ehlers und Nöstlinger 1991).

Adaptionen führen oft zu einer größeren Eindeutigkeit, zum Beispiel dann, wenn erklärende Zwischenüberschriften oder Bilder eingefügt werden. Sie laufen Gefahr, Originalität in der Wortwahl der Autoren zu untergraben. Es gibt Beispiele für misslungene Adaptionen zum Beispiel durch eine Amplifizierung, die ein Sprachspiel so erklärt, dass von dem Sprachspiel nichts übrig bleibt (vgl. O'Sullivan und Rösler 2013, 63–64). Adaptionen können auch ein anderes Wort für Zensur sein, wenn bestimmte inhaltliche Aspekte des Originaltexts für die Lernenden als unzumutbar gehalten werden. Adaptionen können also, wie Harald Weinrich das bereits 1985 formulierte, eine feige Didaktik sein (vgl. Weinrich 1985).

Misslungene Adaptionen sollten aber nicht den Blick darauf verstellen, dass es interessant sein kann, Texte Lernenden, die sich noch auf einem relativ einfachen Sprachniveau befinden, zur Verfügung zu stellen, die sie sonst zu diesem Zeitpunkt noch nicht lesen könnten. Vor der Arbeit mit Adaptionen sollte überlegt werden, ob nicht doch durch die Wahl von geeigneten Übungen und Aufgaben ein Umgang mit dem Originaltext möglich ist. Erst wenn auch das unmöglich scheint, sollte man zu Adaptionen greifen. Da es kaum empirische Rezeptionsforschung gibt, die Adaptionen und Originallektüre vergleicht, kann man derzeit im Hinblick auf die Auswahl von Adaptionen nur bestimmte Fragen stellen:
- „Wie weitgehend sind Streichungen und direkte Änderungen im Text in einer Adaption zulässig?
- Ist es z. B. akzeptabel, dass ganze Figuren und Handlungsstränge aus einem Roman herausgenommen werden, damit dieser einfacher verständlich und kürzer wird?
- Was passiert, wenn man, z. B. in einem Text für DaF-Lernende, bestimmte sprachliche Einheiten durch internationalere ersetzt, so dass einem Lerner die Bedeutungsentnahme evtl. über eine andere (Fremd-)Sprache leichter fällt, also z. B. *durch den Wind* durch *konfus* ersetzt?
- Was bedeutet es, wenn man in einem Text aus untergeordneten Sätzen nebeneinander stehende Hauptsätze macht, damit die Sätze kürzer werden?

– Was bedeutet es, – ein Beispiel auf einer ganz anderen Ebene – wenn man einen Text sprachlich ‚entschärft', weil das Register als für eine kindliche oder jugendliche Lernergruppe unangemessen empfunden wird" (O'Sullivan und Rösler 2013, 65)?

Mit der Frage nach den Adaptionen verbunden ist auch jene danach, inwieweit längere Texte als Ganzschrift oder nur teilweise in Auszügen gelesen werden sollen. In gewisser Weise ist es eine didaktische Adaption, wenn zum Beispiel ein Roman zum Teil als Text gelesen wird, andere Kapitel in einer verfilmten Fassung rezipiert werden und wieder andere eventuell im Klassenverbund arbeitsteilig erarbeitet werden, sodass bestimmte Lernende Experten für die Inhalte bestimmter Kapitel und/oder Figuren werden. Das Zusammenspiel von Originaltext und medialen Adaptionen wird für viele junge Lernende ohnehin eine Spiegelung ihres Mediennutzungsverhaltens sein und aus deren Perspektive nicht einmal besonders erwähnenswert. Die didaktisch interessanten Fragen sind dann, an welchen Stellen man welche Repräsentationsformen der Geschichte in den Unterricht einbaut, wann arbeitsteilig gelesen werden kann und wann eine Umwandlung eines Romanteils in eine Inszenierung sinnvoll ist. Bei der Arbeit mit Verfilmungen müsste dann zusätzlich reflektiert werden, dass es sich bei den ausgewählten Ausschnitten nicht um eine einfache ‚Weitererzählung' des Romans handelt, sondern um eine mediale Adaption. Beispiele für recht unterschiedliche Umgangsweisen mit Ganzschriften liefern Bischof (2002), Duncan (2009), Hermes (2006b) und Koppensteiner (2001, 75–86).

6 Fokus Lesen

Im Fremdsprachenunterricht überwog lange ein Verständnis von Lesen, bei dem die Lernenden jedes Wort eines Textes verstehen wollten und sollten. Dieses Vorgehen ist punktuell sinnvoll – immer dann, wenn es tatsächlich darum geht, gezielt Wortschatz zu erweitern oder Texte im Detail zu verstehen. Es entspricht allerdings nicht dem Leseverhalten von geübten Lesern, die in der Lage sind, einen Text zu überfliegen, um sich zu orientieren, aus einem größeren Text eine bestimmte Information zu entnehmen oder auch einen Text langsam und im Detail zu lesen. Seit den 1980er Jahren hat die Fremdsprachendidaktik, zunächst bezogen auf Sachtexte, dieser Tatsache Rechnung getragen und Übungen und Aufgaben für unterschiedliche Arten des Lesens entwickelt. Begrifflich spiegelt diese Entwicklung wider, dass seither von ‚Leseverstehen' gesprochen wird. Die Lernenden als Lesende sollen den Leseprozess selbst verantworten, das methodische Vorgehen soll deshalb „auf den Offenheiten des Textes aufbauen und eine vielfältige Interaktion des Lerners mit einem Text in Gang setzen. Der Lerner soll befähigt werden, seine Fragen zu stellen und damit seinen Leseprozess zu strukturieren" (Ehlers 2010, 1532). Am sichtbarsten wird diese Hinwendung zu einer Didaktik des Leseverstehens durch die vielen Aktivitäten vor dem Lesen, während des Lesens und nach dem Lesen, die seither produziert worden sind. Diese auf die Zeitachse bezogene Unterteilung ist zwar pragmatisch korrekt, sie macht aber unsichtbar, worum es bei diesen Aktivitäten eigentlich geht. Vor dem Lesen soll das Vorwissen, das die Lesenden an den Text herantragen, aufgerufen werden: „Unter methodischem Aspekt gilt es einmal, das Vorwissen des Lesers zu einem Thema zu aktualisieren oder durch andere Quellen zugänglich zu machen, vor allem geht es darum, an der Erfahrung des Lesers anzusetzen und das Vorgehen im Unterricht so zu gestalten, dass der Lernende seine Erfahrung ausdrücken" (Ehlers 2010, 1539) kann. Nach dem Lesen kann eine Verständniskontrolle stattfinden, es kann jedoch auch zu kreativen Fortführungen kommen: „Die schöpferischen Momente des Lesens literarischer Texte sollen durch Anschlusshandlungen wie Schreiben, Umgestaltung von Texten, zu Ende führen einer Geschichte, Ausdenken, was wäre wenn oder was eine Figur denkt, Rollenspiele und Unterrichtsprojekte gefördert werden" (Ehlers 2010, 1539). Diese Entwicklung der Leseverstehensdidaktik und die generelle Hinwendung zum extensiven Lesen sind zunächst einmal neutral im Hinblick darauf, ob mit kinder- oder allgemeinliterarischen Texten gearbeitet wird, sie müssen passend zu den jeweiligen Texten und Lernenden konkretisiert werden.

7 Fertigkeiten und Lerngegenstände

Nicht überraschend ist, dass sich ein beträchtlicher Teil der fremdsprachendidaktischen Arbeiten mit Aspekten des Lesens von Kinder- und Jugendliteratur befasst, aber auch die anderen Fertigkeiten und Lerngegenstände erhalten Aufmerksamkeit. Als Reaktion auf einen gelesenen Text kann geschrieben werden, zum Beispiel in Form von Lesertagebüchern oder durch die Aufgabe, Paratexte wie beispielsweise einen Klappentext zu verfassen. Das Hören wird zum Beispiel wiederum durch die Rezeption von Hörbüchern gefördert; besonders bei der Arbeit mit Kindergedichten ist der Einsatz von Hörfassungen oft sinnvoll. Und natürlich ist auch die Kinder- und Jugendliteratur eine Quelle von Sprechanlässen, bezogen auf die Texte als literarische Texte ebenso wie auf in den Texten vorkommende landeskundliche Aspekte.

Die generelle Diskussion um das Verhältnis von Literatur und Landeskunde im Fremdsprachenunterricht findet sich auch bezogen auf Kinder- und Jugendliteratur. Stärker noch als bei der allgemeinen Literatur, die aufgrund ihres höheren

Status ein wenig davor geschützt ist, zum reinen Lieferanten landeskundlicher Informationen zu werden, besteht bei der Kinder- und Jugendliteratur jedoch die Gefahr, dass ihre ästhetische Dimension zugunsten der Vielfalt an landeskundlich relevanten Themen, die in ihr enthalten und für die jeweilige Altersgruppe relevant sind, vernachlässigt wird.

Ein weiterer Diskussionspunkt ist die Beschäftigung mit der Frage, inwieweit literarische Texte mit Grammatikarbeit verbunden werden können, sollen und dürfen. Konsens scheint zu sein, dass diese nicht lediglich Zulieferer von Sprachmaterial für die Grammatikbetrachtung sein sollten, sondern dass man zumindest von einem ‚beiderseitigen Nutzen' ausgehen sollte: Natürlich muss ein grammatischer Gegenstand im Text ausreichend repräsentiert sein, damit man sich mit ihm im Unterricht beschäftigen kann, aber die Beschäftigung muss gleichzeitig so sein, dass die im Text vorhandenen literarischen Aspekte nicht ignoriert werden. Besonders hilfreich sind in dieser Hinsicht Texte, die selbst mit sprachlichen Strukturen spielen und deren Verständnis ohne Beschäftigung mit der Form nicht gelingen kann, wie zum Beispiel *Der Sprachabschneider* von Hans-Joachim Schädlich (1980).

Gegenstände und Fertigkeiten werden vor allen Dingen in der Projektarbeit miteinander verbunden, und so findet man in der fremdsprachendidaktischen Diskussion auch eine Vielzahl von Vorschlägen für und von Berichten über Projekte mit kinder- und jugendliterarischen Texten. Neben klassischen Projekten zur Leseförderung wie der Rucksackbibliothek oder den Lesenächten gibt es Projekte, bei denen literarische Texte umgeschrieben und inszeniert werden, sei es bei einer Theateraufführung in der Schule oder durch die Erstellung einer Verfilmung, die anschließend im Internet präsentiert wird, oder auch Projekte, bei denen die Lernenden mit den Autoren in Kontakt treten. Das ganze Arsenal an handlungs- und produktionsorientierten Aktivitäten, die die Literaturdidaktik inzwischen entwickelt hat, findet hier seine Anwendung. Auch im bilingualen Sachfachunterricht und in Kooperationen mit anderen Fächern wie dem Kunstunterricht kommt die Kinder- und Jugendliteratur zum Einsatz. Diese vielfältigen Möglichkeiten sind in zahlreichen Fachpublikationen beschrieben worden, zusammengefasst findet man diese in O'Sullivan und Rösler (2013, 125–197).

8 Hybride Texte: Bilderbücher und zweisprachige Bücher

Seit Einführung des Frühbeginns von Fremdsprachenunterricht denkt man beim Einsatz von Bilderbüchern zunächst an den Bereich Primarstufe, wo diese zum

Beispiel für Storytelling im Klassenzimmer als Sprechanlass dienen (zu den Auswahlkriterien vgl. Burwitz-Melzer 2000, 78) oder Ausgangspunkt für kreative Produktionsprozesse sein können (vgl. Bland 2010). Das Bilderbuch, eine multimodale Form, die mit Wort und Bild arbeitet und die von Zipes et al. (2005, 1052) als „a greatly underestimated form" bezeichnet wird, gehört heute zu den experimentierfreudigsten und innovativsten Bereichen der Kinderliteratur überhaupt, aber es ist auch eine Form „most difficult to understand" (Zipes et al. 2005, 1052). Angeblich ein besonders einfaches, infantil-naives Medium und mit der Grundannahme verbunden, dass Bilder entwicklungspsychologisch vor Worten verstanden werden, gehört das Bilderbuch tatsächlich zu den komplexesten Formen überhaupt. Zipes et al. haben auf das Paradox verwiesen, dass das in relativ wenigen Bild- und Texteinheiten erzählende Medium sofort zugänglich und deshalb für junge, unerfahrene und noch nicht alphabetisierte Leser geeignet zu sein scheint, aber „understanding a picture requires a very extensive set of decoding and interpretive skills. Pictures have a ‚visual vocabulary' and a grammar every bit as complex as that governing the use of words" (Zipes et al. 2005, 1052). Die aktuellen Entwicklungen im Bereich des Bilderbuchs mit ihren postmodernen Referenzen und subtilen Formen von auf mehreren Ebenen dekodierbaren Text-Bild-Beziehungen lassen diese zu einem idealen Medium für den Fremdsprachenunterricht gerade mit älteren Jugendlichen und Erwachsenen werden (vgl. Kräling 2016; Burwitz-Melzer 2016).

Für den Fremdsprachenunterricht sind zweisprachige Texte von Interesse – nicht nur, aber auch als Reaktion auf die Mehrsprachigkeit der Lernenden in deutschen Klassenzimmern. Wer im Fremdsprachenunterricht dogmatisch Einsprachigkeit vertritt, wird den Einsatz von zweisprachigen Texten im Unterricht ablehnen müssen. Für alle anderen stellt sich die Frage, inwieweit zweisprachige Texte dem Unterricht Vorteile bringen könnten, zum Beispiel dadurch, dass mit ihnen das Lesen einer Ganzschrift früher möglich wird als bei strikter Einsprachigkeit, oder dadurch, dass bei ihrer Lektüre der Fokus stärker auf ein Verstehen eines Textes ohne oder nur mit geringerer Nutzung von Nachschlagewerken gelegt werden kann, oder dadurch, dass mit ihnen (inter-)kulturelles Verstehen besonders gut gefördert werden kann.

‚Zweisprachige Texte' ist dabei noch ein sehr umfassender Begriff. Zu unterscheiden ist zumindest zwischen zweisprachigen Paralleltexten und integrativ zweisprachigen Texten. Erstere bieten, nebeneinander gesetzt, zwei Fassungen desselben Textes in zwei Sprachen. Dem Leser wird also ein Text zusammen mit seiner Übersetzung geliefert, die Lernenden werden diese Übersetzung natürlich mitlesen. Wie sinnvoll eine derartige Lektüre ist, ist umstritten. Sie können, ebenso wie die Untertitel in zielsprachigen Filmen, den Verstehensprozess unterstützen, allein schon dadurch, dass der schnelle Blick auf die benachbarte Seite verglichen mit sonstigen Formen der Wortschatzarbeit weniger störend ist. Aber sie können natürlich auch die Auseinandersetzung mit dem zielsprachigen Text verhindern oder erschweren, weil der zu schnelle Blick in den Paralleltext die ernsthafte Auseinandersetzung mit dem zielsprachigen Text unterminiert.

Davon unterschieden sind zweisprachige Texte, die nicht eine Parallelsetzung von zwei einsprachigen Texten darstellen, sondern die Sprachen mischen. Für den Bereich Französisch-Englisch sind dies vor allem die *Alibi*-Jugendbücher von Morgenstern und Rosner (vgl. Caspari 2004), für deutsch-englische Kontexte haben in den frühen 1980er Jahren die Geschichten von Karin und Paddy in Irland und Deutschland von O'Sullivan und Rösler gezeigt, wie eine funktionale Zweisprachigkeit, bei der die Mischung der Sprachen nicht didaktisch konzipiert ist, sondern sich aus der Figurenkonstellation, den Handlungsorten und der Handlung ergibt, aussehen kann. Unterschiedliche Möglichkeiten, mit derartigen Texten zu arbeiten, zeigen Vonbrunn (1990), Gnutzmann (2000), Dollenmayer und Even (2005) oder Tebbutt (2008).

Gerade im Bereich Deutsch als Zweitsprache können Texte, die die Zweisprachigkeit der Lebenswelt der Leser aufnehmen und widerspiegeln, ebenso einen wichtigen Beitrag zur Stärkung des Selbstbewusstseins im Hinblick auf die eigene Zweisprachigkeit leisten wie ein vergnügliches interkulturelles Spiel mit unterschiedlichen Normen und Werten (vgl. Lütje-Klose und Dirim 2007; Ekinci-Kocks 2009; zur Mehrsprachigkeit in der Kinder- und Jugendliteratur das Themenheft 01/2016 der Fachzeitschrift *interjuli*).

Weiterführende Literatur

Burwitz-Melzer, Eva (2000). *„Literatur (nicht nur) für Kinder."* Studienbrief Literaturwissenschaft/Fachdidaktik Englisch, Fernstudium Fremdsprachen in Grund- und Hauptschulen Universität Koblenz-Landau. Koblenz-Landau.

Ewers, Hans-Heino (2012). *Literatur für Kinder und Jugendliche. Eine Einführung in Grundbegriffe der Kinder- und Jugendliteraturforschung*. Paderborn.

O'Sullivan, Emer und Dietmar Rösler (2013). *Kinder- und Jugendliteratur im Fremdsprachenunterricht*. Tübingen.

O'Sullivan, Emer (2000). *Kinderliterarische Komparatistik*. Heidelberg.

Weinkauff, Gina und Gabriele von Glasenapp (2010). *Kinder- und Jugendliteratur*. Paderborn.

Jan Standke und Sebastian Bernhardt
III.2.7 Gegenwartsliteratur

Die Bedeutung der Gegenwartsliteratur für den Unterricht und daraus folgend auch die Frage nach den Gegenständen der auf Literatur bezogenen Lernprozesse werden seit Jahrzehnten sowohl von Fachdidaktikern als auch von Lehrkräften kontrovers diskutiert. Wird einerseits für eine Öffnung des nach wie vor wirksamen literarischen Kanons hin zur Gegenwartsliteratur plädiert, so wird andererseits immer wieder eine literarische Bildung als Ziel des Literaturunterrichts gefordert. Letztere sei jedoch vor allem durch die Auseinandersetzung mit den Klassikern, der sogenannten Höhenkammliteratur, zu haben. Gemeinsam sind diesen beiden verschiedenen Positionen vor allem die jeweils zu beobachtenden Schwierigkeiten, den Gegenstandsbereich ‚Gegenwartsliteratur' präzise einzugrenzen und terminologisch zu fassen (vgl. hierzu etwa Kämper-van den Boogaart 2004b). Stellt man sich also die Frage nach dem Einsatz von Gegenwartsliteratur im Unterricht, so ergibt sich in aller Regel das Problem, überhaupt festzulegen, was als Gegenwartsliteratur bezeichnet werden kann. In dieser Hinsicht zeigen sich durchaus Überschneidungen zwischen der literaturdidaktischen und der literaturwissenschaftlichen Diskussion. Seit einigen Jahren etabliert sich in der Literaturwissenschaft, die im Verlauf ihrer Fachgeschichte eine durchaus wechselhafte Beziehung zur neuesten Literatur unterhielt, eine ambitionierte ‚Gegenwartsliteraturforschung' (vgl. Brodowsky und Klupp 2011). Eine systematische Forschung zur Didaktik der deutschsprachigen Gegenwartsliteratur in diachroner und synchroner Perspektive steckt hingegen noch in ihren Anfängen.

1 Gegenwartsliteratur: Begriff und Gegenstandsbereich in Fachdidaktik und Literaturwissenschaft

Die Geschichte der literaturwissenschaftlichen Auseinandersetzung mit Gegenwartsliteratur dokumentieren unter anderem terminologische Kontroversen. Noch in aktuellen Beiträgen, zum Beispiel in Sammelbänden oder literaturwissenschaftlichen Einführungen, geht einer inhaltlichen Begegnung mit neuesten Texten zumeist die kritische Arbeit an Begriff und Gegenstandsbereich der Gegenwartsliteratur voraus. Paul Brodowsky und Thomas Klupp (2011) argumentieren in diesem Zusammenhang, der Begriff Gegenwartsliteratur sei streng genommen dichotom. Schon das Kompositum ‚Gegenwartsliteratur' deute auf eine immanente Spannung hin, es setze sich nämlich zusammen aus dem zeitlichen Ereignis ‚Gegenwart', das per definitionem flüchtig sei, und dem Medium ‚Literatur', das (z. B. schriftlich) fixiert vorliege. Die Flüchtigkeit der Gegenwart, die in dem Moment ihrer Thematisierung immer schon Teil der Vergangenheit sei, stehe also in einem Gegensatz zur medialen Fixiertheit der Literatur (vgl. Brodowsky und Klupp 2011, 8–9).

Lothar Bluhm (2007) fasst Gegenwartsliteratur als „relationalen Begriff" (Bluhm 2007, 267), der also abhängig von dem, was im Verwendungszusammenhang des Begriffs unter Gegenwart verstanden wird, auch einen jeweils anderen Bedeutungsumfang erhalten kann. Die Frage, was Gegenwartsliteratur sei, lasse sich immer nur aus der jeweils aktuellen Perspektive beantworten. Ein Text, der heute zur Gegenwartsliteratur zählt, kann zu einem späteren Zeitpunkt bereits dieser Kategorie entrückt sein (vgl. Egyptien 2006, 6–7).

Doch nicht nur synchron ist das Sprechen über Gegenwartsliteratur problematisch, auch hinsichtlich einer diachronen Betrachtungsweise findet sich in der Forschung keine einheitliche Eingrenzung des Gegenstandsbereichs (vgl. Kammler und Surmann 2000, 92). Diese Uneinheitlichkeit führt Bluhm auf jeweils abweichende Verständnisse der diachronen Dimension von Gegenwart zurück (vgl. Bluhm 2007, 267). Neben den unterschiedlichen Festlegungen des zeitlichen Umfangs der Gegenwart ist für das Konstrukt Gegenwartsliteratur auch von Belang, nach welchen Kriterien eine epochale Abgrenzung vorgenommen wird.

Norbert Eke (2012) argumentiert, dass es sich hierbei um ein Problem der Anwendung der Literaturgeschichtsschreibung auf das Feld der Gegenwartsliteratur handele. Literaturgeschichtsschreibung verfolge das Ziel der Systematisierung von Entwicklungen, Kontinuitäten und Diskontinuitäten im Bereich der Literatur (vgl. Eke 2012, 29). Eine literarische Epoche lasse sich demzufolge dadurch bestimmen, dass eine „Menge von Texten [...] für einen bestimmten Zeitraum eine Reihe beschreibbarer Gemeinsamkeiten [aufweist]" (Eke 2012, 30). Dabei geht es zum Beispiel um literarische Darstellungsweisen, die den Texten zugrunde liegende implizite Anthropologie, Wertvorstellungen oder bestimmte, in einem abgesteckten Zeitraum öfter auftretende thematische Diskurse. Um derartige Ähnlichkeiten auszumachen, sei eine Übersicht über die Menge zur Verfügung stehender Texte erforderlich. Diese stelle sich mit schwindender historischer Distanz jedoch als immer schwieriger dar, denn um epochenspezifische Merkmale zu bestimmen, bedürfe es ferner der Betrachtung eines abgeschlossenen, einzugrenzenden Zeitraumes (vgl. Eke 2012, 30). Die klassische Epochenzuordnung erweist sich eben erst in der rückblickenden Betrachtung als zuverlässig und sinnvoll (vgl. zur Problematik der Periodisierung von Gegenwartsliteratur z. B. Braun 2010, 9–37). Aufgrund dieser Schwierigkeiten orientiere sich die Literaturgeschichtsschreibung oftmals an „politisch-kulturellen, weniger dagegen an ästhetischen Kriterien" (Eke 2012, 31). Fraglich bleibt aber, inwiefern eine solche historische Ausrichtung tatsächlich eine Auswahl von Texten leisten kann, die sich im oben beschriebenen Sinne aufgrund einer Menge übereinstimmender Merkmale in epochaler Perspektive zusammenfassen lassen.

Julia Heuer (2015) fasst die für eine Fachgeschichte der Literaturdidaktik relevanten und auch in der Literaturgeschichtsschreibung bislang einschlägigen drei Zäsuren für die Eingrenzung der Gegenwartsliteratur zusammen. Dies ist zum einen das Jahr 1945, zum anderen 1968 und schließlich das Jahr 1989 (vgl. Heuer 2015, 16). Heuer betrachtet diese Orientierung an ereignisgeschichtlichen Daten mit Vorsicht, betont aber zugleich die heuristische Eignung dieser Setzungen für die fachgeschichtliche Aufarbeitung des Umgangs mit Gegenwartsliteratur in Fachdidaktik und Schule (vgl. Heuer 2015, 16). In der Forschung sind derartige Periodisierungsvorschläge nicht unumstritten. Clemens Kammler (2014) bemerkt, dass angesichts der facettenreichen Schreibweisen der Literatur bisher keine treffenden Periodisierungen und Kategorisierungen der Gegenwartsliteratur vorliegen (vgl. Kammler 2004, 20–21). So hebt er beispielsweise auch hervor, nicht alle literarischen Entwicklungen der letzten Jahrzehnte seien durch die zeithistorischen Einschnitte von 1989/1990 betroffen gewesen (vgl. Kammler 2004, 20–21). Klaus-Michael Bogdal (1999) betont darüber hinaus, langfristige gesellschaftliche Entwicklungen seit den 1970er Jahren seien prägender für die Gegenwartsliteratur gewesen als beispielsweise die Wiedervereinigung Deutschlands im Jahre 1989 (vgl. Bogdal 1999, 104). Außerdem weist Eke darauf hin, dass die häufig angeführte letzte epochale Zäsur – die Wiedervereinigung – mittlerweile längst die kritische Marke ihrer Aktualität erreicht beziehungsweise überschritten habe (vgl. Eke 2012, 31).

Insbesondere im literaturdidaktischen Kontext stellt sich mittlerweile die Frage, ob die Zäsur des genannten Jahres für eine epochenbezogene Bestimmung der Gegenwartsliteratur überhaupt noch zeitgemäß erscheint, ist doch die Wiedervereinigung für Schülerinnen und Schüler längst historisch geworden und auch zum Lebensgefühl der 1990er Jahre finden Schülerinnen und Schüler kaum noch Zugang. So hält etwa Jan Standke (2014) am Beispiel der unter dem Schlagwort ‚Neue und neueste Tendenzen der Erzählliteratur' im niedersächsischen Zentralabitur von 2013/2014 behandelten Texte fest, dass Christian Krachts *Faserland* (1995) und Florian Illies' *Generation Golf* (2000) der Gegenwart der Schülerinnen und Schüler bereits entrückt seien (vgl. Standke 2014, 33). Insofern erscheint im didaktischen Zusammenhang eine engere Eingrenzung des Gegenstandsbereichs Gegenwartsliteratur sinnvoll.

Weiterhin wird in der Fachdiskussion vorgeschlagen, unter Gegenwartsliteratur „die Neuerscheinungen der letzten Jahre [zu verstehen], wobei der aktuellen Buchsaison oft ein besonderes Interesse zukommt" (Bluhm 2007, 267). Für den literaturdidaktischen Kontext noch pointierter erscheint die am Rezipienten orientierte pragmatische Definition, die das *Kritische Lexikon zur deutschsprachigen Gegenwartsliteratur* (2002) vorlegt. Gegenwartsliteratur sei die Literatur, „die für einen Großteil des heute lebenden Publikums ‚gegenwärtig' sei" (Arnold 2002, Vorwort). In einem einschlägigen Einführungsartikel zu *Gegenwartsliteratur im Unterricht* umgeht Kammler (2006) Zuordnungsprobleme, indem er unter Gegenwartsliteratur „zeitgenössische[] poetische[] Texte" (Kammler 2006, 166) versteht. Die Einführung in die Gegenwartsliteratur von Leonhard Herrmann und Silke Horstkotte (2016) bezieht darüber hinaus auch die inhaltliche Dimension der Texte mit ein und resümiert systematisierend: „Als Gegenwartsliteratur betrachtet diese Einführung deshalb nicht allein eine für Leserinnen und Leser zeitlich wie räumlich ‚gegenwärtige' Literatur, sondern insbesondere literarische Texte, die sich mit ihrer eigenen Zeit, ihren Kontexten, Problemen und Herausforderungen auseinandersetzen" (Herrmann und Horstkotte 2016, 3). Diese Eingrenzung erscheint gerade für den literaturdidaktischen Kontext anschlussfähig, da hier zumindest Parameter angeführt werden, die für die Zuordnung eines Textes zur Gegenwartsliteratur hilfreich sein können. In diesem Zusammenhang soll es nicht darum gehen, ausschließlich Texte zur Gegenwartsliteratur zu zählen, deren Handlung in der jeweiligen Jetztzeit angesiedelt ist. Auch historisches Erzählen kann Bezüge zu Themen und Problemen der Gegenwart aufweisen, wie sich etwa an Daniel Kehlmanns historischem Roman *Die Vermessung der Welt* zeigen lässt. Zwar ist die Handlung des Textes in der Vergangenheit situiert, jedoch wird innerhalb des Romans immer wieder auf nach wie vor aktuelle Themen – zum Beispiel Generationskonflikte, das Altern oder den wissenschaftlichen Fortschritt – Bezug genommen (vgl. dazu Wrobel 2013, 304–306).

2 Gegenwartsliteratur im Unterricht

Bis weit in die 1990er Jahre wurde Gegenwartsliteratur im Deutschunterricht in aller Regel mit der – zumeist erzählenden – Literatur ‚nach 1945' gleichgesetzt. Dies zeigt sich unter anderem in der Textauswahl in Schulbüchern (vgl. Bogdal 1993, 126), aber auch in Umfragen zur Lektüreauswahl von Ganzschriften (vgl. Kammler 2006, 172–173). Als literarische Gegenwart galt somit das bereits weithin Kanonisierte. Neueste Literatur hingegen fand kaum Berücksichtigung im Unterricht. Auch heute erscheint der Umgang mit Gegenwartsliteratur noch als ein Experiment, als Risiko (vgl. Standke 2014, 31). Christian Dawidowski (2014) konstatiert, dass angesichts der Verknappung der Schulzeit und der Zentralisierung des Abiturs in den meisten Bundesländern vor allem in der Sekundarstufe I Gegenwartsliteratur zum Einsatz komme. So sei Gegenwartsliteratur in der Schule oft mit neuerer Kinder- und Jugendliteratur gleichzusetzen. In der Sekundarstufe II folge die Auseinandersetzung mit literarischen Texten vor allem den für das Abitur verbindlichen Lektürevorgaben, die in der Regel an den etablierten literaturgeschichtlichen Schwerpunkten beziehungsweise Epochenübergängen orientiert seien (vgl. Dawidowski 2014, S. 9). Auch Elisabeth Paefgen (2006) hält fest, dass viele Lehrkräfte – vor allem in der Sekundarstufe II – von sich aus tendenziell eher auf bewährte und prüfungsrelevante Texte zurückgriffen als aus dem Angebot der neuesten Literatur zu schöpfen (vgl. Paefgen 2006, 94). Gegenwartsliteratur findet deshalb oftmals nur über vorgegebene Lektürelisten für das Abitur den Weg in den Deutschunterricht.

In ihrer Dissertation zu möglichen Auswahlkriterien von Gegenwartsliteratur für den Unterricht, bei der es sich um einen der wenigen monografischen Beiträge zur neuesten Literatur aus literaturdidaktischer Perspektive handelt, formuliert Sabine Pfäfflin (2010) fünf mögliche Ursachen für die Zurückhaltung von Lehrkräften gegenüber neuesten literarischen Texten (vgl. Pfäfflin 2012, 10–12):

(1) Die schwierige Beurteilung der „inhaltlichen Relevanz und literaturästhetischen Qualität" des Textes: Während ältere kanonisierte Texte bereits über eine Wirkungs- und Rezeptionsgeschichte verfügen, die Auskunft darüber gibt, inwiefern ein Text gesellschaftliche Verbreitung fand beziehungsweise findet, kulturelle Relevanz besitzt und in seinen formalen Qualitäten gewürdigt wird, fehlen derartige rezeptionsgeschichtliche Hinweise für Texte, die erst vor wenigen Jahren oder gar Wochen erschienen sind. Standke weist darauf hin, dass die Auseinandersetzungen der Literaturkritik mit der Literatur der 1990er Jahre zu einer zusätzlichen Verunsicherung bei Lehrkräften geführt haben: „Wenn es in der Literaturkritik hauptsächlich scharfe Verrisse literarischer Neuerscheinungen hagelte, ist es nicht verwunderlich, wenn Lehrer angesichts der ohnehin knapp bemessenen Lesezeit lieber auf Bewährtes zurückgriffen" (Standke 2014, 32). Auch wenn die pauschale Kritik an der Qualität von Gegenwartsliteratur mittlerweile abgeflaut ist, bestimmt die Unsicherheit hinsichtlich der langfristigen ästhetisch-kulturellen Bedeutsamkeit eines Textes nach wie vor vielerorts die Auswahlentscheidungen der Lehrkräfte (vgl. Kammler 1999, 3–8).

(2) Der Mangel an didaktischer Sekundärliteratur und exemplarischen Unterrichtsmodellen: Schon Almut Hoppe (1996) kritisiert, dass bei Lektüreentscheidungen oft die Frage nach vorhandenen didaktischen Textkommentierungen und Unterrichtsmaterialien eine erhebliche Rolle spiele, wobei dieses Auswahlkriterium von Lehrkräften freilich nur selten offen angesprochen werde (vgl. Hoppe 1996, 64). Pfäfflin begründet den Zusammenhang zwischen den Auswahlentscheidungen und der Verfügbarkeit entsprechender Unterrichtsmaterialien mit dem Orientierungsbedürfnis der Lehrkräfte angesichts unbekannter Texte. Didaktisch aufbereitete Materialien bieten den Lehrenden stoffliche Sicherheit sowie

didaktisch-methodische Ansatzpunkte und sorgen fernerhin für Arbeitserleichterungen bei der Unterrichtsvorbereitung (vgl. Pfäfflin 2012, 11). Des Weiteren stellt auch die Erschließung durch einschlägige Unterrichtsreihen bereits ein Rezeptionszeugnis dar, das Rückschlüsse auf die Bedeutung des entsprechenden literarischen Textes zulässt. Liegen zu einem neueren Text schon diverse Interpretationen (vgl. etwa Standke 2019) und Materialien vor, so deutet dies darauf hin, dass dieser Text sich zumindest im Prozess der Kanonisierung befindet und damit eine kulturelle Relevanz besitzt, die den unterrichtlichen Einsatz rechtfertigen kann.

(3) Die unüberschaubare Vielfalt jährlicher Neuerscheinungen: Wer sich im Unterricht nicht ausschließlich durch Lehrplanvorgaben, didaktische Textkommentare und vorgeplante Unterrichtseinheiten leiten lassen möchte, muss sich selbstständig im aktuellen Literaturbetrieb orientieren. Dies ist für Lehrkräfte angesichts der unüberschaubaren Zahl an jährlichen Neuerscheinungen im Bereich der Gegenwartsliteratur kaum zu leisten. Kammlers (1995) Forderung, der Deutschlehrer müsse sich der „Unübersichtlichkeit des Literaturmarktes stellen, ständig nach für die Schule Brauchbarem Ausschau halten, ohne gleich den Kanon im Hinterkopf zu haben" (Kammler 1995, 129), ist somit durchaus als erhebliche Herausforderung anzusehen. Standke (2014) sieht hier die Literaturdidaktik in der Pflicht, eine Vorabsondierung des Marktes vorzunehmen und somit eine Orientierungshilfe für die Lehrkräfte zu bieten (vgl. Standke 2014, 32). Eine solche Vorabsondierung offerieren beispielsweise einschlägige literaturdidaktische Zeitschriften wie *Literatur im Unterricht. Texte der Gegenwartsliteratur für die Schule* oder auch *Praxis Deutsch*, die sich dezidiert der neuesten Literatur im didaktischen Kontext widmen.

(4) Die Zielstellungen des Deutschunterrichts und die Autonomie der Gegenwartsliteratur: Pfäfflin zufolge resultiert eine weitere Schwierigkeit aus dem „Widerspruch zwischen den pädagogischen Zielsetzungen der Lehrpläne sowie den in der Schule gängigen Interpretationsritualen und einer sich diesen Ansprüchen zunehmend entziehenden Gegenwartsliteratur" (Pfäfflin 2012, 11). Die Literatur habe sich seit den 1980er Jahren den rezeptiven Erwartungen an weitgehend kohärente Sinnangebote mehr und mehr entzogen. Da aber in der Schule zumeist noch hermeneutische Interpretationsweisen dominierten, ergebe sich angesichts der ästhetischen Autonomie und Vielfalt der Gegenwartsliteratur eine problematische Spannung zwischen den Textangeboten und den Zielsetzungen des Literaturunterrichts. Allerdings wurden durch die Beschäftigungen mit den literaturtheoretischen Positionen des Poststrukturalismus und der Kulturwissenschaften zahlreiche literaturdidaktische Unterrichtskonzepte erarbeitet, die als Ergebnis der Lektüre nicht mehr die Elaborierung eines feststehenden Bedeutungskerns favorisieren (vgl. Förster 2012, 241). Beispielsweise hat Kaspar Spinner (1995) eine poststrukturalistisch orientierte Herangehensweise an Texte vorgestellt (vgl. Spinner 1995a). Auch die produktionsorientierten Verfahren im Literaturunterricht bauen

auf der Rezeptionsästhetik und den poststrukturalistischen Interpretationsmodellen auf (vgl. Haas et al. 1994b, 17–25). Kammler (2000) stellt schließlich heraus, dass die postmoderne Sinnverweigerung in den 1990er Jahren überwunden worden sei zugunsten einer „Diagnose unserer Gegenwart, indem sie [i. e. die Texte] Geschichten von unserer Herkunft erzählen" (Kammler 2000, 10). Durch diese Entwicklung verlagert sich die Betrachtung von der Sinnverweigerung der Gegenwartsliteratur hin zur Konstatierung ihrer flüchtigen Aktualität. Durch den stärkeren Gegenwartsbezug von literarischen Texten, beispielsweise der Popliteratur, verlieren diese Texte ihr zeitüberdauerndes Potenzial etwa durch explizite Bezugnahmen auf tagesaktuelle Geschehnisse oder real existierende Personen des öffentlichen Lebens, die freilich nicht alle überzeitlich relevant sind (vgl. Bogdal 2004, 88–89).

(5) Textvielfalt und knapp bemessene Lektürezeit: Schließlich erkennt Pfäfflin (2012) einen weiteren Grund für das spannungsvolle Verhältnis von Deutschunterricht und Gegenwartsliteratur in der begrenzten Lektürezeit, die der Sprachenunterricht bietet. Lehrkräfte sähen sich in der Regel dazu genötigt, obligatorische kanonisierte Texte zu behandeln, anstatt sich auf zusätzliche Experimente mit unbekannten und didaktisch noch nicht erschlossenen Texten einzulassen. Pfäfflins Überlegungen zur Auswahl von Gegenwartsliteratur wurden im Forschungsdiskurs durchaus kritisch diskutiert, dennoch wird die Dissertation als einschlägiger Beitrag immer wieder zitiert und als Ausgangspunkt weitergehender Studien genutzt.

3 Gegenwartsliteratur im Unterricht – historische Perspektiven

Die Auseinandersetzung mit der Relevanz von Gegenwartsliteratur im Deutschunterricht begann erst gegen Ende des 19. Jahrhunderts. Bis weit ins 19. Jahrhundert spielte die Beschäftigung mit der deutschsprachigen Literatur im schulischen Unterricht so gut wie keine Rolle (vgl. hierzu vor allem Frank 1973, 260–263; Heuer 2015, 65). Der Kanon unterrichtsrelevanter Werke gründete sich vorrangig auf der Rezeption klassischer Texte in altgriechischer oder lateinischer Sprache. Deutschsprachige Literatur sollte der privaten Lektüre und allenfalls der Schulung rhetorischer Fähigkeiten vorbehalten bleiben. In ihrem Sinngehalt wurde die deutschsprachige Literatur nicht als sonderlich erklärungsbedürftig angesehen, da die deutsche Sprache eine weitgehend voraussetzungslose inhaltliche Erfassung des Textes sicherstelle (vgl. Frank 1973, 260–263; Heuer 2015, 65). An eine Auseinandersetzung mit deutscher Literatur der Gegenwart war angesichts dieser generellen Vorbehalte gegen den unterrichtlichen Wert derartiger Texte nicht zu denken.

In den 1820er Jahren war man allmählich bestrebt, deutsche Literatur in den schulischen Kanon zu implementieren (vgl. hierzu im Weiteren Kämper-van den Boogaart 2010, 8). August Koberstein verfasste im Jahre 1827 einen Leitfaden für den Einsatz deutschsprachiger Literatur im gymnasialen Deutschunterricht mit dem Titel *Grundriß der Geschichte der deutschen National-Literatur*. Mit dieser deutschen Literaturgeschichte legte Koberstein einen Meilenstein auf dem Weg zur Beschäftigung mit der deutschsprachigen Literatur im Schulunterricht (vgl. Müller-Michaels 2006, 32). Im Jahre 1887 formulierte Robert Heinrich Hiecke in seiner Gesamtdarstellung *Der deutsche Unterricht auf deutschen Gymnasien* die Forderung nach einer systematischen Behandlung deutschsprachiger Literatur im Schulunterricht. Er wollte mit den Schülerinnen und Schülern grundlegende Interpretationsmuster einüben, die sie in der Folge selbstständig auf andere Texte anwenden können sollten (vgl. Hiecke 1889, 65; Paefgen 2006, 3–4; Müller-Michaels 2006, 32–33). Zentral ist, dass es auch Hiecke noch vor allem um die Thematisierung klassischer deutscher Literatur ging, die er gleichberechtigt neben Texten der griechischen und lateinischen Klassik sah. Zeitgenössische Literatur etwa von Autoren des Realismus (Theodor Fontane, Paul Heyse, Gottfried Keller u. a.) waren auch nach 1850 der Privatlektüre vorbehalten.

Die Gründe für die damals vorherrschende Orientierung des schulischen Unterrichts an der griechischen und lateinischen Klassik erkennt Günther Buck (1983) vor allem darin, dass man sich der Überlieferung der kulturellen Werte, sprich eines maßgeblichen traditionellen Kanons, verschrieben hatte (vgl. Buck 1983, 352–353). Auch nach der einsetzenden Berücksichtigung deutschsprachiger Literatur blieb die Orientierung an klassischen Texten bestehen. Korte (2011) weist am Beispiel der gymnasialen Jahresberichte in Westfalen nach, dass bis 1900 ein konstant klassischer Kanon die Schullektüre dominierte, während die Theater sich längst der deutschsprachigen und auch der zeitgenössischen Autoren angenommen hätten (vgl. Korte 2011a, 33–81, insb. 63). Zu Beginn des 20. Jahrhunderts gab es erste Ideen zur Orientierung an den Lektüreinteressen der Schülerinnen und Schüler im Deutschunterricht, wobei sich diese Lektürepräferenz schon damals auf zeitgenössische Texte bezog (vgl. Heuer 2015, 69).

Eine explizite Forderung nach einer kritischen Reflexion des schulischen Lektürekanons formulierte der Berliner Schulleiter Walter Schönbrunn im Jahre 1929 in der Zeitschrift *Die Erziehung*. Unter dem Titel *Die Not des Literaturunterrichts in der großstädtischen Schule* plädierte er für einen zeitgenössischeren Lektürekanon im Unterricht. Schönbrunn ging davon aus, einerseits den Lektüreinteressen der Schülerinnen und Schüler auf diese Weise besser gerecht zu werden und andererseits die Fähigkeit zur Auseinandersetzung mit Gegenwartsproblemen durch die Lektüre von Gegenwartsliteratur anzuregen. Interessant ist allerdings, dass er die Thematisierung von Gegenwartsliteratur zugleich als einen „Umweg zur Klassik" (Schönbrunn 1929, 256) sah. Die Thematisierung von Gegenwartsliteratur wird damit zugleich verstanden als ein ‚motivationaler Kniff', der letztlich Schülerinnen und Schüler zur Auseinandersetzung mit den Klassikern anregen sollte. Der Vorstoß zur Gegenwartsliteratur diente also weiterhin – zumindest in Teilen – dem langfristigen Ziel einer auf klassische Enkulturation ausgerichteten literarischen Bildung.

Obwohl Schönbrunns Forderung gar nicht auf eine Abwendung von den Klassikern abhob, rief sein Artikel eine Debatte über die Berechtigung aktueller Literatur im Unterricht ins Leben (vgl. Kammler 2006, 166). Derartige Kontroversen zogen sich auch durch die Zeit der Weimarer Republik – und so blieb der ‚Klassiker-Kanon' im wilhelminischen Zeitalter weitgehend unhinterfragt, auch wenn einzelne zeitgenössische Texte in den Unterricht Einzug hielten (vgl. Heuer 2015, 85).

In der Zeit des Nationalsozialismus war vor allem eine politisch motivierte Befürwortung der Gegenwartsliteratur im Deutschunterricht zu konstatieren, wobei lediglich ideologisch kompatible völkische Texte akzeptiert und zu erzieherischen Zwecken funktionalisiert wurden (vgl. Heuer 2015, 81). Zeitgenössische Literatur schätzte man hier also nicht wegen ihres ästhetischen Wertes, sondern ordnete sie politischen Absichten unter.

Nach dem Zweiten Weltkrieg hielt sich durch die Erfahrungen mit dieser ideologischen Vereinnahmung der Literatur zunächst ein didaktisches Ressentiment gegenüber der Gegenwartsliteratur. So blieb auch eine kritische Auseinandersetzung des Deutschunterrichts mit dem Nationalsozialismus zunächst aus. Bis in die frühen 1950er Jahre wurden zeitgenössische Texte im Deutschunterricht weitgehend ausgespart, was sich rückblickend etwa an den damals erschienenen Schulbüchern und deren Textauswahl nachvollziehen lässt (vgl. Kammler 2006, 167). In den 1950er Jahren befasste sich Robert Ulshöfer mit der Frage nach der Berechtigung von zeitgenössischer Literatur im Deutschunterricht: „Der Gegenwartsliteratur sollten wir (nur) soweit in den Unterricht Eingang gewähren, als wir dadurch die Schüler 1. überhaupt für echte Dichtung aufzuschließen und 2. von der Gegenwartsdichtung zum vertieften Verständnis auch der Werke der Vergangenheit zu führen vermögen" (Ulshöfer 1952, 8–9). Dieser Aussage liegt eine doppelte Abwertung der Gegenwartsliteratur zugrunde: In einem ersten Schritt grenzt Ulshöfer die zeitgenössische Literatur von der ‚echten' Dichtung ab. Dieses Werturteil leitet über zum zweiten Teil des Arguments, das mit Walter Schönbrunns Auffassung von 1929 vergleichbar ist. Gegenwartsliteratur solle nur dazu eingesetzt werden, die Rezeptionsfähigkeiten für die Literatur des sogenannten Höhenkamms zu befördern. Ulshöfer bezweifelte nämlich, dass die zeitgenössische Literatur Aussicht auf langfristige Geltung habe.

Trotz dieser Grundskepsis bezeichnet Kammler (2006) es als wichtiges Verdienst Ulshöfers in dessen Funktion als Herausgeber der Zeitschrift *Deutschunterricht*, dass ab den 1950er und 1960er Jahren eine Hinwendung zu zeitgenössischen Texten wie beispielsweise Alfred Anderschs *Sansibar oder der letzte Grund* oder Dürrenmatts *Die Physiker* erfolgte (vgl. Kammler 2006, 169). Solchen Texten wurde eine gleichermaßen hohe literarische Qualität wie auch eine gesellschaftliche Aktualität zugeschrieben (vgl. Hegele 1996, 120). Doch es gab immer wieder auch kritische Zwischentöne, die anmahnten, man würde durch die Behandlung von Gegenwartsliteratur möglicherweise bloß flüchtigen Moden aufsitzen (vgl. Kammler 2006, 170).

Heuer (2015) kennzeichnet die Neuorientierung des Literaturunterrichts seit 1945 vor allem durch eine grundsätzliche Änderung der Ziele des Deutschunterrichtes, die nun nicht mehr in nationaler Bildung und Erziehung bestünden, sondern vielmehr im Bereich der Persönlichkeitsbildung zu verorten seien (vgl. Heuer 2015, 164). Die 1960er und 1970er Jahre führten diese Orientierung am lesenden Subjekt fort. Einerseits sollten die aktuellen Stoffe die Lesemotivation der Lernenden erhöhen, andererseits sollte deren kritisches Denken geschult werden (vgl. Heuer 2015, 195). Gegenwartsliteratur im Unterricht, so der Gedanke, sollte zur ‚Weltorientierung' beitragen und die Schülerinnen und Schüler an einen kritischen Zugang zur sozialen, kulturellen und politischen Gegenwart heranführen. So hielt Rolf Geißler in der Zeitschrift *Diskussion Deutsch* im Jahre 1970 fest, es sei Aufgabe des Deutschunterrichts, die Lernenden zu mündigen Bürgern heranzubilden und gegen „eingepasste und angepasste Zeitgenossenschaft" (vgl. Geißler 1970, 14–15) zu wirken. Die Gegenwartsliteratur sei zur Erreichung dieser Ziele besonders geeignet, da den Kindern und Jugendlichen durch die aktuellen Texte ein dezidiertes und aufgeklärtes Hinterfragen der Gegenwart ermöglicht werde (vgl. Geißler 1970, 14–15). Diese Fokussierung der Gegenwartsliteratur auf den Zweck der Heranbildung kritisch denkender Individuen im Rahmen eines „kritischen Deutschunterrichts" wurde jedoch mit der Postmoderne zusehends obsolet, da sich die entsprechenden Texte nicht erzieherisch in Anspruch nehmen ließen und sich in weiten Teilen einfachen Sinnzuschreibungen verweigerten (vgl. Kammler 2006, 171). Karlheinz Fingerhut forderte daher im Jahre 1989, die Schule solle sich als „Propädeutik individuellen Lesens" (Fingerhut 1989, 234) verstehen und Literatur keinen erzieherischen Zwecken unterordnen. Auffällig ist, dass es nur wenige Texte der literarischen Postmoderne wie Patrick Süskinds *Das Parfum* oder Bernhard Schlinks *Der Vorleser* in den Kanon der Schullektüren geschafft haben, während weiterhin zahlreiche Texte, die kurz nach 1945 erschienen sind, im Unterricht behandelt wurden (vgl. Standke 2014, 33).

In den 1990er Jahren ging das didaktische Engagement für die Gegenwartsliteratur im Deutschunterricht erneut zurück. Einerseits hatten die Debatten um das innovative postmoderne Erzählen mittlerweile ihren Zenit überschritten, womit auch das allgemeine Interesse an der Gegenwartsliteratur schwand, andererseits waren seit 1990 in der Literaturkritik massive Zweifel an der Qualität literarischer Neuerscheinungen laut geworden: „*Die* deutsche Gegenwartsliteratur, so hieß es, sei nicht unterhaltsam, habe uns nichts Entscheidendes über die Wirklichkeit zu sagen, falle hinter die ästhetischen Standards der Moderne zurück" (Kammler 1999, 3). Angesichts der zahlreichen Verrisse ist nachvollziehbar, dass im Deutschunterricht wieder vermehrt auf bewährte Texte zurückgegriffen wurde und in der Literaturdidaktik weniger Engagement für die didaktische Aufbereitung jüngster Literatur zu verzeichnen war (vgl. Standke 2014, 32).

Mittlerweile sind die großen Debatten um den Wert der Gegenwartsliteratur abgeklungen, und vor allem in fachdidaktischen Zeitschriften gibt es wieder breite Bemühungen, literarische Neuerscheinungen für die Schule zu erschließen und zu kommentieren.

4 Tendenzen der Gegenwartsliteratur seit 1990

Nach 1990 hat sich der gegenwartsliterarische Diskurs weiter ausdifferenziert und verschiedene literarische Strömungen etabliert. Im Folgenden sollen nur Schlaglichter auf einzelne Etappen der Entwicklungen der Literatur nach der Wiedervereinigung geworfen werden. So trat in den 1990er Jahren neben der ‚Wendeliteratur' (vgl. Josting et al. 2008) die sogenannte Popliteratur zunehmend in den Fokus des öffentlichen Interesses. Die Erzählungen nahmen sich der „Flexibilisierung individueller Lebensläufe und zwischenmenschlicher Beziehungen, neue[r] Berufsbilder und hoch dynamische[r] Entwicklungen in den Medien und der Popkultur" (Herrmann und Horstkotte 2016, 53) an. Die Texte griffen die veränderte Lebenswirklichkeit in Deutschland auf und boten ihrer Leserschaft damit ein hohes Identifikationspotenzial. Bislang kaum bekannte Autoren wie Benjamin von Stuckrad-Barre, Christian Kracht oder Benjamin Lebert erzielten große Verkaufserfolge und fanden auch international Beachtung (vgl. Herrmann und Horstkotte 2016, 29). Die Autoren erzählten mit einer neuen Leichtigkeit, die gute Lesbarkeit und Lesevergnügen bewirkte. Zugleich wurden in der textuellen Tiefenstruktur aber oft komplexe Themen verhandelt (vgl. Herrmann und Horstkotte 2016, 29;Dawidowski 2012, 48–49). Kennzeichnend waren die in den Texten vermittelte Gegenwartsdiagnostik und das offensive Suchen nach Anschlüssen an mediale Diskurse etwa im Bereich der Musik oder des Films (vgl. Dawidowski 2012, 38). Die Gegenwartsdiagnostik der Literatur der 1990er Jahre vollzieht sich durch eine Fokussierung auf Protagonisten, die in der Gegenwart leben und die damit exemplarisch für die vielschichtige, dynamische und facettenreiche Geschichte Deutschlands nach 1945 stehen (vgl. Kammler 2000, 10).

Beispielsweise findet in Christian Krachts *Faserland* (1995), einem der bekanntesten Texte der sogenannten neueren Popliteratur, an der Textoberfläche die Schilderung des Lebenswandels eines wohlhabenden jungen Mannes statt, der ziellos durch Deutschland reist, Drogen konsumiert, aber sozial kaum Anschluss findet. Der Roman zeigt am Beispiel des Ich-Erzählers die Suche nach dem eigenen Selbst, die „Hoffnungs- und Perspektivlosigkeit" der Generation um 1990 (Dawidowski 2012, 40). Eine zweite Bedeutungsebene sei, so Dawidowski (2012), im „Nacherleben des nationalsozialistischen Deutschland" (Dawidowski 2012, 42–43) zu sehen. So bezeichnet der Ich-Erzähler mehrere der ihm begegnenden Figuren als Nazis und sinniert in betrunkenem Zustand, auch er wäre Mitläufer geworden, hätte er nicht das Glück gehabt, im demokratischen Deutschland aufzuwachsen. Dawidowski resümiert: „Die Gegenwart der Nachkriegsgeneration ist, rekurrierend auf den Titel, mit dem nationalsozialistischen Deutschland durch ‚Fasern' ‚Gewebesträhnen', verbunden und verhindert somit ein Abkapseln der nachfolgenden Generation von der Vergangenheit" (Dawidowski 2012, 46). Wie Dawidowskis Interpretation zeigt, findet in der Tiefenstruktur eine Auseinandersetzung mit der deutschen Geschichte und deren bis in die Gegenwart reichenden Nachwirkungen statt.

Eine Vernetzung der kollektiven Herkunft mit der individuellen Lebensgeschichte handelnder Figuren findet sich auch in Bernhard Schlinks Roman *Der Vorleser* (1995). Der Protagonist Michael Berg erzählt rückblickend die sich in den 1950er Jahren ereignende Geschichte seiner Liebe als fünfzehnjähriger Junge zu einer 20 Jahre älteren Frau namens Hanna. Wie sich im Verlauf der Romanhandlung herausstellt, hat Hanna sich als junge Frau freiwillig in der SS als Aufseherin in einem KZ gemeldet. Indem der Roman die individuelle Geschichte des jungen Michael erzählt, der mit den Verbrechen des Nationalsozialismus hauptsächlich im Kontext der juristischen Aufarbeitung der Vergehen Hannas in Berührung kommt, wird die Auseinandersetzung mit Schuld und Vergangenheit exemplarisch vorgeführt.

Mittlerweile hat sich der thematische Fokus gegenwärtiger Texte ausgeweitet. Corina Caduff und Ulrike Vedder (2017) beschreiben die Ausdifferenzierung der Gegenwartsliteratur nach 2000 folgendermaßen: „Auch wenn bemerkenswerte Beharrlichkeiten zu konstatieren sind – etwa die Auseinandersetzung mit den Kriegen und Katastrophen des 20. Jahrhunderts, aber auch Formate wie Familienroman, historische Kontrafaktur, postmodernes Schreiben –, so sind andererseits die Geschwindigkeit und Energie der Veränderungen in Literatur und Betrieb erstaunlich: Während eine ganze Reihe der um 2000 virulenten Themen wie Luftkrieg, Biomedizin/Hirnforschung oder Klonphantasien inzwischen wieder in den Hintergrund gerückt ist, sind neue Gegenstände hervorgetreten" (Caduff und Vedder 2017, 10). Solche Themen sind etwa die ‚Gegenwart als Nachgeschichte' von Politik und Krieg, Alltagsdiskurse, postkoloniales Schreiben, neue Mehrsprachigkeit und Polyfonie sowie Orte und Instanzen von Literaturvermittlung und -betrieb (vgl. Caduff und Vedder 2017, 10–14). An wenigen Beispielen sollen die Tendenzen der Gegenwartsliteratur nach 2000 im Weiteren konkretisiert werden.

Ein Roman, der einerseits die Grenze zwischen Jugend- und Erwachsenenliteratur einebnet und andererseits exemplarisch für interkulturelle und alltagsdiskursive Aspekte der Gegenwartsliteratur stehen kann, ist Wolfgang Herrndorfs *Tschick* (2010). Der 14-jährige Maik Klingenberg ist in der Schule ein Außenseiter. Er stammt aus einem gut situierten Elternhaus, in dem es jedoch hinter der heilen Fassade kriselt. Die Mutter ist Alkoholikerin und muss regelmäßig in die Entzugsklinik, der Vater hat eine Geliebte, wobei er sich nicht einmal bemüht, die Affäre vor seinem Sohn geheim zu halten (vgl. Herrndorf 2010, 70–72).

Nachdem Maik anfänglich wie der Rest seiner Klasse mit Abneigung auf den neuen russischen Mitschüler Tschick reagiert, der regelmäßig mit Alkoholfahne im Unterricht erscheint, freundet er sich schließlich mit seinem neuen Klassenkameraden an und unternimmt mit einem gestohlenen Auto der Marke Lada eine Reise quer durch Deutschland. Auf der Reise lernt Maik den Wert von Freundschaft und wahre Loyalität kennen. Als die beiden auf ihrer Odyssee der jugendlichen Ausreißerin Isa begegnen, verspürt Maik darüber hinaus auch erstmals erotische Anziehung, während Tschick im Verlauf der Romanhandlung eine homosexuelle Neigung andeutet.

Der Roman führt zwar juristisch wie moralisch grenzwertiges Verhalten vor – man denke an den Diebstahl des Lada oder das Autofahren Minderjähriger ohne Fahrerlaubnis –, wertet diese Normverstöße aber in keiner Weise auf. Die Freundschaft zwischen Maik und Tschick bietet für die Schülerinnen und Schüler gleichermaßen Momente der möglichen Identifikation wie auch Anlässe, sich von den geschilderten Charakteren zu distanzieren und somit Alteritätserfahrungen zu machen. Durch die zeitaktuellen Bezüge etwa auf die Sängerin Beyoncé Knowles schafft *Tschick* Anknüpfungspunkte an die mediale wie gesellschaftliche Situation zum Erscheinungszeitpunkt des Romans. Auch andere intertextuelle Marker fallen ins Auge. Beispielsweise treffen Maik und Tschick auf eine Familie, die am Esscnstisch das Ritual praktiziert, einander Quiz-Fragen, besonders gern zur Welt Harry Potters, zu stellen. Und zahlreiche Anspielungen auf aktuelle Zeitungsmeldungen – etwa die Tatsache, dass der Vater aus Naturschutzgründen (Käfer, Insekten und ein Grashalm) den Fortbau eines Neubaugebiets stoppen musste und deswegen finanziell vor dem Ruin steht – tragen zur Aktualität des Textes bei. Immerhin hatte beispielsweise im Jahre 1997 der Wachtelkönig für Schlagzeilen gesorgt, als in Hamburg ein Wohngebiet mit 3000 Neubauten, das in das Brutgebiet des Vogels eingreifen sollte, nicht gebaut werden durfte. Die *WELT* bezeichnen den Vogel aufgrund dieser

Streitigkeiten als über Hamburg hinausweisendes Symbol für den Widerstreit zwischen Bauprojekten einer Metropole und dem Umweltschutz (vgl. Gall und Eusterhus 2006, 1).

Gegenwartsdiagnostik findet auch in *Tschick* über die Betrachtung der deutschen Geschichte in Form von Anspielungen auf die NS-Vergangenheit statt. Beispielsweise hat Maik bei der Begegnung mit mit einer vietnamesischen Reinigungskraft Assoziationen an Adolf Hitler (vgl. Herrndorf 2010, 75). Das gegenwartsdiagnostische Moment wird aber noch erweitert durch die Themen der Interkulturalität und den Umgang mit Stereotypen. So werden innerhalb des Romans Vorurteile gegenüber russischen Spätaussiedlern formuliert, die Klasse begegnet Tschick mit in der Textlogik zum Teil berechtigten Vorbehalten, aber auch bloßen klischeehaften Vermutungen über dessen vermeintlich kriminelles Leben. Auch eine Beschäftigung mit der sexuellen Identität, die in der Gesellschaft zusehends diversifiziert wird, findet durch die Andeutung von Tschicks Homosexualität Eingang in den Roman (vgl. Standke 2016).

Die hier herausgestellten Gegenwartsbezüge solcher Texte bedingen zugleich die oben bereits angedeutete Gefahr der Flüchtigkeit der Rezeption als ‚Gegenwartsliteratur'. Wenn nämlich Phänomene, Personen oder Ereignisse, auf die ein literarischer Text anspielt, in Vergessenheit geraten oder als überholt erscheinen (vgl. Bogdal 2004, 88), dann gilt auch der Text selbst rasch als veraltet. Die Gefahr, dass die Aktualitätsbezüge eines Textes von der Zeit überholt werden, soll aber nicht über die didaktischen Vorzüge eines hohen Aktualitätsgrades hinwegtäuschen. Beispielsweise wird in Mark-Uwe Klings Textsammlung *Das Känguru-Manifest* von niedrigschwelligen Medienprodukten wie *Big Brother* oder *Ich bin ein Star – Holt mich hier raus!* über Medienskandale wie Marcel Reich-Ranickis Weigerung, den Deutschen Fernsehpreis anzunehmen, bis hin zu drängenden gesellschaftlichen Umschwüngen wie der Gentrifizierung in Berlin ein großes Spektrum an zeitgenössischen und aktuellen Themen bedient und persifliert. Die Flüchtigkeit dieser Aktualität stellt kein grundsätzliches Argument gegen den Einsatz gegenwartsliterarischer Texte im Unterricht dar. Ganz im Gegenteil: Gerade dieser Bezug auf die Erfahrungen der Leserinnen und Leser bietet im Unterricht das Potenzial, mit den Lernenden einen weitgehend authentischen Lebensweltbezug herzustellen. Voraussetzung hierfür ist freilich die bereits oben angeführte Forderung Kammlers (2000) an die Lehrkraft, die gegenwartsbezogene Zugänglichkeit der ausgewählten Texte kontinuierlich zu prüfen und gegebenenfalls neue Texte einzubeziehen.

Für den Unterricht der Primar- und Sekundarstufe I bietet es sich an, zeitgenössische Texte der Kinder- und Jugendliteratur – die hier ausdrücklich zur Gegenwartsliteratur gezählt werden – zu behandeln, die auf gegenwärtig drängende gesellschaftliche Entwicklungen und Probleme Bezug nehmen. So bieten beispielsweise Texte wie Kirsten Boies *Bestimmt wird alles gut* (2016) Chancen einer Thematisierung von Flucht und Zuwanderung aus Syrien im Unterricht der Grundschule an. Auch weitere Themen, etwa die Auseinandersetzung mit körperlichen Abweichungen und die Frage nach der eigenen Identitätsfindung, werden in der aktuellen Kinder- und Jugendliteratur behandelt. So lässt sich ein Text wie Susan Krellers *Schneeriese* (2015) trefflich im Unterricht der achten Klasse einsetzen. In Krellers prämiertem Roman wird aus der Sicht eines großwüchsigen Jungen exemplarisch dargestellt, wie Mitschüler, Lehrer, Eltern, Freunde und Familienmitglieder mit der körperlichen Abweichung umgehen (vgl. Bernhardt 2017, 203–217).

5 Didaktische Potenziale des Einsatzes der Gegenwartsliteratur im Unterricht

Kammler (2000) sieht im Gegenwartsbezug der aktuellen Gegenwartsliteratur einen wesentlichen Vorteil für den Literaturunterricht. Er geht nämlich davon aus, dass eine Aufgabe des Literaturunterrichts darin besteht, „die Auseinandersetzung mit Schlüsselproblemen der Gegenwart zu fördern, deutlich zu machen, daß im Medium Literatur eine solche Auseinandersetzung stattfindet" (Kammler 2000, 126–127). Durch einen Umgang mit aktuellen Texten, der Bezüge zu kanonisierter Literatur aus vergangenen Epochen nicht scheut, wird den Schülerinnen und Schülern bewusst, so Kammler, dass bestimmte, zu einem historischen Zeitpunkt drängende Probleme Einzug in die Literatur gehalten haben und noch heute – aus veränderter Sicht und mit anderen Mitteln – noch gestaltet werden. So hat beispielsweise Daniel Kehlmann mit *Die Vermessung der Welt* (2005) einen Roman vorgelegt, der zwar dezidiert in der Vergangenheit der Lebenszeit von Carl-Friedrich Gauß und Alexander von Humboldt angesiedelt ist, aber diverse Seitenblicke auf auch heute aktuelle gesellschaftliche Aspekte bietet, zum Beispiel auf das Altern, die Verhandlung des Nationalitätsbewusstseins, auf Chancen und Grenzen der Wissenschaft.

Gegenwartsliteratur birgt darüber hinaus ein besonderes didaktisches Potenzial, um Lerngruppen zur Auseinandersetzung mit der eigenen Identität anzuregen, zum Beispiel durch das Wiederfinden des eigenen Selbst in einer literarischen Figur oder auch durch die Möglichkeit von Fremdheitserfahrungen. Frederking (2013) regt diesbezüglich die Förderung einer „Ambiguitätstoleranz bzw. Rollendistanz" und an und stellt deren „identitätsfördernde[n] Lernpotenziale" im Rahmen der Literaturrezeption heraus (Frederking 2013a, 423). Ein so verstandener ‚Gegenwartsliteraturunterricht' zielt nicht ausschließlich auf eine

Förderung des genauen Textverstehens ab, sondern vielmehr darauf, junge Menschen zur Perspektivübernahme sowie zur Reflexion über verhandelte Gegenwartsprobleme zu befähigen.

Die identitätsstiftende Rolle von Literatur gewinnt Standke (2014) zufolge angesichts der Pluralisierung von Lebensentwürfen, der Individualisierung und Medialisierung der Gegenwart zunehmend an Relevanz: „In Literatur sind Entwürfe von Identität sprachlich gestaltet. Sie bieten den Schülern Raum für symbolisches Probehandeln in vertrauten Mustern, aber auch für Erfahrungen des historisch und kulturell Fremden. Figuren können in bedeutsamen Situationen der Identitätsfindung beobachtet und deren Entscheidungen auf eigene Bedürfnisse, Erfahrungen und Probleme bezogen werden" (Standke 2014, 37–38). Gerade die Gegenwartsliteratur, die selbst immer wieder Figuren erschafft, die sich auf der Suche nach ihrer Identität in die sich kulturell ausdifferenzierende Gesellschaft begeben müssen, bietet in besonderer Weise das Potenzial für eine derartige Identitätsarbeit.

6 Am Rande der Texte: Schriftstellerische Inszenierungspraxis und die ‚Eventisierung' der Literatur

Neben der Konzentration auf die literarischen Texte selbst spielen in Literaturwissenschaft und Literaturdidaktik seit einigen Jahren vermehrt auch die paratextuellen Aspekte der Gegenwartsliteratur und ihre außertextuellen Inszenierungspraktiken eine wichtige Rolle. Angesichts der massiven Veränderungen des Literaturbetriebs, die sich im gewandelten Verlagswesen, in immer stärker akzentuierten Formaten wie Lesungen, Slams oder literarischen Events abzeichnen, weisen Bierwirth et al. (2012) darauf hin, dass es ausgesprochen wichtig sei, „die [aktuelle] Literatur im Zusammenhang ihrer sozialen, kulturpolitischen und ökonomischen Entstehungs-, Distributions- und Rezeptionsbedingungen wahrzunehmen" (Bierwirth et al. 2012, 11). Reichwein (2007) spricht diesbezüglich von einer zunehmenden Inszenierung des literarischen Rahmens, wobei sich eben Verlage, Literaturkritik oder die Autorpersönlichkeit aufmerksamkeitslenkender Verfahren bedienen. Reichwein stellt drei solcher aufmerksamkeitslenkenden Verfahren exemplarisch vor, nämlich „die Personalisierung, Visualisierung und Etikettierung von Literatur" (Reichwein 2007, 91). Literarische Autoren stehen mittlerweile oft im Mittelpunkt der öffentlichen Aufmerksamkeit und bieten Einblick in ihr Leben und Schaffen. Auch die Selbstaussagen und Auftritte der

Autoren formieren das öffentliche Feld der Gegenwartsliteratur, wie sich beispielsweise an Daniel Kehlmann zeigen lässt (vgl. dazu auch Standke 2015).

Zu den hier benannten Inszenierungstechniken zählen auch die Autorenfotos, die mittlerweile immer mehr Aufmerksamkeit erregen. So führt Reichwein die öffentliche Präsenz von Autoren wie Judith Hermann oder Benjamin Lebert zu großen Teilen auf deren Visualisierung in Form von Porträtfotos zurück, die zugleich durch die PR-Abteilungen der Verlage verschickt werden und damit über die Distribution für Aufmerksamkeit sorgen (vgl. Reichwein 2007, 93–94). Eine derartige Visualisierungstendenz machten sich auch junge Autorinnen ab den 1990er Jahren zunutze, indem sie sich dergestalt als gut aussehende Literatinnen hervortaten. Volker Hage etikettierte diese Autorinnen in einem Artikel für den *Spiegel* als „literarisches Fräuleinwunder" und bemängelte, dass weniger die literarischen Texte als vielmehr das Erscheinungsbild der Schriftstellerinnen im Fokus der selbst entworfenen Rolleninszenierung stünde (vgl. dazu Reichwein 2007, 95–96).

Andere Etiketten existieren auch im Hinblick auf die inhaltliche Dimension von Gegenwartsliteratur, man denke an Labels wie ‚Wendeliteratur', ‚Erinnerungsliteratur', ‚All-Age-Literatur', ‚Adoleszenzromane', die jeweils eine Reduktion von Komplexität im literarischen Feld schaffen und damit den Rezipienten Hinweise auf Texte geben, die anderen Texten womöglich ähneln (vgl. Reichwein 2007, 96). Gewissermaßen handelt es sich hierbei um einen Versuch, auf dem flüchtigen Feld doch gewisse literatursystematische Gemeinsamkeiten und Abgrenzungen von Texten zu finden, ungeachtet dessen, dass es eine Vielzahl derartiger Etikettierungen gibt, die Verlage unter anderem zur Optimierung der Distribution auf dem Buchmarkt verwenden.

Reichwein zufolge seien Literatur und Literaturbetrieb inzwischen auf eine gesteigerte Öffentlichkeitswirksamkeit angewiesen, die er unter dem Schlagwort ‚Eventisierung' fasst (vgl. Reichwein 2007, 97). So stehen literarische Autoren heute bei Veranstaltungen im Fokus, halten Lesungen, geben Interviews und treten somit als Persönlichkeit ins Zentrum des öffentlichen Interesses. Bogdal spricht diesbezüglich von einer massenmedialen Verbreitung von Gegenwartsliteratur (vgl. Bogdal 2004, 93), wobei die öffentliche Inszenierung von Autoren zu ebendieser beitrage. So weist Bogdal (2004) des Weiteren darauf hin, dass zahlreiche Autoren seit den 1990er Jahren „nicht aus Qualitätsgründen, sondern ihrer gelungenen medialen Rolleninszenierung wegen zu ‚Stars'" (Bogdal 2004, 89) geworden seien. Auch Herrmann und Horstkotte (2016) heben diese medialen Inszenierungspraktiken der Gegenwartsliteratur als wichtige Signaturen des literarischen Feldes hervor, die durch vorgebliche Literaturskandale wie zum Beispiel in der Auseinandersetzung um Charlotte Roches *Feuchtgebiete* (2008) oder durch mediale Präsenz der Autoren erzeugt werden (vgl. Herrmann und Horstkotte 2016, 15–16).

Der Literaturbetrieb ist mittlerweile selbst Gegenstand der Gegenwartsliteratur geworden. So hat sich in den vergangenen Jahren das Genre ‚Literaturbetriebsroman' etabliert, in dem Akteure und Mechanismen des literarischen Feldes mit zuweilen klarem Realitätsbezug inszeniert werden (vgl. Braun 2010, 15–16). Einschlägig für das Genre ist beispielsweise Thomas Glavinics Roman *Das bin doch ich* (2007). Erzählt wird die Geschichte eines Autors namens Thomas Glavinic, der dem realen Thomas Glavinic gleich einen Roman verfasst hat: *Die Arbeit der Nacht* (vgl. hierzu Walter-Jochum 2014). Zahlreiche real existierende Personen der Literaturlandschaft treten in der Romanhandlung auf. So gibt es beispielsweise etliche Gespräche und SMS-Kontakte mit tatsächlich existierenden Verlegern und Literaturagenten sowie eine Freundschaft mit einem Autor namens Daniel Kehlmann, der gerade einen großen Erfolg mit seinem Roman *Die Vermessung der Welt* feiert.

Diese als ‚Literaturbetriebsroman' etikettierte Veröffentlichung zeigt, dass die Beschäftigung mit Bedingungen und Verlaufsformen der Produktion, Distribution und Rezeption aktueller Texte – die Selbstbespiegelung des Literaturbetriebs (vgl. Standke 2014, 28) – eine wesentliche Signatur des facettenreichen Phänomens Gegenwartsliteratur bildet, die auch im Unterricht thematisiert werden sollte.

7 Ausblick

Das derzeitige gegenwartsliterarische Feld weist eine ausgesprochen große thematische, formale und mediale Vielfalt auf. Nicht zuletzt mit Blick auf die Kinder- und Jugendliteratur markiert das aktuelle Konstrukt ‚Gegenwartsliteratur' einen resonanzreichen Raum für vielfältige „ästhetische Suchprozesse" (Vach 2017, 8). Die vermutlich signifikanteste Abgrenzung gegenüber den vormals als Gegenwartsliteratur bezeichneten Gegenstandsbereichen ist jedoch sicherlich in ihrer Erweiterung um lyrische und dramatische Texte zu sehen. Waren gegenwartsliterarische Forschung und der sich daran ausrichtende Unterricht lange Zeit auf erzählende Literatur, vorzugsweise den Roman, begrenzt, rücken nun auch Lyrik und Dramatik wieder stärker in ihren Fokus. Die Vergabe des Georg-Büchner-Preises 2017 an den Lyriker Jan Wagner mag als Zeichen dieser Öffnung der Gegenwartsliteratur gelten. Fachdidaktik, Literaturwissenschaft und Unterricht sollten dieses als Vorbild nehmen und zukünftig gleichermaßen aufgeschlossen reagieren.

Weiterführende Literatur

Braun, Michael (2010). *Die deutsche Gegenwartsliteratur. Eine Einführung.* Köln.
Dawidowski, Christian (2012). *Gegenwartsliteratur und Postmoderne im Literaturunterricht.* Baltmannsweiler.
Herrmann, Leonhard und Silke Horstkotte (2016). *Gegenwartsliteratur. Eine Einführung.* Stuttgart.
Kammler, Clemens (2006a). „Gegenwartsliteratur im Unterricht". *Grundzüge der Literaturdidaktik.* Hrsg. von Klaus-Michael Bogdal und Hermann Korte. München: 166–176.
Pfäfflin, Sabine (2012). *Auswahlkriterien für Gegenwartsliteratur im Deutschunterricht.* Baltmannsweiler.

Heidi Rösch
III.2.8 Migrationsliteratur

1 Zum Begriff Migrationsliteratur

Der Begriff Migrationsliteratur ist im deutschsprachigen Raum im letzten Drittel des 20. Jahrhunderts entstanden. In der Literaturwissenschaft kursieren unterschiedliche Begriffe zur Bezeichnung dieses Genres. Dabei orientieren sich Begriffe wie „Ausländerliteratur" (Ackermann und Weinrich 1986), „Gastarbeiterliteratur" (Biondi und Schami 1981), „Migrantenliteratur" (Schierloh 1984) oder auch „Literatur nationaler Minderheiten" (Reeg 1988) vorwiegend an der Autorenbiografie und lassen sich unter dem Label Migrantenliteratur als ‚(deutschsprachige) Literatur von Autorinnen und Autoren mit Migrationshintergrund' zusammenfassen. Im Unterschied zum Konzept der Exilliteratur wird diese Literatur in der Aufnahmegesellschaft verortet. Entsprechend sollte sie auch im Unterricht als Beitrag zur Entwicklung der Einwanderungsgesellschaft gelesen werden, der sich nicht speziell an migrantische Schüler, sondern an alle richtet und durch die thematische, sprachliche und ästhetische Gestaltung migrationsgesellschaftliche und damit auch globale Aspekte anspricht, die es aufzugreifen gilt.

Dem Begriff „Deutsche Literatur von außen" (Weinrich 1983) wird „Eine Literatur von innen" (Taufiq 1985) oder auch „Literatur in Deutschland" (Grünefeld 1985) gegenübergestellt. „Literatur in der multikulturellen Gesellschaft" (Şölçün 1992) macht darüber hinaus deutlich, dass es dabei nicht nur um die Literatur von Autorinnen und Autoren mit, sondern auch um die ohne Migrationshintergrund geht, die sich den gesellschaftlichen Herausforderungen unserer Zeit stellen. „Literatur der Fremde – Literatur in der Fremde" (Weigel 1992) führt die Literatur deutscher Autorinnen und Autoren in der Fremde und fremde Autorinnen und Autoren in Deutschland zusammen und eröffnet gleichzeitig einen thematischen Zugang zur Begriffsbestimmung. Dieser liegt auch den Begriffen „Literatur der europäischen Arbeitsmigration" (Ehnert 1988), „Migrationsliteratur" (Rösch 1992) sowie „Literatur der Migration" (Amirsedghi und Bleicher 1997) zugrunde, wobei die letzten Begriffe jede Form von Migration im Zeitalter fortschreitender Globalisierung meinen und eine Literatur bezeichnen, die Migration thematisch, sprachlich und ästhetisch gestaltet. Migration wird hierbei im Text verortet und nicht an die Autorenbiografie gebunden, auch wenn es im Wesentlichen Autorinnen und Autoren mit Migrationshintergrund sind, die Migrationsliteratur schreiben. Ihre gesellschaftliche Verortung findet heute in Anlehnung an das Konzept der Migrationsgesellschaft statt, das als Alternativkonzept zu Einwanderungsland Migration als konstitutives Element von pluralen Gesellschaften fokussiert, deren Ungleichstellungen zu reflektieren und in eine gleichberechtigte Partizipation zu überführen sind (Mecheril und Plößer 2011, 60).

Migrationsliteratur definiert sich in Abgrenzung zu Migrantenliteratur nicht entlang der Autorenbiographie, sondern wird vom konkreten (Einzel-)Werk hergedacht, das sich auf Migration bezieht. Es kann sein, dass ein Autor oder eine Autorin (mit oder ohne Migrationshintergrund) nur ein migrationsliterarisches Werk verfasst und die anderen Werke dieses Label nicht verdienen – wie Rainer Werner Fassbinder mit seinen frühen Filmen *Katzelmacher* (1969) und *Angst essen Seele auf* (1974), die sich mit Diskriminierung in der Migrationsgesellschaft befassen. Migrationsliteratur bezeichnet also – ähnlich wie das Konzept der Exilliteratur – nicht zwangsläufig das Gesamtwerk. Da deutlich mehr Autorinnen und Autoren mit Migrationshintergrund migrationsgesellschaftliche Themen aufgreifen, ergibt sich eine große Schnittmenge zwischen Migrations- und Migrantenliteratur. Dennoch ist und bleibt Migrationsliteratur als „Literatur der Betroffenheit" (Biondi und Schami 1981) eine Literatur, die Betroffenheit auf individueller, kollektiver, vor allem aber migrationsgesellschaftlicher Ebene zum Ausdruck bringt.

Aras Örens frühes Gedicht *made in germany* (1983) zeigt das sehr deutlich: Ignoriert man zunächst den Titel, kommt es wie ein Liebesgedicht daher. Doch bereits das ‚auch' im Schlussvers verweist auf ein Abhängigkeitsverhältnis, das eine gesellschaftspolitische Lesart nahelegt. Der Titel stellt einen Zusammenhang zur Wirtschaftskraft Deutschlands und seinen Arbeitsmigranten her, um sie ironisierend zu brechen. Das problematische Verhältnis zwischen dem Lyrischen Ich und dem Du ist ein in Deutschland Gemachtes.

2 Verortung der Migrationsliteratur

Neben Autorenbiografie, Themenstellung und Gestaltungsformen stellt sich die Frage nach der Verortung dieser Literatur: Während Begriffe wie „Eine nicht nur deutsche Literatur" (Ackermann und Weinrich 1986) oder „Deutsche Literatur fremdkultureller Prägung" (Krusche 1985) das Nicht-Deutsche dieser Literatur betonen, verweist „Literatur in der Fremde" (Chiellino 1985) und „Literatur der Fremde" (Biondi 1991) im Unterschied zum selben Begriff von Weigel, der die Auseinandersetzung mit Fremdheit in der Literatur meint, auf eine Verortung jenseits von Nationalliteraturen. Begriffe wie „Brückenliteratur" (Şenocak 1986), „Literatur im interkulturellen Kontext" (Rösch 1989) oder „Grenzüberschreitende Literatur" (Piccolo 1999) kulminieren im Begriff „Interkulturelle Literatur" (Chiellino 2000), die im Rahmen einer „kulturübergreifenden und vielsprachigen Literaturbewegung" (Chiellino 2000, 389) entsteht. Hierzu ist anzumerken, dass die Fokussierung auf Kultur/en in der Literatur um weitere Vorsilben zu ergänzen ist, denn neben interkulturellen sind multi-, trans- und auch dominanzkulturelle Elemente zu beobachten, die sich zu einem MITD-kulturell als Merkmal von Literatur verbinden lassen (Rösch 2015). Literaturdidaktisch bezieht sich Fremde oder Fremdheit der Literatur auf ihre Alterität und damit das Befremden und die Irritation, die sie nicht zuletzt dadurch auslöst, wie sie mit Kultur/en umgeht. Die Verankerung des MITD-Kulturellen in der Literatur bildet dabei den zentralen Zugang – und nicht etwa die (vermeintlichen) Kulturen der Schüler.

Begriffe wie „Rand-Literatur in Deutschland" (Oliver 1995) oder „Offene Randliteratur in der Fremde" (Amodeo 1996) kritisieren Bezeichnungen, die literarische Erscheinungen innerhalb kultureller oder nationaler Grenzen platzieren. Sie wollen periphere und deterritorialisierte literarische Erscheinungen, die heterogen, dynamisch und von unberechenbarer Entwicklung sind, fassbar machen, was im Begriff „Poetik der Verschiedenheit" (Wintersteiner 2006a) mündet und in Abgrenzung zu Interkulturalität Elemente einer transkulturellen Literatur fokussiert und postkoloniale Elemente integriert. Migrationsliteratur ist Teil der „Poetik der Verschiedenheit".

Die Migrationsliteraturforschung lässt sich als Spannungsfeld beschreiben. Sie bewegt sich zwischen einer Fokussierung auf das „nicht nur Deutsche" dieser Literatur (Ackermann und Weinrich 1986) und ihrem migrationsgesellschaftlichen Potential (Rösch 1992). Versuchen, Migrationsliteratur national, orientiert am Herkunftsland v. a. der italienischen (Chiellino 1985), türkischen (Horn 1987) oder griechischen Autorinnen und Autoren (Eideneier und Kallifatidou 2000) zu fassen, standen Ansätze gegenüber, das Genre multinational (Heinze 1986) bzw. transnational (Stolarczyk-Gembiak 2015) zu beschreiben. Durchgesetzt haben sich andere als nationale Attribute wie der Blick auf „interkulturelle Migrationsliteratur" im Kontext einer „Poetik des Nirgendwo" (Simić 2015) oder auch ein „Schreiben ohne festen Wohnsitz" (Khadhraoui 2014) deutlich macht.

Linda Koiran (2010) konstatiert eine Entwicklung „vom Begriff der multikulturellen über inter- und transkulturelle zur postkolonialen und hybriden Literatur" (Koiran 2010, 102). Das ist insofern problematisch, als dass das Hybride bereits im Konzept des Interkulturellen aufscheint und im Konzept des Transkulturellen deutlich(er) akzentuiert wird. Hinzu kommt, dass die Vorsilben zu -kulturell keineswegs so trennscharf sind, wie die Konstruktion einer solchen Entwicklung nahelegt, sondern als Merkmale von Migrationsliteratur gelten können, wozu auch die Auseinandersetzung mit Dominanzkultur zählt (Rösch 1992, 64), die wiederum in Verbindung zur postkolonialen Theorie gebracht werden kann (Hofmann 2006, 27–36).

Stattdessen gewinnt der Begriff postmigrantisch an Bedeutung. Er bezieht sich auf Kulturproduktionen allgemein und bezeichnet „Geschichten und Perspektiven derer, die selbst nicht mehr migriert sind, diesen Migrationshintergrund aber als persönliches Wissen und kollektive Erinnerung mitbringen. Darüber hinaus steht ‚postmigrantisch' in unserem globalisierten, vor allem urbanen Leben für den gesamten gemeinsamen Raum der Diversität jenseits von Herkunft" (Langhoff 2009).

Hier wird postmigrantisch wieder an die Künstlerbiografie und Migrationserfahrung gebunden und nicht vom konkreten Werk aus gedacht. Ein zweiter kritischer Aspekt ist, dass die Vorsilbe ‚post' auf Vergangenes, aber Nachwirkendes verweist, eine kritische Reflexion fordert, Überwindung und Neuorientierung intendiert, Migration aber – wenn überhaupt – nur auf individueller Ebene als überwindbar zu betrachten ist, das heißt, wenn jemand seinen eigenen oder den Migrationsprozess z. B. seiner Familie als abgeschlossen definiert. Gesellschaftlich und global gab es immer und wird es auch in Zukunft Migration geben. Postmigrantisch meint also nicht die Abschaffung oder Überwindung der Migration, sondern der damit verbundenen Zuschreibungen, Diskriminierungen, Ausgrenzungen usw. von Migrierten und die Forderung nach Anerkennung von Diversität in einer Migrationsgesellschaft. So wird das Postmigrantische zu einer Bewegung, die in besonderer Weise von Migrantenjugendlichen erbracht wird. Denn diese schaffen „in der Auseinandersetzung mit der Migrationsgeschichte ihrer Eltern und den gesellschaftlichen Bedingungen, unter denen sie leben, [...] ihre eigenen (Lern-)Räume, die verschiedene Bedeutungen integrieren und neue Zugehörigkeiten und Lebensentwürfe hervorbringen" (Yildiz 2010, 2). Dabei ist die Reflexion der gesellschaftlichen Bedingungen und das Schaffen MITD-kultureller (Denk-)Räume bereits ein Merkmal der Migrationsliteratur Ende des letzten Jahrhunderts und keinesfalls neu. Der seit den 1990er Jahren gebräuchliche Begriff Migrationsliteratur kann folglich nach wie vor Verwendung finden.

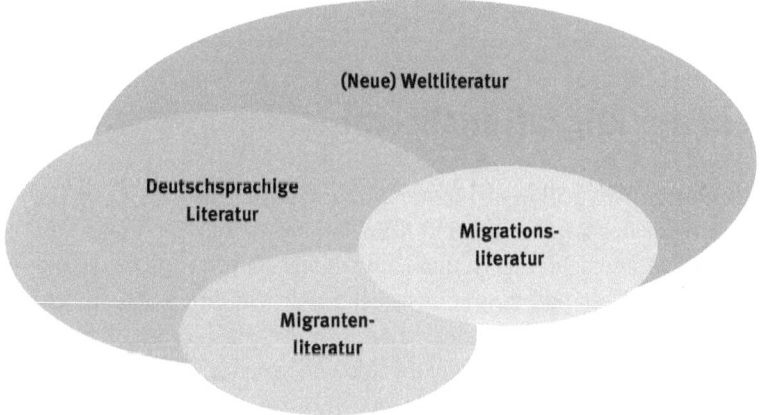

Abb. 1: Migrationsliteratur als neue Weltliteratur

Migrationsliteratur lässt sich darüber hinaus als Teil der „Neuen Weltliteratur" (Ivanovic 2008) fassen. Neu formuliert die Abkehr vom „Konzept der alten Weltliteratur", die die „abendländische Hegemonie" (Ivanovic 2008, 162) stärkt und zur ideologischen Leerformel für eine globale ‚Höhenkammliteratur' zu verkommen droht, die davon abweichende Literaturen ausschließt. Dennoch ist Goethes Konzept der Weltliteratur heute noch aktuell, wo es auf den literarischen und kulturellen Austausch zwischen Nationen verweist, das weltweite gesellschaftliche Zusammenwirken einfordert, die Utopie einer inter-nationalen Toleranz anstrebt und einen globalen philosophisch-ästhetischen Anspruch formuliert, wobei der letztgenannte Aspekt nur haltbar ist, wenn dabei auch bislang marginalisierte und diskriminierte Literaturen einbezogen werden (Rösch 2004). Homi Bhabha bezeichnet solche Weltliteratur, ohne das Attribut neu, als transnational, die auch Geschichten vom Rande der Welt erzählt und statt den Universalismus der menschlichen Kultur die Erfahrung der „verrückten sozialen und kulturellen De-Platzierungen" (Bhabha 2000, 13) thematisiert. Er verweist darauf, dass „einst die Weitergabe nationaler Traditionen das Hauptthema der Weltliteratur war", während „wir jetzt möglicherweise annehmen, dass transnationale Geschichten von Migranten, Kolonisierten oder politischen Flüchtlingen – diese Grenzlagen – die Gebiete der Weltliteratur sein können" (zit. n. Wintersteiner 2006a, 113).

Elke Sturm-Trigonakis formuliert drei Leitdifferenzen für die Zuordnung zur Weltliteratur: a) Zwei- oder Mehrsprachigkeit, b) Thematisierung von Transgression, c) Hinwendung zum Regionalen und Lokalen (Sturm-Trigonakis 2007, 108–109). Diese Kategorien erfüllt Migrationsliteratur in besonderer Weise, was im Folgenden bezogen auf die Hinwendung zum Regionalen und Lokalen gezeigt wird. Dabei spielt Transgression im Sinne von (Grenz-)Überschreitung oder Übergängen vor allem zwischen Sprachen als eine besondere Form des mehrsprachigen Schreibens eine große Rolle.

3 Orte in der Migrationsliteratur

Der Titel des Poems *Was will Niyazi in der Naunynstraße* von Aras Ören (1973) greift genau wie der des Rap-Songs Köln *Kalk Ehrenmord* von Eko Fresh (2011), der fast 40 Jahre später erschienen ist und einen in diesem Fall explizit als Ghetto bezeichneten Stadtteil besingt, migrationsgesellschaftliche Orte auf. Oft werden Orte weniger geographisch als vielmehr migrationsgesellschaftlich bezeichnet und charakterisiert wie in dem Erzählband *Russendisko* von Wladimir Kaminer (2000) oder dem Roman *Hochzeit in Jerusalem* von Lena Gorelik (2007), die beide das Leben als Migranten in Deutschland thematisieren. Frühe migrationsliterarische Werke wurden „Zwischen Fabrik und Bahnhof" (vgl. die 1981 von den damaligen PoLi-Künstlern Franco Biondi, Jusuf Naoum und Rafik Schami herausgegebene Anthologie) angesiedelt oder spielen auf der Europastraße 5, auf der in Güney Dals (1981) satirischem Roman von 1981 ein in Deutschland verstorbener türkischer Arbeitsmigrant in einem PKW in die ‚Heimat' transportiert wird. In Fatih Akins Roadmovie *Im Juli* (2000) fährt 20 Jahre später ein Deutscher dieselbe Route, um seine neue türkische Liebe, die er in Deutschland kennengelernt hat, in Istanbul zu treffen. Orte des Transits oder monofunktionale Orte, an denen man sich nicht aufhält, um sich dort aufzuhalten, nennt Marc Augé Nichtorte, die er von anthropologischen Orten mit konkreter und symbolischer Bedeutung als „places of identity, of relations, of history" (Augé 2006, 52) abgrenzt.

In postmodernen migrationsliterarischen Werken werden solche Nichtorte, die per Definition keine Bedeutung für die Identität, für soziale Beziehungen oder die Geschichte zu haben scheinen, zu Orten, die für die Biografie (der literarischen Figuren) Relevanz gewinnen wie die Fabrik oder der Bahnhof für Arbeitsmigranten oder die Europastraße 5 für Pendler zwischen Aufnahme- und Herkunftsgesellschaft. In Anlehnung an Stefan Neuhaus (2008) drückt das 1967 von Michel Foucault entwickelte Konzept der Heterotopie die Mehrfachbedeutung von Räumen aus: „Die Heterotopie vermag an einem einzigen Ort mehrere Räume, mehrere Platzierungen zusammenzulegen, die an sich unvereinbar sind" (Foucault 1992, 42). Dabei geht es um Räume, die in besonderer Weise gesellschaftliche Verhältnisse reflektieren, indem sie sie repräsentieren, negieren oder umkehren wie etwa Theater, Kino, Bibliotheken, Festwiesen, Feriendörfer, Kolonie, Bordelle, Schiffe etc. Erol Yildiz (2013) hat das Konzept der Heterotopie, das auf veränderte Konzepte von Räumen verweist, zum Konzept der Transtopie weiterentwickelt: „Orte des Übergangs, an denen marginalisierte Akteure und Wissensarten ins Zentrum der Betrachtung rücken, privilegiert, zum Teil auch kultiviert werden, Orte, an denen herrschende Normen in Frage gestellt und eine andere urbane Selbstverständlichkeit erzeugt wird. Transtopien können im übertragenen Sinn Denkräume, virtuelle Räume und postmigrantische Lebensentwürfe bezeichnen" (Yildiz 2013, 32).

Das Konzept der Transtopie betont die Übergänge, was über eine andere Besetzung von Räumen hinausgehen kann. Der Hinweis auf virtuelle oder Denkräume verweist auf das ebenfalls aus der postkolonialen Theorie bekannte Konzept des dritten Raums von Homi Bhabha als „Schwellenraum zwischen den Identitätsbestimmungen" (Bhabha 2000, 5), als Kontakt-, Vermischungs-, Zwischen- und Überlappungsraum von Grenzzonen und Grenzsituationen, als Raum des Hybriden, der weder der erste, noch der zweite Raum ist, sondern an allen Räumen teilhat und exterritorial (als Denkraum) erscheint. Ausgehend von der Kritik an Homi Bhabhas Konzept, das die Unklarheit der Beschreibung der Handlungsmacht (z. B. Moore-Gilbert 1997) und die Universalisierung der Hybriditätserfahrung (z. B. Loomba 2005) anmahnt, ist auf das kritische Potential seines Ansatzes zu verweisen, das gerade in aktuellen, oft affirmativen Deutungen häufig vernachlässigt wird. Das Konzept des dritten Raums ist eine Utopie, was im Griechischen ‚ohne Ort' bedeutet und im Gegensatz zu Dystopie, womit auch fiktionale, oft in der Zukunft spielende negativ endende Erzählungen bezeichnet werden, eine auf die Zukunft gerichtete politische und soziale (Wunsch-)Vorstellung darstellt.

Neben den schon genannten Raumkonzepten weisen auch Titel wie der des Satirebands *Dütschlünd, Dütschlünd übür üllüs* von Osman Engin (1994) durch die ironisierende ‚Türkisierung' von Deutschland auf ein hetero- oder sogar transtopisches Deutschland hin. Der Titel des Gedichtbands *Heimatt und andere fossile Träume* von José Oliver (1989) verbindet ein unter Migrationsbedingungen ermattetes Heimatkonzept mit versteinerten Vorstellungen von Heimat. Der Titel des Spielfilms *Gegen die Wand* von Fatih Akin (2004) lässt offen, ob die Wand das Ende oder eine Umkehr markiert. Sein Filmtitel *Auf der anderen Seite* (Akin 2007) verweist auf einen Seiten- und damit Perspektivenwechsel auf ein und dieselbe Sache. Besonders interessant ist in diesem Zusammenhang der Titel *Überseezungen* des Kurzprosabandes von Yoko Tawada (2002), der einerseits einen Ort (Übersee), andererseits aber auch die Übersetzung zwischen Sprach(räum)en avisiert und insofern als dritter Raum verstanden werden kann, als die zu reflektierenden Bedingungen, die diesen dritten Raum bzw. seine zukunftsweisende Bedeutung (noch) verhindern, inszeniert werden.

4 Sprache/n in der Migrationsliteratur

Migrationsliteratur ist (Teil der) deutschsprachige(n) Literatur, sofern man sie sprachräumlich verorten möchte. Das heißt aber nicht, dass sie in deutscher Sprache verfasst sein muss, auch Literatur wie die von Aras Ören, die im deutschen Sprachraum entsteht, aber in Türkisch verfasst und in deutscher Übersetzung (und oft verzögert auch im türkischen Original) publiziert wird, zählt zur deutschsprachigen Migrationsliteratur. In der Migrationslyrik der 1980er Jahre wird die deutsche Sprache sehr oft nicht nur explizit benannt, sondern auch thematisiert und zwar spielerisch und gleichzeitig dominanzkritisch: „deutsche sprache gute sprache" von Zehra Çirak (1988, 42) spielt mit der Verwirrung durch Proformen in der deutschen Sprache und legt damit weniger die sprachliche als vielmehr die gesellschaftliche Hierarchie offen. „Jandeln für Ausländer" von Gino Chiellino (1987, 83) zeigt am Beispiel einer klassischen Konjugationsübung, dass auch diese durch die Wahl der Verben und ihre Verbindung mit den Personalpronomen nicht nur Bedeutung hat, sondern auch einen gesellschaftskritischen Sinn generiert. Das Gedicht „Ich" von José F. A. Oliver (1987, 12) beschreibt Prozesse und Folgen der Fremdbestimmung durch die Pronomen rund um das Ich und die anderen.

Tab. 1: Exemplarische Gedichte

Zehra Çirak deutsche sprache gute sprache oder die denen ihnen	Gino Chiellino Jandeln für Ausländer	José F. A. Oliver Ich	José F. A. Oliver wassersprache
die dienen ihnen jenen dienen die denen dienen denen die dienen die dienen ihnen die verwirr mal nicht	ich wandel du handelst er jandelt oder sie jandelt wir mandeln ihr gandelt sie jandeln oder auch nicht	wähle nur die Worte die mich bereits gewählt haben ich spreche nur das aus was ich von euch gelernt habe es sind eure Gedanken in mir die mich hoffen lassen es ist euer Schweigen auf das ich eine Antwort suche	la mar machte kindsmäuler lachen el mar war schambleiche trauer der väter dem meermann die meerin

Das Gedicht „Allianz" von Zehra Çirak (1991, 16–17) beginnt so: „Auf deutsch heißt die Hand Hand /auf türkisch heißt sie el / so ein Handel". Es startet translingual, beschreibt ein zunehmend problematisch verlaufendes deutsch-türkisches Handelsabkommen und endet mit zwei Versen in getrennten Sprachen „der Handel reibt sich die Hände / eline sağlık", denn die deutsche Seite streicht den Profit ein und die türkische Seite wird für gute Handarbeit gelobt. Hier wird über den interlingualen Umgang mit zwei Sprachen, der über einen einfachen Vergleich hinausgeht und beide Sprachnationen in ein Verhältnis setzt, ein Herrschaftsverhältnis inszeniert.

Das Gedicht „wassersprache" von José F.A. Oliver (1997, 8) mischt Deutsch und Spanisch und regt an, über Gender-Mainstreaming nachzudenken. Das wird hier eng an sprachliche Formen gebunden wie dem Genus bezogen auf das Spanische „la mar" und „el mar", über dessen Translation ins Deutsche nachgedacht werden kann. Interessant ist auch die Wortschöpfung „die meerin" (und eben nicht die Meer(jung)frau), die hier „dem meermann" zugeordnet wird und die Frage aufwerfen kann, ob es sich um eine Unter-, Über- oder eine gleichberechtigte Zuordnung handelt. Dass José Oliver dieses Gedicht seiner Mutter gewidmet hat, fördert eine Auseinandersetzung mit dem Gender-Mainstreaming auch aus einer Kinderperspektive.

In dem Rap-Song „Türken Slang" von Eko Fresh (2011) kommen Deutsch, Englisch und Türkisch vor. Bezogen auf das Türkische fällt auf, dass neben der elaborierten Sprachwahl (rund um das Essen) auch eine Fäkalsprache rund um „Bastard / piç" und „Arsch / göt" benutzt wird. Diese Ausdrücke folgen als Assoziation auf einen „Türsteher, der denkt: ,Den lass ich nicht rein!'" und thematisieren so migrantenspezifische Diskriminierungserfahrungen. Dazu gehört auch die doppelte Ausgrenzung „Für Deutsche sind wir Türken / Für Türken sind wir Deutsche", die das Lyrische Ich im Refrain als Grund für die Entwicklung „unserer eigenen Sprache" angibt und durch den Hinweis auf die Reisen in die Heimat offensichtlich eine Assoziation zu Bastard / piç auslöst.

Dieses „Straßendeutsch oder Türkenslang" (wie es im Refrain heißt) verweist darauf, dass es sich um ein auf der Straße entstandenes Deutsch handelt, das Türken wie andere Diskriminierte (etwa Schwarze in den USA) als nichtstandardisierte Sprachvarietät entwickeln. Auch hier wird Diskriminierung als „Asoziale" genannt, aber gleichzeitig selbstbewusst darauf verwiesen, dass diese Gruppe eine eigene Sprache entwickelt hat und das Lyrische Ich damit zur „Völkerverständigung" beiträgt. Die Thematisierung des Wechselverhältnisses zwischen Fremdzuschreibung (hier konsequenterweise passivisch formuliert als „wir werden ... betitelt") und Selbstbestimmung (hier „haben wir .... entwickelt") findet sich in vielen Werken der Migrationsliteratur und wird als „doppelte Optik" (Arens 2000; Blioumi 2001) bezeichnet. Ein über 30 Jahre früher, im Balladenstil verfasstes Gedicht von Franco Biondi (1979) trägt den Titel „nicht nur gastarbeiterdeutsch" und beschreibt den Deutscherwerb eines am Sprachduktus erkennbar italienischen „Gastarbeiters", der seine Integrationsleistung und -erwartung offenbart und die Lesenden damit konfrontiert, dass die zunehmende Sprachkompetenz nur dazu führt, dass er seine Ausgrenzung besser versteht, aber sie ihm keine Partizipationschancen eröffnet. Auch dies ist ein Beispiel für die doppelte Optik bezogen auf die ‚Integrationsfalle', die Anforderungen stellt, dann aber die daran gebundenen Versprechen nicht einlöst. Dieser Ansatz geht über die in der Imagologie übliche Befassung mit der Darstellung nationaler oder ethnischer Gruppen in der Literatur oder die textuellen Ausdrucksformen eines Images (als ein von Mehreren geteiltes Bild) im historischen Kontext hinaus. Statt um Imagemodelle in verschiedenen Ländern bzw. Kulturen sowie deren allgemeine Struktur oder die Analyse zeitabhängiger Veränderungen und des zeitabhängigen Umgangs mit Stereotypen geht es um Fremd- und Selbstbilder (Hetero- /Auto-Images) in der Literatur, ihrer Genese, Entwicklung und Wirkung im literarischen und außerliterarischen Kontext.

5 Geschichte der Migrationsliteratur

Migrationsliteratur ist historisch im Kontext der Arbeitsmigration entstanden, spiegelt aber auch andere Migrationsbewegungen wie die Systemmigration oder Asylmigration wider. Sie ist bis heute eng mit der Literaturproduktion von Autorinnen und Autoren mit Migrationshintergrund verbunden. Dazu hat unter anderem die Gründung des polynationalen Literatur- und Kunstvereins 1980 beigetragen, in dem sich Künstlerinnen und Künstler aus dem Mittelmeerraum zusammenschlossen und Anthologien sowie programmatische Artikel zu ihrer Literatur publizierten. Auch wenn dieser Verein nur bis 1987 bestand, haben seine Akteure doch das sich entwickelnde Literaturverständnis stark geprägt. So spiegeln die Gedichtbände von Gino Chiellino *Mein fremder Alltag* (1984), *Sehnsucht nach Sprache* (1987) und *Sich die Fremde nehmen* (1992) die Entwicklung von einer Außenperspektive über die Reflexion der migrationsspezifischen Sprachsozialisation zur dominanzkritischen Innenperspektive wider. In dieser Bewegung waren auch Angehörige der so genannten zweiten Generation wie José F. Oliver aktiv. Seine frühen Gedichtbände *Auf-Bruch* (1987) und *Heimatt und andere fossile Träume* (1989) sowie der erste Gedichtband von Zehra Çirak *Flugfänger* (1987), die wie viele Migrationsautoren mit türkischem Hintergrund dem PoLiKunst-Verein nicht angehörte, setzen sich mit der doppelten Optik von Fremdzuschreibung und Selbstbestimmung auseinander und entwickeln bereits in dieser Zeit eine Vorstellung von Mehrfachzugehörigkeiten.

Ein weiterer Meilenstein war 1985 die Einrichtung des Adelbert-von-Chamisso-Preises der Robert Bosch Stiftung für Autoren, deren Muttersprache und kulturelle Herkunft nicht die deutsche ist und die mit ihrem Werk einen wichtigen Beitrag zur deutschsprachigen Literatur leisten, der gegen viele Widerstände von Preisträgern wie Ilija Trojanow und José Oliver 2017 letztmalig vergeben wird. Auch dies hat dazu beigetragen, Migranten- statt Migrationsliteratur zu fördern, wobei die meisten der Ausgezeichneten Migrationsliteratur schreiben und sich der Preis im Lauf seiner 30-jährigen Geschichte zunehmend von einem Preis für migrantische Autoren zu einem anerkannten und einzigartigen Literaturpreis entwickelt hat, mit dem „die vermeintlich dysfunktionale Multikulturalität gewürdigt, prämiert, gefeiert wurde" (Trojanow und Oliver 2016, 11). Seit 2019 wird in Dresden ein neuer Chamisso-Preis, gestiftet von einem Bündnis aus Vereinen, Unternehmen und Kulturakteuren in Dresden, vergeben.

Das *Handbuch der Literatur der Migration im deutschsprachigen Raum seit 1945* stellt „die Literatur von deutschsprachigen AutorInnen nichtdeutscher Muttersprache sowie derjenigen AutorInnen, die sich mittlerweile als Angehörige einer Folgegeneration dieser Gruppe zurechnen lassen und oftmals gerade diese

Zuordnung auch selbst thematisieren, zum ersten Mal umfassend" vor (Schmitz 2013, Einleitung).

Im ersten Teil werden systematische Aspekte der deutschsprachigen Literatur der Migration thematisiert, der zweite enthält insgesamt 245 Artikel zu den einschlägigen Autorinnen und Autoren und deren Werken. In dieser Tradition findet auch hier eine Konzentration auf Autorinnen und Autoren mit Migrationshintergrund, die Migrationsliteratur schreiben statt – auch um ihre besondere Leistung für die Literatur zu würdigen. Der folgende skizzenhafte Abriss zeigt die in einzelnen Dekaden erstmals in Erscheinung getretenen Autorinnen und Autoren und Formen der Migrationsliteratur.

1970–1979

Aras Ören publizierte seine Berlin-Trilogie *Was will Niyazi in der Naunynstraße* (1973), *Der kurze Traum Kagithane* (1974) und *Die Fremde ist auch ein Haus* (1980) als Poem und macht damit eine aus der türkischen Literatur bekannte Literaturform für die deutsche Migrationsliteratur nutzbar. Er schreibt in türkischer Sprache, seine Werke werden meist vor dem türkischen Original in deutscher Übersetzung veröffentlicht.

Im Unterschied zu Aras Ören, der schon in Istanbul künstlerisch tätig war, kam Franco Biondi als Arbeitsmigrant nach Deutschland und absolvierte hier über den zweiten Bildungsweg ein Psychologiestudium. Franco Biondi publiziert im Selbstverlag den Gedichtband *Nicht nur Gastarbeiterdeutsch* (1979), ganz bewusst in deutscher Sprache, um ein deutsches Lesepublikum zu erreichen.

1980–1990

Aras Ören startete in den 1980er Jahren mit der Kriminalerzählung *Bitte nix Polizei* (1981), die die Nichtkommunikation zwischen Deutschen und Türken in Berlin-Kreuzberg inszeniert. Zeitgleich publiziert Libuše Moníková ihren ersten Roman *Eine Schädigung* (1981), dem *Pavane für eine verstorbene Infantin* (1983) und *Die Fassade* (1987) folgen. Die aus Prag stammende, 1998 verstorbene Autorin erzählt episodenhaft von einer Welt, die Westeuropäerinnen und Westeuropäern normalerweise eher fremd ist. Ihre Romanfiguren sind meist Exilanten oder Reisende, die die Idee von Mitteleuropa und die Sehnsucht nach Osteuropa mit sich tragen und in sich zusammenzubringen versuchen.

Franco Biondi wendet sich der Prosa zu und veröffentlicht den Erzählband *Passavantis Rückkehr* (1982) und die Novelle *Abschied der zerschellten Jahre*

(1984). In diesen Texten wird Franco Biondis Orientierung an der (deutschen) Arbeiterliteratur mit ihrer naturalistischen Prägung deutlich, denn er verschafft dem Unterprivilegierten einen Platz in der Kunst, indem er „Gastarbeiterdeutsch" zur Literatursprache erhebt, Minderheitenangehörige als handelnde und reflektierende Subjekte gestaltet und strukturellen Rassismus in der Einwanderungsgesellschaft entschlüsselt.

Rafik Schami stellt sich mit seinem ersten Band *Das Schaf im Wolfspelz* Fabeln, Märchen und phantastische Geschichten (1982) vor, aus dem einzelne Texte später als Bilderbücher (wie Bobo und Susu 1986) entstehen. Gleichzeitig startet er mit *Eine Hand voller Sterne* (1987) und *Erzähler der Nacht* (1989) seine Karriere als Romanschriftsteller. Er entzieht sich den naturalistischen und/oder expressionistischen Strömungen und knüpft an die arabische Erzähltradition an, indem er Ort und Zeit seiner Romanhandlungen in den arabischen Raum verlegt – oftmals nach Damaskus, der Stadt seiner Kindheit und Jugend, die er als Beispiel einer multikulturellen Stadt gestaltet –, im Stile der 1001-Nacht-Geschichten mehrere Binnenerzählungen mit einer lockeren Rahmenhandlung verknüpft und positive Helden – meist Minderheitenangehörige oder Migranten – gestaltet, die z. B. durch die Auseinandersetzung mit Multiethnizität und Migrationserfahrung interkulturell kompetent sind oder werden. Rafik Schami erhebt nicht den politisch korrekten Zeigefinger, sondern lässt seine (deutschen) Leser in eine ihnen fremde Welt eintauchen und überlässt es ihnen, ob sie den Transfer in die multiethnische Gesellschaft in Deutschland nachvollziehen oder nicht.

Die Migrationslyrik experimentiert mit der konkreten Poesie (Piccolo 1999) und trägt expressionistische Züge, was in den genannten Titeln vor allem von José F. A. Oliver schon anklingt, denn es geht ihr um den Aufbruch in eine neue Zeit, in der die Situation von Migranten nicht mehr nur politisch korrekt nachgebildet wird, sondern sich eine Vorstellung von multiplen Identität/en, Minderheitenmehrsprachigkeit und Multiethnizität (als Gegenmodell zur Dominanzkultur) im Kontext von Migration herausbildet. Die Migrationslyrik lebt von semantischen und syntaktischen Sprachreflexionen (aus fremdkultureller oder dominanzkritischer Perspektive), Wortneuschöpfungen (z.T. im Rückgriff auf die Herkunftssprache oder als interlinguale Neuschöpfungen), einer fremd-, transoder auch interkulturell geprägten Metaphorik und oftmals von einem äußerst verknappten Sprachstil. Auf diesem basieren auch Yoko Tawadas Gedichte und Kurzprosa etwa in dem Band *Nur da wo du bist da ist nichts* (1987), in dem sie die deutsche Sprache und das Leben in Deutschland aus der Perspektive einer Asiatin und damit aus fremdkultureller Perspektive betrachtet.

Die Reportagen von Saliha Scheinhardt wie *Frauen, die sterben, ohne dass sie gelebt hätten* (1983), die als Vorlage für den Film *Paradies kaputt* von Tefik Baser (1989) dient oder die Reportagenerzählbände *Drei Zypressen* (1984) über Mädchen aus türkischen Familien und *Die Frauen weinten Blut* (1985) über Frauen in türkischen Slumvierteln erzielen hohe Verkaufserfolge. In der Migrationsliteraturforschung wird herausgearbeitet, dass die Autorin vorwiegend Klischees und den Voyeurismus einer deutschen Leserschaft bedient (Yeşilada 1997). Als Gegenströmung gelten der Frauenroman *Die Preisvergabe* (1982) sowie die Erzählbände *Soll ich hier alt werden?* (1982), *Die Leidenschaft der anderen* (1983) und *Das Lächeln des Bewusstseins* (1985) von Aysel Özakin, die als Beispiele für das „Schreiben gegen Vorurteile" (Frederking 1985) klassifiziert werden.

Als Satiriker machen sich Sinansi Dikmen mit *Wir werden das Knoblauchkind schon schaukeln* (1983) und *Der andere Türke* (1986) sowie Osman Engin mit *Der Deutschling* (1985) und *Alle Dackel umsonst gebissen* (1987) einen Namen. Im Unterschied zu den anderen Texten der Migrationsliteratur finden die Satiren ihr Publikum vor allem unter Minderheitenangehörigen, während Mehrheitsangehörige – so meine Erfahrungen mit Studierenden – oftmals die satirischen Elemente nicht als solche erkennen und den Text für rassistisch halten.

1990–2000

Von den genannten Autorinnen und Autoren publizieren die meisten weiter. Hinzu kommt Emine Sevgi Özdamar mit dem Erzählband *Mutterzunge* (1990), für den sie den Ingeborg-Bachmann-Preis erhält, und dem Beginn ihrer Berlin-Istanbul-Trilogie mit den Romanen *Das Leben ist eine Karawanserei* (1992), *Die Brücke vom Goldenen Horn* (1998) und *Seltsame Sterne starren zur Erde* (2003), die in dem Band *Sonne auf halbem Weg* (2006) zusammengefasst werden. Es handelt sich um einen epischen Bericht entlang der Stationen ihres bzw. des Lebens von Arbeitsmigrantinnen. Die Autorin, die ausschließlich in deutscher Sprache schreibt, integriert ähnlich wie Zafer Şenocak in seinen Gedichten (vgl. „Übergang", 2005), die bildhafte(re) türkische Ausdrucksweise ins Deutsche und schafft damit eine Interlingualität, die von den Märchen, Mythen und vor allem Sprichwörtern und Metaphern ihrer türkischen Herkunft geprägt ist und punktuell bewusst gegen Semantik und Grammatik des Deutschen verstößt.

Damit funktioniert ihre Sprachkraft auf einer ganz anderen Ebene als die, die Feridun Zaimoglu in dem Erzählband *Kanak Sprak* (1995) zutage fördert, indem er Minderheitenangehörige in ihrer Sprache zu Wort kommen lässt und ihre Aussagen – im Unterschied zu dem Ansatz Franco Biondis der das Gastarbeiterdeutsch oder den Ethnolekt als Literatursprache nutzt – ohne literarische Verdichtung einfach stehen lässt. Gleichzeitig erreicht Feridun Zaimoglu auch mit *Abschaum* (1997), das als *Kanak Attack* von Lars Becker (2000) verfilmt wird, und *Koppstoff* (1998), das vom Berliner Ensemble 2002 inszeniert wird, ein breites Publikum. Grund dafür ist die Authentizität seiner Literatur und dass er das Leben von Migranten schockierend darstellt und mit den Vorgaben der politischen Korrektheit bewusst bricht. Die Migranten erscheinen nicht mehr als von der Mehrheitsgesellschaft an den Rand gedrängte Helden und Träger der Zukunft wie bei den PoLiKünstlern, sondern als diejenigen, die längst in einer Parallelgesellschaft angekommen sind und sich entweder nicht um die ‚Hauptgesellschaft' kümmern oder diese aus der Parallelgesellschaft heraus durchaus (in mehr oder weniger konstruktiver Weise) mitgestalten.

Zafer Şenocak publiziert neben Gedichten auch Essays unter Titeln wie *Atlas des tropischen Deutschland* (1992) und *War Hitler Araber? Irreführungen an den Rand Europas* (1994), die sich kritisch mit aktuellen migrationsgesellschaftlichen und globalen Fragen befassen.

2000–2010

In gewisser Weise verkörpert dies auch Zoran Drvenkar mit *Niemand so stark wie wir* (1998). Auch die Fortsetzung *Im Regen stehen* (2000) fängt genau wie *Der Bruder* (1999), *touch the flame* (2001), *Cengiz und Locke* (2002) u. a. mit großer sprachlicher Authentizität und rasantem Erzähltempo das Lebensgefühl pubertierender Jugendlicher in der Migrationsgesellschaft ein, in der Menschen ohne Migrationshintergrund höchstens Randfiguren darstellen. Seine Protagonisten bewegen sich in einer Spirale von Gewalt, aus der sie kaum entrinnen können. In seinen Kinderbüchern *Der einzige Vogel, der die Kälte nicht fürchtet* (2001) und *Du schon wieder* (2003) zeigt er sich versöhnlicher: Er erzählt von skurril-verrückten Gestalten, die durch herbe Sprüche ihre Verletzbarkeit zu kaschieren suchen und in einer Welt, die keinen Platz für sie bereithält, um Partizipation kämpfen.

Die kommerziell erfolgreichen Autoren publizieren weiter, andere, wie Gino Chiellino, stellen ihre schon publizierten Werke neu zusammen. Allerdings scheint die Migrationslyrik an Bedeutung zu verlieren, nachdem Verlage wie Kiepenheuer & Witsch ihre Lyriksparte verschlanken. Rafik Schami legt seinen großen Roman *Die dunkle Seite der Liebe* (2006) vor, in dem er eingebunden in eine Liebesgeschichte den politischen, religiösen, familiären und persönlichen Verwicklungen nachgeht und dabei fast ein ganzes Jahrhundert syrischer Geschichte im Spannungsfeld der Möglichkeiten und Grenzen eines interkulturellen Dialogs aufarbeitet.

Feridun Zaimoglu etabliert sich mit *Liebesmale, scharlachrot* (2000) als Romancier, muss sich aber mit *Leyla* (2006) den Vorwurf des Plagiats gefallen lassen, weil seine Figuren und Handlungselemente sehr an die von Emine Özdamar erinnern. Doch Feridun Zaimoglu nimmt im Unterschied zu Emine

Özdamar eine männliche Perspektive auf die Zeit vor der Arbeitsmigration aus der Türkei nach Deutschland ein. Er stellt die Folgen einer patriarchalischen Familienstruktur aus Leylas Perspektive und damit aus der einer Tochter, deren Schwestern und auch deren Brüder dar, zeigt aber auch Auswege auf, die eng mit der Migration (vom Dorf in die Stadt und schließlich nach Deutschland) verbunden sind. Er kritisiert diese Strukturen nicht nur aus der Perspektive von Frauen, sondern offenbart an der Figur des Vaters, zu welch erbärmlichen Verhaltensweisen diese führen. Sein zunehmendes Scheitern und seine Bekenntnisse auf dem Sterbebett deuten das Ende zumindest dieser Form des strikten Patriarchats an. Der Tod des Vaters wirkt demzufolge als Befreiung, nicht nur für die anderen Familienmitglieder. Des Weiteren liefert Feridun Zaimoglu Neubearbeitungen von Klassikern wie *Othello* (2005) und *Romeo und Julia* (2005), die er in Zusammenarbeit mit Günther Senkel ins Migrantenmilieu verlegt. Beim zuletzt genannten zeigt er – ähnlich wie schon Aras Ören in dem Krimi *Bitte nix Polizei* (1981) –, dass das Problem der Parallelgesellschaften nicht die Unterschiedlichkeit der Kulturen ist, sondern ihre Gleichheit, die sich u. a. in ihren gegenseitigen Vorurteilen und dem Kampf um Vorherrschaft statt einer gleichberechtigten Koexistenz artikuliert.

Neu hinzu kommt der Satiriker Wladimir Kaminer mit *Russendisko* (2000), *Die Reise nach Trulala* (2002), *Mein deutsches Dschungelbuch* (2003) oder *Ich mache mir Sorgen, Mama* (2006). Damit gibt es innerhalb der Migrationsliteratur nun auch einen Satiriker mit russischem Hintergrund, der auch beim einheimischen Publikum sehr gut ankommt.

Fatih Akin gelingt mit dem Spielfilm *Gegen die Wand* (2003) der Durchbruch, für den er den Goldenen Bären der Berlinale gewinnt. Es ist der erste seiner Trilogie *Liebe, Tod, Teufel*, gefolgt von *Auf der anderen Seite* (2007) und *The Cut* (2014). Davor hatte er bereits die Kurzfilme *Sensin - Du bist es!* (1995) und *Getürkt* (1996) sowie die Spielfilme *Kurz und Schmerzlos* (1998), *Im Juli* (1999) und *Solino* (2000) gedreht. Ähnlich wie Feridun Zaimoglu und Zoran Drvenkar taucht auch er in seinen Filmen in das Leben von (türkischen) Migrantinnen und Migranten ein und zeigt es schonungslos und ohne ‚politisch korrekten Zeigefinger'. Doch er bezieht anders als die beiden Position und lässt im deutlichen Unterschied zu den aufklärerischen Texten der PoLiKünstler am Ende Hoffnung aufscheinen. Dass er sie an die Herkunftskultur bindet, lässt den Eindruck entstehen, er gehe in seiner Literatur den umgekehrten Weg von der Aufnahme- in die Herkunftsgesellschaft und lotet aus, was diese für das Leben in der Aufnahmegesellschaft zu bieten hat.

Terézia Mora meldet sich mit dem Erzählband *Seltsame Materie* (2000), für den sie den Ingeborg-Bachmann-Preis zugesprochen bekommt, und dem Roman *Alle Tage* (2006) zu Wort. Wie schon die Texte von Libuše Moníková aus Tschechien oder auch Herta Müller aus Rumänien unterscheiden sich die Texte von Terézia Mora aus Ungarn von denen der Migrationsautoren aus den ehemaligen

Anwerbeländern. Sie verkörpern eine Literatur, die auf eine klar strukturierte Handlung sowie erklärende oder kommentierende Passagen verzichtet und die Lesenden in eine scheinbar wirre Welt holt, aus der die Ich-Erzählerin in ein anderes Land, einen anderen Körper oder eine andere Zeit flieht und doch immer wieder zurückkommt, um aus der vorhandenen Materie im Spannungsfeld mit ihrem Gegenüber etwas Neues zu schaffen, die seltsame Materie eben, die nicht zuletzt darauf abzielt, der deutschen Literatur durch die ‚fremde' und/ oder interkulturelle Sprache und Perspektive eine besondere Prägung zu verleihen.

Lena Gorelik erzählt in den Romanen *Meine weißen Nächte* (2004), *Hochzeit in Jerusalem* (2007) und *Verliebt in Sankt Petersburg* (2008) aus der Perspektive von jüdisch-russischen Migrantinnen und Migranten und nimmt dabei meist die gesamte Familie mit ihren vielfältig-unterschiedlichen Verhältnissen zur Herkunfts- und Aufnahmegesellschaft in den Blick.

Die sogenannte „CHICK-LIT à la turca" (Yeşilada 2009) mit Werken wie *Einmal Hans mit scharfer Soße* von Hatice Akyün (2005), das mittlerweile auch verfilmt wurde, oder *Candlelight Döner* von Aslı Sevindim (2005) tritt auf den Plan, die mit einer Ich-Perspektive und Authentizität als Rezeptionserwartung und Vermarktungsstrategie ausgestattet, Humor und Selbstironie als erzählerische Mittel verwenden und damit die Subjekt-Position stärken. Ähnliches gilt für die filmisch erzählten Cultur-Clash-Komödien wie *Salami Aleikum* von Ali Samadi Ahadi (2009), *Almanya. Willkommen in Deutschland* von Yasemin und Nesrin Şamdereli (2011) oder die später zu einem Spielfilm verarbeitete Fernsehserie *Türkisch für Anfänger* von Bora Dağtekin (2006–08), die durch die satirische Überzeichnung von gegenseitigen Stereotypen witzig daherkommen und die Rezipierenden mit einem Happyend entlassen.

Authentizität spielt auch in den Doku-Romanen von Güner Yasemin *Balci Arabboy* (2008) und *Arabqueen* (2010) eine Rolle, die das Leben von (Post-)Migranten erzählen, oder in Rap-Songs von Samy Deluxe, der 2001 seine erste CD mit seinem Namen veröffentlichte, oder Eko Fresh, der mit der CD *Ich bin jung und brauche das Geld* (2003) startete und bis heute immer wieder auch zu tagespolitischen migrationsgesellschaftlichen Themen in seinen Songs Stellung bezieht.

Das Jahrzehnt endet mit dem Literaturnobelpreis (2009) für Herta Müller und ihr sprachgewaltiges Gesamtwerk über die rumänische Diktatur.

Seit 2010

Nurkan Erpulat und Jens Hillje feiern mit dem Schauspiel *Verrücktes Blut* (2010) Premiere, das seither auf vielen deutschsprachigen Bühnen gespielt wurde. Es erzählt von einer Lehrerin, die mit vorgehaltener Waffe ihre (post)migrantischen

Schülerinnen und Schüler zwingt, Schillers Dramen aufzuführen und dabei das Publikum mit seinen Bildern, Zuschreibungen und Stereotypen von Migrantenjugendlichen und einer Lehrerin, die das deutsche Bildungsgut verkörpert, selbst aber türkischen Migrationshintergrund hat, konfrontiert. Der Erfolgsfilm des Jahres 2013 ist *Fack ju Göhte* von Bora Dağtekin, der nur noch über die Hauptfigur Zeki Müller einen expliziten Bezug zur Migrationsgesellschaft herstellt und gleichzeitig so tut, als spiele das alles keine Rolle mehr. Interessant ist, dass in beiden Werken ein Bezug zur deutschen Klassik hergestellt wird, der allerdings nur im Theaterstück auch inhaltlich eine Rolle spielt.

Abbas Khider legt sein Romandebüt bereits 2008 mit *Der falsche Inder* vor, ergänzt dies durch *Die Orangen des Präsidenten* (2011), *Brief in die Auberginenrepublik* (2013) und schließlich *Ohrfeige* (2016). Er thematisiert Flucht nach Europa bzw. Deutschland. In seinem jüngsten Werk fesselt der Asylbewerber Karim seine Sachbearbeiterin und erzählt ihr seine Geschichte. Es handelt sich um eine Ich-Erzählsituation mit der Erzählstimme Karims. Verfolgt wird der Erzählmodus Innenperspektive von Asylbewerbern auf ihre Überlebens- und Integrationsstrategien mit einer direkten Adressierung an Frau Schulz, die Sachbearbeiterin und Vertreterin der Aufnahmegesellschaft, die dadurch zum Perspektivenwechsel gezwungen wird.

Olga Grjasnowa erhält für ihren Debütroman *Der Russe ist einer, der Birken liebt* (2012) den Anna-Seghers-Preis. Hier und auch in ihrem zweiten Roman *Die juristische Unschärfe einer Ehe* (2014) wird Migration im Kontext von Globalisierung erzählt. Die Migranten sind vielsprachig, weltoffen und pfiffig hinsichtlich ihrer durch die verschiedensten Widrigkeiten gekennzeichneten Lebenssituation.

6 Die Zukunft der Migrationsliteraturforschung

Es ist deutlich geworden, dass die national-ethnische Forschungsperspektive in der Migrationsliteraturforschung nur kurzzeitig eine Rolle gespielt hat. Auch der Vergleich zwischen der Literatur der ersten und zweiten Migrantengeneration (Meç 1995), der schon vor der Diskussion um postmigrantische Literatur einsetzte, nimmt keine wichtige Stellung mehr ein. Nicht zuletzt durch die zunehmende Menge an interessanter Migrationsliteratur entsteht eine Genreforschung vor allem zur Migrationslyrik (Rösch 1995), Kinder- und Jugendliteratur (Arkılıç-Songören 2007) und zu Migrationsfilmen (Ruf 2010). Auch das Schreiben von Frauen bzw. feministische Perspektiven in der Migrationsliteratur (Horst 2007; Sagdeo 2011) sind neuere Forschungsansätze. Dabei wird meist exemplarisch mit ausgewählten Autorinnen und Autoren, manchmal auch mit ausgewählten

Werken verschiedener Autorinnen und Autoren gearbeitet. Zum Teil werden auch einzelne Autorinnen und Autoren mit ihrem (bisherigen) Gesamtwerk wie Rafik Schami (Viehe 2012; Franz 2015), Yoko Tawada (Agnese et al. 2014) und Herta Müller (Wagner 2002; Müller 2014) in den Blick genommen. Dies wird sicher auch in Zukunft ein Forschungsfeld sein.

In Zukunft werden kulturwissenschaftliche Zugänge die migrationsliterarische Forschung weiter beflügeln. Dabei spielen schon jetzt literatursoziologische, imagologische und komparatistische Ansätze eine Rolle, die in Zukunft noch stärker als bisher in den Kontext MITD-kultureller oder dezidiert postkolonialer und rassismuskritischer Theorien eingebunden werden. Die in dem DGF-geförderten Forschungsprojekt „Narrative Diaspora in der deutsch-türkischen Literatur und im deutsch-türkischen Film" unter der Leitung von Özkan Ezli (2008–2012) begonnene narratologische Ausrichtung lässt sich auf das gesamte Genre der Migrationsliteratur ausdehnen und zu Untersuchungen der Narrative in der Migrationsliteratur ausbauen. Der Begriff ‚Narrativ' bezieht sich auf Erzählungen oder Aussagen, die Aufschluss über kollektiv geteilte Werte Normen und Vorstellungen geben und Indizien für grundlegende Strukturen und Klassifikationen des Denkens von Individuen oder Entitäten formulieren. Dabei geht es weniger um die Frage, was passiert in der Geschichte (im Sinne von ‚story'), sondern um die Sinnstrukturen, in die die Handlung gegossen wird, um sie zu verstehen. „Narrativ ist die Erzählung durch den Bezug auf die Geschichte, und ein Diskurs ist sie durch den Bezug auf die Narration. Die Analyse des narrativen Diskurses ist für uns also im Wesentlichen die Untersuchung der Beziehungen zwischen Erzählung und Geschichte, zwischen Erzählung und Narration sowie [...] zwischen Geschichte und Narration" (Genette 2010, 13).

Die Narrative der zeitgenössischen Migrationsliteratur nachzuzeichnen, bedeutet, sich mit narrativen Identitäten (Teichert 2014), mit migrantischen und anderen Identitäts- und Ethnizitätskonstruktionen, mit MITD-kulturellen Äußerungsformen und MITD-lingualen Form- und Bedeutungskonstruktionen zu befassen und die Raum- und Identitätsfigurationen in der Migrationsliteratur nachzuvollziehen (Orao 2014). Dies lässt sich um eine literaturhistorische Perspektive erweitern, in der nicht nur Migration in der Literatur, sondern auch die Migration der Literatur erforscht wird.

Ergänzend ist auf Überlegungen zu einer Didaktik der Migrationsliteratur (vgl. Rösch 1995) hinzuweisen, die allerdings oft eingebettet ist in literaturdidaktische Ansätze mit interkultureller (Dawidowski und Wrobel 2006) oder transkultureller (Wintersteiner 2006b) Akzentuierung und dabei mehr oder weniger explizit auch migrationsliterarische Werke integriert. Es ist aktuell eher unüblich, die Didaktik eines bestimmten Genres zu konzipieren, denn die Zeiten genrespezifischer Literaturdidaktiken sind seit den 1980er Jahren methodenorientierten Didaktiken gewichen. Grundsätzlich lassen sich zwei differente Zugänge der Literaturdidaktik unterscheiden: eine werk- und eine rezipierendenorientierte, die durchaus auch mit einem außerliterarisch relevanten Bildungskonzept verbunden wird. Doch es ist möglich, eine „interkulturelle Literaturdidaktik" (Rösch 2013) auf Migrationsliteratur zu fokussieren und diese in Lernsettings postmigrantisch zu lesen (Rösch 2016). Dabei geht es keinesfalls darum, Literatur(unterricht) für Migranten- oder auch postmigrantische Jugendliche, sondern einen Literaturunterricht zu konzipieren, der den migrationsgesellschaftlichen und damit auch den globalen Herausforderungen gerecht wird. Das Ziel ist, das MITD-Kulturelle, MITD-linguale oder auch postmigrantische Potential rezipierendenorientiert zur Wirkung zu bringen. Ähnliches gilt für den literaturdidaktischen Ansatz: Erkenntnisse aus der Lektüre von Migrationsliteratur werden für eine migrationsliterarische Lektüre mit und ohne Bezug zu Migration einsetzbar. Der nächste Schritt ist, solche Ansätze nun im Sinne einer Wirkungsforschung als Grundlage für didaktische Entscheidungen heranzuziehen und in didaktischen Studien zu überprüfen.

Weiterführende Literatur

Wrobel, Dieter und Jana Mikota (Hrsg.) (2017). *Flucht-Literatur*. Band 1 und 2. Baltmannsweiler.
Laudenberg, Beate (2016). *Inter-, Trans- und Synkulturalität deutschsprachiger Migrationsliteratur und ihre Didaktik*. München.
Karin, Hoff (Hrsg.) (2008). *Literatur der Migration - Migration der Literatur. Texte und Untersuchungen zur Germanistik und Skandinavistik*. Frankfurt a. M.
Eder, Ulrike und İnci Dirim (Hrsg.) (2017). *Lesen und Deutsch lernen. Wege zur Förderung früher Literalität durch Kinderliteratur*. Wien.
Dawidowski, Christian, Anna R. Hoffmann und Benjamin Walter (Hrsg.) (2015). *Interkulturalität und Transkulturalität in Drama, Theater und Film. Literaturwissenschaftliche und -didaktische Perspektiven*. Frankfurt a. M.

IV **Interdisziplinäre Implikationen und Konzepte**

Britta Freitag-Hild
IV.1 Interkulturelle Literaturdidaktik

In einer von Migration und Globalisierung geprägten Welt kommt interkulturellem Lernen und der Ausbildung interkultureller Kompetenzen eine zentrale Bedeutung zu. Im Beschluss der Kultusministerkonferenz zu „Interkulturelle[r] Bildung und Erziehung in der Schule" (KMK 2013) wird betont, dass es sich dabei um ein fächerübergreifendes Bildungsziel handele, das als Voraussetzung für einen respektvollen Umgang mit kultureller Vielfalt und für verantwortungsvolles Handeln in unserer Gesellschaft gelte. Die Verantwortung für die Umsetzung interkultureller Bildungsziele tragen somit alle Fächer; die Fremdsprachen und der Deutschunterricht können aber aufgrund ihrer Vermittlung von Sprache, Literatur und Kultur einen besonderen Beitrag leisten: Im Fremdsprachenunterricht zum Beispiel gehören die Auseinandersetzungen mit kultureller Fremdheit und die Ausbildung interkultureller kommunikativer Kompetenzen grundlegend zum Selbstverständnis des Faches und sind als zentrales Bildungsziel der modernen Fremdsprachen auch in bildungspolitischen Dokumenten definiert. Im Deutschunterricht kann die Auseinandersetzung mit Literatur – ebenso wie im fremdsprachlichen Literaturunterricht – interkulturelle Perspektiven erschließen, Empathiefähigkeit ausbilden und Wissens- und Erfahrungshorizonte erweitern. So wurde in den letzten Jahren auch in der Deutschdidaktik verstärkt eine interkulturelle Ausrichtung verfolgt und versucht, den traditionell nationalliterarisch geprägten Literaturkanon unter anderem durch Migrationsliteratur aufzubrechen beziehungsweise bei der Literaturvermittlung „Interkulturalität als eine Leseperspektive neben anderen" (Dawidowski und Wrobel 2006, 5) in den Blick zu nehmen.

Wenn in diesem Beitrag von ‚interkulturellem Literaturunterricht' oder ‚interkultureller Literaturdidaktik' die Rede ist, lässt der Begriff vermuten, dass es sich dabei um einen einheitlich ausgeprägten Ansatz handelt, der auf bestimmte Theorien, Konzepte und Methoden rekurriert. Dies ist jedoch nicht der Fall. Die Begriffe ‚interkulturell' und ‚Interkulturalität' werden in den wissenschaftlichen Diskursen keineswegs einheitlich verwendet (vgl. hierzu Burwitz-Melzer 2003; Küster 2003); es existieren unterschiedliche Ansätze und Konzepte zur Förderung interkulturellen Lernens und sogar die Termini und ihre Berechtigung stehen selbst im Mittelpunkt einer kontroversen Auseinandersetzung: So wird diskutiert, inwiefern Begriffe wie ‚Interkulturalität' und ‚interkulturell' die Komplexität moderner Kulturen und die stattfindenden Transformationsprozesse zu erfassen vermögen beziehungsweise inwiefern die Begriffe kritisch reflektiert, ersetzt oder ergänzt werden sollten. Die Verwendung von ‚interkulturelle Literaturdidaktik' im Titel des Beitrags trägt dabei der etablierten Bezeichnung eines ‚interkulturellen Fremdsprachenunterrichts' (Bredella und Delanoy 1999) sowie eines ‚interkulturellen Literaturunterrichts' (Dawidowski und Wrobel 2006) Rechnung, ohne damit eine Setzung vornehmen zu wollen.

Der vorliegende Beitrag führt in theoretische Grundlagen, Konzepte, Ziele und didaktisch-methodische Prinzipien einer inter- und transkulturell ausgerichteten Literaturdidaktik ein und stellt Entwicklungslinien innerhalb der relevanten wissenschaftlichen Diskurse dar. Dabei geht es sowohl um die Zielsetzungen interkulturellen Lernens als auch um eine Reflexion der Begriffe ‚Transkulturalität' und ‚transkulturell'. Außerdem sollen die Frage nach geeigneten Unterrichtsgegenständen im Literaturunterricht aufgeworfen und didaktisch-methodische Prinzipien und Zugangsweisen skizziert werden.

1 Interkulturelle Bildungsziele

In der Fremdsprachendidaktik gehört das interkulturelle Lernen seit den 1990er Jahren zum festen Bestandteil des Fremdsprachenunterrichts und ist mittlerweile auch in den bildungspolitischen Dokumenten des *Gemeinsamen Europäischen Referenzrahmens* (GER) und in den nationalen Bildungsstandards verankert (vgl. KMK 2004; KMK 2012a). Dabei sind interkulturelle Ansätze in Abgrenzung von einer traditionellen Landeskunde zu verstehen, die vor allem auf den Erwerb von Wissen über fremdsprachige Kulturen ausgerichtet ist. In den Bildungsstandards wird stattdessen mit dem Verweis auf unsere von Migration und Globalisierung geprägte Welt – in der die Begegnung mit kultureller Vielfalt zum persönlichen und beruflichen Alltag gehört – die Ausbildung ‚interkultureller kommunikativer Kompetenz' zur zentralen Aufgabe der Schule erklärt. Der Fremdsprachenunterricht soll dazu einen Beitrag leisten, indem er „Schülerinnen und Schüler zu kommunikationsfähigen und damit offenen, toleranten und mündigen Bürgern in einem zusammenwachsenden Europa [...] erzieh[t]" (KMK 2004, 6). Aus dieser Zielvorstellung lassen sich unter anderem die Kompetenzbereiche Wissen, Fähigkeiten und Einstellungen ableiten, die für die Ausbildung einer ‚interkulturellen Handlungskompetenz' relevant sind.

Innerhalb der verschiedenen Ansätze zum interkulturellen Lernen ist unter anderem Michael Byrams (1997) Modell interkultureller kommunikativer Kompetenz zu nennen, das auch die Definition von Bildungszielen im Fremdsprachenunterricht in den bildungspolitischen Dokumenten beeinflusst hat. Das Modell orientiert sich an der Zielvorstellung eines *intercultural speaker*, der über gewisse Einstellungen, Wissensbestände und Fähigkeiten beziehungsweise Fertigkeiten verfügt, die ihn befähigen, in interkulturellen Interaktionssituationen erfolgreich zu kommunizieren: Erstens geht es um die Ausbildung von Einstellungen (*attitudes*) wie zum Beispiel Offenheit gegenüber kultureller Fremdheit, die Bereitschaft, sich auf andere kulturelle Denk- und Sichtweisen einzulassen, eine wertschätzende Haltung einzunehmen und sich von der eigenen Sichtweise auch zu distanzieren beziehungsweise sie kritisch zu hinterfragen. Zweitens ist das Wissen (*knowledge*) über eigene und andere Kulturen, ihre Sicht- und Wahrnehmungsweisen Voraussetzung dafür, dass Lernende ein Bewusstsein entwickeln, wie kulturelle Denkmuster die eigene oder eine andere Wahrnehmungsweise beeinflussen und wie sie in einer Kommunikationssituation damit umgehen können. Drittens verfügt ein *intercultural speaker* über Fähigkeiten und Fertigkeiten, fremdkulturelle Dokumente oder Ereignisse zu verstehen beziehungsweise zu interpretieren und mit eigenen Sichtweisen zu vergleichen (*skills of interpreting and relating*). Zugleich gilt es, Fähigkeiten zu entwickeln, die es den Lernenden ermöglichen, sich selbst Informationen über kulturelle Sichtweisen zu beschaffen (z. B. durch eine Recherche) oder in der Interaktion Strategien und Techniken anzuwenden, um Missverständnissen vorzubeugen und Hindernisse in der Kommunikation auszuräumen (*skills of discovery and interaction*). Insgesamt geht es Byram (1997) darum, im Sinne von politischer Bildung dazu beizutragen, eine sogenannte *critical cultural awareness* zu entwickeln, die die Lernenden befähigt, eigene und andere kulturelle Sichtweisen und Perspektiven kritisch zu reflektieren und zu bewerten.

Dieses Modell interkultureller kommunikativer Kompetenz hat sich insofern als anschlussfähig an aktuelle Diskurse über Aufgaben- und Kompetenzorientierung erwiesen, als es den genannten Kompetenzbereichen konkrete Teilziele zur Ausbildung interkultureller kommunikativer Kompetenz zuordnet und somit interkulturelle Lernprozesse operationalisierbar, plan- und strukturierbar macht. Diverse empirische Forschungsarbeiten der letzten Jahre greifen auf Byrams Modell zurück, wenn es um die Entwicklung von geeigneten Lernaufgaben zum interkulturellen Lernen (vgl. z. B. Jäger 2011; Brunsmeier 2016) oder um die Frage nach der Überprüfbarkeit interkultureller Lernprozesse im Fremdsprachenunterricht geht (vgl. Byram und Hu 2009).

Für eine interkulturelle Literaturdidaktik, die interkulturelle Lernprozesse beim Lesen literarischer Texte in den Blick nimmt, liefern zudem die Arbeiten des Gießener Graduiertenkollegs ‚Didaktik des Fremdverstehens' grundlegende theoretische Überlegungen und didaktisch-methodische Ansätze (vgl. z. B. Bredella und Christ 1995; Bredella und Christ 2007). Das Konzept der Interkulturalität im Fremdsprachenunterricht, wie es zum Beispiel von Lothar Bredella und Werner Delanoy (1999) skizziert wird, zielt auf einen respektvollen und produktiven Umgang mit kultureller Fremdheit, auf Verstehen und Verständigung, auf die Entwicklung von Empathiefähigkeit, auf Aushandlung beziehungsweise einen Dialog, der zu einer Veränderung und einer Überschreitung ursprünglicher Sichtweisen führt. Die Didaktik des Fremdverstehens beruht dabei auf der Vorstellung, dass Fremdverstehen, das heißt also das Verstehen eines anderen, die Distanzierung von der eigenen, subjektiven Sichtweise sowie die Rekonstruktion beziehungsweise die Übernahme der anderen Perspektive voraussetzt. Um eine ethnozentrische Sichtweise zu überwinden, gilt es, sich auf die andere Perspektive einzulassen und in einen Dialog mit ‚Eigenem' und ‚Fremdem' zu treten. Fremdverstehen geht jedoch nicht im Perspektivenwechsel und in der Perspektivenübernahme auf, sondern zielt auf die gemeinsame Aushandlung individueller Sichtweisen und kultureller Bedeutungen. Ursprüngliche Standpunkte, kulturelle Bedeutungen und Sichtweisen werden somit neu verhandelt und definiert, sodass sich auch die Grenzen zwischen Eigenem und Fremdem verschieben.

Perspektivenwechsel und das wechselseitige Verhältnis von Eigenem und Fremdem sind auch in der germanistischen Literaturdidaktik bei Christian Dawidowski (2006) und Heidi Rösch (2008) zentrale Momente interkulturellen Lernens im Literaturunterricht: Perspektivenwechsel wird von Dawidowski als „*Oszillation* zwischen Eigenem und Fremdem, zwischen Bestehendem und Neuem und zwischen Jetzigem und Zukünftigem" (Dawidowski 2006, 26) gedacht. Bei Rösch zielt der mehrfache Perspektivenwechsel „auf kulturelle Selbst- und Fremdreflexion [...] und damit auf Empathie, die nicht auf Fremdverstehen reduziert bleibt, sondern gleichermaßen Selbstverstehen durch die Auseinandersetzung mit Befremden einschließt" (Rösch 2008, 28). Mehrfacher Perspektivenwechsel vollzieht sich bei Rösch zum einen sowohl durch die Inszenierung von Multiperspektivität im Werk (Figuren, Erzähler, Orte, Zeiten etc.) als auch zum anderen in der Anschlusskommunikation der Lernenden.

Trotz unterschiedlicher Akzentuierungen in den verschiedenen Ansätzen wird interkulturelles Lernen in der Fremdsprachendidaktik, aber auch in der Deutschdidaktik mit dem Lernziel des Perspektivenwechsels, mit der Erweiterung von Erfahrungen und der Entwicklung eines mehrperspektivischen Blicks auf eigene und fremde Lebenswelten in Verbindung gebracht. Interkulturelles Lernen eröffnet Lernenden demnach neue, alternative Denk- und Handlungsweisen und trägt in diesem Sinne zur Persönlichkeitsentfaltung und Identitätsbildung bei.

2 Interkulturalität und Transkulturalität als kulturdidaktische Konzepte

Während das Lernziel der interkulturellen kommunikativen Kompetenz einerseits in den Bildungsstandards als zentrales Bildungsziel verankert wurde, ist das Konzept der Interkulturalität andererseits in den letzten zehn bis fünfzehn Jahren in den Fokus einer kontroversen Debatte gerückt. In *Cultural Turns. Neuorientierungen in den Kulturwissenschaften* stellt Doris Bachmann-Medick (2006) fest, dass sich unter dem Einfluss der postkolonialen Theorie in den Kulturwissenschaften insgesamt ein sogenannter *postcolonial turn* ereignet, der zu einer kritischen Reflexion der eigenen Prämissen und damit auch des Kulturverständnisses führt. Infolge der Erfahrungen von Postkolonialismus, Migration und Diaspora wird in den Literatur- und Kulturwissenschaften die Vorstellung von Kultur als einer homogenen Einheit aufgegeben und auf ein Kulturverständnis hingearbeitet, das Kulturen als vielstimmige Gebilde mit internen kulturellen Differenzen und Widersprüchen, mit kulturellen Durchmischungen und kulturellen Vernetzungen begreift (vgl. Bachmann-Medick 2004, 13).

In den Literatur- und Kulturwissenschaften wird daher bereits seit einiger Zeit über einen möglichen Paradigmenwechsel von der ‚Interkulturalität' zur ‚Transkulturalität' nachgedacht. In seinem Sammelband *Inter- und transkulturelle Studien* konstatiert Heinz Antor, „dass die Kategorien der Multi- und Interkulturalität allein nicht mehr ausreichen, um die kulturellen Verfasstheiten Einzelner wie ganzer Gesellschaften zu fassen" (Antor 2006, 10) und sich eine Ergänzung durch das Konzept der Transkulturalität für die Beschreibung und Analyse von Kulturkontakten als sinnvoll erweist. Bei Wolfgang Welsch (1999) fungiert das kulturphilosophische Konzept der ‚Transkulturalität' als Gegenentwurf zu einem separatistischen und homogenen Kulturbegriff. Es beruht auf der Annahme, dass moderne Gesellschaften und heutige Kulturen generell von internen Differenzen, externen Vernetzungen und gegenseitigen Durchdringungen und Vermischungsprozessen durchzogen sind. Wenngleich das Konzept der Transkulturalität nicht von allen Seiten als durchweg positiv bewertet wird, weil es zum Beispiel Aspekte wie Macht und kulturelle Teilhabe oder die Wirkmächtigkeit nach wie vor vorhandener essenzialistischer und ethnozentrischer Argumentationen im kulturellen Diskurs ausblendet (vgl. z. B. Sommer 2001; Huggan 2006), geht man in der Kulturwissenschaft mittlerweile davon aus, dass kulturelle Hybridität, also die Vermischung kultureller Phänomene, ein Grundmerkmal heutiger Kulturen darstellt (vgl. Bronfen et al. 1997).

Die Reflexion der Begriffe ‚Interkulturalität' und ‚Transkulturalität' und der ihnen zugrunde liegenden Kulturverständnisse hat auch in der Fremdsprachendidaktik zum selbstkritischen Nachdenken über Ansätze zum interkulturellen Lernen geführt. Die Frage, ob beziehungsweise inwiefern das Paradigma der Interkulturalität auch in der Fremdsprachendidaktik durch das der Transkulturalität ersetzt oder ergänzt werden sollte, ist dabei nach wie vor Mittelpunkt einer kontroversen Auseinandersetzung im didaktischen Diskurs (vgl. dazu z. B. Eckerth und Wendt 2003; Delanoy 2006; Wintersteiner 2006b; Bredella 2012; für eine überblicksartige Darstellung vgl. Freitag-Hild 2010, 41–50).

Zwei unterschiedliche Entwicklungslinien beziehungsweise Argumentationsstränge zur Relevanz von Transkulturalität in der Fremdsprachendidaktik lassen sich identifizieren: Zum einen wird die Auffassung vertreten, dass der Fremdsprachenunterricht im Sinne eines *third space* (Bhabha 1994) als kultureller Begegnungs- und Aushandlungsraum betrachtet werden kann. Wolfgang Hallet (2002) entwickelt in Anlehnung an Claire Kramschs (1995) ‚dritten Ort' die Vorstellung vom Fremdsprachenunterricht als einem ‚hybriden Raum', einem ‚transkulturellen Austauschraum', in dem das „Spiel der Texte und Kulturen" (Hallet 2002) kulturelle Austauschprozesse in Gang setzt und in dem die Lernenden als kulturelle Handlungsträger aktiv an der Aushandlung kultureller Bedeutungen teilhaben. Zum anderen wird für ein verändertes, transkulturelles Kulturverständnis im Fremdsprachenunterricht jenseits der Interkulturalität und der Dichotomie von Eigenem und Fremdem argumentiert, indem interne kulturelle Differenzen, Hybridisierungen und Grenzüberschreitungen in den Mittelpunkt gerückt werden (vgl. z. B. Eckerth und Wendt 2003; Fäcke 2006). Bredella (2012) allerdings hinterfragt die Grundannahmen der Transkulturalität kritisch und hält entgegen, dass „Transkulturalität sich nicht der Frage stellt, wie wir befriedigende Beziehungen zu Anderen herstellen können, sondern nur darauf vertraut, dass die Ausgrenzung mit der Abschaffung kultureller Grenzen verschwindet" (Bredella 2012, 83).

Sowohl Werner Delanoy (2006) als auch Adelheid Schumann (2008) plädieren dafür, interkulturelle und transkulturelle Ansätze als einander ergänzende Perspektiven zu betrachten. Mit dem Begriff der Transkulturalität wird von verschiedenen Seiten die Möglichkeit gesehen, interne Differenzen, kulturelle Hybridisierungen und Vernetzungen sowie die Beteiligung des Individuums am kulturellen Wandel stärker ins Blickfeld zu rücken. Interne Brüche und Differenzen, Überlappungen mit anderen Kulturen und die Zugehörigkeit von Individuen zu verschiedenen Diskursgemeinschaften lassen sich demnach mit den Konzepten der Transkulturalität, der kulturellen Hybridität und des *third space* angemessen erfassen. Transkulturelle Ansätze implizieren damit ein diskursives, prozesshaftes Verständnis von Kultur und Identität, das sich auch als Grundlage für die Fremdsprachendidaktik eignet: „Kultur wird als ein im einzelnen Individuum und in der Gesellschaft sich vollziehender Prozess der Verknüpfung verschiedener kultureller Wertvorstellungen verstanden, der sich im Zusammenleben von Menschen aus unterschiedlichen Traditionen entwickelt und neue Wertsetzungen hervorbringt. Transkulturelle Identitäten bilden diejenigen aus, die sich diesem Prozess öffnen und mit ihrer Lebensweise zum *métissage culturel*, dem Vermischen und Verknüpfen kultureller Normen verschiedener Herkunft, beitragen" (Schumann 2008, 83).

Für die Fremdsprachendidaktik lässt sich aus diesem veränderten Kulturverständnis und der Aufmerksamkeit für interne kulturelle Differenzen und Hybridisierungen schlussfolgern, dass die Stimmen- und Perspektivenvielfalt innerhalb von Kulturen auch für die Lernenden nachvollziehbar gemacht werden muss (vgl. Freitag-Hild 2010). Welchen Beitrag dabei Literatur sowohl für interkulturelles Verstehen als auch für transkulturelle Bildung leisten kann, wird im Folgenden erörtert.

3 Literarisches und interkulturelles Verstehen

Die Frage, was literarische Texte für das interkulturelle Verstehen leisten können und wie dieses Potenzial im Unterricht genutzt werden kann, hat Lothar Bredella (2002 u. ä.) in seinem Lebenswerk aus verschiedenen Blickwinkeln immer wieder aufs Neue reflektiert. In seinem Band *Narratives und interkulturelles Verstehen* (2012) geht er der Frage nach, welcher Bildungssinn dem Lesen von Geschichten im Fremdsprachenunterricht zukommt, und beantwortet sie damit, dass literarische Texte unter anderem die Empathie- und Urteilsfähigkeit ihrer Leserinnen und Leser in besonderer Weise fördern.

Den Beitrag literarischer Texte zur Entwicklung von Empathie- und Urteilsfähigkeit hebt auch die amerikanische Philosophin Martha Nussbaum (1997) in ihrem Buch *Cultivating Humanity* hervor. Sie reflektiert über die Eigenschaften, die wir entwickeln beziehungsweise kultivieren müssen, um als ‚Weltbürger' verantwortungsvoll zu handeln. Aus ihrer Sicht reicht es dafür nicht aus, Wissen über gesellschaftliche Zusammenhänge zu erwerben, sondern wir müssen auch unsere Empathiefähigkeit entwickeln. Literatur gewährt uns dabei Zugänge zu anderen kulturellen Sicht- und Lebensweisen und erweitert unsere Weltsicht, indem sie uns Erfahrungen ermöglicht, die uns im Alltag nicht zur Verfügung stehen: „It is the political promise of literature that it can transport us, while remaining ourselves, into the life of another, revealing similarities but also profound differences between the life and thought of that other and myself and making them comprehensible, or at least more nearly comprehensible" (Nussbaum 1997, 111).

Wenn Leser sich auf das Dargestellte sowohl kognitiv als auch emotional einlassen, wird es ihnen möglich, das Verhalten und die Motive von Figuren zu verstehen, die in anderen Situationen, in einer anderen Zeit oder in anderen kulturellen Kontexten handeln. Der Vorteil literarischer Texte zur Entwicklung von Urteilsfähigkeit liegt darin, dass ein Leser, der mit der Figur mitdenkt, mitfühlt, mitreagiert, sich gefahrlos auf das Dargestellte einlassen kann, ohne selbst handeln zu müssen. Als ‚Zuschauer' kommt er dadurch „in eine Situation, in der er befreit von den alltäglichen Handlungszwängen reagieren und urteilen kann"

(Bredella 2012, 48). Wie Nussbaum ausführt, lassen uns Geschichten verstehen, wie das Leben eines anderen und seine Sichtweisen durch die besonderen Lebensumstände geprägt sind, sodass wir differenziertere Urteile über das Verhalten anderer Menschen treffen können: „Narrative art has the power to make us see the lives of the different with more than a casual tourist's interest – with involvement and sympathetic understanding, with anger at our society's refusals of visibility. We come to see how circumstances shape the lives of those who share with us some general goals and projects; and we see that circumstances shape not only people's possibilities for action, but also their aspirations and desires, hopes and fears" (Nussbaum 1997, 88).

In der Deutschdidaktik plädiert Werner Wintersteiner (2006b) mit seinem Band *Transkulturelle literarische Bildung* für einen Paradigmenwechsel von der nationalen zur transkulturellen literarischen Bildung. Transkulturelle literarische Bildung führt zur Erweiterung des Literaturkanons über die deutschsprachige Literatur hinaus und bezieht Literatur über Migration, postkoloniale Literatur und Weltliteratur in sein Programm für einen Literaturunterricht mit ein, der zu „weltoffener politischer Bildung und globalem Lernen" (Wintersteiner 2006b, 10) beitragen soll. Wie Nussbaum verbindet er die Rezeption von Literatur mit der „Ausbildung junger Menschen zu WeltbürgerInnen, die sich ihrer multiplen Identitäten bewusst sind, nationale Vorurteile hinter sich lassen und eine kritisch-kosmopolitische Weltsicht entwickeln" (Wintersteiner 2006b, 9). Transkulturelle Literaturdidaktik zielt hier auf eine „grundsätzlich positive Einstellung zu Diversität und Alterität" (Wintersteiner 2006b, 16), auf Anerkennung des Anderen und seiner Verschiedenheit, auf Dezentrierung und Erweiterung der eigenen Weltsicht.

4 Inter- und transkultureller Literaturunterricht

Eine inter- und transkulturelle Ausrichtung der Literaturdidaktik erfordert literarische Gegenstände, die einen Blick unter anderem auf kulturelle Fremdheit, auf interkulturelle Begegnungen, auf Fragen der kulturellen Identität und transkulturelle Vernetzungen ermöglicht. Insbesondere eignen sich dazu die „Literaturen ohne festen Wohnsitz" (Ette 2005), wie zum Beispiel Exil-, Diaspora- oder Migranten-Literaturen, weil sie sich einer eindeutigen kulturellen Zuordnung entziehen und dadurch Selbstverständlichkeiten nationalstaatlicher Identitäten ins Wanken bringen können. Thematisch werden in diesen Literaturen Migrationserfahrungen und interkulturelle Begegnungen inszeniert: Es geht um Identität und Alterität, also um Fragen der kulturellen Selbst- und Fremdwahrnehmung, um die Suche beziehungsweise das Bedürfnis nach (kultureller) Zugehörigkeit, die häufig in einem Spannungsfeld mit der Erfahrung gesellschaftlicher Ausgrenzung steht. Auch postkoloniale Literaturen bewegen sich in einem solchen Spannungsfeld, wenngleich hier stärker die Beziehungen zwischen den Vertretern der Kolonialherrschaft und der indigenen Bevölkerung im Vordergrund stehen und diese Literatur im Sinne eines *writing back* gegen koloniale Traditionen der Selbst- und Fremddarstellung anschreibt. Der Vielgestaltigkeit dieser unterschiedlichen Literaturen, ihrer Genres und Schreibweisen lässt sich an dieser Stelle allerdings nur über den Verweis auf Einzelstudien oder überblicksartige Darstellungen gerecht werden (vgl. u. a. Chiellino 2000; Innes 2002).

Ein Beispiel aus dem Bereich der Kinder- und Jugendliteratur zum Thema Migration und Flucht kann im Folgenden exemplarisch veranschaulichen, wie die besondere Thematik und Poetik dieser Texte im interkulturellen Literaturunterricht genutzt werden kann. Das zweisprachige (deutsch-arabische) und illustrierte Kinderbuch *Bestimmt wird alles gut* von Kirsten Boie und Jan Birck (2016) erzählt die Geschichte von zwei Geschwisterkindern, der zehnjährigen Rahaf und dem neunjährigen Hassan, die mit ihren Eltern aus Syrien flüchten und in Deutschland aufgenommen werden. Kinder, die diese Geschichte hören beziehungsweise lesen, lernen Rahaf und Hassan zunächst als Gleichgesinnte kennen, die genau wie sie die Nachmittage mit Freunden verbringen und gemeinsame Übernachtungen planen. Dann erleben sie aber auch mit, wie die Bedrohung durch Kriegsflugzeuge und die Entscheidung der Eltern, die Heimat – und damit auch die Großeltern und den Rest der Familie – zu verlassen, das Leben von Rahaf und Hassan beeinträchtigen. Durch die Schilderung einzelner Situationen und gespiegelt in der Wahrnehmung der Geschwister werden somit die ‚großen' Themen der Flucht und des Ankommens im fremden Land für junge Leser greifbar: die Überquerung des Mittelmeers im Boot mit all ihren Gefahren, der Verlust der Lieblingspuppe und Papas letzter Geldreserven, der Versuch, mit dem Zug nach Deutschland zu kommen, die große Erleichterung über die Menschlichkeit des Zugschaffners, das Ankommen in der Flüchtlingsunterkunft, die fehlenden Arbeitsmöglichkeiten für den Vater, der als ausgebildeter Arzt in Deutschland nicht praktizieren darf, die ersten Freundschaften von Rahaf in der Schule und die große Hoffnung, dass am Ende alles ‚gut' wird.

Jungen wie erwachsenen Lesern bietet die Geschichte einen ersten Zugang zum Themenkomplex Flucht und Ankommen, der es ihnen ermöglicht, die Erfahrungen und das Erleben von Rahaf, Hassan und ihrer Familie aus der Innenperspektive nachzuvollziehen. Lernende können somit aus der Sicht der Kinder miterleben, wie sich das Leben für sie unter dem Einfluss von Krieg und Zerstörung und mit der Entscheidung der Eltern zur Flucht verändert. Indem sich die Lernenden auf die Figuren einlassen, die Welt aus ihrer Sicht wahrnehmen, können sie nachempfinden, wie es sein muss, die Familie und die besten Freunde in Homs zurückzulassen, eine Nacht auf dem Boot in Angst um die Sicherheit der Familie zu verbringen, die Sorge um die letzten Geldreserven zu spüren, aber auch die Erleichterung, als der Zugschaffner ihnen trotz des fehlenden Fahrscheins alles Gute wünscht. Als Mitspieler in der Geschichte können die Lernenden verstehen, wie es sich anfühlt, nach all diesen Erlebnissen in Deutschland anzukommen und völlig neu anfangen zu müssen.

Der Leser entwickelt aber nicht nur Empathie, indem er sich in die Lage und Situation der Familie und der Kinder hineinversetzt, sondern er wird auch angeregt, die dargestellten komplexen Ereignisse und das Verhalten einzelner Figuren in der Geschichte zu beurteilen. Es sind komplexe Situationen, in denen die Figuren handeln müssen und in denen der Leser seine Urteilsfähigkeit ausbilden kann: Wie beurteilt er zum Beispiel die Entscheidung der Eltern, Homs und damit auch die Großeltern und den Rest der Familie zu verlassen? Wie fällt das Urteil über die ‚Schlepper' aus? Was hält er von der großherzigen Geste des Zugschaffners? Weil die Leser die komplexe und häufig verzweifelte Situation der Familie von Rahaf und Hassan kennen und weil sie durch Perspektivenwechsel miterlebt haben, wie sich die Kinder fühlen müssen, können ihre Urteile differenzierter ausfallen, als dies ohne Kenntnis der Geschichte und des Familienschicksals vielleicht möglich gewesen wäre.

Am Beispiel von *Bestimmt wird alles gut* wird deutlich, wie die Rezeption von Literatur dazu beitragen kann, den eigenen Erfahrungshorizont zu erweitern und einen mehrperspektivischen Blick auf gesellschaftliche Phänomene – hier die Thematik Flucht und Migration sowie die Erfahrungen von Geflüchteten – zu erlangen. Durch Perspektivenwechsel und das Miterleben der Geschichte aus der Sicht der betroffenen Kinder können Leser hier ihre Empathiefähigkeit ausbilden, sie können ursprüngliche eigene Sichtweisen und Einstellungen zu diesem komplexen gesellschaftlichen Thema neu reflektieren. Literaturvermittlung wird hier zur Bildung für „das Leben in einer solidarischen Weltgesellschaft" (Wintersteiner 2006b, 9).

5 Literatur- und kulturdidaktische Prinzipien und Zugangsweisen

In einem inter- und transkulturellen Literaturunterricht werden literarische Texte eingesetzt, um Dezentrierung, Perspektivenübernahme, den Dialog mit anderen Perspektiven und die Auseinandersetzung mit der Multiperspektivität in der Literatur anzuregen. Beide Konzepte – Interkulturalität *und* Transkulturalität –

rücken das Individuum und die Vielfalt individueller und kultureller Perspektiven bei der Auseinandersetzung mit (fiktionalen) fremdkulturellen Lebenswelten in den Mittelpunkt. Während es aus interkultureller Sicht vor allem darum geht, die Welt mit anderen Augen zu sehen, sich von abweichenden Sichtweisen herausfordern zu lassen und in einen Dialog zu treten, muss ein Literaturunterricht, der von der Transkulturalität der kulturellen Lebenswelten ausgeht, Lernende auch für die internen Differenzen innerhalb kultureller Gemeinschaften, für kulturelle Vernetzungsprozesse und multiple kulturelle Identitätsentwürfe sensibilisieren. Diese unterschiedlichen Akzente schließen einander nicht aus, sondern ergänzen sich gegenseitig. Um diese Lernprozesse im Literaturunterricht anzustoßen, lassen sich in der Literatur- und Kulturdidaktik didaktisch-methodische Prinzipien identifizieren, die auch der Orientierung bei der Unterrichtsplanung dienen können:

Multiperspektivität lässt sich als Prinzip verstehen, das sowohl bei der Auswahl und Zusammenstellung von Texten als auch bei der Aufgabengestaltung zum Tragen kommt. Multiperspektivisch erzählte Geschichten ermöglichen Lernenden vielfältige Perspektivenwechsel und können ihre Fähigkeiten zur Perspektivenübernahme fördern (vgl. Nünning und Nünning 2000). Um die Vielfalt kultureller Wertvorstellungen, Lebensformen, Denkweisen und Identitätsentwürfe für Lernende erlebbar zu machen, müssen aber über den Einzeltext hinaus auch intertextuelle Textarrangements (vgl. Decke-Cornill 1994; Hallet 2002) zusammengestellt werden, die diskursive Vielfalt repräsentieren.

Dialogizität bezieht sich auf dialogische Aushandlungsprozesse, die interkulturelles Verstehen, transkulturelle Austauschprozesse und Prozesse der Identitätsbildung aufseiten der Lernenden anregen beziehungsweise unterstützen sollen. Differenzerfahrungen sollen die Lernenden und deren Sichtweisen herausfordern, sich auf einen Dialog mit dem anderen einzulassen (vgl. Bredella 2007a), und helfen, in der gemeinsamen Aushandlung eigene Perspektiven, Wahrnehmungen und Bedeutungen weiterzuentwickeln. Dialog, Interaktion und Aushandlung gewinnen auch im Zusammenhang mit der Vorstellung vom Fremdsprachenunterricht als hybridem transkulturellen Diskurs- und Handlungsraum eine Bedeutung (vgl. Hallet 2002): Die Auseinandersetzung der Lernenden mit fremdsprachigen literarischen Texten und den relevanten kulturellen Diskursen führt zu kulturellen Austauschprozessen, in denen Sichtweisen verhandelt, übernommen, adaptiert oder ausdifferenziert werden und in denen Lernende zu „diskursiven Mitspielern der fremdsprachigen Kulturen" (Hallet 2007, 39) werden.

Reflexivität kann als Zielsetzung sowie als Unterrichtsprinzip verstanden werden. Um Dezentrierung zu unterstützen und eine kritische Reflexionsfähigkeit zu fördern, gilt es, ethnozentrische oder essenzialistische Vorstellungen von Kultur und Identität sowohl in der Literatur und im gesellschaftlichen Diskurs als auch in der eigenen Wahrnehmung aufzudecken und kritisch zu hinterfragen. Reflexivität kann daher auf verschiedenen Ebenen der Lehr- und Lernprozesse gefördert werden: Erstens auf der Ebene der interkulturellen Lernprozesse, die mit den Lernenden gemeinsam reflektiert werden sollten, um Strategien für interkulturelles Lernen in der Lebenswelt zu erarbeiten (vgl. Burwitz-Melzer 2003), zweitens auf der Ebene der literarischen Verstehensprozesse, weil es beim literarischen Verstehen auch darauf ankommt zu begreifen, wie der literarische Text unsere Wahrnehmung lenkt (vgl. Bredella 2012), und drittens auf der Ebene der Textauswahl und -zusammenstellung, damit Lernende erkennen, dass jeder literarische Text nur einen exemplarischen Einblick in kulturelle Lebenswelten gewährt und es sich dabei um einen fiktionalen Wirklichkeitsentwurf handelt. Letzterer ist einerseits nicht mit der Lebenswelt gleichzusetzen, tritt andererseits jedoch mit einem Erkenntnisanspruch auf und kann „zum Verständnis und zur Sinndeutung der Wirklichkeit" (Bredella 2007a, 60) herangezogen werden.

Methodisch steht einer interkulturellen Literaturdidaktik das gesamte Repertoire literaturdidaktischer Ansätze und Zugangsweisen zur Verfügung. Wie Adelheid Schumann (2008) in ihrem Beitrag zu Transkulturalität in der romanistischen Literaturdidaktik hervorhebt, lassen sich dabei insbesondere Verfahren des ‚empathischen Lesens' und des ‚intertextuellen' beziehungsweise ‚kulturellen Lesens' (Hallet 2007) unterscheiden:

Beim empathischen Lesen handelt es sich um ein Verfahren, bei dem die Leser sich durch Perspektivenwechsel in literarische Figuren hineinversetzen und versuchen, ihre Weltsicht, ihre Konflikte und Probleme aus der Innenperspektive zu rekonstruieren. Auf diese Weise können die Lernenden die soziokulturellen Lebensumstände und die Identitäts- und Entwicklungsprozesse der Figuren nachvollziehen und Verständnis für ihre Denk- und Verhaltensweisen entwickeln, ihre Lebensumstände, Konflikte und Handlungsmöglichkeiten nachvollziehen. Empathisches Lesen setzt die Aktivierung des Vorverständnisses der Lernenden voraus und zielt auch auf die selbstkritische Reflexion und Distanzierung von eigenen Wahrnehmungsperspektiven sowie auf die Koordinierung von Innen- und Außenperspektive (vgl. Bredella 2012). Um empathisches Lesen zu fördern, lassen sich sowohl produktive als auch handlungsorientierte Verfahren wie zum Beispiel die szenische Interpretation (vgl. Scheller 2004) beziehungsweise verschiedene dramapädagogische Methoden (vgl. Jäger 2011; Hallet und Surkamp 2016) einsetzen. Sie regen die Leser an, das Denken, Fühlen oder Handeln einer Figur zu rekonstruieren beziehungsweise nachzuempfinden. Da das interkulturelle Verstehen und der interkulturelle Dialog aber nicht in der Perspektivenübernahme aufgeht, muss das empathische Lesen ergänzt werden durch Rezeptions-, Interpretations- und Auswertungsgespräche, in denen unter anderem verschiedene Perspektiven miteinander verglichen, von den Lernenden in ihrem Handeln beurteilt und zum Beispiel im Hinblick auf Sympathielenkung durch den literarischen Text reflektiert werden.

Während das empathische Lesen den Einzeltext oder die Auseinandersetzung mit einzelnen Figuren beziehungsweise Perspektiven im Blick hat, werden Verfahren des kulturellen Lesens dem Umstand gerecht, dass zum einen ein literarischer Text immer als Bestandteil eines kulturellen Diskurses aufzufassen ist und dass es im Unterricht auch darum gehen muss, die besondere Stimme eines Textes innerhalb der ihn umgebenden kulturellen Diskurse und Kontexte aufzudecken (vgl. Hallet 2007, 43–50). In seiner kulturwissenschaftlich orientierten Literaturdidaktik hebt Wolfgang Hallet (2002; 2007) daher auch die Bedeutung der Erschließung kultureller Kontexte hervor. Indem die Lernenden intertextuelle Bezüge zwischen einem literarischen Text und weiteren kulturellen Texten erforschen, die den gleichen Diskursen entstammen, können sie sich das kulturelle Wissen erarbeiten, das für das Verständnis des literarischen Textes innerhalb gesellschaftlicher Diskurse notwendig ist.

6 Forschungsdesiderate und Ausblick

Dass Literatur einen wichtigen Beitrag zur Ausbildung interkultureller Kompetenzen und – wie Wintersteiner und Nussbaum betonen – zur Ausbildung verantwortungsbewusster Weltbürger leisten kann, wurde mehrfach hervorgehoben. Zugleich darf diese Äußerung nicht darüber hinwegtäuschen, dass die Implementierung von Bildungsstandards in den modernen Fremdsprachen (KMK 2004) dazu geführt hat, dass literarische Texte und interkulturelle Kompetenzen weitgehend ausgeblendet und ausschließlich Kompetenzbeschreibungen für kommunikative Kompetenzen definiert werden. Die laute Kritik, die in der Fremdsprachendidaktik geäußert wurde und diesen Missstand ins Bewusstsein rief, führte immerhin bei der Formulierung von Bildungsstandards für die Sekundarstufe II (KMK 2012a) zu einer deutlicheren Aufwertung dieser Kompetenzbereiche. Ein signifikantes Forschungsdesiderat besteht allerdings in der Entwicklung von Kompetenzmodellen zur Ausbildung literarischer und interkultureller Kompetenzen und in deren Erforschung.

Die Ausweitung des Literaturkanons sowohl im Deutschunterricht als auch in den Fremdsprachen auf Migranten-, Diaspora- und postkoloniale Literaturen öffnet zudem ein weites Feld für mögliche Gegenstände des Literaturunterrichts. In den letzten zehn Jahren sind in der englischen Fachdidaktik verschiedene Forschungsarbeiten beziehungsweise Sammelbände entstanden, in denen englischsprachige Kulturräume sowie Literaturen bearbeitet wurden (vgl. z. B.

Grimm 2009; Freitag-Hild 2010; Eisenmann et al. 2010; Alter 2015). Nach wie vor bestehen hier aber große Forschungslücken im Bereich postkolonialer, Migranten- und Diaspora-Literaturen in den verschiedenen Sprachen sowie einer wie auch immer zu definierenden Weltliteratur.

Ein dritter Bereich, der sich anschließt und bis auf wenige hervorzuhebende Ausnahmen (vgl. Lütge 2015) weitgehend unbearbeitet ist, betrifft die Verbindung inter- und transkultureller Ansätze mit dem globalen Lernen. Trotz des gemeinsamen Blicks auf kulturübergreifende Aspekte und Themen, auf die Entwicklung von Fähigkeiten, die in einer solidarischen Weltgesellschaft benötigt werden, haben sich die Diskurse zum inter- beziehungsweise transkulturellen Lernen und zur *global education* bislang weitgehend unabhängig voneinander entwickelt (vgl. Volkmann 2014) und könnten – so die Annahme – von weiteren Forschungsarbeiten zu möglichen Verbindungen neue Impulse erhalten.

Weiterführende Literatur

Bredella, Lothar (2012). *Narratives und interkulturelles Verstehen. Zur Entwicklung von Empathie-, Urteils- und Kooperationsfähigkeit.* Tübingen.

Dawidowski, Christian und Dieter Wrobel (Hrsg.) (2006). *Interkultureller Literaturunterricht. Konzepte – Modelle – Perspektiven.* Baltmannsweiler.

Hallet, Wolfgang und Ansgar Nünning (Hrsg.) (2007). *Neue Ansätze und Konzepte der Literatur- und Kulturdidaktik.* Trier.

Matz, Frauke, Michael Rogge und Philipp Siepmann (Hrsg.) (2014). *Transkulturelles Lernen im Unterricht.* Frankfurt a. M.

Wintersteiner, Werner (2006b). *Transkulturelle literarische Bildung. Die ‚Poetik der Verschiedenheit' in der literaturdidaktischen Praxis.* Innsbruck/Wien/Bozen.

Klaus Maiwald
IV.2 Intermedialität in der Literaturdidaktik

1 Definitionen und Erklärungen im Überblick

Intermedialität ist ein Sammelbegriff für die Gesamtheit „all *der* Phänomene, die, dem Präfix ‚inter' entsprechend, in irgendeiner Weise *zwischen* Medien anzusiedeln sind" (Rajewsky 2004, 12). Die Weite des intermedialen Phänomenbereichs hängt wesentlich vom zugrunde gelegten Medienbegriff und von der wissenschaftlichen Perspektive ab: Eine ‚medienwissenschaftliche' Ausrichtung mit weitem Medienbegriff zeichnet übergreifende Medienentwicklungen nach (z. B. von der Fotografie zum Film). In einer ‚medienanthropologischen' Perspektive erscheint Intermedialität als Gegebenheit menschlichen Medienhandelns. Hingegen ist Intermedialität für die ‚philologische' Forschung als Kategorie für die Analyse medialer Produkte relevant, die sich aus Bezügen zwischen konkreten ästhetischen Artefakten ergibt. Dabei ist in einem weiteren philologischen Verständnis Intermedialität „jedes Überschreiten von Grenzen zwischen konventionell als distinkt angesehenen Ausdrucks- oder Kommunikationsmedien" (Wolf 2008, 327). ‚Literaturbezogene Intermedialität' (z. B. Rajewksy 2002) hingegen fokussiert ausschließlich die Einbeziehung anderer Medien im literarischen (Schrift-)Text.

Unterschiedliche Vorstellungen von Intermedialität schlagen literaturdidaktisch unterschiedlich zu Buche: Mediengeschichtlich und -wissenschaftlich fundiert sind Überlegungen, wonach der digitale Umbruch einen Paradigmenwechsel von einem printmedialen zu einem nicht lediglich medienintegrativen (vgl. Wermke 1997), sondern weiter gehend ‚symmedialen' Literaturunterricht erforderlich macht (vgl. Frederking 2014). In den Blick rücken aber auch didaktisch relevante Phänomene des Medienverbunds und der Medienkonvergenz, insbesondere im aktuellen Handlungssystem der Kinder- und Jugendliteratur (vgl. Kümmerling-Meibauer 2007; Josting 2014). Anthropologische Intermedialitätskonzepte lenken den didaktischen Blick auf eine zusehends konvergente Medienpraxis, auf die Verschmelzung von Nutzung und Produktion beim *produser* von Medien, auf die Durchdringung von Medien und Alltagsleben, auf neue Formen medialer Selbstinszenierung und Selbstdefinition (vgl. Marci-Boehncke 2008; Barsch 2011, 45; Möbius 2014). Davon zu unterscheiden sind wiederum Ansätze der didaktischen Erschließung intermedialer Bezüge zwischen literarischen Texten in unterschiedlicher medialer Form (z. B. Bönnighausen 2006; Bönnighausen 2013; Kruse 2011; Kruse 2014).

2 Geschichte der Intermedialität und ihrer Erforschung

In der medialen Expansion der 1990er-Jahre (Video, Computer, Internet) kommt es zu einer enormen Erweiterung und Dynamisierung der Vorstellungen von Kunst (z. B. postdramatisches Performancetheater), von Text (z. B. multimedialer Hypertext) und ästhetischer Erfahrung (Surfen, Bloggen, Spielen etc.). ‚Intermedialität' ist einer der Begriffe, mit denen die neuen Verhältnisse beschreibbar werden – benachbarte Begriffe sind Intertextualität, Multimedia, Medienkonvergenz. Der Begriff genießt ab circa 2000 eine verstärkte Konjunktur, sowohl das Phänomen selbst als auch seine Erforschung haben jedoch eine Reihe von Vorläufern.

Vorläufer

Fasst man Intermedialität sehr weit als jegliche Überschreitung von Grenzen zwischen Medien, so beginnt ihre Geschichte bereits mit Homer. Im 18. Gesang der *Ilias* wird die Verfertigung eines Schildes für Achill beschrieben, in den eine Reihe von Bildern eingearbeitet wird. Diese „Urszene" begründet die Ekphrasis als „intermediale Basisform der europäischen Literatur" (Robert 2014, 9). Beispiele literarischer Beschreibungen von Bildwerken reichen von John Keats' *Ode on a Grecian Urn* (1820) über (im weiten Sinne) die Beschreibung des Theaterbesuchs von Madame Bovary in Gustave Flauberts gleichnamigem Roman (1856) bis zu Oscar Wildes *The Picture of Dorian Gray* (1890). Neben der literarischen Bezugnahme auf andere Medien gibt es frühe Formen des Medienwechsels, so 1887 eine Dramatisierung von Lewis Carrols *Alice's Adventures in Wonderland* (1865) (vgl. Kümmerling-Meibauer 2007, 16). Ebenso erscheinen Medienkombinationen bereits im barocken Emblem, welches eine *inscriptio* (Motto), eine *pictura* (Bild) und eine meist in Versen gehaltene *subscriptio* bündelt (vgl. Robert 2014, 90–93). Weitere Medienkombinationen sind das romantische Volkslied, das Theater (Bühnenbild, Sprache, Bewegung) und besonders die Oper (von Monteverdi bis Wagner) mit ihrem Anspruch als sogenanntem Gesamtkunstwerk. Medien kombinierend sind auch Formen der Bilderzählung im 19. Jahrhundert wie *Max und Moritz* von Wilhelm Busch (1864) oder die beweglichen Bücher (*pop ups*) von Lothar Meggendorfer (1847–1925), die im 20. Jahrhundert durch Cartoon, Comic, Manga und Graphic Novel ergänzt werden (vgl. Schikowski 2014). Intermedial sind auch der Stummfilm mit Texttafeln und Musikbegleitung und (seit 1927) der Tonfilm. Wesentlich für intermediale Phänomene sind über den Buchdruck hinausführende technische Innovationen. Avantgardistische Bewegungen wie Dada (z. B. *Ursonate* von Kurt Schwitters ab 1923) oder Fluxus in den 1960ern schaffen Intermedia als „Verschmelzung der Künste auf ihrem neuesten apparativ-technischen Niveau" (Paech und Schröter 2008a, 7).

Erforschung

Neben den Grenzüberschreitungen zwischen den Künsten reicht auch deren wissenschaftliche Beobachtung weit vor die 1990er-Jahre zurück. Im Folgenden werden wichtige Vorläufer intermedialer Theoriebildung knapp dargestellt:

Ein zentraler Referenzpunkt ist Gotthold Ephraim Lessings Studie *Laokoon oder Über die Grenzen der Malerei und Poesie* von 1766. Ausgangspunkt ist eine griechische Skulptur, die zeigt, wie Laokoon, der die Trojaner vor dem trügerischen Pferd hatte warnen wollen, mit seinen Söhnen durch von der Göttin Athene ausgesandte Seeschlangen getötet wird. Aus der Interpretation der Skulptur leitet Lessing genuine Qualitäten und Gegenstände der bildenden Kunst und der Literatur ab. Charakteristisch für die bildende Kunst ist demnach ein Nebeneinander von Farbe und Formen im Raum, weshalb Bildhauerei und Malerei auf die Repräsentation von nebeneinanderstehenden Körpern beschränkt sind. Die Poesie beziehungsweise Literatur hingegen arrangiert Töne oder Wörter aufeinander folgend in der Zeit: „Folglich sind Körper [...] die eigentlichen Gegenstände der Malerei [und] Handlungen der eigentliche Gegenstand der Poesie" (Lessing 1990 [1766], 116). Mit der Betonung kategorial differenter Zeichenstrukturen wendet sich Lessing gegen die Vorstellung, dass die Poesie eine Art verbaler Malerei sei (*ut pictura poesis*). Vielmehr wird das gemeinsame Anliegen der Künste, Gegenstände nachzuahmen beziehungsweise vorzutäuschen, wesentlich durch deren semiotische Verfasstheit differenziert (vgl. zum Kontext und zur Rezeption des *Laokoon* ausführlicher Robert 2014, 39–44).

Im Gegensatz zu Lessings kategorialem Differenzdenken steht Friedrich Schlegels Theorie der progressiven, auf eine Verschmelzung der Künste zusteuernden Universalpoesie der Romantik. Die Einheit der Künste manifestiert sich insbesondere im Volkslied (vgl. die von Arnim und Brentano herausgegebene Sammlung *Des Knaben Wunderhorn*, 1805–1808), welches sich – in Anlehnung an Goethes berühmtes Diktum über die Ballade – als ‚intermediales' „Ur-Ei" (Robert 2014, 46) der Literatur verbuchen lässt.

Auch Oskar Walzels Schrift *Wechselseitige Erhellung der Künste. Ein Beitrag zur Würdigung kunstgeschichtlicher Begriffe* aus dem Jahr 1917 weist das Lessing'sche Differenzkonzept zurück. Für die Beschreibung der Dichtung greift Walzel auf kunstgeschichtliche Unterscheidungen von Heinrich Wölfflin zurück (z. B. Fläche vs. Tiefe, geschlossene vs. offene Form) (vgl. Robert 2014, 60–61) und plädiert in einer Art intermedialer Theoriebildung für die „Vorzüge von Scheidungen innerhalb einer Kunst durch Ausdrücke aus anderen Künsten" (Walzel 1917, Inhalt). Dabei werden für die Dichtkunst neben Kategorien des Malerischen auch Begriffe aus der Musik herangezogen wie zum Beispiel Leitmotiv, Melodie, Harmonie.

Mit Walter Benjamins Aufsatz über *Das Kunstwerk im Zeitalter seiner technischen Reproduzierbarkeit* (1936) erweitert sich der Fokus über den klassischen Kunstkanon hinaus auf apparativ erzeugte Medien(produkte). Für Benjamin verändern sich durch die Möglichkeit technischer Reproduktion tief greifend das Wesen, die Wahrnehmung und die Funktion von Kunst. Mit dem massenweisen Vorkommen verliere die Kunst ihren Traditionswert und ihre Autorität – kurz: ihre (religiöse) Aura als „einmalige Erscheinung einer Ferne, so nah sie auch sein mag" (Benjamin 2006 [1936], 19). In der Fotografie und im Film tritt an die Stelle des autonomen (Kunst-)Scheins der Aspekt der unmittelbaren Wirklichkeit, wobei „völlig neue Strukturbildungen der Materie zum Vorschein kommen" (z. B. bei Vergrößerungen oder Zeitlupen) (Benjamin 2006 [1936], 61). Als Reaktion auf die „physische Chockwirkung" (Benjamin 2006 [1936], 67) versuche der Dadaismus, in der Malerei und Literatur die Effekte des Films zu erzeugen. Die Rezeption wandle sich vor allem beim Film von der aufmerksamen Sammlung zu einer zerstreuten Begutachtung, womit deutlich werde, dass die Materialität technisch reproduzierter Medien zu einer neuartigen „Organisation der [menschlichen] Wahrnehmung" (Benjamin 2006 [1936], 18) führe.

Als „eigentlichen Stifter des Projekts der Intermedialität" (Robert 2014, 70) kann man den kanadischen Medienwissenschaftler Marshall McLuhan betrachten. McLuhan beschrieb eine Entwicklung, in der ein Medium stets zum Inhalt des nachfolgenden Mediums wird, zum Beispiel die Sprache in der Schrift, die Schrift im Buchdruck oder die Fotografie im Film. In der stetigen Verbindung und Neuformung (Bastardisierung, Hybridisierung) von Medien herrscht ein kriegsähnlicher Kampf um deren Geltungsanspruch, wobei die Welt des Buchdrucks zusehends erodiert. Der Buchtitel *The Gutenberg Galaxy. The Making of Typographic Man* (1962) zeigt an, dass sich die genealogische Perspektive mit einer anthropologischen verbindet: Medien sind im weitesten Sinne alle Ausweitungen des Menschen (vgl. *Understanding Media. The Extensions of Man*, 1964), wie zum Beispiel das Rad, Kleidung, Stimme, Bücher, Fernsehen bis hin zu Waffen. Und Medien prägen den Menschen umfassend – und zwar nicht so sehr durch ihre Inhalte als durch ihre schiere Form. McLuhans berühmtestes Diktum lautet, *the medium is the message*, oder noch weiter gehend: „The medium is the massage [sic]": „All media work us over completely. They are so pervasive in their [...] consequences that they leave no part of us untouched [...]" (McLuhan und Fiore 1996, 26).

Als letzte Wegmarke vor der Intermedialität sind Intertextualitätskonzepte der 1960er- und 1970er-Jahre zu nennen. In einem postmodern-universellen Verständnis meint Intertextualität, dass sich jeder Text „als Mosaik aus Zitaten [beziehungsweise in der] Absorption oder Transformation eines anderen Textes" konstituiert (Kristeva 1972, 348; wie in einen Text zahlreiche andere Texte gleichermaßen ‚eingeschrieben' sind, demonstriert Roland Barthes' Lektüre von Balzacs Novelle *Sarrasine* in seinem Essay *S/Z* von 1970). Hieraus leitet sich die Metapher von Kultur als großem Geflecht aufeinander bezogener ‚Texte' (im weitesten Sinne) ab. Wo der operative Wert eines derart „weitgefaßten, ontologischen bzw. kultursemiotischen Intertextualitätsbegriffes" für konkrete Textanalysen begrenzt ist, zielen enger geführte Konzepte (etwa von Genette 1993 [1982] oder Broich und Pfister 1985) „auf intentionale bzw. markierte Bezüge zwischen Texten und deren Funktionen im Textganzen" (Rajewsky 2002, 48; vgl. auch Robert 2014, 20).

Das Neue des Intermedialitätsparadigmas der 1990er-Jahre (auch im Gegensatz zu den sogenannten *Interart Studies* der 1960er) besteht erstens darin, dass sich die intramedial beziehungsweise intertextuell begrenzte Perspektive auf medienübergreifende Phänomene ausdehnt; dabei rücken zweitens neben ‚Werken' der ‚klassischen Hochkultur' auch neuere Künste und mediale Produkte der Populärkultur mit in den Blick (vgl. Wolf 2014, 11). Ein Startpunkt ist 1996 der Aufsatz des Anglisten Werner Wolf über „Grenzüberschreitungen zwischen Wortkunst und anderen Medien am Beispiel von Virginia Woolfs ‚The String Quartet'". Von Wolf stammt des Weiteren der Eintrag „Intermedialität" in Ansgar Nünnings *Metzler Lexikon Literatur- und Kulturtheorie* von 1998 (vgl. Wolf 2008). Während Wolf (1996) in seinem Aufsatztitel Intermedialität „literaturzentriert" nennt und daher „als neues Paradigma" der „Literaturwissenschaft" ausruft, ist der von Jörg Helbig 1998 herausgegebene Band zur *Intermedialität. Theorie und Praxis eines intermedialen Forschungsgebietes* breiter angelegt. Neben literaturzentrierten Beiträgen wie über Intermedialität als ‚Musikalisierung' im englischen Erzählen des 19. und 20. Jahrhunderts (Wolf 1998) handelt der Band zum Beispiel von Intermedialität als nicht nur poetologischem, sondern auch medientheoretischem Konzept (Müller 1998) von der Entwicklung des Kinos aus dem Varieté (Garncarz 1998) oder von Stadtkonstruktionen zwischen Comic und Architektur (Schmidt 1998).

Das damit abgesteckte Spektrum zwischen literaturbezogener Engführung und thematischer Dispersion lässt sich auch im didaktisch orientierten Intermedialitätsdenken beobachten. Dessen Vorläufer sind die aus der digitalen Entwicklung der 1990er-Jahre erwachsenden Diskussionen über Multimedia, Hypertext und Internet. In den Fokus gerieten Bedingungen und Veränderungen von *Information und Lernen mit Multimedia* (Issing und Klimsa 1995). Durch „Schriftliche

Texte in multimedialen Kontexten" (Schmitz 1997) sowie durch den Wandel *Vom mittelalterlichen Heldenepos zum elektronischen Hypertext* (Fritz und Jucker 2000) erweitert sich das Gegenstandsspektrum des Sprach- und Literaturunterrichts. Kinderliteratur ist nun auch in Form „multimedial aufbereiteter Spielgeschichten" auf CD-ROM von Interesse (Rank 2001), Literaturgeschichte lässt sich „interaktiv [mittels] Hypertext und Multimedia" erfahren (Meisch 1996).

Maßgeblich geprägt wird der didaktische Diskurs durch Jutta Wermkes *Integrierte Medienerziehung im Fachunterricht. Schwerpunkt: Deutsch* (1997). Für den Deutschunterricht zeigt Wermke auf, wie die „traditionellen Gegenstände des Faches in den Medien präsent" sind beziehungsweise wie „Medien zur Veränderung des traditionellen Gegenstandsbereiches" führen (Wermke 1997, 27). Bereits hier ist die Rede von (veränderten) „Leitmedien und Intermedialität" (Wermke 1997, 45), von intermedialen Phänomenen wie filmischem Schreiben, von einem breiten Spektrum medialer Texte (z. B. Musikvideos, Actionfilme), von Medientechnik- und Kulturgeschichte sowie von einer (auch) intermedialen Medienkompetenz (vgl. Wermke 1997, 37 und 133).

3 Hauptaspekte des Themas Intermedialität

Medienbegriff

Intermedialität als „Sammelbegriff für Bezüge, die zwischen unterschiedlichen Medien existieren" (Zabka 2006, 267), verlangt grundlegend eine Präzisierung dessen, was unter Medien verstanden werden kann beziehungsweise soll. Die Geschichte der Medien entfaltet sich im Gang von *der Oblate zum Internet* (Hörisch 2004), und die Frage *Was ist ein Medium?* (Münker und Roesler 2012) kann sehr gegensätzlich beantwortet werden (vgl. für einen komprimierten Überblick Frederking et al. 2018, 11–23).

Grundsätzlich lassen sich engere und weitere Medienbegriffe unterscheiden. In einem engeren Sinn gelten Medien als „Träger und Übermittler von Daten" (Hiebel 1997, 8) beziehungsweise als „Mittler, durch die in kommunikativen Zusammenhängen bestimmte Zeichen mit technischer Unterstützung übertragen, gespeichert, wiedergegeben oder verarbeitet und in abbildhafter Form oder symbolischer Form präsentiert werden" (Tulodziecki 1997, 37). Einem solchen Verständnis von Medien als bloßen technischen Zeichenvermittlern entgegen steht zum Beispiel Marshall McLuhans Auffassung von Medien als *Extensions of Man* (1964), sprich: Ausweitungen der psychischen oder physischen Person von Stimme und Kleidung bis zu Fernsehen und Waffen (vgl. McLuhan und Fiore

1996, 26). In der Systemtheorie von Niklas Luhmann (z. B. *Die Kunst der Gesellschaft*, 1995) wendet sich der Medienbegriff vom Technisch-Empirischen ins Theoretisch-Abstrakte. Medien sind demnach keine Objekte, sondern Bedingungen oder Möglichkeiten ihrer Formprozesse und deren Beobachtung; Intermedialität ist folglich die „Wiederholung oder Wiedereinschreibung eines Mediums als Form in die Form eines anderen Mediums" (Paech 2014, 55).

Gerade in pädagogischen und didaktischen Zusammenhängen greift ein technischer Medienbegriff zu kurz, weil er ausblendet, dass mit Medien „auch Sozialisationsinstanzen vorliegen, die das Selbst- und Weltbild der Individuen beeinflussen" (Groeben 2002a, 160). Um dies abzubilden, sollte der Medienbegriff technische, semiotische und kulturelle/soziale Aspekte beinhalten (vgl. Wolf 2014, 19). Nur bedingt ergiebig für die Modellierung von Lehr-Lernprozessen bleiben jedoch auch entgrenzende und abstrakte Medienbegriffe. Der Medienwissenschaftler Siegfried J. Schmidt (vgl. 1994a, 58) moniert zu Recht, dass Luhmann von Menschen und medialen Materialitäten absehe und daher keine empirischen Zugriffe öffne, und setzt dagegen einen auch für die Konturierung didaktischer Zwecke griffigen ‚Kompaktbegriff' (Schmidt 1994b; Schmidt 2003; Schmidt 2008; Schmidt 2012). Als Medien lassen sich im Sinne Schmidts bezeichnen:

- ‚Kommunikationsmittel' – zum Beispiel Sprache, Schrift, Bilder, Töne;
- ‚Medienangebote' beziehungsweise *„Kommunikationsofferten"* (Schmidt 1994b, 612) – zum Beispiel Höhlenzeichnungen, Schriftrollen, Bücher, Comic-Hefte, Spielfilme, Videoclips, Computerspiele, Apps;
- ‚Techniken' beziehungsweise *„technische Dispositive"* (Schmidt 2003, 66) zur Herstellung von Medienangeboten – zum Beispiel Federkiele, Papyrus, Druckerpressen, Schreibmaschinen, Faxgeräte, CD-Brenner, Software, Digitalkameras, Smartphones;
- ‚Institutionen und Organisationen' beziehungsweise *„sozial-systemische Ordnungen"* (Schmidt 2003, 66), durch die Medienangebote produziert und vertrieben werden – zum Beispiel Verlage, Fernseh- und Radiosender, Hersteller, Medienkonzerne wie Bertelsmann, Amazon, Google, Facebook.

Diese auch in der Didaktik rezipierte Typologie (vgl. Maiwald 2005; Josting 2014; Frederking et al. 2018) ermöglicht nicht nur eine Differenzierung mediendidaktischen Handelns, sie gestattet auch eine Unterscheidung intermedialer Phänomene, die sich beispielsweise als Kombination von Kommunikationsmitteln (Schrift und Bild im Bilderbuch), als Übertragung eines Medienangebotes in eine andere Form (z. B. Medienwechsel vom Buch zum Film), als Verweise eines Medienangebotes auf andere Medienangebote (intermediale Referenzen) oder als Verschmelzung von Medientechniken zum Beispiel im postdramatischen Theater (s. u.) zeigen können. Institutionen und Organisationen kommen etwa bei der

Bestimmung von Medienverbünden ins Spiel (s. u.). Explizit an die Schmidt'sche Typologie angelehnt bezeichnet Werner Wolf (2014, 20) für die Bestimmung von Intermedialität mit dem Begriff ‚Medium' ein „konventionell als distinkt angesehenes Kommunikationsdispositiv, das nicht nur durch bestimmte technische und institutionelle Übertragungskanäle, sondern auch durch die Verwendung eines semiotischen Systems (oder mehrerer solcher Systeme) zur öffentlichen Übermittlung von Inhalten gekennzeichnet ist".

Theorien und Modelle der Intermedialität im Überblick

Unterschiedliche Medienbegriffe und wissenschaftliche Perspektiven bringen unterschiedliche Theorien und Modelle der Intermedialität hervor:

(1) Eine ‚medienwissenschaftliche' Perspektive mit weitem Medienbegriff führt zur Beobachtung genealogischer Entwicklungen und übergreifender Tendenzen im medialen Gesamtsystem (z. B. Müller 2008; Müller 2014). Ältere Beispiele wären die Einverleibung des Mediums Stimme in das der Schrift, der Schrift in das des Buchdrucks oder die Entwicklung („Archäologie") des Fernsehens von seinen an Radio, Kino und Theater anknüpfenden Frühformen über ein eigenes institutionelles und funktionales Profil in den 1960er- und 1970er-Jahren zu heutigen Veränderungen in Form von Internetfernsehen auf Tablets, Laptops und Smartphones (vgl. Müller 2008, 44).

Ein derartiger „Strukturwandel medialer Formen" (Paech 2014, 66) ist auch die von Jay D. Bolter und Richard Grusin (2000) beschriebene ‚Remediation'. Remediation bezeichnet alle Prozesse, bei denen neuere Medien ältere in sich aufnehmen und rekonfigurieren (*refashion*) und dabei in einem ständigen Kampf um kulturelle Anerkennung stehen. Beispiele wären die Remediatisierung der Fotografie und des Theaters im Film, die Verwendung der digitalen Technik im Film oder des Fotorealismus in der Malerei, aber auch so etwas wie die Fortschreibung der alltagskommunikativen Gattung ‚Liebesgeständnis', etwa in den *Liaisons dangereuses* als Briefroman von 1782 oder als Film von 1988 (vgl. Müller 2014, 72). Remediation ist somit eine genealogische Perspektive auf „umfassende, transmedial und transhistorisch anzusetzende intermediale Prozesse und Dynamiken" (Rajewsky 2008, 59).

Derartigen Prozessen verdankt sich auch die mit dem Universalmedium Computer entstandene *Convergence Culture* (Jenkins 2006). Medienkonvergenz bedeutet „*flow of content across multiple media platforms*, the *cooperation between multiple media industries*, and the migratory *behavior of media audiences*" (Jenkins 2006, 2). In den Kategorien von Schmidt (s. o.) ist Medienkonvergenz beschreibbar als technische Bündelung und Komprimierung von immer mehr Funktionen in immer kleineren Geräten; sie zeigt sich weiter im Zusammenfließen von Kommunikationsinstrumenten und Medienangeboten (insbesondere im Internet) sowie institutionell in der Konzentration von Medienproduzenten und -anbietern (z. B. Google, Amazon). Konvergent ist aber auch ein ‚wanderndes' und dabei alle möglichen Medienangebote integrierendes Nutzungsverhalten.

(2) Die ‚Medienanthropologie' erweitert den letztgenannten Aspekt und sieht Intermedialität als Qualität menschlichen Medienhandelns. So lassen sich in der Erosion der von Marshall McLuhan so benannten Gutenberg-Galaxis (1962) grundlegende Veränderungen medialer Kulturtechniken erkennen (vgl. für das Folgende Schön 1987 und besonders Schneider 2008, 116–119): Die sich im 18. Jahrhundert bildende monomediale Praxis stillen Lesens führte zu einer Stillstellung des Blicks und des Körpers, zu einer Beschränkung auf Text als Schrift und zu einer Konzentration auf Sinn und Interpretation. Dies änderte sich mit der Verbreitung von Fotografie und Kinematografie, Radio und Fernsehen im 20. Jahrhundert. Walter Benjamin zeigte in *Das Kunstwerk im Zeitalter seiner technischen Reproduzierbarkeit* (s. o.), dass medialer Wandel nicht nur die Produkte betrifft, sondern auch die Art und Weise, in der menschliche Wahrnehmung sich organisiert. Die monomediale Abstraktion von sensorischen, kinetischen und synästhetischen Phänomenen prägt zum Teil noch die frühe Nutzung auditiver/visueller Medien, etwa beim Stillsitzen vor dem Radio, im Kino, vor dem Fernseher. Spätestens in der diversifizierten Netzwerkgesellschaft ist sie einer weitgehenden Fluidität kulturstiftender Praktiken gewichen, in welcher sich auch Vorstellungen von Identität und sozialen Beziehungen wandeln. Für Roloff (2008, 19) dominiert folglich eine „Konzeption des Subjekts als variabler intermedialer Spielort, der durch eine Vielzahl von Inszenierungen, Hybridisierungen und Transgressionen geprägt ist."

(3) Entgegen der Sicht als medienkulturelles oder -anthropologisches Basisphänomen ist Intermedialität für die ‚philologische' Forschung eher eine Kategorie für die Analyse medialer Produkte, die sich aus Bezügen zwischen einzelnen ästhetischen Artefakten ergibt. In einem ‚weiteren' philologischen Verständnis ist Intermedialität „jedes Überschreiten von Grenzen zwischen konventionell als distinkt angesehenen Ausdrucks- oder Kommunikationsmedien" (Wolf 2008, 327). Hierunter fallen zum Beispiel Phänomene der Medienkombination (wie Kunstlied, Oper, Stummfilm mit Klavierbegleitung, Comic) oder des Medienwechsels (wie Theateraufführung, Verfilmung, Graphic Novel nach schriftsprachlicher Vorlage). In einem ‚engeren' philologischen Sinn meint Intermedialität die sozusagen werkintern in einem Text/Medium nachweisliche Einbeziehung wenigstens eines weiteren Textes/Mediums (vgl. Wolf 2008, 327). Eine solche Einbeziehung kann zum Beispiel die Beschreibung eines Bildes, ein Gespräch über einen Film oder die Erwähnung eines Musikstückes sein. ‚Literaturbezogene Intermedialität' (vgl. Rajewksy 2002; Rajewsky 2019) versteht sich ausschließlich als Einbeziehung

anderer Medien im literarischen (Schrift-)Text. Durch das konstitutive Überschreiten der materialen Mediengrenze und durch den konkreteren textanalytischen Zugriff unterscheidet sich eine literaturbezogene Intermedialitätsforschung von universalistisch entgrenzenden Intertextualitätskonzepten postmoderner Prägung (s. o.). Intermedialität als Einbeziehung eines oder mehrerer anderer Medien findet indes nicht nur in der Schriftliteratur statt, sondern zum Beispiel auch im Film: In Andrew Birkins *Brennendes Geheimnis* (1988) wird zu Verführungszwecken Goethes *Erlkönig* rezitiert; die Titelfigur im Roman Polańskis *Der Pianist* (2002) trägt in höchster Not und Bedrohung – und mit höchst ironischem Effekt – eine Ballade von Chopin vor; in François Ozons Spielfilm *Frantz* (2016) wird Manets Gemälde *Der Selbstmörder* zum Symbol eines elaborierten Lügengebäudes.

Literaturbezogene Intermedialität (Wolf, Rajewsky)

Der von Werner Wolf und Irina Rajewsky geprägte Ansatz sieht Intermedialität literaturbezogen als gleichsam ‚werkintern' „in einem Text [die] nachweisliche Einbeziehung mindestens eines weiteren verbalen Textes [beziehungsweise] eine in einem Artefakt nachweisliche Verwendung oder (referentielle) Einbeziehung wenigstens zweier Medien" (Wolf 2008, 327). Diese Reduktion und Konzentration auf nachweisbare Bezüge zwischen distinkten Medien(angeboten) ist auch anschlussfähig für literaturdidaktische Zwecke. Zudem gilt die Monografie der Romanistin Irina Rajewsky (2002) mit Recht als „die gründlichste, methodisch-typologisch orientierte Darstellung des Gegenstandes im deutschsprachigen Raum" (Robert 2014, 19).

Wichtig ist zunächst die Abgrenzung intramedialer Beziehungen (vgl. Wolf 2014, 22) und transmedialer Phänomene. ‚Intramediale' Bezüge herrschen zwischen schriftlichen Erzähltexten, zwischen Filmen, zwischen Musikstücken und gehören daher nicht zum Bereich der Intermedialität. Die Erwähnung von Goethes *Erlkönig* in Tamara Bachs Jugendroman *Marsmädchen* (2003) wäre eine intramediale ‚Produktreferenz'; die Stummfilmästhetik in dem Spielfilm *The Artist* (R. Michel Hazanavicius, 2011) eine intramediale ‚Systemreferenz'. Intertextualität als Kontaktnahme zwischen zwei Schrifttexten wird damit ein Sonderfall des Sonderfalls Intramedialität. Transmedial sind „medienunspezifische ‚Wanderphänomene' [...] wie z. B. das Auftreten desselben Stoffes oder die Umsetzung einer bestimmten Ästhetik oder eines bestimmten Diskurstyps [...]", und zwar ohne „Annahme eines kontaktgebenden Ursprungsmediums" (Rajewsky 2002, 12–13). Beispiele hierfür wären die Parodie als solche, biblische Stoffe, Mythen und Legenden, aber auch der Diskurs der Empfindsamkeit im 18. Jahrhundert (vgl. Wolf 2014, 25) oder die Ästhetik des *noir* im Film und in der Graphic Novel.

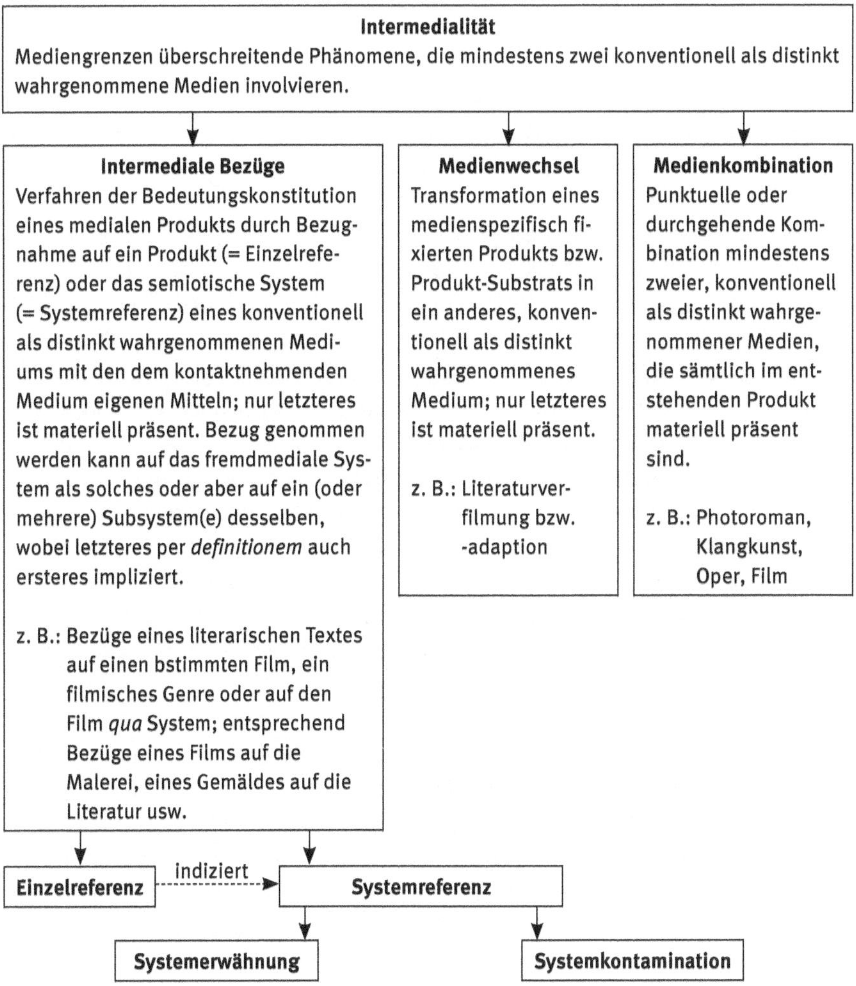

Intermedialität

Mediengrenzen überschreitende Phänomene, die mindestens zwei konventionell als distinkt wahrgenommene Medien involvieren.

Intermediale Bezüge

Verfahren der Bedeutungskonstitution eines medialen Produkts durch Bezugnahme auf ein Produkt (= Einzelreferenz) oder das semiotische System (= Systemreferenz) eines konventionell als distinkt wahrgenommenen Mediums mit den dem kontaktnehmenden Medium eigenen Mitteln; nur letzteres ist materiell präsent. Bezug genommen werden kann auf das fremdmediale System als solches oder aber auf ein (oder mehrere) Subsystem(e) desselben, wobei letzteres per *definitionem* auch ersteres impliziert.

z. B.: Bezüge eines literarischen Textes auf einen bstimmten Film, ein filmisches Genre oder auf den Film *qua* System; entsprechend Bezüge eines Films auf die Malerei, eines Gemäldes auf die Literatur usw.

Medienwechsel

Transformation eines medienspezifisch fixierten Produkts bzw. Produkt-Substrats in ein anderes, konventionell als distinkt wahrgenommenes Medium; nur letzteres ist materiell präsent.

z. B.: Literaturverfilmung bzw. -adaption

Medienkombination

Punktuelle oder durchgehende Kombination mindestens zweier, konventionell als distinkt wahrgenommener Medien, die sämtlich im entstehenden Produkt materiell präsent sind.

z. B.: Photoroman, Klangkunst, Oper, Film

Einzelreferenz ---indiziert---> Systemreferenz → Systemerwähnung, Systemkontamination

Abb. 1: Intermedialität und intermediale Bezüge nach Rajewsky (2002, 157, Ausschnitt)

Im Bereich der Intermedialität unterscheidet Rajewsky (2002; 2004; 2019) drei Erscheinungsformen: (1) In der ‚Medienkombination' findet eine Verknüpfung mehrerer Einzelmedien zu einem neuen, distinkt wahrnehmbaren Multimedium statt. Typisch hierfür sind das Bilderbuch (Schrift und Bild), die Oper (Theater, Musik, Gesang) oder der Stummfilm, der von einem Klavier spielenden Kinoerzähler präsentiert wird. (2) Beim ‚Medienwechsel' wird ein Ausgangsmedium in eine andere, distinkt wahrnehmbare mediale Ausformung überführt, so wie Uwe Timms Novelle *Die Entdeckung der Currywurst* (1993) in eine Graphic Novel (von Isabel Kreitz, 1996), in ein Hörbuch (1996/2004) oder in einen Spielfilm (R. Ulla Wagner, 2008). (3) Den Hauptbereich der Intermedialität bilden die ‚intermedialen Bezüge', also Formen und Funktionen der „Bezugnahme eines bestimmten medialen Produkts auf ein anderes mediales System beziehungsweise auf ein diesem fremdmedialen System zugehöriges Produkt" (Rajewsky 2002, 25).

Die im Zentrum stehende Systematisierung intermedialer Bezüge erfolgt anhand der Kontaktnahmen der Literatur zum medialen System des Films in Erzähltexten italienischer Autoren aus den 1980er- und 1990er-Jahren (z. B. Tabucchi, Brizzi, Nove). Die explizite Literaturzentrierung (vgl. Rajewsky 2002, 5 und 182) ermöglicht Prägnanz in einem weiten Feld. Rajewskys Systematik intermedialer Bezüge kann hier nur in ihren wesentlichen Zügen nachverfolgt werden. Grundsätzlich ist die Unterscheidung zwischen Einzelreferenz und Systemreferenz. Die Einzelreferenz betrifft ein spezifisches Medienprodukt, mit dem jedoch stets das ganze fremdmediale System aufgerufen wird. Systemreferenzen teilen sich in Systemerwähnungen und in Systemkontaminationen, die sich wiederum vor allem quantitativ unterscheiden: Erwähnungen sind punktuell, bei Kontaminationen hingegen werden ganze „Präsentations-, Konstruktions- und Kommunikationsprinzipien des Bezugssystems [...] in das literarische Medium verschoben und der Textproduktion unterlegt" (Rajewsky 2002, 133).

Abbildung 1 zeigt die Bereiche der Intermedialität und die Systematik intermedialer Bezüge im Überblick. (Auf die Darstellung zweier weiterer Ebenen unterhalb von Erwähnung vs. Kontamination wurde hier verzichtet.)

Rajewskys Modellierung schafft Abgrenzung nach außen (Intra- und Transmedialität, Intertextualität) und Strukturierung nach innen (intermediale Bezüge, Medienwechsel, Medienkombination). Sie bleibt jedoch im Wesentlichen begrenzt auf intermediale Bezüge (italienischer) Literatur zum Film, die nicht ohne Weiteres auf andere Medien zu übertragen sind. Ebenso wird die inhaltliche Relevanz des formalen Zugriffs nicht immer deutlich, sprich zu welchem ‚Werk' die aufwendige Systematik eigentlich das ‚Zeug' ist. Literaturdidaktische Applikationen hätten neben den ‚Formen' intermedialer Bezüge ihre ‚Funktionen' stärker in den Vordergrund zu rücken (vgl. im Ansatz Rajewsky 2002, 182–183): Was bedeuten diese für die Sinnstruktur des Textes beziehungsweise für die Sinnkonstitution durch den Rezipienten? Ebenso ist einer „intermedial operierenden Welt" (Rajewsky 2002, 183; auch Rajewsky 2019, 65–71) mit einem (schrift-)textanalytischen Modell kaum beizukommen. Es scheint daher sinnvoll, mit Wolf (2014, 38; vgl. auch Wolf 2019, 29–32) das Feld etwas weiter abzustecken (Tab. 1):

Tab. 1: Intermedialität nach Wolf (2014, 38)

Intermedialität			
werkübergreifend erschließbar		werkintern nachweisbar	
Transmedialität (i. S. von Rajewsky)	Intermediale Transposition, Übersetzung inhaltlicher oder formaler Konzepte (Medienwechsel i. S. von Rajewsky)	Intermediale Referenz, Bezug zu anderen Medien: explizit vs. implizit (intermediale Bezüge bei Rajewsky)	Plurimedialität, offensichtliche Einbeziehung von mind. zwei Medien (Medienkombination i. S. von Rajewsky)

Intermedialität und Literaturdidaktik allgemein

Je nach Anlehnung an theoretische Konzeptionen kann Literaturunterricht verschiedene intermediale Richtungen nehmen:
(1) Literaturzentriert lassen sich intermediale Bezüge in Texten verfolgen. Denkbar wären hier filmische Motive und Darstellungsmodi in Franz Kafkas Roman *Der Verschollene* (zuerst 1927 unter dem Titel *Amerika* veröffentlicht) (vgl. Robert 2014, 133–149) oder die expliziten Produktreferenzen auf bestimmte Musik, Computerspiele und Filme sowie die Systemreferenzen qua ‚filmischer Schreibweise' und Roadmovie-Qualitäten in Wolfgang Herrndorfs Roman *Tschick* (2010) (vgl. Maiwald 2016, 11–12).
(2) Wenn Literatur in verschiedenen medialen Formen auftritt, werden Fragen des Medienwechsels beziehungsweise der intermedialen Transposition virulent: Was sind genuine Qualitäten mündlicher, schriftlicher und audiovisueller Literatur? Was geschieht bei der Übersetzung eines Romans in ein Hörbuch, in einen Film, in ein Computerspiel, was bei der Transformation eines Gedichts in einen Videoclip (vgl. Ralf Schmerbergs *Poem* von 2004)?
(3) In der Regel entstehen bei Transpositionen plurimediale Texte (z. B. Hörspiel, Film, Graphic Novel). Intermedial wäre Unterricht also auch, wenn er entsprechende Medienkombinationen in den Blick nimmt, so zum Beispiel *Emil und die Detektive* als Kombination aus Erich Kästners Schrifttext und Walter Triers Illustrationen, Bilderbücher und Comics, visuelle Poesie als Verschmelzung von Gedicht und Bild, Theateraufführungen als Verbindung von Verbal- und Körpersprache, Bühnenraum, Licht und Geräuschen.
(4) Über die Gegenstandsseite hinaus lässt sich Intermedialität als methodische Kategorie denken. Wenn Schüler und Schülerinnen ein Gedicht in PowerPoint bearbeiten oder in einen Videoclip überführen, wenn sie diese Pro-

dukte in eine virtuelle Lernumgebung platzieren und mit anderen darüber zum Beispiel in einem Chat kommunizieren, dann wäre Intermedialität ein Aspekt auch des ‚Textumgangs'.

Im Sinne der genannten vier Richtungen wäre jeder Literaturunterricht intermedial, sobald er die printmediale Grenze (wenn man so will: das Reclam-Heft-Paradigma) überschreitet. Damit aber würde ‚Intermedialität' zu einem diffusen Sammelbegriff für alles Mögliche (und Unmögliche). In der Tat gibt es seit den 1990er-Jahren und anhaltend einen breiten Diskurs über generelle Inhalte, Ziele und Methoden des Sprach- und Literaturunterrichts in der Medienkultur. Dieser umfasst die Erschließung (immer) neuer medialer Gegenstände (z. B. *hyperfiction*, Graphic Novels, Computerspiele), die Erprobung medienbezogener literarischer Praktiken und Zugangsweisen (z. B. Schreiben und Chatten im Netz) und die Modellierung medienübergreifender Kompetenzen (z. B. Narrationskompetenz). Die heterogene Vielfalt dieses Diskurses kann mit der Nennung exemplarischer Titel hier lediglich umrissen werden: *Hören und Sehen. Beiträge zu Medien- und Ästhetischer Erziehung* (Wermke 2001), *Medienintegration und Medienverbund im Deutschunterricht* (Frederking und Josting 2005), *Virtuelle Lernumgebungen im Deutschunterricht* (Möbius und Ulrich 2005), *BildTextZeichen lesen* (Marci-Boehncke und Rath 2006), *Erzählungen in Literatur und Medien und ihre Didaktik* (Leubner und Saupe 2006), *Mediengeschichte, Intermedialität und Literaturdidaktik* (Lecke 2008), *Mediendidaktik Deutsch* (Frederking et al. 2018), *Serialität in Literatur und Medien* (Anders und Staiger 2016), *Literarisches Verstehen mit narrativen Computerspielen* (Boelmann 2015), *Medienvielfalt in der Deutschdidaktik* (Knopf 2015). Ebenso nur erwähnt werden kann an dieser Stelle die breite didaktische Erschließung, die insbesondere der (Spiel-)Film in jüngerer Zeit erfahren hat – für den Deutschunterricht etwa durch Frederking 2006b, Maiwald 2015, Abraham 2016, für den Englischunterricht durch Henseler et al. 2011, Lütge 2012b, Thaler 2014, fächerübergreifend durch Kepser 2010 und Blell et al. 2016.

Diesem Diskurs liegt zugrunde, dass sich Literatur immer weniger in exklusiv schriftsprachlicher Monomedialität und immer mehr in intermedialen Verflechtungen ausformt (vgl. zusammenfassend Staiger 2007, 250–254). Im Folgenden werden zwei Konzeptionen vorgestellt, die sich explizit und eingehend auf das Intermedialitätsparadigma stützen und zugleich dessen literaturdidaktische Bandbreite markieren (vgl. weitergehend auch die Beiträge in dem Band von Maiwald 2019).

Explizit intermediale literaturdidaktische Konzeptionen

– Analyse intermedialer Übergänge und Brüche zwischen den Künsten (Marion Bönnighausen): In einer Reihe von Publikationen hat Marion Bönnighausen (2009 [2004]; 2006; 2008; 2019; zusammenfassend 2013) die Konzeption eines intermedialen Literaturunterrichts ausgearbeitet. Im Zentrum steht die Frage, „wie einzelne Kunstformen vermittels ihrer Trägermedialität ästhetische Wahrnehmung und ästhetisches Kommunizieren gestalten und inszenieren" (Bönnighausen 2006, 192). Relevant werden dabei sowohl ein engerer Begriff von Intermedialität als Kombination distinkter Medien als auch die erweiterte Sicht eines konzeptionellen und historisch bedingten Miteinanders von Medien (vgl. Bönnighausen 2013, 524–529).

Ein ausgeprägt intermedialer Gegenstand ist das postdramatische Gegenwartstheater (vgl. Bönnighausen 2009; Bönnighausen 2008). So ist Elfriede Jelineks *Wolken.Heim* (1988) ein komplexes „Gewebe verschiedener Diskurse und Reden[,] [...] die sich u. a. aus Zitaten Hölderlins und Heideggers speisen" (Bönnighausen 2008, 65–66) und im Sinne einer ‚Poetik der Störung' das dramatische Illusionstheater als solches enttarnen. Intermedial sind weiter der Einbezug von Kameraaufnahmen in die Inszenierung selbst und die synchrone Projektion des leibhaftigen Bühnengeschehens auf einer Leinwand, wodurch die Zuschauerperspektive gedoppelt und visuelle Wahrnehmung „als perspektivische und konstruierende Form der Welterschließung entlarvt" werde (Bönnighausen 2009, 37). Entsprechende Beispiele sind *Werther!* von Philipp Hochmair (R. Nicolas Stemann, 1997) und Igor Bauersimas *norway.today* (2000). Ein weiteres Beispiel für die „reflexive Verknüpfung der Künste" ist Anne Dudens experimenteller Roman *Das Judasschaf* (1985) (vgl. Bönnighausen 2006, 191; Bönnighausen 2008, 58–61).

Intermediale Kompetenz wird erworben, indem Schüler und Schülerinnen „sich mit poetologischen Fragestellungen auseinandersetzen, Wissen über spezifische Medialität der einzelnen Künste erwerben, Erfahrungen mit [deren] Schnittstellen [...] machen oder das Imaginationsvermögen der Künste über eine Schulung ihres Wahrnehmungsvermögens nachvollziehen" (Bönnighausen 2006, 200). Anliegen ist es, Kunst- und Popularformen „mit ihren multimedialen, hybriden Schreibweisen und Montagetechniken, von denen Schülerinnen und Schüler in ihrem Alltag umgeben sind", zu verstehen (Bönnighausen 2013, 530), Automatismen unreflektierter Wahrnehmung zu unterbrechen (vgl. Bönnighausen 2008, 66) und somit einen Beitrag zur ästhetischen Bildung und zur Orientierung auf der Suche nach Authentizität in einer mediatisierten Gesellschaft zu leisten (vgl. Bönnighausen 2009, 46 und 48).

Zu befragen wäre diese auf Intermedialität als literaturdidaktischer Leitkategorie fußende Konzeption auf ihre Reichweite, ihren Anspruch und ihre Operationalisierung:

Intermediale Phänomene wie das postdramatische Diskurstheater oder Romane wie *Das Judasschaf* sind spezielle und gewiss der Sekundarstufe II vorbehaltene Gegenstände. Im Sinne des Prinzips der Exemplarität beziehungsweise Repräsentativität von Lerngegenständen wäre die didaktische Reichweite der intermedialen Beobachtungen „an den Rändern der Künste" (Bönnighausen 2008, 67) näher zu bestimmen. Was geschieht im ‚Zentrum' der Künste beziehungsweise der Kultur (man denke an konventionell illusionsbildende dramatische Formen wie das Boulevardtheater oder den Hollywoodfilm)? Und was tun jüngere Schüler und Schülerinnen in Sachen Intermedialität und/oder jenseits davon?

Für Jüngere führt Bönnighausen den Medienverbund um Yvan Pommaux' Comic über den *Detektiv John Chatterton* (1993) ins Feld (und 2019 das transmediale Erzählen im Bilderbuch). Aber auch hier ist der Anspruch hoch. Es geht „auf allen Schulstufen" um die „intertextuelle Hintergrundfolie" des Märchens, den Comic als „grundsätzlich plurimediales Konstrukt", „die ironische Distanz gegenüber Schrift und Bild", „mediale Grenzen und intermediale Strategien" (Bönnighausen 2008, 56–57). Umgang mit ästhetischen Gegenständen muss nicht immer ‚einfach' und ‚schülerorientiert' sein; hier aber walten enorme Komplexitätsansprüche und meines Erachtens erhebliche Überforderungen. Zu fragen wäre auch, wo und wie Lehrkräfte nur ansatzweise die intermedial-kulturgeschichtliche Expertise erworben haben (können), mit denen Bönnighausens Analysen brillieren.

Drittens ist das Konstrukt intermediale Kompetenz eher schwach operationalisiert und scheint sich direkt, gleichsam abbilddidaktisch aus der schieren Existenz der intermedialen Gegenstände zu ergeben, so aus Rajewskys (2002) Unterscheidung von Medienkombination, Medienwechsel und intermedialen Bezügen und vier Beispielanalysen in dem Beitrag „Intermediale Kompetenz" (Bönnighausen 2008). In (strengerer) Kompetenzorientierung wären allgemeine Fähigkeiten und Fertigkeiten zu bestimmen, die dann an bestimmten Gegenständen auszubilden sind. Die Formulierung solcher (Teil-)Kompetenzen bleibt indes vage. Operatoren wie ‚Auseinandersetzung', ‚erkunden', ‚ausloten' (vgl. Bönnighausen 2008, 56–57 und 66–67) weisen keine greifbaren Kompetenzen aus und geben auch keine Aufschlüsse über konkrete Unterrichtsformen (dass die didaktische Konzeption unterrichtspraktisch erprobt wurde, ist nicht zu ersehen).

– *Intermediale Lektüren (Iris Kruse):* Das Konzept intermedialer Lektüre(n) (IML) in intermedialen Lehr- und Lernarrangements von Iris Kruse setzt empirisch in der Primarstufe an (vgl. Kruse 2010; Kruse 2011; Kruse 2014; Kruse 2019). Es geht davon aus, dass Funktionen des Literarischen heute nicht mehr dominant vom Buchmedium bedient werden, sondern dass „insbesondere Kinder- und Jugendliteratur [zusehends] im Medienverbund existiert und in anderen Medien als dem Buch rezipiert wird" (Kruse 2011, 200).

Ein im Zusammenhang mit Intermedialität häufig genannter Begriff ist der des ‚Medienverbunds'. „Im einfachsten Fall kann Medienverbund die Präsenz eines medialen Angebots in distinkten Medien meinen" (Marci-Boehncke 2013, 504). Ein Medienverbund entsteht, wenn ein „Leitmedium in andere Medien umgesetzt und gleichzeitig oder mit zeitlicher Verschiebung auf den Markt gebracht" wird (Kümmerling-Meibauer 2007, 11–12). Ansätze zu derlei Medienverbünden gab es bereits im 19. Jahrhundert, so wurden die erfolgreichen Kinderbücher *Little Lord Fauntleroy* (1886) und *The Tale of Peter Rabbit* (1902) durch Lizenzen für Spiele, Kleidung oder Geschirr weiterverwertet (vgl. Kümmerling-Meibauer 2007, 15–16). Herausragende Kindermedienverbünde nach 1945 sind *Die Mumins*, *Heidi*, *Pumuckl*, *Biene Maja*, *Super Mario*, *Simpsons* und *Die Wilden Hühner*.

Ein konstituierendes Merkmal von Medienverbünden im engeren Sinn ist die gezielte, kommerziell motivierte Erzeugung und die Ausdehnung auf verschiedenste Konsumgüterbereiche durch lizenziertes Merchandising, was mit dem englischen Begriff *media franchise* gefasst wird (vgl. Pietsch 2016, 172). In diesem Sinne voll entwickelte Medienverbünde ranken sich um *Prinzessin Lillifee* (ab 2004), *Die Wilden (Fußball-)Kerle* (ab 2002) oder *Harry Potter* (ab 1997). Ein wichtiges Prinzip von Medienverbünden ist die Serialität, die in kommerzieller Hinsicht einen fortgesetzten Konsumanreiz und Kundenbindung, in ästhetischer Hinsicht expansive, sich verzweigende Erzählwelten beziehungsweise immersive Unterhaltungsgeflechte schafft (vgl. Dettmar 2016, 115–116). Das Eintauchen und Verweilen in Medienverbünden wird weiter durch verschiedene Formen partizipativen Fanverhaltens angeregt. Dieses besteht neben dem Kauf von Merchandisingartikeln (Schmuck, Shirts, Accessoires) in Downloads, in (Gewinn-)Spielen und Newslettern und natürlich im Teilen in den Social Media (vgl. die *Lillifee*-Website des Coppenrath Verlags mit dem Button ‚Zum Shop').

Maiwald (2010, 139) definiert Medienverbünde daher als „systemisch planvoll erzeugte Aggregate von Medienangeboten zu ein und demselben fiktionalen Stoff, die neben Rezeptions- auch Interaktionsverhalten ermöglichen. Somit formieren Medienverbünde fiktional-ästhetische Erlebnis- und Konsumzonen". Aus Medienverbünden erwachsen pädagogische Erfordernisse wie die Erhellung kommerzieller Hintergründe und die Reflexion parasozialen Fanverhaltens, aber auch literaturdidaktische im Hinblick auf medienspezifisches Erzählen, Phänomene des Medienwechsels und neuartige Erzählgeflechte (vgl. Maiwald 2007; Maiwald 2010).

Ungeachtet der Existenz von Medienverbünden hat sich ein „intermedial und multimodal ausgerichteter Erzählbegriff in der Schule bislang nicht [...] durchsetzen können" (Kruse 2014, 179). Auf diese Diskrepanz antwortet die IML als ein unterrichtliches Setting, „bei dem durch einen Wechsel zwischen Vorlesen des Buchtextes, Vorspielen des Hörspiels und Vorführen des Films die literarische

Geschichte (der intermediale Text)" präsentiert wird (Kruse 2011, 203). Individuelle Zugänge und Übergänge im intermedialen Angebot werden dabei so organisiert, dass Erweiterungen bestehender Wahrnehmungs- und Erfahrungsschemata zustande kommen. Die didaktische Struktur der IML zeigt Abbildung 2:

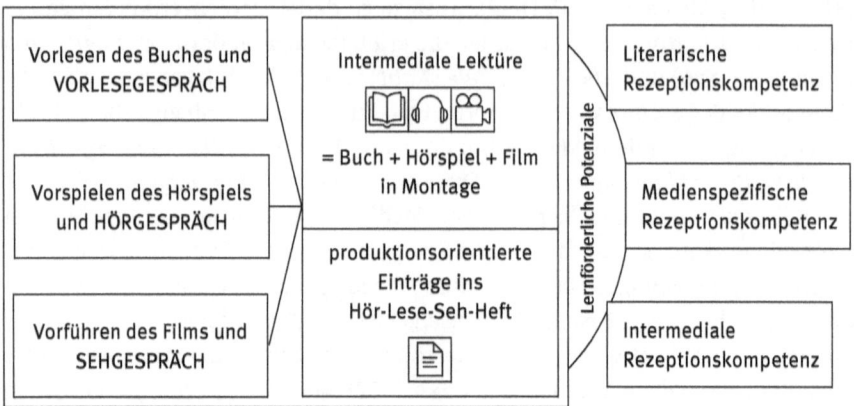

Abb. 2: Struktur intermedialer Lektüre nach Kruse (2011, 206)

Wesentlich ist, dass die Buch-, Hörspiel- und Filmrezeption nicht additiv, sondern integrativ als Folge von Szenen/Kapiteln erfolgt. Diese sind so arrangiert, dass ein kohärenter Gesamttext entsteht, in dem gleichwohl Erfahrungen von Mediendifferenz möglich werden. Im Extremfall sind die medialen Varianten sogar ineinander montiert, wenn beispielsweise Romanpassagen begleitend zu Filmbildern vorgelesen werden (vgl. Kruse 2010, 181). Wesentlich sind darüber hinaus spezifische Anschlusshandlungen, wie rezeptionsbegleitende und -verlangsamende Gespräche, schriftliche Notate in einer Art Lesetagebuch und (in der Abb. noch nicht geführt) „introspektive Verbalprotokolle" (Kruse 2014, 190), bei denen Kinder Assoziationen zu ihren Rezeptionserfahrungen in ein Diktiergerät sprechen.

Die inhaltsanalytische Auswertung der Rezeptionsdokumente gibt erste Aufschlüsse über die „lernförderliche Bedeutsamkeit angeleiteter Medienverbundrezeption" (Kruse 2014, 195) in drei Kompetenzbereichen: (1) literarische Rezeptionskompetenz als medienübergreifende Fähigkeiten der Erschließung und Deutung des narrativen Situationsmodells, (2) medienspezifische Rezeptionskompetenz für genuine darstellungsästhetische Mittel der einzelnen Medien, (3) intermediale Rezeptionskompetenz in der vergleichenden Zusammenschau der verschiedenen Medien (vgl. Kruse 2011, 204–205).

Grenzen, Offenes und weitere Forschungsperspektiven spricht Kruse selbst an: Zu fragen wäre, ob und inwieweit das Zusammenwirken von Schrift, Bild und Ton das Leseverstehen fördert und ob beziehungsweise inwieweit es literarische Kompetenzen wie Vorstellungsbildung, Perspektivenübernahme, symbolisches Verstehen oder Fiktionalitätsbewusstsein erweitert. Zu fragen wäre weiter – theoretisch wie empirisch – nach der didaktischen Reichweite der intermedialen Lektüre, die bislang auf die Primarstufe beschränkt ist. Erschließungen für ältere Lerner gibt es zu Cornelia Funkes *Der Herr der Diebe* (Schilcher 2007), zum *Erlkönig*-Stoff (Maiwald 2009) oder zu Dürrenmatts *Das Versprechen* und den Filmen *Es geschah am hellichten Tag* und *The Pledge* (Kammerer 2014), um drei herauszugreifen. Dahinter verbergen sich im Einzelnen sehr unterschiedliche Ansinnen; ebenso kann der Terminus ‚intermediale Lektüre' ganz Verschiedenes meinen: Lösener (2009) versteht darunter ein hörendes und inszenierendes Lesen von Dramentexten, Wicke (2011) eine grafische, akustische und werkanalytische (Mit-)Lektüre der Musik- beziehungsweise Noteneinschübe in Arthur Schnitzlers Novelle *Fräulein Else*. Auch hier zeigen sich die Weite und Ambivalenz des Intermedialitätsbegriffes, der literaturdidaktische Perspektiven öffnen, aber auch in die Beliebigkeit führen kann. Kruse schafft einen konzeptionellen Bezugsrahmen und trägt in der Tat dazu bei, „Intermedialität vom kulturwissenschaftlichen Modewort zum literaturdidaktischen Praxisbegriff" zu adaptieren (Kruse 2011, 208).

Weitergehende didaktische Konzeptionen

Betrachten wir abschließend mit dem symmedialen Deutschunterricht und mit der Medienkonvergenz zwei über das Intermedialitätsparadigma hinausgehende Konzeptionen:

– *Symmedialer Deutschunterricht (Volker Frederking)*: Wie die Intermedialitätsdidaktik von Bönnighausen nimmt auch Volker Frederking (z. B. 2005; 2006; zusammenfassend 2013; 2014; 2019, 153–160) ein Miteinander von Medien als basale Gegebenheit ästhetischen Lernens an, geht jedoch deutlich darüber hinaus. Symmedialität meint „das komplexe und als emergent verstandene Zusammenspiel von Medien bzw. medialen Formen – analogen und digitalen", also literalen, piktoralen, auditiven, audiovisuellen oder hypermedialen „Texturen" (Frederking 2014, 4). Realisiert wird dieses Zusammenspiel vor allem im „Computer als Symmedium, weil er alle medialen Formen in sich vereint" und somit „Synästhetik [...] als Aktivierung verschiedener Wahrnehmungskanäle im Prozess der Rezeption resp. der Produktion" erzeugt (Frederking 2014, 6 bzw. 14).

Die Erweiterung des Intermedialitätsansatzes liegt zum einen in einer mediengeschichtlichen Perspektivierung, die in der Symmedialität gegenwärtiger digitaler Medien eine Überwindung der seit der Verbreitung des Buchdrucks im 15. Jahrhundert herrschenden monomedialen Printkultur und eine Wiederbelebung symmedialer Lese- und Schreibpraktiken in Antike und Mittelalter sieht (z. B. multimediale Handschriften oder lautes Lesen).

Aus dieser mediengeschichtlichen und -theoretischen Herleitung erwächst die Forderung nach einer symmedialen Ausrichtung des Deutschunterrichts, für die drei Aspekte wesentlich sind: (1) Erweiterung des sprachlich-literarischen Gegenstandsfeldes auf mediale Varianten eines literarischen Stoffes (vgl. Frederking 2013c, 552–560; Frederking et al. 2018, 329–335) und auf neue Formen literarischer Erfahrung wie visuelle Poesie, *hyperfiction*, narrative Computerspiele (vgl. Kepser 2013); (2) technische Arbeitsumgebungen (z. B. PowerPoint, CD-ROM-Literatur des 20. Jahrhunderts, Symboard), in denen Texte und Filme individualisiert und synästhetisch präsentiert und erschlossen werden können (vgl. Bekes und Frederking 2010; Frederking 2006a 217–225; Frederking 2013c, 559–560; Frederking 2014, 34); (3) Reflexivität (vgl. Frederking 2013c, 547) im Sinne eines „Medialitätsbewusstseins" (Groeben 2002a, 166), das sich nicht nur auf neue, sondern auch auf alte Medien wie Stimme, Schrift und Buchliteratur bezieht (vgl. Frederking 2013c, 544).

Im „Aufeinanderbezogensein ‚alter' wie ‚neuer' Medien im Unterrichtsprozess" (Frederking 2005, 192) lässt sich sehr wohl ein didaktischer Mehrwert vermuten. Die Frage, ob und inwieweit Sprachfächer ‚Medienfächer' werden sollen (vgl. Krejci 2002), wird aufgehoben, weil symmedial gesehen auch Sprache und Schrift Medien sind. Für die Erfassung des medienkulturellen Wandels scheint das Symmedialitätstheorem zudem griffiger als die Beschreibung intermedialer Phänomene zwischen den Künsten.

Angesichts der Rasanz und Intensität der medialen Entwicklung stellt sich jedoch die Frage, wie Literaturunterricht die fortwährende symmediale Fülle bewältigen kann. Auch hat sich ‚der Computer' von ehedem in vielfältige Erscheinungsformen wie Tablets, Smartphones, Smartwatches und Datenbrillen verflüssigt (vgl. Marci-Boehncke 2013, 506). Des Weiteren wäre zu fragen, ob Schule nicht (auch) ein Ort zu sein hätte, an dem alternative Medienerfahrungen zur Geltung kommen: das stille Lesen und Sprechen über ein Buch, der Besuch einer Theatervorstellung, das Vortragen eines Gedichts. Ein symmediales Gesamtkonzept hätte mehr zu erbringen als bloß „einen interessanten, weil abwechslungsreichen und zeitgemäßen Umgang mit literarischen Texten" (Frederking 2013c, 560). Es wäre zu (er-)klären, mit welchen symmedialen Gegenständen und Phänomenen welche Kompetenzen verknüpft sind, und es wären Lernerträge empirisch zu belegen.

– *Medienkonvergenz:* Noch weiter als das Symmedialitätskonzept greift der Begriff der Medienkonvergenz aus. Medienkonvergenz bezeichnet zunächst sehr allgemein „die Überführung von mindestens zwei distinkten Medien in ein neues Medium" (Marci-Boehncke 2013, 506). Denken lässt sich hier an die Verschmelzung von Telefonie, Schreibgerät und Internet im Smartphone, aber auch an Konzentrationsbewegungen auf der ökonomisch-systemischen Ebene (nach Schmidt, s. o.), wenn zum Beispiel Amazon stationäre Buchläden eröffnet, Facebook den Dienst WhatsApp aufkauft oder sich das Medium Fernsehen zusehends im Internet platziert (vgl. Barsch 2011, 39–40). Henry Jenkins' *Convergence Culture* (2006) (s. o.) beschreibt darüber hinaus ein ‚migratorisches', interaktives Medienhandeln, welches alle erdenklichen Angebote nutzt und auch zusehends die Differenz zwischen rezeptiver Nutzung und produktiver Gestaltung storniert (*produser*).

Medienkonvergenzphänomene legen es nahe, den Ausgangspunkt literaturdidaktischen Handelns nicht mehr in einzelnen Texten beziehungsweise Medienangeboten als vielmehr in medialen Praktiken zu suchen. Die Frage, in welcher Art und Weise Kinder und Jugendliche in und mit Medien ihre Unterhaltungsbedürfnisse bedienen, wichtige biografische Themen (vgl. Möbius 2014, 219–220) bearbeiten, Identität(en) inszenieren und konstruieren, ist eine gänzlich andere als die nach intermedialen Bezügen in einem Roman und deren Auswirkung auf dessen Sinnmodell. Mit dem Medienkonvergenzbegriff sind die äußeren Grenzen des Themas Intermedialität und Literatur(unterricht) erreicht – und überschritten.

4 Forschungsdesiderate

Forschungsdesiderate wurden in der Darstellung der Konzeptionen bereits angerissen. Sie werden hier noch einmal gebündelt und zugespitzt. Auf der ‚sachanalytischen' Ebene von Belang scheinen vor allem drei Fragen:
(1) Wie funktionieren intermediale Bezugnahmen zwischen unterschiedlichen Medien und über die literaturbezogene Intermedialität hinaus (z. B. wenn ein Film das kontaktnehmende Medium ist)?
(2) Welche Funktionen können intermediale Bezüge für die Sinnstruktur des Textes und für das Sinnmodell des Rezipienten haben (z. B. Verfremdung und Illusionsbrechung) (vgl. Wolf 2014, 40)?
(3) Wie verändern sich Strukturen und Erfahrungen des Literarischen im Kontext neuester Medien (z. B. Ludisches im Computerspiel, Virtual Reality, Medienverbund, *produsage*) (vgl. Müller 2014)?

Die Bildungsstandards für das Fach Deutsch sehen vor, sich „mit Texten unterschiedlicher medialer Form und Theaterinszenierungen auseinander[zu]setzen" (KMK 2012b). Die Begriffe ‚intermedial' und ‚Intermedialität' kommen aber weder dort noch in den Standards für die fortgeführte Fremdsprache (Englisch/Französisch) für die Allgemeine Hochschulreife vor (vgl. KMK 2012a). Nicht zuletzt aus dieser Leerstelle erwachsen didaktische Begründungs- und Forschungsfragen:
(1) In welchen Formen und mit welchen Reichweiten ist das Intermedialitätsparadigma literaturdidaktisch anwendbar?
(2) (Wie) können intermediale Kompetenz und Teilkompetenzen theoretisch modelliert werden?
(3) (Wie) kann der Kompetenzerwerb in didaktische Lehr-Lernarrangements überführt und empirisch belegt werden?
(4) Und schließlich: Wird insbesondere mit einem weiten Intermedialitätsbegriff der Terminus Literaturdidaktik (endgültig) obsolet und wäre er durch eine weiter gehende *Medienkulturdidaktik* (Staiger 2007) zu ergänzen oder zu ersetzen?

Weiterführende Literatur

Bönnighausen, Marion (2013). „Intermedialer Literaturunterricht". *Taschenbuch des Deutschunterrichts*. Band 2: *Literatur- und Mediendidaktik*. Hrsg. von Volker Frederking, Axel Krommer und Christel Meier. Baltmannsweiler: 523–534.
Kruse, Iris (2014). „Intermediale Lektüre(n). Ein Konzept für Zu- und Übergänge in intermedialen Lehr- und Lernarrangements". *Kinder- und Jugendliteratur in Medienkontexten. Adaption – Hybridisierung – Intermedialität – Konvergenz*. Hrsg. von Gina Weinkauff, Ute Dettmar, Thomas Möbius und Ingrid Tomkowiak. Frankfurt a. M.: 179–198.
Maiwald, Klaus (2019). „Intermedialität – zur Einführung in das Thema". *Intermedialität. Formen – Diskurse – Didaktik*. Hrsg. von Klaus Maiwald. Baltmannsweiler: 1–22.
Rajewsky, Irina O. (2002). *Intermedialität*. Tübingen/Basel.
Robert, Jörg (2014). *Einführung in die Intermedialität*. Darmstadt.
Wolf, Werner ([4]2008). „Intermedialität". *Metzler Lexikon Literatur- und Kulturtheorie*. Hrsg. von Ansgar Nünning. Stuttgart: 327–328.

Manfred Schewe
IV.3 Drama- und Theaterpädagogik als Wegbereiter einer performativen Literaturdidaktik

1 Klassische Einstimmung ins Thema

‚Bretter, die die Welt bedeuten', ist eine Redewendung, die uns recht vertraut ist. Gemeint ist hier natürlich das Theater, auf dem Aspekte der Welt, in der wir leben (oder leben könnten), von Schauspielenden vorgeführt und – idealerweise – von Zuschauenden kritisch reflektiert werden. Vermutlich ist aber die Quelle, auf die dieses geflügelte Wort zurückgeht, vielen nicht geläufig. Es handelt sich um das Gedicht *An die Freunde* von Friedrich Schiller aus dem Jahr 1879. In der letzten Strophe vermittelt der Dichter, dass das Theater unseren Blick auf die Welt enorm erweitern kann, indem es Zugang zu dem verschafft, was Menschen anderswo und in anderen Zeiten erfahren haben. So wird uns die ewige Wiederkehr des Gleichen bewusst gemacht, aber auch der Blick auf ‚das Große *aller* Zeiten' gelenkt – sprich auf das, was die Menschheit beziehungsweise auch die Menschlichkeit im Laufe der Geschichte weiter vorangebracht und vorangetrieben hat.

Bemerkenswert ist auch die Wichtigkeit, die der idealistische Dichter im Gedicht (*Ewig jung ist nur die Phantasie* ...) der Fantasietätigkeit beimisst, denn durch diese lassen sich mit einfachsten Mitteln – auf lediglich ein paar Brettern –, die engen Grenzen der Alltagserfahrung imaginativ überwinden. Der Raum der Fiktion ist grenzenlos und in ihm lässt sich als Gegenentwurf zur empfundenen Lebensenge eine alternative Welt erschaffen.

Johann Wolfgang von Goethe erzählt in einem anderen großen Klassiker, nämlich seinem im Jahre 1795/1796 erschienenen Bildungsroman *Wilhelm Meisters Lehrjahre*, die Geschichte einer Theaterleidenschaft. Er beschreibt die starke Wirkung, die Theater auf die Persönlichkeitsentwicklung des jungen Wilhelm ausübt. Dazu gehört etwa ein bewussterer Umgang mit seinem Körper, die Überwindung seiner Scheu und damit von Auftrittsängsten, eine größere Gewandtheit im sozialen Umgang, eine stärkere Wendigkeit in öffentlichen Kontexten und nicht zuletzt die Erweiterung seiner sprachbezogenen Kompetenzen. An dieser Stelle sei aus dem Brief zitiert, den der theaterfaszinierte Wilhelm an seinen Schwager schreibt: „Ich habe, seit ich dich verlassen, durch Leibesübung viel gewonnen; ich habe viel von meiner gewöhnlichen Verlegenheit abgelegt und stelle mich so ziemlich dar. Ebenso habe ich meine Sprache und Stimme ausgebildet, und ich darf ohne Eitelkeit sagen, daß ich in Gesellschaften nicht mißfalle" (Goethe

1988, 304). Für Wilhelm Meister wird das Theater ein für seine Selbstfindung und Persönlichkeitsbildung enorm wichtiger Erfahrungsraum. Dass in der Literatur- und Fremdsprachendidaktik zunehmend solche theaterästhetischen Erfahrungsräume entstehen, ist das Verdienst von Disziplinen, die sich mit der produktiven Spannung zwischen Theater und Pädagogik kritisch auseinandersetzen.

2 Drama- und Theaterpädagogik in der Fremdsprachendidaktik

In der Fremd- und Zweitsprachendidaktik, so Vaßen (2016, 94), habe sich in den deutschsprachigen Ländern anstelle des Begriffes ‚Theaterpädagogik' derjenige der ‚Dramapädagogik', der als Entsprechung zu *Drama in Education* zu verstehen ist. Damit ist in England beziehungsweise auch in anderen angelsächsischen oder von England beeinflussten Ländern eine erziehungswissenschaftliche Teildisziplin, ein Schulfach oder auch eine Vermittlungsmethode bezeichnet wird. Laut Vaßen (2016, 94) klinge das Kompositum ‚Dramapädagogik' für „deutsche Ohren" einerseits zwar eher fremd, da man das Wort ‚Drama' gewöhnlich mit einer der drei Gattungen (Drama, Prosa, Lyrik) assoziiere beziehungsweise mit einem schriftlich fixierten Text verbinde; andererseits verweise es etymologisch auf das semantische Feld ‚Handlung' und eigne sich vielleicht daher sogar besser zur Beschreibung einer aktiven, handlungsorientierten Pädagogik.

Die Entwicklungsgeschichte der Theaterpädagogik kann hier nur gestreift werden. Vaßen zufolge hat sie sich in den späten 1960er und frühen 1970er Jahren herausgebildet, als sich das Theater zunehmend politisierte „und sich für und in die verschiedensten gesellschaftlichen Bereiche öffnete und einmischte" (Vaßen 2016, 88). Zwar sei die Theaterpädagogik, so Hentschel, „immer noch ein kleines Fach und eine relativ junge universitäre Disziplin" (Hentschel 2010, 9), habe aber in den vergangenen zwei Jahrzehnten an Bedeutung gewonnen und sich in künstlerischen und kunstvermittelnden Praxisfeldern weitgehend etabliert. Koch und Streisand (2003, 6) geben einen „Überblick über die Vielfalt theaterpädagogischer Ansätze, Methoden, Verfahrensweisen, deren theoretische Ausformulierungen und Geschichte(n)".

Inwiefern sich diese Ansätze, Methoden und Verfahrensweisen von denen der Dramapädagogik unterscheiden, ist bislang nicht genauer untersucht worden, eine komparative beziehungsweise interkulturelle ‚Performative Pädagogik' bleibt dementsprechend ein Desiderat. Vaßen stellt allerdings fest, dass die Grenzen zwischen Theater- und Dramapädagogik fließend geworden seien und „die Durchlässigkeit [...] in dem Maße zugenommen [habe], in dem mit unterschiedlicher Schwerpunktsetzung in immer mehr Bereichen *performativ* gearbeitet [werde]" (Vaßen 2016, 96).

Die Anfänge von *Drama in Education* (DiE) reichen zurück bis zur Jahrhundertwende, in die Zeit der britischen *New-Education*-Bewegung, deren Leitvorstellungen mit denen der reformpädagogischen Bewegung in Deutschland vergleichbar sind (vgl. zu verschiedenen Entwicklungsphasen, zur Theorie und Praxis von DiE zum Beispiel Schewe 1993, 79–120; Coggin 1956). DiE wirkt seit den 1970er Jahren zunehmend stärker in die Fremdsprachendidaktik hinein. In den 1990er Jahren entwickelt sich Dramapädagogik im Fremdsprachenunterricht langsam zu einem eigenständigen Praxis- und Forschungsfeld. In Schewes Veröffentlichung *Fremdsprache inszenieren* (1993) wird die Theaterkunst, im Zusammenspiel mit anderen performativen Künsten wie zum Beispiel *Performance Art*, *Storytelling*, Tanz und Oper, zur Inspirationsquelle für das fremdsprachenpädagogische Handeln. Es wird hierbei für eine stärkere künstlerische Orientierung in der Fremdsprachendidaktik plädiert und von der Prämisse ausgegangen, dass fremdsprachlicher Unterricht grundsätzlich für alle Zielgruppen, auf allen Sprachlernstufen und in allen Teilbereichen (Sprache, Literatur und Kultur) dramapädagogisch gestaltet werden kann. Im Anschluss hieran entstehen in den folgenden Jahren einander ergänzende, weitere theoretische Fundierungen eines dramapädagogisch ausgerichteten Fremdsprachenunterrichts, so etwa Evens (2003) Konzept einer dramapädagogischen Grammatikvermittlung, Hubers Entwurf eines literaturbezogenen „aisthetisch-ästhetisch orientierten Fremdsprachenunterrichts" (Huber 2003, 3) und Kesslers (2008) Überlegungen zur dramapädagogischen Gestaltung eines interkulturell orientierten Fremdsprachenunterrichts.

Die zunehmend lebendige Fachdiskussion führt 2007 zur Gründung der Fachzeitschrift *Scenario* an der Universität Cork in Irland; sie ist Teil des *Scenario Projects* (http://scenario.ucc.ie), das inzwischen auch eine *Scenario-Correspondents*-Initiative umfasst. Diese zielt auf eine weltweite Bestandsaufnahme von (kulturspezifischen) performativen Ansätzen, beispielsweise unter Bezeichnungen wie DiE, Theaterpädagogik, *Creative Drama* und *Jeux Dramatiques*. All diesen kulturspezifischen Ausformungen ist eine enge Orientierung an den performativen Künsten, speziell der Kunstform Theater, gemein. Aus diesem Grunde wurde in Evens und Schewes (2016) Veröffentlichung *Performatives Lehren, Lernen, Forschen. Performative teaching, learning, research* angeregt, fortan ‚performativ' als (internationalen) Oberbegriff zu verwenden, um eine innovative pädagogische Praxis zu kennzeichnen, die aus der Begegnung mit den performativen Künsten entsteht. Im genannten Sammelband setzt sich Fleming (2016, 27–46) kritisch mit dem Konzept ‚Performatives Lehren und Lernen' auseinander, wobei er besonders Verbindungen zu theoretischen Perspektiven in verschiedenen Bezugsfeldern beleuchtet.

3 Performativ lehren und lernen

Die performative Orientierung in der (Fremdsprachen-)Pädagogik ist theoretisch in einem größeren Kontext zu verorten. Wer heute vom Performativen spricht, so argumentieren beispielsweise Wulf und Zirfas (2007, 10), befinde sich in einem sozialwissenschaftlichen Strömungsfeld, in dem die sprachwissenschaftlichen Begriffe ‚performativ' und ‚Performanz', der kunst- und theaterwissenschaftliche Begriff ‚Performance' und der zunächst in der Genderforschung verwendete Terminus ‚Performativität' zusammengeführt werden. Diese Begriffe hätten gemeinsam, dass sie sich weniger auf Tiefer- beziehungsweise Dahinterliegendes als auf das phänomenale Geschehen, weniger auf die Struktur und die Funktionen als auf den Prozess, weniger auf Text oder Symbol als auf die Herstellung von Wirklichkeit bezögen.

Weitere theoretische Perspektiven finden sich etwa bei Bachmann-Medick (2010), die im Rahmen ihrer Untersuchung *Cultural Turns. Neuorientierungen in den Kulturwissenschaften* ein Unterkapitel dem *performative turn* widmet. Sie stellt anfangs fest: „Der *performative turn* lenkt die Aufmerksamkeit auf die Ausdrucksdimension von Handlungen und Handlungsereignissen" (Bachmann-Medick 2010, 104), auf „Sprache als Handlung und Kultur als Inszenierung" (Bachmann-Medick 2010, 109). Danach handele es sich bei „Performanz, Performance und Performativität" um neue kulturwissenschaftliche Grundbegriffe, mittels derer genauer gefragt werden könne: „Wie kann man mit Sprache Handlungen auslösen, wie wird Wirklichkeit produziert und in Szene gesetzt? [...] Die ‚bedeutungsprägende[...] Kraft menschlicher Handlungsweisen' rückt neu in den Blick" (Bachmann-Medick 2010, 109–110). Angewendet auf pädagogische Kontexte bedeutet dies, dass das (kreative) Tun von Lernenden und Lehrenden beziehungsweise der „Zusammenhang von körperlichem und sprachlichem Handeln, Macht und Kreativität" (Wulf und Zirfas 2007, 10) zum Zentrum des Unterrichtsgeschehens wird.

Mit Bachmann-Medick hat die Theaterwissenschaft in der Diskussion um den *performative turn* eine führende Rolle übernommen. Inwiefern sie speziell auch der Fremdsprachenpädagogik neue Impulse geben kann und als wichtige neue Bezugswissenschaft für die Fremdsprachendidaktik betrachtet werden sollte, hat Schewe (2011, 23–30) skizziert. Bezugspunkt ist dabei Fischer-Lichtes Veröffentlichung *Ästhetik des Performativen* (2004); anhand von Beispielen erläutert sie, wie die Elemente einer solchen Ästhetik, zum Beispiel Körper, Stimme, Präsenz/Kopräsenz, Raum, Rhythmus, Emergenz auf das Lehren und Lernen von Fremdsprachen bezogen werden können. In Anknüpfung an den Begriff ‚Ereignis', an einen Kernbegriff in Fischer-Lichtes Konzept, wird die Frage aufgeworfen, inwiefern Fremdsprachenunterricht so gestaltet werden kann, dass er ‚ereignishaft' wird und Faktoren wie Körperlichkeit, Lautlichkeit, Atmosphäre, Zirkulation von Energie, Erzeugung von Bedeutung stark akzentuiert (Fischer-Lichte 2004, 28).

Hierauf gilt es in der Lehrerausbildung und -fortbildung nach Antworten zu suchen, denn Unterricht ist performativ. Die Art und Weise der Vermittlung, aber auch des Lernens darf deshalb neben dem inhaltlichen Aspekt nicht vernachlässigt werden, das heißt, die Performativität von Lehr-Lernsituationen ist von zentraler Bedeutung für die Schule (Vaßen 2016, 90).

Mit dem Terminus ‚performativ' sind, bezogen auf pädagogische Kontexte, unter anderem folgende Akzentsetzungen verbunden:
- leibhaftige Erfahrung: die Ausführung von Handlungen beziehungsweise die Förderung von kreativem Tun im Sinne eines Lehrens und Lernens mit „Kopf, Herz, Hand und Fuß" (Schewe 1993, 8);
- künstlerische Orientierung: die performativen Künste als Inspirationsquelle (z. B. Lehren und Lernen als Ereignis; Lehrende und Lernende als Regisseure, Akteure, Zuschauende, Autoren; die Idee einer Lehr-/Lerngemeinschaft: Ensemble);
- Betonung von ästhetischer Erfahrung im Lehren und Lernen durch die bewusste Nutzung des großen Formenrepertoires der Künste;
- formative, das heißt persönlichkeitsbildende Lehr- und Lernprozesse;
- kritische Auseinandersetzung mit dem Leben in modernen ‚Inszenierungsgesellschaften' (die Notwendigkeit ‚performativer Alphabetisierung').

Zunehmend untermauern neurowissenschaftliche Erkenntnisse die Effektivität eines performativ gestalteten Fremdsprachenunterrichts. Sambanis (2013; 2016) hat verschiedene Untersuchungen ausgewertet und anhand konkreter Beispiele die Wirksamkeit eines bewegungs- und körperbezogenen Lernens, so etwa in Bezug auf die Behaltensleistung, belegt. In der Literatur wird beispielsweise insbesondere die durch den Einsatz dramapädagogischer Methoden bewirkte Stärkung der affektiven Dimension des Lehrens und Lernens betont (vgl. Crutchfield und Sambanis 2017, die sich auf eine Forschungsarbeit von Schuh 2014 beziehen).

Im Folgenden soll beleuchtet werden, inwiefern sich die Literaturdidaktik bereits auf einem performativen Wege befindet und was unter einer sich derzeit langsam herausbildenden ‚performativen Literaturdidaktik' zu verstehen ist.

4 Literaturdidaktik auf performativem Wege

Obwohl die Literaturdidaktik eine Teildisziplin der Fremdsprachendidaktik darstellt, spielt sie in dem jüngst erschienenen *Handbuch Fremdsprachenunterricht* (Burwitz-Meltzer et al. 2016) lediglich eine marginale Rolle. Im einleitenden Überblicksartikel skizzieren die Herausgeber, dass gegen Ende des 19. und zu Beginn des 20. Jahrhunderts besonders die Phonetik ins Zentrum rückte, in der ersten Hälfte des neuen Jahrhunderts dann eine Schwerpunktverlagerung hin zu den Literatur- und Kulturwissenschaften erfolgte. Anschließend wandte man sich der strukturellen Linguistik, der Psycholinguistik, der Sozio- und der Pragmalinguistik zu (Burwitz-Meltzer et al. 2016, 3).

Betrachtet man die Gliederung dieses Handbuchs genauer, scheint die Literatur(didaktik) derzeit nicht auf der Vorderbühne der Fremdsprachendidaktik zu agieren. Unter den 144 Handbuchbeiträgen findet sich lediglich einer, in dessen Titel ‚Literatur' explizit genannt wird. Hallet (2016, 39–43) deckt auf den wenigen Seiten allerdings den breiten Bereich Texte, Medien, Literatur und Kultur ab. Literarische Texte stellen für ihn „authentische kulturelle Äußerungen" dar, die schon allein deshalb ihren Platz im Fremdsprachenunterricht haben sollten. In dem von Hallet und Königs (2010) herausgegebenen *Handbuch Fremdsprachendidaktik* wird der Literatur- und Kulturdidaktik immerhin ein ganzes Kapitel eingeräumt. In ihrem Beitrag mit dem Titel *Literaturdidaktik* betont Carola Surkamp, dass seit Bestehen des Gemeinsamen Referenzrahmens für Sprachen und der nationalen Bildungsstandards die Literatur „erneut Gefahr [laufe], marginalisiert zu werden" (Surkamp 2010, 138). Die Autorin sieht allerdings ermutigende Entwicklungen in der Disziplin Literaturdidaktik, die nunmehr im Plural gedacht werden müsse, denn aufgrund von zahlreichen Paradigmenwechseln innerhalb der Literatur- und Kulturwissenschaften – allen voran der *cognitive turn*, der *cultural turn* und der *pictorial turn* – hat sich eine Vielzahl nebeneinander existierender Ansätze herausgebildet, die neue Begriffe von Kultur, Text und Subjekt für die Literaturdidaktik fruchtbar machen (Surkamp 2010, 138).

Hier wird der *performative turn* noch nicht erwähnt, allerdings ist dieser einige Jahre später der theoretische Bezugsrahmen für das von Hallet und Surkamp (2015) herausgegebene Handbuch *Dramendidaktik und Dramapädagogik im Fremdsprachenunterricht*. Darin ist Kapitel I den „Grundlagen einer performativen Fremdsprachendidaktik" gewidmet, Kapitel IV expliziert die „Dramendidaktik und Dramapädagogik im Literaturunterricht". Performative Ansätze haben sich inzwischen also nicht nur in der Fremdsprachendidaktik allgemein, sondern auch speziell in der Literaturdidaktik etabliert. Ergänzend zu dieser knappen Darstellung zum Stellenwert der Literatur in der Fremdsprachendidaktik sei auf weitere Perspektiven in diesem Sammelband verwiesen.

5 Performative Ansätze

Wichtige Impulse gehen dabei nach wie vor von der Erstsprachendidaktik aus (Scheller 2004; Krammer 2017; Abraham und Brendel 2018), in der schon lange und in Abgrenzung von rationalen, textanalytischen Verfahren von einem „handlungs- und erfahrungsbezogenen" (Scheller 2004) beziehungsweise „produktions- und handlungsorientiertem Literaturunterricht" gesprochen wird (vgl. in Bezug auf den britisch-dramapädagogischen Kontext z. B. Byron 1986). Was man sich unter einem solchen Unterricht vorzustellen hat, wird zum Beispiel ausführlich von Paefgen (2006) dargestellt, wobei sie einleitend festhält: „Gemeint ist [...], daß die Schüler im Literaturunterricht – im weitesten Sinne – ‚ästhetisch-künstlerisch' tätig werden; Fingerhut spricht von ‚nicht-wissenschaftlichen Formen des Umgangs mit Literatur' [...]" (Paefgen 2006, 137–139). Wenn hier ein Bezug zu ‚nichtwissenschaftlichen' Formen hergestellt wird, so ist damit wohl der Bereich der Künste (Theater, Musik, Tanz etc.) gemeint, in dem ästhetischer Erfahrung ein zentraler Stellenwert zukommt. Dass die Künste das Lehren und Lernen auf vielfältige Weise bereichern können, wird zwar immer wieder konstatiert, aber nur langsam wächst die Einsicht, dass Fremdsprachendidaktik nicht nur als wissenschaftliche, sondern ebenso als eine künstlerische Disziplin zu begreifen ist. Ein solches Selbstverständnis wäre eine beträchtliche disziplinäre Horizonterweiterung, denn man würde aus dem enorm fruchtbaren Potenzial der Künste stärker schöpfen und anerkennen, dass ästhetische Praxis wertvolle zusätzliche Erkenntniswege bahnt: „The aesthetic denotes a mode of response inherent in human life which operates through the senses and the feelings and constitutes a form of intelligence comparable to, though different from, other forms of intelligence, such as the mode of logical deduction" (Abbs 1989, 4). In diesem Kontext sei darauf hingewiesen, dass nicht nur in der Drama- und Theaterpädagogik, sondern auch in der Waldorfpädagogik schon lange für einen künstlerisch gestalteten Umgang mit der (fremden) Sprache plädiert wird (vgl. Kiersch et al. 2016; Lutzker 2007).

Performative Ansätze werden inzwischen in allen Teilbereichen des Fremdsprachenunterrichts (Sprache, Literatur, Kultur) eingesetzt. Aus welchen Gründen und mit welcher Zielsetzung der Einsatz performativer Ansätze im Teilbereich Literatur erfolgt beziehungsweise verbunden ist, hängt vom jeweiligen Kontext ab (vgl. dazu diverse Exempel in der genannten Fachzeitschrift *Scenario*). Als jüngeres Beispiel aus dem hochschulischen Kontext diene hier die Tagung „Poesía española en la interfaz de la estética y el arte performativo" („Spanische Poesie an der Schnittstelle von Ästhetik und performativer Kunst"), ausgerichtet von der romanistischen Abteilung der Universität Paderborn (22. bis 23. Juni 2017). Im *Call for Papers* wird betont, dass neue Strategien der Literaturvermittlung notwendig seien, damit „Literatur wieder als Quelle kultureller Besonderheiten wahrgenommen werden kann". In Bezug auf performative Ansätze bietet sich generell eine Unterscheidung zwischen ‚Kleinformen' und ‚Großformen' an (vgl. dazu Schewe 2015, 27–30). Bei Ersteren handelt es sich um Aktivitäten, die im Rahmen einer Unterrichtsstunde beziehungsweise -einheit realisierbar sind, während Letztere den Rahmen des alltäglichen Unterrichts sprengen.

6 Performative Großformen

Es hängt von den jeweiligen zeitlichen, räumlichen und personellen Rahmenbedingungen ab, inwieweit größer angelegte Theaterprojekte realisiert werden können. In welcher Form dies beispielsweise geschehen kann, sei im Folgenden kurz skizziert.

Inszenierung eines Theaterstücks

Bereits in früheren Jahrhunderten war es üblich, in der Schule Theaterstücke aufzuführen, um beispielsweise die lateinische Sprachkompetenz zu fördern und landeskundliches Wissen zu vermitteln (Schewe 2015, 22). Nach wie vor gibt es heute in Schule und Hochschule ein großes Interesse am Inszenieren von Stücken in einer Fremdsprache. Üblicherweise wird nach bestimmten Kriterien gemeinsam mit den Schülern beziehungsweise Studierenden ein Stück ausgewählt und im Laufe eines mehrere Wochen oder Monate dauernden Probenprozesses eingeübt. Dies verlangt von allen Beteiligten eine hohe (Eigen-)Motivation und enormen Einsatz, daher ist eine solch produktorientierte Großform oftmals nur extracurricular zu realisieren. Inwieweit Lernende im Laufe der Probenarbeit und Aufführungen in fachlicher und persönlicher Hinsicht wertvolle Erfahrungen sammeln, ist bereits mehrfach dokumentiert worden (z. B. Bourke 1993; Marini-Maio und Ryan-Scheutz 2010). Die Lernenden setzen sich intensiv mit dem literarischen Text auseinander, gerade wenn es darum geht, eine Strichfassung beziehungsweise Spielfassung zu erstellen. In einem solchen Fall wird unter anderem geprüft, wo Längen beziehungsweise ‚Spannungsbremsen' oder Breiten auftreten (bspw. narrative Seitenstränge, die möglicherweise unnötig irritieren könnten) und wie damit umzugehen ist. Wie man sich dies vorzustellen hat, beschreiben die Dramatikerin und Regisseurin Franz und die Hochschullehrerin Hesse (Franz und Hesse 2011) am Beispiel ihrer mehrjährigen gemeinsamen Arbeit mit Studierenden der Anglistik. Sie stellen ein mehrphasiges Konzept für das Einstudieren von Theaterstücken vor und beziehen sich dabei unter anderem auf das ästhetísche Erlebnis des ersten kollektiven lauten Lesens: „[D]ie Worte werden Klang, die Leerzeichen werden zu Stille, der Punkt reizt zu körperlicher Reaktion. Wir beginnen, den Text zu fühlen" (Franz und Hesse 2011, 107).

Während bei Franz und Hesse aus aufführungsästhetischen Gründen die Modifikation der literarischen Vorlage vorgesehen ist, betont Aita hingegen – am Beispiel der Inszenierung von Shakespeare-Stücken –, „that the rehearsal and public performance of full-length L2 theatrical texts within an ESL setting can offer an extremely effective way of enhancing language learning" (Aita 2013). Zu Shakespeare-bezogenen Projekten vergleiche auch die Überlegungen Lütges (2007) zu einem ‚aufführungsorientierten Ansatz'; also Möglichkeiten der darstellerischen Umsetzung von Shakespeare-Dramen auf der Bühne und im Film beziehungsweise die von ihr vorgeschlagenen performativen Zugänge zur Gattung Drama (Lütge 2015).

Wenn es auch unterschiedliche Ansätze in Bezug auf die Textauswahl, -bearbeitung und theaterästhetische Realisierung geben mag, so ist inzwischen doch der Wert von aufführungsorientierter pädagogischer Praxis kaum mehr umstritten. Es mehren sich sogar Bestrebungen, aufführungsbezogene Projekte stärker in das schulische Curriculum (z. B. Berghoff 2015) beziehungsweise in das universitäre Lehrangebot zu integrieren (z. B. Walter 2011).

Die Aufführung von Stücken in voller Länge ist allerdings eine nicht zu unterschätzende Herausforderung für Schüler beziehungsweise Studierende. Sie agieren schließlich in einer Fremdsprache und sind keine professionellen Schauspieler, die aufgrund ihrer großen Erfahrung und Bühnenpräsenz ein Publikum über eine längere Zeitstrecke zu fesseln vermögen. Zu bedenken ist auch, dass die Lehrpersonen in der Regel keine ausgebildeten Regisseure sind und an ihre Grenzen stoßen. Wie bereits angemerkt, bleibt die Entwicklung von performativen Handlungskompetenzen in der Ausbildung und Fortbildung von Fremdsprachenlehrern ein Desiderat (Fleiner 2016).

Stückerarbeitung

Eine Alternative zur werkgetreuen Inszenierung eines (kanonischen) dramatischen Textes stellen Eigenproduktionen dar, in denen Texte kreativ miteinander in Beziehung gesetzt und bearbeitet werden. In seinem Artikel „Eigene Texte inszenieren – Englische Theaterproduktionen in der Oberstufe" stellt Poreda (2011) die verschiedenen Phasen der Erarbeitung und Inszenierung einer Tragikomödie moderner Prägung vor, „die insbesondere Themen des jungen Erwachsenenalters behandelt und in Kooperation mit Studenten eines englischen Didaktikseminars auf seine wirkungsästhetische Qualität hin evaluiert wurde" (Poreda

2011, 132). Er konstatiert dabei unter anderem einen Zuwachs an kulturellem und funktionalem literaturwissenschaftlichen Wissen.

Nicht immer sind allerdings dramatische Stücke der Impuls und Bezugspunkt für die Erarbeitung eigener Texte, und nicht immer geht es um eine aufwendig konzipierte Performance. Walter (2011) zum Beispiel stellt ein ‚Erzähltheater-Projekt' vor, das mit einer heterogenen Gruppe ausländischer Germanistikstudierenden im Rahmen einer Lehrveranstaltung an der Humboldt-Universität zu Berlin durchgeführt wurde. Judith Hermanns Prosatext *Sommerhaus, später* stellte die Grundlage für ein Projekt dar, in dem, um die bildliche Umsetzung der Erzählung zu gewährleisten, die Arbeit mit Standbildern ins Zentrum gerückt wurde. Walter beschreibt die verschiedenen Phasen des Projekts, in denen „ständig an den sprachlichen und (inter)kulturellen Kompetenzen" (Walter 2011, 128) gearbeitet wurde. Auf diese Weise wurden die Studierenden behutsam auf das Erzählen vor Publikum vorbereitet. Die eigentliche Arbeit sei zwar der Prozess des Inszenierens, so Walter, aber dennoch halte er eine Aufführung vor Publikum für essenziell, denn das Erlebnis sei für die Lernenden „überwältigend und emotional tief verankert, so dass es lange Zeit positiv erinnert [werde]" (Walter 2011, 128).

Ilg et al. (2015) haben sich im Rahmen eines mehrjährigen EU-Projekts mit der spezifischen Form des (mehrsprachigen) Lesetheaters auseinandergesetzt. Literarische Texte werden in mehrsprachige dialogische Lesetheaterstücke umgewandelt und so zum Bezugspunkt für das Training des gestaltenden Vorlesens wie auch für die im Klassenverband abschließende Aufführung von Lesetheatern.

Auch bei Crutchfield (2015), der sich an der anglistischen Abteilung der Freien Universität Berlin stark für die Integration von Formen des kreativen Schreibens in eine performativ ausgerichtete Lehrerausbildung engagiert, liegt der Schwerpunkt auf gestaltetem Lesen. Ihm geht es vor allem um eine Erkundung der Erfahrungen, die Studierende machen, wenn sie ihre selbst verfassten literarischen Texte öffentlich vortragen.

Theatre-in-Education-Projekte

Bei einem *Theatre-in-Education*-Projekt handelt es sich um eine Großform, die meist mit der Aufführung eines von (semi-)professionellen *teacher-actors* speziell entwickelten Stückes verbunden ist. Dies ist möglichst auf Themen ausgerichtet, die im Laufe des Schuljahres im Fremdsprachenunterricht behandelt werden. Bevor die Aufführung in der Schule stattfindet, bekommen Lehrer und Schüler in der Regel didaktisierte Materialien zugesandt, auf deren Grundlage dann der Besuch der *Theatre in Education Company* vorbereitet wird. Die didaktisch akzentuierte, aber durchaus mit hohen ästhetischen Ansprüchen verbundene Aufführung ist für die Schüler oft ein stark lernmotivationsförderndes Erlebnis, ebenso wie die Begegnung mit den *native speakers*, mit denen nach der Aufführung diskutiert wird. Unter der Anleitung der Schauspieler werden ferner in szenisch-dramatischen Übungen Aspekte der Aufführung weiter vertieft. Aita (2009) hat am Beispiel Österreichs gezeigt, welch enormen Beitrag *Theatre-in-Education*-Gruppen im Laufe der Jahrzehnte zur Entwicklung des schulischen Fremdsprachenunterrichts geleistet haben.

Improtheater-Projekte

Basierend auf dem Konzept von Johnstone (1993) bieten sich Improtheater-Gruppen besonders auch für den Bereich Fremdsprachen Performances und Workshops an. Für die Gruppe ARTIG (www.artiges.org) zum Beispiel steht dabei das Erzählen von Geschichten im Mittelpunkt, wobei in ihren Performances und Workshops diverse Medien eingesetzt werden (Live-Musik, Projektionen etc.). Haftner und Riedmüller (2017) beleuchten in ihrem Beitrag *The intercultural surprise. Teaching improvisational theatre in different cultural contexts*, wie dieser Ansatz in verschiedenen kulturellen Kontexten aufgenommen wurde.

Zielgruppenspezifische theaterpädagogische Workshops

An sehr vielen deutschen Theatern gibt es inzwischen theaterpädagogische Abteilungen, die für den ‚Brückenbau' zwischen Theater und Schule zuständig sind und auf bestimmte Zielgruppen maßgeschneiderte theaterpädagogische Workshops anbieten. Jogschies und Krohn (2009) beschreiben zum Beispiel, wie ausländische Germanistikstudierende der Universität Hamburg im Rahmen einer Studienreise nach Berlin am Gorki Theater an einem Workshop teilnahmen, bei dem sie durch praktische Theaterarbeit auf ein gerade aufgeführtes Stück vorbereitet und dabei in deutschlandkundliche Fragestellungen eingeführt wurden.

Sprachcamps/PASCH-Projekte

Zu den Großformen gehören weiterhin Sprachcamps, in denen während einer mehrwöchigen Ferienfreizeit Sprachförderung, Theater- und Freizeitaktivitäten ineinandergreifen, wobei die Zwei- beziehungsweise Mehrsprachigkeit der Kinder explizit berücksichtigt wird (vgl. z. B. Sting 2012 zur Beschreibung des Hamburger TheaterSprachCamp-Modells). Auch Projekte zwischen Partnerschulen (PASCH-Projekte) legen einen expliziten Fokus auf Theaterarbeit (z. B. Holl 2011).

Dramatische Kulturtransferprojekte

Dramatischen Kulturtransferprojekten liegt die Idee zugrunde, dass Fremdsprachenabteilungen als ‚Brückenbauer' zwischen verschiedenen Kulturen fungieren, indem dramatische Texte übersetzt, adaptiert und als Vorlage für Inszenierungen vorbereitet werden. Beispiel dafür ist ein an der Universität Cork in Irland realisiertes Projekt (Boyd und Schewe 2012), in dem irische Germanistik- sowie *Drama-and-Theatre-Studies*-Studierende zunächst performative Zugänge zu dem vom Schweizer Dramatiker Thomas Hürlimann (2007) verfassten Stück *Das Einsiedler Welttheater* erprobten. Die Arbeit im pädagogischen Kontext schärfte dabei den Blick für die besonderen Qualitäten des dramatischen Textes und führte zu dem Vorhaben, unter dem Titel *Cork's World Theatre* eine englische Fassung des dramatischen Textes zu erstellen. Die Handlung wurde von Einsiedeln nach Cork verlegt und alle kulturspezifischen Hinweise angepasst. Durch die Aufführung in der Aula Maxima der Universität wurde einer breiteren irischen Öffentlichkeit ein Einblick in die Schweizer Gegenwartsdramatik und speziell auch ein schweizerisches Modell von *Community Theatre* vermittelt.

Poesiewettstreit (Poetry-Slam)

Zusehends beliebter werden literarische Vortragswettbewerbe, bei denen ein selbst verfasster Text einem Publikum lebendig vorgetragen wird. Der Vortragende setzt ganz bewusst performative Elemente ein, um das Publikum in seinen Bann zu ziehen, und bewegt sich dabei zwischen Literatur, Theater, Rap und Kabarett. Köhle und Medusa beschreiben Workshops und Projekte, bei denen Schüler praktisch erproben, „was sich in fünf Minuten auf der Bühne mit Sprache machen lässt" (Köhle und Medusa 2017, 96). Die Vorbereitung von solch kleinformatigen Performances lässt sich zum Teil auch in den alltäglichen Unterricht integrieren.

6 Performative Kleinformen

Zu den Kleinformen gehören performative Aktivitäten, die im Rahmen einer Unterrichtsstunde beziehungsweise -einheit realisierbar sind, wobei eine inhaltlich anspruchsvolle Unterrichtsgestaltung im Sinne von *process drama* (Bowell und Heap 2013) bedeutet, dass Lehrperson und Lernende in wechselnden Funktionen als Akteure, Regisseure, Dramatiker und auch Zuschauer beteiligt sind. Im Laufe des Unterrichts entstehen immer wieder Handlungsprodukte in Form sinnlich erfahrbarer Gestaltungen (z. B. pantomimische Darstellung, Standbild, akustische Collage), bei deren Vorbereitung, Präsentation und Reflexion verbal und nonverbal intensiv gehandelt wird. Lernende können hier in vielfältiger Weise ihr fremdsprachenbezogenes Wissen und Können einbringen oder sogar systematisch erweitern.

Es gibt inzwischen ein breites Spektrum von performativen Aktivitäten im literaturbezogenen Fremdsprachenunterricht. Im Folgenden werden schlaglichtartig einige vorgestellt, wobei unterschiedliche literarische Genres berücksichtigt werden.

So wird zum Beispiel in Schewes und Wilms' (1995) dramapädagogischer Bearbeitung von Alfred Anderschs Roman *Sansibar oder der letzte Grund* Ernst Barlachs Skulptur *Der Lesende Klosterschüler*, der als Bindeglied der spannenden Romanhandlung fungiert, zu einem Ausgangs- und Bezugspunkt im Deutschunterricht. In dessen Verlauf übersetzen Schüler beziehungsweise Studierende zum Beispiel Romanfiguren in Farbe und Form, positionieren diese zueinander, verwandeln Schlüsselszenen in Standbilder, stellen Körperhaltungen von Romanfiguren nach und basteln Masken, um diese in einer szenischen Improvisation einzusetzen.

Brisson (2007) und Even (2008) nehmen direkten Bezug auf diese Bearbeitung und stellen als Erweiterungsvorschläge zusätzliche Arbeitsformen vor, wobei Brisson auch filmische Mittel einbezieht und Even nochmals das Potenzial dramapädagogischer Basistechniken wie Einfühlung, Doppeln, Standbild, *teacher in role* und *hot seating* an konkreten Beispielen demonstriert.

Kessler (2008) unternimmt den Versuch der Systematisierung solcher Techniken in der Absicht, ihre spezielle Leistung im Rahmen der Förderung von interkultureller Kommunikation zu begründen. In seiner Studie stellt er exemplarisch dar, wie er im schulischen Englischunterricht mittels derartiger Techniken einen performativen Zugang zu einer Kurzgeschichte erprobt hat. Interessant ist in diesem Kontext auch die Arbeit von Freitag-Hild (2010), die anhand des Einsatzes von Rollenspielen im interkulturell ausgerichteten Literaturunterricht demonstriert, wie Lernende die Fähigkeit zur Perspektivenübernahme entwickeln. Wie sich solche Techniken einsetzen lassen, um mithilfe eines kurzen Prosatextes im Rahmen einer mehrstündigen landeskundlichen Unterrichtseinheit in das Thema „Leben in der DDR/Leben mit der Mauer" einzuführen, beschreibt Retzlaff (2010). Sie bezieht sich auf den DaF-Unterricht für Lernende auf B1- beziehungsweise auch B2-/C1-Niveau und liefert konkrete Beispiele für den Einsatz der jeweiligen Technik und den jeweiligen Zeitaufwand.

Eine Studie von Stöver-Blahak (2012) widmet sich der Förderung ästhetischer Kommunikation im Fremdsprachenunterricht, wobei insbesondere die performative Arbeit an Gedichten ins Zentrum gestellt wird. Die an einem studienbegleitenden DaF-Kurs Teilnehmenden erarbeiten in circa 12 Doppelstunden zu je 90 Minuten Vortragsfassungen von Gedichten (jede Person behandelt ein Gedicht). Durch Videoaufzeichnungen ihrer Vorträge und Feedbackrunden der Gruppe nach vorher besprochenen Kriterien erschließen sich die Teilnehmenden zunächst die Sprache. Im Verlauf des Unterrichts verschiebt sich der Schwerpunkt ihrer Aufmerksamkeit aber immer mehr von dem Bewältigen von Aussprachehürden zu sprechbegleitenden und interpretatorischen Aspekten und schlussendlich zu kompletten Inszenierungen, wobei das Gedicht als vielfältig interpretierbares Kunstwerk in den Mittelpunkt rückt.

7 Künstlerische Orientierung in der Literaturdidaktik

Die Verleihung des Nobelpreises für Literatur an Bob Dylan ist ein bemerkenswertes Beispiel jüngerer Zeit für die Öffnung der Literatur hin zu den performativen Künsten. Die Öffnung zur Kunstform Theater liegt dabei besonders nahe, da sie wie keine andere die verschiedenen Künste, zum Beispiel Musik, Tanz, bildende Kunst und Literatur, in ein Gesamtkunstwerk integrieren kann. In klein- oder auch großformatig angelegter Theaterarbeit setzen sich Lernende intensiv mit literarischen Texten auseinander und schärfen dabei ihr Bewusstsein für die ästhetische Qualität dieser Texte. Im Idealfall arbeiten dabei Fremdsprachenlehrende und -lernende punktuell mit professionellen Dramatikern und Regisseuren zusammen, um zu erleben, wie Theaterprofis mit literarischen Texten umgehen und wie Literatur durch künstlerische Bearbeitung immense Wirkung entfalten kann (vgl. hier z. B. Aden 2017).

Die Weiterentwicklung einer performativen Literaturdidaktik wird eng verknüpft bleiben mit einer innovativen Lehrerausbildung und -fortbildung, in der neben allgemeinpädagogischer und (literatur-)wissenschaftlicher Qualifikation der Erwerb von künstlerischen Handlungskompetenzen einen hohen Stellenwert bekommt. Letztendlich zielt eine performative Literaturdidaktik auf ästhetische Erfahrungen mit Literatur, die man eben nur an einem Ort macht – auf Brettern, die die Welt bedeuten.

Weiterführende Literatur

Even, Susanne und Manfred Schewe (2016). *Performatives Lehren, Lernen, Forschen. Performative teaching, learning, research.* Berlin.

Fleiner, Micha (2016). *Performancekünste im Hochschulstudium. Transversale Sprach-, Literatur- und Kulturerfahrungen in der fremdsprachlichen Lehrerbildung.* Berlin.

Hallet, Wolfgang und Carola Surkamp (Hrsg.) (2015). *Dramendidaktik und Dramapädagogik im Fremdsprachenunterricht*. Trier.

Krammer, Stefan (2017). „Wie sich der Deutschunterricht aufführen lässt. Perspektiven einer performativen Deutschdidaktik". *Ide – Informationen zur Deutschdidaktik* 3 (2017): 30–39.

Schewe, Manfred (2015). „Fokus Fachgeschichte. Die Dramapädagogik als Wegbereiterin einer performativen Fremdsprachendidaktik". *Dramendidaktik und Dramapädagogik im Fremdsprachenunterricht*. Hrsg. von Wolfgang Hallet und Carola Surkamp. Trier: 21–36.

Laurenz Volkmann
IV.4 Literaturdidaktik in kulturwissenschaftlicher Perspektive

1 Kompetenzorientierung und Anforderungen an die Literaturdidaktik

Der vorliegende Beitrag akzentuiert eine fremdsprachendidaktische Perspektive auf die Literaturvermittlung und betont damit weit stärker, als dies im muttersprachlichen Unterricht geschieht, die interkulturelle Sichtweise auf fremde Kulturen, Literaturen und Sprachen. Die hier dargestellten Diskurse werden in besonderem Maße am Beispiel der englischen Fachdidaktik und der Didaktik Deutsch als Fremdsprache dargelegt. Dennoch betreffen wesentliche Diskursfelder und argumentative Gepflogenheiten durchaus die Literaturdidaktik des Faches Deutsch selbst, zumal wenn Lerngruppen und individuelle Lernende vor dem Hintergrund globaler, multikultureller und interkultureller Erfahrungsprozesse fokussiert werden. Denn derartige Umbruchserfahrungen stellen gängige Vorstellungen des Deutschunterrichts als nationale Kohärenz stiftende Bildungsinstanz radikal infrage (vgl. Bogdal 2003, 20). Die hier näher beschriebenen literarischen und (inter-)kulturellen Kompetenzen müssen entsprechend stets als interdisziplinäre, fächerübergreifende und fächerverbindende Vermittlungsaufgabe verstanden werden.

Im Zeitalter der Kompetenzorientierung erhält die schulische Literaturvermittlung eine deutlich multidimensionale Funktion. Angesichts der Forderung nach ‚Kompetenzkompatibilität' wurden verschiedene Kompetenzmodelle (vgl. z.B. Burwitz-Melzer 2007c; Lütge 2013b) entworfen, welche in der Regel von den traditionellen rezeptiven und produktiven *basic skills* Lesen, Schreiben, Sprechen und Hören ausgehen und immer weitere Kompetenzbereiche modellieren. Zu den schwer bewertbaren literarisch-ästhetischen und bildungspolitisch zu definierenden Kompetenzen (Hellwig 2002; Hellwig 2005; Lütge 2013b) geraten immer neue Kompetenzfelder in den Blickpunkt: intertextuelle, narrative beziehungsweise generische Kompetenzen (Hallet 2002; Hallet 2016) sowie *multiliteracies* (The New London Group 2000), aber auch seit Jahrzehnten diskutierte analytische, kulturelle und semiotische Kompetenzen (Freese 1980; Schrey 1982). Bereits bei flüchtiger Rezeption der einschlägigen Publikationen wird deutlich, dass derartige Kompetenzmodellierungen die Literatur nicht in einem kulturellen Vakuum positionieren. Sie erscheint deutlich mehr als nur eine interessenlose Beschäftigung mit ästhetisch wertvollen oder die Fantasie anregenden fiktionalen Werken. Es tritt vielmehr die Bedeutung von Literatur hervor als spezielle mediale Komponente eines reziprok wirkenden Sinnbildungs- und Bedeutungsschaffungsgeflechts – zwischen Autor, Text, Leser und Kontext. Ausdifferenzierend kann dieses Bedingungsgefüge beschrieben werden als komplexes Zusammenwirken von Komponenten, von denen hier nur einige genannt sein können: der literarische Text in seiner textuellen und veröffentlichten Beschaffenheit, sein Autor, der individuelle Rezipient, kollektive Rezipientengruppen sowie die kulturellen Kontexte des Textes selbst, wie sie der jeweilige Rezipient für sich selbst sowie im Austausch mit seiner engeren *community* (Lehrkraft, Lerngruppe) sowie akademischen wie nichtakademischen Rezeptionskontexten entfaltet. Eine Beschäftigung – analytischer wie produktiver Art – mit diesem Beziehungsgeflecht erlaubt somit eine Teilhabe an kulturellen Prozessen der Sinnstiftung und Bedeutungsaushandlung. Denn literarische Texte sind als kulturelle Medien mit ihrer speziellen von Literarizität, Gattungsspezifik und Ästhetik geprägten Ausformung jeweils anders an der Produktion, Dissemination, Etablierung oder Auflösung kultureller Phänomene beteiligt.

Die Frage nach der Rolle von Literatur und Literaturvermittlung stellt sich zugleich nicht allein als solche nach der Anpassung literaturdidaktischer Positionen an die gegenwärtige und bildungspolitisch gewünschte Standardisierungs- und Kompetenzorientierung (vgl. Zydatiß 2005b). Zugleich formuliert sie sich vor dem Hintergrund eines wissenschaftstheoretischen Umfelds, welches konventionelle philologisch-textanalytische Herangehensweisen und die Konzentration auf den literarischen Kanon als Ausdruck hochkultureller ästhetischer Errungenschaften sukzessive hinter sich gelassen hat und sich an der Universität zunehmend von der Literatur- zur Kultur- und neuerdings zur Medienwissenschaft als geisteswissenschaftlicher Leitwissenschaft wandelt (vgl. Schröder et al. 2012; Surkamp 2016). Hier zeigt sich die Literatur weiterhin als ein vielschichtiges Kulturmedium, welches, analog zur tatsächlichen Begegnung mit der (Fremd-)Kultur, aktive Leserpartizipation und explorierende Textannäherungen verlangt. Dabei kann sie mannigfaltige Erkenntnis- und Identifikationsprozesse mit Bezug auf die in der Literatur dargestellten fiktionalen Kulturwelten wie zugleich die vom individuellen Leser bestimmende(n) Kultur(en) anbahnen (Delanoy 2005).

Der vorliegende Beitrag stellt zunächst nacheinander zwei sich historisch parallel entwickelnde Entwicklungen der Literatur- und Kulturdidaktik dar: die Abwendung vom philologischen Paradigma und die Hinwendung zu kontext- sowie leserbezogenen Herangehensweisen einerseits sowie die Abkehr von faktenbezogenem Hintergrundwissen schaffenden Landeskundekonzepten zu Vorstellungen eines semiotisch zu beschreibenden, fluiden Kulturkonstrukts. Dieser doppelte historische Rekurs mündet in einen Überblick zu Funktionen der Literatur und Literaturvermittlung unter besonderer Berücksichtigung der Funktion von Literatur als kulturellem Medium. Es folgen eingehendere Betrachtungen zur Funktion von Literatur im Kontext der Alteritätskompetenz, wobei zunächst Varianten des Fremdverstehens durch Literatur fokussiert werden, dann das Verwenden von Literatur zur Erschließung von Einsichten in essenzielle Kulturkonzepte, Kultureme und kulturelle Schemata beschrieben wird.

Das neue Paradigma der Literatur im Kontext anderer Texte (Intertextualität, Genrekompetenz) schließt sich in den Betrachtungen an, zumal mit Blick auf gängige Textzusammenstellungen und methodische Vorgehensweisen. Jedoch gilt es auch aus kulturwissenschaftlicher Perspektive zu konstatieren, dass der Literatur durchaus ein eigener Wert sui generis zuzuordnen ist. Wie Didaktiker aus dem Bereich Deutsch als Fremdsprache betonen (vgl. Ewert et al. 2011), sollte bei aller ‚Einbettung' von Literatur in kulturelle Diskurse die Andersartigkeit und Fremdheit literarischer Produktionen im Vergleich zu ‚konventionellen' Text- und Sinnproduktionen hervorgehoben und für hermeneutische Verstehensprozesse didaktisch fruchtbar gemacht werden.

2 Historischer Überblick: Philologisches Paradigma und Landeskunde

Im Kontext des gegenwärtigen Primats der Kompetenzorientierung, vor allem mit Bezug auf prozedurale, das heißt unmittelbar in der Lebens- und vor allem Berufspraxis umsetzbare Wissensbestände, sieht sich die Literaturdidaktik in eine teilweise defensive Position gedrängt. Denn das praktische Nutzungspotenzial literarischer Texte liegt in der Regel nicht direkt vor Augen. Zudem hallen lange tradierte, inzwischen überholt wirkende Verständnisse und Herangehensweisen mit Bezug auf den schulischen Literaturunterricht nach und stellen dessen lebenspraktischen Wert infrage. Beispielhaft hierfür ist der inzwischen ‚historische' Einwurf des Lyrikers Hans Magnus Enzensberger gegen die Tradition der peniblen Lyrikexegese im Deutschunterricht (Enzensberger 1976). Die Ablehnungshaltung vieler praktisch und empirisch ausgerichteter Didaktikerinnen und Didaktiker begründet sich sicherlich in einer für Deutschland typischen Tradition der Literaturvermittlung, die sich im Bereich der Fremdsprachendidaktik mit der gymnasialen und universitären Etablierung des Englischunterrichts im späten 19. Jahrhundert verfestigte – in Form des auch für den Deutschunterricht prägenden philologischen Paradigmas (zum historischen Überblick vgl. Schrey 1982; Zapf 1991; Kolb 2013, 85–201; Volkmann 2016a). Es setzte sich das platonische Konzept durch, dass große Werke der Literatur, im Deutschunterricht beispielhaft Goethes *Faust*, im Englischunterricht die Werke des Jahrtausendgenies Shakespeares, die

Lesenden dazu befähigen können, die wahren Ideen – wie man noch bis weit in das 20. Jahrhundert hinein formulierte: das ‚Wesen' einer Kultur – hinter den flüchtigen, ephemeren Phänomen der Alltagsabläufe zu erfassen. Dies entsprach der unhinterfragten Verehrung literarisch hochstehender Texte, der sogenannten Höhenkammliteratur – also der tradierten Werke des literarischen Kanons. Nur diese lieferten moralische Instruktion, philosophische Lebensweisungen, Einblicke in die Verfasstheit der *conditio humana* und sprachlich-ästhetische Vorbilder, bewundernswert und nachzuahmen in ihrer absoluten Perfektion.

Sowohl an Hochschulen wie an Gymnasien wurden somit kanonisierte Romane oder gar in Auszügen Epen (von Dante über Cervantes bis zu Milton, Defoe und Dickens, von Goethe bis Fontane und bis zu den Klassikern der Moderne wie Thomas Mann), Dramen (von Shakespeare über Molière, Goethe und Schiller bis zu Wilde und Shaw oder Sartre) und Gedichte (Shakespeare, Gryphius, die Klassizisten, Romantiker, die ‚großen' Dichter des 19. Jahrhunderts und Klassiker der Moderne) sowie ausgewählte Kurzgeschichten (von Poe bis Hemingway) gewissermaßen als Bildungsgut an die nächste Generation weitergereicht (später ergänzt durch Werke aus der Mitte des 20. Jahrhunderts). Nach einem Diktum des britischen Literaten Matthew Arnold ging es dabei um Texte, die unhinterfragt ihre zeitlose Sonderstellung unter Beweis gestellt hatten; sie präsentierten „the best that is known and thought in the world" (zitiert nach Zapf 1991, 124); oder wie John Tompson, einer der ersten Gelehrten für Englische Literaturwissenschaft an der Universität Göttingen, es bereits im 18. Jahrhundert formulierte, sie gehörten zu den „most approved authors" (zitiert in Finkenstaedt 1992, 66). Unterrichtsverfahren glichen einer Einweisung in die philologische Auslegekunst, und bis weit ins 20. Jahrhundert hinein hielt sich im Fremdsprachenunterricht die berüchtigte Grammatik-Übersetzungsmethode, bei der in Anlehnung an Usancen der Latein- und Griechischvermittlung angestrengt Arbeit an literarisch hochwertigen Werken geleistet wurde, im Fremdsprachenunterricht oftmals in deutscher Sprache. Zudem wurden an Schulen auch bis in die 1980er Jahre hinein Textsammlungen kanonisierter Werke in Auszügen verwendet, und zwar unter der Prämisse, „daß die Begegnung mit den besten Autoren der beste Weg zur Sprachbeherrschung ist" (Finkenstaedt 1992, 66). Auch das textimmanente Paradigma der deutschen Nachkriegszeit konnte sich nicht immer durchsetzen, wenn – unter Leitung der philologisch spezialisierten Lehrkraft – weniger nach dem Sinn des Textes als nach der Intention des Autors geforscht wurde.

War der Literaturunterricht bis weit in die zweite Hälfte des 20. Jahrhunderts hinein somit gewissermaßen seines konkreten kulturellen Kontextes ‚enthoben', indem gerade zeitlose, enthistorisierende Interpretationsrichtungen vorherrschten, so ist parallel dazu die Entwicklung des Landeskundeunterrichts aufschlussreich. Es geht dabei um die Entwicklung von der Landeskunde, die sich seit 1945 in Anlehnung an die ‚Kultur- und Völkerkunde' der Weimarer Republik etablierte, zu neueren Tendenzen einer inhaltsorientierten Fachdidaktik, die starke Impulse aus den *Cultural Studies* und Kulturwissenschaften aufgreift (vgl. Altmayer 2004; Delanoy und Volkmann 2006a; Volkmann 2010). Bereits seit den 1970er Jahren stand die Landeskunde als eine den literaturwissenschaftlichen Studien unter- oder nebengeordnete Subdisziplin in dem eher zweifelhaften Ruf, als relativ reflexionsfreie ‚Pseudowissenschaft' lediglich Faktenwissen zu vermitteln oder zumindest Kontextwissen für linguistische Phänomene und die Behandlung literarischer Texte bereitzustellen. Traditionelle Inhalte des Landeskundeunterrichts an Universität wie Schule (und dort primär im Oberstufenunterricht) bezogen sich bis in die 1980er und 1990er Jahre hinein auf ein Bündel von Themen, die im Fremdsprachenunterricht auf die Kernzielkulturen zugeschnitten waren. Gelegentlich und eher unsystematisch fand eine Berücksichtigung der Länder statt, die im Zuge der Kolonisierung und des Imperialismus kulturelle und linguistische Prägungen durch Europa erhielten. Themencluster beinhalteten dabei eher hochkulturelle Themen aus den Gebieten Kunst, Technik, Wissenschaft, Wirtschaft und Recht, Sozialstrukturen, politische Institutionen und Konventionen, Religionen und Weltbilder, Geografie und Regionalismen, der Minoritäten und typischen Mentalitätsmuster. Enthalten waren teilweise sehr ausführlich historische Aspekte, auch zur geopolitischen Lage der Zielkulturen, zu wichtigen Etappen und Ereignissen der nationalen Entwicklung, Dynastien, Außenpolitik und zu bedeutenden Persönlichkeiten.

Kritisiert wurde der Landeskundeunterricht als Vermittlungsinstanz für Baedeker-Wissen (heute würde man Wikipedia-Wissen sagen), welches der deutsche Gymnasialabgänger bei einem touristischen Kurzurlaub oder einer Bildungsreise benötigte. Die Debatte um eine Abkehr vom Landeskundekonzept führte schließlich in den 1990er Jahren, vorangetrieben durch Theorien und Konzepte der interkulturellen Kompetenz und durch die *race, class & gender studies* an Universitäten zu einem deutlich veränderten Verständnis von (Ziel-)Kultur im Sinne eines semiotischen Ansatzes, bei dem Alltagskultur, Populärkultur, Minderheitenkulturen sowie Normen, Regeln und Werte von Verhalten und Kommunikation in den Vordergrund gerieten. Zudem gelangten infolge des postkolonialen Diskurses sukzessive weitere Kulturen in das Blickfeld der Fremdsprachendidaktiken, welche sich als didaktisch-pädagogische Reaktion auf Globalisierungsprozesse nach der Jahrtausendwende im Zeitalter der Globalisierung schließlich verstärkt transkulturellen und globalen Themengebieten zuwenden (*global issues*; vgl. Lütge 2015b).

3 Das semiotische Verständnis von Literatur und Kultur als interdependentes Sinngeflecht

Dieser geraffte Überblick zur Geschichte der Funktion und Behandlung von Literatur im Englischunterricht möchte verdeutlichen, wie stark bestimmte Traditionen wirkten und zu tradierten Praktiken beitrugen, aber auch Gegenpositionen anstießen, welche dem Literaturunterricht grundsätzlich skeptisch gegenüberstehen. Diese Abwehrhaltung ist sicherlich teilweise eine Gegenreaktion auf die quasireligiöse Verehrung großer Autoren (und weniger großer Autorinnen, wie angemerkt werden sollte). Infrage gestellt werden darüber hinaus das Tradieren philologischer Usancen und die Privilegierung von Literatur als kulturellem Leitmedium, als prägnanter Ausdruck eigenkultureller Errungenschaften beziehungsweise als exklusiver Zugang zur Essenz anderer Kulturen. Erst mit der kommunikativen Wende der 1970er Jahre und dem zeitgleichen Erstarken rezeptionstheoretischer Modelle in der Literaturwissenschaft erfuhren diese Einstellungen eine anhaltende und tief greifende Erschütterung und Erosion, welche im Grunde genommen zugenommen hat und weiter anhält. Denn pragmatische, funktionale Vermittlungs- und Kompetenzkonzepte stellen die Bedeutung von Literatur grundsätzlich infrage. Mit der ansteigenden Betonung sprachpraktischer, realitätsbezogener Sprachenkenntnisse und -kompetenzen vollzog sich zugleich in der Literaturwissenschaft und -didaktik ein rasanter Wandel, welcher unser Verständnis von Literatur, Kanonbildung, Les- und Interpretationsarten sowie von der Funktion der Literatur im Kontext ihres kulturellen Umfelds und ihrer Rezeption durch kulturell unterschiedlich geprägte Rezipientinnen und Rezipienten radikal verändert hat (vgl. Volkmann 2010, 248–261; Bogdal 2003, 29). Genannt seien hier unter anderem die Aufwertung der Rolle des Lesers in der Rezeptionsästhetik, die Vorstellung von Texten als semiotisch aufgeladenen, kulturell geprägte Zirkulationsstellen kultureller Verhandlungen, die entsprechend der Interpretationsraster von *race, class* & *gender* zu deuten sind. Zu beachten ist schließlich die Einbettung von literarischen Texten in ein sich ständig wandelndes Gefüge von intertextuellen Bezügen, sowohl mit Bezug auf andere literarische Texte als auch auf nichtliterarische Texte und insgesamt kulturelle Phänomene, die in der Literatur gespiegelt werden, aber zugleich auch von ihr mitgeformt werden. Im Fremdsprachenunterricht veränderte dies die Vorstellung von Literatur, welche nun vor allem als interkulturell wertvolle Quelle, als fiktionale Repräsentation der fremden oder eigenen Kultur zu fungieren hat und entsprechend privilegierte Zugänge zu kulturellen Phänomenen erlaubt.

Diese Vorstellung entspricht den Verwendungsmustern des derzeitigen Kulturbegriffs, der semiotisch, anthropologisch und sozial- wie kulturwissenschaftlich definiert wird als „Bedeutungsstruktur unseres Handelns, seiner Voraussetzungen, Ergebnisse und Folgen [...], die kulturell (mit-)konstruiert sind" (Straub 2007, 15). Das Verständnis von Kultur entspricht insofern dem einer „variable[n] Mehrzahl von Personen, die in ein Bedeutungsgewebe aus Wirklichkeitsdefinitionen, Welt- und Selbstauffassungen, Deutungs- und Orientierungsmustern sowie – vor allem und zuerst – in kollektive symbolische, insbesondere sprachliche Praktiken eingebunden sind" (Straub 2007, 15). Bei der Konzentration des interkulturellen Ansatzes auf Fremdkulturen als symbolisch vermittelte Lebensformen, welche die Wirklichkeitskonstruktion ihrer Akteure prägen, liegt das Augenmerk auf der Förderung von Fähigkeiten zum produktiven, situationsadäquaten und verständigungsorientierten Denken, Verstehen und Handeln (vgl. Antor 2002, 143). Es geht dabei um die Ausbildung höchst komplexer Kompetenzfelder, die sich gängigen Definitionen aus dem Bereich interkultureller Vermittlungsforschung gemäß in drei eng miteinander verbundene und teilweise sich durchdringende Dimensionen unterteilen lassen (vgl. Byram 1997; Antor 2002, 143–145; Volkmann 2010, 165–171). (1) Die kognitive Ebene (*knowledge*) fokussiert primär das Aneignen von Wissensbeständen der Zielkultur(en), wie dies beispielsweise zum Verstehen literarischer Texte nötig ist. Dieses beinhaltet traditionell landes- und kulturkundliches Wissen über Fakten (*facts & figures*) der Fremdkultur, welches allerdings nicht rein auf touristische Inhalte und Kenntnisse über das politische, wirtschaftliche, soziale und kulturelle System der Zielkultur beschränkt sein sollte. Neben der Alltagskultur sowie unterschiedlichen Sub- und Alternativkulturen sollte auch das Selbstverständnis des Anderen, also dessen Selbstkonstruktion nationaler, regionaler oder andersgearteter Identität ein wesentlicher Bestandteil dieses Wissenskomplexes sein. Zudem gilt es vor allem auf universitärer Ebene, theoretische Kenntnisse über den Umgang mit Phänomenen der Alteritätszuweisung, über die Existenz unausgesprochener und dennoch prägender *tacit assumptions*, über Stereotypenbildung und die Konstruktion nationaler und anderer Identitäten (im Sinne der *race, class & gender studies*) zu erlangen. Zweifellos ließen sich demnach Schemata mit Bezug auf die Fragestellung entwickeln, welche zielkulturellen Wissensbestände zum Verständnis bestimmter literarischer oder nichtliterarischer, auch visueller ‚Texte' als Voraussetzung zu gelten haben (vgl. Altmayer 2004).

(2) Zu dieser kognitiven Ebene kommt die affektive, attitudinale Dimension (*attitudes*), die letztlich nur als konkret in der gelebten Begegnung manifest werdende grundsätzlich positive Einstellung gegenüber dem Fremden und der Fremderfahrung zu beschreiben wäre. Es gilt hierbei, in der unterrichtlichen Auseinandersetzung mit fremdsprachlichen Texten „jene affektive Disposition zu schaffen, die die reflexartige Ablehnung des vom Eigenen Differenten und des daher oft als Bedrohung empfundenen Anderen verhindert und stattdessen den

Grund für jene Offenheit und Toleranzbereitschaft legt, welche den fruchtbaren Dialog interkultureller Kommunikation erst ermöglicht" (Antor 2002, 143-144). Dass die Förderung von Toleranz, Empathie, Solidarität und ähnlichen identifikatorischen Momenten mit dem Anderen nicht allein auf kognitiven Einsichten beruht, erscheint evident. Gerade in diesem Zusammenhang wird die Funktion der Literatur betont, welche durch alternative, gleichsam virtuelle Weltentwürfe und zahlreiche identifikatorische Angebote die für das Herausbilden affektiver Elemente so wesentlichen Angebote zum Perspektivenwechsel und zur Perspektivenübernahme zur Verfügung stellt. „[P]articipation in these secondary worlds may help readers develop empathy with and solidarity for the characters portrayed. Thus, such an aesthetic response also has a strong ethical dimension" (Delanoy 2005, 57). Auch hier ließe sich erkunden, wie spezifische literarische Texte durch entsprechende Erzählperspektiven und Sympathielenkung affektive Zugänge zur Fremdkultur oder zu deren Minderheitenkulturen ermöglichen und fördern (vgl. Volkmann 2000).

(3) Kognitive wie affektive Dimensionen erscheinen mithin als Voraussetzung für die pragmatische Dimension, die Umsetzung von *skills*, zu denen weiterhin fremdsprachliche Kompetenzen zählen, sowie – allgemeiner – die Beherrschung kommunikativer Kompetenzen beziehungsweise von Verhandlungs- oder Aushandlungskompetenzen. Da interkulturelles Handeln ein offener Prozess ist, der stets Unwägbarkeiten, Verwerfungen und Brüche aufweist, also ein unabgeschlossenes Projekt darstellt, gehört hierzu auch, wie Antor bemerkt, ein „gehöriges Maß an Augenmaß und Bescheidenheit" (Antor 2002, 147). Angesprochen ist hier die Befähigung, den eigenen Standpunkt zu entabsolutieren und die Begrenztheit des eigenen kulturellen Sinnhorizontes zu akzeptieren – Fremdverstehen beinhaltet somit stets ein hohes Maß an Fähigkeit zum Selbstverstehen. Bei der Auseinandersetzung mit literarischen Texten beinhaltet dies im Sinne eines hermeneutischen Ansatzes nach Gadamer (vgl. Delanoy 2005), das komplexe Wechselspiel zwischen Horizontannäherung, Horizontüberlappung und Horizonterweiterung auszuloten, welches in der Interaktion zwischen Leserhorizont und Texthorizont dynamische Verbindungen entstehen lässt (vgl. Bredella 1996; Bredella 2003; Bredella 2008). Es kann hier weder um komplette Assimilation des fremdkulturellen Sinnhorizonts in die eigene Erfahrungswelt gehen noch um die Akkommodation des Eigenen an die Sinnwelt des Anderen, sondern um ein Erkunden der entstehenden kulturellen Differenzstrukturen (vgl. Antor 1995; Antor 2002).

4 Literaturdidaktische Positionen im kulturwissenschaftlichen Kontext

In einer prägnanten Definition der Funktionsweise literarischer Texte im Rahmen des Fremdsprachenunterrichts formulierte Lothar Bredella: „Literary texts present relevant content in such a way that reading, speaking and writing about them is pleasurable and educationally significant" (Bredella 2008, 12). Die Formulierung ist insofern bündig und konzise, als sie die in der gegenwärtigen Diskussion immer wieder auftretenden Hauptargumente aufführt. Sie stellt zugleich eine Verbindung zwischen zwei scheinbar konträren didaktisch-methodologischen Ansätzen dar. Auf der einen Seite betont sie die sprachlich-kommunikativen Fähigkeiten, Fertigkeiten und Kompetenzen, indem hier Lesen, Sprechen (bzw. Kommunizieren) und Schreiben als Kernkompetenzen angesprochen sind. Zudem lässt sich das Argument hier unschwer auf die Hör- beziehungsweise Seh-Hör-Kompetenz erweitern, wenn man beispielsweise Hörbücher, Audiofiles oder Schauspiele zu literarischen Texten hinzuzählt. Damit erhält die Literatur die Funktion eines medialen Anlasses, als Vermittler für die Kompetenzförderung, zumal mit ihr authentisches sprachliches Material zur Verfügung gestellt wird. Zudem liefert Literatur motivationale Anlässe und inhaltliche, aber auch ästhetische Impulse für Lehr-Lernszenarien und die eigenständige Auseinandersetzung mit Literatur durch die Rezipierenden. Dies entspricht rezeptionsästhetischen, produktionsorientierten und aufgabenorientierten Ansätzen, die unter anderem durch die Arbeiten von Bredella zur Hermeneutik eines Hans-Georg Gadamer beeinflusst wurden. Andererseits spiegelt Bredellas Definition der literarischen Funktionen auch traditionelle Vorstellungen von Literatur und Literaturdidaktik, als Echo auf das Horaz'sche *aut prodesse aut delectare*. Gerade im englischsprachigen Raum gehört die sicherlich in aristokratischer, dann bürgerlicher Tradition und teilweise auch mit genderspezifischen Konnotationen beladene Vorstellung des ästhetischen Genusses (*appreciation*), den Literatur vermittelt, zu den gängigen Argumenten pro Literatur. Der Genuss oder Spaß an Literatur und ästhetischen Gebilden wird als wesentlicher Aspekt einer ganzheitlichen, Affekte und Gefühle ansprechenden sowie intellektuelle Urteilsfähigkeit fördernden Bildung gesehen. Darüber hinaus erkennt man das Potenzial der Verfeinerung von Geist, Intellekt und Persönlichkeit. Während die Gegner der Literatur sie als überflüssigen Tand, teils elitäres Bildungsgut, teils als moralisch korrumpierende Zerstreuung verwerfen, betonen ihre Anhänger gerade die Notwendigkeit der Auseinandersetzung mit Fiktion, Narration und Inszenierung – der Mensch wird entsprechend als *story-telling animal* oder *pattern-building animal* (Antor 1996, 68) begriffen. Ähnlich formuliert Karlheinz Hellwig zur „menschlichen Neigung zu elementarem ‚Literarisieren'" (Hellwig 2005, 9; vgl. auch Bogdal 2003, 20), beispielsweise dem anthropologischen Grundbedürfnis nach Ästhetik als lebensbereicherndem Element. Literatur liefert einen „Fundus für Daseinsdeutung und Identitätssuche" (Hellwig 2005, 2), bietet spielerische Angebote zur Selbstverwirklichung und Selbstfindung. Sie vermittelt ästhetische, kreative und künstlerische Fähigkeiten, regt die Phantasie an und stellt somit aus Sicht medienkritischer Pädagogen wie Hellwig angesichts der geistigen Verarmung in der zunehmend mediatisierten, konsumorientierten und materialistisch bestimmten Kinder- und Jugendwelt ein ideales Therapeutikum dar.

5 Genrekompetenzen und narrative Kompetenzen

Darüber hinaus gibt es gerade in jüngster Zeit starke Bemühungen, literarische Kompetenzen im Sinne einer affirmativen Bejahung von Standardisierung und Outputorientierung zu modellieren. Beispielhaft sei hier der Diskurs zu Genrekompetenzen und narrativen Kompetenzen genannt. Erstere sind der Mittelpunkt von Lehr-Lernprozessen, in welchen aus literaturdidaktischer Sicht jegliche Form von „kommunikativen Austauschformen als ‚Text' mit einer identifizierbaren und erlernbaren generischen Form" (Hallet 2016, 9) zu verstehen wäre. Daraus lässt sich schlussfolgern, dass jedes Genre, ob nun beispielsweise Film oder Gespräch, bestimmten Konventionen und kulturellen Skripten folgt, die analysiert, interpretiert und selbst angewendet werden können. Beispielsweise wäre herauszustellen, wie jedes Genre – sei es die Werbeseite in einer Zeitschrift, sei es die Regierungserklärung eines Staatsoberhauptes, sei es ein Gedicht des Expressionismus zum Großstadtleben – durch seine jeweilige semantische und diskursive Verfasstheit eine bestimmte Sicht der Realität schafft und wie dies die Rezipientenhaltung von der Vergangenheit bis in die Gegenwart affiziert.

Genrekompetenz kann durchaus als Teilkompetenz der narrativen Kompetenz modelliert werden. In der Didaktik wird der Begriff der narrativen Kompetenz oftmals synonym zu dem der erzählerischen Kompetenz verwendet, häufig entweder als entwicklungspsychologischer Terminus zur Modellierung von Spracherwerbsphasen oder als Kompetenz begriffen, aus der Rezeption von Narrationen heraus sowohl die eigene Sprachaneignung voranzutreiben als auch die Welt erzählerisch zu modellieren (vgl. im Überblick Ruhm 2014). Gerade bei der Verwendung fiktionaler Texte kann dabei auch eine Art fiktionale oder mimetische Kompetenz anvisiert werden. Denn im Sinne der Emplotment-Theorien Hayden Whites (1987) können Schüler und Schülerinnen gerade mit Bezug auf Literatur und Filme dafür sensibilisiert werden zu erkennen, wie und mit welchen literarischen, rhetorischen und generischen Mitteln Texte eine bestimmte Form der Repräsentation von (fremdkultureller) Realität vermitteln. Oder, mit Roland Barthes (1964) gesprochen, die Lernenden können erkennen, dass das Schaffen der Illusion von Authentizität unter Umständen stärker das Denken beeinflusst als die Existenz realer Dinge oder Ereignisse – es ist diese eine Fähigkeit, welche im Zeitalter des ‚Postfaktischen' (Wort des Jahres 2016) stark diskutiert wird.

6 Literatur und Alteritätskompetenz

Im Folgenden sollen drei Konzepte von Forschern vorgestellt werden, welche mit unterschiedlicher Akzentuierung die Arbeit mit literarischen Texten als besonders geeigneten Zugang zu kulturellen Phänomenen bewerten. Literatur dient der Auseinandersetzung mit dem Anderen in unterschiedlichen Formen, ob kultureller, sexueller, genderbestimmter oder anderer Variante – somit handelt es sich um die Entwicklung von Alteritätskompetenz (Antor 1995). Während Lothar Bredella in der Tradition der philosophischen Hermeneutik das Thema des ‚Fremdverstehens' durch Literatur erkundet, beschreibt Claus Altmayer eingehend den Ansatz der Entschlüsselung kultureller Muster mithilfe und in der Literatur; der Amerikanist Peter Freese schließlich betont die Funktion der Literatur bei der Vermittlung fremdkultureller *key concepts*.

Wie oben betont, gehört es zur anthropologischen Verfasstheit des *homo sapiens*, sich mit literarischen oder literaturähnlichen Medien zu beschäftigen, sich über sie zu definieren und sich seiner selbst und gleichfalls der Zugehörigkeit zu bestimmten Peers oder Kommunitäten zu versichern. In der Tradition Gadamers, aber auch Horkheimers und Adornos erkennt Bredella (1996; 2003; 2008) die Notwendigkeit, gerade in der Auseinandersetzung mit ästhetisch wertvoller Literatur Angebote zur Persönlichkeitsbildung zu liefern, zumal wenn diese von kanonischem Wert sind. Diese Tradition wurde von Bredella als Fremdsprachendidaktiker vor allem auf zielkulturell bedeutsame literarische Werke ausgerichtet oder auf solche, die wichtige Einblicke in die Zielkulturen liefern (vgl. auch Hellwig 2000). Bei Hermeneutikern der neueren Generation (vgl. Bredella und Delanoy 1996; Delanoy 2005) findet zunehmend eine Ausweitung auf jugendnahe, multimediale und stärker minoritäre Interessen reflektierende Textsorten statt. Bredella steht zudem für eine Tradition, die einen rein auf Kulturstandards und die Vermittlung von ‚Dos and Don'ts' ausgerichteten interkulturellen Vermittleransatz eher ablehnt – dieser betont die Funktion, die literarische Texte in der pragmatischen Sichtweise aufzeigen können, indem sie nämlich in fiktionaler Form sogenannte *critical incidents* liefern, also Szenen, die beispielhaft

Kulturkonflikte inszenieren und damit zur Interpretation durch (fremdkulturelle) Rezipienten anregen. Bredella betont eher den allgemeinen hermeneutischen Interaktionsprozess zwischen literarischem Text und (fremdsprachlichen) Lesenden. Über die reine Vermittlung kommunikativer oder interkultureller Kompetenzen hinaus soll es um tiefer liegende, schwieriger zu modellierende und zu definierende und damit zu überprüfende Fähigkeiten des Fremdverstehens, der Auseinandersetzung mit Alterität insgesamt gehen (vgl. Antor 1996; Bredella 2008; Delanoy 2005). Zentral sind dabei Prozesse von Perspektivenübernahme, Perspektivenwechsel, Perspektivenkoordination, welche mit literarischen Texten gefördert werden und dabei Toleranz, Solidarität, Sympathie, Empathie aber auch kritisches Denken insgesamt fördern. Wie im Fall von Kramschs „symbolischer Kompetenz" (Kramsch 2011) geht es bei dem von Bredella initiierten Gießener Projekt des Fremdverstehens zentral weniger um die Aneignung unmittelbar verwertbarer Skills und Kompetenzen als vielmehr um Einsichten in die Mechanismen, Hindernisse, Voraussetzungen und Ablaufmuster bei Prozessen des Fremdverstehens. Es geht damit um eine kulturelle Grundkompetenz, welche für das Zeitalter multikultureller Gesellschaften in der globalen Welt essenzielle Bedeutung erhält (Bredella und Delanoy 1996, vii).

Darüber hinaus hebt Lothar Bredella – repräsentativ für weite Teile der Forschung zum Thema – zwei aufeinander bezogene Elemente des Fremdverstehens hervor: (1) Fremdverstehen stellt sich zunächst als Versuch dar, die Fremdkultur aus sich selbst heraus zu verstehen und dabei den Bezug auf die eigene Kultur so weit wie möglich auszublenden. (2) Zugleich ist das Fremdverstehen ein Bemühen darum, die fremde Kultur nicht interpretierend oder bewertend zu begreifen. Wenn dies geschieht, dann nach den Maßstäben, welche diese Kultur selbst liefert, und eben nicht bezogen auf die eigenen kulturellen Normen und Standards.

Wie bei Bredella basiert Altmayers Ansatz auf hermeneutischen Traditionen des Erkundens von Verstehensprozessen, die vor allem aus linguistischer, semiotischer und diskursanalytischer Perspektive betrachtet werden (Altmayer 2004). Diskurstheoretischer Kernbegriff bei Altmeyer ist jener der ‚Präsuppositionen' oder sprachlichen Implikaturen. Allen sprachlichen Äußerungen, wie sie auch in literarischen Texten fixiert sind, liegen selbstverständliche, kulturell geprägte und ‚unausgesprochene' Voraussetzungen zugrunde. Es geht nicht um die ‚Wahrheitsbedingungen', sondern um die ‚Sinnbedingungen' einer Äußerung – oder darum, vereinfacht ausgedrückt, welche kulturell bedingten Aussagen oder Anspielungen bei einer Aussage ‚mitschwingen' beziehungsweise auf welches von den Kommunikanten geteilte kulturelle Wissen angespielt beziehungsweise wie dieses aktiviert wird. Altmayer formuliert hier als Kernfrage, welche Wirklichkeitskonzepte in einer Kommunikationssituation (sei sie intersubjektiv, sei sie zwischen Text und Rezipient) zum Tragen kommen und wie dabei Versionen von ‚Wirklichkeit' verhandelt werden: „Wirklichkeit ist immer schon gedeutete Wirklichkeit, bei deren Deutung und Konstruktion vor allem sprachlich vermittelte Deutungsmuster eine konstitutive Rolle spielen" (Altmayer 2004, 254). Aufgabe des wissenschaftlichen Zugangs beziehungsweise des kulturell orientierten Unterrichts ist es demnach, diese verschiedenen Voraussetzungen für die unterschiedlichen Konstruktionen von Realität eingehend zu analysieren. „Die Aufgabe der kulturwissenschaftlichen Textanalyse [...] besteht dann darin, diese Präsuppositionen als das in den betreffenden Text eingehende kulturelle Hintergrundwissen möglichst explizit zu machen" (Altmayer 2004, 245). Möglich ist dies aufgrund eines neuen, semiotischen Kulturverständnisses: Es handelt sich „bei ‚Kultur' um diejenigen als selbstverständlich und allgemein bekannt und vertraut unterstellten Wissensbestände, die den Hintergrund kommunikativer Handlungen bilden und als solche Kommunikation als Verständigung zwischen Subjekten erst ermöglichen, die aber in aller Regel selbst nicht thematisch werden" (Altmayer 2004, 245). Damit lässt sich ‚Kultur' nicht direkt oder durch empirische Untersuchungen erschließen, sondern nur indirekt, durch eine von der Mikro- bis zur Makroebene verlaufende Analyse der in jeweiligen Texten eingeschriebenen ‚Präsuppositionen'. Dies ist also ein Textverständnis, welches Texte nicht als fertige Produkte, sondern als Bedeutungsträger versteht, die von (potenziellen) Rezipienten unterschiedlich verstanden werden können. Ziel der Analyse ist es demnach, das in den betreffenden Text eingehende kulturelle Hintergrundwissen möglichst vollständig explizit zu machen. Dass dies nicht allein von Kulturwissenschaftlerinnen und Kulturwissenschaftlern erhebliches Hintergrundwissen, ein großes Maß an Recherche und einen genauen Blick für Details und die Symbolhaftigkeit von Äußerungen verlangt, sondern in der Praxis der Analyse und Interpretation geradezu in Kärrnerarbeit münden kann, ist offensichtlich. Exemplarisch hierfür ist Altmayers detaillierte Fallstudie zum Thema ‚Ausländer in Deutschland' (Altmayer 2004, 266–460). Die ausgewählten Texte umfassen dabei ein breites Spektrum: Eine Plakatserie zum Thema ‚Einbürgerung', Einträge zum Thema Ausländer in Deutschland in einem Internetgästebuch, die kurze Geschichte „Dialog" von Nasrin Siege, ein Essay Cem Özdemirs mit dem Titel „Deutschland – meine Heimat", Einträge zum Thema ‚Menschenrassen' in der Brockhaus-Enzyklopädie im historischen Überblick, Ausschnitte aus einer Talkshow zum Thema ‚Was ist deutsch?' sowie das Kunstplakat „Deutscher ist, wer in Deutschland Steuern zahlt" (Klaus Staeck). In einer Unterrichtssequenz können nun Schicht für Schicht die Bedeutungs- und Anspielungsebenen der kulturellen Texte aufdeckt werden. Es lässt sich dabei verdeutlichen, wie faszinierend derartige hermeneutische Verfahren in der Unterrichtspraxis beim Verwenden ähnlicher Texte und ähnlicher, allerdings in weniger extensivem Maße vollzogenen Deutungsverfahren sein kann.

Während Altmayer sozusagen auf der Mikroebene der Texte und von Textstellen die Praktiken kultureller Bedeutungsaufladung aufdecken möchte, stehen in einem anderen Ansatz vor allem die *key cultural concepts* der ‚Zielkulturen' des Unterrichts im Vordergrund. Die Fokussierung auf Mentalitätsstrukturen, die historisch gewachsen sind und in das Alltagsleben und die Alltagskommunikation der Menschen hineinwirken, erscheint gerade im Bereich der interkulturellen Wirtschaftskommunikation attraktiv, weil sich dies oftmals in erlernbaren Verhaltensregeln für interkulturelle Verständnisprozesse niederschlägt (vgl. Weidemann et al. 2010). Zugleich hat sich ein mentalitätsgeschichtlich orientierter Ansatz in der Englischdidaktik als eine verschiedentlich vertretene zielkulturbezogene Vermittlungsrichtung entwickelt, welche vor allem in der Amerikanistik – und dort beispielsweise einflussreich von Peter Freese – nach wie vor vertreten wird (Freese 1991; Freese 1996; Freese 2011). Dieser Ansatz zeigt gerade am Beispiel literarischer Texte auf, wie historisch tief verwurzelte *key cultural concepts* in US-amerikanischen Texten nachwirken, wie der *frontier myth*, der *American Dream*, der amerikanische Exzeptionalismus oder die Ideologie des individuell einzulösenden Rechts auf *the pursuit of happiness*. So würde eine Beschäftigung mit dem nach wie vor aktuellen Dramenklassiker *Death of a Salesman* von Arthur Miller (1949) beispielsweise vor allem die zielkulturellen Elemente des Scheiterns des Protagonisten betonen. Willy Loman scheitert entsprechend an der ihn prägenden Ideologie von *self-reliance*, dem Streben nach materiell bestimmten Glück sowie der Orientierung an einer exzessiv an Erfolg und Wettbewerb orientierten Gesellschaft. Am Beispiel der Tragödie ließe sich durchaus die Wirkmächtigkeit entsprechender Mentalitätsmuster in den heutigen USA aufzeigen. Bezug nehmen könnte man dabei auf nichtliterarische Texte wie Auszüge aus Donald Trumps autobiografischem Erfolgsbuch *The Art of the Deal* oder auf Ausschnitte aus der *acceptance speech* des gewählten Präsidenten zu „the forgotten people of America".

7 Textarrangements und das Prinzip der Intertextualität

Mit den Beispielen der Themenkomplexe ‚Ausländer in Deutschland' und *American Dream* wurden bereits Grundprinzipien der Textauswahl und Vermittlungsmethoden im Wesentlichen angesprochen: der Einsatz literarischer Texte im intertextuellen „Spiel der Texte" (Hallet 2002; vgl. auch Kuna 1986; Küster 2000, Küster 2003) sowie das Betonen der kulturellen Geprägtheit literarischer Texte, die es aufzudecken und produktiv zu behandeln gilt. Die Kulturalität literarischer Texte gilt es jedoch nicht allein in komplexeren, literarisch anspruchsvolleren und längeren Texten zu erkennen und fruchtbar zu machen. Mit Karlheinz Hellwig (2005) lässt sich die literarisch-ästhetische Erziehung – und damit auch die Vermittlung von Literatur als ‚Kulturgut' einerseits, als Verhandlungsort kultureller Zirkulationen andererseits – von Anfang an bis in die Oberstufe hinein als ein Kontinuum modellieren. Die Anfänge des Umgangs mit Literatur an der Grundschule wertet Hellwig als Grundstufe der später auszubauenden literarisch-kulturellen Erziehung auf (Hellwig 2000). Bereits hier gilt es, behutsam und intensiv zur Literatur hinzuführen, zum Beispiel mit ABC-Reimen, Rätseln, Witzen, Limericks, Märchen und Sketchen. Besonders mithilfe sprachgestalterisch-lautmalerischer Übungen oder szenischer Gestaltungsprojekte können Memorisierungshilfen geliefert werden und sprachliche Sensibilisierung bereits im Anfangsunterricht erfolgen. Ziel ist ein „prozeßorientiertes, vertiefendes Sich-Einleben in [...] Sprache" (Hellwig 2000, 193) und damit ein Einstieg ins Literarische.

Lernende der Jahrgangsstufen 7 bis 9 schwanken bekanntlich zwischen Lust und Unlust. Literaturvermittlung in der Pubertät erscheint als ein besonders schwieriges Projekt. Gerne wird hier teilweise Literatur zum Thema Erwachsenwerden und Identitätsfindung empfohlen, allerdings erscheint es unter Umständen auch problematisch, individuelle Problemlagen junger Menschen allzu direkt anzusprechen. Gemäß dem Prinzip der Altersstufenangemessenheit können humorvolle, satirische Texte Verwendung finden, aber auch Besinnlich-Kritisches. Die Begegnung mit der Literatur kann in der Mittelstufe besonders intuitiv-erfahrend und prozessorientiert geschehen, wie es Formen des Umschreibens, zum Beispiel beim medialen Transfer vom Gedicht zur Hörszene, ermöglichen (vgl. zu kreativen Herangehensweisen Caspari 1994; Spinner 2001).

Die 10. bis 12. oder 13. Jahrgangsstufe schließlich kann zur „Abrundung literarischen Lernens bzw. [als] Übergang zu erweitertem und weiter vertiefendem literarischem Lernen" verstanden werden (Hellwig 2000, 276). Die Schüler und Schülerinnen sollen es als gewinnbringend erleben, wie in der Literatur das Experimentieren mit verschiedenen Lebens- und Identitätsentwürfen exemplarisch vorgeführt und damit zum Nachdenken und Nacherleben eingeladen wird. Entsprechend ist hier die Bedeutung von Initiationsgeschichten zu betonen, jugendnahe Gedichte, Songs und Kurzdramen. Neben dem medialen Transfer und der szenischen Deutung wird hier dann auch das freie Schreiben als Schüleraktivität angeregt, um dem erklärten Ziel der Verwirklichung von Lernerautonomie näherzukommen.

Zur Exemplifizierung des prozess- und handlungsorientierten sowie intertextuell ausgerichteten Literaturunterrichts (vgl. schon Kuna 1986) wurde vor allem für einen verstärkten Einsatz von visuellen und auditiven Materialen plädiert, welche die literarische Perspektive ergänzen, erweitern und im Kontrast erscheinen lassen. Indem etwa Bildkunst als Ergänzung, Hinführung oder Vertiefung in Kombination mit literarischen Texten im Unterricht verwendet wird, leistet sie auch einen wichtigen Beitrag dazu, gewissermaßen multiperspektivisch und multimedial die spezifische literarische Qualität entsprechender Texte in ein klareres Licht zu setzen. So lassen sich Filmauszüge, Cartoons, Kunstinstallationen, aber auch Gemälde zusammen mit einem literarischen Text oder mehreren literarischen Texten (oder Textauszügen) zu Sinngefügen in Form didaktischer Textensembles kompilieren (vgl. Decke-Cornill 1994; Hallet 2002). Von besonderem Interesse können dabei Bilder sein, die in der Literatur ihr Echo finden und damit interessante Querverbindungen ermöglichen. Faszinierende ‚Doppelgebilde' entstehen, wenn sich die Geschwisterkünste Malerei und Poesie auf unterschiedliche Weise eines Themas annehmen beziehungsweise sich sogar aufeinander beziehen. Dies geschieht beispielhaft in der Verarbeitung eines Ölgemäldes von Pieter Bruegel (*Landschaft mit Fall des Ikarus*, ca. 1555–1568) in William Carlos Williams' Gedicht *Landscape with the Fall of Icarus* (1960) oder W. H. Audens Zeilen zu *Musée des Beaux Arts* (1938), aber auch mit Bezug auf dessen mediales Echo in Fotografien, welche in ganz anderen Kontexten entstanden, wie in der ikonischen Fotografie *Blick von Williamsburg, Brooklyn, auf Manhattan, 11. September 2001* des deutschen Fotokünstlers Thomas Hoepker (vgl. Volkmann 2011). Auch ohne ihren direkten Bezug auf literarische Werke weisen bestimmte Gemälde ein hohes Motivationspotenzial auf und lassen vielfältige Lern-, Verarbeitungs- und Umwandlungsprozesse im Unterricht zu. Ziel ist dabei die Versprachlichung und Verschriftlichung der schülerischen Reaktion auf die visuelle wie textuelle Quelle; als didaktische Grundprinzipien kommen in besonderem Maße Aspekte des mehrsensorischen und autonomen Lernens zum Tragen. Wie Blell (1998, 169) dies zusammenfasst: Die Richtung sei vom Text als „medialen und personalen Impuls über seelisch-geistige Verarbeitungsprozesse im Lernenden (ganz individuelle Prozesse der Sprach- oder Bildverarbeitung) zu individuell neuen Texten (subjektiv-kreative Sprachproduktionsprozesse)."

Die dem entgegengesetzte Richtung multimedialer Kunstvermittlung, also die Produktion eigener Bilder, die von einem literarischen Text ausgeht, ist bisher in der Fremdsprachendidaktik weniger erörtert worden. Als eine sinnvolle Ergänzung der Interpretation literarischer Texte kann man beispielsweise ein Unterrichtsprojekt verstehen, in dem Edgar Allan Poes Kurzgeschichte *The Tell-tale Heart* oder E. T. A. Hoffmanns Erzählung *Der Sandmann* mit Schülerzeichnungen illustriert werden. Dass beim Zeichnen dabei Gefühle zum Ausdruck gebracht werden, erleichtert für lernschwächere Schüler und Schülerinnen die Auseinandersetzung mit komplexeren literarischen Werken. Die eigene Bildproduktion kann allerdings auch andere Funktionen haben und nicht allein der Rezeptionserleichterung dienen. Im Sinne eines prozess- und handlungsorientierten Ansatzes kann gerade die mediale Übertragung von Literatur in Form der Gestaltung einer gleichzeitig entschlüsselnden wie transformierenden Neuproduktion eines eigenen Bildes besonders motivierend und aktivierend sein und aufgrund der ungezwungeneren und ungewöhnlicheren Unterrichtsform auch für die Lehrkraft zu überraschenden und lehrreichen Ergebnissen führen.

Auch eine auf literarischen Texten basierende Bildgestaltung zielt weniger auf kognitive Lernmethoden und Lernziele ab. Sie strebt keine ‚Musterinterpretation(en)' an, sondern setzt auf affektive, kreative und künstlerische Elemente. Gleichzeitig strebt sie modellartig einen interdisziplinär beziehungsweise fächerübergreifend ausgerichteten Unterricht an. Hierbei gilt es, Berührungsängste gegenüber Literatur, beispielsweise gegenüber der Lyrik, abzubauen und, ausgehend von der Transferleistung der Bildgestaltung, das Imaginations- und künstlerische Ausdrucksvermögen der Schülerinnen und Schüler zu wecken beziehungsweise zu fördern. Gleichzeitig erhält die sprachlich-argumentative Auseinandersetzung mit dem lyrischen Text eine vertiefte und erweiterte Dimension, wenn die Lernenden ihre Eigenproduktionen quasi als ‚Doppelprodukt' – als Interpretation der literarischen Vorgabe wie als eigenständige künstlerische Aussage – in der Schülerrunde zur Diskussion stellen.

8 Der Eigenwert der Literatur – das ganz Andere

Es lässt sich schließlich eine ganz andere Argumentationsrichtung für den Literaturunterricht eröffnen. Sie dreht ein oft vernommenes Hauptargument gegen den schulischen Einsatz von Literatur beziehungsweise für eine Reduktion von literarisch-ästhetischen Elementen gewissermaßen um. Nicht allein als fiktionaler Steinbruch für landeskundliche Phänomene oder interkulturelle Fremderfahrung habe Literatur zu wirken, sondern – im Gegenteil – Literatur solle im Mittelpunkt eines interkulturell, auf Fremderfahrung ausgerichteten Unterrichts stehen. Wie stellt das ‚Kontra-Argument' nun gängige Vorstellungen ‚vom Kopf auf die Füße'?

Historisch verankert wird das Hauptargument für Literatur im Prager Formalismus der 1920er Jahre – darin nämlich, dass gehaltvolle und ästhetisch wertvolle Literatur eben keine mimetische, transparente Folie der Realität darstellt, wie beispielsweise diejenige einer ‚Zielkultur' und deren Sprache. Im Gegenteil zu dieser Vorstellung entspricht es dem Wesen der Literatur, gängigen stereotypen, formelhaften, automatisierten Wahrnehmungs-, Denk- und Handlungsprozessen entgegenzuwirken. Diese werden subversiv infrage gestellt, geradezu

‚entautomatisiert'. „Automatisierung frißt die Dinge, die Kleidung, die Möbel, die Frau und den Schrecken des Krieges", so formulierte es Viktor Šklovskij poetisch-expressiv, und zu Recht wird auf dieses bild- und inhaltsschwere Zitat mehrmals in dem Band *Literaturwissenschaft und Deutsch als Fremdsprache* verwiesen (vgl. Ewert et al. 2011, 11 und 174). Auf der Basis dieses Verständnisses von Literatur und ihrem ‚Deautomatisierungspotenzial' (vgl. Ewert et al. 2011, 11) hat sich in der Deutsch-als-Fremdsprache-Didaktik ein beeindruckend klares Plädoyer entwickelt, welches das gängige Argument gegen die Verwendung von Literatur im Fremdsprachenunterricht umkehrt. Die Andersartigkeit von Literatur wird befreit von abschätzigen Konnotationen (wie etwa ‚elitär' oder ‚alltagsfremd') und begründet gleichzeitig aus sich selbst heraus ihre zentrale Existenzberechtigung: Gerade das Fremde der Literatur erlaubt, ja fordert sogar ein, über Sprache und Realität zu reflektieren. Die Rezeption von Literatur löst Prozesse der Fremderfahrung aus, welche gleichsam mehrfachen, multiperspektivischen Reflexionen unterzogen werden kann – gerade wenn thematisiert wird, wie Literatur im Gegensatz zu und/oder im Verbund mit anderen Medien Realität präsentiert beziehungsweise subjektiv erschafft. Literarische Werke entziehen sich damit einer platten, naiven und reduktionistischen Instrumentalisierung als Medium zum Erwerb interkultureller Kompetenz, als Sprechanlass oder gar als sogenanntes „authentisches Material zur Vermittlung von landeskundlichen Inhalten" (Ewert et al. 2011, 8). Vielmehr eröffnen sich vielfältige Möglichkeiten für eine Neukonturierung literaturdidaktischer Ansätze mithilfe von Kategorien wie „Fremdheit und Deautomatisierung, Heterogenität und Ambivalenz, form as meaning und Medialität, diskursive Vernetzung und mental mapping" (Ewert et al. 2011, 8), aber auch mithilfe bestimmter Kategorien des interkulturellen Diskurses wie Hybridität, Mimikry, Dritter Raum, Bricolage, Melange, kultureller Synkretismus, Kreolisierung, Transkulturalität, Stereotype, kulturelle Differenz, interkulturelle Konstellationen.

Die Anwendung von kulturbezogenen Fragestellungen könnte so herausstellen, welche literarischen Verfahren besonders entautomatisierend wirken und die Brüchigkeit homogener oder standardisierter Sinnentwürfe aufzeigen. Einerseits kann dabei die scheinbare ‚Glattheit' von Text- und Kulturoberflächen als brüchig exponiert werden; andererseits wird erklärt, wie bestimmte Diskursverfahren Heterogenität inszenieren und damit emanzipatorisch und für das Fremde sensibilisierend wirken (z. B. Multiperspektivität und Hybridisierung oder Multimodalität). Als narratologische Verfahren, welche in Richtung Multiperspektivität und Hybridisierung wirken sowie den Einbruch des Fremdartigen in gewohnte Wahrnehmungsmuster kreieren, können vor allem Verfahren der Vielstimmigkeit und Dialogizität (nach Michail M. Bachtin) in den Fokus geraten sowie beispielsweise unzuverlässiges Erzählen, Fremdheitsfiguren, Verformungen, sprachlicher Überschuss. Die ästhetische Erfahrung verbindet sich dabei mit einem ethischen Lernprozess, welcher weit über triviale interkulturelle Forderungskataloge hinausweist, wie Leskovec formuliert: „Das soll nicht heißen, dass sich der Fremdsprachenunterricht von der Vermittlung sogenannter harter Fakten verabschieden muss, die nach wie vor eine wichtige Basis bilden. Heterogenität sichtbar und bewusst zu machen, scheint jedoch als zusätzliche Aufgabe des Fremdsprachenunterrichts immer wichtiger zu werden, da das Festhalten an der Überzeugung, Identität sei etwas Festes, Unveränderbares, Stabiles und an sich unhintergehbar, die Tendenz zur Normalisierungsgesellschaft im Sinne Foucaults verstärken und damit zu Manipulationen und Mechanismen führen kann, die Anderes – und zwar nicht nur kulturell Anderes – ausschließen und vernichten" (Leskovec 2011, 96).

Somit lässt sich deutlich gegen die Vorstellung argumentieren, dass in der Literatur vor allem bekannte Kulturstereotype in der Tradition der Völkerpsychologie und der Kulturstandardforschung thematisiert werden. Vielmehr erhält die Literatur die Funktion einer konstruktiv wirkenden Problematisierungs- und Sensibilisierungsinstanz bei der Auseinandersetzung mit Alterität.

Deutlich zurückzuweisen sind demnach ein rein referenziell definiertes Verständnis von Sprache und die Reduktion von Literatur zur Ressource für interkulturelles Lernen. Stattdessen sind die Komplexität, Andersartigkeit und ästhetische Verfasstheit literarischer Texte hervorzuheben. Literatur schafft demnach potenziell Sprachsensibilität und einen bewussteren Umgang mit Sprache; sie dient der Schärfung der ‚Deutungskompetenz' mit Bezug auf einen manipulativen, stereotypenhaften und verschleiernden Sprachgebrauch und zielt auf eine Steigerung der Handlungskompetenz, vor allem im sprachlich-kommunikativen Bereich, ab.

Zugleich ist dies eine kritisch-reflexive Kompetenz, die Fähigkeit, am Beispiel literarischer Texte die Notwendigkeit zu erfahren, mit den Lerngegenständen kritisch umzugehen, sie daraufhin zu hinterfragen, welches Menschbild sie tragen, welche Rezeptions- und Produktionsreaktionen sie implizieren, welche ideologischen Subtexte bei den Prozessen der Sinnkonstitution mitschwingen. Damit gehen Ideale des mündigen, emanzipierten, kritischen Lernenden als aktiver Teilnehmer oder aktive Teilnehmerin einer demokratisch verfassten Gemeinschaft einher. Dies kann durchaus als Teil einer ideologiekritischen Position verstanden werden – in der Tradition von Horkheimer und Adorno, aber auch der *Cultural Studies* –, der gemäß der kritisch-reflexive Geist erkennt und aufdeckt, welche rhetorisch-persuasiven Mechanismen der Manipulation durch dominante oder repressive soziokulturelle Strukturen die freie Entfaltung der Persönlichkeit und ihrer Gemeinschaft einschränken oder unterdrücken.

Weiterführende Literatur

Altmayer, Claus (2004). *Kultur als Hypertext. Zu Theorie und Praxis der Kulturwissenschaft im Fach Deutsch als Fremdsprache.* München.
Bredella, Lothar und Werner Delanoy (1996). „Challenges of Literary Texts in the Foreign Language Classroom". *Challenges of literary texts in the foreign language classroom.* Hrsg. von Lothar Bredella und Werner Delanoy. Tübingen: vii–xxviii.
Bogdal, Klaus-Michael (2002). „Literaturdidaktik im Spannungsfeld von Literaturwissenschaft, Schule und Bildungs- und Lerntheorien". *Grundzüge der Literaturdidaktik.* Hrsg. von Klaus-Michael Bogdal und Hermann Korte. München: 9–29.
Ewert, Michael, Renate Riedner und Simone Schiedermair (Hrsg.) (2011). *Deutsch als Fremdsprache und Literaturwissenschaft. Zugriffe, Themenfelder, Perspektiven.* München.
Hallet, Wolfgang (2002). *Fremdsprachenunterricht als Spiel der Texte und Kulturen: Intertextualität als Paradigma einer kulturwissenschaftlichen Didaktik.* Trier.
Hellwig, Karlheinz (2005). *Bildung durch Literatur. Individuelles Sinnverstehen fremdsprachiger Texte. Eine literaturdidaktische Tour d'Horizon.* Frankfurt a. M. u. a.
Kramsch, Claire (2011). „Symbolische Kompetenz durch literarische Texte". *Fremdsprache Deutsch* 44 (2011): 35–40.
Küster, Lutz (2003). *Plurale Bildung im Fremdsprachenunterricht. Interkulturelle und ästhetisch-literarische Bildung an Beispielen der romanistischen Fachdidaktik.* Frankfurt a. M.
Volkmann, Laurenz (2010). *Fachdidaktik Englisch: Kultur und Sprache.* Tübingen.

Berbeli Wanning
IV.5 Literaturdidaktik und Kulturökologie

Klimawandel, Artensterben, Wassermangel, Energiekrise, Ressourcenverschwendung – die Aufzählung der aus fortschreitender Naturzerstörung resultierenden Gefährdungen ließe sich noch lange fortführen. Sie benennt den hinlänglich bekannten Zustand der Welt, wie wir sie unseren Kindern und Enkeln hinterlassen werden, wenn sich nichts ändert. Längst hätte es ein erhebliches Umsteuern geben müssen, um die Lebensbedingungen zukünftiger Generationen zu sichern. Wir wissen viel über diese Zusammenhänge im Wechselspiel von Ökonomie, Technik und Ökologie, doch unser Handeln hinkt unserem Wissensstand hinterher. Lawrence Buell versah diese paradox anmutende Situation bereits vor gut zwanzig Jahren mit dem Begriff *„environmental doublethink"* (Buell 1995, 4) und spielte damit auf eben das Verhältnis von Umweltwissen und Umwelthandeln an, das in der Praxis auseinandertritt. Die naturwissenschaftlich-technischen Probleme, die sich aus dem gegenwärtigen Zustand der Natur ergeben, stehen in einem Spannungsfeld sozialer, kognitiver und emotionaler Prozesse, welche durch Bildung und Erziehung beeinflusst werden können und didaktisches Handeln erfordern. Noch gibt es zu wenige Untersuchungen, wie sich Umweltbewusstsein in umweltbezogenes Handeln übersetzen lässt, doch ist die Schule der logische Ort, mit den notwendigen Veränderungen zu beginnen (vgl. Rodriques 2010, 56).

Die Umweltkrise hat sich im bisherigen Verlauf des 21. Jahrhunderts paradigmatisch anders entwickelt als während der vorhergehenden drei Dekaden. Waren jene Jahrzehnte nach der „ökologischen Epochenschwelle" (Sieferle 1994, 250) um 1970 geprägt von verschiedenen großen Umweltkatastrophen (stellvertretend seien hier die Städtenamen Seveso, Bhopal und Tschernobyl genannt), woraus ein verändertes, bereits ansatzweise global ausgerichtetes Umweltbewusstsein mit weit reichenden politischen Folgen entstand, so beherrscht heute ein zugleich diffuses und konkretes Gefühl der Bedrohung durch die allgegenwärtige Globalisierung der Umweltprobleme große Teile der Gesellschaft. Das Missverhältnis von Wissen und Handeln besteht fort und ist umso schwerer zu verändern, je stärker die Verhältnisse als undurchdringbar wahrgenommen werden. Kaputte Umwelt, soziale Spannungen, wirtschaftliche Krisen, brutale Kriege und ein Kampf der Kulturen, dessen Ende nicht absehbar ist – so wirkt das Portrait des 21. Jahrhunderts auf eine Jugend, der es nur finstere Perspektiven bietet. Die drei Säulen der Nachhaltigkeit, Ökonomie, Ökologie und Soziales, scheinen allesamt zu wackeln, sodass Orientierung fehlt, Ordnung zerbricht und die Sicht auf Lösungen versperrt bleibt. Zu den apokalyptischen Ereignissen (Fukushima) treten die in ihrer Zeit- und Raumstruktur schwer fassbaren langfristigen Umweltschäden hinzu, die als Begriffe allgegenwärtig, doch als Phänomene kaum augenfällig sichtbar denn erklärungsbedürftig sind. Ökologische Krisen gelten inzwischen als ‚Schlüsseldimension' der Weltrisikogesellschaft, deren Gefahren sich weder räumlich noch zeitlich oder sozial eingrenzen lassen (Beck 2007, 153). Es ist der dystopische Blick, der die Oberhand gewonnen zu haben scheint. Die apokalyptische Fantasie liegt im Trend, die moderne Zeitordnung ist zerbrochen, die Zukunft bietet keinen Raum der Hoffnung mehr, so beschreibt Eva Horn die *Zukunft als Katastrophe* (2014, 12). Es ist schwierig, unter diesen Bedingungen aufzuwachsen, zumal derartige Narrative durchaus Einfluss auf kollektive Wirklichkeiten haben.

Literaturdidaktik muss darüber nachdenken, wie sie angesichts dessen zu einem Perspektivenwechsel beitragen kann, um Gegenbilder zu entwickeln. Aus dem Kontrast entsteht die Lernchance. Es geht um den spezifischen Erkenntniswert literarischer Fiktionen, die nicht nur Wissen generieren, sondern auch Einsicht in ethische und politische Dimensionen gewähren, welche menschlichem Handeln zugrunde liegen, das auf Zukunft gerichtet ist (vgl. Horn 2014, 30). Wie können Kinder und Jugendliche davon profitieren?

Die globalen Ausmaße der Umweltgefährdungen haben zur Folge, dass sich das lange vertraute Verursacherprinzip mit anschließender Schuldzuweisung zukünftig kaum noch anwenden lässt, womit auch dessen Entlastungsfunktion wegfällt. Die große Erzählung von der ‚guten' Natur und ihren ‚bösen' Zerstörern funktioniert schon lange nicht mehr als universelles Legitimationsmuster (vgl. Gumbrecht und Müller-Charles 1989, 69–70), weshalb Kinder und Jugendliche deren schlichten moralischen Subtext kaum mehr verstehen. Er steht ihren Lebenserfahrungen einer komplex verflochtenen, sich rasch verändernden Welt vielfältiger Risiken entgegen, aus der sich andere Strukturen von Verantwortung ergeben. Insofern nicht mehr ein konkretes Subjekt, sondern ‚der Mensch' allgemein als Urheber an kritischen Umweltveränderungen ursächlich beteiligt ist, sind ‚alle Menschen' davon betroffen. Vorrangig gilt es, dieses Abstraktum, dem die Anschaulichkeit fehlt, zu begreifen. Hier füllen literarische Texte, die von der Natur und den Menschen handeln, die Lücke zwischen dem Wissen um Fakten und dem Verstehen der Zusammenhänge, und zwar in einer nicht nur kognitive Fähigkeiten, sondern auch Emotionen ansprechenden Weise. Letztere sind essentiell für die Orientierung in der Welt, sie beeinflussen unser Denken und unser Handeln. Die Verbindung von Emotion und Kognition ist eng, zusammen bilden sie ein Erkenntnisvermögen ab, das den Bezug zur Realität gewährleistet. Die der Literatur eigenen imaginativen Verfahren involvieren den Leser und machen die historischen, kausalen und materialen Verflechtungen zwischen Mensch, Natur und Umwelt vorstellbar.

Dem steht häufig noch eine im alten Stil moralisierende Form der Umwelterziehung entgegen, deren Signum der erhobene Zeigefinger ist. Umweltbewusstsein auf eine Liste von Ge- und Verboten zu reduzieren, ist heute weder zeitgemäß noch zielführend, weil dadurch die Komplexität des Verhältnisses von Mensch, Kultur, Natur und Umwelt zu stark vereinfacht wird. Ein tieferes Verständnis und eine nachdenkliche Grundhaltung entstehen so nicht. Es fehlt an der notwendigen Orientierung als kulturelle Kompetenz für die nachwachsende Generation, denn niemand kann sich der globalen Entwicklung eines beständig fragiler werdenden Mensch-Natur-Umwelt-Verhältnisses entziehen, das die Kehrseite des immensen technischen Fortschreitens der Naturbeherrschung ist. Allerdings sind die Folgen höchst unterschiedlich verteilt: Auf der Raumachse tragen schon jetzt die ärmeren Regionen der Welt die größte Last, auf der Zeitachse werden dies die zukünftigen Generationen in einem globalen Maßstab sein. Allein schon dieser Befund macht das Thema auch als Gegenstand des Literaturunterrichts so nachdrücklich notwendig.

Diese vielfältigen Zusammenhänge gilt es zu entschlüsseln und Kindern und Jugendlichen in einer für sie altersangemessenen, begreifbaren Form verständlich zu machen. Patentlösungen gibt es nicht. Literatur stellt Möglichkeiten des Probehandelns zur Verfügung, sie lotet Grenzen aus und weist neue Wege auf, sie kann die Zukunft literarisch präsent erfassen, als wäre sie konkret gegenwärtig. Das gilt zum Beispiel für die *Future Fictions*, eine Untergattung der fantastischen Kinder- und Jugendliteratur, deren Wunderwelt nicht von magischen, sondern von technischen Elementen bestimmt wird (vgl. von Glasenapp 2013, 67–86). Die fantastischen Phänomene und Erfindungen sind schon heute vorstellbar und in der Zukunft zu erwarten, gegenwärtig aber noch nicht realisiert: üble Klimawandelfolgen, extreme technisch-biologische Waffen beziehungsweise Kriegsführung, künstlich erzeugte Mutationen. Gezeigt wird der Fortschritt der Naturbeherrschung nicht von seiner nützlichen, sondern von seiner bedrohlichen Seite (vgl. Rank 2014, 6). Der Erfolg dieser Gattung reflektiert das Katastrophengefühl der jungen Generation (vgl. Hollm und Uebel 2006, 181), die selbiges auf diese Weise zugleich bewältigen kann. Derartige Dystopien, vor allem das beliebte Genre *Young Adult Dystopia* (YAD), vermitteln Jugendlichen den ungeheuren Verlust, der durch die Zerstörung der Natur eintritt, selbst wenn sie in ihrer unmittelbaren Umgebung die reale Natur noch als relativ intakt erfahren. Insofern sind YAD nicht nur genuiner Gegenstand eines modernen Literaturunterrichts, sondern sie leisten auch einen wichtigen Beitrag zur Umwelterziehung, der sich unter dem Oberbegriff ‚Wertschätzung der Natur' zusammenfassen lässt.

Aus Sicht des *Ecocriticism* geben historische literarische Texte Fingerzeige auf unser heutiges Naturverständnis, seine Entstehung und Wandlung, die das Erkennen der Zusammenhänge unterstützen (Rainbow 2014, 117). Schon vor zwei Jahrhunderten setzte sich beispielsweise die Literatur der Romantik mit den Einwirkungen des naturwissenschaftlichen Fortschritts auf das Naturverständnis auseinander, etwas später protokollierte die Literatur des poetischen Realismus die frühe Phase der Industrialisierung samt naturbedrohender Kehrseiten. Auch aus den noch länger zurückliegenden Modernisierungsprozessen – in den Anfangszeiten der Mechanisierung und Naturforschung – lässt sich vieles lernen; entsprechende literarische Texte aus dem 16. bis 18. Jahrhundert geben Auskunft (vgl. Grimm 2014, 201).

Die Auseinandersetzung mit der Natur als kulturellem Projekt (Böhme 2002, 128), wie sie sich in der Literaturgeschichte manifestiert, ist letztlich eine Begegnung des Menschen mit sich selbst, sie ist gewissermaßen ein Nachdenken über den Menschen. Natur, wie wir sie kennen, ist eine anthropogene, eine Natur-Kultur. Die Frage, wie menschliche Kultur mit der physischen Welt verknüpft ist, gehört daher von Beginn an zu den zentralen Forschungsinteressen des *Ecocriticism* (vgl. Glotfelty und Fromm 1996, 20). Ohne interdisziplinäres Denken, das auch ethische und künstlerische Aspekte einbezieht, ist sie nicht zu bearbeiten. Die Interpretation literarischer Texte unter kulturökologisch-didaktischer Perspektive trägt zur Bildung eines zeitgemäßen ökologischen Bewusstseins bei. Sie ermöglicht es Schülerinnen und Schülern, die mit den Umweltproblemen zusammenhängenden gesellschaftlichen Faktoren und Prozesse zu durchschauen. Dadurch lernen sie, ihre eigenen Interessen und Bedürfnisse in Relation hierzu zu artikulieren. Zusätzlich können sie mittels literarischer Spielräume erkunden, wie politische Intervention denkbar und Zukunft gestaltbar wird. Da jeder Text einen Vorstellungsraum öffnet, ist es möglich, diesen mit alternativen Kulturentwürfen und Naturkonzepten zu füllen und die kulturelle Fantasie zu schulen. Kinder und Jugendliche können über die Texte hinausgehen und deren Inhalte mit ihrer unmittelbaren Lebenswelt verbinden. Sie erkunden auf diese Weise die kausalen und interdependenten Strukturen, um sich eine Meinung zu bilden und eine ethische Haltung zu entwickeln. Später übernehmen sie gesellschaftliche Verantwortung. Antizipatorisches Lernen trägt dazu bei, vorausschauend jetzige Handlungen mit ihren jeweiligen Konsequenzen bewerten zu können. Kulturökologische Literaturdidaktik hält für diese Formen interdisziplinären Denkens einen eigenen Ansatz bereit, sie steht an der Nahtstelle zwischen der Erziehung der kommenden Generation und der schonungslosen Bilanz dessen, was wir derselben an faktischen Umweltveränderungen und gewandelter kultureller Bewusstheit hinterlassen.

Der vorliegende Beitrag erfasst zunächst den Stand der literaturdidaktischen Diskussion, erläutert sodann den bildungspolitischen und globalen Fokus, skizziert im Anschluss die Grundlinien des theoretischen Zugriffs und seiner Entwicklung, bevor er auf die verschiedenen Themenfelder genauer eingeht. Der abschließende Ausblick richtet sich auf die Verortung der kulturökologischen Literaturdidaktik im Kontext neuerer Ansätze der Forschung.

1 Diskussion: Das Natur-Kultur-Umwelt-Paradigma in der Literaturdidaktik

Während die zur Kulturwissenschaft hin geöffnete Literaturwissenschaft sich längst mit ökologischen Fragen auseinandersetzt und dieser Forschungsansatz mittlerweile zu den am stärksten wachsenden überhaupt gehört (vgl. Zapf 2016, 1), rezipieren die Deutsch- und Literaturdidaktik diese Entwicklung nur vergleichsweise zögerlich. So geht von den zwischen 2010 und 2016 veröffentlichten Lehr- und Basisbüchern zur ‚Einführung' kaum eines auf das Thema Mensch, Kultur, Natur explizit ein (vgl. Wanning 2016, 118). Selbst in den Kapiteln über Leseförderung und literarische Bildung, die zumeist literarische Inhalte behandeln, führt dieses international zentral wichtige Thema ein ‚Mauerblümchendasein' – sofern es überhaupt angesprochen wird. Beispielsweise fehlt es in den Lehrbüchern auf Kriterienlisten für die Literaturauswahl (vgl. Goer und Köller 2014, 264). Konsequenterweise wird die ökologische Kinder- und Jugendliteratur auch in Leseempfehlungslisten ignoriert (vgl. Goer und Köller 2014, 267). Ebenso bleibt das Thema erstaunlicherweise ausgeklammert, wenn der Frage nach dem „alltagskulturellen Wissen" (Köhnen 2011, 180) nachgegangen wird, welches die Literaturdidaktik generieren soll. Wenn das ‚Praxisfeld Literaturunterricht' im Mittelpunkt steht, wird zwar mehr „Lebensweltbezug" (Dawidowski 2016a, 293) gefordert, aber dieses neben der Erhaltung des Friedens dringendste Problem des 21. Jahrhunderts findet keinerlei Erwähnung. Dies ist umso verwunderlicher, als das Thema ‚Natur' im Alltag jeder Schule und in den Lehr- und Bildungsplänen zahlreicher Fächer aller Schulformen und Klassenstufen zu finden ist. Die Literaturdidaktik erfüllt in diesem Kontext eine wichtige Funktion, auch als entscheidende Verbindung zwischen den Erkenntnissen kulturwissenschaftlicher Forschung und deren Vermittlung und Reflexion in der schulischen Praxis. Dennoch hinken die meisten neuen Lehrbücher für angehende Lehrkräfte der aktuellen Entwicklung mehr oder minder hinterher, wie die obigen Beispiele dartun. Dass diese längst viel weiter ist, zeigen die folgenden Belege.

In seinem Standardwerk *Deutschunterricht lehren weltweit* fordert Gerhard Rupp, der Unterricht müsse „personale Zukunftsfähigkeit" (Rupp 2014, 753) vermitteln: Schülerinnen und Schüler lernen durch den Literaturunterricht unter ökologischen Aspekten, einen grundsätzlichen Widerspruch der Gegenwart zu verstehen, der sich im spannungsreichen Verhältnis zwischen Ökonomie und

Ökologie ausdrückt. Während die technischen Möglichkeiten des Naturumgangs durch Optimierungsverfahren wirtschaftlicher Nutzung ständig zunehmen, muss der Ressourcenverbrauch eingeschränkt, der Umgang mit der verfügbaren Natur bewusster und nachhaltiger werden. Das führt zwangsläufig zu Interessenskonflikten. Es gibt aktuelle Kinder- und Jugendliteratur, die diese Interdependenzen darstellt, so beispielsweise Lukas Erlers Roman *Brennendes Wasser*, der das Problem der Energiegewinnung und die damit verbundenen ökologischen Kontroversen am Beispiel der umstrittenen Ölschiefergasförderung (Fracking) behandelt. Durch den Einsatz von Texten dieser Art, aber auch durch entsprechende Akzentuierungen bereits kanonisierter Lektüren, trägt der Literaturunterricht dazu bei, Einblicke in die Weiterentwicklung des Nachhaltigkeitsbegriffs zu vermitteln, wie zum Beispiel die UNESCO als weltgrößte Bildungsorganisation ihn vorantreibt.

Die gegenwärtige Debatte wird um eine zusätzliche Dimension bereichert, die der englische Ausdruck *sufficiency* als neues ethisches Paradigma der Nachhaltigkeit treffend bezeichnet. In diesem betont werteorientierten Konzept, das Selbstbeschränkung und Konsumverzicht als Mittel gegen Ressourcenverschwendung und ökologisch-soziale Ausbeutungsmechanismen favorisiert, wird das einschlägige Wissen zu einer zentralen Kategorie. Es geht über bloße Sachkenntnis hinaus und repräsentiert verschiedene Aspekte wie Innovation, Verständnis für andere, Aufbau von Vertrauen und Teilen von Informationen. Letzteres ist eine der wesentlichen Errungenschaften der sozialen Medien, die mittlerweile zur Alltagspraktik der meisten Kinder und Jugendlichen gehören. Auf diese Weise wird einerseits Wissen verbreitet, andererseits neues generiert. Wissen, das auf der Einsicht in das Verhältnis von *sustainability* und *sufficiency* aufbaut, befähigt dazu, die richtigen Entscheidungen zu treffen (vgl. UNESCO 2013, 44). Sicherlich wird es vielfältig und nicht ausschließlich literarisch erworben, doch kann Literatur in spezifischer Weise dazu beitragen, sofern die Literaturdidaktik ihre Konzepte angemessen modernisiert und ihre Verantwortung überdenkt. Es geht nicht mehr nur darum, *wie* ein Lerninhalt bei den Schülerinnen und Schülern ankommt, sondern auch *welcher*. Neben der Vermittlung von Formalqualifikationen muss die Beschäftigung mit den literarischen Inhalten wieder stärker thematisiert werden, die relevanten Probleme müssen identifiziert und in ihrer Dringlichkeit bestimmt werden. Daher erweitert sich die Diskussion über die eher formalen Kompetenzen, die jahrelang vorherrschend war, endlich um eine dezidiert inhaltlich-thematische Dimension. Rupp setzt die „ökologische Bedrohung" auf die Liste der „epochaltypischen Schlüsselprobleme" (Rupp 2014, 764), um die sich die Deutsch- und Literaturdidaktik zu kümmern hat. Entsprechend gehört der Umgang mit nachhaltigen Lernprozessen jetzt zu den fachdidaktischen und professionsbezogenen Vermittlungsfähigkeiten für Lehrerinnen und Lehrer

(Rupp 2014, 765). Damit bezieht Rupp in seinem aktuellen Lehrbuch weitgehend die Inhalte, Themen und Fragestellungen einer zukunftsorientierten Literaturdidaktik ein, was momentan noch eine Ausnahme unter den Basiswerken darstellt.

2 Fokus: Literaturdidaktik und nachhaltige Bildungspolitik in globaler Sicht

Die Wurzeln der Umwelterziehung als fächerübergreifendes Lernen lassen sich, angeführt vom Fach Biologie, bis ins 19. Jahrhundert zurückverfolgen (vgl. Brucker 1980, 12). Ein Beschluss der Kultusministerkonferenz (KMK) aus dem Jahr 1953 verankerte umweltbezogene Themen in verschiedenen Fächern (vgl. Seybold 1990, 142). Nach Reformen der Curricula seit 1967 waren bereits 1985 Umweltthemen fester Bestandteil von neun Fächern, darunter – wenn auch zu einem geringen Anteil – Geschichte und Politik. Allerdings fand zu der Zeit die Umweltthematik bevorzugt unter fachspezifischen Gesichtspunkten Eingang in die Lehrpläne und in den Unterricht. „Ein solcher Unterricht kann jedoch nicht leisten, was für die Umwelterziehung als eine erste Zielsetzung stärker in den Mittelpunkt rückt, das Denken in Zusammenhängen" (Seybold 1990, 145). Erstaunlicherweise forderte die KMK erst 2007 die ‚kulturellen Fächer' auf, ihren spezifischen Beitrag zur Umwelterziehung zu leisten. Dies geschah in einer gemeinsamen Erklärung mit dem Deutschen UNESCO-Komitee (DUK) im Zusammenhang mit der UNESCO-Dekade *Bildung für nachhaltige Entwicklung* (2005–2014). Auf diese Weise setzte man neue Maßstäbe: „Interdisziplinäres Wissen geht von der Notwendigkeit ‚vernetzten Denkens', insbesondere der Vernetzung von Natur- und Kulturwelt und der Entwicklung entsprechender Problemlösungskompetenz aus" (Empfehlung 2007, Pkt. 3.1). Im Anschluss an die UN-Agenda 21 installierte der Deutsche Bundestag 2004 einen parlamentarischen Beirat für nachhaltige Entwicklung (Drs. 15/2441). Dieser beschloss 2012, ‚Nachhaltigkeit' als nationales Bildungsziel zu etablieren. Zuvor war auf der höchsten bildungspolitischen Ebene bereits ein „mentaler Wandel" vehement eingefordert worden, ohne den das Ziel einer nachhaltigen Entwicklung nicht erreicht werden könne (DUK 2011, 4).

Nach dieser langen Zeit gehören natur- und umweltbezogene Themen heute offiziell zu den Querschnittsaufgaben des Unterrichts, das heißt, sie sollen breit und sowohl aus der Fachperspektive als auch interdisziplinär in den Schulen und Hochschulen bearbeitet werden. Dies bekräftigt die Kultusministerkonferenz in ihrem Bericht vom März 2017 erneut, indem sie einen zweifachen Ansatz etabliert. Zum einen soll die „Neuorientierung von Bildung und Lernen" so ausgerichtet werden, dass jeder die Möglichkeit hat, sich das entsprechende „Wissen, die

Fähigkeiten, Werte und Einstellungen anzueignen"; zum anderen wird gefordert, die „Rolle von Bildung und Lernen" überall da zu stärken, wo es um Projekte und Aktivitäten im Rahmen von nachhaltiger Entwicklung geht (KMK 2017, 3).

Doch in den ‚kulturellen Fächern', namentlich im Literaturunterricht, ist dies noch keineswegs allgemein üblich. Die kulturökologische Literaturdidaktik, die die fachlichen und didaktischen Qualifikationen dafür bereitstellt, bezieht ihre bildungspolitische Legitimation aus dieser Lücke zwischen Anspruch und Wirklichkeit. So ist beispielsweise das neue weltweite Bildungsparadigma in den von der Kultusministerkonferenz implementierten ländergemeinsamen inhaltlichen Anforderungen für die Fachwissenschaften und Fachdidaktiken in der Lehrerbildung, die die verbindlichen Standards für die Lehramtsausbildung setzen, selbst in der neuesten Fassung (2019) bisher nicht integriert. Hier besteht noch ein großer Handlungsbedarf, will Deutschland den Anschluss an die internationale Bedeutung des Themas in der Bildung nicht verpassen.

Die gesellschaftliche und auf die Zukunft gerichtete Wichtigkeit der Natur- und Umweltthemen wird vom *Weltaktionsprogramm* (WAP) der UNESCO durch direkte Anbindung an die nun abgeschlossene Dekade *Bildung für nachhaltige Entwicklung* (BNE) weitergeführt. Hatte diese den Transformationsprozess der Bildung hin zur Nachhaltigkeit unter dem Motto *Global Change* weltweit mittels Unterstützung tausender Projekte und Schaffung neuer Strukturen implementiert, so konzentriert sich das *Weltaktionsprogramm* noch stärker auf die Akteure des eingeleiteten Wandels. Es ist auf fünf Jahre bis 2019 angelegt. Seit Ende 2015 wird es in Deutschland durch die nationale Bildungsplattform unter Federführung des Bundesministeriums für Bildung und Forschung (BMBF) in allen Punkten umgesetzt (vgl. DUK und BMBF 2015). Dieses veröffentlichte im Juni 2017 den nationalen Aktionsplan ‚Bildung für nachhaltige Entwicklung' als deutschen Beitrag zum UNESCO-Weltaktionsprogramm. Darin wird festgehalten, dass gerade „der schulischen Bildung durch ihren prägenden Einfluss auf individuelle Bildungsbiographien eine besondere Bedeutung" in Bezug auf Nachhaltigkeitsbildung zukommt (vgl. BMBF 2017, 21). Für die Zeit ab 2020 plant die UNESCO ein Nachfolgekonzept, das Weltaktionsprogramm (WAP) 2030. Es geht davon aus, dass in den nächsten fünf bis sechs Jahren ein radikaler Umbau der Gesellschaften bevorsteht. Deshalb zielt Bildung auf die Vermittlung von green skills ab, zu denen Empathie und Emotionalität gehören. Kommende Generationen sollen den Zusammenhang von Werten, Lebensstilen und individueller Identitätsentwicklung erkennen, Literatur kann dazu einen entscheidenden Beitrag leisten.

Im *Weltaktionsprogramm* identifiziert die UNESCO fünf Handlungsfelder (*priority areas*). An zentraler Stelle (Handlungsfeld drei) steht die Forderung nach einer neuen Rolle für Lehrende: Lehrpersonen, die auf allen Feldern institutionalisierter Bildung vom Kindergarten bis zur Universität sowie im außerschulischen Bereich arbeiten, sollen als *change agents* die Verantwortung für BNE übernehmen und diese aktiv gestalten. Sie sollen die kommenden Generationen in die Lage versetzen, „informierte Entscheidungen zu treffen und verantwortungsbewusst zum Schutz der Umwelt, für eine bestandsfähige Wirtschaft und einer gerechten Gesellschaft [...] zu handeln" (DUK 2015, 12). Die notwendigen Veränderungen zur Erreichung dieser Ziele hängen in besonderem Maße von der Fähigkeit der Lehrenden ab, Kinder, Schülerinnen und Schüler sowie Auszubildende und Studierende zu motivieren, diesen Weg zu beschreiten. Die heutigen Studierenden, besonders diejenigen im Bildungssektor, stellen bereits aktuell ein großes Potenzial dar, um als „Pioniere des Wandels [...] quer zu institutionellen Strukturen, Logiken und Kommunikationsregeln" die Gesellschaft in diese Richtung zu verändern, selbst wenn sich dieses Wirken derzeit noch ‚in der Nische' befindet. Dies hält das BMBF im ‚Nationalen Aktionsplan' ausdrücklich fest (vgl. 2017, 55). Deshalb benötigen die (angehenden) Lehrkräfte einschlägiges Wissen, eine kritische Denkweise, Möglichkeiten der gemeinsamen Entscheidungsfindung und eine neue Verantwortungskultur. Dahinter steht das Konzept Weltbürgerschaft (*global citizenship*): Zukünftige Generationen sollen erkennen, dass sie die globalen Herausforderungen nur gemeinsam lösen können und so zur Schaffung einer nachhaltigen, gerechteren und friedlichen Welt beitragen.

Vom bildungspolitischen Ansatz her ist das *Weltaktionsprogramm* kreuzweise binär organisiert. Es geht sowohl um die Integration nachhaltiger Entwicklung in die Bildung als auch um die Integration der Bildung in die nachhaltige Entwicklung (vgl. DUK 2015, 14). Seinen organisationsspezifischen Rückhalt hat das *Weltaktionsprogramm* in Ziel vier (*quality education*) den *Sustainable Development Goals 2030* (SDG, auch *Agenda 2030* genannt), welche die Vereinten Nationen (UN) im Herbst 2014 beschlossen haben. Sie lösen die ‚Millenniumsziele' (MDG, 2000–2014) ab und setzen dabei auf einen veränderten Begriff von Bildung im weltweiten Maßstab: Es gelten nun nicht mehr nur allgemeine Standards wie die Forderung nach *literacy*, welche die Industrie- und die meisten Schwellenländer in der Regel bereits erfüllen können. Diese Sichtweise hat zu einer Verzerrung geführt; der notwendige Handlungsdruck auf die Industrieländer, Bildung weiter zu entwickeln, war nicht stark genug. Nun – mit den *Sustainable Development Goals* – wird das zu erreichende Bildungsniveau auf der Basis des jeweiligen Entwicklungsstands einer Gesellschaft definiert. Aus dieser veränderten Perspektive beurteilt, weisen auch viele Industrieländer Defizite auf, was *Bildung für nachhaltige Entwicklung* betrifft. Das Wissen um die sozialen, ökonomischen und ökologischen Zusammenhänge des zukünftigen Umgangs mit Natur und Umwelt ist in den Ländern der sogenannten Ersten Welt nicht in einer Weise verbreitet, wie es zur Sicherung und Gestaltung einer nachhaltigen Zukunft erforderlich ist, legt man nicht einen durchschnittlichen, sondern einen spezifischen Maßstab an.

Bildung für nachhaltige Entwicklung und das Ziel *global citizenship* werden zu Schlüsseln zur Erreichung aller *Sustainable Development Goals*, die diesen Paradigmenwechsel im Vergleich zu den Millenniumszielen herbeiführen. Das *Weltaktionsprogramm* stellt die Verbindung von den SDG zur BNE her. In seinen unter dem Namen ‚Incheon-Erklärung' (nach dem Tagungsort in Südkorea) bekannt gewordenen Beschlüssen fordert das Weltbildungsforum (2015) eine neue Vision von Bildung und Entwicklung, die als öffentliches Gut ein grundlegendes Menschenrecht und zugleich die Basis für die Verwirklichung anderer Rechte ist (vgl. Incheon Pkt. 5).

Daher identifiziert das *Weltaktionsprogramm* nun vier Bereiche, die durch BNE unterstützt werden: Alle Menschen sollen mehr einschlägiges Wissen erwerben, ihre entsprechenden Kompetenzen steigern, gemeinsame Werte stärken und ein tieferes Bewusstsein für die Notwendigkeit eines solchen Transformationsprozesses hin zur Nachhaltigkeit entwickeln (vgl. DUK 2015, 8). *Bildung für nachhaltige Entwicklung* wird so zu einer weltweiten Schlüsselqualifikation auf dem Weg in eine friedliche und nachhaltige Zukunft.

Für den Literaturunterricht als ‚kulturelles Fach' ergeben sich daraus neue Anforderungen. Gerade weil von den zukünftigen *global citizens* verlangt wird, „fundierte Entscheidungen zu treffen und auf lokale und globale Herausforderungen zu reagieren" (Incheon Pkt. 9), muss das Verhältnis von literarästhetischer Bildung und Realität neu positioniert werden. Hier ergeben sich Zusammenhänge mit der noch offenen Debatte um die Ziele des Literaturunterrichts, zu denen unter anderem „Interaktionsfähigkeit" (Leubner 2016, 42) gehört. Die derzeit gültigen Bildungsstandards verlangen von den Schülerinnen und Schülern, Texte auf die Wirklichkeit beziehen zu können (KMK 2012, 19). Gerade der Wirklichkeitsbezug und die damit verbundene Reflexion ökologischer, ökonomischer sowie sozialer und politischer Probleme in gesellschaftlicher und historischer Perspektive gehören zu den Kernforderungen des *Ecocriticism*, mit denen er die Literaturwissenschaft und deren teilweise „theorieverspielte, selbstreferentielle und politisch desinteressierte Herangehensweisen" (Bühler 2016, IX) von Anfang an herausgefordert hat.

In kulturwissenschaftlicher Sicht wäre das Verhältnis von Theorie, Ästhetik und realitätsbezogener Herausforderung neu auszutarieren; so wird das lange vorherrschende Paradigma eines radikalen linguistischen und sozialen Konstruktivismus zunehmend infrage gestellt (vgl. Zapf 2016, 174). Alexander Starre verweist darauf, dass der *Ecocriticism* im Vergleich zu anderen Theorien im kulturwissenschaftlichen Feld abweichend an literarische Darstellungen herangeht. *Ecocriticism* postuliert, dass sich Literatur sowie die Autorinnen und Autoren einer „bewussten wie unbewussten Beherrschung durch die Umwelt niemals erwehren können" (Starre 2010, 21), während viele *Cultural Studies* vom Primat der Sprache ausgehen und die externe Welt der Vertextlichung unterwerfen.

Eine Theorie, die eine tatsächliche Veränderung der Gesellschaft im Umgang mit Umwelt- und Naturzerstörung als ihr spezifisches Ziel definiert, kann Konzepte, die den „Wirklichkeitsbezug der Sprache aufheben" und „Kultur als Text betrachten" (Bühler 2016, 64), nicht integrieren, ohne in Widersprüche zu geraten. Mit ihrer Parole „Der Sprache wurde zu viel Macht eingeräumt" („*language matters*"; Barad 2012, 7) gehört Karen Barad zu den führenden Vertreterinnen des agentiellen Realismus, die einen performativen Ansatz der Auseinandersetzung mit der Welt, in der wir existieren und deren Teil wir sind, hervorheben. Barad will Materie ernst nehmen, Materialität und Performativität erforschen (vgl. Barad 2012, 9). In diesem Kontext steht das vom *Material Ecocriticism* entwickelte Programm, den „ökologischen Zusammenhang der Wechselwirkungen und die Gleichzeitigkeit von Bewirken, Schaffen und Deuten" als „Zusammenhang voller aktiver Agenzien" zu untersuchen (Sullivan 2015, 57). Freilich ist damit allein das Problem der literarischen Referenz beziehungsweise des Realitätsbezugs der Literatur nicht gelöst. Hier sind Grundlinien der Unterscheidung beziehungsweise Verflechtung von Natur und Kultur neu zu verhandeln. Vordergründig stehen semiotische und realistische Ansätze, die unterschiedliche Perspektiven auf die Beziehung zwischen Zeichen und Wirklichkeit haben, in einem gegensätzlichen, zumindest aber Spannungsverhältnis. Der Theoriebildungsprozess des *Ecocriticism* ist mit Blick auf so zentrale Begriffe wie Referenz, Repräsentation und Rhetorik nicht abgeschlossen. Timothy Morton schlägt in seinem Buch *Ecology without nature* vor, den Begriff ‚Natur' zunächst aufzugeben, um die Beziehung zwischen der Realität der Natur und deren literarischer Form zu überdenken. Mit dem Terminus *ecomimesis* macht er deutlich, dass und wie literarische Texte Natur simulieren können, sodass beim Leser der Eindruck entsteht, er sei unmittelbar ein Teil der sprachlich dargestellten Natur, also zum Beispiel einer Landschaft, zu der neben der manifesten (vor dem inneren Auge) ‚sichtbaren' Gegenständlichkeit auch das Atmosphärische, das Hörbare (Rauschen, Plätschern) und das Fühlbare (Wind, Wärme/Kälte) gehören (vgl. Morton 2007, 34–36).

Mit Blick auf die Sprache betont der Begründer der evolutionären Kulturökologie, Peter Finke, die Vorgängigkeit der Natur vor der Kultur. Kultur ist demnach als ein Ökosystem zu begreifen, wodurch Zusammenhänge entdeckt werden können, die zuvor verborgen blieben. Eine herausragende Bedeutung hat die Sprache und insbesondere deren künstlerisch gesteigerte Form: die Sprache der Literatur (vgl. Ortner 2017, 295). Diese kann die „kulturellen Sprache-Welt-Systeme" (Finke 2003, 272) unmittelbar, ohne zusätzliche Verschlüsselung, verstehbar machen und eine eigene Form des Naturzugangs schaffen. Dabei ist die Sprache selbst stets eine Mischung aus beiden, aus Natur und Kultur. Die *Ecology of Culture* deckt auf, welche naturbedingten Strukturen der Kultur innewohnen: „Rules have replaced laws, however, and by that we gained that surplus value of flexibility that enables our cultures to play the dominant role we do today, for better and worse" (Finke 2014, 2). Damit ist die Entscheidungssituation markiert und auch das diesbezüglich geforderte Subjekt wird benannt. Insofern ‚Sprache' und ‚Deuten' sowie ‚Bewirken' (Handlungsoption) zu den Kernkompetenzen der Literaturdidaktik gehören, ergeben sich vielfältige Verbindungslinien zu aktuellen Forschungsfragen des *Ecocriticism*, welche noch weiterer didaktischer Erwägungen harren.

Dieser kleine Exkurs spiegelt in fachwissenschaftlicher Perspektive, was das Weltbildungsforum politisch fordert: eine neue Vision von Bildung, die (sprachliches) Verstehen und Handeln in einen engen Zusammenhang bringt und allen Menschen einen lebenslangen Zugang eröffnet, die entsprechenden Kompetenzen zu erwerben.

Es bleibt ein dringendes Desiderat, diese ‚losen Fäden' aus fachdidaktischer und fachwissenschaftlicher Forschung sowie bildungspolitisch fundierter Standards mit den globalen Visionen, wie sie die verschiedenen übernationalen Bildungsorganisationen jüngst definieren, zu verknüpfen. Eine der kommenden Aufgaben kulturökologischer Literaturdidaktik besteht darin, diese Kontexte nicht nur darzustellen, sondern in konkrete Vorschläge, Beispiele und Ziele für den Literaturunterricht und den fachdidaktischen Kompetenzerwerb umzusetzen. Bisher liegen konkret mit dem *Orientierungsrahmen für den Lernbereich Globale Entwicklung* (Siege und Schreiber 2016) bereits fachspezifische Umsetzungsvorschläge für die Schulpraxis vor, auch gerade für das „sprachlich-literarisch-künstlerische Aufgabenfeld". Diese bedürfen jedoch weiterer didaktischer Durchdringung, Reflexion, Kritik und Ergänzung. Hier stehen wir noch relativ weit am Anfang umfassenderer Forschungsaufgaben.

Zusammenfassend lässt sich sagen, dass mit Blick auf die historische Genese der einschlägigen Curricula bis hin zur innovativen Rolle der Lehrkräfte als *change agents*, wie sie die UN-Roadmap einfordert, bildungspolitisch ein Paradigmenwechsel eingeleitet wurde, der die Vermittlung von Fachwissen zwingend in einen interdisziplinären und diskursiven Kontext einbindet. Es gilt nun, die globalen Ziele auf die konkreten Anforderungen literarischer und kultureller Bildung zu übertragen und dabei spezifisch zu adaptieren. Damit leistet der Literaturunterricht einen entscheidenden Beitrag zum Denken in Zusammenhängen und zur Entfaltung eines kritischen Bewusstseins – ganz im Sinne der UNESCO-Forderung nach einer Erziehung zur Weltbürgerschaft. Teilweise eingelöst wird damit auch der politische Anspruch des *Ecocriticism* als eines vielstimmigen Theorieverbunds, der sich explizit auf Realität bezieht und ausdrücklich Veränderung bewirken will. Deren Träger sind die Lehrenden auf allen institutionellen Ebenen in ihrer Vorbild- und Verantwortungsfunktion als *change agents*.

Die große Bedeutung, die die Persönlichkeit und fachliche Kompetenz einer Lehrperson für den Bildungsprozess und Lernerfolg der Schülerinnen und Schüler hat, ist seit der aufsehenerregenden Hattie-Studie, die weltweit intensiv rezipiert wurde, allgemein bekannt. John Hattie belegt durch die Metaanalyse hunderter empirischer Studien, dass die Lehrperson der entscheidende ‚Faktor' für gelingenden Unterricht ist (vgl. Hattie 2013, 280). Zuvor wurde dieser Umstand in der didaktischen Diskussion kaum beachtet (vgl. Leubner 2016, 24). Hatties Ergebnisse zum ‚Visible Learning' verlangen ein erweitertes Rollenverständnis für Lehrkräfte als Evaluatoren ihres eigenen unterrichtlichen Handelns. Diese Wandlung korrespondiert mit der UN-Forderung an die Lehrkräfte, zukünftig aktive *change agents* mit Blick auf die Natur-Kultur-Umwelt- und Nachhaltigkeitsbildung zu sein.

Lehrkräfte für Literatur verfügen über eine philologische Grundausbildung und kennen daher zahlreiche Texte, die ‚Natur' in einem sehr weiten Zusammenhang über verschiedene Gattungen und Epochen hinweg thematisieren. Angehende Lehrpersonen können ihr Fachwissen bereits unter dem Primat kultureller Interdisziplinarität und literarischer Vielfalt erwerben, um es unter diesen Prämissen später zu vermitteln. Die kulturökologische Literaturdidaktik fasst die oben beschriebenen wissenschaftlichen, didaktischen und bildungspolitischen Erkenntnisse zusammen und fokussiert sie mit Blick auf die Praxis. Dabei baut sie auf bewährten Verfahren und manifesten Vorkenntnissen auf. Sie entwirft neue Sichtweisen auf das Thema Mensch, Natur und Umwelt und gibt Anregungen, den von einer ökologisch inspirierten Literaturwissenschaft ausgehenden Fragehorizont in unterrichtliche Betätigung umzusetzen. Des Weiteren nimmt sie Impulse der aktuellen didaktischen Forschung auf, die Methoden und Verfahren weiterentwickeln, und verleiht diesen mit ihrem spezifischen themenzentrierten Fokus eine neue Richtung. Unterdessen werden Fachwissenschaft und Fachdidaktik weder in ein antagonistisches noch rein additives Verhältnis gesetzt, sondern als Kompetenzbereiche gesehen, an denen alle, die sich mit der Vermittlung von Literatur beschäftigen, gleichermaßen partizipieren. Der ökologische Ansatz reflektiert die Schnittpunkte der Forschungsbereiche Literatur, Kultur und Umwelt didaktisch und trägt zudem dazu bei, deren Zusammenhang aus rezipienten- und gegenstandsorientierter Perspektive weiter zu erforschen sowie für die Planung und Durchführung eines modernen, nachhaltigen Literaturunterrichts nutzbar zu machen.

3 Hintergrund: Ecocriticism und Literatur als kulturelle Ökologie in didaktischer Sicht

„Ecocriticism is not an easy field to summarize" urteilt Ursula Heise in „The hitchhiker's guide to ecocriticism" (Heise 2006, 506). Und so scheint es vermessen, es dennoch zu versuchen. Da sich die kulturökologische Literaturdidaktik nicht nur bildungspolitisch, sondern auch und wesentlich (kultur-)wissenschaftlich verortet, ist eine entsprechende Zusammenfassung jedoch an dieser Stelle unerlässlich. Seit den 1990er Jahren entwickelte sich die Forschungsrichtung zunächst in den USA, später in Europa und ist heute weltweit vertreten und auch institutionalisiert, vor allem an Universitäten. Es gibt verschiedene nationale und internationale Organisationen, in denen sich Vertreterinnen und Vertreter der Forschung, Lehre und Praxis zusammengeschlossen haben. Für Europa bedeutsam ist die 2004 in Münster gegründete Vereinigung EASLCE (*European Association for the Study of Literature, Culture, and Environment*), die durch regelmäßige Tagungen und die Herausgabe einer eigenen Onlinezeitschrift (*Ecozon@*) präsent ist.

Der Begriff *Ecocriticism* wurde 1978 von William Rueckert in seinem Aufsatz „Literature and ecology. An experiment in ecocriticism" geprägt. Auf diese Weise versuchte der Autor, Einheitlichkeit in den vorherrschenden Methodenpluralismus der Literaturwissenschaft zu bringen, den er durchaus kritisch sah. Als Ordnungskriterium etablierte er das Relevanzprinzip (vgl. Rueckert 1978, 73), mit dem er die Selbstbespiegelung literarischer Theorien überwinden und den seiner Ansicht nach fehlenden Realitätsbezug ergänzen wollte. Indem er das in der Literatur vorhandene Wissen, und zwar das inhaltliche ebenso wie das Wissen über literarische Verfahren, als gespeicherte kulturelle Energie auffasste („*stored energy*"; Rueckert 1978, 74), zog er eine Parallele zwischen der allgemeinen und der Ökologie der Literatur: Alle Umgangsformen mit Literatur, das Lesen, Schreiben und Sprechen, setzen diese Energien frei und lösen gesellschaftliche Veränderungsprozesse aus. Rueckert konnte nicht wissen, dass etwa dreißig Jahre später genau diese Tätigkeiten zu den zentralen Elementen der Bildungsstandards im Fach Deutsch geworden sind. Nur den ‚Energieaspekt' übernahmen die Bildungsstandards nicht.

Von diesen Anfängen an interdisziplinär aufgestellt, ist *Ecocriticism* inzwischen zu einem differenzierten und progressiven Forschungsfeld der Literatur- und Kulturtheorie geworden. Alle seine durchaus unterschiedlichen Facetten eint der nichtanthropozentrische Zugang zu den Phänomenen der Kultur, indem die verschiedenen Definitionen und der Umgang mit ‚Natur' im Kontext ästhetischer und historischer Zusammenhänge untersucht werden. Die einflussreichste und so simpel wie treffend formulierte Definition aus der Anfangszeit stammt von Cheryll Glotfelty. Ihr zufolge beschäftigt sich der *Ecocriticism* mit dem Studium der Beziehungen zwischen der Literatur und der physischen Umwelt und verfolgt einen *earth-centered approach* (Glotfelty 1996, xix). Die Autorin, die als eine der ersten *ecocritics* eine auf Literatur und Umwelt ausgerichtete Professur innehatte (vgl. Starre 2010, 16), identifiziert drei Entwicklungsstadien des *Ecocriticism*: Erstens, Forschung zu (literarischen beziehungsweise ästhetischen) Naturbildern, die bewusstseinsbildend wirken. Zweitens, Forschung zur literarischen Tradition, um ebenso traditionelle und in Vergessenheit geratene Texte neu zu entdecken und zu bewerten. Und schließlich drittens, Forschung zu einem eher theoretischen Fundament, um die Bedeutung der Poesie für das Naturverständnis noch genauer herauszuarbeiten (vgl. Glotfelty 1996, 29). Viele konkrete literaturdidaktische Überlegungen sowie Unterrichtsvorschläge sind dem zweiten Stadium zuzuordnen, in dem es um die Neuentdeckung und Neubewertung ,vergessener' Texte geht. In diesem theoretischen Umfeld fällt besonders auf, was – metaphorisch ausgedrückt – in der Literaturgeschichte von anderen, weniger natursensiblen Lesarten überwuchert wurde, aber nun im Licht einer Didaktik, die Literatur als kulturelle Ökologie rezipiert, neu entdeckt und wertgeschätzt wird.

Im deutschsprachigen Raum etablierte sich zusätzlich der Begriff ,Kulturökologie', der nicht vollständig deckungsgleich mit *Ecocriticism* ist, sich aber ebenso mit der Interdependenz von Mensch, Natur, Kultur und Umwelt sowie dem wechselseitigen Einfluss von Literatur und Sprache beschäftigt. Er geht in dieser spezifischen Bedeutung auf den Amerikanisten Hubert Zapf zurück, der 2002 eine systematische und umfassende Theorie der Literatur als kulturelle Ökologie veröffentlichte. Literatur wirkt, so die anschauliche Analogie, wie eine „ökologische Kraft innerhalb des größeren Systems Kultur" (Zapf 2002, 3). Zapf betrachtet Literatur als Medium der *cultural ecology* und geht dezidiert an die Frage heran, welche Funktionen literarische Diskurse in einer Gesellschaft ausüben. Er unterscheidet deren drei: kulturkritischer Metadiskurs, imaginativer Gegendiskurs und reintegrativer Interdiskurs (vgl. Zapf 2008, 33–36). Letzterer meint, dass es Literatur vermag, dasjenige, was die Gesellschaft an den Rand des Bewusstseins drängt, wieder in das Zentrum der Aufmerksamkeit zu rücken. Durch die Reintegration unterschiedlicher Diskurse gelingt es der Literatur, verschiedene Wissensbereiche zusammenfließen zu lassen, deren gemeinsamer Konnex in der arbeitsteiligen Gesellschaft verloren gegangen ist. Innerhalb dieses triadischen Funktionsmodells nähert sich die Didaktik vor allem dem imaginativen Gegendiskurs an. Literatur, selbst aus kreativen Prozessen entstanden, erzeugt beim Lesen Vorstellungsbilder, lässt andere Welten aufleben, entwirft Bühnen des Probehandelns, und so zeigt sie auch einen eigenen Weg im Umgang mit Natur und Umwelt auf, der anderen Disziplinen verschlossen bleibt. Sie steht einer natur- oder gesellschaftswissenschaftlichen Beschäftigung mit Natur nicht entgegen, sondern bietet einen einzigartigen Zugang zum Thema. Kombiniert mit rezeptionstheoretischen Überlegungen wie der auf Wolfgang Iser zurückgehenden Einsicht, dass literarische Texte die Folie bilden, um Alltagserfahrungen mit anderen, auch verfremdenden Sprach- und Denkbildern in eine kontrastive Beziehung zu setzen, lassen sich aus Zapfs Ansatz neue Impulse für den Literaturunterricht gewinnen. Iser argumentiert, dass fiktionale Texte erst die Defizite deutlich machen, welche sich aus den historisch entstandenen Geltungen und Normen und aus der „Handlungsverstricktheit des Menschen" (Iser 1979, 9) ergeben. Daraus entsteht für den ‚impliziten Leser' mittels Lektüre eine Entdeckung, die mehrere menschliche Vermögen beansprucht, vor allem die emotionalen und die kognitiven.

Die rezeptionsorientierte Didaktik bezieht sich einerseits auf Isers literaturtheoretische Forschung und stellt andererseits die individuellen Lernwege der Schülerinnen und Schüler in den Mittelpunkt (vgl. Leubner 2016, 22). In der Form des handlungs- und produktionsorientierten Literaturunterrichts ist dieser Ansatz heute in der Praxis weit verbreitet und könnte durch kulturökologische Impulse weiterentwickelt werden. Eine seiner wichtigsten Methoden ist das Um-, Über- und Weiterschreiben von literarischen Texten durch Schülerinnen und Schüler, was nicht nur dem Verstehen inhaltlicher und strukturaler Aspekte eines Textes, sondern auch der Erweiterung von Sprachkompetenz dient (vgl. Stemmer-Rathenberg 2011, 4). Gerade die kreative Sprachverwendung in fiktionalen Texten hat hier einen besonderen Effekt, gilt doch Sprache als entscheidender „Energieträger" (Finke 2003, 272) kultureller Ökosysteme. So gehört die Rolle der Sprache in der Begegnung mit der Natur und deren Repräsentationen beziehungsweise Modellierungen in der Literatur zu den zentralen Forschungsfeldern des *Ecocriticism* (vgl. Heise 2001, 107).

Nicht nur wegen dieser inhaltsbezogenen Überschneidung, sondern auch weil er von seinen Anfängen her mit Pädagogik und Didaktik verknüpft ist, beeinflusst *Ecocriticism* in verschiedenen Varianten gegenwärtig die Lehrdisziplinen. Sein ursprünglicher Impuls war, kommende Generationen zu einem veränderten Denken und Handeln mit Blick auf die Umwelt anzuregen (vgl. Garrard 2012, 3–7). *Ecocriticism* fragt danach, welche Wertvorstellungen oder andere kulturellen Funktionen der Natur zuzuweisen sind.

Den Darstellungsformen der Natur, wie sie in literarischen Texten erscheinen, kommt durch Interpretation eine wichtige bewusstseinsschaffende Funktion zu, diese gilt es, für praxisorientierte Verfahren im Unterricht zu erschließen. Das inhaltlich kohärente Forschungsfeld der Kulturökologie ermöglicht eine theoretische und methodologische Vielfalt von Ansätzen, die sich auf die Didaktik auswirken und neue Übergangsbereiche schaffen, zum Beispiel zur Umweltethik (vgl. Reid 2012, 49) und zur Entwicklung von Identität, wenn im Zeitalter des Posthumanismus der Begriff des Anthropozentrismus hinterfragt wird. Wie wird zukünftig menschliche Identität konzipiert, wenn sie sich von einem anthropozentrischen hin zu einem ökozentrischen Denken ausdehnen oder gar ganz verschieben soll?

Spezifischer für die Literaturdidaktik sind allerdings Inhalte, die sich mit kulturellem Wissen und kultureller Erfahrung beschäftigen, welche in literarischen Texten kodiert vorliegen. In diesem Sinne beschreibt Zapf Literatur als

"Medium einer besonders produktiven und nachhaltig wirksamen Form kultureller Ökologie" (Zapf 2016, 176) und verweist auf deren imaginatives Potenzial. Direkt anschlussfähig ist hier das didaktische Verständnis von ‚Imagination', wie es Kaspar H. Spinner definiert, nämlich als ein Grundvermögen, das Phantasie entwickelt und Erinnerungen vergegenwärtigt. Im produktiven Zusammenspiel dieser imaginativen Fähigkeiten im literarischen Leseprozess und seiner Reflexion gelingt die Befreiung des Menschen von der Erfahrungswelt im unmittelbaren Hier und Jetzt (vgl. Spinner 2004a, 173). Daran schließt sich empathische Identifikation an, also die Fähigkeit, sich in andere hineinversetzen zu können, beispielsweise in das Denken und Fühlen einer literarischen Figur. Dadurch entsteht Handlungs- und Zukunftsfähigkeit im Sozialen beziehungsweise Ökonomischen, den beiden anderen Säulen der Nachhaltigkeit neben der Ökologie. Untrennbar damit verbunden sind die kritische Selbstreflexion und die Verknüpfung des Gelesenen mit individuellen Erfahrungen, Werthaltungen, Wünschen und Hoffnungen, also der Wirklichkeitsbezug, wie er auch von einem global ausgerichteten Bildungsverständnis gefordert wird.

Spinner bekennt sich zu einer stark identitätsorientierten didaktischen Position, geht demnach vom lernenden Individuum aus und fragt, was literarische Erfahrung für die persönliche Lebensbewältigung leistet (vgl. Spinner 2015, 189). Die ökologische Relevanz erläutert Spinner am Begriff des Atmosphärischen, dessen Bedeutung für die Literaturdidaktik noch nicht hinreichend gewürdigt wurde. Die Förderung der atmosphärischen Sensibilität und Bewusstheit im Literaturunterricht leistet einen wichtigen Beitrag zur ökologischen Bildung; Spinner bestimmt dazu sieben Merkmale des Atmosphärischen in der Literatur in spezifisch didaktischer Perspektive: Synästhesie, Raum, leibliche Präsenz, wechselseitige Resonanz von Subjekt und Umgebung, existenzielle Bedeutsamkeit, Grenzen der begrifflichen Sprache, Prosodie. Er verbindet so sprachliche, imaginative und kognitive Prozesse beim Lesen und Schreiben mit dezidiert ökologischen Inhalten (vgl. Spinner 2016, 310–313).

Zapf konturiert das gesamte Themenfeld durch drei Metaphern: Welle, Palimpsest und Rhizom. Der *Ecocriticism* hat sich in drei Wellen entwickelt, zunächst mit einem praxisorientierten Impetus und durchaus didaktischen Ambitionen (*first wave*), dann theoriezentrierter (*second wave*) und schließlich inter- und transdiziplinärer ausgerichtet in einer globalen Perspektive (*third wave*). Das Palimpsest als kulturelle Metapher verbindet Sprache, Text und Interpretation; es steht für den Prozess des Über-, imitativen oder Neu-Schreibens, was jeweils kreative literaturdidaktische Verfahren sind. Schließlich das Rhizom, das seit Deleuze und Guattari für ein Netz ohne Zentrum steht und damit gleichsam eine kulturelle Natur-Metapher geworden ist (vgl. Zapf 2016, 5–8). Sie alle lassen sich ebenso im Kontext einer kulturökologischen Literaturdidaktik produktiv verwenden.

4 Übersicht: Themenfelder der kulturökologischen Literaturdidaktik

Die kulturökologische ist ebenso wenig eine grundständige Literaturdidaktik, wie der *Ecocriticism* auch keine Literaturtheorie sui generis ist. Vielmehr bezieht sie wie jener unterschiedliche Theorieansätze auf einen bestimmten Themenkreis (vgl. Bühler 2016, 54). Von daher gehört Offenheit zu ihrem Programm, das gleichwohl den politischen Anspruch auf Veränderung erhebt. Sie erfüllt eine Doppelfunktion in aktuellen didaktischen Diskursen: Zum einen die eines Schirms (*umbrella term*; vgl. Buell 2005, viii), unter dem sich verschiedene didaktische Ansätze und Praxen versammeln, die sich mit den Themen Natur, Kultur, Mensch und Umwelt beschäftigen und zugleich eine weitergehende theoretische Fundierung anstreben, um Zusammenhänge deutlicher herauszuarbeiten. Zum anderen ordnet sich die kulturökologische Literaturdidaktik in verschiedene Theorien und Modelle der Literaturdidaktik beziehungsweise der Vermittlung von Literaturgeschichte ein und lässt sich mit diesen teils verbinden, teils geht sie, ihrer ‚organischen' Struktur entsprechend, darüber hinaus. Sie nimmt wichtige Impulse und Verfahren auf, weist aber auch auf Unterschiede hin und trägt so zu einer ‚Verflechtung' derjenigen Forschungsrichtungen bei, die sich von einer zu eng auf formale Kompetenzen konzentrierten Entwicklung in der Literaturdidaktik während der letzten Jahre deutlich distanzieren. Somit stärkt sie die kulturwissenschaftliche Grundierung der Literaturdidaktik.

In ihrer *Schirmfunktion* versammelt die kulturökologische Literaturdidaktik nicht nur Impulse, die sich in einem engeren Sinn auf den *Ecocriticism* berufen. Sie ist auch offen für Ansätze, die sich aus kulturwissenschaftlicher oder bildungstheoretischer Perspektive kritisch auf eine allzu reduzierte Literaturdidaktik als bloßer Kompetenzengenerator beziehen und sich inhaltlich mit den genannten Themenfeldern oder vergleichbaren auseinandersetzen. Hier lassen sich seit der von Michael Baum und Marion Bönnighausen (2010) angestoßenen Debatte um die kulturtheoretischen Kontexte zahlreiche Beispiele finden, die aus Platzgründen nicht alle einzeln angeführt werden können. Selbst die in den letzten Jahrzehnten führenden Forscher nehmen kulturökologische Konzepte inzwischen auf. Auf Gerhard Rupps und Kaspar H. Spinners diesbezügliche Arbeiten wurde schon hingewiesen. Auch diejenigen, die im Anschluss an Pflugmacher (2014) für eine realistische Wende in der Literaturdidaktik eintreten, passen unter den ‚Schirm'. Wie genau, hat Pflugmacher beispielhaft in seiner *Didaktik der Katastrophe* (2016) näher ausgeführt. Ebenso können sich alle, die sich in der Praxis mit Naturthemen im Unterricht beschäftigen, und handelte es sich dabei auch nur um ein kleines Naturgedicht, unter den ‚Schirm' stellen, wenn sie eine breitere und an aktuelle Debatten der Fachdidaktik und Bildungspolitik angeschlossene Fundierung wünschen.

Den Umgang mit literarischem und anderem medialen Material organisiert die kulturökologische Literaturdidaktik nicht anhand der zumeist üblichen Einteilung nach Werk, Epoche, Gattung. Dies bedeutet durchaus nicht, dass sie derlei Ordnungssysteme perhorresziert, im Gegenteil, sie ist in der Substruktur darauf angewiesen, dass literarisches Orientierungswissen in dieser Form zur Verfügung steht. Durch ihren kulturwissenschaftlichen Bezugsrahmen gestärkt, greift sie vorwiegend thematisch auf die Inhalte zu. Ähnlich der Vorgehensweise, die im *Ecocriticism* üblich ist (vgl. Garrard 2004, vii; Bühler 2016, 141–160), werden Inhalte unter einzelnen Begriffen subsumiert. Typisch didaktisch ist dabei allerdings die ‚Verkettung' der Begriffe:
- Raum und Landschaft
- Landschaft und Energie
- Energie und Klimawandel
- Klimawandel und Artensterben
- Artensterben und Menschenbild

Dieser Aufbau hat neben den oben erläuterten theoretischen vor allem praktische Gründe. Die Orientierung an den großen ‚ökologischen Narrativen' (vgl. Bühler 2016, 152–157) ist unverkennbar. Andere populäre Begriffe wie ‚Katastrophe', ‚Anthropozän', ‚Zukunft' und die in der Schule beliebten Themen wie Tiere, Superhelden, Technik, Science-Fiction (bzw. YAD, s. o.) sucht man scheinbar vergebens. Doch das ist gerade der Clou des ‚Ketten-Arrangements': Um so vielfältig wie möglich in konkretes Unterrichtsgeschehen eingebunden zu werden, lassen sich Einzelthemen mehrfach verorten und sogar durch die verschiedenen ‚Kettenglieder' hindurchschieben. Dadurch wird es möglich, sehr genau auf das Alter und die Interessen der Lerngruppen einzugehen, was der Lesemotivation dient und die exakte Passung an den Leistungsstand erleichtert. Ebenso lassen sich Themen leicht aktualisieren und synchrone beziehungsweise diachrone Perspektiven einrichten. Zum Beispiel: ‚Landschaft' kann subjektzentriert thematisiert werden wie in *Werthers* Brief vom 10. Mai, um einen bekannten Text von Goethe zu erwähnen. ‚Landschaft' kann aber auch, eher auf die soziale Praxis konzentriert, mit ‚Energie' kombiniert werden. Aktuell steht die Windenergie zur Debatte, thematisiert in Juli Zehs Roman *Unterleuten* und (als historischer Kontrast dazu) in *Das Windrad* von Peter Härtling. Dagegen wütet Botho Strauß in einem aufbrausenden Essay gegen die Verriegelung des Blicks (vgl. Strauß 2004), weiteres Material ließe sich recherchieren. Die Energienutzung hat wiederum Einfluss auf den Klimawandel, der über eine eigene literarische Gattung verfügt (Klimawandelroman). Beides steht in Zusammenhang mit dem Thema Mobilität. Konkret lässt sich hier Reiseliteratur verwenden, was wiederum zu einem Überdenken der Raumkonzepte führen kann. ‚Energie' kann aber auch ‚Katastrophen' integrieren, zum Beispiel die vielen literarischen Texte, die auf die Atomkraftwerksexplosionen in Tschernobyl Bezug nehmen (wie Christa Wolfs *Störfall* oder *Die Wolke* von Gudrun Pausewang) beziehungsweise auf Fukushima (z. B. Nina Jäckles *Der lange Atem* oder Lucy Frickes *Takeshis Haut*). Naturkatastrophen wie Erdbeben und Tsunamis finden ebenso ihren Niederschlag in der Literatur, teils auf realen Ereignissen fußend, teils fiktiv. Prominent ist Heinrich von Kleists *Das Erdbeben in Chili*, weniger bekannt hingegen Josef Haslingers Romanbericht *Phi Phi Island* über den Tsunami in Thailand 2004. Fiktive Tsunamis spielen eine wichtige Rolle in Ökothrillern wie *Welt in Angst (State of Fear)* von Michael Crichton oder *Der Schwarm* von Frank Schätzing, womit wir wieder bei einem anderen Genre wären. Gerade Letzterer könnte auch zum Anlass genommen werden, den Umgang mit Tieren zu reflektieren, wozu das Thema ‚Artensterben' gehört, was sich jedoch nicht nur auf die Fauna, sondern auch auf die Flora bezieht. Elizabeth Kolbert zeigt, dass ‚Artensterben' die erste naturwissenschaftliche Theorie ist, mit der Kinder konfrontiert werden. Es können bereits ganz kleine Kinder erklären, dass ihr Plastikdinosaurier für eine ausgestorbene Spezies steht (vgl. Kolbert 2014, 31). Mit *Was die alte Maiasaura erzählt – Ein Bilderbuch über die Evolution* nehmen Martin Auer und Christine Sormann dieses Konzept auf und setzen es einfühlsam um. Unser Menschenbild kann verändert werden, wenn wir Kafkas Affen begegnen oder uns daran erinnern, was Gregor Samsa widerfuhr. Schließlich treffen wir sprechende und kluge Tiere im Märchen und in der Fabel an. Hier lassen sich endlose weitere Beispiele finden, die durch das ‚Ketten-Arrangement' immer wieder neu geordnet und verknüpft werden können und zugleich im Theorierahmen bleiben. Dies schließt fremdsprachige und Weltliteratur sowie Interkulturalität ein, was aus Platzgründen hier leider nicht weiter ausgeführt werden kann.

5 Ausblick: Verortung der kulturökologischen Literaturdidaktik

Die einordnende und verbindende Funktion der kulturökologischen Literaturdidaktik lässt sich treffend mit der Metapher des ‚Rhizoms' verdeutlichen. Im Folgenden wird das rhizomatisch-verknüpfende Verfahren anhand von drei neueren Ansätzen exemplarisch erläutert. Namentlich wären hier zu nennen die responsive Literaturdidaktik, die Prototypikalität der Literatur als Entwurf einer didaktischen Phänomenologie sowie das ‚Schneisen-Modell'. Im Sinne eines Ausblicks seien im Folgenden die wichtigsten Aspekte benannt, freilich ohne sie umfassend darzustellen oder breit zu diskutieren. Vielmehr wird erst ein spannendes Forschungsfeld eröffnet, das es noch zu beackern gilt.

Die responsive Literaturdidaktik kritisiert die derzeit geltenden Thesen des literaturdidaktischen Mainstreams, der Literaturvermittlung als ein abfragbares Baukastensystem zum Erwerb formaler Textkompetenzen begreift. Sie wendet sich explizit gegen diese Beschränktheit und konzentriert sich stattdessen auf die grundlegenden Fragen der literarisch-ästhetischen Bildung. Ihr Ziel liegt in der Entwicklung ästhetischer Wahrnehmungsfähigkeit als einzig relevanter Kompetenz in dieser Hinsicht. Darüber hinaus betont die responsive Literaturdidaktik die Einzigartigkeit der Literatur, deren „utopisches Potenzial […] nirgendwo ersatzweise gefunden oder entwickelt werden kann" (Mitterer 2016, 14). Der Gewinn einer ‚responsiven' Lektüre besteht darin, sich mit den grundlegenden Fragen des Menschseins auseinanderzusetzen und mittels poetischen Verstehens authentisches Denken zu lernen. Diese Art der Fähigkeit im Umgang mit Literatur soll Bestandteil jeglicher Bildung werden, die zu erwerben ein „Menschenrecht" (Mitterer 2016, 14) ist. Was für die Befürworter der formalistischen Literaturvermittlung wohl radikal und vielleicht pathetisch klingt, erweist sich vor dem Hintergrund der weltweiten Bildungsvisionen, wie sie beispielsweise durch die ‚Incheon-Erklärung' des Weltbildungsforums definiert sind (vgl. Pkt. 5), als sehr moderner und politisch wirksamer Zugang. Produktive Momente des literarischen Verstehens, die auch Nichtverstehen oder Missverstehen einschließen, haben im responsiven Ansatz den nötigen Raum zur Entfaltung und verhindern eine naive Form des Realitätsbezugs (vgl. Mitterer 2016, 74). Die Prinzipien der Responsivität verbieten es, Schülerinnen und Schüler auf ‚richtige' Antworten zu konditionieren, weil dies die notwendigen Denk- und Veränderungsprozesse ausbremst und literarische Bildung strikt zweckrationalem Handeln unterwirft (vgl. Mitterer 2016, 53). Außerdem bestätigt die responsive Literaturdidaktik die These, dass der Literaturunterricht immer schon den Rahmen des Überprüfbaren, der der Institution Schule gleichwohl inhärent ist, gesprengt hat, weil der Literatur ein „revolutionärer Kern" (Mitterer 2016, 54) innewohnt, der sie für individuell zu vollziehende Sinnstiftungsprozesse unverzichtbar macht. Viele dieser Aspekte decken sich mit den Desideraten einer kulturökologischen Literaturdidaktik, die sich dennoch von der responsiven in einigen markanten Punkten unterscheidet: Letztere räumt der Radikalität des Fremden sowohl in inhaltlicher als auch in formaler Hinsicht Priorität ein (vgl. Mitterer 2016, 23), will im Grunde eine Literaturdidaktik des Fremden sein (vgl. Mitterer 2016, 25) und läuft damit im Prinzip auf eine duale Struktur zu.

Der kulturökologische Ansatz ist prozesshafter, hebt die Dynamik von Eigenem und Fremden, von Gegenwart und Zukunft hervor und sieht auch nicht in ‚jedem' literarischen Text per se die radikale Fremdheit. Diese ist vielmehr in

Abhängigkeit von den Erfahrungen und Kenntnissen der Rezipienten zu bestimmen und verändert sich im Laufe der Interaktion. Fremdes kann ebenso vertraut werden wie sich Vertrautes durch Verfremdung verändert, zum Beispiel durch Verschiebung eines Szenarios in die Zukunft. Zusätzlich berücksichtigt die kulturökologische Literaturdidaktik Aspekte literarischer Wertung und Verfahren der Kanonbildung (vgl. von Heydebrand und Winko 1996, 250) und möchte hier Veränderungen befördern. Der vielleicht wichtigste Unterschied ist jedoch, dass es heute nicht mehr möglich ist, Natur als das radikal Fremde wahrzunehmen, weil die Verschränkung von Natur und Kultur selbst erkenntnistheoretisch kaum überwindbar ist. Eigenes und Fremdes strikt zu markieren, verfestigt den anthropozentrischen Standpunkt, von dem aus deren Beziehung reguliert wird. Doch genau jener steht beim ökologischen Fokus infrage. Im Anschluss an die Grundpositionen des *Ecocriticism* orientiert sich die kulturökologische Literaturdidaktik also eher an der dynamischen Beziehung zwischen Mensch und Natur als an dem konfrontativen Konzept, wie es die responsive Literaturdidaktik des Fremden vorlegt.

Die an kognitionspsychologischen Einsichten ausgerichtete Theorie der Prototypikalität als didaktische Phänomenologie korrespondiert in mindestens drei Punkten mit dem kulturökologischen Zugang. Da ist zum einen die Offenheit, welche die „Vielfalt möglicher Formen und Zielsetzungen literarischen Lernens" betont und das „Lernen anhand von literarischen Prototypen" (Janle 2015, 29) als eine von unterschiedlichen Möglichkeiten vorstellt. Des Weiteren bringt die aus der Linguistik übernommene Prototypikalität als „kognitives Prinzip" (Janle 2015, 30) Rezeptions- und Verstehensprozesse in ihrer Orientierungsfunktion empor, wenn diese vor allem durch Schreiben angeeignet werden. Indem der Schreibprozess nichtlinear abläuft, vielfältige Rückkoppelungseffekte aufweist und erst durch Selbstregulation ‚gerichtet' wird, ist er das Ergebnis energieaufwendiger Tätigkeit. Literarische Verstehensleistungen werden daher als dynamisch-selbstorganisatorische Rekonstruktionen textueller Ordnungen bestimmt (vgl. Janle 2015, 31), was als rezeptionsästhetisches Komplement zur produktionsästhetischen Auffassung des *Ecocriticism* interpretiert werden kann, Literatur sei *stored energy* (vgl. Rueckert 1978, 74). Drittens betont dieser Zugang das Lernen an Beispielen als notwendiges und selbstverständliches didaktisches Prinzip und diskutiert Fragen der Auswahl unter literaturwissenschaftlichen und -soziologischen, lern- und entwicklungspsychologischen sowie schulpraktischen Aspekten (vgl. Janle 2015, 32). Hier kann sich die kulturökologische Sicht problemlos anschließen, fügte allerdings noch inhaltliche Aspekte hinzu, die zu ihrem spezifischen Themenfeld gehören.

Das ‚Schneisenmodell' der Vermittlung von Literaturgeschichte knüpft an den Aspekt der Nichtlinearität an, wie er auch dem ‚organischen' Zugang der kulturökologischen Literaturdidaktik prinzipiell zugrunde liegt. Die üblicherweise lineare, an Orientierungswissen ausgelegte und induktive Vermittlung historischer literarischer Texte wird hier durch ein Netz von Erkundungsrouten und Entdeckungsreisen abgelöst beziehungsweise ergänzt. Die Lernenden verlassen bekannte Pfade und begeben sich auf eine Abenteuerreise. Sie lernen zeithistorisch wichtige Texte mittels sogenannter Schneisen kennen und haben dadurch die Chance, „die Diversität einer Epoche in ihren unterschiedlichen Facetten durch entdeckendes Lernen selbst zu erschließen" (Tinter 2012, 382). Der große Vorteil dieses Modells ist, dass durch die geschickte Auswahl der ‚Schneisen' auch Werke und Personen berücksichtigt werden können, die von anderen (kanonischen) Ansätzen vernachlässigt werden. Zugleich werden den Lernenden der Konstruktcharakter der Literaturgeschichte und die fließenden Epochenübergänge deutlich. Dies ist ein praktikabler Weg, den ‚reintegrativen Interdiskurs' (vgl. Zapf 2008, 33–36) aus dem triadischen Funktionsmodell umzusetzen, demzufolge das Randständige wieder in die Mitte gerückt werden soll.

Tinter betont jedoch auch, welche hohen Anforderungen der Unterricht nach dem ‚Schneisenmodell' an die Lehrkräfte stellt. Diese müssen eine große fachwissenschaftliche, historische und didaktische Kompetenz aufweisen, um aus der Materialfülle repräsentativ auswählen zu können. Um ‚Schneisen' geschickt zu legen, kommen neben den eigentlichen literarischen Werken auch historische Quellen mit pragmatischen oder halbliterarischen Texten (z. B. Flugblätter, Briefe, Zeitungsartikel) ins Spiel, zudem kann ein thematischer Schwerpunkt diachron oder synchron begriffen werden. Daraus ergibt sich ebenso ein lebensweltlicher Bezug. Die themenzentriert organisierte kulturökologische Literaturdidaktik zeigt sich ebenfalls offen für hybride Textformen, Sachtexte und andere Medien der Literatur.

Tinter spricht aber auch nachdrücklich Schwierigkeiten an: Eigentlich fordert moderne Fachdidaktik die Abkehr von einfacher Instruktionsdidaktik, die auf festem Orientierungswissen basiert, und setzt stattdessen im literaturhistorischen Unterricht auf offene und entdeckende Lernerfahrungen. Viele Schülerinnen und Schüler, an das herrschende Kompetenzparadigma gewöhnt, verlangen jedoch verbindliche Muster und wiederkehrende Schemata (vgl. Tinter 2012, 386). Folglich muss die Lehrkraft den ‚Scherensprung' beherrschen, den Facettenreichtum der einzelnen Epochen zeigen und wiederkehrende literaturgeschichtliche Motive vermitteln sowie historische Hintergrundinformationen bereitstellen. Schwierig bleibt, wie literaturgeschichtliches Orientierungswissen, das zugleich für entdeckendes Lernen unverzichtbar ist, vermittelt werden soll – so, dass es nachhaltig und anwendungsnützlich ist. Hier könnte die kulturökologische Literaturdidaktik mit entsprechender Anschlussforschung ansetzen. Ein weiterer definitiver Schnittpunkt ergibt sich daraus, dass Tinter so vehement auf die höheren Anforderungen an die Lehrkräfte aufmerksam macht – eine klare Parallele zum Konzept der *change agents*, wie es die UNESCO-Roadmap fordert.

Abschließend wird deutlich, dass die Ausarbeitung einer kulturökologischen Literaturdidaktik erst am Anfang steht und sich noch in so viele verschiedene Richtungen entwickeln wird, wie es einem offenen und zugleich funktionalen System überhaupt möglich ist.

Weiterführende Literatur

Bartosch, Roman und Sieglinde Grimm (Hrsg.) (2014). *Teaching environments. Ecocritical encounters*. Frankfurt a. M.
Buell, Lawrence (2005). *The future of environmental criticism. Environmental crisis and literary imagination*. Oxford/Malden, MA.
Bühler, Benjamin (2016). *Ecocriticism. Grundlagen – Theorien – Interpretationen*. Stuttgart.
Dürbeck, Gabriele und Urte Stobbe (Hrsg.) (2015). *Ecocriticism. Eine Einführung*. Köln/Weimar/Wien.
Janle, Frank (2015). *Prototypikalität als Weg in die Literaturgeschichte. Entwurf einer didaktischen Phänomenologie*. Berlin.
Mitterer, Nicola (2016). *Das Fremde in der Literatur. Zur Grundlegung einer responsiven Literaturdidaktik*. Bielefeld.
Tinter, Nina (2012). „Ein ‚Sorgenkind' der Deutschdidaktik? Deutschdidaktische Perspektiven auf den Gegenstand der Literaturgeschichte". *Literaturgeschichtsschreibung im 21. Jahrhundert. Konzepte in Wissenschaft und Schule, Mitteilungen des Deutschen Germanistenverbands* 59.4 (2012): 379–397.
Zapf, Hubert (Hrsg.) (2016). *Handbook of ecocriticism and cultural ecology*. Berlin/Boston.

Liesel Hermes
IV.6 Literaturdidaktik und Gender Studies

1 Einleitung

Fragen nach der Beziehung der Geschlechter zueinander und geschlechtsspezifischer Sozialisation durchziehen den Alltag ebenso wie Bildung und Erziehung von Mädchen und Jungen. Der folgende Beitrag will die Entwicklung von feministischen Studien zu *Gender Studies* nachverfolgen und zeigen, dass literaturdidaktische Studien in früheren Jahren eine geschlechtsspezifische Rezeption von Literatur nicht berücksichtigten und dass eine Änderung erst mit der Kanondiskussion in den 1990er Jahren erfolgte. Interessanterweise ging es dabei fast nie um die Frage, ob und wie sich die Lehrkraft ihrerseits in ihrem geschlechtsspezifischen Rollenverständnis verortete und ihre eigene Perspektive reflektierte. Mittlerweile sind *Gender Studies* im mutter- und fremdsprachlichen Literaturunterricht wieder ein prominentes Thema. Aber genderbewusster Literaturunterricht sollte sich nicht als feministischer Literaturunterricht verstehen, sondern im Sinne beider Geschlechter sensibel mit Rollenerwartungen und -verhalten, Rollenklischees und Geschlechterstereotypen umgehen. Dies soll an einigen Beispielen veranschaulicht werden.

2 Literaturdidaktik und Gender Studies

Im Gefolge der zweiten Frauenbewegung Ende der 1960er Jahre gewann feministische Forschung an Bedeutung und feministische Theorien erweiterten sich um die Mitte der 1990er Jahre hin zu *Gender Studies*, die das Verhältnis beider Geschlechter zueinander analysierten. „In der einschlägigen fremdsprachendidaktischen Diskussion wird ‚Gender' heute als kulturell-diskursiv hervorgebrachte und subjektiv ausgestaltete, performative Konstruktion verstanden, die als normativer gesellschaftlicher Ordnungsentwurf jede Identitätskonstitution beeinflusst und in komplexer Weise mit anderen gesellschaftlichen Verhältnissen interagiert" (Surkamp 2017b, 103). Entsprechend ist die Grundannahme der *Gender Studies*, dass Gender „nicht kausal mit dem biologischen Geschlecht verknüpft ist, sondern als eine kulturelle Interpretation des Körpers zu verstehen ist, die dem Individuum über eine Geschlechtsidentität und Geschlechterrolle einen spezifischen Ort innerhalb der gesellschaftlichen Ordnung zuweist" (Nünning 2004a, 78). Während die feministische Forschung transdisziplinär zunächst die historische Benachteiligung von Frauen in allen gesellschaftlichen und kulturellen Bereichen bewusst machte und Änderungen, so auch in der Literaturwissenschaft, forderte, öffneten die *Gender Studies* den Blick auf das Verhältnis beider Geschlechter zueinander, die soziale Konstrukte darstellen und im *doing gender* – bewusst oder unbewusst – konkret umgesetzt werden. „‚Doing gender' zielt darauf ab, Geschlecht beziehungsweise Geschlechtszugehörigkeit nicht als Eigenschaft oder Merkmal von Individuen zu betrachten, sondern jene *sozialen Prozesse* in den Blick zu nehmen, in denen ‚Geschlecht' als sozial folgenreiche Unterscheidung hervorgebracht und reproduziert wird" (Gildemeister 2010, 37). Dies hatte Auswirkungen auf die Literaturdidaktik. Während sich die germanistische Literaturdidaktik sehr früh dieser Fragen annahm, brauchte die anglistische länger, bis sie feministische Positionen rezipierte und entsprechende Forderungen umzusetzen begann (vgl. Haas 2001, 107).

So entwickelten Heuermann, Hühn und Röttger (1975, 98) ein sehr differenziertes Modell literarischer Rezeption, das aber keinerlei Differenzierung geschlechtsspezifischer Rezeption durch Schülerinnen und Schüler enthielt. Hühn und Künne (1978) legten eine Fallstudie zur Rezeption ‚trivialer Frauenliteratur' vor, die an etlichen Schwächen krankte. So scheint es problematisch, Texte, die von vornherein als ‚triviale Frauenliteratur' charakterisiert und damit explizit abgewertet werden, überhaupt als exemplarisch für die fremdsprachliche Textrezeption zu diskutieren. Zwei Short Stories aus den Zeitschriften *Woman* und *Woman's Own* wurden drei Gruppen von Oberstufenschülerinnen und -schülern und Studierenden im Hauptstudium zur ungelenkten Diskussion vorgelegt, wobei das Erkenntnisinteresse auf dem illusionistischen und distanzierten Lesen lag. Durchgängig ist von Schülern und Studenten die Rede, und nur einmal wird erwähnt, dass es sich bei den Studierenden um 13 Studentinnen und einen Studenten (Hühn und Künne 1978, 54) handelte, bei einer Schülergruppe ausschließlich um Mädchen und bei den beiden anderen um gemischte Gruppen (Hühn und Künne 1978, 66). Die illusionistische Leseweise der Schülerinnen (Hühn und Künne 1978, 66) und auch der Studierenden wird als negativ eingestuft, aber nicht geschlechtsspezifisch hinterfragt (Hühn und Künne 1978, 56 und 154); Zitate werden nie geschlechtsspezifisch zugeordnet. Aufgrund des literaturwissenschaftlich-philologischen Erkenntnisinteresses wurde die vermutlich unterschiedliche Rezeption durch Leserinnen und Leser gar nicht wahrgenommen.

Ganz anders ist dagegen Heusers Publikation (1982) zum genderorientierten Deutschunterricht ausgerichtet. Sie geht in ihrem Beitrag von genderspezifischen Diskussionen aus, die Mädchen und Jungen gleichermaßen betreffen. Auch wenn es nach ihrer Überzeugung seine Gründe hat, „daß das Thema der geschlechtsspezifischen Rollenklischees meist in einer spezifischen Variante auftaucht, nämlich als Emanzipation der Frau" (Heuser 1982, 134), will sie grundsätzlich Rollenklischees beider Geschlechter thematisieren, zum Nachdenken und zu

Veränderungen anregen (Heuser 1982, 139). Sozialisation und Identität sind nach ihrer Überzeugung Themen, die Mädchen wie Jungen in der Pubertät gleichermaßen betreffen und sie dabei unterstützen können, „Widersprüche und Konflikte zu erkennen, auszuhalten und auszutragen statt sie zu glätten im Interesse einer System- und Normanpassung" (Heuser 1982, 140).

Geschlechteridentität ist ein gesellschaftliches Konstrukt. Tradierte Rollenbilder, die in der Familie und Gesellschaft allgemein und damit auch in der Schule gelebt werden, sind sehr wirkmächtig und lassen sich nicht ohne Weiteres durch egalitäre ersetzen. Umso mehr kann die Literatur beitragen, traditionelle Rollenbilder und entsprechende Genderstereotype bewusst zu machen und kritisch zu hinterfragen, denn die Fiktionalität literarischer Texte eröffnet neue und eigene Welten und bietet Realitätsmuster zur Auseinandersetzung an. Delanoy setzt sich kritisch mit Martha Nussbaums *Women and Human Development* (2001) und ihrem Plädoyer für ein gutes und gerechtes Leben (Delanoy 2007, 192) sowie mit Judith Butlers *Gender Trouble* (1990) und ihrem komplexen multipolaren Genderverständnis (Delanoy 2007, 194) auseinander und plädiert für einen Dialog zwischen hermeneutischer und genderorientierter Literaturdidaktik.

Eine entscheidende Umorientierung begann für die englische Literaturdidaktik in den 1990er Jahren, als sich ein Bewusstsein für die erhebliche Unterrepräsentanz von Autorinnen und weiblichen Charakteren in literarischen Kanons entwickelte.

3 Kanon und Kanonrevision

Literarische Kanons existierten in Bildungsplänen des letzten Jahrhunderts und wurden mit der Entwicklung von Kompetenzlisten obsolet. Exemplarisch sei hier auf Baden-Württemberg verwiesen. Im Bildungsplan von 1984 finden sich für Grund- und Leistungskurse Vorschläge zu Autoren und Werken. Für Grundkurse im Fach Englisch enthält die Liste nur männliche Namen mit Ausnahme von Agatha Christie und Dorothy L. Sayers (Kultus und Unterricht 1984, 579). Für Leistungskurse werden zehn Autoren sowie Kathleen Mansfield vorgeschlagen, 18 Autoren sowie Patricia Highsmith und Doris Lessing für Romane und 16 Autoren für Dramen. In den Lehrplänen von 1994 werden nur noch Autorennamen, aber keine Werke aufgelistet. Für die Jahrgangsstufen 12 und 13 sind für Grundkurse 17 Autoren und acht Autorinnen von Romanen sowie sechs männliche Dramatiker verzeichnet (Kultus und Unterricht 1994, 685). Für Leistungskurse kommen weitere 23 männliche und fünf weibliche Namen für fiktionale Werke und weitere sechs männliche Dramatiker hinzu (Kultus und Unterricht 1994, 688–689).

Im Bildungsplan von 2004 für das Gymnasium finden sich nur noch Kompetenzlisten: kommunikative und sprachliche Kompetenz, Umgang mit Texten, kulturelle und Methodenkompetenz, wobei unter ‚Umgang mit Texten' auch literarische Analysefähigkeiten genannt werden. Literatur wird unter „soziokulturelles Wissen" subsumiert: „Die Schülerinnen und Schüler kennen [...] mindestens zwei umfangreichere Werke der englischsprachigen Literatur und Beispiele verschiedener literarischer Gattungen sowie künstlerischer Produktionen der englischsprachigen Welt" (Kultus und Unterricht 2004, 124). Auf Empfehlungen wird verzichtet.

Die 1990er Jahre lassen sich als das Jahrzehnt der Kanonkritik und Kanonrevision beschreiben (vgl. Fliethmann 2002, 220–227). Feministische Forschung machte deutlich, dass die Kanons der Bildungspläne für den (englischen) Literaturunterricht einseitig männlich (für die US-Literatur ‚weiß') dominiert waren und in keiner Weise der Zahl und Qualität von Autorinnen gerecht wurden. So stellt Beck in seiner Umfrage unter Erstsemestern fest, dass sowohl im Englisch- als auch im Deutschunterricht fast nur Autoren gelesen wurden, und kritisiert die Schullektüre als „uniform und konservativ" (Beck 1995, 34). Hermes kommt 1995 zu demselben Ergebnis, das in einer großen Untersuchung in Nordrhein-Westfalen zehn Jahre später (Peters und Unterweg 2005) erneut bestätigt wird und auf das außerordentliche Beharrungsvermögen verweist, da jeder Kanon seine eigene Tradition schafft, der so die Unterrepräsentanz von Autorinnen perpetuiert (vgl. Decke-Cornill und Gdaniec 1992, 97).

Ausgangspunkt der Kanonkritik war die Tatsache, dass feministische Forschung die Benachteiligung von Frauen in Literaturgeschichten anprangerte. Würzbach (1996a, 14) formuliert: „Die Bezeichnung *feministische* Forschung verweist auf die Entstehung aus der Frauenbewegung und bringt zum Ausdruck, daß Erkenntnisinteresse, Theoriebildung und Gegenstandswahl geleitet sind von einer kritischen Sichtweise der Abwertung, Benachteiligung und Unterdrückung der Frau in Vergangenheit und Gegenwart und einer engagierten Beschäftigung mit den weiblichen Kulturbeiträgen, die nicht selten gering geschätzt wurden oder in Vergessenheit gerieten." Weibliches Schreiben sollte endlich sichtbar werden. Die *Englische Literaturgeschichte* aus Sicht der Geschlechterforschung von Schabert (1997; 2006) war hier bahnbrechend. Hof (1997, 496–519) schildert aus Sicht der amerikanischen feministischen Literaturkritik die Entwicklung von „women's studies" zu „gender studies" und betont, dass *gender* als historisch-soziale Kategorie gesehen werden müsse: „Die *Gender Studies* fragen vor allem nach dem Wert, der den diversen Differenzierungen beigemessen wurde und wird" (Hof 1997, 516). Hermes setzte sich in „Writing women – women writers: Schreib-‚Räume' für Frauen in England" mit dem Begriff „Frauenliteratur" auseinander (1993a, 156; vgl. Schabert 2006, 278), der eine unangemessen verengte

Sichtweise suggerierte. Frauenliteratur war demnach Literatur von Autorinnen speziell für Frauen aufgrund der vermuteten Themen, die nur für Frauen interessant waren oder sein sollten. Dass diese dann schnell als ‚Trivialliteratur' marginalisiert wurde, zeigt die Studie von Hühn und Röttger oben. Stummer (1978, 86) konnte noch formulieren: „Der Frauenroman neuerer Prägung ist [...] unterschiedlich konventionell oder unkonventionell ästhetisierte ‚schöne Literatur' eines weiblichen Autors unter dem Aspekt der zum Ausdruck gebrachten *female awareness*." Autorinnen waren nicht nur marginalisiert: Sie wurden im Lehrplan für Bremen pauschal unter „disadvantaged groups" subsumiert (Hermes 1993c, 219). Im Rückblick auf die nachfolgende Entwicklung ist nicht ganz nachvollziehbar, dass Erlebach, Reitz und Stein (2004, 660–668) in einem Überblick über den „Frauenroman zwischen realistischer und feministischer Gesellschaftskritik" diesen als eigenes Genre wie den „Universitätsroman" behandeln. Das bedeutet eine inhaltliche Verengung auf ein bestimmtes Themenarsenal, das der Realität in keiner Weise gerecht wird und der damaligen theoretischen Diskussion nicht mehr angemessen war.

Hermes stellte exemplarisch Autorinnen (1993c) und Kurzgeschichten von Autorinnen (1993b) vor und erschloss die Werke von Margaret Drabble (1994a) und F. Scott Fitzgerald (1994b; 1995) für den Englischunterricht (vgl. Hermes 1998; Hermes 2000). Ähnlich plädierte Würzbach aus Sicht der feministischen Forschung und ihrer Erweiterung zu *„gender studies"* (1995, 149) für eine Kanonrevision. Da sich *Gender Studies* mit den „sozio-kulturellen Auswirkungen von Weiblichkeits- und Männlichkeitskonzeptionen gleichermaßen" beschäftigt (Würzbach 1996b, 71), ist die gleichberechtigte Wahl von Autorinnen und Autoren für den Literaturunterricht geboten. Dabei geht es ebenso um Entwicklungsromane, bis dahin ausschließlich männliche *novels of initiation*, wie um weibliche Identität und Selbsterfahrung (Würzbach 1996c).

Selbst Fernengel musste 2003 in ihrer kritischen Auseinandersetzung mit dem Berliner Rahmenplan von 2001 noch feststellen, dass der existierende Kanon von männlichen Autoren dominiert ist, was umso bedenklicher ist, da Lektürevorschläge „präskriptiven Charakter" (Fernengel 2003, 410) haben. Ihre eigenen Vorschläge, die sie unter „Kriterien im Kontext von identifikatorischer Rezeption" sowie „Kriterien im Kontext von Fremdverstehen und Emanzipation" (2003, 411–412) subsumiert, enthalten dagegen überwiegend Werke von Autorinnen, die ihre eigenen Kriterien im Hinblick auf Rollenverständnis, Konfliktlösungen und Darstellung alternativer Lebenslagen erfüllen.

Das bis in das erste Jahrzehnt des 21. Jahrhunderts bestehende eklatante Defizit, dass die etablierten Werke weder aus weiblicher Perspektive geschrieben waren, noch weibliche Erfahrungen artikulierten, dass sich Schülerinnen hingegen vor allem mit männlich vermittelten Themen und Inhalten befassen mussten und damit in ihrer eigenen Persönlichkeitsentwicklung benachteiligt wurden (vgl. Fliethmann 2002a, 230), wurde allmählich aufgebrochen. Es sollten mehr Identifikationsangebote für Schülerinnen gemacht werden. Davon versprach sich Würzbach (1996b, 80), „daß eine feministisch orientierte Betrachtung von Literatur und ihres gesellschaftlichen Kontextes weltanschauliche, politische und sozialethische Fragen und damit auch Werteeinstellungen berührt und so zur kontroversen Auseinandersetzung anregt". Für sie galt es, „Denkvoraussetzungen und Analyseverfahren [...] einzubringen, die das Textverständnis im Sinne der feministischen Problemstellung erst ermöglichen" (Würzbach 1996b, 80); und sie machte Vorschläge für ein Lektüreangebot für Schüler und Schülerinnen, das deren „geschlechtsspezifischen Vorstellungen, Erfahrungen und Bedürfnissen besser entspricht, als das bisher der Fall ist" (Würzbach 1996b, 71).

In der gesamten Kanondiskussion und dem berechtigten Anspruch, mehr Literatur von Autorinnen (keine ‚Frauenliteratur') einzubeziehen, wurde übersehen, dass nach den Mädchen, die sich bis dahin zwangsweise mit Autoren und männlich besetzen Themen hatten auseinandersetzen müssen (z. B. mit dem alten Mann und dem Meer), im Gefolge einer Kanonrevision hin zu Autorinnen und neuen thematischen Spezifika nun von Jungen erwartet wurde, dass sie sich mit weiblich besetzten Themen befassten. Beides wurde nicht hinterfragt. Aus der Rückschau ist festzustellen, dass in zahlreichen Publikationen nur noch Schülerinnen im Fokus standen und die Tatsache vernachlässigt wurde, dass schulischer Literaturunterricht in der Regel koedukativ stattfindet, dass also die geforderte Kanonrevision auch Schüler als Leser betraf. Denn es ging in den einschlägigen Publikationen seltsamerweise nie darum, dass auch Jungen diese Texte lesen mussten. Das heißt, es wurde entweder stillschweigend davon ausgegangen, dass solche Texte vor allem in Mädchenklassen gelesen wurden, obwohl es nicht viele Mädchengymnasien gab und gibt, oder dass man den Nachholbedarf der Mädchen als bedeutend genug ansah, dass sich die Jungen der Auswahl fügten.

Während die Frage, wie literarische Frauenbilder auf Frauen und ihre Identität wirken (vgl. Decke-Cornill und Gdaniec 1992, 125), noch feministisch zu verorten ist, muss sie dahingehend erweitert werden, wie literarisch vermittelte Frauen- und Männerbilder auf das jeweils eigene und das andere Geschlecht wirken. Denn wenn der Fokus nunmehr auf *Gender Studies* liegt, geht es weniger um weibliche Rollen, Persönlichkeitsentwicklung und Identitätsbildung aus feministischer Perspektive als vielmehr um weibliche und männliche Lebensentwürfe, Interaktion und Entwicklungen sowie um Normen und Werte in einem gemeinsamen gesellschaftlichen Kontext. Eine zunächst auf der Basis feministischer und sodann genderorientierter Forschung erfolgende Kanonrevision hin zu gleichberechtigter Berücksichtigung von Autorinnen und Autoren im Literaturunterricht muss dann auch zu neuen Impulsen in der Literaturdidaktik führen, selbst wenn in Verlagskatalogen im Jahre 2016 immer noch ein deutliches Übergewicht männlicher Autoren im Lektüreangebot zu verzeichnen ist. Letzten Endes kommt es aber darauf an, wie literarische Texte (von Autorinnen und Autoren) genderbewusst und gendersensibel im Unterricht analysiert und diskutiert werden. *Gender-awareness* ist also das Gebot, das sich an beide Geschlechter richtet und von beiden Empathie verlangt (vgl. Praxis Fremdsprachenunterricht 2009).

4 Fallstudien

Empirische Fallstudien zeigen exemplarisch das Potenzial einer genderbewussten Textauswahl und -behandlung auf. Kugler-Euerles *Geschlechtsspezifik und Englischunterricht* (1998) über die unterrichtliche Rezeption von Werken Doris Lessings fand in der fachdidaktischen Diskussion Beachtung (Haas 2001, 166–117; Decke-Cornill 2004, 192; Fliethmann 2002a, 226). Die Studie ist rezeptionsorientiert und geschlechtsspezifisch angelegt. Ein geschlechtsspezifischer Literaturunterricht muss ihrer Ansicht nach Lerndefizite auf beiden Seiten beheben, denn Jungen werden vor allem „gesellschaftlich nützliche Lerninhalte" nahegebracht, die „Mädchen vorenthalten werden". Umgekehrt werden „Jungen kaum Werte aus dem Bereich der sozialen Kompetenz nahegebracht, da diese gesellschaftlich sekundär zu sein scheinen" (Kugler-Euerle 1998, 64). Ein sachlich neutraler Fragebogen mit komplementären geschlechtsspezifischen Fragen zu Lessings *The Fifth Child* wurde vor der Lektüre im Unterricht eingesetzt, um die naive Rezeption, das heißt die erwartete illusionistische Haltung (Kugler-Euerle 1998, 80) von Schülerinnen und Schülern zu ergründen.

Die detaillierte Darstellung der Ergebnisse weist nach, dass Schülerinnen wie Schüler auf der Basis von Geschlechtsrollenstereotypen lesen: „Die Mädchen beurteilen die Figuren nach ihrem mitmenschlichen Handeln, das auf die Gefühle anderer Rücksicht nimmt, wogegen die Jungen eine Figur in ihrem Handeln nach deren Effizienz, vor allem in der Problemlösung, bewerten" (Kugler-Euerle 1998, 88). Dabei spielt der lebensweltliche Hintergrund der Jugendlichen eine entscheidende Rolle. Denn die Reaktion der Jungen zeugt von Abgrenzung (Kugler-Euerle 1998, 118), während die Empathie bei den Mädchen zu einer illusionistischen Grundhaltung und Leseweise führen kann (Kugler-Euerle 1998, 120). Kugler-Euerle (1998, 126 und 136) setzt daher am geschlechtsspezifischen Interpretationsansatz an, der vorsichtig bewusst gemacht werden muss. Ein wichtiges Ergebnis ist, dass der Lernprozess auf dem je „eigenen geschlechtsspezifisch definierten Erwartungshorizont basiert. So bewerten sie [...] die Verhaltensweisen einer weiblichen Figur entsprechend ihrer [sic] geschlechtsspezifischen Erfahrungen" (Kugler-Euerle 1998, 143). Daher ist die geschlechtsspezifische Dekonstruktion ein fruchtbarer Ansatz einer genderorientierten Literaturdidaktik (Kugler-Euerle 1998, 148–151; vgl. Fliethmann 2002a, 61). Wichtig ist in jedem Fall, dass jegliche genderorientierte Interpretation sensibel verfahren muss. Kugler-Euerle (1998, 138) warnt vor „Ermüdungserscheinungen bei der ständigen ostentativen Bezugnahme auf feministische Themen", was auch von Faulstich-Wieland und Horstkemper unterstrichen wird: Sie weisen darauf hin, dass eine „thematische Bearbeitung von Genderthemen in den verschiedenen Schulfächern" häufig dazu führt, „dass die Schülerinnen und Schüler nach relativ kurzer Zeit ‚übersättigt' waren und keine Lust mehr auf solche Inhalte hatten" (Faulstich-Wieland und Horstkemper 2012, 34; vgl. Volkmann 2007, 166).

Weißenburger untersuchte in seiner Studie *Helden lesen! Die Chancen des Heldenmotivs bei der Leseförderung von Jungen* (2009) das Leseverhalten von Jungen in der Sekundarstufe I und ging von der These aus, dass Mädchen erheblich mehr und lieber lesen als Jungen, dass diese daher spezifische Anregungen brauchen und ihre Lesemotivation wie auch Lesekompetenz vor allem durch Heldengeschichten gesteigert werden können. Im Ergebnis konstatiert er, die „zentrale Gratifikation der Jugendlichen bei der Lektüre ist Spannung" (Weißenburger 2009, 145), und dies eher unabhängig vom Geschlecht. Die Präferenz der Jungen beim Lesen von Texten liegt neben der Kategorie Spannung vor allem auf Action sowie Abenteuer und der Identifikationsmöglichkeit mit einem starken, wirkmächtigen Protagonisten (Weißenburger 2009, 146). Es liegt nahe, dass Schülerinnen und Schüler auf Hauptfiguren ihres eigenen Geschlechts anders reagieren als auf jene des jeweils anderen Geschlechts.

In ihrer Untersuchung *Weibliche Bildungsromane. Genderbewusste Literaturdidaktik im Englischunterricht* macht Fliethmann ebendiese zu ihrer Grundlage, für die sie exemplarisch und idealtypisch fachdidaktische Interpretationen vorlegt. Ihr Ausgangspunkt sind Identitätsverständnis und weibliche Identitätsbildung, die sie in Entwicklungsromanen eher unvollendet beziehungsweise im Sinne eines *growing down* (Fliethmann 2002a, 102–131) realisiert sieht. Den rezeptionsorientierten Ansatz ergänzt sie um einen ideologiekritischen (Fliethmann 2002a, 265–270) und baut dabei auf *„involvement*, auf dem persönlichen Textbezug der/des Einzelnen auf" (Fliethmann 2002a, 263). Denn da Konflikte zwischen Individuum und Gesellschaft immer eine männliche und eine weibliche Perspektive haben, gilt es, beide Perspektiven einzubeziehen, sodass den Schülerinnen und Schülern Raum für die persönliche emotionale Auseinandersetzung mit dem Text ermöglicht wird.

Kimes-Links (2013) untersucht empirisch Aufgaben, Methoden und Verstehensprozesse im Literaturunterricht, allerdings nicht geschlechtsspezifisch. In den Unterrichtsanalysen ist zwar aus den Pronomina ersichtlich, ob es sich um einen Schüler oder eine Schülerin handelt. Dies spielt aber erstaunlicherweise für die eigentliche Analyse des Verstehensprozesses keine Rolle. Zentrale Unterrichtsaspekte haben keinen Genderbezug, ebenso wenig genderbezogene Lesarten (Kimes-Link 2013, 87). Geschlechtsspezifisch unterschiedliche Präferenzen oder Reaktionen auf Texte stehen nicht im Fokus und werden auch nicht reflektiert.

Steiningers *Modellierung literarischer Kompetenz* (2014) für die Sekundarstufe I basiert auf einem Lesekompetenzmodell für den Literaturunterricht der Sekundarstufe II, das von Burwitz-Melzer (2007c) vorgelegt wurde. Dieses ist überaus elaboriert und berücksichtigt unter anderem fremdkulturelle, aber erstaunlicherweise keine genderorientierten Aspekte. Steiningers Modellierung liegen acht Fallstudien mit verschiedenen Texten zugrunde. In der ersten geht es um die Kurzgeschichte *TA-NA-E-KA* der amerikanischen Autorin Mary Whitebird, in der ein 11-jähriges *Native-American*-Mädchen das Initiationsritual, einen *endurance test* fünf Tage allein in Wildnis und Einsamkeit durch Subversion der eigentlichen Idee übersteht, wohingegen ihr Vetter bei diesem Ritual leidet (Steininger 2014, 120–202). Während kulturelle Unterschiede in der Unterrichtseinheit eine wichtige Rolle spielen, werden geschlechtsspezifische Fragen ausgeblendet, dass sich nämlich das Mädchen über Regeln hinwegsetzt und somit traditionelle Erwartungen usurpiert. Obwohl die Ich-Erzählerin deutlich macht, dass in ihrem Stamm völlige Gleichberechtigung herrscht, wird dies im Unterricht ebenso wenig thematisiert wie die Tatsache, dass sich ihr ‚schwächerer' Vetter regelkonform verhält. Das heißt, die humorvoll geschilderte Usurpation von rollenspezifischen Erwartungen bleibt unbeachtet. Die „Indikatoren Autogene Faktoren" (Steininger 2014, 224) der Ebene der Lernenden umfassen 26 Faktoren, die aber keine Reflexion der eigenen Geschlechtsrolle der Schülerinnen und Schüler enthalten. Die von Steininger (2014, 419) erwähnte Interpretationsgemeinschaft beruht auf einer „Interaktion zwischen Leser und Leser [sic]"; nicht reflektiert wird, dass diese aus Schülerinnen und Schülern besteht. Daher sind genderorientierte Fallstudien notwendig.

5 Textauswahl

Für eine genderbewusste Auswahl literarischer Texte müssen entwicklungspsychologische Aspekte ebenso diskutiert werden wie das Leseverhalten von Schülerinnen und Schülern und die Tatsache, dass die gymnasiale Oberstufe nur noch zwei Jahre umfasst. Flaake untersuchte in seiner Arbeit *Geschlechter-*

verhältnisse – Adoleszenz – Schule. Männlichkeits- und Weiblichkeitsvorstellungen als Rahmenbedingungen für pädagogische Praxis (2006; vgl. Becker und Kortendiek 2010). Aus ihrer Sicht werden sowohl bei Lehrkräften als auch bei Schülerinnen und Schülern Geschlechterdifferenzen in komplexen Prozessen des „doing gender" (Flaake 2006, 29) häufig unbewusst hergestellt. So orientieren sich Jungen „an einem Ideal von Unabhängigkeit und Stärke, von Aktivität und Dominanz" (Flaake 2006, 30). Sie sind ständig in Abgrenzungs- und Selbstbehauptungskämpfe sowie in Hierarchisierungs- und Männlichkeitsinszenierungen involviert, mit denen sie sich von Mädchen abgrenzen, die sie gleichzeitig entwerten. Bilder von starken Mädchen existieren dagegen Flaake (2006, 35) zufolge kulturhistorisch erst in neuerer Zeit. Trotz aller Ausweitung von Rollen und Rollenverhalten bleiben bei Mädchen Zweifel und Ängstlichkeit bestehen und haben „Vorstellungen von Schönheit und attraktiver Körperlichkeit noch immer einen großen Stellenwert" (Flaake 2006, 36). Während aber die politische Gleichberechtigung trotz aller existierenden Benachteiligungen für Frauen und Mädchen und immer noch bestehender Diskriminierung in Wirtschaft und Gesellschaft diesen insgesamt neue Perspektiven der Selbstverwirklichung und neue Rollenmöglichkeiten in Bildung, Beruf und in der Öffentlichkeit wie auch in der öffentlichen Wahrnehmung ermöglichte, wurden Männer aufgefordert, komplementär nunmehr Funktionen zu Hause und in der Kindererziehung zu übernehmen, die früher nur weiblich konnotiert waren (vgl. König et al. 2015, 2–3). Der überfälligen Aufwertung von beruflichen Chancen und gesellschaftlichen Positionen von Frauen scheint komplementär ein wahrgenommener gesellschaftlicher Abstieg von Jungen gegenüberzustehen, der ihre eigenen dominanten Rollenvorstellungen konterkariert. Beharrende und sich ändernde Phänomene geschlechtsspezifischer Entwicklungen müssen bei einer genderorientierten Textauswahl berücksichtigt werden.

Ähnliches gilt für das Leseverhalten. Die neuere Forschung zur Lesesozialisation bestätigt die Ausführungen zum unterschiedlichen Leseverhalten von Mädchen und Jungen, die schon Burger 1996 angestellt hatte. Bei aller Vorläufigkeit der Erklärungsansätze von Garbe (2007, 68–72) ist aber wesentlich, dass die bürgerliche Lesekultur weiblich konnotiert ist und Erziehung im letzten und in diesem Jahrhundert immer ,weiblicher' wurde, sodass Jungen männliche Vorbilder fehlen und dass entsprechend Lesen als „weibliche Aktivität" wahrgenommen wird, von der sie sich abgrenzen (Garbe 2007, 71). Nicht umsonst bevorzugen Jungen Computer und „Bildschirmspiele" (Garbe 2007, 76). Diese geschlechtsspezifische Polarisierung hat bei Jungen vielfach zu „Leseschwäche" und „Leseunlust" geführt (Garbe 2007, 73).

Garbe (2007, 74) postuliert: „Die Feminisierung der frühen literarischen und Lesesozialisation bringt die Jungen in Konflikt mit den Anforderungen der männlichen Geschlechtsrolle"; und ihnen wird von weiblichen Bezugspersonen zu viel „weibliche" Literatur angeboten. Sie resümiert, dass die Arbeit an den ‚Frauenbildern' durch die neuere Frauenbewegung vieles geleistet habe, da es den Frauen gelungen sei, „sich viele ehemals als ‚männlich' definierte Eigenschaften zumindest partiell anzueignen und in ihr Lebenskonzept wie auch in ihr Selbstbild zu integrieren". Männer dagegen sein viel stärker „gesellschaftlichen Normierungen und Stereotypen unterworfen". Garbe ist daher der Überzeugung, dass die Entwicklung einer „wirklichen Geschlechterdemokratie" auf Dauer ein gesellschaftliches Projekt bleiben wird. Sie erwartet aber, dass Geschlechterdemokratie schon jetzt als Maßstab für für Konzeptionen einer „Leseförderung für Jungen" dienen sollte (Garbe 2007, 78).

Nachdem die männlich dominierten literarischen Kanons, die den Mädchen Texte oktroyierten und quasi voraussetzten, dass sie sich mit männlichen Protagonisten und deren Erfahrungen (z. B. *stories of initiation*) auseinandersetzten, nun weitgehend ad acta gelegt worden sind, wird man allerdings kaum dahin zurückkehren wollen und den Jungen, die durch eine weiblich dominierte Kindergarten- und Schulerziehung sozialisiert sind (vbw 2009, 60–64), adäquate männliche Rollenvorbilder zu liefern. Gleichwohl bleiben Jungeninteressen auf der Agenda, wobei Volkmann (2016, 124) von „male empowerment" spricht. Es geht aber im Literaturunterricht um literarisch vermittelte Entwürfe von Weiblichkeit und Männlichkeit. Dafür müssen neue Wege gefunden werden, um Genderbewusstsein auf beiden Seiten zu schaffen.

Eine Textauswahl für die gymnasiale Oberstufe muss schließlich die auf zwei Jahre verkürzte Dauer berücksichtigen. Wenn die Jahrgangsstufe 12 der Vorbereitung auf das Abitur vorbehalten ist, bleibt für größere literarische Werke nur die Jahrgangsstufe 11. Damit sind die Schülerinnen und Schüler vergleichsweise jung und noch mitten in der Pubertät, wenn ihre möglicherweise einzige Chance besteht, anspruchsvolle literarische Originale zu lesen. Hinzu kommt, dass dieses Alter gerade bei Jungen nicht durch besondere Lesefreudigkeit geprägt ist. Da Lehr- und Bildungspläne keine inhaltlichen Vorgaben mehr machen, haben Lehrkräfte die Qual der Wahl im Sinne einer kompetenzorientierten Literaturanalyse. Entwicklungspsychologisch kommen *young adult novels* infrage, aber auch verfilmte Werke, sodass multimedial gearbeitet werden kann (vgl. Lütge 2012a, 36, die gleichzeitig für „*gender*-spezifische Differenzen" sensibilisieren will). Gespräche mit Lehrkräften erbrachten unisono, dass Präferenzen von Jugendlichen kurzlebig und stark von Filmen geprägt seien (z. B. *dystopian novels*), und vor allem, dass Texte spannungsgeladen sein sollten (vgl. Weißenburger 2009).

Unter genderspezifischen Aspekten lassen sich so kaum Texte auswählen, die expressis verbis feministischen Inhalts sind, Benachteiligung von Frauen oder Mädchen zum Inhalt haben und interpretatorisch ideologisiert werden können. Mit der Thematisierung solcher Probleme wird man besonders in einer Phase reduzierter Bedeutung literarischer Texte kaum Lesefreude generieren, und Freude am Lesen sollte bei jeglicher Textauswahl ein wesentliches Kriterium darstellen. Vielmehr kann eine Chance in der Multiperspektivität zahlreicher *young adult novels* bestehen. Dabei muss es sich nicht zwangsläufig um *Watching me, watching you. Back 2 back* von Rayban (1999) handeln, die ein und dasselbe Geschehen aus der Sicht eines Mädchens und eines Jungens präsentiert, wobei man mit der Erzählung des Mädchens oder des Jungen beginnen kann, je nachdem, wie man das Buch aufschlägt. In zahlreichen Romanen kann aufgrund der Multiperspektivität der Fokus geschlechtsspezifisch auf den Figuren des eigenen oder des anderen Geschlechts liegen.

Thematisch sollte ein lebensweltlicher Bezug zu den Schülerinnen und Schülern vorhanden sein, und der hat immer geschlechtsspezifische Bezüge, zum Beispiel in Familie, Schule, der Gesellschaft und in Peergroups. Es geht um weibliche und männliche Sinnentwürfe und Erfahrungswelten und deren genderspezifische Rezeption. Themen wie Ablösung und Bindung, Aufbruch, Übergang, Entfremdung, Neuanfang, Isolation, Identität betreffen Mädchen wie Jungen in der Pubertät, die sich unterschiedlich artikulieren und geschlechtsspezifisch verarbeitet werden. Sie alle sind relevant für eine gendersensible Diskussion.

6 Rolle der Lehrkraft

Da jeglicher Literaturunterricht immer die drei Perspektiven von Lehrkraft, Lerngruppe sowie Text und ihre Interaktionen umfasst, muss auch die Rolle der Lehrkraft kritisch erörtert werden. Es ist erstaunlich, dass bei der Fülle an Publikationen zur Kanonrevision und zu *Gender Studies* kaum die vermittelnde, stets weiblich oder männlich konstruierte Rolle der Lehrkraft thematisiert wird.

Lehrerverhalten muss in dieser Hinsicht genauer analysiert und evaluiert werden. Denn die Voraussetzungen für einen gendersensiblen und -gerechten Umgang mit Literatur liegen bei Lehrerinnen und Lehrern. Sie können in ihrem Berufsalltag Geschlechtsrollenstereotype perpetuieren, wenn Frauen eher in Teilzeit und Männer eher in Vollzeitposition arbeiten (vgl. Haas 2016, 50). Sie vermitteln möglicherweise im Alltag durch ihr Verhalten, ihren Unterricht, ihren Umgang mit Schülerinnen und Schülern unbewusst ihre eigene Weiblichkeits- oder Männlichkeitskonstruktion (Budde 2006; vgl. Haas 2016, 51), die wiederum durch ihre Sozialisation und Familiensituation sowie durch die Zusammensetzung des Kollegiums bedingt ist. Lehrerinnen in Teilzeit nehmen möglicherweise sich und die Kollegen anders wahr als Lehrer in Vollzeit, wenn sie die traditionell mit Frauen verbundene Erwartung an die Doppelrolle der Familien- und Berufsfrau repräsentieren (vgl. Herzog 2011, 329). Herzog stellt zwar fest, dass für Lehrerinnen die Privatsphäre eine größere Rolle spielt als für Lehrer, lehnt aber seltsamerweise geschlechtsspezifische Untersuchungen ab: „Wir sexieren [sic] die Wirklichkeit, indem wir Dinge und Ereignisse mit geschlechtlichen Attributen versehen. [...] Wer Frauen und Männern eine geschlechtliche Identität zuschreibt, missachtet ihre Heterogenität" (Herzog 2011, 331). Es bedarf aber nach meiner Überzeugung empirischer Untersuchungen, inwieweit die gesellschaftliche Rolle von Lehrkräften und ihr jeweils rollenstereotypisches Selbstverständnis mit Normerwartungen oder Urteilen im Unterricht verbunden sind.

Budde (2006, 45) hat sich mit Lehrerverhalten befasst und sieht „Geschlecht als soziale Konstruktion, die in Interaktionen hergestellt wird". Mit „doing gender" bezeichnet er „Interaktionen, in denen Geschlecht hergestellt wird. Beteiligt sind daran immer mehrere, grob diejenigen, die ihr Geschlecht darstellen und diejenigen, die es anerkennen" (Budde 2006, 46). Er differenziert drei Typen von Lehrkräften: solche, die ihren Unterricht für „genderfrei" halten und dennoch ihren eigenen geschlechtlichen Stereotypen folgen, solche, die eine Vorstellung von Geschlechtsunterschieden haben und diese in ihren Unterricht einbeziehen, und schließlich solche, die sich für „Geschlechtergerechtigkeit" engagieren und dies durch „Dramatisierungen der Differenz" dokumentieren (Budde 2006, 51). Er untersucht dabei das Verhalten von Lehrkräften und „stereotypen Zuschreibungen" (Budde 2006, 58) gegenüber Schülerinnen und Schülern im Unterricht allgemein. Hier sind spezifische Fallstudien für den Literaturunterricht notwendig, die die Textauswahl, die Aufgaben, Aktivitäten und unterrichtlichen Interaktionen im Hinblick auf Schülerinnen und Schülern dokumentieren, analysieren und geschlechtsspezifisch reflektieren. Nur mit genderspezifischen Untersuchungen kann auch eruiert werden, wie Lehrkräfte eventuell rollenstereotypisch Unterrichtsbeiträge kommentieren und evaluieren.

In den 1990er Jahren verwies Kugler-Euerle (1998, 126) eindringlich darauf, dass auch die Lehrkraft „der geschlechtsspezifischen Rezeption eines literarischen Textes" unterliegt und dass sie daher ihre eigene Rolle im Hinblick auf Texte und Themenwahl, aber auch im Hinblick auf die Interaktion mit Schülerinnen und Schülern und deren jeweils spezifischer Reaktion auf den erörterten Text reflektieren muss. Und sie muss sich fragen, ob ihr Unterricht und ihr gesamter Unterrichtsstil nicht von ihrer eigenen Geschlechtsrolle beeinflusst ist. Diese kritische Rolle der Lehrkraft wird von Faulstich und Horstkemper (2012, 34) erneut thematisiert: „Jene Lehrkräfte, die glauben, keine Geschlechterunterschiede zu machen, sondern alle gleich zu behandeln sind sehr wohl in die alltäglichen doing gender Prozesse involviert, ebenso wie die Schülerinnen und Schüler." Und König et al. (2015, 34) betonen: „Teachers should be willing and able to think about gender as a category in their own lives and in their classroom performance, to reflect on and question their own views and values – without imposing them on the pupils."

Auch in Fragen des Sprachgebrauchs sind Lehrkräfte Rollenmodell. Solange es üblich ist, ausschließlich von ‚Lehrern' und ‚Schülern' zu sprechen und dies auch von Lehrerinnen so praktiziert wird, wird es schwierig sein, Schülerinnen und Schüler für gendersensible Fragen zu motivieren. Schließlich manifestiert sich die unterschiedliche Wahrnehmung und Erwartung zusätzlich durch Aussagen wie ‚Frauen sind anders als '. Das heißt, Frauen werden als Abweichung von der männlichen Norm wahrgenommen. Ein genderbewusster und -sensibler Literaturunterricht kann daher nur gelingen, wenn sich auch die Lehrkraft ihrer eigenen Geschlechtsrolle bewusst ist und ihren Sprachgebrauch reflektiert.

7 Genderbewusster Literaturunterricht

Literaturunterricht ist Diskurs, nämlich Austausch über Figuren und deren Verhaltensweisen, über Werte, Konflikte, Kulturen, über Welten, die im Lesevorgang und in der gemeinsamen Diskussion erschaffen und erschlossen werden (vgl. Härle und Steinbrenner 2004). Literaturunterricht fordert zum Nachdenken auf, zur Klärung des eigenen Standpunktes, der eigenen Perspektive und lebensweltlichen Erfahrungen als junge Frau oder junger Mann, zur Suche nach einer eigenen Position, aber auch zum Wechsel der Perspektive und zu Empathie. Genderbewusster Literaturunterricht kann in hervorragender Weise dem *awareness raising*, der Bewusstmachung von Ungleichheit, Ungleichbehandlung, Rollenklischees und Geschlechtsstereotypen dienen, sollte diese aber nicht explizit zum Dauerthema machen, um keine Abwehrmechanismen zu erzeugen. Ziel kann *gender competence* sein, für die Volkmann (2016, 119–121) zehn Elemente definiert.

Heuser (1982, 131) plädierte bereits zu Beginn der 1980er Jahre für einen egalitären themen- und problemorientierten Ansatz, „der von der Schülerwirklichkeit ausgeht und sich auf sie bezieht" und dabei die unterschiedlichen Geschlechtsrollenkulturen gesellschaftlicher Probleme thematisiert. Wenn sie dabei vor allem „Sozialisation und Identität" (Heuser 1982, 145) als Themen nennt, so sind dafür vor allem zahlreiche *young adult novels* geeignet. Wenn Jugendliche in der diskursiven Auseinandersetzung mit literarischen Werken über ihre eigene Rolle und die des jeweils anderen Geschlechts nachdenken, setzen sie sich mit Normvorstellungen und Verhaltensmustern auseinander sowie mit „Lösungsangeboten der Vergangenheit und Gegenwart im Hinblick auf die eigene Identitätsfindung, Handlungsorientierung und Lebensplanung" (Heuser 1982, 146).

Nicht bedient werden gängige weibliche Rollenklischees in den australischen Short Stories *The Drover's Wife* von Henry Lawson (zuerst 1892 in *The Bulletin*) und Barbara Banytons *The Squeaker's Mate* (1902). Obwohl mit *mate* in der australischen Kultur ein männlicher Freund oder Kumpel bezeichnet wird, handelt es sich hier um die Frau des *squeaker*, dessen Name wenig männlich konnotiert ist und der sich im *outback* vor jeglicher Arbeit drückt, die von seiner Frau geleistet wird. Entsprechend zollen ihr andere Männer Respekt und sie bleibt stoisch und entschlossen, als sie nach einem Unfall schwer verletzt ist und ihr Mann sie im Stich lässt. Sie wie auch *the drover's wife* ist namenlos und wird über die Zugehörigkeit zu einem Mann definiert; und dennoch gewinnen sie ihre je eigene Identität. Letztere, die ebenfalls allein und isoliert im *outback* ihre vier Kinder versorgt, hat sich – durch kurze Rückblicke eingeschoben – über Jahre gegen extreme Wetterphänomene und andere Herausforderungen behaupten müssen. Beide Short Stories sind Klassiker der australischen Literatur, dekonstruieren gängige Rollenklischees und manifestieren den Selbstbehauptungswillen starker Frauen (vgl. Hermes 2007; Lange 2006, 140–157).

In den Jugendromanen *Find a Stranger, Say Goodbye* von Lois Lowry (1978) und *The Snake-Stone* von Berlie Doherty (1995) geht es thematisch um Adoptionen und die Suche eines Mädchens (Lowry) beziehungsweise eines Jungen (Doherty) nach der leiblichen Mutter, wobei vom Vater nie die Rede ist. Die Parallelität des Motivs, nämlich die Suche (*quest*) nach der Herkunft und eigenen Identität aus weiblicher beziehungsweise männlicher Perspektive, die sich jeweils in einer Initiationsreise realisiert, drängt eine genderorientierte Erörterung geradezu auf. Beide Romane wurden in einer Unterrichtsreihe so erarbeitet, dass die Schülerinnen und Schüler je einen Roman lasen und auf der Basis von vorgegebenen *tasks* paarweise aus der Sicht der jeweiligen Hauptfigur Briefe aneinander schrieben, in denen sie ihre Erfahrungen und Entwicklung schilderten. Dieses genderperspektivisch kommunikative Schreibprojekt erfordert von beiden Seiten Empathie. Es wurde 2004 mit einem Förderpreis zum Lesen vom Cornelsen Verlag ausgezeichnet.

Bei dem 2012 erschienenen Roman *The Weight of Water* von Sarah Crossan (Hermes 2016; Hermes 2017) handelt es sich um einen *verse novel*, in dem die zwölfjährige Kasienka mit ihrer Mutter von Polen nach Coventry in England zieht, um den Vater wiederzufinden. Das Mädchen erlebt als Polin in der englischen Schule vor allem Isolierung bis hin zum verbalen und physischen Mobbing. Hier geht es neben *gender* vor allem um *race*, nämlich um Ausgrenzung aufgrund ethnischer Zugehörigkeit. Eine genderbewusste Diskussion wird die Tatsache thematisieren, dass Mädchen und Jungen sehr unterschiedlich mit Ablehnung und Ausgrenzung umgehen. Während Jungen, wie Flaake darlegt (2006), ihre Männlichkeit durch physische Aggression, Dominanz und Hierarchisierung ausleben, arbeiten Mädchen ‚subtiler' und verdeckter mit dem Ziel der Erniedrigung des Mobbingopfers. Hier geht es unter anderem um die Reflexion von Geschlechts- und ethnischen Stereotypen und den Umgang damit, der Jugendlichen umso näher ist, als die Romanfiguren Teenager sind.

Schließlich sei auf die *Bildungsstandards für die fortgeführte Fremdsprache (Englisch/Französisch) für die allgemeine Hochschulreife* (2014) verwiesen, die auf einem Beschluss der Kultusministerkonferenz von 2012 beruhen. Zwei literarische Texte werden als „Illustrierende Prüfungsaufgaben im Fach Englisch" vorgestellt, von denen einer kurz skizziert werden soll. Der Auszug aus *I am Charlotte Simmons* (2004) des amerikanischen Autors Tom Wolfe (KMK 2014, 35–36) behandelt den Abschied der Protagonistin Charlotte von ihren Eltern, da sie aus der ländlichen Abgeschiedenheit ins College geht, wo sie feststellen muss, dass ihre Zimmernachbarin Beverly im *dormitory* aus einem völlig anderen gesellschaftlichen Milieu kommt, in dem Geld keine Rolle spielt, sodass sich bei Charlotte ein Gefühl der Isolation einstellt. Die Aufgabenstellung betrifft zunächst „the different settings and characters, body language, use of language" (KMK 2014, 36), sodann eine kreative Textaufgabe: „Imagine that Beverly has a friend named Samantha with whom she regularly corresponds. After meeting her new roommate, Beverly feels a strong urge to share her experiences and her personal impressions of Charlotte with Samantha" (KMK 2014, 36). Diese Aufgabe ist unter genderspezifischem Aspekt insofern interessant, als hier auch von Schülern erwartet wird, sich in zwei junge Frauen hineinzuversetzen und eine entsprechende E-Mail zu verfassen, denn Verfasserin und Adressatin sind weiblich und lassen entsprechend geprägte Kommunikationsstrukturen erwarten. Der in den Aufgabehinweisen erwartete Perspektivenwechsel, der in Klammern erläutert wird („interkulturelle kommunikative Kompetenz"; KMK 2014, 41), betrifft aber nicht nur das sich Hineinversetzen in amerikanische Studienanfängerinnen in einem College, sondern darüber hinaus für Schüler auch den Wechsel von der männlichen zur weiblichen Perspektive.

8 Ausblick

Gendersensibler Literaturunterricht stellt nur eine Facette der Literaturdidaktik dar. Aber der Dialog zwischen *Gender Studies* und Literaturdidaktik ist unverzichtbar (Decke-Cornill 2004, 203). Die Diskussion von Geschlechterstereotypen, Rollenverhalten und Rollenklischees und *doing gender* sollten selbstverständlicher Bestandteil thematischer Erörterungen literarischer Texte sein, ohne dass sie dramatisiert werden. Denn sie müssen auch entwicklungspsychologisch sensibel diskutiert werden, um wirkungsvoll und nachhaltig zu sein. Das scheint mir eine wesentliche Aufgabe eines jeglichen Literaturunterrichts zu sein. Aber in manchen literaturdidaktischen Publikationen zum Fremdsprachenunterricht wird leicht vergessen, dass bei anspruchsvollen Themen Mitteilungsbedürfnis und fremdsprachliche Mitteilungsfähigkeit deutlich divergieren (vgl. Weber 1979; Volkmann 2008a). Genderspezifisches oder -typisches Rollenverhalten und entsprechende Reflexion sowie die Versprachlichung und ihre Grenzen im Literaturunterricht bedürfen daher weiterer empirischer Untersuchungen.

Die Literaturdidaktik begreift sich in der neueren Entwicklung als Teil der *Cultural Studies*, und so hat die literaturdidaktische Diskussion der letzten Jahre die *Gender Studies* hin zu *race and ethnicities* erweitert (vgl.; Fliethmann 2002b; Nünning 2004b, 78; Delanoy 2007, 188; Hermes 2011); der zweite Prüfungstext (KMK 2014, 82–112) befasst sich expressis verbis mit *gender issues* und der pakistanischen Kultur. Soziale Konstruktionen der Geschlechter werden so um die Kategorie der Ethnie bereichert, und diese kann nie losgelöst von der geschlechtlichen Zugehörigkeit von literarischen Figuren, von Schülerinnen und Schülern sowie Lehrkräften gesehen werden. Die Symbiose interkultureller Literaturdidaktik mit *Gender Studies* verspricht dabei einen wegweisenden Ansatz, der auch in Lehramtsstudiengängen verankert werden sollte.

Weiterführende Literatur

Budde, Jürgen (2006). „Wie Lehrkräfte Geschlecht (mit)machen – doing gender als schulischer Aushandlungsprozess". *Gender und Schule. Geschlechterverhältnisse in Theorie und schulischer Praxis.* Hrsg. Von Sabine Jösting und Malwine Seemann. Oldenburg: 45–60.
Elsner, Daniela und Viviane Lohe (Hrsg.) (2016). *Gender and language learning. Research and practice.* Tübingen.
Heuser, Magdalene (1982). „„Mädchen – Junge. Nachdenken über sich, auch im Deutschunterricht". *Frauen – Sprache – Literatur. Fachwissenschaftliche Forschungsansätze und didaktische Modelle und Erfahrungsberichte für den Deutschunterricht.* Hrsg. von Magdalene Heuser. Paderborn: 131–158.
Kampshoff, Marita und Claudia Wiepcke (Hrsg.) (2012*). Handbuch Geschlechterforschung und Fachdidaktik.* Wiesbaden.
Schabert, Ina (2006). *Englische Literaturgeschichte des 20. Jahrhunderts. Eine neue Darstellung aus Sicht der Geschlechterforschung.* Stuttgart.
vbw – Vereinigung der Bayerischen Wirtschaft e. V. (Hrsg.) (2009). *Geschlechtsdifferenzen im Bildungssystem. Jahresgutachten 2009.* Wiesbaden.
Volkmann, Laurenz (2016). „Gender and literature. Creating gender awareness". *Gender and language learning. Research and practice.* Hrsg. von Daniela Elsner und Vivien Lohe. Tübingen: 113–132.

Christian Dawidowski
IV.7 Empirische Literaturdidaktik

Die Frage nach den empirischen Anteilen der Fachdidaktik ist – recht verstanden – gleichbedeutend mit der nach ihrer wissenschaftlichen Eigenständigkeit. Akzeptiert man die wissenschaftstheoretische Voraussetzung von der Dreigliedrigkeit der Fachdidaktik als die einer erfahrungswissenschaftlich-empirischen, theoriebildenden und handlungswissenschaftlichen Disziplin (im Einzelnen dazu s. u.), wird deutlich, dass es nur der empirische Anteil ist, der sie in ihrer Eigenständigkeit begründen kann. Reduzierte man Didaktik auf ihre in den 1970er Jahren (nach ihrer Institutionalisierung an deutschen Universitäten) prominente Funktion als ‚normsetzende Handlungswissenschaft' (vgl. Kämper-van den Boogaart 2010, 66; Dawidowski 2016a, 27), bestünde die Gefahr einer Dimensionierung als Hilfswissenschaft für die Lehrerausbildung mit deutlicher Praxisorientierung – womit die Universität möglicherweise nicht der geeignete Ort für ihre Ausübung wäre. Verstünde sie sich als primär theoriebildend, bestünde auf der anderen Seite die Gefahr, sie – wie in ihrer Tradition häufig geschehen – als ‚kleine Literaturwissenschaft' zu definieren, sie also folglich in einer als ‚Mutterwissenschaft' verstandenen Großdisziplin aufgehen zu lassen. Dass Didaktik seit jeher im Geflecht ihrer prioritären Bezugswissenschaften (Literatur-, Kultur-, Medienwissenschaft, Bildungswissenschaften) ihre Interimsstellung behaupten muss, versteht sich von selbst und schmälert den Grat der Zerreißprobe kaum (vgl. Abraham und Kepser 2005, 43; Leubner et al. 2010, 12; Bogdal 2002; Müller-Michaels 2009, 15; Dawidowski 2016a, 18). Ihre Wertigkeit als eigenständiges Fach zwischen den mächtigen geisteswissenschaftlich-philologischen und pädagogisch-forschenden Traditionen wird sie jedoch nur bewahren können, wenn sie die Dignität ihres genuinen Forschungsfeldes anerkennt und selbiges durch profunde Forschungsergebnisse in eine produktive Relation zu theoriebildenden und handlungswissenschaftlichen (normsetzenden) Forderungen stellen kann. Als Wissenschaft mit deskriptiver Aufgabe liefert sie so die forschungsbasierte Grundlage und Legitimation für ihre präskriptive Dimension. Darin besteht letztlich ihre Wissenschaftlichkeit und ihre Eigenständigkeit als forschende Disziplin.

Die Suche nach der Funktion und nach dem Ort der Empirie innerhalb der Literaturdidaktik verkehrt sich so zu der Beantwortung der Schillerschen Frage „Was heißt und zu welchem Ende studiert man ...?" Die die Didaktiken konstituierende Eigenschaft als Fächer in der Lehrerausbildung wird in diesem Kontext geerdet, indem diese Ausbildung nicht nur theoriebasiert, sondern auch und vor allem forschungsbasiert verfährt. Dies unterscheidet sie kaum von der Lehrerausbildung des 19. Jahrhunderts, einer Zeit also, in der die Gründung der mutter- und neusprachlichen Philologien an deutschen Universitäten primär mit der Lehrerausbildung legitimiert wird (vgl. Dawidowski 2014a). Vor der szientifischen Wende um 1900 bedeutete Forschungsorientierung die Bezugnahme auf wissenschaftliche Standards der Philologien, sodass die Lehrerausbildung ohne Abstriche in den akademischen Forschungskontext neusprachlicher Textwissenschaften eingebunden war. Die Wissenschaftsorientierung des höheren Schulwesens hatte genau hier ihren Grund mit der Folge, dass die über einen langen Zeitraum für die Gymnasien verpflichtende Anfertigung von Schulprogrammen von einer durch einen Lehrer verfassten wissenschaftlichen Abhandlung über philologische Gegenstände begleitet wurde. Das sich vor allem im Laufe nationalsozialistischer Schulpolitik aufweichende Selbstverständnis der höheren Schulen als wissenschaftliche Anstalten zeitigte erhebliche Konsequenzen in der Nachkriegszeit: Didaktiken wurden zu reinen Methodiken; in Ermangelung des Lehrpersonals und -materials sowie angesichts einer korrumpierten Mutterwissenschaft (im Fall der Germanistik) galt es zunächst, den schulischen Betrieb am Laufen zu halten. Die mit der Institutionalisierung der Didaktiken um 1970 einsetzende Wende (vgl. Müller-Michaels 1980, 43) bedeutete dann vor allem auch die erfahrungswissenschaftlich-empirische Konstituierung des Faches. Zur Selbstversicherung ihres Gegenstandsbereiches begann die didaktische Forschung teils mit Bezug auf die Unterrichtswirklichkeit (also mit oft pädagogisch-bildungswissenschaftlicher Orientierung), teils mit Bezug auf die Geschichte der Fächer und der Literaturpädagogik (also oft mit literaturwissenschaftlicher Komponente). Zu diesen Zwecken entwickelte sie eigene Methodiken, indem sie Importe aus den Methodiken der Bezugswissenschaften Geschichts- und Sozialwissenschaft an die Bedingungen des eigenen Faches anpasste und verfeinerte (s. u.).

Beide Forschungsstränge – der diachron-historische und der synchron-sozialwissenschaftliche – existieren bis heute und dominieren das Forschungsspektrum der Literaturdidaktik. Sie haben sich in den letzten 50 Jahren ausdifferenziert und beinhalten heute folgende Elemente: (1) fachgeschichtlich-historische Forschung, historische Bildungsforschung, (2) Lesebuchforschung, Unterrichtsmedienforschung, (3) allgemeine Leseforschung, Sozialgeschichte des Lesens, (4) literarische Sozialisations-/Mediensozialisationsforschung sowie (5) Lehr-Lernforschung, Unterrichts-/Lehrerforschung.

An der Arbeit innerhalb dieser fünf Disziplinen sind Literaturdidaktiker und Literaturdidaktikerinnen beteiligt; all diese Disziplinen sind jedoch klar interdisziplinär angelegt und häufig kaum ohne außerfachliche Expertise zu bewältigen. Die Datenmengen, die in der didaktischen Großforschung sowohl in historischer als auch empirisch-sozialwissenschaftlicher Ausrichtung anfallen, sind teils sehr groß. Die Überschneidungsbereiche der fünf Disziplinen sind ebenfalls häufig immens; so ist es beispielsweise nicht denkbar, eine Erforschung historischer Lesebücher außerhalb der historischen Bildungsforschung anzusiedeln, ohne dabei das Verständnis der schieren Datenanalyse stark zu beeinträchtigen. Ebenso kann Unterrichtsforschung heute kaum auf die Sichtung des ‚Gewordenseins' der Lernenden als Leser und Leserinnen verzichten, sie muss also Elemente der Sozialisationsforschung berücksichtigen.

Offensichtlich geht die Aufzählung der fünf Disziplinen von einem weiten Verständnis von dem aus, was ‚Empirie' bedeuten kann, indem hier auch die historische Forschungsarbeit integriert wird. Letztlich wurzelt die Weite des Begriffes ‚Empirie' in derjenigen des Selbstverständnisses von Didaktik: Ein eher enges Verständnis von Didaktik als forschender Wissenschaft würde möglicherweise nur die letzten beiden Dimensionen als Forschungsdisziplinen anerkennen.

Die folgenden Ausführungen werden daher zunächst innerhalb der Topik den Ort und die Funktion empirischer Forschung innerhalb der Literaturdidaktik bestimmen, indem das Wissenschaftsverständnis erläutert wird (vgl. hierzu auch Dawidowski 2009, 27–33). Es soll ein Abriss über die Methodik empirischer Forschung gegeben werden, der entlang der oben angegebenen fünf Disziplinen exemplarische Methoden der Forschung vorstellt und sie mit den Gütekriterien empirischer Forschung konfrontiert. Zuletzt soll innerhalb der Paradigmatik die historische Entwicklung didaktischer Forschungsarbeit seit etwa 1900 diskutiert werden.

1 Topik

Zu Beginn des 21. Jahrhunderts verortet Klaus-Michael Bogdal (2002, 15) die Literaturdidaktik im oben genannten Spannungsfeld zwischen Literaturwissenschaft und Pädagogik und bestimmt „das Zentrum der Literaturdidaktik" als „literaturwissenschaftlich orientierte Vermittlungstätigkeit". Nach Bogdal (2002, 16) kann Literaturdidaktik sich nicht auf die „Beobachtung von Leseprozessen und Methoden der Vermittlung" (also auf Lese- und Unterrichtsforschung) beschränken, sondern muss sich im Kern mit der „Vermittlung von Literatur" befassen. Zwar bestimmt Bogdal (2002, 17) auch die „empirische Erforschung" des Deutschunterrichts als eine der Aufgaben der Literaturdidaktik, hält jedoch im Anschluss programmatisch fest: „Aus den genannten Gründen [i. e. Bogdal bezieht sich vor allem auf den rapiden gesellschaftlichen Wandel] kann sich die Literaturdidaktik wie jede andere Fachdidaktik nicht auf die Beobachtung der Institution Schule beschränken. Sie sollte in stärkerem Maße als bisher Konzeptionelles zu ihrer Entwicklung beitragen. Das beginnt mit der Definition von Literaturunterricht und reicht von Vorschlägen zum Status der Literatur in den einzelnen Schulstufen und -formen über wichtige Details wie die Stundentafel (Wie viel Deutschunterricht braucht ein Schüler?) bis zu den Lektürelisten" (Bogdal 2002, 19).

Bogdals Forderungen sind von einer doppelten Zielsetzung gekennzeichnet: Einerseits gesteht er der Literaturdidaktik empirische Aufgabenbereiche zur Erforschung ihres Gegenstandes zu, charakterisiert sie also als Erfahrungswissenschaft, andererseits setzt er jedoch einen deutlichen Akzent auf die handlungswissenschaftlichen Elemente der Literaturdidaktik, also auf Postulaten bis hin zu den Leselisten. Die an Bogdals Bestimmungen abzulesende Janusköpfigkeit prägt die Literaturdidaktik seit ihrer Institutionalisierung in den 1970er Jahren. Brigitte Röttger definiert 1974: „Fachdidaktik ist die wissenschaftliche (und das heißt vor allem mitgeteilte und nachprüfbare) Beschäftigung mit Kommunikationssituationen unter den besonderen Bedingungen der Schule und des Fachs. Auf Sprach- und Literaturdidaktik gewendet bedeutet das: Es muß ihr daran gelegen sein, die den unterschiedlichen Kommunikationssituationen zugrunde liegenden Prozesse unter den besonderen Bedingungen der Schule zu analysieren, um sie gegebenenfalls modifizieren und optimieren zu können" (Röttger 1974, 39). Wie Bogdal ist Röttger bemüht, Empirie und Normsetzung zusammenzubinden; anders als bei Bogdal liegt ihr Akzent jedoch auf der Forschungstätigkeit. Es gilt nämlich, Kommunikationssituationen zunächst zu analysieren, um sie dann ‚gegebenenfalls' zu modifizieren. Unter dem Einfluss des Poststrukturalismus und der Debatte um die Postmoderne war die Literaturdidaktik der 1980er Jahre in erster Linie an einer Neubestimmung ihrer Sollensvorschriften im Bereich der Textauswahl (Kanonfrage, Anteil der Theorie), des Literaturbegriffs und vor allem der Methodik (Handlungs- und Produktionsorientierung, nichthermeneutische Analysemethoden) interessiert. Vertreter der empirischen Literaturwissenschaft wie Siegfried J. Schmidt forderten jedoch bereits 1982 eine verstärkte Beschäftigung mit den wissenschaftstheoretischen Fundamenten des Faches. Ziel dieser Unternehmungen sollte es sein, das Fundament für eine „eigenständige Fachwissenschaft" bereitzustellen, die sich nicht darin erschöpft, „Teildisziplin der Literaturwissenschaft" (Schmidt 1982, 187) zu sein. Solche Forderungen waren nicht neu; beispielsweise geht es auch Hans Kügler bereits 1971 um die „sich neu konstituierende Literaturdidaktik", die keine „Rezeptologie" ist, sondern eine „vorausgehende, fachwissenschaftlich begründete Theorie von Lehr- und Lernprozessen" formuliert (Kügler 1971, 18). Anders als in früheren Bestimmungen begründet Schmidt jedoch die Eigenständigkeit der Fachdidaktik durch die empirische Erforschung ihrer Gegenstände. So soll Wissen für die Fachdidaktik durch die „Einführung einer Forschungskomponente in den Handlungsbereich Schule" (Kügler 1971, 197) bereitgestellt werden, um der Literaturdidaktik zu ermöglichen, „ein eigenständiges Konzept von schulischer L-Sozialisation" zu entwickeln (Kügler 1971, 198). Damit soll im Sinne Schmidts die Literaturdidaktik

„als Teil der anwendungsorientierten Komponente der empirischen Literaturwissenschaft aufgefasst" werden (Barsch 2000, 312). Sie würde zu einer Integrationswissenschaft, die „permanent zwischen Literatursystem, Literaturwissenschaft und Literaturunterricht wechselt und vermittelt" (Barsch 2000, 312). Barsch fügt diesen drei Komponenten noch die Medienpädagogik hinzu (vgl. Barsch 2000, 312). In zunehmendem Maße (vgl. zur Entwicklung der Paradigmen unten) rückt infolgedessen die soziale Wirklichkeit des Binnenraums Schule und seiner Akteure ins Zentrum der wissenschaftlichen Aufmerksamkeit. So fordert Rosebrock 1999: „Das *faktische* Rezeptionsverhalten der Leserinnen und Leser muß die Basis didaktischer und anderer praktischer Entscheidungen sein. Insofern ist es nicht überzogen, Lesesozialisationsforschung als die Grundlagenforschung der disziplinären Literaturdidaktik zu bezeichnen, eine Zuordnung, die übrigens zunehmend in der Disziplin so gesehen wird" (Rosebrock 1999, 68). Rosebrock versteht die empirische Rezeptionsforschung als Grundlagenforschung für das praktische Unterrichtshandeln; insbesondere die Lesesozialisationsforschung wird im Hinblick auf Handlungswissen und Entscheidungskompetenzen funktionalisiert. Die gegenwärtige Situation der Fachdidaktik ist weniger von Debatten über ihre Eigenständigkeit geprägt, als vielmehr von Debatten über die Begründungszusammenhänge für die Eigenständigkeit. Die Diskussion über den Anteil und die Ausrichtung empirischer Forschung zwischen quantitativem und qualitativem Paradigma (s. u.) nimmt dabei einen großen Stellenwert ein. Unumstritten erscheint allerdings die Tatsache, dass empirische Forschungsarbeit zur Fachdidaktik als eigenständiger Wissenschaft gehört.

Im Zentrum empirischer Forschungsarbeit stehen der Literaturunterricht und das schulische Lesen. Empirische Forschung ist hier zunächst Unterrichtsforschung (Lehr-Lernforschung) und Wirkungsforschung (Leseforschung im engeren Sinne). So bestimmt Weskamp für die Fachdidaktik Englisch: „Englische Fachdidaktik beschäftigt sich mit der Unterrichtswirklichkeit [...]" (Weskamp 2001, 10). Für diese Ausrichtung der empirischen Didaktik stehen beispielsweise auch Kammler und Knapp, die 2002 für die Deutschdidaktik programmatisch formulieren: „Es bleibt auch weiterhin eine zentrale Aufgabe der Fachdidaktik, neue Theorien des Deutschunterrichts zu konzipieren. Ihr Ziel muss aber ebenso die wissenschaftlich – und das heißt eben auch: empirisch – fundierte und gleichzeitig praxisnahe Überprüfung und Weiterentwicklung von Lehr- und Lernkonzeptionen sein. In diesem Sinne versteht sie sich als experimentelle Wissenschaft" (Kammler und Knapp 2002, 3). Die Autoren treiben die empirische Ausrichtung der Deutschdidaktik vor allem in der Richtung der modellhaften und damit experimentellen Überprüfung von Lernkonzepten (also auch von Methoden) weiter. Sie verbleiben damit im Kreis der rein schulischen Vermittlungssituation; hier geht es um die Erforschung von Unterrichtshandlungen wie vor allem der Unterrichtskommunikation und des Schriftspracherwerbs. In diesem Sinne rät Bremerich-Vos dann auch zur Besinnung auf „alte Ansätze der fachdidaktischen Handlungsforschung" und fordert von der Didaktik, „empirisch zu Werke zu gehen" und dabei „einen weiten Begriff von Empirie zu kultivieren" (Bremerich-Vos 2002, 27).

Auch Michael Kämper-van den Boogaart forderte 1997 die „Extension des Didaktikbegriffs", denn es ging ihm darum, „den Fetisch eines Praxisbezugs zu irritieren, welcher glaubt, daß Fachdidaktik davon handele, gesichertes Wissen in Modelle zu überführen, die sich empirisch als Direktiven unterrichtlichen Handelns bewähren". Stattdessen möchte er „den Weg einer texthermeneutischen Disziplin zugunsten der sozialwissenschaftlichen Beobachtung eines Handlungssystems" beschreiten (Kämper-van den Boogaart 1997, 1). Dies impliziert die Beachtung auch dessen, „was über die außerschulische Sozialisation der Subjekte in die Schule transportiert wird" (Kämper-van den Boogaart 1997, 3). Zu diesem Zweck strengt Kämper-van den Boogaart (1997, 29) eine kultursoziologische Untersuchung „von einem historisch-soziologischen Standpunkt aus" an. Er optiert somit für ein qualitatives Paradigma und ordnet der Literaturdidaktik genuin soziologische Methoden zu, mithilfe derer er besonders das außerschulische Feld der Vorstellungen über literarische Bildung bearbeitet.

Kämper-van den Boogaarts Position indiziert einen Wandel innerhalb der Literaturdidaktik, denn bei ihm sind die Untersuchungsgegenstände vom innerschulischen Feld der Literaturbesprechung im Unterricht (Unterrichtsforschung, literarische Sozialisation, subjektive Theorien Lehrender etc.) gelöst. Untersuchungsobjekte der Literaturdidaktik werden das Buch und das Lesen in seinen sozialen Kontexten; primär sind damit Kontexte gemeint, in denen es um Literaturvermittlung geht. In diesen Zusammenhang fallen generell auch Forschungen zu historischen Vermittlungssituationen, also zur Geschichte des Deutschunterrichts, aber auch zur historischen Kanonforschung. Hermann Korte definiert dementsprechend: „Literaturdidaktik – so wie ich sie verstehe – als Disziplin der Literaturwissenschaft – ist in diesem Kontext die systematische Erforschung der Vermittlung von Literatur im kulturellen und gesellschaftlichen Ensemble literaturvermittelnder Instanzen. Deshalb gehören Kanongeschichte und Kanontheorie zu ihren genuinen Forschungsfeldern. Diesen Anteil an der oft zitierten Arbeit am Kanon sollte sich die Literaturdidaktik nicht nehmen lassen: als Reflexionswissenschaft mit eigenen Frage- und Erkenntnishorizonten" (Korte 2002, 321). Die Ausweitung der Forschungsgegenstände ist auch bei Korte ablesbar; betonte Kämper-van den Boogaart die Integration der außerschulischen Instanzen der Sozialisation, so geht es auch Korte nicht mehr nur um die Schule, sondern um „literaturvermittelnde Instanzen" und vor allem auch um historische Forschung. Hermann Korte setzt so „einen deutlichen Akzent auf die historische Dimension der Literaturvermittlung und die historische Perspektive des Literaturunterrichts [...] in einer Zeit, in der die Literaturdidaktik sich entweder zunehmend mit empirischem Interesse als Disziplin der Unterrichtsforschung begreift oder sich als Praxisberatung definiert und Konzepte, Vorschläge und Rezepturen für den Deutschunterricht entwickelt" (Korte und Rauch 2005, 7).

Mit der Integration historischer Forschung nähert sich die Literaturdidaktik hinsichtlich ihrer empirischen Ausrichtung nun den oben angegebenen fünf Forschungsdimensionen. Diese Forschungsausrichtungen sind Belege und Legitimationen für die Behauptung der Eigenständigkeit des Faches, die gegenwärtig konsensuell auch bereits in den einschlägigen Einführungen vorausgesetzt wird: „Die Literaturdidaktik versteht sich heute als eigenständige Disziplin, die sich mit den Wechselwirkungen zwischen literarischen Texten und den sie rezipierenden Subjekten in Lehr- und Lernkontexten auseinandersetzt. Nicht mehr haltbar ist für uns heute die Vorstellung einer germanistischen Mutterwissenschaft (,Neuere Deutsche Literaturwissenschaft'), von der sich Didaktik ableiten ließe" (Abraham und Kepser 2005, 43). Für die Fachdidaktik Englisch formulieren Bredella und Burwitz-Melzer analog (2004, 23): „Fachdidaktik muss sich um ein Verhältnis von Theorie und Praxis bemühen, das [...] nicht verlangt, dass sich Literaturdidaktik der Literaturwissenschaft [...] unterordnet".

So sollte Literaturdidaktik verstanden werden als eigenständige Disziplin mit empirischer und historisch-fachgeschichtlicher Grundlagenforschung zu textorientierten Vermittlungssituationen und Rezeptionshandlungen. Dabei ist allerdings zu beachten, dass man es mit einem ausgeweiteten Textbegriff zu tun hat: Vermittlung und Rezeption von literarischen und pragmatischen Texten können kaum von medialen Rezeptionskontexten isoliert werden. Längst ist die Literatur besonders für den kindlichen und jugendlichen Leser Teil eines Medienverbundes und nur eine Aneignungsstrategie unter vielen möglichen.

Zu klären bleibt die Frage nach dem funktionalen Stellenwert der empirischen Forschungsanteile innerhalb der Disziplin. Es erscheint prekär, empirische Forschungsarbeit nur deshalb auf praktische Verwendungs- und Verwertungszwecke hin zu definieren, weil sie innerhalb einer Disziplin erzeugt wird, deren Selbstverständnis zunächst das der Handlungswissenschaft war. Von diesem Selbstverständnis hat sich die Literaturdidaktik längst emanzipiert. Sie integriert zu gleichen Anteilen erfahrungs-, reflexions- und handlungswissenschaftliche Elemente und wird zu einer „[anglistischen] Fachdidaktik als Wissenschafts-System" (Geisler 1989, 36). Damit verändern sich auch der Status empirischer Forschungstätigkeit und der Stellenwert ihrer Ergebnisse. Beide sollten aus einer bloßen Zweck-Mittel-Relation herausgelöst werden, also auch jenseits eines reinen Funktionalismus Geltung beanspruchen dürfen. Literaturdidaktische Forschung, die ausschließlich im Blick auf eine unterrichtspraktische Verwertbarkeit konzipiert wird, sich also lediglich durch den Anwendungsfall legitimiert, bedeutete eine unzulässige Verengung des Blickfeldes und eine Verkürzung, die allen Einsichten der Sozialwissenschaft über die komplexe Verflechtung von Individuum und Lebenswelt widerspräche. Damit soll nicht gesagt werden, dass eine von allen Verwendungskontexten abgelöste literaturdidaktische Forschung das Ziel sein kann oder sollte. Selbstverständlich zeitigt auch eine ausgeweitete Forschungstätigkeit im Sinne der oben so etikettierten historischen oder soziologischen Ausrichtung der empirischen Literaturdidaktik Ergebnisse, die direkt oder indirekt das gegenwärtige Lehrerhandeln beeinflussen, denn diese Ergebnisse fließen in die Lehrerausbildung mit ein. Ihre konkrete unterrichtspraktische Verwertbarkeit im Sinne einer ‚Rezeptologie' ist jedoch sicherlich nicht unmittelbar gegeben.

2 Methodik

Die oben angegebenen fünf Dimensionen literaturdidaktischen Forschens sind über die Schaltstelle der allgemeinen Leseforschung in einen historisch-fachgeschichtlichen (1. und 2.) und einen sozialwissenschaftlichen (4. und 5.) Block zu unterteilen (die dritte Dimension entfällt innerhalb eines rein literaturdidaktischen Forschungsüberblicks, da sie zu großen Teilen innerhalb der Literatursoziologie und der Lesepsychologie zu verorten ist). Wenngleich es in forschungsmethodischer Hinsicht zwischen diesen Blöcken mitunter zu Überschneidungen kommt, gehorchen sie doch unterschiedlichen Leitvorstellungen über den Zugang zur Wirklichkeit, die letztlich in heterogenen Bezugsdisziplinen beheimatet sind. Methodendiskussionen sind in hohem Maße zum Bestandteil der fachlichen Debatten geworden, daher können die folgenden Ausführungen nur stark verkürzend verfahren. Für vertiefende Einsichten sei verwiesen auf die entsprechenden Abschnitte in Dawidowski 2009 (91–128) und Dawidowski 2017, deren Argumentationsgang hier übernommen wird.

Historisch-empirisches Forschen in der Literaturdidaktik

Jörn Rüsen (2013, 171–172) stellt eine dreischrittige Methodik für die Geschichtswissenschaft vor, die „traditionell" ausgerichtet ist und „geradezu kanonisch gemacht wurde". Entlang ihrer Schritte kann ersichtlich werden, wie historisch-empirisches Arbeiten in der literaturdidaktischen Fachgeschichtsforschung verfährt.

Der erste Schritt, die *Heuristik*, besteht aus den zwei Momenten des fragenden Suchens und des Findens der Quellen. Die historische Fragestellung ergibt sich nur aus abgesicherter Forschungsbasis und sie dient Orientierungsbedürfnissen der Gegenwart. Die Reichweite beider Einschränkungen ist immens und bedarf aus fachgeschichtlicher Perspektive einiger Klärungen. Zum einen wäre zu fragen, worin die Forschungsbasis besteht, das heißt, das historische Wissen um die Genese des Literaturunterrichts vor allem im 19. Jahrhundert muss dazu führen, die Entstehungsbedingungen in angemessener Reichweite hinzuzuziehen. Der Herkunftskontext der Lehrer ist hier entscheidend: Ihre Ausbildung geschah in altsprachlichen, später vereinzelt auch in germanistischen und neusprachlichen Seminaren, die durch eine starke Verwurzelung in der philologischen Praxis geprägt waren. Die Etablierung der Philologien, vor allem der germanistischen, verdankt sich an Universitäten zu einem erheblichen Maße den Notwendigkeiten der Lehrerausbildung (vgl. Dawidowski 2014a), daher bedarf es innerhalb der fachgeschichtlichen Forschung einer Ausweitung auf die Forschungsergebnisse der Fachgeschichte der Literaturwissenschaften (vgl. exemplarisch für die Germanistik: Weimar 2003; Fohrmann und Voßkamp 1994). Betrachtet man als ein weiteres Beispiel die Herausbildung schulischer Leseverfahren etwa seit dem frühen 19. Jahrhundert, wird überdies deutlich, dass ohne einen Blick auf den textlichen Umgang innerhalb der altsprachlichen Philologien kaum nachvollziehbar ist, wie sich die ‚kursorische' aus der ‚statarischen' Lektüre für den Unterricht, vor allem auch die ‚Privatlektüre' herausbildeten (vgl. Dawidowski 2014b).

Inwieweit soll sich fachgeschichtliche Forschung nun aus dem Orientierungsbedarf der Gegenwart herleiten? Die oben genannte Versorgung mit ‚Argumenten' in vergleichbaren situativen Konstellationen ist sicher eine legitime Motivation für fachgeschichtliches Fragen, jedoch verleiten bildungspolitische Zwänge (oder Überzeugungen) auch in wenig historistischer Manier zur Projektion von Bedürfnissen der Gegenwart in die sie scheinbar legitimierende Vergangenheit. So wenig man die Einheitsschule der Gegenwart aus der Landschule um 1800 ableiten kann (vgl. Oelkers 2006), so wenig hat beispielsweise der handlungs- und produktionsorientierte Unterricht der 1990er Jahre mit den Gegebenheiten des Wackernagel'schen Lesebuchs oder dieses mit den ‚Reformbewegungen' um 1900 zu tun (vgl. Paefgen 1999, 12). Auf der anderen Seite wäre es beispielsweise durchaus möglich, die Genese und Verstärkung eines islamophoben Deutungsmusters in den Lesebüchern des Kaiserreichs zu beobachten, um dann zu zeigen, inwieweit dieses nachfolgend nicht nur weiter tradiert wurde, sondern bis in die Gegenwart hinein die Vorstellungsbildung über den Islam beeinflusst (vgl. Dawidowski und Junge 2014). So scheint es problematisch, konkrete historische Ereignisse in Kontinuitäten zu stellen, die zahlreiche flankierende sozialpolitische Zwänge ausblenden und den historischen Wandel begrifflicher Semantiken ignorieren, um möglicherweise ‚Fortschritte' oder ‚Rückschritte' im pädagogischen

Handeln zu diagnostizieren (vgl. Beisbart 2014, 6). Kontinuitäten in Semantiken allerdings sind an schulischen Trägermedien wie dem Lesebuch (als Sozialisationsmedium) ablesbar und können empirisch transparent werden.

Das Auffinden der Quellen stellt Rüsen vor den nächsten Schritt, die Quellenkritik. Quellen können Traditionen oder Überreste sein; die fachgeschichtliche Forschung hat es nur mit Ersteren zu tun. Quellen haben „Traditionsqualität, wenn sich in ihnen [...] Sinnqualitäten gestaltend niedergeschlagen haben" (Rüsen 2013, 178). Schriftliche ‚faktuale' Zeugnisse wie Literaturpädagogiken und lesepädagogische Schriften, Autobiografien und Briefe, Lesebücher, Schulprogramme, Bildungs- und Bevölkerungsstatistiken, Jahresberichte, behördliche Dokumente und Schülerarbeiten stehen im Vordergrund und werden ergänzt durch fiktionale Zeugnisse wie die Schulliteratur. Einen Sonderfall stellen die Lesebücher als Sammlungen von Texten unter der Ägide eines Herausgebers dar (s. u.). In Teilen können bildliche Zeugnisse (Schuldarstellungen, Leserdarstellungen, Fotografien u. Ä.) integriert sein (vgl. zu den Quellen der pädagogischen Historiografie Tenorth 2010, 141–142). Die jüngsten Entwicklungen haben das Auffinden der Quellen in erheblichem Maße erleichtert. Die zeitraubende Archivarbeit und Verzögerungen durch schwer greifbare oder weit verstreute Quellen sind durch die Digitalisierung teils auch entlegener Schriften und vor allem der pädagogischen Periodika oft aufgehoben. Sammlungen wie die des Georg-Eckert-Instituts in Braunschweig (teils digitalisiert) bieten freie Zugänge für die Schulbuchforschung.

Die ‚Kritik' der Quellen, bei Rüsen nach der Heuristik der zweite Schritt, steht im fließenden Übergang, werden doch nun die gefundenen Quellen einer äußeren (Echtheit der Quelle) und einer inneren Kritik (Qualität der Information) unterzogen. Über die Quellenkritik wird die Objektivität historischer Aussagen gesichert, daher stellt sich der fachgeschichtlichen Forschung in diesem Zusammenhang die Frage nach den „höher aggregierten Tatsachen" (Rüsen 2013, 182) und nach den „seriellen Daten" (Rüsen 2013, 143). Diese werden in der Regel quantitativ ermittelt; ihr Quellenmaterial ist daher zunächst zahlenbasiert. Die Kanon- und die Lesebuchforschung haben sich dieser Herausforderung gestellt und bemühen sich in jüngerer Zeit, mit statistisch abgesicherten Verfahren repräsentative Aussagen zu generieren, die oft durch geisteswissenschaftliche Detailarbeit in qualitativer Hinsicht ergänzt werden (z. B. Korte et al. 2007; Korte et al. 2011). Die Lesebuchforschung steht diesbezüglich vor großen Herausforderungen, die im Fehlen einer genuin philologischen Forschungsmethode begründet sind. Anders als Schulbücher instruierender Art sind Lesebücher intentional strukturierte Textsammlungen, bei denen der Aussagegehalt des einzelnen Textes eine Verbindung zur Intention des Herausgebers (und damit der bewilligenden Behörde) eingeht. Die Digitalisierung verstreut vorhandenes Materials und die Möglichkeiten der

Schlagwortsuche reichen somit nicht aus, um Aussagen über das Material treffen zu können.

Wenn über die Kritik die Frage nach dem Realitätsgehalt historischer Forschung beantwortet wurde, erfolgt als dritter Schritt nach Rüsen die ‚Interpretation' des Quellenmaterials. Sie erst macht einen Befund zu einer historischen Tatsache, indem sie ein historisches Narrativ erzeugt, das durch einen reflektierten Theoriegebrauch den jeweils aktuellen Paradigmen historischer Forschung angeglichen wird (vgl. Lenzen 1993). In der Regel bedeutet dies, dass sich das Geschehen „in der Form von Geschichten" erzählen lässt, die geleitet werden von der „Vorstellung eines übergreifenden zeitlichen Zusammenhangs", sodass sich ausmachen lässt, was jeweils „typisch oder spezifisch für eine bestimmte Zeit" ist (Rüsen 2013, 186–187). Vor dem Hintergrund der Standards empirischer Forschung, wie sie die Didaktik heute aus den Sozialwissenschaften kennt, muss eine solche Interpretationsarbeit – wie jede aus geisteswissenschaftlicher Tradition – als spekulativ gelten. Rüsen vermerkt demgemäß selbstkritisch, dass die Interpretation „noch nicht auf ihre zu Grunde liegenden Regulative hin systematisch durchsichtig" (2013, 187) gemacht wurde. Wie in jeder qualitativen Forschung gelten also auch hier die Kriterien der inneren Stimmigkeit (Konsistenz und Kohärenz), der intersubjektiven Nachvollziehbarkeit, des Grades an Selbstreflexivität und der methodischen Angemessenheit, Transparenz und Strenge (Indikation des Forschungsprozesses) (vgl. Steinke 2003).

Sozialwissenschaftlich-empirisches Forschen in der Literaturdidaktik: Quantitative und qualitative Methoden

Diese beiden Makrodimensionen sozialwissenschaftlicher Forschung sind Produkte zweier scheinbar unvereinbarer wissenschaftstheoretischer Haltungen, nämlich der positivistisch-beschreibenden Tradition auf der einen, der hermeneutisch-verstehenden Tradition auf der anderen Seite. Es ist hier kaum der Ort, diese Debatten zu rekonstruieren oder Lösungsvorschläge anzubieten. Diese sind angesichts der derzeitigen Lage der Sozialforschung auch kaum mehr angebracht: Es hat sich längst die Meinung durchgesetzt, dass allein das Forschungsziel und das Untersuchungsfeld die Methode und die Verteilung quantitativer und qualitativer Designs im Gesamtforschungsprozess bestimmen.

Die Leseforschung setzt ‚quantitative Methoden' in erster Linie zur Eruierung von Lesehäufigkeiten, zur Beschreibung von Lesesituationen und zur Bestimmung der Korrelation zwischen Leseverhalten und sozialen Parametern wie Alter, Geschlecht, Bildung, sozialem Stand oder Milieuzugehörigkeit ein. Analog dazu ist auch die Medienforschung an ähnlichen statistischen Verteilungen bezüglich der Mediennutzung interessiert. Die quantitative Leseforschung erweist sich damit als Erbin der Buchmarktforschung (vgl. Bonfadelli 2001, 100). Bonfadelli verweist auf weitere Charakteristika quantitativer Forschung, insofern sie sich als Buchmarktforschung versteht: Diese ist häufig geleitet von ökonomischen oder auch ideologischen Interessenlagen der Auftraggeber, ist also im Resultat nicht immer unabhängig von normorientierten Versuchen der Einflussnahme auf das Leseverhalten.

In methodischer Hinsicht orientiert sich die quantitative Forschung an den Gütekriterien Objektivität (Bestätigbarkeit), Reliabilität (Verlässlichkeit) und Validität (Glaubwürdigkeit und Transferierbarkeit), was bedeutet: Forschung muss unabhängig vom Forschenden das erforschen, was sie zu erforschen vorgibt, und sie muss bei gleichem Forschungsarrangement gleiche Ergebnisse hervorbringen (vgl. Steinke 2003). Daraus ergibt sich für die reine Buchmarktforschung die Survey-Studie als bevorzugtes Instrument. Die aktuell breit rezipierte Evaluations- und Kompetenzforschung in den Literaturdidaktiken nutzt vorrangig eher quantitative Verfahren, um zur Diagnose und Entwicklung von Kompetenzniveaus zu gelangen. Auch die sozialwissenschaftlich orientierte Lesebuchforschung ist auf dem Wege, über die vollständige Erschließung von Korpora große Datenmengen zu generieren, die nur noch statistisch erschlossen werden können.

Die ‚qualitative Forschung' weist andere Forschungsinteressen und -methoden auf. Philipp Mayring (2002, 9) spricht von einer *„qualitativen Wende"*, wenn er das Unbehagen der Sozialforschung der 1970er Jahre an dem Primat der quantitativen Methode kennzeichnen möchte. Zu diesem Zeitpunkt schränkte man die positivistische Tradition mehr und mehr zugunsten der hermeneutisch-verstehenden (Mannheim, Mead) ein und knüpfte an die amerikanische Feldforschung an. Der Informant in seiner Ein- und Anpassung an Umwelten rückte ins Zentrum der Aufmerksamkeit; über interpretative Verfahren versuchte man, Handlungen und Denkweisen aufzuschlüsseln und zu verstehen. Qualitative Forschung erfasst damit Sinngemeinschaften mikrologischer (z. B. Familie) oder makrologischer Art (Gesellschaften, Milieus), indem sie ihre Symbolsysteme und deren implizite Handlungsanweisungen zu verstehen sucht. Sie kann also die Frage beantworten, wie und auf der Basis welcher Regeln – welcher „Grammatik" – eine Sinngemeinschaft ihre eigene soziale Wirklichkeit konstruiert.

Offensichtlich muss die qualitative Forschung mit anderen Methoden ihr Untersuchungsfeld bearbeiten als die quantitative Forschung. Kleinere Gruppen werden erfasst – in Einzelfallstudien der Biografieforschung lediglich ein Informant – und mithilfe offener Verfahren untersucht. Zu diesem Zweck sind zahlreiche neuere Verfahren von der qualitativen Forschung getestet worden, beispielsweise narrative Interviews, Gruppendiskussionen und teilnehmende

Beobachtungen mit Videoaufzeichnungen. Auch die Auswertungsverfahren sind zahlreicher und komplexer geworden: *Grounded Theory*, Objektive Hermeneutik, Inhaltsanalyse oder dokumentarische Methode bezeichnen nur einige der aktuelleren Verfahren. Sowohl die Erhebungs- als auch die Aufbereitungs- (Transkriptionen, Protokolle) und Auswertungsverfahren sind wesentlich zeitintensiver und umfangreicher als jene der quantitativen Sozialforschung; darüber hinaus bedürfen sie, Heinz Bude folgend, einer gewissen „Kunst der Interpretation" (Bude 2003).

Im Zuge der ‚qualitativen Wende' positionierte sich auch die Leseforschung als Leserforschung neu, denn „im Zentrum steht der einzelne Mensch, und zwar in konkreten Situationen und in unterschiedlichen Rollen wie Freizeiter oder Bürger" (Bonfadelli 2001, 101). Das hochkomplexe, vielschichtige und durch seine soziale Erwünschtheit und gleichzeitige Privatheit schwer zugängliche Untersuchungsobjekt ‚Leseverhalten' konnte gründlicher durch qualitative Methoden erschlossen werden und es wurde bald deutlich, dass das Lesen und der Umgang mit Literatur wie kein anderes Bezugsfeld kulturellen Handelns soziale Symbolisierungs- und Distinktionsstrategien in sich vereint. Dies gilt auch für die literarische Sozialisations- und die Mediensozialisationsforschung, die über die Angabe von Häufungen hinaus Gründe für Entwicklungen (oder Hemmungen) im Sozialisationsprozess angeben konnte. Bonfadelli (2001, 101) akzentuiert, dass „qualitative Rezeptionsstudien [...] das Leseverhalten in einer kulturellen Perspektive thematisieren". Nur über qualitative Forschungsdesigns war es also möglich, das Leseverhalten in den umfassenden Rahmen kultureller Symbolisierung und kulturellen Handelns einzubetten und dementsprechend abseits der bloßen Dokumentation von lesestatistischen Momentaufnahmen auch kulturelle Wurzeln ebendieser Momentaufnahmen sowie die sozialen Funktionen von Symbolisierungs- und Distinktionsstrategien zu eruieren.

Objektivität und Genauigkeit als Postulate der quantitativen Forschung werden in der Tradition des qualitativen Paradigmas als Elemente einer Verwissenschaftlichung der Welt verstanden, gelten dementsprechend als Teil des „Herrschaftswissens" (Mayring 2002, 11).

Daran wird ablesbar, dass die Debatte um die Methodenkonkurrenz ideologisch aufgeladen ist, insbesondere dann, wenn es um die Einspeisung der Forschungsergebnisse in die mediatisierte Öffentlichkeit geht. Buchmarktforschungen und Mediennutzungsstudien sagen eben wenig aus „über die Qualität der rezipierten Gegenstände", „über die Rezeptionssituation oder über deren Kontext" „und erst recht nichts über die lebensgeschichtlich ausgebildeten Medienhandlungsmuster" (Garbe 2000, 187). Dennoch werden die empirischen Ergebnisse von der quantitativen Forschung als Beschreibungen von Lebenswelten annonciert, dem Postulat der Exaktheit nachgebend. Die Vertreter der qualitativen Forschung fordern auf der Gegenseite die Einbettung der Forschung in den kulturellen und historischen Kontext.

Die jüngeren Entwicklungen der Methodendebatte weisen jedoch längst in eine andere Richtung. Mehr und mehr findet sich im Zuge zunehmender Triangulation die *Vermengung* quantitativer und qualitativer Forschungsdesigns. Man geht davon aus, dass gerade die komplementäre Ergänzung von quantitativen und qualitativen Perspektiven auf dasselbe Phänomen den Erkenntnisgewinn befördert „und damit zu einem umfassenderen und valideren Bild führen soll" (Kelle und Erzberger 2003, 300). Der Sinn einer solchen Triangulation liegt auf der Hand: Wo quantitative Methoden Beschreibungen liefern, können qualitative Methoden Erklärungen bereitstellen – umgekehrt ist dies ausgeschlossen. Die Unterrichtsforschung hat sich diese Erkenntnisse zunutze gemacht. So plädiert Schnaitmann (1996, 19) für eine „Verbindung quantitativer und qualitativer Verfahren", weil sich ohnehin „der Gegensatz zwischen qualitativ und quantitativ nicht bestätigt" (1996,18). Bremerich-Vos (2002, 19) negiert für die empirische Deutschdidaktik den „methodischen Dogmatismus" und zeigt wie auch Schnaitmann, dass beide Methoden schon immer Anteile der jeweils anderen implizierten. Ein Blick auf aktuelle Entwicklungen besonders in der literaturdidaktischen Unterrichtsforschung bestätigt diese theoretischen Überlegungen. Interviews und Videografien von Unterricht liefern immense Datenmengen, die zunächst im Sinne quantitativer Forschung aggregiert, synthetisiert und kategorisiert werden. Dabei kommt es auch zur Bestimmung relationaler Verhältnisse. Erklärungen für Unterrichtshandeln, subjektive Theorien oder die *beliefs* der Akteure sind jedoch zwingend, wenn man Konsequenzen für die Lehrerausbildung abschätzen möchte – diese jedoch können nur auf der Ebene exemplarisch verfahrender qualitativer Ansätze gewonnen werden. Analog gilt für die Sozialisationsforschung, dass ein Wissen über Verteilungen von Leseweisen oder Lesestoffen (Medienrezeptionen) flankiert sein muss durch Vermutungen über Mechanismen, die solche Verteilungen erst hervorbringen.

3 Paradigmatik

Die fachgeschichtliche wie die empirisch-systematische Forschung beginnen zumindest in der Germanistik etwa mit der Szientifizierung der Wissenschaften um 1900. Ihr Verlauf bis zur Institutionalisierung der Fachdidaktiken um 1970 kann hier nur exemplarisch wiedergegeben werden, denn das Augenmerk liegt auf der Periode der letzten 50 Jahre, in der das oben erläuterte Methodenbewusstsein entstand (vgl. zu den folgenden Ausführungen Dawidowski 2011; Dawidowski 2017).

Fachgeschichtliche Forschung

Adolf Matthias schrieb 1907 eine der ersten Fachgeschichten in bewährt historistischer Manier mit klaren Funktionszuschreibungen. Der deutsche Unterricht sei „die schwächste Stelle unserer Gymnasien", nirgends seien „mehr Unsicherheit und Verworrenheit, Schwanken und Willkür" (Matthias 1907, 5). Durch fachgeschichtliche Reflexion seien also Gesetzmäßigkeiten abzuleiten, um „in das Chaos Ordnung zu bringen" durch „feste *Ausgangspunkte*, allgemein anerkannte Prinzipien" (Matthias 1907, 5), „um alte Weisheit an den Quellen zu schöpfen und aus ihnen neue Weisheit zu stärken und zu mehren" (Matthias 1907, 1). Matthias erschließt die Fachgeschichte entlang ihrer herausragenden Persönlichkeiten, die man mit ihren „erstrebenswerten Idealen und hohen Zielen" kennenlernt: „Deshalb hat diese Unterrichtsgeschichte vor allem auch ihren *patriotischen* Wert" (Matthias 1907, 2). So „[wächst] mit dem Wachsen des Nationalgefühls auch die Bedeutung und Wertschätzung des deutschen Unterrichts" (Matthias 1907, 2). Matthias' Vorbemerkungen deuten damit Argumentationsmuster an, die die vorrangig nationale Sinnbildungsstrategie im Kaiserreich nachvollziehbar werden lassen. Weniger ausführlich im selbstreflexiven historiografischen Kontext, jedoch ähnlich gelagert erscheinen die Ausführungen Rudolf von Raumers, der eine umfassende Geschichte des deutschen Unterrichts im mehrbändigen Werk seines Vaters Karl zur Geschichte der Pädagogik veröffentlichte. Als Vorgänger von Matthias bedient er sich ebenfalls einer Geschichte herausragender Persönlichkeiten, deren Verdienste er an ihren Schriften chronologisch darstellt. Im Vorwort zur Erstauflage 1852 stellt er ähnlich wie Matthias sein Werk unter eine Zwecksetzung: „daß meine Arbeit zur Verbreitung einer gesunden vaterländischen Gesinnung Einiges beitragen möge" (von Raumer 1873, 100). Diese frühen Beispiele fachgeschichtlicher Forschung stehen deutlich im Zeichen einer Ideengeschichte, die letztlich außerfachlichen Zwecken dient.

In besonderem Maße zeigt die Lesebuchdebatte (vgl. Helmers 1969), wie aus der Sicht der Nachkriegstheorie ebendiese Haltung inkriminiert und ein forschender Ansatz gefordert wurde, der gesellschaftliche Umstände, Zwänge und Prägungen mitberücksichtigte, um zu einer Sozialgeschichte jenseits großer Persönlichkeiten kommen zu können. Dieser sich aus materialistischen Überzeugungen und struktur- und gesellschaftsgeschichtlichen Methoden speisende Ansatz war für die Fachgeschichte des Deutschunterrichts insofern äußerst stilbildend, weil Unterricht in hohem Maße unter dem Einfluss administrativer Vorgaben und der ihn umgebenden sozialen Wirklichkeit steht. Das sozialgeschichtliche Paradigma wurde so zum Impuls einer sich nun erst konstituierenden Fachgeschichte als Disziplin innerhalb der Literaturdidaktik (vgl. die Fachgeschichten Doff 2008; Frank 1973; Klippel 1994; Macht 1986). Nicht zu vergessen ist sicherlich, dass sich gleichzeitig die Institutionalisierung der Didaktiken als Fächer an deutschen Universitäten und Hochschulen ereignete; ihre Selbstbegründung und Legitimation bedurfte nicht zuletzt auch fachgeschichtlicher Reflexion zur Selbstvergewisserung. Dies zeigt sich beispielhaft an der Gründung der Reihe *Beiträge zur Geschichte des Deutschunterrichts* (Peter Lang Verlag, herausgegeben von Christian Dawidowski), die bis heute etwa 33 Bände primär sozialgeschichtlicher Prägung versammelt. Die Themenfelder dieses Ansatzes sind hier präsent: sieben Bände zum Literaturunterricht in der DDR, ebenso viele zur Lesebuch- und Kanonforschung, viele zu Themenfeldern wie Nationalsozialismus und Kaiserreich, Berufs- und Mädchenschulwesen.

Der sozialgeschichtliche Ansatz verweist auf die „tiefe Kluft zwischen den Theorien und Programmen der großen pädagogischen Theoretiker einerseits und der historischen Erziehungswirklichkeit andererseits"; er zeigt so die Fragwürdigkeit historistischer Interpretationen der Fachgeschichte und lässt „verdeckte Strukturen der sozialen und regionalen Differenzierung, Kanalisierung und Hierarchisierung erkennen", indem auch die „Erforschung außerschulischer Sozialisationsprozesse" relevant wird (Zymek 1995, 57–58). Damit wird „Erziehung als *Funktion der Gesellschaft*" (Tenorth 2010, 140) interpretiert. Mit der Systemtheorie, der Diskurstheorie und dem Einfluss Foucaults auf die Theoriebildungsprozesse seit den 1970er Jahren sind Strömungen benannt, die die pädagogische Historiografie seit etwa 1995 prägen. 1995 erkannte Zymek in der Diskurstheorie bereits das die Sozialgeschichte ablösende Paradigma, wenn er, Foucault folgend, die Schule definiert als „Knotenpunkt, an dem das Geflecht der Machtverhältnisse, Machtmechanismen und Machtwirkungen, die in unseren Gesellschaften etwa seit zwei Jahrhunderten dominant sind" (Zymek 1995, 72), sich schürzt. Es gelte daher, „Erziehungs- und Bildungsprozesse auf die anonymen Machtmuster hin zu analysieren" (Zymek 1995, 76). Die Eignung der Diskurstheorie für die Untersuchung schulischer Vermittlungszusammenhänge erschien unmittelbar einsichtig; nicht zufällig ist auch für Foucault immer wieder der pädagogische Diskurs Beleg für die Formung von Diskursen und biopolitische Machtausübung. Innerhalb der fachdidaktischen Historiografie zeigen sich etwa seit der Jahrtausendwende erste Resonanzen in der Anwendung sozialwissenschaftlicher Diskurstheorie und historischer Diskursanalyse. In besonderem Maße können die fachgeschichtliche Kanonforschung (vgl. exemplarisch Korte et al. 2007) und die Lesebuchforschung (vgl. z. B. Dawidowski und Junge 2014; Klippel 1994; Doyé 1991) Foucaults Ansatz fruchtbar machen, indem sie diskursive Prägungen vor allem auch durch eine Ausweitung der Quellentypen und ferner durch die Aggregation serieller Daten (Autoren- und Werknennungen in Schulprogrammen, Jahresschriften, Lesebüchern, pädagogischen Schriften usw.) erschließt. Der methodische Zugriff ist dabei in der Regel quantitativ (statistische Auswertung der seriellen Daten) wie qualitativ (reflektierende Interpretation in der Auseinandersetzung mit philologischen und literaturpädagogischen Begründungszusammenhängen). Der oben genannte zweite Einfluss in Gestalt der Systemtheorie konnte innerhalb der Fachgeschichte bisher kaum fruchtbar gemacht werden. Obwohl Luhmann mit seinem Werk *Das Erziehungssystem der Gesellschaft* (2010) sowie seinen auf das Kunstsystem und besonders die Literatur bezogenen Schriften deutlich gemacht hat, inwiefern systemtheoretisches Denken die Funktionsweisen solcher Subsysteme transparent machen kann, scheint die theoretische Hürde noch beträchtlich.

Empirisch-sozialwissenschaftliche Forschung

Die drei Zeitabschnitte der fachgeschichtlichen Forschung (mit den Einschnitten 1970 und 1995) finden sich auch hier gespiegelt, wobei im Unterschied zur Ersteren eine klare Zäsur durch die Jahrtausendwende und den Einfluss von Kompetenzforschung und Psychometrie gesetzt werden kann. Hartmut Eggert schildert die Situation der einsetzenden literaturdidaktischen empirischen Forschung in der Deutschdidaktik zu Beginn der 1970er Jahre: „Es war die Zeit der offenen Krise der bildungsbürgerlichen Literaturkonzepte in der alten Bundesrepublik. Der Kluft zwischen dem, was in den Lehrplänen vorgegeben war, und der Realität des alltäglichen Unterrichtens nahm sich eine zaghaft einsetzende Unterrichtsforschung in Pilot-Studien an" (Eggert 2009, 229).

Damit sind die Gegenstände der frühen literaturdidaktischen empirischen Forschung klar benannt: Es geht um das Lesen in seiner Vermittlungssituation. Empirische Forschung in der Literaturdidaktik ist zunächst Unterrichtsforschung oder Handlungsforschung, die sich auf Praxisfelder der Vermittlung von Literatur bezieht. Das heißt jedoch nicht, dass man das selbstbestimmte und autonome private Lesen ausschloss, im Gegenteil: Die Literaturdidaktik konnte hier auf eine lange Tradition der ‚Jungleserkunde' zurückblicken, die mit Charlotte Bühler (1958), Susanne Engelmann (1927) oder Eduard Spranger (1924) herausragende Vertreter zu Beginn des 20. Jahrhunderts verzeichnete. Alexander Beinlich führte diese Tradition noch in den 1970er Jahren fort (Beinlich 1980); die innerhalb der Jungleserkunde entwickelten Lesealtersstufen und -phasen sind teils bis in die zeitgenössische Literaturdidaktik hinein wirksam, zum Beispiel bei der Zuordnung von Lesestoffen in der spiralcurricularen Anordnung der Jahrgangsbände von Lesebüchern. Betrachtet man die Erhebungsmethoden der Jungleserkunde, fällt allerdings auf, dass dieselben vom heutigen Standpunkt aus kaum als empirisch haltbar gelten können. Die Lesephasen sind häufig bloße hypothetische Setzungen, gewonnen aus teilnehmender Beobachtung von ehemaligen Lehrern.

Die beliebteste und am häufigsten praktizierte Erhebungsmethode – noch bei Robert Ulshöfer (vgl. 1965, 9–21) – war die Lieblingsbuch-Frage, die man nutzte, um beispielsweise Veränderungen oder Umschichtungen im Leseverhalten zu eruieren.

Eggert, Berg und Rutschky initiierten die Erforschung von unterrichtlichem Handeln und Interpretationsvorgängen im Deutschunterricht mit ihrer Studie *Schüler im Literaturunterricht* aus dem Jahr 1975. Eggert und Rutschky hielten programmatisch fest, dass sich die empirische Forschung „dem Mißtrauen und der Kritik an einem Unterricht [verdankt], der sich Illusionen macht über die Lektüreinteressen und -gewohnheiten seiner Schüler" (Eggert und Rutschky 1977, 13). Harro Müller-Michaels legte neben Eggert, Berg und Rutschky ebenfalls eine wissenschaftliche Methodik zur Erforschung des Handlungsfeldes Unterricht vor, die er „Fallstudienkonzept" nannte (vgl. Müller-Michaels 1986).

So wird deutlich, dass die Literaturdidaktik der 1970er Jahre sich ihren Gegenstand vor allem im Handlungsfeld Literaturunterricht suchte. In dieser Zeit beginnt auch eine Neuorientierung innerhalb der Theoriebildung und der handlungswissenschaftlichen Komponente der Literaturdidaktik, die sich im Sinne einer kritisch-emanzipatorischen Mediendidaktik für eine verstärkte Berücksichtigung von Medien im Unterricht ausspricht. Dies entspricht der Sichtweise vieler empirischer Untersuchungen wie zum Beispiel der Gerlachs et al. (1976), die den analytischen Umgang mit Literatur in der Schule als Herrschaftsinstrument wahrnahmen. Stattdessen wurde die Forderung nach selbstbestimmtem und emanzipatorischem Umgang mit Literatur und Medien auch über empirische Studien abgesichert (vgl. z. B. Benz 1990; Düwell 1979; Fend 1979; Kirsch 1978; Nündel und Schlotthaus 1978; Wermke 1989).

Eine weitere, in den 1980er Jahren mit den Untersuchungen Norbert Groebens und Heiner Willenbergs beginnende Forschungsrichtung weist dann in die Gegenwart empirischer Forschung seit etwa 1995: die Leserpsychologie. Mit exakten Messdaten als Import aus der Leseforschung kann die lesepsychologische Forschung rasch ein neues Paradigma begründen (vgl. Groeben 1982; Willenberg 1978). Die Herausforderungen einer medialisierten Gesellschaft zu Beginn der Digitalisierung brachten überdies die Aufmerksamkeit für veränderte Sozialisationsprozesse und die daraus folgende Unverhältnismäßigkeit eines rein literaturzentrierten Unterrichts in die fachdidaktische Reflexion. Textverstehen und Lesekompetenzen konnten scheinbar zunehmend weniger vorausgesetzt werden, was die Ergebnisse der ersten PISA-Studie 2001 eindrucksvoll belegten. Veränderte Sozialisationsmuster vor allem literaturferner Schüler und Schülerinnen mussten berücksichtigt werden, um psychometrisch erschlossene und definierte Kompetenzstufen festlegen zu können, die die schulische Qualität bei der elementaren Kulturtechnik Lesen auf unterschiedlichen Niveaus sichern helfen. Das DFG-Schwerpunktprogramm *Lesesozialisation in der Mediengesellschaft* (1998–2005) stellte das erste große Verbundprojekt mit beteiligten Wissenschaftlern aller benachbarten Disziplinen dar, das mit sozialwissenschaftlichen und psychologischen Methoden einen Querschnitt des Status quo der literarischen Sozialisation von Jugendlichen und Kindern lieferte. „Fach- und damit auch deutschdidaktische Forschung hat zur Jahrtausendwende eine bedeutsame Veränderung erfahren. Sie hat sich durch ihre Forschungsausrichtung nach den anfänglichen Versuchen seit Ende der 70er Jahre endgültig als Wissenschaft konstituiert" (Rupp 2016, 3), so beschreibt Gerhard Rupp diese Zäsur für die Didaktiken, während er die nun folgenden Forschungsphasen ab 2005 zum einen als Differenzierungs-, zum anderen als Autonomisierungsphase bezeichnet (vgl. Rupp 2016, 6). Erstere ist Rupp folgend vom oben genannten Schwerpunkt der Kompetenzdiagnostik im intensiven Dialog mit den Nachbarwissenschaften gekennzeichnet. Forschungsprojekte beziehen sich hier meist auf die Definition und Evaluation literaturbezogener Kompetenzen oder das Leseverstehen (vgl. Finkbeiner 2005; Frederking et al. 2011; Garbe et al. 2010; Zydatiß 2005b) in direkter Auseinandersetzung mit den Ergebnissen fächerübergreifender *Large-Scale*-Untersuchungen wie PISA oder DESI. Die jüngste Phase fachdidaktischer Forschung, die Autonomisierungsphase, ist durch eigenständige Projekte spezifisch disziplinärer Interessen gekennzeichnet. Teils auch in Abkehr von Aufgaben der Kompetenzdiagnostik kommen Forschungen zurück auf Fragestellungen, die die geisteswissenschaftliche Traditionslinie in didaktischer Ausprägung zum Gegenstand machen. Objekte der Forschung werden dann beispielsweise die literarische Bildung (vgl. Dawidowski 2016a), das Verstehen literarischer Texte (vgl. Pieper und Wieser 2012) oder das interkulturelle Potenzial von Texten (vgl. Bredella und Burwitz-Melzer 2004; Burwitz-Melzer 2003; Fäcke 2003; Wilden 2014). Besonders das letzte Thema stellt sich den Herausforderungen der Einwanderungsgesellschaft; so wird die literaturbezogene Migrationsforschung zu einem dominanten Bereich (vgl. Dawidowski 2014c; Jakubanis 2015). In methodischer Hinsicht wendet man sich mehr und mehr dem realen Handeln im Klassenzimmer zu, um Auswirkungen konkreten Unterrichtsgeschehens auf Lernen und Bildung feststellen zu können (vgl. Dawidowski 2016b; Kimes-Link 2013; Reinartz 2003; Schädlich und Surkamp 2015). Fachdidaktische Forschung wird so in zunehmendem Maße auch zu einer eingreifenden Lehrerbildungsforschung mit dem Ziel der Korrektur und Optimierung von Ausbildungsroutinen (vgl. Bräuer 2010; Dawidowski und Hoffmann 2016; Köhnen 2014; Scherf 2013).

Im Zuge der Autonomisierung erweisen sich die Fachdidaktiken einmal mehr als eigenständige und forschende Disziplinen. Gerade in der Verbindung fachgeschichtlicher und sozialwissenschaftlicher Forschung zeigen sich die kulturwissenschaftlichen Dimensionen des Faches, das auf der Basis historischer und empirischer Forschungsarbeit Theorien zur Kontinuierung literarischen Wissens und Könnens für die nächsten Generationen erarbeitet und diese handlungswissenschaftlich der Umsetzung in Vermittlungssituationen zuführt.

Weiterführende Literaturhinweise

Bogdal, Klaus-Michael (2002). „Literaturdidaktik im Spannungsfeld von Literaturwissenschaft, Schule und Bildungs- und Lerntheorien". *Grundzüge der Literaturdidaktik*. Hrsg. von Klaus-Michael Bogdal und Hermann Korte. München: 9–29.

Dawidowski, Christian (2017). „Was heißt und zu welchem Ende studiert man Fachgeschichte? Beginn einer methodologischen Selbstreflexion in der Literaturdidaktik". *Das Potenzial der Fachgeschichte*. Hrsg. von Christian Dawidowski und Nadine J. Schmidt. Frankfurt a. M.: 9–34.

Geisler, Wilhelm (1989). *Forschungsperspektiven in der anglistischen Fachdidaktik*. Frankfurt a. M.

Kammler, Clemens und Werner Knapp (2002). „Empirische Unterrichtsforschung als Aufgabe der Deutschdidaktik". *Empirische Unterrichtsforschung und Deutschdidaktik*. Hrsg. von Clemens Kammler und Werner Knapp. Baltmannsweiler: 2–15.

Rupp, Gerhard (2016). „Fremde und vertraute Schwestern – Konstellationen interdisziplinärer Forschung in der Deutschdidaktik seit den 90er Jahren". *Interdisziplinäre Forschung in der Deutschdidaktik. „Fremde Schwestern" im Dialog*. Hrsg. von Iris Winkler und Frederike Schmidt. Frankfurt a. M.: 43–53.

Bibliografie

Abbs, Peter (Hrsg.) (1989). *The symbolic order. A contemporary reader on the arts debate*. London.
Abraham, Ulf (1998). *Übergänge. Literatur, Sozialisation und literarisches Lernen*. Opladen/ Wiesbaden.
Abraham, Ulf (2000). „Übergänge. Wie Heranwachsende zu kompetenten Leserinnen werden". *Lesen in der Medienwelt*. Hrsg. von Werner Wintersteiner. Innsbruck/Wien/München: 20–34.
Abraham, Ulf (2007). „Kompetenzmodelle – überfällige Professionalisierung des Faches oder Familienaufstellung in der Deutschdidaktik?" *Didaktik Deutsch* 22 (2007): 10–13.
Abraham, Ulf (2013). „Geteilte Aufmerksamkeit für Literatur? ‚Literarische Kompetenz als Fähigkeit kulturelle Praxis zu teilen'". *Literatur- und kulturwissenschaftliche Hochschuldidaktik. Konzepte, Methoden, Lehrbeispiele*. Hrsg. von Wolfgang Hallet. Trier: 105–119.
Abraham, Ulf (2014). „‚Was heisst und wozu dient heute literarische Bildung?'". *Schiller Jahrbuch* 58 (2014): 418–424.
Abraham, Ulf (³2016). *Filme im Deutschunterricht*. Seelze-Velber.
Abraham, Ulf und Clemens Kammler (Hrsg.) (2005). „Drama, Theater, Szenisches Spiel". *Praxis Deutsch*. Sonderheft.
Abraham, Ulf und Ina Brendel-Perpina (Hrsg.) (2017). *Kulturen des Inszenierens in Deutschdidaktik und Deutschunterricht*. Stuttgart.
Abraham, Ulf und Marja Rauch (2011). „Eine eigene Kompetenz für Literaturgeschichte als Vermittlungsauftrag des Deutschunterrichts? Ein Problemaufriss". *Didaktik Deutsch* 30: 57–73.
Abraham, Ulf und Marja Rauch (2012). „Didaktik der Literaturgeschichte in Zeiten der Kompetenzorientierung". *Texte und Theorie zur Didaktik der Literaturgeschichte*. Hrsg. von Marja Rauch und Achim Geisenhanslücke. Stuttgart: 318–348.
Abraham, Ulf und Matthis Kepser (⁴2016). *Literaturdidaktik Deutsch. Eine Einführung*. Berlin.
Abraham, Ulf und Sabina Becker (2010). „Realismus". *Praxis Deutsch* 220 (2010): 4–13.
Ackermann, Irmgard und Harald Weinrich (1986). *Eine nicht nur deutsche Literatur. Zur Standortbestimmung der ‚Ausländerliteratur'*. München.
Aden, Joelle (2017). „Developing empathy through theatre. A transcultural perspective in second language education". *Going performative in intercultural education. International contexts, theoretical perspectives and models of practice*. Hrsg. von John Crutchfield und Manfred Schewe. Bristol/Blue Ridge Summit: 59–84.
Agnese, Barbara, Christine Ivanovic und Sandra Vlasta (Hrsg.) (2014). *Die Lücke im Sinn. Vergleichende Studien zu Yoko Tawada*. Tübingen.
Ahrens, Rüdiger, Maria Eisenmann und Matthias Merkl (Hrsg.) (2008). *Moderne Dramendidaktik für den Englischunterricht*. Heidelberg.
Aita, Sean (2009). „The theatre in language learning (TiLL) model. Exploring theatre as pedagogy in the L2 environment". *Scenario* III.1 (2009): 64–80. http://research.ucc.ie/scenario/2009/01/aita/06/en (11. Dezember 2018).
Aita, Sean (2013). „Shakespeare in Styria". *Scenario* VII.2 (2013): 52–14. http://publish.ucc.ie/journals/scenario/2013/02/Aita/06/en (11. Dezember 2018).
Albisetti, James C. und Peter Lundgreen (1991). „Höhere Knabenschulen". *Handbuch der deutschen Bildungsgeschichte*. Band 4: *Von der Reichsgründung bis zum Ende des Ersten Weltkriegs*. Hrsg. von Christa Berg und Notker Hammerstein. München: 228–271.
Albrecht, Andrea, Lutz Dannenberg, Olav Krämer und Carlos Spoerhase (Hrsg.) (2015). *Theorien, Methoden und Praktiken des Interpretierens*. Berlin.

Alter, Grit (2015). *Inter- and transcultural learning in the context of Canadian young adult fiction.* Münster.
Althusser, Louis (2010). *Ideologie und ideologische Staatsapparate.* 1. Halbband. Hamburg.
Altmayer, Claus (2004). *Kultur als Hypertext. Zu Theorie und Praxis der Kulturwissenschaft im Fach Deutsch als Fremdsprache.* München.
Amirsedghi, Nasrin und Thomas Bleicher (Hrsg.) (1997). *Literatur der Migration.* Mainz.
Amodeo, Immacolata (1996). ‚Die Heimat heißt Babylon'. *Zur Literatur ausländischer Autoren in der Bundesrepublik Deutschland.* Opladen.
Anders, Petra und Michael Staiger (Hrsg.) (2016). *Serialität in Literatur und Medien.* 2 Bde. Baltmannsweiler.
Andresen, Helga (2010). „Literalitätserziehung in der Vorschule". *Deutschunterricht in Theorie und Praxis.* Band 11: *Lese- und Literaturunterricht.* Hrsg. von Michael Kämper-van den Boogaart und Kaspar H. Spinner. Baltmannsweiler: 3–20.
Anselm, Sabine (2011). *Kompetenzentwicklung in der Deutschlehrerbildung. Modellierung und Diskussion eines fachdidaktischen Analyseverfahrens zur empiriegestützten Wirkungsforschung.* Frankfurt a. M.
Anselm, Sabine (2017). „Literatur als Zumutung. Herausforderungen ästhetischer und ethischer Bildung". *Temeswarer Beiträge zur Germanistik.* Band 14. Hrsg. von Roxana Nubert. Temeswar: 9–28.
Antor, Heinz (1995). „Alterität als literaturtheoretisches Problem". *Handbuch Englisch als Fremdsprache.* Hrsg. von Rüdiger Ahrens, Wolf-Dietrich Bald und Werner Hüllen. Berlin: 323–325.
Antor, Heinz (1996). „The Ethics of criticism in the age after value". *Why literature matters. Theories and functions of literature.* Hrsg. von Rüdiger Ahrens und Laurenz Volkmann. Heidelberg: 65–86.
Antor, Heinz (2002). „Die Vermittlung interkultureller Kompetenz an der Universität. Das Beispiel Kanada". *Interkulturelle Kompetenz. Konzepte und Praxis des Unterrichts.* Hrsg. von Laurenz Volkmann, Klaus Stierstorfer und Wolfgang Gehring. Tübingen: 143–163.
Antor, Heinz (Hrsg.) (2006). *Inter- und transkulturelle Studien. Theoretische Grundlagen und interdisziplinäre Praxis.* Heidelberg.
Aoudjit, Abdelkader (2012). „Teaching moral philosophy using novels. Issues and strategies". *Journal of Thought* 47.3 (2012): 49–66.
Apel, Hans Jürgen und Stefan Bittner (1994). *Humanistische Schulbildung 1890–1945. Anspruch und Wirklichkeit der altertumskundlichen Fächer.* Köln/Weimar/Wien.
Arens, Hiltrud (2000). ‚Kulturelle Hybridität' in der deutschen Minoritätenliteratur der achtziger Jahre. Tübingen.
Aristoteles (1982 [335 v.Chr.]). *Poetik.* Griechisch/deutsch. Stuttgart.
Arkılıç-Songören, Sevgi (2007). *Familienleben in Deutschland und in der Türkei im Spiegel der Kinder- und Jugendliteratur. Vergleichende Analyse ausgewählter deutschsprachiger und türkischer Kinder- und Jugendromane der Gegenwart.* Frankfurt a. M. u. a.
Arnold, Heinz Ludwig (2002). „Vorbemerkung". *Kritisches Lexikon zur deutschsprachigen Gegenwartsliteratur.* Band 1, 72. Nlg., 10 (2002).
Arnold, Heinz Ludwig (Hrsg.) (1999). *Lyrik des 20. Jahrhunderts.* München.
Artelt, Cordula und Matthias Schlagmüller (2004). „Der Umgang mit literarischen Texten als Teilkompetenz im Lesen? Dimensionsanalysen und Ländervergleiche". *Struktur, Entwicklung und Förderung von Lesekompetenz. Vertiefende Analysen im Rahmen von PISA 2000.* Hrsg. von Ulrich Schiefele, Cordula Artelt, Wolfgang Schneider und Petra Stanat. Wiesbaden: 16–196.

Artelt, Cordula, Anke Demmrich und Jürgen Baumert (2001). „Selbstreguliertes Lernen". *PISA 2000. Basiskompetenzen von Schülerinnen und Schülern im internationalen Vergleich*. Hrsg. vom Deutschen PISA-Konsortium. Opladen: 271–298.
Assmann, Aleida (2013). „Theorien des kulturellen Gedächtnisses". *Handbuch Kanon und Wertung. Theorien, Instanzen, Geschichte*. Hrsg. von Gabriele Rippl und Simone Winko. Stuttgart: 76–84.
Assmann, Jan (2000). *Das kulturelle Gedächtnis. Schrift, Erinnerung und politische Identität in frühen Hochkulturen*. München.
Attridge, Derek (2004). *The singularity of literature*. London.
Augé, Marc (2006). *Introduction to an anthropology of supermodernity*. Übers. von John Howe. London/New York.
Bach, Gerhard (2007). „Teaching American Studies in the twenty-first century". *Amerikastudien/American Studies* 52.3 (2007): 315–460.
Bach, Gerhard und Johannes-Peter Timm (⁵2013). „Handlungsorientierung als Ziel und als Methode". *Englischunterricht. Grundlagen und Methoden einer handlungsorientierten Unterrichtspraxis*. Hrsg. von Gerhard Bach und Johannes-Peter Timm. Tübingen/Basel: 1–22.
Bach, Gerhard und Johannes-Peter Timm (Hrsg.) (⁵2013). *Englischunterricht. Grundlagen und Methoden einer handlungsorientierten Unterrichtspraxis*. Tübingen.
Bachmann-Medick, Doris (2010). *Cultural Turns. Neuorientierungen in den Kulturwissenschaften*. Reinbek b. Hamburg.
Bachmann-Medick, Doris (²2004). *Kultur als Text. Die anthropologische Wende in der Literaturwissenschaft*. Tübingen/Basel.
Badstübner-Kizik, Camilla (2007). *Bild- und Musikkunst im Fremdsprachenunterricht. Zwischenbilanz und Handreichungen für die Praxis*. Frankfurt a. M.
Baier, Jochen, Jasmin Bührle und Melanie Gecius (2015). „Szenisch-dramatische Verfahren und Aufführungen mit digitalen Medien und Internetformaten". *Dramendidaktik und Dramapädagogik im Fremdsprachenunterricht*. Hrsg. von Wolfgang Hallet und Carola Surkamp. Trier: 287–304.
Bakhtin, M. M. (Hrsg.) (1981). *The dialogic imagination. Four essays*. Austin.
Ballis, Anja und Nazli Hodaie (Hrsg.) (2018). *Perspektiven auf Mehrsprachigkeit. Individuum – Bildung – Gesellschaft*. Berlin/Boston.
Balmer, Hans Peter (2003). „Prinzip Verstehen? Probleme der Hermeneutik". *Theorien der Literatur. Grundlagen und Perspektiven*. Band 1. Hrsg. von Hans von Vilmar und Hubert Zapf. Tübingen: 29–49.
Bamberger, Richard (2000). *Erfolgreiche Leseerziehung in Theorie und Praxis. Mit besonderer Berücksichtigung des Projekts ‚Leistungs- und Motivationssteigerung im Lesen und Lernen unter dem Motto Lese- und Lernolympiade'*. Wien.
Bamford, Julian (2004). *Extensive reading activities for teaching language*. Cambridge u. a.
Barad, Karen (2012). *Agentieller Realismus*. Frankfurt a. M.
Barié, Paul (1979). „Thesen zum altsprachlichen Unterricht". *Handbuch für den Lateinunterricht, Sekundarstufe II*. Hrsg. von Wilhelm Höhn und Norbert Zink. Frankfurt a. M.: 1–17.
Barrow, Rosemary, Charlotte Behr, Susan Deacy, Fiona McHardy und Kathryn Tempest (2010). „Embedding employability into a Classics curriculum. The Classical civilisation Bachelor of Arts programme at Roehampton University". *Arts and Humanities in Higher Education* 9.3 (2010): 339–352.
Barsch, Achim (2000). „Empirische Literaturwissenschaft als Bindeglied zwischen Literaturdidaktik und Medienpädagogik". *Spiel* 19.2 (2000): 308–319.

Barsch, Achim (2011). „Zum Begriff der Medienkonvergenz". *Medienkonvergenz im Deutschunterricht*. Hrsg. von Gudrun Marci-Boehncke und Matthias Rath. München: 38–49.
Barthes, Roland (1964). *Mythen des Alltags*. Frankfurt a. M.
Barthes, Roland (1985 [1970]). *S/Z*. New York.
Barthes, Roland (1988). *Einführung in die strukturale Erzählanalyse. Das semiologische Abenteuer*. Frankfurt a. M.: 102–143.
Barthes, Roland (2005). „Vom Werk zum Text". *Texte zur Theorie des Textes*. Hrsg. von Stephan Kammer und Roger Lüdeke. Stuttgart: 40–51.
Bartosch, Roman und Sieglinde Grimm (Hrsg.) (2014). *Teaching environments. Ecocritical encounters*. Frankfurt a. M.
Bassett, Jennifer (2008). *The meaning of gifts. Stories from Turkey*. Oxford.
Bauder, Manfred (1998). *Der Lateinunterricht in der DDR. Anspruch und Wirklichkeit*. Berlin.
Baum, Michael und Marion Bönnighausen (Hrsg.) (2010). *Kulturtheoretische Kontexte für die Literaturdidaktik*. Baltmannsweiler.
Baumert, Jürgen et al. (Hrsg.) (2001). *PISA 2000. Basiskompetenzen von Schülerinnen und Schülern im internationalen Vergleich*. Opladen.
Baumert, Jürgen und Gundel Schümer (2001). „Familiäre Lebensverhältnisse. Bildungsbeteiligung und Kompetenzerwerb". *PISA 2000. Basiskompetenzen von Schülerinnen und Schülern im internationalen Vergleich*. Hrsg. vom Deutschen PISA-Konsortium. Opladen: 323–407.
Baumgart, Franzjörg (2009). „Zwischen Standespolitik und Professionalisierung. Anmerkungen zur historischen und aktuellen Entwicklung der Lehrerausbildung". *Steuerungsprobleme im Bildungswesen*. Hrsg. von Ute Lange, Sylvia Rahn, Wolfgang Seitter und Randolf Körzel. Wiesbaden: 177–194.
Baumgarten, Alexander G. (^{2}2013 [1988]). *Theoretische Ästhetik. Die grundlegenden Abschnitte aus der ‚Aesthetica' (1750/58)*. Übers. und hrsg. von Hans R. Schweizer. Hamburg.
Bäumlein, Wilhelm von und Georg Schmidt (^{2}1880). „Griechische Sprache". *Encyklopädie des gesamten Erziehungs- und Unterrichtswesens*. Band 3. Hrsg. von Karl Adolf Schmid. Gotha: 48–85.
Bausch, Karl-Richard et al. (Hrsg.) (2005). *Bildungsstandards für den Fremdsprachenunterricht auf dem Prüfstand. Arbeitspapiere der 25. Frühjahrskonferenz zur Erforschung des Fremdsprachenunterrichts*. Tübingen.
Bayerisches Staatsministerium für Arbeit und Sozialordnung, Familie und Frauen/Staatsinstitut für Frühpädagogik (Hrsg.) (^{5}2012). *Der Bayerische Bildungs- und Erziehungsplan für Kinder in Tageseinrichtungen bis zur Einschulung*. München/Berlin.
Baynton, Barbara (2001 [1902]). „Squeaker's mate". *Bush Studies*. Sydney: 54–71.
Beck, Rudolf (1995). „Macbeth, Animal Farm und kein Ende! Was haben Studienanfänger der Anglistik gelesen?" *Neusprachliche Mitteilungen* 48 (1995): 31–38.
Beck, Ulrich (2007). *Weltrisikogesellschaft*. Frankfurt a. M.
Becker, Rolf und Frank Schubert (2006). „Soziale Ungleichheit von Lesekompetenzen. Eine Matching-Analyse im Längsschnitt mit Querschnittsdaten von PIRLS 2001 und PISA 2000". *Kölner Zeitschrift für Soziologie und Sozialpsychologie* 58.2 (2006): 253–284.
Becker, Ruth und Beate Kortendiek (Hrsg.) (^{3}2010). *Handbuch Frauen- und Geschlechterforschung. Theorie, Methoden, Empirie*. Wiesbaden.
Becker, Susanne H. (2016). „Diesseits oder jenseits des ‚Zumutbaren'". *JuLit* 25.1 (2016): 8–16.
Behr, Klaus (1980). *Gymnasialer Deutschunterricht in der Weimarer Republik und im Dritten Reich. Eine empirische Untersuchung unter ideologiekritischem Aspekt*. Weinheim/Basel.

Behrendt, Babette (1993). *Gesteigerte Lern-Ergebnisse durch Lese-Erlebnisse mit englischsprachiger Literatur. Ein neues Lehrgangsmodell von H.-J. Modlmayr.* Bochum.

Beilecke, François, Rudolf Messner und Ralf Weskamp (Hrsg.) (2014). *Wissenschaft inszenieren. Perspektiven des wissenschaftlichen Lernens für die gymnasiale Oberstufe.* Bad Heilbrunn.

Beims, Klaus-Dieter (2015). *Antike texte an christlichen Schulen. Die römischen Autoren im Lateinunterricht des Halleschen Pietismus.* Halle.

Beinlich, Alexander (1980). „,Lesealter'? Die literarische Entwicklung der Kinder und Jugendlichen". *Kind und Jugendlicher als Leser. Beiträge zur Jungleserforschung.* Hrsg. von Karl Ernst Maier. Bad Heilbrunn: 13–85.

Beisbart, Ortwin (2014). „Geschichte des Deutschunterrichts und seiner Didaktik". *Taschenbuch des Deutschunterrichts. Band 3: Aktuelle Fragen der Deutschdidaktik.* Hrsg. von Volker Frederking et al. Baltmannsweiler: 3–47.

Beisbart, Ortwin und Dieter Marenbach (⁴2010). *Bausteine der Deutschdidaktik. Ein Studienbuch.* Donauwörth.

Bekes, Peter und Volker Frederking (2010). *Literatur des 20. Jahrhunderts.* CD-ROM. Hannover.

Benjamin, Walter (2006 [1936]). *Das Kunstwerk im Zeitalter seiner technischen Reproduzierbarkeit.* Frankfurt a. M.

Bennett, William J. (Hrsg.) (1993). *The book of virtues. A treasury of great moral stories.* New York.

Benz, Norbert (1990). *Der Schüler als Leser im fremdsprachlichen Literaturunterricht.* Tübingen.

Berghoff, Daniel (2015). „Es war 4 mal – Érase 4 veces. Ein Theaterprojekt im DaF-Unterricht der Deutschen Schule Valdivia". *Scenario* IX.1 (2015): 86–96. http://research.ucc.ie/scenario/2015/01/Berghoff/05/de (11. Dezember 2018).

Bernhardt, Sebastian (2017). „Dekategorisierung in Susan Krellers *Schneeriese*. Perspektiven für literarisches Lernen im inklusiven Deutschunterricht mit einer Ganzschrift". *Gegenwartsliteratur im inklusiven Deutschunterricht.* Hrsg. von Jan Standke. Trier: 203–217.

Bernstein, Nils und Charlotte Lercher (Hrsg.) (2014). *Ästhetisches Lernen im DaF-/DaZ-Unterricht. Literatur – Theater – Bildende Kunst – Musik– Film.* Göttingen.

Bertschi-Kaufmann, Andrea (1998). „Kinderliteratur und literarisches Lernen. Lese- und Schreibentwicklung im offenen Unterricht". *Kinderliteratur im Unterricht. Theorien und Modelle zur Kinder- und Jugendliteratur im pädagogisch-didaktischen Kontext.* Hrsg. von Karin Richter und Bettina Hurrelmann. Weinheim: 199–214.

Bertschi-Kaufmann, Andrea (2000). *Lesen und Schreiben in einer Medienumgebung. Die literalen Aktivitäten von Primarschulkindern.* Aargau.

Bertschi-Kaufmann, Andrea, Petra Hagendorf, Gerd Kruse, Katharina Rank, Maria Riss und Thomas Sommer (2007). *Lesen. Das Training.* Seelze-Velber.

Bhabha, Homi (1994). *The location of culture.* London.

Bhabha, Homi (2000). *Die Verortung der Kultur.* Aus dem Englischen übers. von M. Schiffmann und J. Freudl. Tübingen.

Biermann, Wolf (2005). *Das ist die feinste Liebeskunst. 12 Shakespeare-Sonette.* Berlin.

Bierwirth, Maik, Anja Johannsen und Mirna Zeman (2012). „Doing contemporary literature". *Doing contemporary literature. Praktiken, Wertungen, Automatismen.* Hrsg. von Maik Bierwirth, Anja Johannsen und Mirna Zeman. München: 9–22.

Biondi, Franco (1991). „Arbeitsthesen zur Literatur der Fremde". *Die Brücke* 62: 14.

Biondi, Franco und Rafik Schami (1981). „Literatur der Betroffenheit. Bemerkungen zur Gastarbeiterliteratur". *Zu Hause in der Fremde.* Hrsg. von Christian Schaffernicht. Fischerhude: 124–136.

Bischof, Monika (2002). „Und Johnny schweigt. Schüleraktivierender Literaturunterricht". *Deutsch als Fremdsprache* 27 (2002): 48–51.

Bland, Janice (2010). „Bilderbücher als Tor zu Literalität und Lesefreude junger Sprachlernender". *Bilder im Fremdsprachenunterricht. Neue Ansätze, Kompetenzen und Methoden*. Hrsg. von Carola Hecke und Carola Surkamp. Tübingen: 76–93.

Bland, Janice (2013). *Children's literature and learner empowerment. Children and teenagers in English language education*. London.

Bland, Janice und Christiane Lütge (Hrsg.) (2013). *Children's literature in second language education*. London.

Blell, Gabriele (1998). „Kurze Texte, Bilder und Unterrichtstips, ‚prozeßorientiert' reflektiert". *Fremdsprachenunterricht* 42.51 (1998): 169–173.

Blell, Gabriele (2012). „Literarisches Lernen und Sprach(en)lernen im Fremdsprachenunterricht". *Sprachenbewusstheit im Fremdsprachenunterricht. Arbeitspapiere der 32. Frühjahrskonferenz zur Erforschung des Fremdsprachenunterrichts*. Hrsg. von Eva Burwitz-Melzer, Frank G. Königs und Hans-Jürgen Krumm. Tübingen: 9–18.

Blell, Gabriele (2015). „Plurilingual literature approaches to plurilingual literature teaching in the EFL-classroom". *Learning with literature in the EFL classroom*. Hrsg. von Maria Eisenmann, Werner Delanoy und Frauke Matz. Frankfurt a. M.: 334–366.

Blell, Gabriele und Christiane Lütge (2008). „Filmbildung im Fremdsprachenunterricht. Neue Lernziele, Begründungen und Methoden". *Fremdsprachen Lehren und Lernen* 37 (2008): 124–140.

Blell, Gabriele, Andreas Grünewald, Matthis Kepser und Carola Surkamp (Hrsg.) (2016). *Film in den Fächern der sprachlichen Bildung*. Baltmannsweiler.

Blioumi, Aglaia (2001). *Interkulturalität als Dynamik. Ein Beitrag zur deutsch-griechischen Migrationsliteratur seit den 70er-Jahren*. Tübingen.

Bloom, Harold (1994). *The Western canon*. New York.

Bluhm, Lothar (2007). „Gegenwartsliteratur". *Metzler Lexikon Literatur. Begriffe und Definitionen*. Hrsg. von Dieter Burgdorf, Christoph Fasbender und Burkhard Moennighoff. Stuttgart: 267.

Bode, Christoph (1983). *Lyrik und Methode*. Bielefeld.

Bode, Christoph (2005). *Der Roman. Eine Einführung*. Tübingen/Basel.

Boelmann, Jan M. (2015). *Literarisches Verstehen mit narrativen Computerspielen*. München.

Bogdal, Klaus-Michael (1993). „‚Mein ganz persönlicher Duft'. ‚Das Parfum', die Didaktik und der Deutschunterricht". *Diskussion Deutsch* 24.130 (1993): 124–133.

Bogdal, Klaus-Michael (1999). *Historische Diskursanalyse der Literatur. Theorien, Arbeitsfelder, Analysen, Vermittlung*. Opladen.

Bogdal, Klaus-Michael (2002). „Literaturdidaktik im Spannungsfeld von Literaturwissenschaft, Schule und Bildungs- und Lerntheorien". *Grundzüge der Literaturdidaktik*. Hrsg. von Klaus-Michael Bogdal und Hermann Korte. München: 9–29.

Bogdal, Klaus-Michael (2004). „Deutschland sucht den Super-Autor. Über Chancen der Gegenwartsliteratur in der Mediengesellschaft". *Deutschsprachige Gegenwartsliteratur seit 1989. Zwischenbilanzen – Analysen – Vermittlungsperspektiven*. Hrsg. von Clemens Kammler und Torsten Pflugmacher. Heidelberg: 85–96.

Bogdal, Klaus-Michael und Clemens Kammler (⁴2006). „Dramendidaktik". *Grundzüge der Literaturdidaktik*. Hrsg. von Klaus-Michael Bogdal und Hermann Korte. München: 177–189.

Bogdal, Klaus-Michael und Hermann Korte (Hrsg.) (⁶2012). *Grundzüge der Literaturdidaktik*. München.

Bogner, Ralf (2013). *Klassiker. Neu-Lektüren.* Saarbrücken.
Bohl, Thorsten, Jürgen Budde und Markus Rieger-Ladich (2017). *Umgang mit Heterogenität in Schule und Unterricht.* Bad Heilbrunn.
Böhler, Michael (1998). „,Cross the Border – Close the Gap!' Die Dekanonisierung der Elitekultur in der Postmoderne und die Rekanonisierung des Amerika-Mythos. Zur Kanondiskussion in den USA". *Kanon – Macht – Kultur. Theoretische, historische und soziale Aspekte ästhetischer Kanonbildungen.* Hrsg. von Renate von Heydebrand. Stuttgart: 483–503.
Bohlin, Karen E. (2005). *Teaching character education through literature. Awakening the moral imagination in secondary classrooms.* London.
Böhme, Hartmut, Peter Matussek und Peter Müller (2002). *Orientierung Kulturwissenschaft.* Reinbek b. Hamburg.
Boie, Kirsten und Jan Birck (2016). *Bestimmt wird alles gut.* Leipzig.
Bolter, Jay D. und Richard Grusin (2000). *Remediation. Understanding new media.* Cambridge.
Bolton, Gavin M. (1979). *Towards a theory of drama in education.* London.
Bonfadelli, Heinz (2001). „Leser und Leseverhalten heute. Sozialwissenschaftliche Buchlese(r)forschung". *Handbuch Lesen.* Hrsg. von Bodo Franzmann. Baltmannsweiler: 86–144.
Bonholt, Helge und Gerhard Rupp (2006). „Epochen – Kulturen". *Empirische Unterrichtsforschung in der Literatur- und Lesedidaktik. Ein Weiterbildungsprogramm.* Hrsg. von Bettina Hurrelmann und Norbert Groeben. Weinheim/München: 53–72.
Bonnet, Andreas und Stephan Breidbach (2013). „Blut ist im Schuh. Warum der Kompetenzbegriff der literarisch-ästhetischen Bildung bis heute nicht passt, um auf dem Hofball der Standardisierung zu glänzen". *Bildung – Kompetenz – Literalität. Fremdsprachenunterricht zwischen Standardisierung und Bildungsanspruch.* Hrsg. von Andreas Grünewald, Jochen Plikat und Katharina Wieland. Seelze-Velber: 20–35.
Bönnighausen, Marion (2004). „Inszenierung und Authentizität. Intermediales Theater im Deutschunterricht". *Intermedialität im Deutschunterricht.* Hrsg. von Marion Bönnighausen und Heidi Rösch. Baltmannsweiler: 95–110 [Nachgedruckt in Bönnighausen 2009].
Bönnighausen, Marion (2006). „An den Schnittstellen der Künste. Vorschläge für einen intermedialen Deutschunterricht". *Filmdidaktik und Filmästhetik.* Hrsg. von Volker Frederking. München: 191–203.
Bönnighausen, Marion (2009 [2004]). „Inszenierung und Authentizität. Intermediales Theater im Deutschunterricht". *Theater intermedial.* Hrsg. von Marion Bönnighausen und Gabriela Paule. München: 35–50.
Bönnighausen, Marion (2013). „Intermedialer Literaturunterricht". *Taschenbuch des Deutschunterrichts. Band 2: Literatur- und Mediendidaktik.* Hrsg. von Volker Frederking, Axel Krommer und Christel Meier. Baltmannsweiler: 523–534.
Bönnighausen, Marion (²2008). „Intermediale Kompetenz". *Kompetenzen im Deutschunterricht.* Hrsg. von Heidi Rösch. Frankfurt a. M.: 51–70.
Bönnighausen, Marion (2019). „Transmediales Erzählen im Bilderbuch". *Intermedialität. Formen – Diskurse – Didaktik.* Hrsg. von Klaus Maiwald. Baltmannsweiler: 131–152.
Bönnighausen, Marion und Heidi Rösch (Hrsg.) (2004). *Intermedialität im Deutschunterricht.* Baltmannsweiler.
Boueke, Dietrich (Hrsg.) (1971). *Der Literaturunterricht.* Weinheim/Berlin/Basel.
Bourke, Eoin (1993). „Work at the coalface. An empirical approach to foreign language theatre for students". *Drama as a method in the foreign language classroom.* Hrsg. von Manfred Schewe und Peter Shaw. Frankfurt a. M.: 227–247.

Bowell, Pamela und Brian S. Heap (2013). *Planning process drama. Enriching teaching and learning*. London.
Boyd, Brian (2009). *On the origin of stories. Evolution, cognition, and fiction*. Cambridge.
Boyd, Stephen und Manfred Schewe (2012). *Welttheater. Übersetzen, adaptieren, inszenieren. Das Einsiedler Welttheater, nach Calderon de la Barca, und in englischer Fassung: Cork's World Theatre*. Berlin.
Bracker, Elisabeth (2015). *Fremdsprachliche Literaturdidaktik. Ein Plädoyer für die Realisierung bildender Erfahrungsräume im Unterricht*. Wiesbaden.
Brackert, Helmut und Walter Raitz (Hrsg.) (1974). *Reform des Literaturunterrichts. Eine Zwischenbilanz*. Frankfurt a. M..
Brandstätter, Ursula (2008). *Grundfragen der Ästhetik. Bild – Musik – Körper – Sprache*. Köln/Weimar/Wien.
Brandstätter, Ursula (2012). „Ästhetische Erfahrung". *Handbuch Kulturelle Bildung*. Hrsg. von Hildegard Bockhorst, Vanessa-Isabelle Reinwand und Wolfgang Zacharias. München: 174–180.
Bräuer, Christoph (2010). *Könnerschaft und Kompetenz in der Leseausbildung. Theoretische und empirische Perspektiven*. Weinheim/München.
Braun, Michael (2010). *Die deutsche Gegenwartsliteratur. Eine Einführung*. Köln.
Bredel, Ursula und Irene Pieper (2015). *Integrative Deutschdidaktik*. Paderborn.
Bredella, Lothar (1980). *Das Verstehen literarischer Texte*. Stuttgart.
Bredella, Lothar (1985). „Leseerfahrungen im Unterricht. Kognitive und affektive Reaktionen bei der Lektüre literarischer Texte". *Schüleraktivierende Methoden im Fremdsprachenunterricht Englisch*. Hrsg. von Lothar Bredella und Michael Legutke. Bochum: 54–82.
Bredella, Lothar (1987). „Die Struktur schüleraktivierender Methoden. Überlegungen zum Entwurf einer prozeßorientierten Literaturdidaktik". *Praxis des neusprachlichen Unterrichts* 34.3 (1987): 233–248.
Bredella, Lothar (1996). „How can literary texts matter?" *Why literature matters. Theories and functions of literature*. Hrsg. von Rüdiger Ahrens und Laurenz Volkmann. Heidelberg: 101–115.
Bredella, Lothar (2000). „Fremdverstehen mit literarischen Texten". *Wie ist Fremdverstehen lehr- und lernbar?* Hrsg. von Lothar Bredella, Franz-Joseph Meißner, Ansgar Nünning und Dietmar Rösler. Tübingen: 133–163.
Bredella, Lothar (2002). *Literarisches und interkulturelles Verstehen*. Tübingen.
Bredella, Lothar (2003). „Lesen und Interpretieren im ‚Gemeinsamen europäischen Referenzrahmen für Sprachen'. Die Missachtung allgemeiner Erziehungsziele". *Der Gemeinsame europäische Referenzrahmen für Sprachen in der Diskussion. Arbeitspapiere der 22. Frühjahrskonferenz zur Erforschung des Fremdsprachenunterrichts*. Hrsg. von Karl-Richard Bausch, Eva Burwitz-Melzer, Frank G. Königs und Hans-Joachim Krumm. Tübingen: 45–56.
Bredella, Lothar (2004). „Literaturdidaktik im Dialog mit Literaturunterricht und Literaturwissenschaft". *Literaturdidaktik im Dialog*. Hrsg. von Lothar Bredella, Werner Delanoy und Carola Surkamp. Tübingen: 21–64.
Bredella, Lothar (2007a). „Bildung als Interaktion zwischen literarischen Texten und Leser/innen. Zur Begründung der rezeptionsästhetischen Literaturdidaktik". *Neue Ansätze und Konzepte der Literatur- und Kulturdidaktik*. Hrsg. von Wolfgang Hallet und Ansgar Nünning. Trier: 49–68.
Bredella, Lothar (2007b). „Die welterzeugende und welterschließende Kraft literarischer Texte. Gegen einen verengten Begriff von literarischer Kompetenz und Bildung".

Literaturunterricht, Kompetenzen und Bildung. Hrsg. von Lothar Bredella und Wolfgang Hallet. Trier: 65–85.

Bredella, Lothar (2008). „What makes reading literary texts pleasurable and educationally significant?" *Fremdsprachen Lehren und Lernen* 37 (2008): 12–26.

Bredella, Lothar (2010a). „Interkulturelles Lernen". *Metzler Lexikon Fremdsprachendidaktik*. Hrsg. von Carola Surkamp. Stuttgart/Weimar: 123–126.

Bredella, Lothar (2010b). *Das Verstehen des Anderen. Kulturwissenschaftliche und literaturdidaktische Studien*. Tübingen.

Bredella, Lothar (2012). *Narratives und interkulturelles Verstehen. Zur Entwicklung von Empathie-, Urteils- und Kooperationsfähigkeit*. Tübingen.

Bredella, Lothar (Hrsg.) (1995). *Verstehen und Verständigung durch Sprachenlernen? Dokumentation des 15. Kongresses für Fremdsprachendidaktik, veranstaltet von der Deutschen Gesellschaft für Fremdsprachenforschung (DGFF), Gießen, 4.–6. Oktober 1993*. Bochum.

Bredella, Lothar und Eva Burwitz-Melzer (2004). *Rezeptionsästhetische Literaturdidaktik mit Beispielen aus dem Fremdsprachenunterricht Englisch*. Tübingen.

Bredella, Lothar und Herbert Christ (Hrsg.) (1995). *Didaktik des Fremdverstehens*. Tübingen.

Bredella, Lothar und Herbert Christ (Hrsg.) (2007). *Fremdverstehen und interkulturelle Kompetenz*. Tübingen.

Bredella, Lothar und Werner Delanoy (1996). „Challenges of literary texts in the foreign language classroom". *Challenges of literary texts in the foreign language classroom*. Hrsg. von Lothar Bredella und Werner Delanoy. Tübingen: vii–xxviii.

Bredella, Lothar und Werner Delanoy (Hrsg.) (1999). *Interkultureller Fremdsprachenunterricht*. Tübingen.

Bredella, Lothar und Wolfgang Hallet (2007b). „Einleitung. Literaturunterricht, Kompetenzen und Bildung". *Literaturunterricht, Kompetenzen und Bildung*. Hrsg. von Lothar Bredella und Wolfgang Hallet. Trier: 1–9.

Bredella, Lothar und Wolfgang Hallet (Hrsg.) (2007a). *Literaturunterricht, Kompetenzen und Bildung*. Trier.

Bredella, Lothar, Franz-Joseph Meißner, Ansgar Nünning und Dietmar Rösler (Hrsg.) (2000). *Wie ist Fremdverstehen lehr- und lernbar?* Tübingen.

Bredella, Lothar, Werner Delanoy und Carola Surkamp (2004b). „Einleitung. Literaturdidaktik im Dialog". *Literaturdidaktik im Dialog*. Hrsg. von Lothar Bredella, Werner Delanoy und Carola Surkamp. Tübingen: 7–19.

Bredella, Lothar, Werner Delanoy und Carola Surkamp (Hrsg.) (2004a). *Literaturdidaktik im Dialog*. Tübingen.

Bremerich-Vos, Albert (2002). „Empirisches Arbeiten in der Deutschdidaktik". *Empirische Unterrichtsforschung und Deutschdidaktik*. Hrsg. von Clemens Kammler und Werner Knapp. Baltmannsweiler: 16–29.

Brisson, Ulrike (2007). „Sansibar oder der wirkliche Grund. Drama in a college German language class". *Scenario* I.1, 87–106. http://research.ucc.ie/scenario/2007/01/brisson/05/en (11. Dezember 2018).

Brodowsky, Paul und Thomas Klupp (2011). „Einleitung". *Wie über Gegenwart sprechen? Überlegungen zu den Methoden einer Gegenwartsliteraturwissenschaft*. Hrsg. von Paul Brodowsky und Thomas Klupp. Frankfurt a. M.: 7–11.

Broich, Ulrich und Manfred Pfister (Hrsg.) (1985). *Intertextualität. Formen, Funktionen, anglistische Fallstudien*. Tübingen.

Bronfen, Elisabeth, Benjamin Marius und Therese Steffen (Hrsg.) (1997). *Hybride Kulturen. Beiträge zur anglo-amerikanischen Multikulturalismusdebatte*. Tübingen.
Brooke, Helen (2002). *Survive!* Oxford.
Brown, Joan L. (2010). „Constructing our pedagogical canons". *Pedagogy. Critical approaches to teaching literature, language, composition, and culture* 10.3 (2010): 535–553.
Brucker, Gerd (1980). *Biologieunterricht. Pädagogische Analysen, Texte und Beispiele*. Stuttgart.
Brüggemann, Jörn (2009). „Literarisches Lesen – Historisches Verstehen. Zur Explikation einer unterbewerteten Komponente literarischer Rezeptionskompetenz". *Didaktik Deutsch* 26 (2009): 12–30.
Brüssel, Marc (2018). *Altsprachliche Erwachsenendidaktik in Deutschland. Von den Anfängen bis zum Jahr 1945*. Heidelberg.
Bruhn, Ewald (1930). *Altsprachlicher Unterricht*. Leipzig.
Bruner, Jerome S. (1986). *Actual minds, possible worlds*. Cambridge.
Bruner, Jerome S. (1997). „A narrative model of self-construction". *Annals of the New York Academy of Sciences* 818 (1997): 145–161.
Brunsmeier, Sonja (2016). *Interkulturelle kommunikative Kompetenz im Englischunterricht der Grundschule. Grundlagen, Erfahrungen, Perspektiven*. Tübingen.
Brusch, Wilfried (1989). „Die Rolle der Literatur beim Spracherwerb". *Neusprachliche Mitteilungen* 42.1 (1989): 11–19.
Brusch, Wilfried und Daniela Caspari (1998). „Verfahren der Textbegegnung. Literarische und andere Texte". *Englisch lernen und lehren. Didaktik des Englischunterrichts*. Hrsg. von Johannes-Peter Timm. Berlin: 168–177.
Buck, August (1987). *Humanismus*. Freiburg/München.
Buck, Günther (1983). „Literarischer Kanon und Geschichtlichkeit (Zur Logik des literarischen Paradigmenwechsels)". *Deutsche Vierteljahrsschrift für Literaturwissenschaft und Geistesgeschichte* 57.3 (1983): 351–365.
Budde, Jürgen (2006). „Wie Lehrkräfte Geschlecht (mit)machen – doing gender [sic] als schulischer Aushandlungsprozess". *Gender und Schule. Geschlechterverhältnisse in Theorie und schulischer Praxis*. Hrsg. von Sabine Jösting und Malwine Seemann. Oldenburg: 45–60.
Bude, Heinz (2003). „Die Kunst der Interpretation". *Qualitative Forschung. Ein Handbuch*. Hrsg. von Uwe Flick et al. Reinbek b. Hamburg: 569–577.
Buell, Lawrence (1995). *The environmental imagination*. Cambridge.
Buell, Lawrence (2005). *The future of environmental criticism. Environmental crisis and literary imagination*. Oxford/Malden, MA.
Bühler, Benjamin (2016). *Ecocriticism. Grundlagen – Theorien – Interpretationen*. Stuttgart.
Bühler, Charlotte (1918). „Das Märchen und die Phantasie des Kindes". *Das Märchen und die Phantasie des Kindes*. Hrsg. von Charlotte Bühler und Josefine Bilz. München: 17–72.
Bühler, Charlotte (1958). *Das Märchen und die Phantasie des Kindes*. München.
Buntfuß, Markus (2011). „Eine eigene Provinz im Gemüte. Was ist und zu welchem Ende treiben wir Ästhetische Theologie?" *Zeitzeichen. Evangelische Kommentare zu Religion und Gesellschaft* 12 (2011): 42–44.
Burck, Erich (1957). „Zum Rombild des Livius. Interpretationen zur zweiten Pentade". *Altsprachlicher Unterricht* III.2 (1957): 34–75.
Burdorf, Dieter (2011). „Lyriktheorie". *Lexikon Literaturwissenschaft*. Hrsg. von Gerhard Lauer und Christine Ruhrberg. Stuttgart: 214.
Burger, Günter (1996). „Fremdsprachlicher Literaturunterricht und die Erkenntnisse der Leseverhaltensforschung". *Praxis des neusprachlichen Unterrichts* 43.1 (1996): 3–8.

Burwitz-Melzer, Eva (2000). „Literatur (nicht nur) für Kinder'. *Studienbrief Literaturwissenschaft/Fachdidaktik Englisch, Fernstudium Fremdsprachen in Grund- und Hauptschulen Universität Koblenz-Landau*. Koblenz-Landau.
Burwitz-Melzer, Eva (2003). *Allmähliche Annäherungen. Fiktionale Texte im interkulturellen Fremdsprachenunterricht der Sekundarstufe I*. Tübingen.
Burwitz-Melzer, Eva (2006). „Interkulturelles und sprachliches Lernen mit fremdsprachlichen Texten. Zwei zentrale Elemente eines Lesekompetenzmodells". *Fremdsprachen Lehren und Lernen* 35 (2006): 103–130.
Burwitz-Melzer, Eva (2007a). „Emotionen im fremdsprachlichen Literaturunterricht". *Literaturunterricht, Kompetenzen und Bildung*. Hrsg. von Lothar Bredella und Wolfgang Hallet. Trier: 127–157.
Burwitz-Melzer, Eva (2007b). „Kompetenzen im fremdsprachlichen Literaturunterricht. Ein Plädoyer für ein neues Konzept". *Textkompetenzen. Arbeitspapiere der 27. Frühjahrskonferenz zur Erforschung des Fremdsprachenunterrichts*. Hrsg. von Karl Richard Bausch et al. Tübingen: 37–48.
Burwitz-Melzer, Eva (2007c). „Ein Lesekompetenzmodell für den fremdsprachlichen Literaturunterricht". *Literaturunterricht, Kompetenzen und Bildung*. Hrsg. von Lothar Bredella und Wolfgang Hallet. Trier: 127–157.
Burwitz-Melzer, Eva und Emer O'Sullivan (Hrsg.) (2016). *Einfachheit in der Kinder- und Jugendliteratur. Ein Gewinn für den Fremdsprachenunterricht*. Wien.
Burwitz-Melzer, Eva, Grit Mehlhorn, Claudia Riemann, Karl-Richard Bausch und Hans-Jürgen Krumm (Hrsg.) (2016). *Handbuch Fremdsprachenunterricht*. Tübingen.
Byram, Michael (1997). *Teaching and assessing intercultural communicative competence*. Clevedon.
Byron, Ken (1986). *Drama in the English classroom*. London.
Caduff, Corina und Ulrike Vedder (2017). „Gegenwart schreiben. Zur Einleitung". *Gegenwart schreiben. Zur deutschsprachigen Literatur 2000–2015*. Hrsg. von Corina Caduff und Ulrike Vedder. München: 9–14.
Calvino, Italo (2003). „Warum Klassiker lesen". *Warum Klassiker lesen? Italo Calvino*. München/Wien: 7–14.
Carroll, Lewis (1949). *Alices Abenteuer im Wunderland*. Aus dem Englischen übertragen von Franz Sester. Ill. von Charlotte Strech-Ballot. Düsseldorf.
Carter, Ronald (2007). „Literature and language teaching 1986–2006. A review". *Journal of Applied Linguistics* 17.1 (2007): 3–13.
Carter, Ronald (2010). „Issues in pedagogical stylistics. A coda". *Language and Literature* 19.1 (2010): 115–122.
Carter, Ronald und Michael N. Long (1991). *Teaching literature*. Harlow.
Caspari, Daniela (1994). *Kreativität im Umgang mit literarischen Texten im Fremdsprachenunterricht. Theoretische Studien und unterrichtspraktische Erfahrungen*. Frankfurt a. M.
Caspari, Daniela (2004). „Vier Alibis fürs Sprachlernabenteuer. Zum didaktischen Potenzial der französisch-englischen Jugendbücher von Susie Morgenstern und Gill Rosner". *Neusprachliche Mitteilungen aus Wissenschaft und Praxis* 57.1 (2004): 6–11.
Caspari, Daniela (2005). „Kreativitätsorientierter Umgang mit literarischen Texten – ,revisited'". *Praxis Fremdsprachenunterricht* 2.6 (2005): 12–16.
Caspari, Daniela (2007). „,A la recherche d'un genre encore mal connu.' Zur Erforschung von Kinder- und Jugendliteratur für den Französischunterricht". *Französisch heute* 1 (2007): 8–19.

Caspari, Daniela (2008). „Literarische Texte im Französischunterricht. Rückblick und Ausblick". *Fremdsprachen Lehren und Lernen* 37 (2008): 109–123.

Caspari, Daniela (2011). *Bibliographie zu Kinder- und Jugendliteratur für den Französischunterricht* (ohne B.D.s). http://www.geisteswissenschaften.fu-berlin.de/we05/romandid/materialien/archiv_seminare/kinder_jugendliteratur/Bibliographie_Forschungsstand_5-11-1.pdf (02. Januar 2019).

Caspari, Daniela (2013). „‚Literatur' in offiziellen Vorgaben für den Fremdsprachenunterricht. Ein Vergleich des Berliner Rahmenplans (1984), der Bildungsstandards (2003), der EPA (2002/04) und der Abiturstandards (2012)". *Bildung – Kompetenz – Literalität. Fremdsprachenunterricht zwischen Standardisierung und Bildungsanspruch.* Hrsg. von Andreas Grünewald, Jochen Plikat und Katharina Wieland. Seelze-Velber: 60–73.

Caspari, Daniela und Ivo Steininger (2016). „Einfachheit in kinder- und jugendliterarischen Texten aus fremdsprachendidaktischer Sicht". *Einfachheit in der Kinder- und Jugendliteratur. Ein Gewinn für den Fremdsprachenunterricht.* Hrsg. von Eva Burwitz-Melzer und Emer O'Sullivan. Wien: 33–49.

Chiellino, Carmine (Hrsg.) (2000). *Interkulturelle Literatur in Deutschland.* Stuttgart.

Chiellino, Gino (1985). *Literatur und Identität in der Fremde. Zur Literatur italienischer Autoren in der Bundesrepublik.* Augsburg.

Christ, Herbert (1994). „Literatur im Fremdsprachenunterricht – oder: Wie fremd darf Literatur für den Fremdsprachenlerner sein?" *Offene Gefüge. Literatursystem und Lebenswirklichkeit.* Hrsg. von Henning Krauss. Tübingen: 517–529.

Çirak, Zehra (1988). „Deutsche sprache gute sprache". *Anfang sein für einen neuen Tanz kann jeder Schritt.* Hrsg. von Ulrich Janetzki und Lutz Zimmermann. Berlin: 42.

Claridge, Gillian (2012). „Graded readers. How publishers make the grade". *Reading in a Foreign Language* 24.1 (2012): 106–119.

Coggin, Philip A. (1956). *Drama and education. An historical survey from Ancient Greece to the Present Day.* London.

Conrady, Karl Otto (1983). „Illusionen der Literaturgeschichte". *Literatur und Sprache im historischen Prozeß.* Hrsg. von Thomas Cramer. Band 1. Tübingen: 11–31.

Cooper, Patricia M. (2005). „Literacy learning and pedagogical purpose in Vivian Paley's ‚Storytelling Curriculum'". *Journal of Early Childhood Literacy* 5.3 (2005): 229–251.

Council of Europe (2001). *Common European framework of reference for languages learning, teaching, assessment.* Cambridge.

Creuzer, Friedrich (1847 [1798]). *Herodot und Thukydides.* Leipzig 1798. Creuzer, Friedrich. *Deutsche Schriften, neue und verbesserte.* 2. Band. Leipzig.

Crilly, Nathan (2010). „The roles that artefacts play. Technical, social and aesthetic functions". *Design Studies* 31 (2010): 311–344.

Crossan, Sarah (2015 [2012]). *The weight of water.* Hrsg. von Liesel Hermes. Stuttgart.

Crutchfield, John (2015). „Creative writing and performance in EFL teacher training. A preliminary case study". *Scenario* IX.1: 3–34. http://research.ucc.ie/scenario/2015/01/Crutchfield/01/en (11. Dezember 2018).

Crutchfield, John und Manfred Schewe (Hrsg.) (2017). *Going performative in intercultural education. International contexts, theoretical perspectives and models of practice.* Bristol/Blue Ridge Summit.

Crutchfield, John und Michaela Sambanis (2017). „Staging otherness. Three new empirical studies in ‚Dramapädagogik' with relevance for intercultural learning in the foreign language classroom". *Going performative in intercultural education. International*

contexts, theoretical perspectives and models of practice. Hrsg. von John Crutchfield und Manfred Schewe. Bristol/Blue Ridge Summit: 123–144.
Dafoe, Daniel (2009). *Robinson Crusoe*. Cambridge.
Dahrendorf, Malte (1972). „Leseerziehung oder literarästhetische Bildung?" *Literaturunterricht. Texte zur Didaktik*. Hrsg. von Gisela Wilkending. München: 155–169.
Dannecker, Wiebke (2014). „Literaturunterricht inklusiv gestalten. Individuelle Zugänge zu einem literarischen Text ermöglichen. Ergebnisse eines empirischen Unterrichtsprojekts zu Kellers ‚Kleider machen Leute'". *Deutschunterricht in der Inklusion. Auf dem Weg zu einer inklusiven Deutschdidaktik*. Hrsg. von Johannes Hennies und Michael Ritter. Stuttgart: 211–222.
Dawidowski, Christian (2006). „Theoretische Entwürfe zur Interkulturellen Literaturdidaktik. Zur Verbindung pädagogischer und deutschdidaktischer Interkulturalitätskonzepte". *Interkultureller Literaturunterricht. Konzepte – Modelle – Perspektiven*. Hrsg. von Christian Dawidowski und Dieter Wrobel. Baltmannsweiler: 18–36.
Dawidowski, Christian (2009). *Literarische Bildung in der heutigen Mediengesellschaft. Eine empirische Studie zur kultursoziologischen Leseforschung*. Frankfurt a. M.
Dawidowski, Christian (2011). „Das Lesen und die Vermittlung von Literatur. Gegenstände einer forschungsorientierten Literatur- und Mediendidaktik". *Wirkendes Wort* 61.3 (2011): 329–344.
Dawidowski, Christian (2012). *Gegenwartsliteratur und Postmoderne im Literaturunterricht*. Baltmannsweiler.
Dawidowski, Christian (2014a). „Deutsche Philologie und Literaturpädagogik bis 1890". *Geschichte der Germanistik* 45/46 (2014): 41–52.
Dawidowski, Christian (2014b). „Gegenwartsschrumpfung. Über die Zeit des Lesens in der Literaturvermittlung des 19. Jahrhunderts". *Gebundene Zeit. Zeitlichkeit in Literatur, Philologie und Wissenschaftsgeschichte*. Hrsg. von Jan Standke. Heidelberg: 555–566.
Dawidowski, Christian (2016a). *Literaturdidaktik Deutsch. Eine Einführung*. Paderborn.
Dawidowski, Christian (2016b). „Literarizität und literarische Bildung im Literaturunterricht. Eine empirische Annäherung". *Literarizität. Herausforderungen für Literaturdidaktik und Literaturwissenschaft*. Hrsg. von Jörn Brüggemann, Mark Dehrmann und Jan Standke. Baltmannsweiler: 155–168.
Dawidowski, Christian (2017). „Was heißt und zu welchem Ende studiert man Fachgeschichte? Beginn einer methodologischen Selbstreflexion in der Literaturdidaktik". *Das Potenzial der Fachgeschichte*. Hrsg. von Christian Dawidowski und Nadine J. Schmidt. Frankfurt a. M.: 9–34.
Dawidowski, Christian (Hrsg.) (2014c). *Literatur, Lesen und Migration. Schwerpunktheft der IMIS-Studien*. Osnabrück.
Dawidowski, Christian und Anna R. Hoffmann (2016). „Einstellungsdispositionen von Lehramtsstudierenden der Germanistik gegenüber Literatur und Literaturunterricht". *Mitteilungen des Deutschen Germanistenverbandes* (2016): 187–208.
Dawidowski, Christian und Dieter Wrobel (Hrsg.) (2006). *Interkultureller Literaturunterricht. Konzepte – Modelle – Perspektiven*. Baltmannsweiler.
Dawidowski, Christian und Manuel Junge (2014). „Das Bild des Fremden und des Migranten in deutschen Lesebüchern". *Literatur, Lesen und Migration. Schwerpunktheft der IMIS-Studien*. Hrsg. von Christian Dawidowski. Osnabrück: 103–120.
Decke-Cornill, Helene (1994). „Intertextualität als literaturdidaktische Dimension. Zur Frage der Textzusammenstellung bei literarischen Lektürereihen". *Die Neueren Sprachen* 93.3 (1994): 272–287.

Decke-Cornill, Helene (2004). „'Identities that cannot exist.' Gender Studies und Literaturdidaktik". *Literaturdidaktik im Dialog*. Hrsg. von Lothar Bredella, Werner Delanoy und Carola Surkamp. Tübingen: 181–206.

Decke-Cornill, Helene (2007). „Literaturdidaktik in einer ‚Pädagogik der Anerkennung'. *Gender and other suspects*". *Neue Ansätze und Konzepte der Literatur- und Kulturdidaktik*. Hrsg. von Wolfgang Hallet und Ansgar Nünning. Trier: 239–258.

Decke-Cornill, Helene und Claudia M. Gdaniec (1992). *Sprache – Literatur – Geschlecht. Theoretische Voraussetzungen für Gender Studies im fortgeschrittenen Englischunterricht*. Pfaffenweiler.

Decke-Cornill, Helene und Lutz Küster (2010). *Fremdsprachendidaktik*. Tübingen.

Decke-Cornill, Helene und Ulrich Gebhard (2007). „Ästhetik und Wissenschaft. Zum Verhältnis von literarischer und naturwissenschaftlicher Bildung". *Literaturunterricht, Kompetenzen und Bildung*. Hrsg. von Lothar Bredella und Wolfgang Hallet. Trier: 11–29.

Deinhardt, Johann Heinrich (1837). *Der Gymnasialunterricht nach den wissenschaftlichen Anforderungen der jetzigen Zeit*. Hamburg.

Delanoy, Werner (1996). „The complexity of literature teaching in the language classroom. A reflective practitioner's view". *Challenges of literary texts in the foreign language classroom*. Hrsg. von Lothar Bredella und Werner Delanoy. Tübingen: 62–90.

Delanoy, Werner (2005). „A dialogic model for literature teaching". *ABAC Journal* 25.1 (2005): 53–66.

Delanoy, Werner (2006). „Transculturality and (inter-)cultural learning in the EFL classroom". *Cultural Studies in the EFL classroom*. Hrsg. von Werner Delanoy und Laurenz Volkmann. Heidelberg: 233–248.

Delanoy, Werner (2007). „Gender and literature didactics". *Gender Studies and foreign language learning*. Hrsg. von Helene Decke-Cornill und Laurenz Volkmann. Tübingen: 185–207.

Delanoy, Werner (2014). „Mehrsprachigkeit, Englisch und Literatur(unterricht)". *Zeitschrift für Interkulturellen Fremdsprachenunterricht* 19.1 (2014): 63–76.

Delanoy, Werner (2015). „Literature teaching and learning. Theory and practice". *Learning with literature in the EFL classroom*. Hrsg. von Werner Delanoy, Maria Eisenmann und Frauke Matz. Frankfurt a. M.: 19–48.

Delanoy, Werner und Laurenz Volkmann (Hrsg.) (2006a). *Cultural Studies in the EFL classroom*. Heidelberg.

Delanoy, Werner und Laurenz Volkmann (2006b). „Cultural Studies in the EFL classroom". *Cultural Studies in the EFL classroom*. Hrsg. von Werner Delanoy und Laurenz Volkmann. Heidelberg: 11–22.

Delanoy, Werner, Maria Eisenmann und Frauke Matz (Hrsg.) (2015a). *Learning with literature in the EFL classroom*. Frankfurt a. M.

Delanoy, Werner, Maria Eisenmann und Frauke Matz (2015b). „Introduction. Learning with literature in the EFL classroom". *Learning with literature in the EFL classroom*. Hrsg. von Werner Delanoy, Maria Eisenmann und Frauke Matz. Frankfurt a. M.: 7–15.

Demel, Walter und Uwe Puschner (Hrsg.) (1995). *Edict wegen Prüfung der zu den Universitäten übergehenden Schüler. Deutsche Geschichte in Quellen und Darstellung. Band 6: Von der Französischen Revolution bis zum Wiener Kongreß. 1789–1815*. Stuttgart: 373–382.

Denk, Rudolf (2006). „Dramatik". *Lexikon Deutsch Didaktik*. Hrsg. von Heinz-Jürgen Kliewer und Inge Pohl. Baltmannsweiler: 87–91.

Denk, Rudolf und Thomas Möbius (2008). *Dramen- und Theaterdidaktik. Eine Einführung*. Berlin.

Dettmar, Ute (2016). „Fortgesetztes Erzählen. Kinder- und Jugendliteratur im Netz von Populär- und Medienkulturen". *Serialität in Literatur und Medien*. Band 1: *Theorie und Didaktik*. Hrsg. von Petra Anders und Michael Staiger. Baltmannsweiler: 115–126.
Dettweiler, Peter (1898). *Griechisch*. München.
Dettweiler, Peter (^{2}1906). *Didaktik und Methodik des lateinischen Unterrichts*. München.
Deutsche UNESCO-Kommission (2011). *UN-Dekade ‚Bildung für nachhaltige Entwicklung' 2005–2014. Nationaler Aktionsplan für Deutschland*. https://www.unesco.de/sites/default/files/2018-05/UN_Bro_2011_NAP_110817_a_02.pdf (11. Dezember 2018).
Deutsche UNESCO-Kommission (2015). *Roadmap zur Umsetzung des Weltaktionsprogramms ‚Bildung für nachhaltige Entwicklung'*. https://www.bmbf.de/files/2015_Roadmap_deutsch.pdf (11. Dezember 2018).
Deutsche UNESCO-Kommission und Bundesministerium für Bildung und Forschung (BMBF) (2015). *Das Weltaktionsprogramm in Deutschland*. https://www.bne-portal.de/de/bundesweit/weltaktionsprogramm-deutschland (11. Dezember 2018).
Deutscher Altphilologenverband (1930). *Altsprachlicher Lehrplan für das deutsche humanistische Gymnasium*. Berlin.
Deutscher Bundestag (2004). *Drucksache 15/2441, 09.01.2004*. https://www.bundestag.de/nachhaltigkeit (20. Mai 2016).
Deutscher Germanistenverband (Hrsg.) (2003). *Mitteilungen des Deutschen Germanistenverbandes* 50.2/3 (2003).
Deutscher Jugendliteraturpreis 2016 (2016). *Du neben mir und zwischen und die ganze Welt*. http://www.djlp.jugendliteratur.org/2016/preis_der_jugendjury-5/artikel-du_neben_mir_und_zwischen-4048.html (11. Dezember 2018).
Deutsches PISA-Konsortium (2001). *PISA 2000. Basiskompetenzen von Schülerinnen und Schülern im internationalen Vergleich*. Opladen.
Dickens, Charles (1998 [1846]). *Oliver Twist*. Ed. Kathleen Tillotson. Oxford.
Die Lehrpläne und Prüfungsordnungen für die höheren Schulen in Preußen vom Jahre 1891: mit teils vergleichenden, teils auf die früheren Bestimmungen verweisenden Anmerkungen und einem Anhange enthaltend den Normaletat von 1892 für die Besoldungen der Leiter und Lehrer der höheren Unterrichtsanstalten und die Denkschrift, betreffend die geschichtliche Entwicklung der Revision der Lehrpläne und Prüfungsordnungen für höhere Schulen sowie Gesichtspunkte für die vorgenommenen Änderungen (1892). https://digital.staatsbibliothek-berlin.de/werkansicht?PPN=PPN659036541&PHYSID=PHYS_0002&view=overview-toc&DMDID=. Neuwied/Leipzig (11. Dezember 2018).
Diehr, Bärbel und Carola Surkamp (2015). „Die Entwicklung literaturbezogener Kompetenzen in der Sekundarstufe I. Modellierung, Abschlussprofil und Evaluation". *Literaturkompetenzen Englisch. Modellierung, Curriculum, Unterrichtsbeispiele*. Hrsg. von Wolfgang Hallet, Carola Surkamp und Ulrich Krämer. Seelze-Velber: 21–40.
Dietrich, Cornelie, Dominik Krinninger und Volker Schubert (^{2}2013). *Einführung in die Ästhetische Bildung*. Weinheim/Basel.
Doff, Sabine (2008). *Englischdidaktik in der BRD 1949–1989. Konzeptuelle Genese einer Wissenschaft im Dialog von Theorie und Praxis*. München.
Doff, Sabine und Frank Schulze-Engler (Hrsg.) (2011). *Beyond ‚other cultures'. Transcultural perspectives on teaching the New Literatures of English*. Trier.
Doherty, Berlie (1995). *The snake-stone*. London.
Dollenmayer, David und Susanne Even (2005). „Mensch, be careful! Bilinguale Jugendliteratur für fortgeschrittene Anfänger". *Die Unterrichtspraxis* 38.1 (2005): 9–18.

Donadio, Rachel (2007). „Revisiting the canon wars". *New York Times Sunday book review*. https://www.nytimes.com/2007/09/16/books/review/Donadio-t.html (11. Dezember 2018).
Dörr, Volker C. und Tobias Kurwinkel (Hrsg.) (2014). *Intertextualität, Intermedialität, Transmedialität. Zur Beziehung zwischen Literatur und anderen Medien*. Würzburg.
Dörwald, Paul (1912). *Didaktik und Methodik des griechischen Unterrichts*. München.
Doyé, Peter (Hrsg.) (1991). *Großbritannien. Seine Darstellung in deutschen Schulbüchern für den Englischunterricht*. Braunschweig.
Drügh, Heinz, Susanne Komfort-Hein und Albrecht Koschorke (2017). „Krise der Germanistik? Wir Todgeweihten grüßen euch! Zu viel Geschwurbel, zu wenig Präsenz im öffentlichen Diskurs: Der ‚Spiegel' ruft die Krise der Germanistik aus. Und schiebt uns dreien die Schuld zu. Hier bekennen wir uns. Ein Gastbeitrag". *Frankfurter Allgemeine Zeitung*. https://www.faz.net/aktuell/feuilleton/debatten/krise-der-germanistik-antwort-von-heinz-druegh-susanne-komfort-hein-und-albrecht-koschorke-14868192.html (11. Dezember 2018).
Dube, Juliane (2014). *‚Ich kann jetzt besser lesen'. Konzeptionierung, Transfer und Evaluation eines Recreationel Reading Programs in der Sekundarstufe I*. Baltmannsweiler.
Duncan, Diane (2009). *Teaching children's literature. Making stories work in the classroom*. New York.
Dürbeck, Gabriele und Urte Stobbe (Hrsg.) (2015). *Ecocriticism. Eine Einführung*. Köln/Weimar/Wien.
Düwell, Henning (1979). *Fremdsprachenunterricht im Schülerurteil. Untersuchungen zu Motivation, Einstellungen und Interessen im Fremdsprachenunterricht, Schwerpunkt Französisch*. Tübingen.
Düwell, Marcus (1999). *Ästhetische Erfahrung und Moral. Zur Bedeutung des Ästhetischen für die Handlungsspielräume des Menschen*. Freiburg/München.
Düwell, Marcus (2000). „Ästhetische Erfahrung und Moral". *Erzählen und Moral. Narrativität im Spannungsfeld von Ethik und Ästhetik*. Hrsg. von Dietmar Mieth. Tübingen: 11–35.
Eberhardt, Walter (1935). „Die Antike und Wir". *Nationalsozialistische Monatshefte*. 6, (1935), 115–127.
Eckerth, Johannes und Michael Wendt (Hrsg.) (2003). *Interkulturelles und transkulturelles Lernen im Fremdsprachenunterricht*. Frankfurt a. M.
Eckstein, Friedrich August (1887). *Lateinischer und griechischer Unterricht*. Hrsg. von Heinrich Heyden. Leipzig.
Eggert, Hartmut (2002). „Literarische Texte und ihre Anforderungen an die Lesekompetenz". *Lesekompetenz. Bedingungen, Dimensionen, Funktionen*. Hrsg. von Norbert Groeben und Bettina Hurrelmann. Weinheim/München: 186–194.
Eggert, Hartmut (2009). „Von der ‚Jungleserkunde und der literarischen Erziehung' zur ‚Lesesozialisation in der Mediengesellschaft'". *Literaturdidaktik empirisch: Aktuelle und historische Aspekte*. Hrsg. von Christian Dawidowski und Hermann Korte. Frankfurt a. M.: 223–238.
Eggert, Hartmut und Christine Garbe (²2003). *Literarische Sozialisation*. Stuttgart/Weimar.
Eggert, Hartmut und Michael Rutschky (1977). „Rezeptionsforschung und Literaturdidaktik. Zu ihrem wechselseitigen Verhältnis". *Der Deutschunterricht* 2 (1977): 13–25.
Eggert, Hartmut, Hans Christoph Berg und Michael Rutschky (1975). *Schüler im Literaturunterricht. Ein Erfahrungsbericht*. Köln.
Ehlers, Swantje (1991). *Christine Nöstlinger ‚Die Ilse ist weg'. Vorschläge zur Lektüre eines Jugendbuchs im Unterricht Deutsch als Fremdsprache (ab Ende des zweiten Lernjahres)*. München.

Ehlers, Swantje (2010). „Literarische Texte im Deutsch als Fremd- und Zweitsprache-Unterricht. Gegenstände und Ansätze". *Deutsch als Fremd- und Zweitsprache. Ein internationales Handbuch.* Band 2. Hrsg. von Hans-Jürgen Krumm et al. Berlin/New York: 1530–1544.
Ehlers, Swantje (2017). *Der Roman im Deutschunterricht.* Paderborn.
Ehnert, Rolf (1988). „Literatur der europäischen Arbeitsmigration". *Die emigrierte Kultur. Wie lernen wir von der neuen Kultur in der Bundesrepublik Deutschland? Ein Lese- und Arbeitsbuch.* Hrsg. von Rolf Ehnert und Norbert Hopster. Frankfurt a. M. u. a.: 101–114.
Ehrenspeck, Yvonne (2001). „Stichwort: Ästhetik und Bildung". *Zeitschrift für Erziehungswissenschaft* 4.1 (2001): 5–21.
Eichhorn, Friedrich (1937). „‚Das Reichssachgebiet' Alte Sprachen im NSLB und der altsprachliche Unterricht im Dritten Reich". *Ziele und Wege des altsprachlichen Unterrichts im Dritten Reich.* Stuttgart: 1–23.
Eideneier, Niki und Sophia Kallifatidou (Hrsg.) (2000). *Altwerden ist ein köstlich Ding ...? Altwerden in der Fremde.* Köln.
Eisenmann, Maria (2008). „George Bernard Shaws Saint Joan und Bertolt Brechts ‚Die heilige Johanna der Schlachthöfe'. Ein intertextuell-thematischer Vergleich". *Moderne Dramendidaktik für den Englischunterricht.* Hrsg. von Rüdiger Ahrens, Maria Eisenmann und Matthias Merkl. Heidelberg: 105–124.
Eisenmann, Maria und Christiane Lütge (Hrsg.) (2014). *Shakespeare in the EFL classroom.* Heidelberg.
Eisenmann, Maria, Nancy Grimm und Laurenz Volkmann (Hrsg.) (2010). *Teaching the new English cultures and literatures.* Heidelberg.
Eke, Norbert Otto (2012). „Beobachtungen beobachten. Beiläufiges aus germanistischer Sicht zum Umgang mit einer Literatur der Gegenwärtigkeit". *Doing contemporary literature. Praktiken, Wertungen, Automatismen.* Hrsg. von Maik Bierwirth, Anja Johannsen und Mirna Zeman. München: 23–40.
Ekinci-Kocks, Yüksel (2009). „Der Einsatz bilingualer Bücher in der Sprachförderung von Schülern mit Migrationshintergrund". *Empathie und Distanz. Zur Bedeutung der Übersetzung aktueller Literatur im interkulturellen Dialog.* Hrsg. von E. W. B. Hess Lüttich und J. Warmbold. Frankfurt a. M.: 255–275.
Elis, Franziska und Carola Surkamp (Hrsg.) (2016). „Dramapädagogik". *Der Fremdsprachliche Unterricht Englisch* 49.142 (2016).
Ellis, Rod (2003). *Task based language learning and teaching.* Oxford u. a.
Elsner, Daniela und Viviane Lohe (Hrsg.) (2016). *Gender and language learning. Research and practice.* Tübingen.
Elsner, Daniela, Sissy Helff und Britta Viebrock (Hrsg.) (2013). *Films, graphic novels & visuals. Developing multiliteracies in foreign language education. An interdisciplinary approach.* Münster.
Engelmann, Susanne (1926). *Methodik des deutschen Unterrichts. Eine Darstellung ihrer Ziele, Grenzen und Möglichkeiten auf jugendpsychologischer Grundlage.* Leipzig.
Enter, Hans und Hartmut Lutz (1996). „Nordamerikanische Literatur im Englischunterricht an deutschen Schulen". *Fremdsprachenunterricht* 40.49 (1996): 359–371.
Enzensberger, Hans Magnus (1976). „Ein bescheidener Vorschlag zum Schutze der Jugend vor den Erzeugnissen der Poesie". *Päd. extra* 18/19 (1976): 34–36.
Erasmus von Rotterdam (1511). *De ratione studii ac legendi interpretandique auctores,* Paris. Hrsg. von Jean-Claude Margolin (1971). Opera omnia, Vol. I.2. Hrsg. von J. H. Waszink et al. Amsterdam: 79–151.

Erdmann, Karl Dietrich (1969). „Vorwort". *Begabung und Lernen*. Hrsg. von Heinrich Roth. Stuttgart: 5–6.
Erlebach, Peter, Bernhard Reitz und Thomas Michael Stein (2004). *Geschichte der englischen Literatur*. Stuttgart.
Erler, Lucas (2014). *Brennendes Wasser*. Würzburg.
Erlinger, Hans Dieter und Clemens Knobloch (1991). „Einleitung". *Muttersprachlicher Unterricht im 19. Jahrhundert. Untersuchungen zu seiner Genese und Institutionalisierung*. Hrsg. von Hans Dieter Erlinger und Clemens Knobloch. Tübingen: 1–7.
Ernst, Synes (1977). *Deutschunterricht und Ideologie. Kritische Untersuchung der ‚Zeitschrift für den deutschen Unterricht' als Beitrag zur Geschichte des Deutschunterrichts im Kaiserreich (1887–1911)*. Bern/Frankfurt a. M.
Ette, Ottmar (2005). *ZwischenWeltenSchreiben. Literaturen ohne festen Wohnsitz*. Berlin.
Europarat (2001). *Gemeinsamer europäischer Referenzrahmen für Sprachen. Lehren, lernen, beurteilen*. Berlin u. a.
Even, Susanne (2003). *Drama Grammatik. Dramapädagogische Ansätze für den Grammatikunterricht Deutsch als Fremdsprache*. München.
Even, Susanne (2008). „Moving in(to) imaginary worlds. Drama pedagogy for foreign language teaching and learning". *Unterrichtspraxis* 41.2 (2008): 161–170.
Even, Susanne und Manfred Schewe (2016). *Performatives Lehren, Lernen, Forschen. Performative teaching, learning, research*. Berlin.
Ewers, Hans-Heino (²2012). *Literatur für Kinder und Jugendliche. Eine Einführung in Grundbegriffe der Kinder- und Jugendliteraturforschung*. Paderborn.
Ewert, Michael, Renate Riedner und Simone Schiedermair (Hrsg.) (2011). *Deutsch als Fremdsprache und Literaturwissenschaft. Zugriffe, Themenfelder, Perspektiven*. München.
Fäcke, Christiane (2006). *Transkulturalität und fremdsprachliche Literatur. Eine empirische Studie zu mentalen Prozessen von primär mono- oder bikulturell sozialisierten Jugendlichen*. Frankfurt a. M.
Fäcke, Christiane (2013). „‚Weiche Kompetenzen' als Prüfstein zur Integration von Bildung und Standards". *Bildung – Kompetenz – Literalität. Fremdsprachenunterricht zwischen Standardisierung und Bildungsanspruch*. Hrsg. von Andreas Grünewald, Jochen Plikat und Katharina Wieland. Seelze-Velber: 36–46.
Fäcke, Christiane (²2017). *Fachdidaktik Französisch. Eine Einführung*. Tübingen.
Faulstich-Wieland, Hannelore und Marianne Horstkemper (2012). „Schule und Genderforschung". *Handbuch Geschlechterforschung und Fachdidaktik*. Hrsg. von Marita Kampshoff und Claudia Wiepcke. Wiesbaden: 25–38.
Fehrmann, Georg (2001). „‚Verschiedene Varianten des Wolfmotivs'. Kanondiskussion und Textauswahl in der Sekundarstufe II. Ein Problemaufriss". *Literarischer Kanon und Fremdsprachenunterricht*. Hrsg. von Georg Fehrmann und Erwin Klein. Bonn: 13–34.
Fend, Helmut (1979). *Sozialisation durch Literatur. Soziologie der Schule IV*. Weinheim/Basel.
Fend, Helmut (2008). *Neue Theorie der Schule. Einführung in das Verstehen von Bildungssystemen*. Wiesbaden.
Fenner, Dagmar (2000). *Kunst – jenseits von Gut und Böse? Kritischer Versuch über das Verhältnis von Ästhetik und Ethik*. Tübingen/Basel.
Fenner, Dagmar (2008). *Ethik. Wie soll ich handeln?* Tübingen/Basel.
Fenner, Dagmar (2013). *Was kann und darf Kunst? Ein ethischer Grundriss*. Frankfurt a. M.
Fernengel, Astrid (2003). „Lektüreauswahl und ihre Kriterien. Identifikatorische Rezeption, Fremdverstehen und Emanzipation". *Fremdsprachenunterricht* 47.6 (2003): 409–413.

Fingerhut, Karlheinz (1989). „Haben die Ideen der Aufklärung noch eine Chance? Im Literaturunterricht der 80er Jahre?" *Diskussion Deutsch* 20.107 (1989): 217–234.
Fingerhut, Karlheinz (2001). „Und die Literaturgeschichte als Lerngegenstand". *Tumulte. Deutschdidaktik zwischen den Stühlen*. Hrsg. von Cornelia Rosebrock und Martin Fix. Baltmannsweiler: 88–105.
Fingerhut, Karlheinz (2013). „Literaturgeschichte – eine unaufgeräumte Baustelle der kompetenzorientierten Deutschdidaktik". *Literatur – Lesen – Lernen*. Hrsg. von Daniela A. Frickel und Jan M. Boelmann. Frankfurt a. M. u. a.: 79–103.
Finkbeiner, Claudia (2005). *Interessen und Strategien beim fremdsprachlichen Lesen. Wie Schülerinnen und Schüler englische Texte lesen und verstehen*. Tübingen.
Finke, Peter (2003). „Kulturökologie". *Konzepte der Kulturwissenschaften. Theoretische Grundlagen – Ansätze – Perspektiven*. Hrsg. von Ansgar und Vera Nünning. Stuttgart/Weimar: 248–279.
Finke, Peter (2014). „The ecology of science and its consequences for the ecology of language". *Language Sciences* 41 (2014): 71–82. http://dx.doi.org/10.1016/j.langsci.2013.08.008 (11. Dezember 2018).
Finkenstaedt, Thomas (1992). „Auf der Suche nach dem Göttinger Ordinarius des Englischen, John Tompson (1697–1768)". *Fremdsprachenunterricht 1500–1800*. Hrsg. von Konrad Schröder. Wiesbaden: 57–74.
Fischer-Lichte, Erika (2004). *Ästhetik des Performativen*. Frankfurt a. M.
Flaake, Karin (2006). „Geschlechterverhältnisse – Adoleszenz – Schule. Männlichkeits- und Weiblichkeitsvorstellungen als Rahmenbedingungen für pädagogische Praxis. Benachteiligte Jungen und privilegierte Mädchen? Tendenzen aktueller Debatten". *Gender und Schule. Geschlechterverhältnisse in Theorie und schulischer Praxis*. Hrsg. von Sabine Jösting und Malwine Seemann. Oldenburg: 27–44.
Flechsig, Karl-Heinz (Hrsg.) (1970). *Neusprachlicher Unterricht II*. Weinheim.
Fleiner, Micha (2016). *Performancekünste im Hochschulstudium. Transversale Sprach-, Literatur- und Kulturerfahrungen in der fremdsprachlichen Lehrerbildung*. Berlin.
Fleiner, Micha und Stefan Kriechbaumer (Hrsg.) (2014. *Scenario. Language – Culture – Literature* VIII.2 (2014). http://research.ucc.ie/scenario/2014/02. Freiburg/Cork (11. Dezember 2018).
Fleming, Mike (2016). „Überlegungen zu einem Konzept performativen Lehrens und Lernens". *Performatives Lehren, Lernen, Forschen. Performative teaching, learning, research*. Hrsg. von Susanne Even und Manfred Schewe. Berlin: 27–46.
Fliethmann, Reinhild (2002a). *Weibliche Bildungsromane. Genderbewusste Literaturdidaktik im Englischunterricht*. Tübingen.
Fliethmann, Reinhild (2002b). „Die Identitätssuche US-amerikanischer Immigrantinnen am Beispiel von Amy Tans ‚The Joy Luck Club' und Bharati Mukherjees ‚Jasmine'. Der Beitrag von Literatur zu Mehrsprachigkeit und Mehrkulturalität". *Neusprachliche Mitteilungen* 55.4 (2002): 219–227.
Flitner, Andreas (Hrsg.) (1956). *Humboldt. Anthropologie und Bildungslehre*. Düsseldorf.
Fohrmann, Jürgen und Wilhelm Voßkamp (Hrsg.) (1994). *Wissenschaftsgeschichte der Germanistik im 19. Jahrhundert*. Stuttgart.
Ford, Martyn (2008). *Five short plays*. Oxford.
Förster, Jürgen (2000). „Literatur als Sprache lesen". *Schlüsseltexte zur neuen Lesepraxis*. Hrsg. von Joachim Bark und Jürgen Förster. Stuttgart: 214–228.

Förster, Jürgen (⁶2012). „Analyse und Interpretation. Hermeneutische und poststrukturalistische Tendenzen". *Grundzüge der Literaturdidaktik*. Hrsg. von Klaus-Michael Bogdal und Hermann Korte. München: 231–246.
Foucault, Michel (2005). *Analytik der Macht*. Frankfurt a. M.
Foucault, Michel (⁵1992). „Andere Räume". *Aisthesis. Wahrnehmung heute oder Perspektiven einer anderen Ästhetik. Essais*. Hrsg. von Karlheinz Barck. Leipzig : 34–46.
Frank, Horst Joachim (1973). *Geschichte des Deutschunterrichts von den Anfängen bis 1945*. München.
Franz, Anne-Mareike (2015). *Der Entwicklungsprozess des Ich-Erzählers als interkulturell Lernender in Rafik Schamis ‚Eine Hand voller Sterne'*. München.
Franz, Kurt und Rupert Hochholzer (2006). *Lyrik im Deutschunterricht. Grundlagen – Methoden – Beispiele*. Baltmannsweiler.
Franz, Susanne und Mechthild Hesse (2011). „Vom Lesen eines Prosatextes bis zur dramatischen Aufführung. Ein Gang durch verschiedene Rezeptionsebenen". *Inszenierungen im Fremdsprachenunterricht. Grundlagen, Formen, Perspektiven*. Hrsg. von Almut Küppers, Torben Schmidt und Maik Walter. Braunschweig: 104–116.
Frederking, Monika (1985). *Schreiben gegen Vorurteile. Literatur türkischer Migranten in der Bundesrepublik Deutschland*. Berlin.
Frederking, Volker (2003). „‚Es werde von Grund auf anders!?' Leseinteresse, Lernmotivation und Selbstregulation im Deutschunterricht nach PISA und IGLU". *Deutschdidaktik und Deutschunterricht nach PISA*. Hrsg. von Ulf Abraham, Albert Bremerich-Vos, Volker Frederking und Petra Wieler. Freiburg i. Br.: 249–278.
Frederking, Volker (2006a). „Symmedialität und Synästhetik. Begriffliche Schneisen im medialen Paradigmenwechsel und ihre filmdidaktischen Implikationen am Beispiel von Erich Kästners ‚Emil und die Detektive'". *Filmdidaktik und Filmästhetik*. Hrsg. von Volker Frederking. München: 204–229.
Frederking, Volker (Hrsg.) (2006b). *Filmdidaktik - Filmästhetik*. München.
Frederking, Volker (2013a). „Identitätsorientierter Literaturunterricht". *Taschenbuch des Deutschunterrichts. Band 2: Literatur- und Mediendidaktik*. Hrsg. von Volker Frederking, Axel Krommer und Christel Meier. Baltmannsweiler: 427–470.
Frederking, Volker (2013b). „Literarische Verstehenskompetenz erfassen und fördern". *Handbuch Kompetenzorientierter Deutschunterricht*. Hrsg. von Steffen Gailberger und Frauke Wietzke. Weinheim/Basel: 117–144.
Frederking, Volker (2013c). „Symmedialer Literaturunterricht". *Taschenbuch des Deutschunterrichts. Band 2: Literatur- und Mediendidaktik*. Hrsg. von Volker Frederking, Axel Krommer und Christel Meier. Baltmannsweiler: 535–567.
Frederking, Volker (2014). „Symmedialität und Synästhetik. Die digitale Revolution im medientheoretischen, medienkulturgeschichtlichen und mediendidaktischen Blick". *Digitale Medien im Deutschunterricht*. Hrsg. von Volker Frederking, Axel Krommer und Thomas Möbius. Baltmannsweiler: 3–49.
Frederking, Volker (2019). „Von der Inter- zur Symmedialität. Medientheoretische, medienkulturgeschichtliche und mediendidaktische Begründungen am Beispiel vom ‚Prolog im Himmel' aus Goethes Faust". *Intermedialität. Formen – Diskurse – Didaktik*. Hrsg. von Klaus Maiwald. Baltmannsweiler: 153–179.
Frederking, Volker et al. (2013). „Literarästhetische Kommunikation im Deutschunterricht". *Sprache im Fach. Sprachlichkeit und fachliches Lernen*. Hrsg. von Michael Becker-Mrotzek, Karen Schramm, Eike Thürmann und Helmut Johannes Vollmer. Münster/New York: 131–147.

Frederking, Volker und Petra Josting (Hrsg.) (2005). *Medienintegration und Medienverbund im Deutschunterricht*. Baltmannsweiler.
Frederking, Volker, Axel Krommer und Klaus Maiwald (³2018). *Mediendidaktik Deutsch. Eine Einführung*. Berlin.
Frederking, Volker, Jörn Brüggemann, Christian Albrecht, Sofie Henschel und Dietmar Gölitz (2016). „Emotionale Facetten literarischen Verstehens und ästhetischer Erfahrung. Empirische Befunde literaturdidaktischer Grundlagen- und Anwendungsforschung". *Literarizität. Herausforderungen für Literaturdidaktik und Literaturwissenschaft*. Hrsg. von Jörn Brüggemann, Mark-Georg Dehrmann und Jan Standke. Baltmannsweiler: 87–132.
Frederking, Volker, Thomas Roick und Linda Steinhauer (2011). „‚Literarästhetische Urteilskompetenz'. Forschungsansatz und Zwischenergebnisse". *Empirische Fundierung in den Fachdidaktiken. Fachdidaktische Forschungen*. Band 1. Hrsg. von Horst Bayrhuber et al. Münster: 75–94.
Freeman, Donald (2002). „The hidden side of the work. Teacher knowledge and learning to teach. A perspective from North American educational research on teacher education in English language teaching". *Language teaching* 35.1 (2002): 1–13.
Freese, Peter (1980). „Zur Erstellung von Textsequenzen für den Englischunterricht der reformierten Sekundarstufe II". *Praxis des neusprachlichen Unterrichts* 27 (1980): 22–34.
Freese, Peter (1996). „Universality vs. ethocentricity, or; the literary canon in a multicultural society". *Zeitschrift für Anglistik und Amerikanistik* 44.2 (1996): 155–170.
Freese, Peter (²1981a). „Vom Nutzen der ‚Nutzlosigkeit'. Zu den Aufgaben und Schwierigkeiten einer fremdsprachlichen Literaturdidaktik". *Der Roman im Englischunterricht der Sekundarstufe II. Theorie und Praxis. Informationen zur Sprach- und Literaturdidaktik XI*. Hrsg. von Peter Freese und Liesel Hermes. Paderborn: 11–46.
Freese, Peter (²1981b). „‚Kanonbildung' und ‚Wertungskompetenz'. Zu den Problemen der Textauswahl für den fremdsprachlichen Literaturunterricht". *Der Roman im Englischunterricht der Sekundarstufe II. Theorie und Praxis*. Hrsg. von Peter Freese und Liesel Hermes. Paderborn: 47–84.
Freese, Peter (Hrsg.) (1991). *‚America'. Dream or nightmare?* Essen.
Freese, Peter (Hrsg.) (2011). *The American Dream. Humankind's second chance?* München.
Freese, Peter und Liesel Hermes (Hrsg.) (²1981). *Der Roman im Englischunterricht der Sekundarstufe II. Theorie und Praxis*. Paderborn.
Freitag-Hild, Britta (2010). *Theorie, Aufgabentypologie und Unterrichtspraxis inter- und transkultureller Literaturdidaktik. British Fictions of Migration im Fremdsprachenunterricht*. Trier.
Friedrich, Hugo (2006). *Die Struktur der modernen Lyrik. Von der Mitte des neunzehnten bis zur Mitte des zwanzigsten Jahrhunderts*. Reinbek b. Hamburg.
Fritsch, Andreas (1982). „Der Lateinunterricht in der Zeit des Nationalsozialismus. Organisation, Richtlinien, Lehrbücher". *Altsprachlicher Unterricht* XXV.3 (1982): 20–56.
Fritsch, Andreas (1985). „Phaedrus als Schulautor". *Latein und Griechisch in Berlin* XXIX.3 (1985): 34–69.
Fritsch, Andreas (1987). *Materialien zur Geschichte des Wahlfachs Latein an der Pädagogischen Hochschule Berlin*. Berlin.
Fritsch, Andreas (2001). „Ein kritischer Rückblick auf den Dritten Humanismus in der ersten Hälfte des 20. Jahrhunderts". *Humanismus und Menschenbildung. Zu Geschichte, Gegenwart und Zukunft der bildenden Begegnung der Europäer mit der Kultur der Griechen und Römer*. Hrsg. von Erhard Wiersing. Essen: 224–242.

Fritsch, Andreas (2006). „Die Entwicklung der Didaktik des altsprachlichen Unterrichts im Nationalsozialismus". *Fremdsprachendidaktik im 20. Jahrhundert. Konstituierung einer wissenschaftlichen Disziplin im Spannungsfeld von Theorie und Praxis*. Hrsg. von Sabine Doff und Anke Wegner. München: 209–224.

Fritz, Gerd und Andreas H. Jucker (Hrsg.) (2000). *Kommunikationsformen im Wandel der Zeit. Vom mittelalterlichen Heldenepos zum elektronischen Hypertext*. Tübingen.

Fuhrmann, Manfred (1976). *Alte Sprachen in der Krise? Analysen und Programme*. Stuttgart.

Fuhrmann, Manfred (1995). „Der neue Kanon lateinischer Autoren. Traditionsverluste im neuhumanistischen Gymnasium". Fuhrmann, Manfred. *Cäsar oder Erasmus*. Tübingen: 101–125.

Fuhrmann, Manfred (2001). *Latein und Europa. Geschichte des gelehrten Unterrichts in Deutschland von Karl dem Großen bis Wilhelm II*. Köln.

Fuhrmann, Manfred (2002). *Bildung. Europas kulturelle Identität*. Stuttgart.

Gad, Daniel (2013). „Kulturelle Vielfalt. Ein Entwicklungsimpuls?" *Unbegrenzt. Literatur und interkulturelle Erfahrung*. Hrsg. von Michael Hofmann. Frankfurt a. M. u. a.: 233–236.

Gadamer, Hans-Georg (1990 [1960]). *Wahrheit und Methode. Grundzüge einer philosophischen Hermeneutik*. Tübingen.

Gail, Anton J. (1963). *Erasmus von Rotterdam. Ausgewählte pädagogische Schriften*. Paderborn.

Gall, Insa und Eva Eusterhus (2006). „Wachtelkönig bekommt 3000 Nachbarn". *Die Welt*. https://www.welt.de/print-welt/article188518/Wachtelkoenig-bekommt-3000-Nachbarn.html (11. Dezember 2018).

Gallagher, Catherine und Stephen Greenblatt (2000). *Practicing New Historicism*. Chicago.

Gans, Rüdiger (1991). „Erfahrungen mit dem Deutschunterricht. Eine Analyse autobiografischer Zeugnisse im Zusammenhang mit der Geschichte des Bildungsbürgertums im 19. Jahrhundert". *Muttersprachlicher Unterricht im 19. Jahrhundert. Untersuchungen zu seiner Genese und Institutionalisierung*. Hrsg. von Hans Dieter Erlinger und Clemens Knobloch. Tübingen: 9–59.

Gansel, Carsten (2016). „Adoleszenz. Zu theoretischen Aspekten und aktuellen Entwicklungen". *Der Deutschunterricht* 2 (2016): 2–12.

Gansel, Carsten (⁴2010 [1999]). *Moderne Kinder- und Jugendliteratur. Vorschläge für einen kompetenzorientierten Unterricht*. Berlin.

Garbe, Christine (2000). „Die mediale Sozialisation von Kindern und Jugendlichen. Einige Überlegungen zu vermeintlichen Gewissheiten und den Grenzen unseres Wissens". *Deutschunterricht zwischen Kompetenzerwerb und Persönlichkeitsbildung*. Hrsg. von Hansjörg Witte et al. Baltmannsweiler: 179–197.

Garbe, Christine (2007). „Lesen – Sozialisation – Geschlecht. Geschlechterdifferenzierende Leseforschung und -förderung". *Lesekompetenz – Leseleistung – Leseförderung. Modelle und Materialien*. Hrsg. von Andrea Bertsch-Kaufmann. Seelze-Velber: 66–82.

Garbe, Christine (2008). „‚Echte Kerle lesen nicht!?' – Was eine erfolgreiche Leseförderung für Jungen beachten muss". *Handbuch Jungen-Pädagogik*. Hrsg. von Michael Matzner und Wolfgang Tischner. Weinheim: 301–315.

Garbe, Christine (2013). „Warum lesen Mädchen besser als Jungen? Zur Notwendigkeit einer geschlechterdifferenzierenden Leseforschung und Leseförderung". *Deutschdidaktik und Deutschunterricht nach PISA*. Hrsg. von Ulf Abraham, Albert Bremerich-Vos, Volker Frederking und Petra Wieler. Freiburg i. Br.: 69–89.

Garbe, Christine, Karl Holle und Maria von Salisch (2006). „Entwicklung und Curriculum. Grundlagen einer Sequenzierung von Lehr-/Lernzielen im Bereich des (literarischen)

Lesens". *Empirische Unterrichtsforschung in der Literatur- und Lesedidaktik. Ein Weiterbildungsprogramm.* Hrsg. von Norbert Groeben und Bettina Hurrelmann. Weinheim: 115–154.
Garbe, Christine, Karl Holle und Swantje Weinhold (Hrsg.) (2010). *ADORE teaching struggling adolescent readers in European countries. Key elements of good practice.* Frankfurt a. M.
Garbe, Christine, Karl Holle und Tatjana Jesch (2009). *Texte lesen. Lesekompetenz – Textverstehen – Lesedidaktik – Lesesozialisation.* Stuttgart.
Garncarz, Joseph (1998). „Vom Varieté zum Kino. Ein Plädoyer für ein erweitertes Konzept der Intermedialität". *Intermedialität. Theorie und Praxis eines interdisziplinären Forschungsgebiets.* Hrsg. von Jörg Helbig. Berlin: 244–257.
Garrard, Greg (2004). *Ecocriticism.* Oxfordshire.
Garrard, Greg (Hrsg.) (2012). *Teaching Ecocriticism and green Cultural Studies.* London.
Geertz, Clifford (1973). *The interpretation of cultures. Selected essays.* New York.
Geißler, Rolf (1970). „Wozu Literaturunterricht?" *Diskussion Deutsch* 1.1 (1970): 3–15.
Geisler, Wilhelm (1989). *Forschungsperspektiven in der anglistischen Fachdidaktik.* Frankfurt a. M.
Geist, Hanne (2002). „'Crazy' im Deutschunterricht. Leselust durch Aufgabenorientierung und Lesestrategien". *Fremdsprache Deutsch* 27 (2002): 42–47.
Gelfert, Hans-Dieter (³2010). *Was ist gute Literatur? Wie man gute Bücher von schlechten unterscheidet.* München.
Genette, Gérard (1993 [1982]). *Palimpseste. Die Literatur auf zweiter Stufe. Aesthetica.* Frankfurt a. M.
Genette, Gérard (³2010). *Die Erzählung.* Berlin.
Gerlach, Dirk, Lutz Köhling, Karl Möhlmann und Joachim Wewerka (1976). *Lesen und soziale Herkunft. Eine empirische Untersuchung zum Leseverhalten von Jugendlichen.* Weinheim/Basel.
Ghosh, Vanessa E. und Asaf Gilboa (2014). „What is a memory schema? A historical perspective on current neuroscience literature". *Neuropsychologia* 53 (2014): 104–114.
Gibson, Rex (1998). *Teaching Shakespeare.* Cambridge.
Giebert, Stefanie (Hrsg.) (2015). *Scenario. Language – Culture – Literature* IX.02 (2015). http://research.ucc.ie/scenario/2015/02 (11. Dezember 2018).
Giehrl, Hans (1978). „Das Problem der Effektivität im Literaturunterricht". *Jugendliteratur im Sozialisationsprozeß. 4. Jahrbuch des Arbeitskreises für Jugendliteratur e.V.* Hrsg. von Hans Gärtner. Bad Heilbrunn: 156–166.
Gienow, Wilfried und Karlheinz Hellwig (1993). *Prozessorientierte Mediendidaktik im Fremdsprachenunterricht.* Frankfurt a. M.
Gildemeister, Regine (2010). „Doing Gender. Soziale Praktiken der Geschlechterunterscheidung". *Handbuch der Frauen- und Geschlechterforschung. Theorie, Methoden, Empirie.* Hrsg. von Ruth Becker und Beate Kortendiek. Wiesbaden: 137–145.
Giroux, Henry (1993). „Living dangerously. Identity politics and the New Cultural Racism. Towards a critical pedagogy of representation". *Cultural Studies* 7.1 (1993): 1–27.
Glaap, Albert-Reiner (1987). „Dramentexte als Spielvorlagen lesen. Auch eine Aufgabe für den Literaturunterricht?" *Der Fremdsprachliche Unterricht* 21.86 (1987): 5–8.
Glaap, Albert-Reiner (1989). „Literaturdidaktik und literarisches Curriculum". *Handbuch Fremdsprachenunterricht.* Hrsg. von Karl-Richard Bausch, Herbert Christ, Werner Hüllen und Hans-Jürgen Krumm. Tübingen/Basel: 119–126.
Glaap, Albert-Reiner (1990). „Perspektiven der Neuorientierung und Kanonbildung für den Englischunterricht". *Anglistik heute. Perspektiven für die Lehrerfortbildung.* Hrsg. von Albert-Reiner Glaap. Frankfurt a. M.: 7–20.

Glasenapp, Gabriele von (2013). „Apocalypse now! Future – Fiction – Romane und Dystopien für junge LeserInnen". *Lesen für die Umwelt. Natur, Umwelt und Umweltschutz in der Kinder- und Jugendliteratur.* Hrsg. von Hans-Heino Ewers, Gabriele von Glasenapp und Claudia Maria Pecher. Baltmannsweiler: 67–86.

Glotfelty, Cheryll (1996). „Introduction. Literary studies in an age of environmental crisis". *The ecocriticism reader. Landmarks in literary ecology.* Hrsg. von Cheryll Glotfelty und Harold Fromm. Athen: 15–36.

Glotz, Peter und Wolfgang R. Langenbucher (Hrsg.) (1965). *Versäumte Lektionen. Entwurf eines Lesebuchs.* Gütersloh.

Glücklich, Hans-Joachim (1978). *Lateinunterricht, Didaktik und Methodik.* Göttingen.

Glücklich, Hans-Joachim et al. (1986). „Fachdidaktik Latein und Griechisch an der Universität". *Mitteilungsblatt des Deutschen Altphilologenverbandes* 3 (1986): 61–72.

Glücklich, Hans-Joachim, Rainer Nickel und Peter Petersen (1980). *Interpretatio. Neue lateinische Textgrammatik.* Freiburg i. Br.

Gnutzmann, Claus (2000). „‚Mensch, be careful!' Ein Plädoyer zur Arbeit mit mehrsprachigen Texten im Sprach(en)unterricht". *Fremdsprache Deutsch* 23 (2000): 19–24.

Goebel, Eckart (2013). „Was ist ein Schüler? Hermann Hesse zwischen Inspiration und Institution". *Totale Erziehung in europäischer und amerikanischer Literatur.* Hrsg. von Richard Faber. Frankfurt a. M. u. a.: 137–150.

Goer, Charis (^{2}2016). „Geschichte des Deutschunterrichts". *Fachdidaktik Deutsch. Grundzüge der Sprach- und Literaturdidaktik.* Hrsg. von Charis Goer und Katharina Köller. Paderborn: 11–19.

Goethe, Johann Wolfgang von (1988). „Wilhelm Meisters Lehrjahre". Goethe, Johann Wolfgang von. *Berliner Ausgabe 10. Poetische Werke. Romane und Erzählungen II.* Berlin.

Goethe, Johann Wolfgang von (2006 [1896]). „Über Wahrheit und Wahrscheinlichkeit der Kunstwerke. Ein Gespräch (1896)". Goethe, Johann Wolfgang von. *Sämtliche Werke* 4.2. München: 89–95.

Gold, Andreas, Judith Mokhlesgerami, Katja Rühl, Stephanie Schreblowski und Elmar Sovignier (2004). *Wir werden Textdetektive.* Göttingen.

Goldscheider, Paul (1906). *Lesestücke und Schriftwerke im deutschen Unterricht.* München.

Goodbody, Axel (2007). *Nature, technology and cultural change in twentieth-century German literature. The challenge of ecocriticism.* New York.

Goodbody, Axel und Kate Rigby (2011). *Ecocritical theory. New European approaches.* London.

Göttsching, Verena und Stefano Marino (2017). *Interpretieren im Lateinunterricht. Ein Handbuch.* Göttingen.

Graf, Werner (2004). *Der Sinn des Lesens. Modi der literarischen Rezeptionskompetenz.* Münster.

Graff, Gerald (1992). *Beyond the culture wars. How teaching the conflicts can revitalize American education.* New York.

Grimm, Nancy (2009). *Beyond the ‚Imaginary Indian'. Zur Aushandlung von Stereotypen, kultureller Identität und Perspektiven in/mit indigener Gegenwartsliteratur.* Heidelberg.

Grimm, Sieglinde und Berbeli Wanning (Hrsg.) (2016a). *Kulturökologie und Literaturdidaktik.* Göttingen.

Grimm, Sieglinde und Berbeli Wanning (2016b). „Cultural ecology and the teaching of literature". *Handbook of ecocriticism and cultural ecology.* Hrsg. von Hubert Zapf. Berlin/Boston: 513–533.

Gröblacher, Anneliese (2016). „Schule in Literatur und Film. Eine Auswahlbibliographie". *Schule in Literatur und Film.* Hrsg. von Matthias Pauldrach. Innsbruck: 105–116.

Groeben, Norbert (1982). *Leserpsychologie. Textverständnis – Textverständlichkeit*. Münster.
Groeben, Norbert (2002a). „Dimensionen der Medienkompetenz. Deskriptive und normative Aspekte". *Medienkompetenz. Voraussetzungen, Dimensionen, Funktionen*. Hrsg. von Norbert Groeben und Bettina Hurrelmann. Weinheim/München: 160–197.
Groeben, Norbert (2002b). „Zur konzeptuellen Struktur des Konstrukts ‚Lesekompetenz'". *Lesekompetenz. Bedingungen, Dimensionen, Funktionen*. Hrsg. von Norbert Groeben und Bettina Hurrelmann. Weinheim/München: 11–21.
Groeben, Norbert und Bettina Hurrelmann (2002). *Lesekompetenz. Bedingungen, Dimensionen, Funktionen*. Weinheim/München.
Groeben, Norbert und Bettina Hurrelmann (2004). „Fazit. Lesen als Schlüsselqualifikation?" *Lesesozialisation in der Mediengesellschaft. Ein Forschungsüberblick*. Hrsg. von Norbert Groeben und Bettina Hurrelmann. Weinheim: 440–465.
Groeben, Norbert und Sascha Schroeder (2004). „Versuch einer Synopse. Sozialisationsinstanzen – Ko-Konstruktion". *Lesesozialisation in der Mediengesellschaft. Ein Forschungsüberblick*. Hrsg. von Norbert Groeben und Bettina Hurrelmann. Weinheim: 306–348.
Gruber, Christian (2005). *Literatur, Kultur, Quanten. Der Kampf um die Deutungshoheit und das naturwissenschaftliche Modell*. Würzburg.
Grünefeld, Hans-Dieter (1985). „Literatur und Arbeitsmigration. Probleme literaturwissenschaftlicher Gegenstands- und Begriffsbestimmung". *Evangelische Akademie Iserlohn. Tagungsprotokoll* 26 (1985): 4–33.
Gucanin, Melanie (2013). „Über die Herkunft des Konstruierens. Eine Betrachtung aus fachdidaktischer Perspektive". *Pegasus Onlinezeitschrift* 1/2 (2013): 16–32.
Gumbrecht, Hans Ulrich (2001). *1926. Ein Jahr am Rand der Zeit*. Frankfurt a. M.
Gumbrecht, Hans Ulrich und Ulrike Müller-Charles (1989). „Umwelten/Grenzen. Eine Aporie-Spiel-Retrospektive". *Ökologie im Endspiel*. Hrsg. von Joschka Fischer. München: 69–75.
Günther, Hans Friedrich Karl (1929). *Rassengeschichte des hellenischen und römischen Volkes*. München.
Günther, Herbert (2012). „Historische und aktuelle Aspekte zum Spracherwerb und der sprachlichen Bildung". *Deutsche Sprache in Kindergarten und Vorschule*. Hrsg. von Herbert Günther und Walter Rolf Bindel. Baltmannsweiler: 3–14.
Haack, Adrian (2017). *Dramapädagogik, Selbstkompetenz und Professionalisierung. Performative Identitätsarbeit im Lehramtsstudium Englisch*. Stuttgart.
Haas, Gerhard (1988). „Das Elend der didaktisch ausgebeuteten Kinder- und Jugendliteratur". *Praxis Deutsch* 15.89 (1988): 3–5.
Haas, Gerhard (2004). *Handlungs- und produktionsorientierter Literaturunterricht. Theorie und Praxis eines ‚anderen' Literaturunterrichts für die Primar- und Sekundarstufe*. Seelze-Velber.
Haas, Gerhard, Wolfgang Menzel und Kaspar H. Spinner (1994a). „Handlungs- und produktionsorientierter Literaturunterricht". *Der Altsprachliche Unterricht* 37.3/4 (1994): 37–52.
Haas, Gerhard, Wolfgang Menzel und Kaspar H. Spinner (1994b). „Handlungs- und produktionsorientierter Literaturunterricht" *Praxis Deutsch* 21.123 (1994): 17–25.
Haas, Hans (1937). „Die altsprachliche Lektüre auf dem Gymnasium". *Gymnasium* 48 (1937): 198–210.
Haas, Renate (2001). „We hold these truths to be self-evident. That all men and women are created equal. Geschlechterforschung und Englischdidaktik". *Geschlechterperspektiven in der Fachdidaktik*. Hrsg. von Heidrun Hoppe, Marita Kampshoff und Elke Nyssen. Weinheim/Basel: 101–121.

Haas, Renate (2016). "Language teaching – a ‚woman's job', a semi-profession or a profession?" *Gender and language learning. Research and practice*. Hrsg. von Daniela Elsner und Vivianne Lohe. Tübingen: 39–53.

Haftner, Magdalena und Alexander Riedmüller (2017). "The intercultural surprise. Teaching improvisational theatre in different cultural contexts". *Going performative in intercultural education. International contexts, theoretical perspectives and models of practice*. Hrsg. von John Crutchfield und Manfred Schewe. Bristol/Blue Ridge Summit: 3–20.

Hall, Geoff (2005). *Literature in language education*. Palgrave.

Hall, Geoff (2015). "Recent developments in uses of literature in language teaching". *Literature and language learning in the EFL classroom*. Hrsg. von Masayuki Teranishi, Yoshifumi Saito und Katie Wales. Basingstoke: 13–25.

Hallet, Wolfgang (2002). *Fremdsprachenunterricht als Spiel der Texte und Kulturen. Intertextualität als Paradigma einer kulturwissenschaftlichen Didaktik*. Trier.

Hallet, Wolfgang (2006). "Shakespeare im Deutschunterricht". *Shakespeare didaktisch I. Neue Perspektiven für den Unterricht*. Hrsg. von Roland Petersohn und Laurenz Volkmann. Tübingen: 207–224.

Hallet, Wolfgang (2007). "Literatur und Kultur im Unterricht. Ein kulturwissenschaftlicher didaktischer Ansatz". *Neue Ansätze und Konzepte der Literatur- und Kulturdidaktik*. Hrsg. von Wolfgang Hallet und Ansgar Nünning. Trier: 31–47.

Hallet, Wolfgang (2009a): "‚Literature and Literacies'. Literarische Bildung als Paradigma für Standardisierung, Differenz und Heterogenität". *Bildung zwischen Standardisierung und Heterogenität. Ein interdisziplinärer Diskurs*. Hrsg. von Carl-Peter Buschkühle, Ludwig Dunker und Vadim Oswalt. Wiesbaden: 53–80.

Hallet, Wolfgang (2009b). "Ansätze und Perspektiven einer neuen Romandidaktik". *Romandidaktik. Theoretische Grundlagen, Methoden, Lektüreanregungen*. Hrsg. von Wolfgang Hallet und Ansgar Nünning. Trier: 29–52.

Hallet, Wolfgang (2009c). "Romanlektüre und Kompetenzentwicklung. Vom narrativen Diskurs zur Diskursfähigkeit". *Handbuch Romandidaktik. Theoretische Grundlagen, Methoden, Lektüreanregungen*. Hrsg. von Wolfgang Hallet und Ansgar Nünning. Trier: 73–88.

Hallet, Wolfgang (2010). "Literaturdidaktik". *Metzler Lexikon Fremdsprachendidaktik*. Hrsg. von Carola Surkamp. Stuttgart/Weimar: 201–205.

Hallet, Wolfgang (2013a). "Ansätze, Konzepte und Aufgaben einer literatur- und kulturwissenschaftlichen Hochschuldidaktik. Eine Einführung". *Literatur- und kulturwissenschaftliche Hochschuldidaktik. Konzepte, Methoden, Lehrbeispiele*. Hrsg. von Wolfgang Hallet. Trier: 3–24.

Hallet, Wolfgang (Hrsg.) (2013b). *Literatur- und kulturwissenschaftliche Hochschuldidaktik. Konzepte, Methoden, Lehrbeispiele*. Trier.

Hallet, Wolfgang (2015a). "Literatur, Bildung und Kompetenzen. Eine bildungstheoretische Begründung für ein literaturbezogenes Kompetenzcurriculum". *Literaturkompetenzen Englisch. Modellierung – Curriculum – Unterrichtsbeispiele*. Hrsg. von Wolfgang Hallet et al. Seelze-Velber: 9–20.

Hallet, Wolfgang (2015b). "Literarisches und multiliterales Lernen mit *graphic novels* im Fremdsprachenunterricht". *Literarisch-ästhetisches Lernen im Fremdsprachenunterricht. Theorie – Empirie – Unterrichtsperspektiven*. Hrsg. von Lutz Küster, Christiane Lütge und Katharina Wieland. Frankfurt a. M.: 193–207.

Hallet, Wolfgang (2015c). "Die Performativität und Theatralität des Alltagshandelns. Performative Kompetenz und kulturelles Lernen". *Handbuch Dramendidaktik und Dramapädagogik*. Hrsg. von Wolfgang Hallet und Carola Surkamp. Trier: 53–70.

Hallet, Wolfgang (2016). *Genres im fremdsprachlichen und bilingualen Unterricht. Formen und Muster der sprachlichen Interaktion.* Seelze-Velber.
Hallet, Wolfgang (2017). „Literaturdidaktik". *Metzler Lexikon Fremdsprachendidaktik. Ansätze – Methoden – Grundbegriffe.* Hrsg. von Carola Surkamp. Stuttgart: 233–237.
Hallet, Wolfgang und Ansgar Nünning (Hrsg.) (2007). *Neue Ansätze und Konzepte der Literatur- und Kulturdidaktik.* Trier.
Hallet, Wolfgang und Ansgar Nünning (2009a). „Grundlagen und Methoden der Romandidaktik. Kontext, Konzeption und Ziele des Bandes". *Romandidaktik. Theoretische Grundlagen, Methoden, Lektüreanregungen.* Hrsg. von Wolfgang Hallet und Ansgar Nünning. Trier: 1–10.
Hallet, Wolfgang und Ansgar Nünning (2009b). *Romandidaktik. Theoretische Grundlagen, Methoden, Lektüreanregungen.* Trier.
Hallet, Wolfgang und Carola Surkamp (Hrsg.) (2015). *Handbuch Dramendidaktik und Dramapädagogik im Fremdsprachenunterricht.* Trier.
Hallet, Wolfgang und Dorothea Nöth (2015). „Die Entwicklung eines Literaturcurriculums für den Englischunterricht in der Sekundarstufe I". *Literaturkompetenzen Englisch. Modellierung – Curriculum – Unterrichtsbeispiele.* Hrsg. von Wolfgang Hallet et al. Seelze-Velber: 41–55.
Hallet, Wolfgang und Frank G. Königs (Hrsg.) (2010). *Handbuch Fremdsprachendidaktik.* Seelze-Velber.
Hallet, Wolfgang, Carola Surkamp und Ulrich Krämer (Hrsg.) (2015). *Literaturkompetenzen Englisch. Modellierung – Curriculum – Unterrichtsbeispiele.* Seelze-Velber.
Hammer, Julia, Maria Eisenmann und Rüdiger Ahrens (Hrsg.) (2012). *Anglophone Literaturdidaktik. Zukunftsperspektiven für den Englischunterricht.* Heidelberg.
Härle, Gerhard und Marcus Steinbrenner (Hrsg.) (2004). *Kein endgültiges Wort. Die Wiederentdeckung des Gesprächs im Literaturunterricht.* Baltmannsweiler.
Hartfelder, Karl (1889). *Erziehung und Unterricht im Zeitalter des Humanismus.* Stuttgart.
Hartmann, Nicolai (⁴1962 [1926]). *Ethik.* Berlin.
Hasubek, Peter (1972). *Das Deutsche Lesebuch in der Zeit des Nationalsozialismus. Ein Beitrag zur Literaturpädagogik zwischen 1933 und 1945.* Hannover u. a.
Hattie, John (2013). *Lernen sichtbar machen,* deutschsprachige Ausgabe besorgt von Wolfgang Beiywl und Klaus Zierer. Baltmannsweiler.
Hegel, Georg Wilhelm Friedrich (1970 [1817–1829]). „Vorlesungen über die Ästhetik I". Hegel, Georg Wilhelm Friedrich. *Werke* 13. Frankfurt a. M.
Hegele, Wolfgang (1996). *Literaturunterricht und literarisches Leben in Deutschland (1850–1990). Historische Darstellung – Systematische Erklärung.* Würzburg.
Heinze, Carsten (2011). *Das Schulbuch im Innovationsprozess. Bildungspolitische Steuerung – Pädagogischer Anspruch – Unterrichtspraktische Wirkungserwartungen.* Bad Heilbrunn.
Heinze, Hartmut (1986). *Migrantenliteratur in der Bundesrepublik. Bestandsaufnahme und Entwicklungstendenzen zu einer multikulturellen Literatursynthese.* Berlin.
Heise, Ursula (2001). „Ecocriticism/Ökokritik". *Metzler Lexikon Literatur- und Kulturtheorie.* Hrsg. von Ansgar Nünning. Stuttgart: 106–107.
Heise, Ursula K. (2006). „The hitchhikers guide to ecocriticism". *Publications of the modern language association of America* 121.2 (2006): 502–513.
Helbig, Jörg (Hrsg.) (1998). *Intermedialität. Theorie und Praxis eines interdisziplinären Forschungsgebiets.* http://www.uni-koeln.de/phil-fak/englisch/helbig/inhalt.htm. Berlin (11. Dezember 2018).

Hellwig, Karlheinz (1988). "Herkunft und Zukunft der Englisch-Didaktik. Entwicklungen und Positionen". *Englisch-Didaktik zwischen Fachwissenschaft und Allgemeiner Didaktik*. Hrsg. von Karlheinz Hellwig und Rudolf W. Keck. Hannover: 1–60.

Hellwig, Karlheinz (2000). *Anfänge englischen Literaturunterrichts. Entwicklung, Grundlagen, Praxis. Primarstufe – Jahrgangsstufe 11*. Frankfurt a. M.

Hellwig, Karlheinz (2005). *Bildung durch Literatur. Individuelles Sinnverstehen fremdsprachiger Texte. Eine literaturdidaktische Tour d'Horizon*. Frankfurt a. M.

Hellwig, Karlheinz (2007). "Prozessorientierte Literatur- und Kulturdidaktik. Genese und Kontur eines Konzepts". *Neue Ansätze und Konzepte der Literatur- und Kulturdidaktik*. Hrsg. von Wolfgang Hallet und Ansgar Nünning. Trier: 295–309.

Helmers, Hermann (1970). *Geschichte des deutschen Lesebuchs in Grundzügen*. Stuttgart.

Helmers, Hermann (Hrsg.) (1969). *Die Diskussion um das deutsche Lesebuch*. Darmstadt.

Henk, Dieter (1980). "Pädagogische und didaktische Konzeptionen der Schulpädagogen in der zweiten Hälfte des 19. Jahrhunderts". *Paedagogica Historica* 20.1 (1980): 46–79.

Hensel, Rolf (2012). *Stufen zum Schafott. Der Berliner Schulrat und Oberbürgermeister von Görlitz: Hans Meinshausen*. Berlin.

Henseler, Roswitha und Carola Surkamp (Hrsg.) (2007). "Themenheft ‚Lesemotivation – Jugendliteratur'". *Der Fremdsprachliche Unterricht Englisch* 41.89.

Henseler, Roswitha, Stefan Möller und Carola Surkamp (2011). *Filme im Englischunterricht. Grundlagen, Methoden, Genres*. Seelze-Velber.

Hentschel, Ulrike (2010). *Theaterspielen als ästhetische Bildung. Über einen Beitrag produktiven künstlerischen Gestaltens zur Selbstbildung*. Berlin.

Hermes, Liesel (1993a). "Writing women – women writers. Schreib-‚Räume' für Frauen in England (I)". *Fremdsprachenunterricht* 37.3 (1993): 156–159.

Hermes, Liesel (1993b). "Writing women – women writers. Schreib-‚Räume' für Frauen in England (II)". *Fremdsprachenunterricht* 37.4 (1993): 227–229.

Hermes, Liesel (1993c). "Modern women writers". *Neusprachliche Mitteilungen* 46.4 (1993): 217–227.

Hermes, Liesel (1994a). "Romanerarbeitung im fremdsprachlichen Unterricht". *Fremdsprachenunterricht* 38.4 (1994): 249–254.

Hermes, Liesel (1994b). "Margaret Drabble". *Fremdsprachenunterricht* 38.1 (1994): 36–38.

Hermes, Liesel (1994c). "Penelope Fitzgerald. Eine Einführung in ihr Werk". *Fremdsprachenunterricht* 38.6 (1994): 446–452.

Hermes, Liesel (1995). "Interview with Penelope Fitzgerald". *Fremdsprachenunterricht* 39.3 (1995): 198–202.

Hermes, Liesel (1998). "Frauenbilder in der amerikanischen Literatur. Kate Chopin, Edith Wharton, Carson McCullers". *Perspektiven der Frauenforschung. Ausgewählte Beiträge der 1. Fachtagung Frauen-/Gender-Forschung in Rheinland-Pfalz*. Hrsg. von Renate von Bardeleben und Patricia Plummer. Tübingen: 145–158.

Hermes, Liesel (2000). "Kulturelle Distanz – emotionale Distanz. Überlegungen zum Mutter-Tochter-Motiv in Short Stories (literaturdidaktisch betrachtet)". *Frauen in Kultur und Gesellschaft. Ausgewählte Beiträge der 2. Fachtagung Frauen-/Gender-Forschung in Rheinland-Pfalz*. Hrsg. von Renate von Bardeleben und Patricia Plummer. Tübingen: 253–266.

Hermes, Liesel (2006a). "Lektüren/Simplified Readers". *Praktische Handreichung für Fremdsprachenlehrer*. Hrsg. von Udo O. H. Jung. Frankfurt a. M.: 6–22.

Hermes, Liesel (2006b). "Jigsaw-reading. Romanlektüre als Weg zur Lernerautonomie". *Fremdsprachen praktisch* 19 (2006): 66–82.

Hermes, Liesel (2007). „Henry Lawsons ‚The drover's wife' and the Australian short story". *Global Fragments. (Dis)Orientation in the new world order.* Hrsg. von Anke Bartels und Dirk Wiemann. Amsterdam/New York.: 301–312.

Hermes, Liesel (2011). „Reading Qaisra Shahraz's ‚A pair of jeans' with German students". *The holy and the unholy. Critical essays on Qaisra Shahraz's fiction.* Hrsg. von Abdur Raheem Kidwai und Mohammed Asim Siddiqui. New Delhi: 121–145.

Hermes, Liesel (2016). *Sarah Crossan. The weight of water. Teacher's guide.* Stuttgart.

Hermes, Liesel (2017). „Sarah Crossan's verse novel ‚The weight of water'. Learning, language, empathy, and intercultural understanding". *E&M Englisch und Mehrsprachigkeit. Mitteilungsblatt der Landessektion Nordrhein-Westfalen.* Westfalen-Lippe: 30–40.

Herrmann, Leonhard und Silke Horstkotte (2016). *Gegenwartsliteratur. Eine Einführung.* Stuttgart.

Herzog, Silvio (2011). „Über den Berufseinstieg hinaus. Berufsbiographien von Lehrerinnen und Lehrern im Spiegel der Forschung". *Handbuch der Forschung zum Lehrerberuf.* Hrsg. von Ewald Terhart, Hedda Bennewit und Martin Rothland. Münster: 314–338.

Hesse, Hermann (1985 [1906]). *Unterm Rad.* Hesse, Hermann. Die Romane und die großen Erzählungen. Band 1. Frankfurt a. M.

Hesse, Mechthild (2009). *Teenage fiction in the active English classroom.* Stuttgart.

Hethey, Meike (2015). „‚Je sais ce que moi-même je dois à la littérature '. Anbahnung von literarisch-ästhetischem Lesen mit dem Einsatz frankophoner Jugendliteratur". *Literarisch-ästhetisches Lernen im Fremdsprachenunterricht. Theorie – Empirie – Unterrichtsperspektiven.* Hrsg. von Lutz Küster, Christiane Lütge und Katharina Wieland. Frankfurt a. M.: 163–178.

Heuer, Julia (2015). *Gegenwartsprosa im Literaturunterricht.* Frankfurt a. M.

Heuermann, Hartmut, Peter Hühn und Brigitte Röttger (1975). „Modell einer rezeptionsanalytischen Literaturdidaktik". *Literarische Rezeption. Beiträge zur Theorie des Text-Leser-Verhältnisses und seiner empirischen Erforschung.* Hrsg. von Hartmut Heuermann, Peter Hühn und Brigitte Röttger. Paderborn: 89–112.

Heuser, Magdalene (1982). „Mädchen – Junge. Nachdenken über sich, auch im Deutschunterricht". *Frauen – Sprache – Literatur. Fachwissenschaftliche Forschungsansätze und didaktische Modelle und Erfahrungsberichte für den Deutschunterricht.* Hrsg. von Magdalene Heuser. Paderborn: 131–158.

Heusinger, Hans (1967). *Altsprachlicher Unterricht.* Weinheim.

Heydebrand, Renate von (1993). „Probleme des ‚Kanons'. Probleme der Kultur- und Bildungspolitik". *Methodenkonkurrenz in der germanistischen Praxis. Vorträge des Augsburger Germanistentages 1991.* Hrsg. von Johannes Janota. Tübingen: 3–22.

Heydebrand, Renate von und Simone Winko (1996). *Einführung in die Wertung von Literatur. Systematik, Geschichte, Legitimation.* Paderborn.

Hiebel, Hans H. (Hrsg.) (1997). *Kleine Medienchronik. Von den ersten Schriftzeichen zum Mikrochip.* München.

Hiecke, Robert Heinrich (1842). *Der deutsche Unterricht auf deutschen Gymnasien. Ein pädagogischer Versuch.* Leipzig.

Hiecke, Robert Heinrich (1889). *Der deutsche Unterricht auf deutschen Gymnasien. Ein pädagogischer Versuch.* Leipzig.

Hochreiter, Susanne, Ursula Klingenböck, Elisabeth Stuck, Sigrid Thielking und Werner Wintersteiner (Hrsg.) (2009). *Schnittstellen. Aspekte der Literaturlehr- und -lernforschung.* Innsbruck.

Hochstadt, Christiane, Andreas Krafft und Ralph Olsen (^{2}2015). *Deutschdidaktik. Konzeptionen für die Praxis.* Tübingen.

Hof, Renate (1997). „Von *Women's Studies* zu *Gender Studies*. Feministische Literatur- und Kulturkritik". *Amerikanische Literaturgeschichte*. Hrsg. von Hubert Zapf. Stuttgart/Weimar: 496–519.

Hoffmann, Friedrich (1966 [1914]). *Der lateinische Unterricht auf sprachwissenschaftlicher Grundlage*. Leipzig/Berlin.

Hofmann, Michael (2006). *Interkulturelle Literaturwissenschaft*. München.

Holl, Edda (2011). „SPRACH-FLUSS. Theaterworkshops mit Jugendlichen aus 16 afrikanischen Ländern. Theaterpädagogik zwischen kultureller Bildung und Fremdsprachendidaktik". *Scenario* V.2 (2011). http://publish.ucc.ie/scenario/2011/02/Holl/02/de (11. Dezember 2018), 13–31.

Hollm, Jan und Anke Uebel (2006). „Utopias for our time. Teaching ecotopian and ecodystopian writing". *Ecodidactic perspectives on English language, literatures and cultures*. Hrsg. von Sylvia Mayer und Graham Wilson. Trier: 179–192.

Hölscher, Uvo (1965). *Die Chance des Unbehagens*. Göttingen.

Homann, Renate (1999). *Theorie der Lyrik. Heautonome Autopoiesis als Paradigma der Moderne*. Frankfurt a. M.

Hoppe, Almut (1996). „Die Vergangenheit des literarischen Kanons und die Zukunft multifaktorieller Lektüreauswahlverfahren". *Mitteilungen des Deutschen Germanistenverbandes* 43.3 (1996): 62–71.

Horaz (1980). *Ars Poetica. Lateinisch und deutsch*. Stuttgart.

Hörisch, Jochen (2004). *Eine Geschichte der Medien. Von der Oblate zum Internet*. Frankfurt a. M.

Horlacher, Rebekka (2011). *Bildung*. Bern.

Horn, Dieter (1987). „Interkulturelles Lernen im Literaturunterricht. Ein Beispiel aus der türkischen Literatur". *Lernen in Deutschland* 3 (1987): 93–98.

Horn, Eva (2014). *Zukunft als Katastrophe*. Frankfurt a. M.

Horst, Claire (2007). *Der weibliche Raum in der Migrationsliteratur. Irena Brežna – Emine Sevgi Özdamar – Libuše Moníková*. Birkach.

Hu, Adelheid und Michael Byram (Hrsg.) (2009). *Interkulturelle Kompetenz und fremdsprachliches Lernen. Modelle, Empirie, Evaluation*. Tübingen.

Huber, Ludwig (1983). „Hochschuldidaktik als Theorie der Bildung und Ausbildung". *Enzyklopädie Erziehungswissenschaft*. Band 10: *Ausbildung und Sozialisation in der Hochschule*. Hrsg. von Ludwig Huber. Stuttgart: 114–138.

Huber, Ludwig, Arne Pilniok, Rolf Sethe, Birgit Szczyrba und Michael Vogel (Hrsg.) (2014). *Forschendes Lernen im eigenen Fach. Scholarship of Teaching and Learning in Beispielen*. Bielefeld.

Huber, Ruth (2003). *Im Haus der Sprache wohnen. Wahrnehmung und Theater im Fremdsprachenunterricht*. Tübingen.

Huggan, Graham (2006). „Derailing the ‚trans'? Postcolonial studies and the negative effects of speed". *Inter- und transkulturelle Studien. Theoretische Grundlagen und interdisziplinäre Praxis*. Hrsg. von Heinz Antor. Heidelberg: 55–61.

Hühn, Peter und Wulf Künne (Hrsg.) (1978). *Englische triviale Frauenliteratur. Fallstudien zu ihrer Rezeption bei Schülern und Studenten*. Königstein.

Humboldt, Wilhelm von (1851). *Ideen zu einem Versuch, die Gränzen der Wirksamkeit des Staates zu bestimmen*. Breslau.

Hunfeld, Hans (1977a). „Vorüberlegungen zu einer fremdsprachenspezifischen Literaturdidaktik". *Neue Perspektiven der Fremdsprachendidaktik. Eichstätter Kolloquium zum Fremdsprachenunterricht*. Hrsg. von Hans Hunfeld. Kronberg: 131–145.

Hunfeld, Hans (1977b). „Wozu Lyrik im Fremdsprachenunterricht?" *Der Fremdsprachliche Unterricht* 11 (1977): 3–15.
Hürlimann, Thomas (2007). *Das Einsiedler Welttheater*. Zürich.
Hurrelmann, Bettina (1988). „Wider die neue Eindimensionalität". *Praxis Deutsch* 15.90 (1988): 2–3.
Hurrelmann, Bettina (1998). „Kinderliteratur – Sozialisationsliteratur". *Kinderliteratur im Unterricht. Theorien und Modelle zur Kinder- und Jugendliteratur im pädagogisch-didaktischen Kontext*. Hrsg. von Karin Richter und Bettina Hurrelmann. Weinheim: 45–60.
Hurrelmann, Bettina (1999). „Sozialisation". *Lesesozialisation in der Mediengesellschaft. Zentrale Begriffsexplikationen*. Hrsg. von Norbert Groeben. Köln: 105–115.
Hurrelmann, Bettina (2004). „Sozialisation der Lesekompetenz". *Struktur, Entwicklung und Förderung von Lesekompetenz. Vertiefende Analysen im Rahmen von PISA 2000*. Hrsg. von Ulrich Schiefele, Cordula Artelt, Wolfgang Schneider und Petra Stanat. Wiesbaden: 37–60.
Hurrelmann, Bettina (2006). „Ko-Konstruktion als Theorierahmen historischer Lesesozialisationsforschung: sozialisationstheoretische Prämissen". *Lesekindheiten. Familie und Lesesozialisation im historischen Wandel*. Hrsg. von Bettina Hurrelmann, Susanne Becker und Irmgard Nickel-Bacon. Weinheim: 15–30.
Hurrelmann, Bettina und Sabine Elias (1998). „Leseförderung in einer Medienkultur". *Leseförderung in einer Medienkultur*. Hrsg. von Bettina Hurrelmann und Sabine Elias. Sonderheft Praxis Deutsch. Seelze-Velber: 3–7.
Hurrelmann, Bettina, Michael Hammer und Ferdinand Nieß (1993). *Lesesozialisation*. Band 1: *Leseklima in der Familie*. Gütersloh.
Hurrelmann, Bettina, Susanne Becker und Irmgard Nickel-Bacon (Hrsg.) (2006). *Lesekindheiten. Familie und Lesesozialisation im historischen Wandel*. Weinheim.
Hurrelmann, Klaus und Dieter Ulich (⁶2002). *Handbuch der Sozialisationsforschung*. Weinheim/Basel.
Hurrelmann, Klaus und Ullrich Bauer (¹¹2015). *Einführung in die Sozialisationstheorie*. Weinheim/Basel.
Ilg, Angelika, Sabine Kutzelmann, Ute Massler, Klaus Peter und Kerstin Theinert (2015). „Dramapädagogische Elemente im Leseförderprojekt ‚Mehrsprachiges Lesetheater' (MELT)". *Scenario* IX.2 (2015). http://publish.ucc.ie/journals/scenario/2015/02/Theinert/04/de (11. Dezember 2018), 48–68.
Innes, Lyn (2002). *A history of Black and Asian writing in Britain, 1700–2000*. Cambridge.
Iser, Wolfgang (1972). *Der implizite Leser. Kommunikationsformen des Romans von Bunyan bis Beckett*. München.
Iser, Wolfgang (1975). „Die Appellstruktur der Texte und der Lesevorgang. Unbestimmtheit als Wirkungsbedingung literarischer Prosa". *Rezeptionsästhetik. Theorie und Praxis*. Hrsg. von Rainer Warning. München: 228–252.
Iser, Wolfgang (1994). *Der Akt des Lesens. Theorie ästhetischer Wirkung*. München.
Issing, Ludwig J. und Paul Klimsa (Hrsg.) (1995). *Information und Lernen mit Multimedia*. Weinheim.
Ivanovic, Christine (2008). „Alte und neue Weltliteratur". *Psycholinguistik heute/Weltliteratur heute*. Hrsg. von Japanische Gesellschaft für Germanistik. München: 157–166.
Jaeger, Werner (1933). „Die Erziehung des politischen Menschen und die Antike". *Volk im Werden* 1 (1933): 43–49.
Jaeger, Werner (1937 [1914]). „Philologie und Historie". *Humanistische Reden und Vorträge*. Hrsg. von Werner Jaeger. Berlin: 1–17.

Jaeger, Werner (1937 [1921]). „Humanismus und Jugendbildung". *Humanistische Reden und Vorträge.* Hrsg. von Werner Jaeger. Berlin: 43–71.
Jaeger, Werner (1937 [1925]). „Antike und Humanismus". *Humanistische Reden und Vorträge.* Hrsg. von Werner Jaeger. Berlin: 110–124.
Jaeger, Werner (1937 [1927]). „Platos Stellung im Aufbau der griechischen Bildung". *Humanistische Reden und Vorträge.* Hrsg. von Werner Jaeger. Berlin: 125–168.
Jäger, Anja (2011). *Kultur szenisch erfahren. Interkulturelles Lernen mit Jugendliteratur und szenischen Aufgaben im Fremdsprachenunterricht.* Frankfurt a. M.
Jäger, Georg (1981). *Schule und literarische Kultur.* Band 1: *Sozialgeschichte des deutschen Unterrichts an höheren Schulen von der Spätaufklärung bis zum Vormärz.* Stuttgart.
Jäger, Georg (1988). „Der Kampf gegen Schmutz und Schund. Die Reaktionen der Gebildeten auf die Unterhaltungsindustrie". *Archiv für Geschichte des Buchwesens* (1988): 163–191.
Jäkel, Werner (^{2}1966). *Methodik des altsprachlichen Unterrichts.* Heidelberg.
Jakubanis, Matthias (2015). *Literarische Bildung und Migration. Eine empirische Studie zu Lesesozialisationsprozessen bei Jugendlichen mit türkischem Migrationshintergrund.* Frankfurt a. M.
Jank, Werner und Hilbert Meyer (1991). „Handlungsorientierter Unterricht". *Didaktische Modelle.* Hrsg. von Werner Jank und Hilbert Meyer. Frankfurt a. M.: 337–384.
Janle, Frank (2015). *Prototypikalität als Weg in die Literaturgeschichte. Entwurf einer didaktischen Phänomenologie.* Berlin.
Jarfe, Günther (2005). „Die Sonette". *Shakespeare didaktisch II.* Hrsg. von Roland Petersohn und Laurenz Volkmann. Tübingen: 269–284.
Jauß, Hans Robert (1967). *Literaturgeschichte als Provokation der Literaturwissenschaft.* Konstanz.
Jauß, Hans Robert (1970). *Literaturgeschichte als Provokation.* Frankfurt a. M.
Jauß, Hans Robert (1994). *Wege des Verstehens.* München.
Jenkins, Henry (2006). *Convergence culture. Where old and new media collide.* New York.
Jespersen, Otto (1912). *How to teach a foreign language.* London.
Jogschies, Bärbel und Doris Krohn (2009). „*Heaven*. Theaterpädagogisch vor- und nachbereitet". *Scenario* III.1 (2009). http://research.ucc.ie/scenario/2009/01/jogschieskrohn/02/de (11. Dezember 2018), 3–16.
Joisten, Karen (Hrsg.) (2007). *Narrative Ethik. Das Gute und das Böse erzählen.* Berlin.
Josting, Petra (2014). „Medienkonvergenz im aktuellen Handlungssystem der Kinder- und Jugendliteratur". *Kinder- und Jugendliteratur in Medienkontexten. Adaption – Hybridisierung – Intermedialität – Konvergenz.* Hrsg. von Gina Weinkauff, Ute Dettmar, Thomas Möbius und Ingrid Tomkowiak. Frankfurt a. M.: 233–252.
Josting, Petra et al. (Hrsg.) (2008). *Literatur zur Wende. Grundlagen und Unterrichtsmodelle für den Deutschunterricht der Sekundarstufen I und II.* Baltmannsweiler.
Josting, Petra und Klaus Maiwald (Hrsg.) (2007). *Kinder- und Jugendliteratur im Medienverbund. Grundlagen, Beispiele und Ansätze für den Deutschunterricht.* München.
Kalantzis, Mary und Bill Cope (2012). *Literacies.* Cambridge.
Kammerer, Ingo (2014). „‚Der Kommissär stutzte …'. Differenzerfahrungen im (kleinen) Medienverbund um ‚Das Versprechen'". *Taschenbuch des Deutschunterrichts.* Band 3: *Aktuelle Fragen der Deutschdidaktik.* Hrsg. von Volker Frederking und Axel Krommer. Baltmannsweiler: 247–266.
Kammler, Clemens (1995). „Was kommt nach Dürrenmatt und Frisch? Plädoyer für einen anderen Umgang mit Gegenwartsliteratur in der Schule". *Diskussion Deutsch* 26.142 (1995): 127–135.

Kammler, Clemens (1999). „Plädoyer für das Experiment. Deutschunterricht und Gegenwartsliteratur". *Der Deutschunterricht* 51.4 (1999): 3–8.
Kammler, Clemens (2000). *Neue Literaturtheorien und Unterrichtspraxis. Positionen und Modelle.* Baltmannsweiler.
Kammler, Clemens (2004). „Deutschsprachige Literatur seit 1989/90. Ein Rückblick". *Deutschsprachige Gegenwartsliteratur seit 1989. Zwischenbilanzen – Analysen – Vermittlungsperspektiven.* Hrsg. von Clemens Kammler und Torsten Pflugmacher. Heidelberg: 13–35.
Kammler, Clemens (2006a). „Gegenwartsliteratur im Unterricht". *Grundzüge der Literaturdidaktik.* Hrsg. von Klaus-Michael Bogdal und Hermann Korte. München: 166–176.
Kammler, Clemens (2006b). „Literarische Kompetenzen. Standards im Literaturunterricht. Anmerkungen zum Diskussionsstand". *Literarische Kompetenzen. Standards im Literaturunterricht. Modelle für die Primar- und Sekundarstufe.* Hrsg. von Clemens Kammler. Seelze-Velber: 7–22.
Kammler, Clemens (^{2}2013 [2010]). „Intertextueller Literaturunterricht". *Taschenbuch des Deutschunterrichts.* Band 2: *Literatur- und Mediendidaktik.* Hrsg. von Volker Frederking et al. Baltmannsweiler: 307–318.
Kammler, Clemens und Volker Surmann (2000). „Sind Deutschlehrer experimentierfreudig? Ergebnisse einer Befragung zur Lektüre von Ganzschriften der Gegenwartsliteratur in der Sekundarstufe II". *Der Deutschunterricht* 58.6 (2000): 92–96.
Kammler, Clemens und Werner Knapp (2002). „Empirische Unterrichtsforschung als Aufgabe der Deutschdidaktik". *Empirische Unterrichtsforschung und Deutschdidaktik.* Hrsg. von Clemens Kammler und Werner Knapp. Baltmannsweiler: 2–15.
Kämper-van den Boogaart, Michael (1997). *Schönes schweres Lesen. Legitimität literarischer Lektüre aus kultursoziologischer Sicht.* Wiesbaden.
Kämper-van den Boogaart, Michael (2004). „Gegenwartsliteratur und schulischer Lektürekanon. Aspekte einer ambivalenten Beziehung". *Deutschsprachige Literatur seit 1989. Zwischenbilanzen – Analysen – Vermittlungsperspektiven.* Hrsg. von Clemens Kammler und Torsten Pflugmacher. Heidelberg: 251–262.
Kämper-van den Boogaart, Michael (2010). „Geschichte des Lese- und Literaturunterrichts". *Lese- und Literaturunterricht.* Teil 1: *Geschichte und Entwicklung. Konzeptionelle und empirische Grundlagen.* Hrsg. von Michael Kämper-van den Boogaart und Kaspar Spinner. Baltmannsweiler: 3–83.
Kämper-van den Boogaart, Michael (2011). „Zur Fachlichkeit des Literaturunterrichts". *Didaktik Deutsch* 17.30 (2011): 22–39.
Kämper-van den Boogaart, Michael und Kaspar H. Spinner (Hrsg.) (2010). *Lese- und Literaturunterricht. 3 Teilbände. Deutschunterricht in Theorie und Praxis. Handbuch zur Didaktik der deutschen Sprache und Literatur in elf Bänden.* Hrsg. von Winfried Ulrich. Baltmannsweiler.
Kampmann, Elisabeth und Julia Knoch (2015). „,Wir spielen Wissenschaft'. Ein Planspiel für die Geisteswissenschaften als Beispiel kompetenzorientierter Hochschullehre". *Neues Handbuch Hochschullehre.* Hrsg. von Brigitte Behrendt, Andreas Fleischmann, Niclas Schaper, Birgit Szczyrba und Johannes Wildt. Stuttgart: 63–80.
Kampshoff, Marita und Claudia Wiepcke (Hrsg.) (2012). *Handbuch Geschlechterforschung und Fachdidaktik.* Wiesbaden.
Kant, Immanuel (2014 [1790]). *Kritik der Urteilskraft.* Frankfurt a. M.
Kant, Immanuel (^{2}1983a [1781]). „Kritik der reinen Vernunft". Kant, Immanuel. *Werke in 10 Bänden.* Band 3 u. 4. Hrsg. von Wilhelm Weischedel. Darmstadt.
Kant, Immanuel (^{2}1983b [1781]). „Kritik der Urteilskraft". Kant, Immanuel. *Werke in 10 Bänden.* Band 8. Hrsg. von Wilhelm Weischedel. Darmstadt.

Keip, Marina und Thomas Doepner (Hrsg.) (2010). *Interaktive Fachdidaktik Latein*. Göttingen.
Kelle, Udo und Christian Erzberger (2003). „Qualitative und quantitative Methoden. Kein Gegensatz". *Qualitative Forschung. Ein Handbuch*. Hrsg. von Uwe Flick et al. Reinbek b. Hamburg: 299–308.
Kelleter, Frank (2012). „Populäre Serialität. Eine Einführung". *Populäre Serialität. Narration – Evolution – Distinktion. Zum seriellen Erzählen seit dem 19. Jahrhundert*. Hrsg. von Frank Kelleter. Bielefeld: 11–46.
Kepser, Matthis (2013a). „Computer im Literaturunterricht". *Taschenbuch des Deutschunterrichts*. Band 2: *Literatur- und Mediendidaktik*. Hrsg. von Volker Frederking, Axel Krommer und Christel Meier. Baltmannsweiler: 586–592.
Kepser, Matthis (2013b). „Deutschdidaktik als eingreifende Kulturwissenschaft. Ein Positionierungsversuch im wissenschaftlichen Feld". *Didaktik Deutsch* 18.34 (2013): 52–68.
Kepser, Matthis (Hrsg.) (2010). *Fächer der schulischen Filmbildung*. München.
Kepser, Matthis und Ulf Abraham (⁴2016). *Literaturdidaktik Deutsch. Eine Einführung*. Berlin.
Kermode, Frank (1979). „Institutional control of interpretation". *Salmagundi* 43 (1979): 72–86.
Kessler, Benedikt (2008). *Interkulturelle Dramapädagogik. Dramatische Arbeit als Vehikel des interkulturellen Lernens im Fremdsprachenunterricht*. Frankfurt a. M.
Khadhraoui, Karim (2014). *Schreiben ohne festen Wohnsitz. Literaturwissenschaftliche und soziologische Untersuchungen zur ‚Migrationsliteratur'*. Berlin.
Kidd, David Comer und Emanuelle Castano (2013). „Reading literary fiction improves Theory of Mind". *Science* 342 (2013): 377–380.
Kiersch, Johannes, Erhard Dahl und Peter Lutzker (2016). *Fremdsprachen in der Waldorfschule. Rudolf Steiners Konzept eines ganzheitlichen Fremdsprachenunterrichts*. Stuttgart.
Kimes-Link, Ann (2013). *Aufgaben, Methoden und Verstehensprozesse im englischen Literaturunterricht der gymnasialen Oberstufe. Eine qualitativ-empirische Studie*. Tübingen.
Kipf, Stefan (1999). *Herodot als Schulautor. Ein Beitrag zur Geschichte des Griechischunterrichts in Deutschland vom 15. bis zum 20. Jahrhundert*. Köln/Weimar/Wien.
Kipf, Stefan (2001). „Brauchen wir einen Kanon? Überlegungen zu einem Kernproblem des altsprachlichen Unterrichts". *Alte Texte in neuem Rahmen. Innovative Konzepte zum lateinischen Lektüreunterricht*. Hrsg. von Stefan Kipf. Bamberg: 46–58.
Kipf, Stefan (2005). „Ad fontes? Überlegungen zur Begründung der Originallektüre". *Pegasus Onlinezeitschrift* 2+3, 58–71.
Kipf, Stefan (2006a). „Von Arrian bis Xenophon: Der griechische Lektüreplan der Berliner Gymnasien unter dem Einfluss des Neuhumanismus". *Altertumswissenschaften in Berlin um 1800 an Akademie, Schule und Universität*. Hrsg. v. Bernd Seidensticker und Felix Mundt. Hannover: 167–187.
Kipf, Stefan (2006b). *Altsprachlicher Unterricht in der Bundesrepublik Deutschland. Historische Entwicklung, didaktische Konzepte und methodische Grundfragen von der Nachkriegszeit bis zum Ende des 20. Jahrhunderts*. Bamberg.
Kipf, Stefan (2012). „Kompetenzen im Lateinunterricht?! Bestandsaufnahme und Perspektiven eines problematischen Verhältnisses". *Latein und Griechisch in Berlin und Brandenburg* 4 (2012): 63–77.
Kipf, Stefan (2013). „Der Schulmann als vir doctissimus. Preußische Schulprogramme im Spannungsfeld von Wissenschaft und Öffentlichkeit". *Zeitschrift für Germanistik*, Neue Folge XXIII.2 (2013): 259–275.
Kipf, Stefan (2015). „... und wo bleibt die Literatur? Gedanken zum Kompetenzerwerb im altsprachlichen Unterricht". *Forum Classicum* 2 (2015): 70–83.

Kipf, Stefan (2017). *„Paideia* und die Folgen. Die Bedeutung des Dritten Humanismus für den altsprachlichen Unterricht nach 1945". *Werner Jaeger. Wissenschaft, Bildung, Politik.* Hrsg. von Colin Guthrie King und Roberto Lo Presti. Berlin: 83–110.

Kipf, Stefan und Markus Schauer (2011). *Clavis Didactica Latina. Bibliographie zum Lateinunterricht 2*. Bamberg.

Kirchhoff, Petra (2009). „Extensives Lesen in der Unterstufe des Gymnasiums". *ForumSprache* 2 (2009): 105–120.

Kirchhoff, Petra (2016a). „Is there a hidden canon of English literature in German secondary schools?" *Teaching languages. Sprachen lehren.* Hrsg. von Friederike Klippel. Münster: 229–248.

Kirchhoff, Petra (2016b). „Short – shorter – #Twitterfiction". *Shorties. Flash fiction in English language teaching.* Hrsg. von Engelbert Thaler. Tübingen: 71–86.

Kirchhoff, Petra (2017). „FALKO-E. Fachspezifisches professionelles Wissen von Englischlehrkräften. Entwicklung und Validierung eines domänenspezifischen Testinstruments". *Fachspezifische Lehrerkompetenzen. Konzeption von Professionswissenstests in den Fächern Deutsch, Englisch, Latein, Physik, Musik, Evangelische Religion und Pädagogik.* Hrsg. von Stefan Krauss et al. Münster: 113–152.

Kirsch, Dieter (1978). *Literaturbarrieren bei jugendlichen Lesern. Eine empirische Untersuchung über den Dissens zwischen schulischer und außerschulischer Lektüre bei Schülern der Stadt Ludwigshafen.* Frankfurt a. M.

Kirsch, Irwin, John de Jong, Dominique Lafontaine, Joy McQueen, Juliette Mendelovits und Christian Monseur (2002). *Lesen kann die Welt verändern. Leistung und Engagement im Ländervergleich. Ergebnisse von PISA 2000.* Paris.

Klafki, Wolfgang (1994). *Neue Studien zur Bildungstheorie und Didaktik. Zeitgemäße Allgemeinbildung und kritisch-konstruktive Didaktik.* Weinheim.

Klieme, Eckhardt et al. (2003). *Zur Entwicklung nationaler Bildungsstandards. Eine Expertise.* Hrsg. vom Bundesministerium für Bildung und Forschung (BMBF). https://edudoc.ch/record/33468/files/develop_standards_nat_form_d.pdf (03. Januar 2019).

Klinz, Albert (1935). „Nationalsozialistisches Gedankengut im Lektüreplan des griechischen Unterrichts". *Die Höhere Schule* 2 (1935): 332–338.

Klippel, Friederike (1994). *Englischlernen im 18. und 19. Jahrhundert. Die Geschichte der Lehrbücher und Unterrichtsmethoden.* Münster.

Klotz, Volker ([14]1999). *Geschlossene und offene Form im Drama.* München.

Klowski, Joachim (1975). „Antike als Gegenmodell". *Anregung.* Beiheft (1975): 25–26.

Klowski, Joachim (1991). „Die Antike als Gegenbild für die Industriegesellschaft". *Anregung* 37 (1991): 75–81.

Klüger, Ruth (1996). *Frauen lesen anders. Essays.* München.

KMK (2003a). *Bildungsstandards im Fach Deutsch für den Mittleren Schulabschluss. Beschluss vom 4.12.2003.* https://www.kmk.org/fileadmin/Dateien/veroeffentlichungen_beschluesse/2003/2003_12_04-BS-Deutsch-MS.pdf (11. Dezember 2018).

KMK (2003b). *Bildungsstandards für die erste Fremdsprache (Englisch/Französisch) für den Mittleren Schulabschluss. Beschluss vom 4.12.2003.* http://www.kmk.org/fileadmin/Dateien/veroeffentlichungen_beschluesse/2003/2003_12_04-BS-erste-Fremdsprache.pdf (11. Dezember 2018).

KMK (2003c). *Bildungsstandards im Fach Deutsch für den Mittleren Schulabschluss. Beschluss vom 4.12.2003.* http://www.kmk.org/fileadmin/Dateien/veroeffentlichungen_beschluesse/2003/2003_12_04-BS-Deutsch-MS.pdf (11. Dezember 2018).

KMK (2004). *Bildungsstandards für die erste Fremdsprache (Englisch/Französisch) für den Mittleren Schulabschluss. Beschluss vom 4.12.2003*. München.

KMK (2005). *Bildungsstandards für die erste Fremdsprache (Englisch/Französisch) für den Hauptschulabschluss. Beschluss vom 15.10.2004*. München.

KMK (2008). *Ländergemeinsame inhaltliche Anforderungen für die Fachwissenschaften und Fachdidaktiken in der Lehrerbildung. Beschluss der Kultusministerkonferenz vom 16.10.2008*. https://www.schulministerium.nrw.de/docs/Recht/LAusbildung/KMK-Beschluesse/Fachprofile.pdf. Berlin und Bonn (11. Dezember 2018).

KMK (2012a). *Bildungsstandards für die fortgeführte Fremdsprache (Englisch/Französisch) für die Allgemeine Hochschulreife. Beschluss der Kultusministerkonferenz vom 18.10.2012*. https://www.kmk.org/fileadmin/Dateien/veroeffentlichungen_beschluesse/2012/2012_10_18-Bildungsstandards-Fortgef-FS-Abi.pdf (11. Dezember 2018).

KMK (2012b). *Bildungsstandards im Fach Deutsch für die Allgemeine Hochschulreife. Beschluss der Kultusministerkonferenz vom 18.10.2012*. https://www.kmk.org/fileadmin/Dateien/veroeffentlichungen_beschluesse/2012/2012_10_18-Bildungsstandards-Deutsch-Abi.pdf (11. Dezember 2018).

KMK (2013). *Interkulturelle Bildung und Erziehung in der Schule. Beschluss vom 5.12.2013*. https://www.kmk.org/fileadmin/Dateien/pdf/Themen/Kultur/1996_10_25-Interkulturelle-Bildung.pdf (11. Dezember 2018)

KMK (2018 [2008]). *Ländergemeinsame inhaltliche Anforderungen für die Fachwissenschaften und Fachdidaktiken in der Lehrerbildung*. https://www.kmk.org/fileadmin/veroeffentlichungen_beschluesse/2008/2008_10_16-Fachprofile-Lehrerbildung.pdf (11. Dezember 2018).

KMK und DUK (2007). *Empfehlung der Ständigen Konferenz der Kultusminister der Länder in der Bundesrepublik Deutschland (KMK) und der Deutschen UNESCO-Kommission (DUK) vom 15.6.2007 zur Bildung für nachhaltige Entwicklung in der Schule*. http://nachhaltigkeit.bildung-rp.de/fileadmin/user_upload/nachhaltigkeit.bildung-rp.de/Downloads/070615_KMK-DUK-Empfehlung_BNE.pdf (11. Dezember 2018).

Knopf, Julia (Hrsg.) (2015). *Medienvielfalt in der Deutschdidaktik. Erkenntnisse und Perspektiven für Theorie, Empirie und Praxis*. Baltmannsweiler.

Koberstein, August (³1837). *Grundriß der Geschichte der deutschen National-Litteratur. Zum Gebrauch auf Gymnasien entworfen*. Leipzig.

Koch, Gerd und Marianne Streisand (Hrsg.) (2003). *Wörterbuch der Theaterpädagogik*. Berlin.

Koch, Lutz (2008). „Ästhetische Bildung". *Handbuch der Erziehungswissenschaft. Band 1: Grundlagen Allgemeine Erziehungswissenschaft*. Hrsg. von Ursula Frost, Winfried Böhm, Lutz Koch, Volker Ladenthin und Gerhard Mertens. Paderborn u. a.: 691–718.

Koenen, Anne-Katrien, Filip Dochy und Inneke Berghmans (2015). „A phenomenographic analysis of the implementation of competence-based education in Higher Education". *Teaching and teacher education* 50 (2015): 1–12.

Kohl, O. (1897). „Griechischer Unterricht". *Enzyklopädisches Handbuch der Pädagogik*. Band 3. Hrsg. von Wilhelm Rein. Langensalza: 1–63.

Kohlberg, Lawrence (1996). *Die Psychologie der Moralentwicklung*. Frankfurt a. M.

Köhnen, Ralph (Hrsg.) (2011). *Einführung in die Deutschdidaktik*. Stuttgart.

Köhnen, Ralph (Hrsg.) (2014). *Beruf oder Berufung? DeutschlehrerInnen im Fokus*. Bochum/Freiburg.

Koiran, Linda (2010). *Schreiben in fremder Sprache. Yoko Tawada und Galsan Tschinag. Studien zu den deutschsprachigen Werken von Autoren asiatischer Herkunft*. München.

Kolb, Elisabeth (2013). *Kultur im Englischunterricht. Deutschland, Frankreich und Schweden im Vergleich (1975–2011)*. Heidelberg.
Kolbert, Elizabeth (2014). *Das sechste Sterben. Wie der Mensch Naturgeschichte schreibt.* Frankfurt a. M.
König, Lotta (2018). *Gender-Reflexion mit Literatur im Englischunterricht. Fremdsprachendidaktische Theorie und Unterrichtsbeispiele.* Stuttgart/Weimar.
König, Lotta, Carola Surkamp und Helene Decke-Cornill (2015). „Negotiating Gender. Aushandlungs- und Reflexionsprozesse über Geschlechtervorstellungen im Fremdsprachenunterricht anstoßen". *Der Fremdsprachliche Unterricht Englisch* 49.135 (2015): 2–8.
Koppensteiner, Jürgen (2001). *Literatur im DaF-Unterricht. Eine Einführung in produktiv-kreative Techniken.* Wien.
Korenjak, Martin und Schaffenrath, Florian (Hrsg.) (2010). *Der Altsprachliche Unterricht in der frühen Neuzeit.* Innsbruck.
Korte, Hermann (2002a). „Historische Kanonforschung und Verfahren der Textauswahl". *Grundzüge der Literaturdidaktik.* Hrsg. von Klaus-Michael Bogdal und Hermann Korte. München: 61–77.
Korte, Hermann (2002b). „Lyrik im Unterricht". *Grundzüge der Literaturdidaktik.* Hrsg. von Klaus-Michael Bogdal und Hermann Korte. München: 203–216.
Korte, Hermann (2003). „Ein schwieriges Geschäft. Zum Umgang mit Literaturgeschichte in der Schule". *Der Deutschunterricht* 55.6 (2003): 2–10.
Korte, Hermann (2005). „Innenansichten der Kanoninstanz Schule. Die Konstruktion des deutschen Lectürekanons in Programmschriften des 19. Jahrhunderts. Die Wahl der Schriftsteller ist richtig zu leiten". *Kanoninstanz Schule. Eine Quellenauswahl zum deutschen Lektürekanon in Schulprogrammen des 19. Jahrhunderts.* Hrsg. von Hermann Korte, Ilonka Zimmer und Hans-Joachim Jakob. Frankfurt a. M. u. a.: 17–111.
Korte, Hermann (2011a). „Gymnasiale Kanonarchitektur und literarische Kanonisierungspraxis 1871 bis 1918 am Beispiel Westfalens. Eine diskursanalytische Studie". *Der deutsche Lektürekanon an höheren Schulen Westfalens von 1871 bis 1918.* Hrsg. von Hermann Korte, Ilonka Zimmer und Hans Joachim Jakob. Frankfurt a. M.: 11–122.
Korte, Hermann (2011b). „Projektausblick. Thesen zum gymnasialen Lektürekanon in den 1920er und 1930er Jahren". *Der deutsche Lektürekanon an höheren Schulen Westfalens von 1871 bis 1918.* Hrsg. von Hermann Korte, Ilonka Zimmer und Hans Joachim Jakob. Frankfurt a. M. u. a.: 505–520.
Korte, Hermann (2012a). „Lyrik im Unterricht". *Grundzüge der Literaturdidaktik.* Hrsg. von Klaus-Michael Bogdal und Hermann Korte. München: 201–216.
Korte, Hermann (²2012b). „Historische Kanonforschung und Verfahren der Textauswahl". *Grundzüge der Literaturdidaktik.* Hrsg. von Klaus-Michael Bogdal und Hermann Korte. München: 61–77.
Korte, Hermann und Marja Rauch (2005). „Vorwort". *Literaturvermittlung im 19. und frühen 20. Jahrhundert. Vorträge des 1. Siegener Symposions zur literaturdidaktischen Forschung.* Hrsg. von Hermann Korte und Marja Rauch. Frankfurt a. M.: 7–10.
Korte, Hermann, Ilonka Zimmer und Hans-Joachim Jakob (2007). *Der deutsche Lektürekanon an höheren Schulen Westfalens von 1820 bis 1870.* Frankfurt a. M.
Korte, Hermann, Ilonka Zimmer und Hans-Joachim Jakob (2011). *Der deutsche Lektürekanon an höheren Schulen Westfalens von 1871 bis 1918.* Frankfurt a. M.
Krammer, Stefan (2017). „Wie sich der Deutschunterricht aufführen lässt. Perspektiven einer performativen Deutschdidaktik". *Ide – Informationen zur Deutschdidaktik* 3 (2017): 30–39.

Kramsch, Claire (1995). „Andere Worte – andere Werte. Zum Verhältnis von Sprache und Kultur". *Verstehen und Verständigung durch Sprachenlernen?* Hrsg. von Lothar Bredella. Bochum: 51–66.

Kramsch, Claire (2011). „Symbolische Kompetenz durch literarische Texte". *Fremdsprache Deutsch* 44 (2011): 35–40.

Kramsch, Claire und Olivier Kramsch (2000). „The avatars of literature in language study". *The modern language journal* 84.4 (2000): 554–573.

Kranz, Walter (1926). *Die Neuen Richtlinien für den lateinisch-griechischen Unterricht am Gymnasium*. Berlin.

Kranzdorf, Anna (2018). *Denkschule und Muttersprache des Abendlandes: Debatten um den Lateinunterricht in Deutschland 1920–1980*. Berlin.

Krappmann, Lothar (2002). „Sozialisation in der Gruppe der Gleichaltrigen". *Handbuch der Sozialisationsforschung*. Hrsg. von Klaus Hurrelmann und Dieter Ulich. Weinheim/Basel: 355–375.

Krefeld, Heinrich (Hrsg.) (^{2}1970). *Interpretationen lateinischer Schulautoren*. Frankfurt a. M.

Kreft, Jürgen (1977). *Grundprobleme der Literaturdidaktik. Eine Fachdidaktik im Konzept sozialer und individueller Entwicklung und Geschichte*. Heidelberg.

Kreft, Jürgen (1986). „Moralische und ästhetische Entwicklung im didaktischen Aspekt". *Moralische Zugänge zum Menschen. Zugänge zum moralischen Menschen. Beiträge zur Entstehung moralischer Identität*. Hrsg. von Fritz Oser, Wolfgang Althof und Detlef Garz. München: 257–280.

Kreiswirth, Martin (2000). „Merely telling stories? Narrative and knowledge in the human sciences". *Poetics Today* 21.2 (2000): 293–318.

Krejci, Michael (2002). *14. Symposium Deutschdidaktik.22–26. September 2002*. http://www.personal.uni-jena.de/~x9krmi/SDD2002/ (18. Dezember 2018).

Kristeva, Julia (1970). *Le texte du roman. Approche sémiologique d'une structure discursive transformationnelle*. Berlin.

Kristeva, Julia (1972). „Wort, Dialog und Roman bei Bachtin". *Literaturwissenschaft und Linguistik*. Band 3. Hrsg. von Jens Ihwe. Frankfurt a. M.: 345–375.

Kroeber, A. L. und Clyde Kluckhohn (1952). *Culture. A critical review of concepts and definitions*. Cambridge.

Krüger, Max (1930). *Methodik des altsprachlichen Unterrichts*. Frankfurt a. M.

Krüger, Max und Georg Hornig (1959). *Methodik des altsprachlichen Unterrichts*. Frankfurt a. M.

Krusche, Dietrich (1985). *Literatur und Fremde*. München.

Kruse, Iris (2010). „Figuren, Handlungen und Räume in Text, Ton und Bild. Literarisches und medienästhetisches Lernen in intermedialer Lektüre". *Verfilmte Kinderliteratur. Gattungen, Produktion, Distribution, Rezeption und Modelle für den Deutschunterricht*. Hrsg. von Petra Josting und Klaus Maiwald. München: 177–185.

Kruse, Iris (2011). „Kinder- und Jugendliteratur intermedial erfahren, erleben, lesen. Intermediale Lektüren und ihr Potenzial für einen medienintegrativen Literaturunterricht". *Medienkonvergenz im Deutschunterricht*. Hrsg. von Gudrun Marci-Boehncke und Matthias Rath. München: 200–210.

Kruse, Iris (2014). „Intermediale Lektüre(n). Ein Konzept für Zu- und Übergänge in intermedialen Lehr- und Lernarrangements". *Kinder- und Jugendliteratur in Medienkontexten. Adaption – Hybridisierung – Intermedialität – Konvergenz*. Hrsg. von Gina Weinkauff, Ute Dettmar, Thomas Möbius und Ingrid Tomkowiak. Frankfurt a. M.: 179–198.

Kruse, Iris (2019). „Trivialität, Komplexität, Intermedialität – Praxistheoretische Perspektiven auf Medienverbunddidaktik und intermediale Lektüre". *Intermedialität. Formen – Diskurse – Didaktik.* Hrsg. von Klaus Maiwald. Baltmannsweiler: 111–130.
Küchler, Uwe (2007). *Interkulturelle Hochschullehre. Internationalisierung am Beispiel der Amerikanistik.* Münster.
Küchler, Uwe (2014). „Intercultural classroom. Ein kulturvergleichendes Lehr- und Lernformat". *Forschendes Lernen im eigenen Fach. Scholarship of Teaching and Learning in Beispielen.* Hrsg. von Ludwig Huber, Arne Pilniok, Rolf Sethe, Birgit Szczyrba und Michael Vogel. Bielefeld: 149–177.
Küchler, Uwe (2017). „Wissenstransfer". *Bonner Enzyklopädie der Globalität.* Band 1. Hrsg. von Ludger Kühnhardt und Tilman Mayer. Wiesbaden: 561–570.
Kugler-Euerle, Gabriele (1998). *Geschlechtsspezifik und Englischunterricht. Studien zur Literaturdidaktik und Rezeption literarischer Texte am Beispiel Doris Lessings.* Trier.
Kügler, Hans (1971). *Literatur und Kommunikation. Ein Beitrag zur didaktischen Theorie und methodischen Praxis.* Stuttgart.
Kuhlmann, Peter (Hrsg.) (2010). *Lateinische Literaturdidaktik.* Bamberg.
Kulthau, Carol C., Leslie K. Maniotes und Ann-K. Caspari (^{2}2015). *Guided inquiry. Learning in the 21st century.* Santa Barbara, CA.
Kultus und Unterricht (1984). *Amtsblatt des Ministeriums für Kultus und Sport Baden-Württemberg. Bildungsplan für das Gymnasium der Normalform.* Lehrplanheft 8 und 9. Stuttgart.
Kultus und Unterricht (1994). *Amtsblatt des Ministeriums für Kultus und Sport Baden-Württemberg. Bildungsplan für das Gymnasium.* Lehrplanheft 4. Lehrplanhefte: Reihe G Nr. XII. Stuttgart.
Kultus und Unterricht (2004). *Amtsblatt des Ministeriums für Kultus und Sport Baden-Württemberg. Bildungsplan für das Gymnasium der Normalform.* Lehrplanheft 4. Lehrplanhefte: Reihe G Nr. 15. Stuttgart.
Kümmerling-Meibauer, Bettina (2007). „Überschreitung von Mediengrenzen. Theoretische und historische Aspekte des Kindermedienverbunds". *Kinder- und Jugendliteratur im Medienverbund. Grundlagen, Beispiele und Ansätze für den Deutschunterricht.* Hrsg. von Petra Josting und Klaus Maiwald. München: 11–21.
Kuna, Franz (1986). „Dialog der Texte. Landeskunde als kultureller Prozeß". *Dialog der Texte. Literatur und Landeskunde. Beiträge zu Problemen einer integrativen Landes- und Kulturkunde des englischsprachigen Auslands.* Hrsg. von Franz Kuna und Heinz Tschachler. Tübingen: 425–441.
Küpper, Reiner (1982). *Shakespeare im Unterricht. Geschichte, Konzeptionen, Tendenzen.* Würzburg.
Küppers, Almut, Torben Schmidt und Maik Walter (Hrsg.) (2011). *Inszenierungen im Fremdsprachenunterricht. Grundlagen, Formen, Perspektiven.* Braunschweig.
Küster, Lutz (2000). „Zur Verbindung von Intertextualität und Interkulturalität. Literaturdidaktische Anregungen auf der Basis von Michel Tourniers Robinsonade". *Zeitschrift für Fremdsprachenforschung* 11.2 (2000): 25–53.
Küster, Lutz (2003). *Plurale Bildung im Fremdsprachenunterricht. Interkulturelle und ästhetisch-literarische Aspekte von Bildung am Beispiel romanistischer Fachdidaktik.* Frankfurt a. M.
Küster, Lutz (2004). „Plädoyer für einen bildenden Fremdsprachenunterricht". *Neusprachliche Mitteilungen* 4 (2004): 194–198.
Küster, Lutz (2014). „Multiliteralität. Zur Einführung in den Themenschwerpunkt". *Fremdsprachen Lehren und Lernen* 43.2 (2014): 3–11.

Küster, Lutz (2015). „Warum ästhetisch-literarisches Lernen im Fremdsprachenunterricht? Ausgewählte theoretische Fundierungen". *Literarisch-ästhetisches Lernen im Fremdsprachenunterricht. Theorie – Empirie – Unterrichtsperspektiven*. Hrsg. von Lutz Küster, Christiane Lütge und Katharina Wieland. Frankfurt a. M.: 15–32.

Küster, Lutz, Christiane Lütge und Katharina Wieland (Hrsg.) (2015). *Literarisch-ästhetisches Lernen im Fremdsprachenunterricht. Theorie – Empirie – Unterrichtsperspektiven*. Frankfurt a. M.

Kuty, Margitta (2015). „Literatur für alle. Lesemotivation und Leseerziehung". *Literaturkompetenzen Englisch. Modellierung – Curriculum – Unterrichtsbeispiele*. Hrsg. von Wolfgang Hallet, Carola Surkamp und Ulrich Krämer. Seelze-Velber: 56–66.

Kutzelmann, Sabine und Cornelia Rosebrock (2018): *Praxis der Lautleseverfahren*. Baltmannsweiler.

Landfester, Manfred (1988). *Humanismus und Gesellschaft im 19. Jahrhundert*. Darmstadt.

Landfester, Manfred (2006). „Die Altertumswissenschaft in Berlin um 1800. Altertumswissenschaften in Berlin um 1800 an Akademie, Schule und Universität". *Altertumswissenschaften in Berlin um 1800 an Akademie, Schule und Universität*. Hrsg. von Bernd Seidensticker und Felix Mundt. Berlin: 11–38.

Landfester, Rüdiger (1972). *Historia magistra vitae. Untersuchungen zur humanistischen Geschichtstheorie des 14. bis 16. Jahrhunderts*. Genf.

Lange, Anja und Angelika Melches (1999). „Vorurteile gegenüber der Lehrkraft im Roman. ‚Unterm Rad' (Hermann Hesse) und ‚Der Club der toten Dichter' (N. H. Kleinbaum)". *‚Der Kerl ist verrückt!' Das Bild des Lehrers und der Lehrerin in der Literatur und Pädagogik*. Hrsg. von Hans-Ulrich Grunder. Zürich: 17–23.

Lange, Günter (^{3}2012 [2000]). *Erwachsen werden. Jugendliterarische Adoleszenzromane im Deutschunterricht*. Baltmannsweiler.

Lange, Karin (2006). *Frauen im australischen Busch. Barbara Bayntons Short Story Zyklus ‚Bush Studies'*. Norderstedt.

Langhoff, Shermin (2009). „Wir inszenieren kein Getto-Theater". *Die tageszeitung* (18.04.2009): 27.

Lauf-Immesberger, Karin (1987). *Literatur, Schule und Nationalsozialismus. Zum Lektürekanon der höheren Schulen im Reich*. Sankt Ingbert.

Lauter, Paul (1991). *Canons and Contexts*. Oxford.

Lawson, Henry (1986). *The Penguin Henry Lawson short stories*. Ringwood Vic.

Lazar, Gilian (2008). „Some approaches to literature, language teaching and the Internet". *Fremdsprachen Lehren und Lernen* 37 (2008): 154–163.

Lecke, Bodo (Hrsg.) (2008). *Mediengeschichte, Intermedialität und Literaturdidaktik*. Frankfurt a. M.

Lehberger, Reiner (1986). *Englischunterricht im Nationalsozialismus*. Tübingen.

Leitzke-Ungerer, Eva (Hrsg.) (2009). *Film im Fremdsprachenunterricht. Literarische Stoffe, interkulturelle Ziele, mediale Wirkung*. Stuttgart.

Lenzen, Dieter (1993). „Zum Stand der Historiographiediskussion in Geschichtswissenschaft und Pädagogik". *Pädagogik und Geschichte. Pädagogische Historiographie zwischen Wirklichkeit, Fiktion und Konstruktion*. Hrsg. von Dieter Lenzen. Weinheim: 7–24.

Leskovec, Andrea (2011). „Dekonstruktion von Homogenitätskonzepten in literarischen Texten". *Deutsch als Fremdsprache und Literaturwissenschaft. Zugriffe, Themenfelder, Perspektiven*. Hrsg. von Michael Ewert, Renate Riedner und Simone Schiedermair. München: 79–115.

Lessing, Gotthold Ephraim (1786). *Hamburgische Dramaturgie*. Hrsg. von Johann Georg Heizmann. Bern.
Lessing, Gotthold Ephraim (1990 [1766]). *Laokoon/Briefe, antiquarischen Inhalts*. Hrsg. von Wilfried Barner. Frankfurt a. M.
Leubner, Martin (2014). „Digitale literale Medien". *Digitale Medien im Deutschunterricht*. Hrsg. von Volker Frederking, Axel Krommer und Thomas Möbius. Baltmannsweiler: 185–212.
Leubner, Martin und Anja Saupe (2006). *Erzählungen in Literatur und Medien und ihre Didaktik*. Baltmannsweiler.
Leubner, Martin und Anja Saupe (²2016). *Textverstehen im Literaturunterricht und Aufgaben*. Baltmannsweiler.
Leubner, Martin, Anja Saupe und Matthias Richter (³2016). *Literaturdidaktik*. Berlin/Boston.
Levithan, David (2013). *Every day*. New York.
Liessmann, Konrad Paul (2006). *Theorie der Unbildung. Die Irrtümer der Wissensgesellschaft*. Wien.
Linde, Ernst (1925). *Geistesbildung durch Sprachbildung. Auch eine Methodik des Deutschunterrichts*. Leipzig.
Linde, Ernst (1927). *Die Bildungsaufgabe der deutschen Dichtung*. Leipzig.
Linde, Ernst (1986 [1902]). „Kunstwert und Kindertümlichkeit". *Die Diskussion um das Jugendbuch. Ein forschungsgeschichtlicher Überblick von 1890 bis heute*. Hrsg. von Jörge Becker. Darmstadt: 41–46.
Linde, Ernst (²1910). *Moderne Lyrik in schulgemäßer Behandlung. Mit besonderer Berücksichtigung des Ästehtischen*. Leipzig.
Lindner, Oliver (2008). „Bestsellerautor und Erziehungsinstanz. Die Defo-Rezeption in der DDR". *Britische Literatur in der DDR*. Hrsg. von Barbara Korte, Sandra Schaur und Stefan Welz. Würzburg: 65–75.
Lippert, Elisabeth (1934). „Der Entwicklungsverlauf der literarästhetischen Erlebnisfähigkeit". *Bericht über den XIII. Kongreß der Gesellschaft für Psychologie in Leipzig 1933*. Hrsg. von Otto Klemm. Jena: 151–153.
Löffler, Sigrid (2014). *Die neue Weltliteratur und ihre großen Erzähler*. München.
Loftus, Elizabeth F. und Jacqueline E. Pickrell (1995). „The formation of false memories". *Psychiatric annals* 25.12 (1995): 720–725.
Loomba, Ania (2005). *Colonialism/Postcolonialism*. London/New York.
Lösener, Hans (2009). „Die intermediale Lektüre. Wege zur Inszenierung im Text". *Theater intermedial*. Hrsg. von Marion Bönnighausen und Gabriela Paule. München: 67–82.
Lowry, Lois (1978). *Find a stranger, say goodbye*. New York.
Ludwig, Christian und Frank Erik Pointer (Hrsg.) (2013). *Teaching comics in the foreign language classroom*. Trier.
Ludwig, Hans-Werner (1994). *Arbeitsbuch Lyrikanalyse*. Tübingen.
Luhmann, Niklas (2010). *Das Erziehungssystem der Gesellschaft*. Frankfurt a. M.
Luhmann, Niklas (2012). *Soziale Systeme. Grundriss einer allgemeinen Theorie*. Frankfurt a. M.
Lüke, Martina G. (2007). *Zwischen Tradition und Aufbruch. Deutschunterricht und Lesebuch im deutschen Kaiserreich*. Frankfurt a. M. u. a.
Lütge, Christiane (2007). „‚And lose the name of action'? Überlegungen zur Schüleraktivierung mit Drama und Film im Shakespeare-Unterricht". *Scenario* I.1 (2007) http://research.ucc.ie/scenario/2007/01/luetge/07/de (11. Dezember 2018), 126–141.
Lütge, Christiane (2012a). „Culture – Gender – Otherness. Perspektiven für die Literaturverfilmung im Englischunterricht". *Anglophone Literaturdidaktik. Zukunftsperspektiven für

den Englischunterricht. Hrsg. von Julia Hammer, Maria Eisenmann und Rüdiger Ahrens. Heidelberg: 33–44.
Lütge, Christiane (2012b). *Mit Filmen Englisch unterrichten*. Berlin.
Lütge, Christiane (2013a). „Global (audio)visions. Teaching Cultural Studies through film". *Films, graphic novels & visuals. Developing multiliteracies in foreign language education. An interdisciplinary approach*. Hrsg. von Daniela Elsner, Sissy Helff und Britta Viebrock. Münster: 141–153.
Lütge, Christiane (²2013b). „Developing ‚literary literacy'? Towards a progression of literary learning". *Basic issues in EFL teaching and learning*. Hrsg. von Maria Eisenmann und Theresa Summer. Heidelberg: 191–202.
Lütge, Christiane (2015a). „Handlungs- und Produktionsorientierung im Dramenunterricht. Perspektiven für die fremdsprachliche Literatur- und Kulturdidaktik". *Dramendidaktik und Dramapädagogik im Fremdsprachenunterricht*. Hrsg. von Wolfgang Hallet und Carola Surkamp. Trier: 189–202.
Lütge, Christiane (Hrsg.) (2015b). *Global education. Perspectives for English language teaching*. Münster.
Lütge, Christiane et al. (2012). „Poetry: Express Yourself". *Praxis Englisch* 5.12.
Lütje-Klose, Birgit und Inci Dirim (2007). „Guten Tag, kleiner Eisbär! Iyi Günler, Beyaz Ayi! Zweisprachige Bilderbücher im Anfängerunterricht". *Praxis Deutsch* 202 (2007): 16–19.
Lutzker, Peter (2007). *The art of foreign language teaching. Improvisation drama in teacher development and language learning*. Tübingen.
Lyon, Otto (1893). „Der deutsche Unterricht auf dem Realgymnasium". *Zeitschrift für den deutschen Unterricht* 7.11 (1893): 705–734.
Lypp, Maria (1984). *Einfachheit als Kategorie der Kinderliteratur*. Frankfurt a. M.
Macht, Konrad (1986). *Methodengeschichte des Englischunterrichts*. Band 1. Augsburg.
Mager, Robert Frank (²1975). *Preparing instructional objectives*. Belmont, CA.
Mahler, Andreas (⁸2004). „Aspekte des Dramas". *Literaturwissenschaft. Ein Grundkurs*. Hrsg. von Helmut Brackert und Jörn Stückrath. Hamburg: 71–85.
Maier, Friedrich (1984). *Lateinunterricht zwischen Tradition und Fortschritt. Band 2: Zur Theorie des lateinischen Lektüreunterrichts*. Bamberg.
Maier, Friedrich (1985). *Lateinunterricht zwischen Tradition und Fortschritt. Band 3: Zur Praxis des lateinischen Lektüreunterrichts*. Bamberg.
Maier, Friedrich (1997). „Textgrammatik und Historische Kommunikation. Überlegungen zu neuen Methoden des lateinischen Lektüreunterrichts". *Anregung* 43 (1997): 314–328.
Maier, Karl Ernst (⁹1987). *Jugendliteratur. Formen, Inhalte, pädagogische Bedeutung*. Bad Heilbrunn.
Maiwald, Klaus (2001). *Literatur lesen lernen. Begründung und Dokumentation eines literaturdidaktischen Experiments*. Baltmannsweiler.
Maiwald, Klaus (2005). *Wahrnehmung – Sprache – Beobachtung. Eine Deutschdidaktik bilddominierter Medienangebote*. München.
Maiwald, Klaus (2007). „Ansätze zum Umgang mit dem Medienverbund im (Deutsch-)Unterricht". *Kinder- und Jugendliteratur im Medienverbund. Grundlagen, Beispiele und Ansätze für den Deutschunterricht*. Hrsg. von Petra Josting und Klaus Maiwald. München: 35–48.
Maiwald, Klaus (2009). „Erlkönig-Rap, voll kreativ! Zu einem Klassiker des Deutschunterrichts und einem Hochwertwort der Deutschdidaktik". *Visionen und Hoffnungen in schwieriger Zeit. Kreativität – Sprachen – Kulturen*. Hrsg. von Lutz Götze und Claudia Kupfer-Schreiner. Frankfurt a. M.: 85–106.

Maiwald, Klaus (2010). „Literatur im Medienverbund unterrichten". *Literarische Bildung im kompetenzorientierten Deutschunterricht.* Hrsg. von Heidi Rösch. Freiburg: 136–156.
Maiwald, Klaus (2015). *Vom Film zur Literatur. Moderne Klassiker der Literaturverfilmung im Medienvergleich.* Stuttgart.
Maiwald, Klaus (2016). *Literarische Qualität und (Re-)Konstruktion gesellschaftlicher Wirklichkeiten in der neueren deutschen Kinder- und Jugendliteratur. Aufgezeigt an Romanen von A. Steinhöfel, M. Wildner und W. Herrndorf.* https://opus.bibliothek.uni-augsburg.de/opus4/frontdoor/deliver/index/docId/3809/file/Maiwald_KJL.pdf. Augsburg (11. Dezember 2018).
Maiwald, Klaus (Hrsg.) (2019). *Intermedialität. Formen – Diskurse – Didaktik.* Baltmannsweiler.
Maiwald, Klaus (2019). „Intermedialität – zur Einführung in das Thema". *Intermedialität. Formen – Diskurse – Didaktik.* Hrsg. von Klaus Maiwald. Baltmannsweiler: 1–22.
Maley, Alan und Alan Duff (1982). *Drama techniques in language learning.* Cambridge.
Mandry, Christoph (Hrsg.) (2003). *Literatur ohne Moral. Literaturwissenschaften und Ethik im Gespräch.* Münster u. a.
Mar, Raymond A. (2011). „The neural bases of social cognition and story comprehension". *Annual review of psychology* 62.1 (2011): 103–134.
Mar, Raymond A. und Keith Oatley (2008). „The function of fiction is the abstraction and simulation of social experience". *Perspectives on psychological science* 3.3 (2008): 173–192.
Marci-Boehncke, Gudrun (2008). „Intermedialität als perspektivierter Prozess. Von der Wiederentdeckung des Rezipienten in einem vorläufigen Diskurs". *Mediengeschichte, Intermedialität und Literaturdidaktik.* Hrsg. von Bodo Lecke. Frankfurt a. M.: 79–94.
Marci-Boehncke, Gudrun (2013). „Medienverbund und Medienpraxis im Literaturunterricht". *Taschenbuch des Deutschunterrichts. Band 2: Literatur- und Mediendidaktik.* Hrsg. von Volker Frederking, Axel Krommer und Christel Meier. Baltmannsweiler: 501–522.
Marci-Boehncke, Gudrun und Matthias Rath (Hrsg.) (2006). *BildTextZeichen lesen. Intermedialität im didaktischen Diskurs.* München.
Marini-Maio, Nicoletta und Collette Ryan-Scheutz (Hrsg.) (2008). *Set the stage. Teaching Italian through theater. Theories, models and practices.* New Haven.
Marx, Peter W. (2012). *Handbuch Drama. Theorie, Analyse, Geschichte.* Stuttgart.
Matthias, Adolf (1907). *Geschichte des Deutschen Unterrichts.* München.
Matz, Frauke, Michael Rogge und Philipp Siepmann (Hrsg.) (2014). *Transkulturelles Lernen im Unterricht.* Frankfurt a. M.
Mayring, Philipp (2002). *Einführung in die Qualitative Sozialforschung. Eine Anleitung zu qualitativem Denken.* Weinheim/Basel.
Mayringer, Hans (1979). *Gedichte im Englischunterricht der Sekundarstufe II des Gymnasiums.* Duisburg.
McAdams, Dan P. (2001). „The psychology of life stories". *Review of general psychology* 5.2 (2001): 100–122.
McLuhan, Marshall (1962). *The Gutenberg galaxy. The making of typographic man.* Toronto.
McLuhan, Marshall (1964). *Understanding media. The extensions of man.* New York.
McLuhan, Marshall und Quentin Fiore (1996 [1967]). *The medium is the message.* Berkeley.
McRae, John (1994). *Literature with a small l.* New York.
Meç, Ilyas (1995). „Wider die tribalistische Einfalt. Die zweite Generation". *Diskussion Deutsch* 143 (1995): 176–185.
Mecheril, Paul und Melanie Plößer (2011). „Differenzordnungen. Pädagogik und der Diversity-Ansatz". *Bildung – macht – unterschiede.* Hrsg. von Reingard Spanning, Susanne Arens und Paul Mecheril. Innsbruck: 59–79.

Meier, Ulrich (2004). „Familie, Freundesgruppe, Schülerverhalten und Kompetenzerwerb". *Die Institution Schule und die Lebenswelt der Schüler.* Hrsg. von Gundel Schümer, Klaus-Jürgen Tillmann und Manfred Weiß. Wiesbaden: 187–216.

Meisch, Rainer (1996). „Literaturgeschichte interaktiv. Hypertext und Multimedia im literaturgeschichtlichen Unterricht". *Anregung* 42 (1996): 290–310.

Menninghaus, Winfried (2010). „Zur Evolution der Künste". *Evolution in Natur und Kultur.* Hrsg. von Volker Gerhardt und Julian Nida-Rümelin. Berlin/New York: 205–222.

Merse, Thorsten (2017). *Other others, different differences. Queer perspectives on English language teaching.* Münster.

Messer, August (1897). „Quintilian als Didaktiker und sein Einfluß auf die didaktisch-pädagogische Theorie des Humanismus". *Neue Jahrbücher für Philologie und Pädagogik* 156 (1897): 161–204, 273–292, 321–336, 361–387, 409–423, 457–473.

Miall, David S. und Don Kuiken (2002). „A feeling for fiction. Becoming what we behold". *Poetics* 30 (2002): 221–241.

Mieth, Annemarie (1994). *Literatur und Sprache im Deutschunterricht der Reformpädagogik. Eine problemgeschichtliche Untersuchung.* Frankfurt a. M.

Mieth, Dietmar (Hrsg.) (2000). *Erzählen und Moral. Narrativität im Spannungsfeld von Ethik und Ästhetik.* Tübingen.

Mihm, Emil (1972). *Die Krise der neusprachlichen Didaktik.* Frankfurt a. M.

Mikota, Jana (2006). „Mädchenbildung in Lesebüchern des ausgehenden 19. und des beginnenden 20. Jahrhunderts". *Das Lesebuch 1800–1945. Ein Medium zwischen literarischer Kultur und pädagogischem Diskurs. Vorträge des 2. Siegener Symposions zur literaturdidaktischen Forschung.* Hrsg. von Hermann Korte und Ilonka Zimmer. Frankfurt a. M. u. a.: 197–213.

Mitterer, Nicola (2016). *Das Fremde in der Literatur. Zur Grundlegung einer responsiven Literaturdidaktik.* Bielefeld.

Möbius, Thomas (2014). „Adaption – Verbund – Produsage. Implikationen des Begriffs Medienkonvergenz". *Kinder- und Jugendliteratur in Medienkontexten. Adaption – Hybridisierung – Intermedialität – Konvergenz.* Hrsg. von Gina Weinkauff, Ute Dettmar, Thomas Möbius und Ingrid Tomkowiak. Frankfurt a. M.: 179–198.

Möbius, Thomas und Stefan Ulrich (Hrsg.) (2005). *Virtuelle Lernumgebungen im Deutschunterricht. Grundlagen – Didaktische Konzepte – Lehreinsatz.* Baltmannsweiler.

Moffit, Gisela (1998). „'Oya?' – O, ja! Reading Jugendliteratur in the German classroom". *Die Unterrichtspraxis* 2 (1998): 116–124.

Mollenhauer, Klaus (1990). „Die vergessene Dimension des Ästhetischen". *Kunst und Pädagogik. Erziehungswissenschaft auf dem Weg zur Ästhetik?* Hrsg. von Dieter Lenzen. Darmstadt: 3–18.

Moore-Gilbert, Bart (1997). *Postcolonial theory. Contexts, practices, politics.* London/New York.

Mordellet-Roggenbuch, Isabelle (2006). „Littérature et enseignement du Français langue étrangère. Quels texts pour quels objectifs?" *Französisch heute* 36.1 (2006): 6–16.

Moretti, Franco (2009). *Kurven, Karten, Stammbäume. Abstrakte Modelle für die Literaturgeschichte.* Frankfurt a. M.

Morton, Timothy (2007). *Ecology without nature. Rethinking environmental aesthetics.* London/Cambridge.

Moser, Christian (2016). „Literatur". *Bonner Enzyklopädie der Globalität.* Band 2. Hrsg. von Ludger Kühnhardt und Tilman Mayer. Wiesbaden: 943–953.

Mukherjee, Ankhi (2015). *What is a classic? Postcolonial rewriting and invention of the canon.* Stanford.

Müller-Funk, Wolfgang (2007). *Die Kultur und ihre Narrative. Eine Einführung.* Wien.
Müller-Hartmann, Andreas (2005). „Ein Themenheft zum aufgabenorientierten Fremdsprachenlernen? Weshalb es wahrscheinlich eine sehr gute Idee ist, sich mit diesem Ansatz auseinander zu setzen". *Praxis Fremdsprachenunterricht* 4 (2005): 3–6.
Müller-Michaels, Harro (1975). *Dramatische Werke im Deutschunterricht.* Stuttgart.
Müller-Michaels, Harro (1980). *Positionen der Deutschdidaktik seit 1949.* Königstein.
Müller-Michaels, Harro (1986). *Deutschkurse. Modell und Erprobung.* Frankfurt a. M.
Müller-Michaels, Harro (2006). „Geschichte der Literaturdidaktik und des Literaturunterrichts". *Grundzüge der Literaturdidaktik.* Hrsg. von Klaus-Michael Bogdal und Hermann Korte. München: 30–48.
Müller-Michaels, Harro (2009). *Grundkurs Lehramt Deutsch.* Stuttgart.
Müller-Michaels, Harro (^{6}2012). „Geschichte der Literaturdidaktik und des Literaturunterrichts". *Grundzüge der Literaturdidaktik.* Hrsg. von Klaus-Michael Bogdal und Hermann Korte. München: 30–48.
Müller-Zettelmann, Eva (2000). *Lyrik und Metalyrik. Theorie einer Gattung und ihrer Selbstbespiegelung anhand von Beispielen aus der englisch- und deutschsprachigen Dichtkunst.* Heidelberg.
Müller, Andreas und Markus Schauer (1994). *Clavis Didactica Latina. Bibliographie für den Lateinunterricht.* Bamberg.
Müller, Julia (2014). *Sprachtakt. Herta Müllers literarischer Darstellungsstil.* Köln/Weimar/Wien.
Müller, Jürgen E. (1998). „Intermedialität als poetologisches und medientheoretisches Konzept. Einige Reflexionen zu dessen Geschichte". *Intermedialität. Theorie und Praxis eines interdisziplinären Forschungsgebiets.* Hrsg. von Jörg Helbig. Berlin: 31–40.
Müller, Jürgen E. (2008). „Intermedialität und Medienhistoriographie". *Intermedialität. Analog/Digital. Theorien, Methoden, Analysen.* Hrsg. von Joachim Paech und Jens Schröter. München: 31–46.
Müller, Jürgen E. (2014). „Genres analog, digital, intermedial. Zur Relevanz des Gattungskonzepts für die Medien- und Kulturwissenschaft". *Intertextualität, Intermedialität, Transmedialität. Zur Beziehung zwischen Literatur und anderen Medien.* Hrsg. von Volker C. Dörr und Tobias Kurwinkel. Würzburg: 70–102.
Müller, Lotte (1971). „Vom Deutschunterricht in der Arbeiterschule". *Der Literaturunterricht.* Hrsg. von Dietrich Boueke. Weinheim/Berlin/Basel: 157–164.
Müller, Sonja (2014). *Kindgemäß und literarisch wertvoll. Untersuchungen zur Theorie des ‚guten Jugendbuchs' – Anna Krüger, Richard Bamberger, Karl Ernst Maier.* Frankfurt a. M.
Munding, Heinz (1985). *Antike Texte – aktuelle Probleme. Existentieller Transfer im altsprachlichen Unterricht.* Bamberg.
Münker, Stefan und Alexander Roesler (Hrsg.) (^{2}2012). *Was ist ein Medium?* Frankfurt a. M.
Murphey, Tim (1990). *Song and music in language learning.* Frankfurt a. M.
Naegelsbach, Karl Friedrich von (1862). *Gymnasialpädagogik.* Hrsg. von Georg Autenrieth. Erlangen.
Näger, Sylvia (^{2}2013). *Literacy. Kinder entdecken Buch-, Erzähl- und Schriftkultur.* Freiburg i. Br.
Narvaez, Darcia (2002). „Does reading moral stories build character?" *Educational psychology review* 14.2 (2002): 155–171.
National Coalition for Core Arts Standards (2014). *National core arts standards. A conceptual framework for arts learning.* http://www.nationalartsstandards.org/sites/default/files/Conceptual%20Framework%2007-21-16.pdf (11. Dezember 2018).

Neuhaus, Stefan (2008). „Orte der Zeichen. Wie über literarische Topographien Identität konstruiert wird, oder: Ein Beitrag zur literaturwissenschaftlichen Heterotopologie". *Zwischen Globalisierungen und Regionalisierungen. Zur Darstellung von Zeitgeschichte in deutschsprachiger Gegenwartsliteratur*. Hrsg. von Martin Hellström und Edgar Platen. München: 9–22.

Neuhaus, Stefan (2017). *Grundriss der Neueren deutschsprachigen Literaturgeschichte*. Tübingen.

Nickel-Bacon, Irmgard (2006). „Positionen der Literaturdidaktik. Methoden des Literaturunterrichts". *Empirische Unterrichtsforschung in der Literatur- und Lesedidaktik*. Hrsg. von Norbert Groeben und Bettina Hurrelmann. Weinheim/München: 95–114.

Nickel, Rainer (1970). „Der Mythos vom Dritten Reich und seinem Führer in der Ideologie des humanistischen Gymnasiums vor 1945". *Paedagogica Historica* 10 (1970): 111–128.

Nickel, Rainer (1972). „Humanistisches Gymnasium und Nationalsozialismus". *Paedagogica Historica* 12 (1972): 485–503.

Nickel, Rainer (1974). *Didaktik des altsprachlichen Unterrichts*. Darmstadt.

Nickel, Rainer (1982a). „Die Interpretation im altsprachlichen Unterricht". *Handbuch der Fachdidaktik. Alte Sprachen 2*. Hrsg. von Joachim Gruber und Friedrich Maier. München: 21–36.

Nickel, Rainer (1982b). *Einführung in die Didaktik des altsprachlichen Unterrichts*. Darmstadt.

Nickel, Rainer (2001). *Lexikon zum Lateinunterricht*. Bamberg.

Nieragden, Göran (2014). „'Literaturdidaktik war eigentlich schon immer inklusiv.' Ein Plädoyer für den Einsatz von kleineren fiktionalen Textformen im Englischunterricht förderpädagogischer und inklusiver Klassen". *Im Dialog der Disziplinen. Englischdidaktik – Förderpädagogik – Inklusion*. Hrsg. von Roman Bartosch und Andreas Rhode. Trier: 167–182.

Niethammer, Friedrich Immanuel (1968 [1808]). „Der Streit des Philanthropinismus und Humanismus in der Theorie des Erziehungs-Unterrichts unserer Zeit". *Philanthropinismus – Humanismus, Texte zur Schulreform*. Hrsg. von Friedrich Immanuel Niethammer. Weinheim: 79–445.

Nietzsche, Friedrich (²1988 [1874]). „Unzeitgemäße Betrachtungen. Zweites Stück. Vom Nutzen und Nachtheil der Historie für das Leben". Nietzsche, Friedrich. *Kritische Studienausgabe*. Hrsg. von Giorgio Colli und Mazzino Montinari. München: 243–334.

Nissen, Rudolf (1982). „Phasen und Formen des textverarbeitenden Lerngesprächs im Englischunterricht". *Neusprachliche Mitteilungen aus Wissenschaft und Praxis* 35 (1982): 114–125.

Nodelmann, Perry (1982). „Not much more than one upon a classic". *Children's literature association quarterly* 7.3 (1982): 27–30.

Nörber, Martin (2004). *Peer Education. Bildung und Erziehung von Gleichaltrigen durch Gleichaltrige*. Weinheim.

Nöstlinger, Christine (1991). *Die Ilse ist weg*. Berlin u. a.

Nowoczien, Jessica (2012). *Drama in the classroom. Dramenarbeit im Englischunterricht der Sekundarstufe I im Hinblick auf Gendersensibilisierung und interkulturelle Kommunikation*. Frankfurt a. M.

Nündel, Ernst und Werner Schlotthaus (1978). *Angenommen Agamemnon. Wie Lehrer mit Texten umgehen*. München/Wien.

Nünning, Ansgar (1989). „Schülerzentrierter Fremdsprachenunterricht und das Problem der Textauswahl. Überlegungen und Vorschläge zu einer Erweiterung des Lektürekanons im Englischunterricht der Oberstufe". *Die Neueren Sprachen* 88.6 (1989): 606–619.

Nünning, Ansgar (1997a). „Literatur ist, wenn das Lesen wieder Spaß macht". *Der Fremdsprachliche Unterricht Englisch* 31.27 (1997): 4–12.

Nünning, Ansgar (1997b). „Perspektivenübernahme und Perspektivenkoordination. Prozeß-orientierte Schulung des Textverstehens und der Textproduktion bei der Behandlung von John Fowles' *The Collector*". *Literaturdidaktik – konkret. Theorie und Praxis des fremdsprachlichen Literaturunterrichts*. Hrsg. von Günther Jarfe. Heidelberg: 137–161.

Nünning, Ansgar (1998). „Literaturgeschichte und Literaturgeschichtsschreibung". *Metzler Lexikon Literatur- und Kulturtheorie*. Hrsg. von Ansgar Nünning. Stuttgart: 320–323.

Nünning, Ansgar (2000). „'Intermisunderstanding'. Prolegomena zu einer literaturdidaktischen Theorie des Fremdverstehens. Erzählerische Vermittlung, Perspektivenwechsel und Perspektivenübernahme". *Wie ist Fremdverstehen lehr- und lernbar?* Hrsg. von Lothar Bredella, Franz-Joseph Meißner, Ansgar Nünning und Dietmar Rösler. Tübingen: 84–133.

Nünning, Ansgar (2004a). „Es geht immer auch anders, oder: Unzeitgemäßes Plädoyer für den Nutzen (und die ‚Praxisrelevanz'!) literaturwissenschaftlicher Theorien, Modelle und Methoden für die Literaturdidaktik und den Literaturunterricht". *Literaturdidaktik im Dialog*. Hrsg. von Lothar Bredella, Werner Delanoy und Carola Surkamp. Tübingen: 65–97.

Nünning, Ansgar (2013). „Aktualität der Einheit von Forschung und Lehre. Bildung durch forschendes Lernen und Lehren in der literatur- und kulturwissenschaftlichen Hochschuldidaktik". *Literatur- und kulturwissenschaftliche Hochschuldidaktik. Konzepte, Methoden, Lehrbeispiele*. Hrsg. von Wolfgang Hallet. Trier: 25–47.

Nünning, Ansgar (Hrsg.) (2004b). *Grundbegriffe der Literaturtheorie*. Stuttgart.

Nünning, Ansgar und Carola Surkamp (2009). „Kategorien, Fragen und Verfahren der Romananalyse". *Romandidaktik. Theoretische Grundlagen, Methoden, Lektürean-regungen*. Hrsg. von Wolfgang Hallet und Ansgar Nünning. Trier: 89–113.

Nünning, Ansgar und Carola Surkamp (^{2}2010). *Englische Literatur unterrichten 1. Grundlagen und Methoden*. Seelze-Velber.

Nünning, Ansgar und Carola Surkamp (^{5}2013). „Text – Literatur – Kultur. Handlungs- und produktionsorientierter Literaturunterricht". *Englischunterricht. Grundlagen und Methoden einer handlungsorientierten Unterrichtspraxis*. Hrsg. von Gerhard Bach und Johannes-Peter Timm. Tübingen: 148–171.

Nünning, Ansgar und Vera Nünning (2000). „'British Cultural Studies' konkret. 10 Leitkonzepte für einen innovativen Kulturunterricht". *Der Fremdsprachliche Unterricht Englisch* 34.43 (2000): 4–9.

Nussbaum, Martha (1985). „'Finely aware and richly responsible'. Moral attention and the moral task of literature". *The journal of philosophy* 82.10 (1985): 516–529.

Nussbaum, Martha (1997). *Cultivating humanity. A classical defense of reform in liberal education*. Cambridge.

Nutz, Maximilian (1997). „Historisches Verstehen durch Literaturgeschichte? Plädoyer für eine reflektierte Erinnerungsarbeit". *Didaktik Deutsch* 3.2 (1997): 35–53.

O'Sullivan, Emer (2000). *Kinderliterarische Komparatistik*. Heidelberg.

O'Sullivan, Emer (2003). „Narratology meets translation studies, or, the voice of the translator in children's literature". *Meta* 48.1/2 (2003): 197–207.

O'Sullivan, Emer (2016). „Einfachheit im (kinder)literaturtheoretischen Diskurs". *Einfachheit in der Kinder- und Jugendliteratur. Ein Gewinn für den Fremdsprachenunterricht*. Hrsg. von Eva Burwitz-Melzer und Emer O'Sullivan. Wien: 17–32.

O'Sullivan, Emer und Dietmar Rösler (2002). „Fremdsprachenlernen und Kinder- und Jugendliteratur. Eine kritische Bestandsaufnahme". *Zeitschrift für Fremdsprachenforschung* 23.1 (2002): 63–111.

O'Sullivan, Emer und Dietmar Rösler (2013). *Kinder- und Jugendliteratur im Fremdsprachenunterricht*. Tübingen.
Obraz, Melanie (2009). „Ästhetische Bildung als Werte-Erziehung, Werte-Erziehung in der Schule". *Werte-Erziehung und Schule. Ein Handbuch für Unterrichtende*. Hrsg. von Reinhold Mokrosch und Arnim Regenbogen. Göttingen: 180–188.
OECD (2013a). *PISA 2012 assessment and analytical framework. Mathematics, reading, science, problem solving and financial literacy*. http://dx.doi.org/10.1787/9789264190511-en (11. Dezember 2018).
OECD (2013b). *PISA 2012 results. Excellence through equity. Giving every student the chance to succeed*. Band 2. Paris.
Oelkers, Jürgen (2006). „Anmerkungen zum Verhältnis von pädagogischer Historiographie und Bildungsgeschichte am Beispiel der deutschen ‚Einheitsschule'". *Methoden und Kontexte. Historiographische Probleme der Bildungsforschung*. Hrsg. von Rita Casale et al. Göttingen: 263–298.
Oliver, José F. A. (1995). „Kanak Sprak. Schreiben am Ufer der Fremde. Eine Rand-Literatur in Deutschland?" *Universitas. Orientierung in der Wissenswelt. Deutsche Ausgabe* 50.12 (1995): 1158–1166.
Orao, James (2014). *Selbstverortungen. Migration und Identität in der zeitgenössischen deutsch- und englischsprachigen Gegenwartsliteratur*. Frankfurt a. M. u. a.
Orwell, George (2008). „Shooting an elephant". *Caught between cultures. Colonial and postcolonial short stories*. Hrsg. von Ellen Butzko und Susanne Pongratz. Stuttgart: 67–78.
Ossner, Jakob (1993). „Praktische Wissenschaft". *Handlungsfeld Deutschunterricht im Kontext*. Hrsg. von Albert Bremerich-Vos. Frankfurt a. M.:186–199.
Paech, Joachim (2014). „Warum Intermedialität?" *Intertextualität, Intermedialität, Transmedialität. Zur Beziehung zwischen Literatur und anderen Medien*. Hrsg. von Volker C. Dörr und Tobias Kurwinkel. Würzburg: 46–69.
Paech, Joachim und Jens Schröter (2008a). „Intermedialität analog/digital. Ein Vorwort". *Intermedialität. Analog/Digital. Theorien, Methoden, Analysen*. Hrsg. von Joachim Paech und Jens Schröter. München: 9–12.
Paech, Joachim und Jens Schröter (Hrsg.) (2008b). *Intermedialität. Analog/Digital. Theorien, Methoden, Analysen*. München.
Paefgen, Elisabeth Katharina (1990). *Der ‚Echtermeyer' (1893–1891). Eine Gedichtanthologie für den Gebrauch in höheren Schulen. Darstellung und Auswertung seiner Geschichte im literatur- und kulturhistorischen Kontext*. Frankfurt a. M. u. a.
Paefgen, Elisabeth Katharina (²2006). *Einführung in die Literaturdidaktik*. Stuttgart.
Paley, Vivian Gussin (1981). *Wally's Stories*. Cambridge.
Paul, Ingwer, Winfried Thielmann und Fritz Tangermann (Hrsg.) (2008). *Standard. Bildung. Blinde Flecken der deutschen Bildungsdiskussion*. Göttingen.
Pauldrach, Matthias (2010). „‚Ich bin viele'. Ein Plädoyer für die Neukonzeption einer identitätsorientierten Deutschdidaktik". *Aspekte literarischen Lernens. Junge Forschung in der Deutschdidaktik*. Hrsg. von Gerhard Rupp, Jan Boelmann und Daniela Frickel. Berlin: 13–28.
Pauli, August Friedrich (1785). *Versuch einer vollständigen Methodologie für den gesammten Kursus der öffentlichen Unterweisung in der lateinischen Sprache und Litteratur. Band 1: Historische Übersicht und Entwiklung der Hauptveränderungen der Methode bey der öffentlichen Unterweisung der lateinischen Sprache und Literatur*. Tübingen.
Pauli, August Friedrich (1799). *Versuch einer vollständigen Methodologie für den gesammten Kursus der öffentlichen Unterweisung in der lateinischen Sprache und Litteratur*. Band 3:

Ausführung der Methode des lateinischen Unterrichts in den oberen Schulclassen bis an die Grenzen der Akademie. Tübingen.
Paulsen, Friedrich (³1919). *Geschichte des gelehrten Unterrichts*. Band 1. Hrsg. von Rudolf Lehmann. Berlin.
Paulsen, Friedrich (³1921). *Geschichte des gelehrten Unterrichts*. Hrsg. von Rudolf Lehmann. Berlin.
Payrhuber, Franz-Josef (1991). *Das Drama im Unterricht. Aspekte einer Didaktik des Dramas. Analysen und empirische Befunde, Begründungen, Unterrichtsmodelle*. Rheinbreitbach.
Payrhuber, Franz-Josef (⁶1998). „Dramen im Unterricht". *Taschenbuch des Deutschunterrichts*. Hrsg. von Günther Lange, Karl Neumann und Werner Ziesenis. Baltmannsweiler: 647–668.
Perthes, Hermann (1875). „Die Principien des Uebersetzens". *Zur Reform des lateinischen Unterrichts auf Gymnasien und Realschulen*. Hrsg. von Hermann Perthes. Berlin.
Peters, Christoph M. und Friedrich-K. Unterweg (2005). „Nichts Neues zu vermelden? Eine Umfrage zum Einsatz von Literatur im Englischunterricht der Sekundarstufe II". *Neusprachliche Mitteilungen* 58.3 (2005): 19–25.
Petersohn, Roland und Laurenz Volkmann (Hrsg.) (²2010). *Shakespeare Didaktisch*. Band 1: *Neue Perspektiven für den Unterricht*. Tübingen.
Pfäfflin, Sabine (²2012). *Auswahlkriterien für Gegenwartsliteratur im Deutschunterricht*. Baltmannsweiler.
Pfister, Manfred (¹¹2001). *Das Drama. Theorie und Analyse*. München.
Pfister, Manfred (1994). *Teachable poems. From Sting to Shelley*. Heidelberg.
Pflugmacher, Torsten (2014). „Vor der Konstruktion kommt die Rekonstruktion. Ein Plädoyer für eine realistische Wende in der Literaturdidaktik". *Kritik und Wissen. Probleme germanistischer Deutschlehrer/-innenbildung. Mitteilungen des Deutschen Germanistenverbands* 61.2 (2014): 154–163.
Pflugmacher, Torsten (2016). „Didaktik der Katastrophe am Beispiel der Atomkatastrophe im literarischen, filmischen und journalistischen Diskurs". *Kulturökologie und Literaturdidaktik*. Hrsg. von Sieglinde Grimm und Berbeli Wanning. Göttingen: 117–139.
Philipp, Maik (2008). *Lesen, wenn anderes und andere wichtiger werden. Empirische Erkundungen zur Leseorientierung in der peer group bei Kindern aus fünften Klassen*. Hamburg.
Philipp, Maik (2011a). *Lesesozialisation in Kindheit und Jugend. Lesemotivation, Leseverhalten und Lesekompetenz in Familie, Schule und Peer-Beziehungen*. Stuttgart.
Philipp, Maik (2011b). „,Zu Beginn wollte ich nur dem Jungen imponieren, aber dann fand ich Gefallen an Stephen King.' Peers als unterschätzte Ressource der Lesesozialisation". *Wenn Schriftaneignung (trotzdem) gelingt. Literale Sozialisation und Sinnerfahrung*. Hrsg. von Hansjakob Schneider. Weinheim/Basel: 9–15.
Philipp, Maik und Christine Garbe (2007). „Lesen und Geschlecht. Empirisch beobachtbare Achsen der Differenz". *Lesekompetenz – Leseleistung – Leseförderung. Grundlagen, Modelle und Materialien*. Hrsg. von Andrea Bertschi-Kaufmann. Zug: 66–83.
Piccolo, Fruttuoso (1999). *Buchstäblich – grenzüberschreitende Literatur. Dokumentation zeitgenössischer deutschsprachiger Autor(inn)en nichtdeutscher Muttersprache*. Sülbeck.
Pieper, Irene (2010). „Lese- und literarische Sozialisation". *Deutschunterricht in Theorie und Praxis*. Hrsg. von Michael Kämper-van den Boogaart und Kaspar H. Spinner. Baltmannsweiler: 87–147.
Pieper, Irene und Dorothee Wieser (2012). „Metaphernverstehen im Umgang mit lyrischen Texten. Zur Bestimmung von Interpretationsoperationen bei Schülerinnen und Schülern der Sekundarstufe I". *Fachliches Wissen und literarisches Verstehen. Studien zu einer brisanten Relation*. Hrsg. von Irene Pieper und Dorothee Wieser. Frankfurt a. M.: 171–192.

Pieper, Irene, Cornelia Rosebrock, Steffen Volz und Heike Wirthwein (2004). *Lesesozialisation in schriftfernen Lebenswelten. Lektüre und Mediengebrauch von HauptschülerInnen*. Weinheim/München.
Piepho, Hans-Eberhard (2007). *Narrative Dimensionen im Fremdsprachenunterricht*. Braunschweig.
Pietsch, Volker (2016). „Batmobil, Batboat, Batcave... Batlektüreschlüssel? Zum didaktischen Potenzial eines Media Franchise". *Serialität in Literatur und Medien*. Band 1: *Theorie und Didaktik*. Hrsg. von Petra Anders und Michael Staiger. Baltmannsweiler: 170–187.
Popp, Kristina (2005). *Goethe. Vorbild oder Denkbild. Goetherezeption im Deutschunterricht des späten 19. Jahrhunderts und im aktuellen Literaturunterricht*. Frankfurt a. M. u. a.
Poreda, Wolfgang (2011). „Eigene Texte inszenieren. Englische Theaterproduktionen in der Oberstufe". *Inszenierungen im Fremdsprachenunterricht. Grundlagen, Formen, Perspektiven*. Hrsg. von Almut Küppers, Torben Schmidt und Maik Walter. Braunschweig: 131–140.
Posner, Roland (1991). „Kultur als Zeichensystem. Zur semiotischen Explikation kulturwissenschaftlicher Grundbegriffe". *Kultur als Lebenswelt und Monument*. Hrsg. von Aleida Assmann und Dietrich Harth. Frankfurt a. M.: 37–74.
Praxis Fremdsprachenunterricht 55.52 (61).6 (2009) „Gender".
Preuße, Ute (1988). *Humanismus und Gesellschaft. Zur Geschichte des altsprachlichen Unterrichts in Deutschland von 1890 bis 1933*. Frankfurt a. M.
Preußisches Ministerium für Wissenschaft, Erziehung und Volksbildung (1938). *Erziehung und Unterricht in der Höheren Schule*. Berlin.
Quast, Walter (1923). „Die literarischen Neigungen im Kindes- und Jugendalter". *Zeitschrift für angewandte Psychologie* 21 (1923): 105–165.
Radtke, Frank-Olaf (2017). „Kategorie Kultur". *Umgang mit Heterogenität in Schule und Unterricht*. Hrsg. von Thorsten Bohl, Jürgen Budde und Markus Rieger-Ladich. Bad Heilbrunn: 61–76.
Radvan, Florian (2017). „Lesen". *Bonner Enzyklopädie der Globalität*. Band 1. Hrsg. von Ludger Kühnhardt und Tilman Mayer. Wiesbaden: 277–287.
Rajewsky, Irina O. (2002). *Intermedialität*. Tübingen/Basel.
Rajewsky, Irina O. (2004). „Intermedialität – eine Begriffsbestimmung". *Kompetenzen im Deutschunterricht. Beiträge zur Literatur-, Sprach- und Mediendidaktik*. Hrsg. von Heidi Rösch. Frankfurt a. M.: 8–30.
Rajewsky, Irina O. (2008). „Intermedialität und *remediation*. Überlegungen zu einigen Problemfeldern der jüngeren Intermedialitätsforschung". *Intermedialität. Analog/Digital. Theorien, Methoden, Analysen*. Hrsg. von Joachim Paech und Jens Schröter. München: 47–60.
Rajewsky, Irina (2019). „Literaturbezogene Intermedialität". *Intermedialität. Formen – Diskurse – Didaktik*. Hrsg. von Klaus Maiwald. Baltmannsweiler: 49–75.
Ramm, Hans-Christoph (1999). „Juliet's Courage. Genderproblematik in Shakespeares, Zeffirellis und Luhrmanns ‚Romeo and Juliet' in einem LK Englisch 13/1". *Neusprachliche Mitteilungen* 52.4 (1999): 247–252.
Rank, Bernhard (2001). „Per Mausklick in den Mattiswald. Kinderliteratur auf CD-ROM. Zur Bewertung multimedial aufbereiteter Spielgeschichten". *JuLit* 3 (2001): 24–30.
Rank, Bernhard (2014). „Zum Beispiel die jugendliterarische Dystopie. Über die Notwendigkeit eines Perspektivenwechsels bei einer Analyse eines aktuell erfolgreichen Genres". *Leseräume. Zeitschrift für Literalität in Schule und Forschung* 1. Paderborn: 1–11.
Rauch, Marja (2011). *Die Schule der Einbildungskraft. Zur Geschichte des Literaturunterrichts in der Romantik*. Frankfurt a. M. u. a.

Raumer, Rudolf von (1873). „Der Unterricht im Deutschen". *Geschichte der Pädagogik vom Wiederaufblühen klassischer Studien bis auf unsere Zeit.* Band 3. Hrsg. von Rudolf von Raumer. Gütersloh: 99–246.
Rayban, Chloë (1999). *Watching me, watching you. Back 2 back.* Glasgow.
Reeg, Ulrike (1988). *Schreiben in der Fremde. Literatur nationaler Minderheiten in der Bundesrepublik Deutschland.* Essen.
Regenbogen, Otto (1926). „Original oder Übersetzung?". *Das Gymnasium.* Hrsg. von Otto Morgenstern, Leipzig, 57–66.
Reich-Ranicki, Marcel (2014). *Meine Geschichte der deutschen Literatur. Vom Mittelalter bis zur Gegenwart.* Hrsg. von Thomas Anz. München.
Reichwein, Marc (2007). „Diesseits und jenseits des Skandals. Literaturvermittlung als zunehmende Inszenierung von Paratexten". *Literatur als Skandal. Fälle – Funktion – Folgen.* Hrsg. von Stefan Neuhaus und Johann Holzner. Göttingen: 89–99.
Reid, Alasdair (2012). „Environmental ethics in education". *PAN: Philosophy, activism, nature* 9 (2012): 48–54.
Reinartz, Andrea (2003). *‚Leben und Lernen sind weit auseinander!' Eine Studie zur Rezeption der Handlungsorientierten Didaktik durch Englischlehrerinnen und -lehrer am Gymnasium.* Wiesbaden.
Retzlaff, Steffi (2010). „Leben mit der Mauer. Reiner Kunzes Schießbefehl". *Scenario* IV.1 (2010). http://research.ucc.ie/scenario/2010/01/retzlaff/05/de (11. Dezember 2018), 54–83.
Richert, Hans (1920). *Die deutsche Bildungseinheit und die höhere Schule. Ein Buch von deutscher Nationalerziehung.* Tübingen.
Richter, Sandra (2017). *Eine Weltgeschichte der deutschsprachigen Literatur.* München.
Richter, Tobias und Ursula Christmann (2002). „Lesekompetenz. Prozessebenen und interindividuelle Unterschiede". *Lesekompetenz. Bedingungen, Dimensionen, Funktionen.* Hrsg. von Norbert Groeben und Bettina Hurrelmann. Weinheim/München: 25–58.
Ricœur, Paul (1984). *Time and narrative.* Chicago.
Rippl, Gabriele und Simone Winko (Hrsg.) (2013). *Handbuch Kanon und Wertung. Theorien, Instanzen, Geschichte.* Stuttgart.
Robert, Jörg (2014). *Einführung in die Intermedialität.* Darmstadt.
Rodriques, Maria (2010). „‚I think I can.' Building a sense of ecological efficacy in the classroom". *PAN. Philosophy, activism, nature* 7 (2010): 55–60.
Rohde, Carsten (2013). „Unendlichkeit des Erzählens? Zum Roman um die Jahrtausendwende". *Die Unendlichkeit des Erzählens. Der Roman in der deutschsprachigen Gegenwartsliteratur seit 1989.* Hrsg. von Carsten Rohde und Hansgeorg Schmidt-Bergmann. Bielefeld: 11–26.
Roloff, Volker (2008). „Intermedialität und Medienanthropologie. Anmerkungen zu aktuellen Problemlagen". *Intermedialität. Analog/Digital. Theorien, Methoden, Analysen.* Hrsg. von Joachim Paech und Jens Schröter. München: 15–29.
Rösch, Heidi (1992). *Migrationsliteratur im interkulturellen Kontext.* Frankfurt a. M.
Rösch, Heidi (1995). *Interkulturell unterrichten mit Gedichten. Zur Didaktik der Migrationslyrik.* Frankfurt a. M.
Rösch, Heidi (2004). „Migrationsliteratur als neue Weltliteratur?" *Sprachkunst. Beiträge zur Literaturwissenschaft. Zeitschrift der Österreichischen Akademie der Wissenschaften* 1 (2004): 89–110.
Rösch, Heidi (2013). „Interkulturelle Literaturdidaktik im Spannungsfeld von Differenz und Diskriminierung, Diversität und Hybridität". *‚Das ist bestimmt was Kulturelles.' Eigenes*

und Fremdes in Kinder- und Jugendmedien. Hrsg. von Petra Josting und Charlotte Röder. München: 21–32.
Rösch, Heidi (2015). „Culture-Clash-Komödien im Literaturunterricht der Sekundarstufen". *Interkulturalität und Transkulturalität in Drama, Theater und Film. Literaturwissenschaftliche und -didaktische Perspektiven*. Hrsg. von Christian Dawidowski, Anna R. Hoffmann und Benjamin Walter. Frankfurt a. M. u. a.: 193–216.
Rösch, Heidi (2016). „Von der Migrations- zur postmigrantischen Literatur? Ansätze einer postmigrantischen Lesart". *Neue Formen des Poetischen. Didaktische Potenziale von Gegenwartsliteratur*. Hrsg. von Irene Pieper und Tobias Stark. Frankfurt a. M. u. a.: 239–263.
Rösch, Heidi (2017). *Deutschunterricht in der Migrationsgesellschaft. Eine Einführung*. Stuttgart.
Rösch, Heidi (Hrsg.) (1989). *Literatur im interkulturellen Kontext*. Berlin.
Rosebrock, Cornelia (1995). „Literarische Sozialisation im Medienzeitalter. Ein Systematisierungsversuch zur Einleitung". *Lesen im Medienzeitalter. Biographische und historische Aspekte literarischer Sozialisation*. Hrsg. von Cornelia Rosebrock. Weinheim/München: 9–29.
Rosebrock, Cornelia (1999). „Zum Verhältnis von Lesesozialisation und literarischem Lernen". *Didaktik Deutsch* 4.6 (1999): 57–68.
Rosebrock, Cornelia und Daniel Nix ([7]2014). *Grundlagen der Lesedidaktik und der systematischen schulischen Leseförderung*. Baltmannsweiler.
Rössler, Andrea (2010). „Literarische Kompetenz". *Spanisch kompetenzorientiert unterrichten*. Hrsg. von Franz Joseph Meißner und Bernd Tesch. Seelze-Velber: 131–136.
Roth, Heinrich ([13]1971). *Pädagogische Psychologie des Lehrens und Lernens*. Hannover.
Rothfuchs, Julius ([3]1893). *Beiträge zur Methodik des altsprachlichen Unterrichts, insbesondere des Lateinischen*. Marburg.
Röttger, Brigitte (1974). „Literaturdidaktik und Literaturwissenschaft. Wandlungen fachdidaktischer Theoriebildung". *Deutschunterricht in der Diskussion*. Hrsg. von Dietrich Boueke. Paderborn: 124–141.
Rück, Heribert (1989). „Literarisches Curriculum". *Handbuch Fremdsprachenunterricht*. Hrsg. von Karl-Richard Bausch, Herbert Christ, Werner Hüllen und Hans-Jürgen Krumm. Tübingen/Basel: 440–444.
Rück, Heribert (1990). „Fremdsprachenunterricht als Literaturunterricht". *Literatur im Fremdsprachenunterricht. Fremdsprache im Literaturunterricht*. Hrsg. von Dietmar Fricke und Albert-Reiner Glaap. Frankfurt a. M.: 7–20.
Rueckert, William (1978). „Literature and ecology: An experiment in ecocriticism". *Iowa review* 9 (1978): 71–86.
Ruf, Oliver (2010). „Interkulturelles filmisches Erzählen. Fatih Akins ‚Gegen die Wand' und Jurij M. Lotmans ‚Raumsemantik' (Theorie, Lektüre, Vermittlung)". *Film im Literaturunterricht. Von der Frühgeschichte des Kinos bis zum Symmedium Film*. Hrsg. von Matthias Lorenz. Freiburg: 79–99.
Ruhm, Hannah (2014). *Narrative Kompetenz in der Fremdsprache Englisch. Eine empirische Studie zur Ausprägung mündlicher Erzählfertigkeiten am Ende der Sekundarstufe I*. Frankfurt a. M.
Rumelhart, David E. (1991). „Understanding understanding". *Memories, thoughts, and emotions. Essays in honor of George Mandler*. Hrsg. von William Kessen, Andrew Ortony und Fergus Craik. Hillsdale: 257–275.
Rupp, Barbara (1978). „Rezeptionshandlungen im Fremdsprachenunterricht. Ansätze zu einer handlungsorientierten Literaturdidaktik". *Literatur im Alltag und Unterricht*. Hrsg. von Harro Müller-Michaels. Kronberg: 83–119.

Rupp, Gerhard (1987). *Kulturelles Handeln mit Texten. Fallstudien aus dem Schulalltag.* Paderborn.
Rupp, Gerhard (2014). *Deutschunterricht lehren weltweit. Basiswissen für Master of Education-Studierende und Deutschlehrer/innen.* Baltmannsweiler.
Rupp, Gerhard (2016). „Fremde und vertraute Schwestern. Konstellationen interdisziplinärer Forschung in der Deutschdidaktik seit den 90er Jahren". *Interdisziplinäre Forschung in der Deutschdidaktik. ‚Fremde Schwestern' im Dialog.* Hrsg. von Iris Winkler und Frederike Schmidt. Frankfurt a. M.: 43–70.
Rüsen, Jörn (2013). *Historik. Theorie der Geschichtswissenschaft.* Köln.
Sachse, Kurt (1933). „Vorschläge zum altsprachlichen Lehrplan eines deutschen Gymnasiums". *Humanistische Bildung im nationalsozialistischen Staate. Neue Wege zur Antike 9.* Leipzig/Berlin: 59–80.
Sagdeo, Vishakha (2011). *Frauen schreiben dazwischen. Eine interkulturelle Studie über die Migration von Frauen und die Globalisierung der Literatur am Beispiel des Romanwerks von Anita Desai und Emine Sevgi Özdamar.* Würzburg.
Sam, Anna (2008). *Les tribulations d'une caissière.* Paris.
Sambanis, Michaela (2013). *Fremdsprachenunterricht und Neurowissenschaften.* Tübingen.
Sambanis, Michaela (2016). „Dramapädagogik im Fremdsprachenunterricht. Überlegungen aus didaktischer und neurowissenschaftlicher Sicht". *Performatives Lehren, Lernen, Forschen. Performative teaching, learning, research.* Hrsg. von Susanne Even und Manfred Schewe. Berlin: 47–66.
Schabert, Ina (1997). *Englische Literaturgeschichte. Eine neue Darstellung aus Sicht der Geschlechterforschung.* Stuttgart.
Schabert, Ina (2006). *Englische Literaturgeschichte des 20. Jahrhunderts. Eine neue Darstellung aus Sicht der Geschlechterforschung.* Stuttgart.
Schadewaldt, Wolfgang (1956). „Gedanken zu Ziel und Gestaltung des Unterrichts in den alten Sprachen auf der Oberstufe unserer altsprachlichen Gymnasien". *Gymnasium* 63 (1956): 298–318.
Schadewaldt, Wolfgang (1960a [1956]). „Sinn und Wert der humanistischen Bildung in unserer Zeit". *Hellas und Hesperien.* Hrsg. von Wolfgang Schadewaldt. Zürich: 934–941.
Schadewaldt, Wolfgang (1960b). „Das humanistische Bildungsideal und die Forderungen unserer Zeit". *Hellas und Hesperien.* Hrsg. von Wolfgang Schadewaldt. Zürich: 942–950.
Schädlich, Birgit (2004). „‚... an der Quelle Durst zu leiden.' Überlegungen zum Verhältnis von Literaturdidaktik und Hochschullehre am Beispiel der romanistischen Literaturwissenschaft". *Literaturdidaktik im Dialog.* Hrsg. von Lothar Bredella, Werner Delanoy und Carola Surkamp. Tübingen: 289–312.
Schädlich, Birgit (2009). *Literatur Lesen Lernen. Literaturwissenschaftliche Seminare aus der Perspektive von Lehrenden und Studierenden. Eine qualitativ-empirische Studie.* Trier.
Schädlich, Birgit und Carola Surkamp (2015). „Textrezeptionsprozesse von Schülerinnen und Schülern in handlungsorientierten Unterrichtsszenarien. Unterrichtsvideographie im fremdsprachlichen Literaturunterricht". *Literarisch-ästhetisches Lernen im Fremdsprachenunterricht. Theorie – Empirie– Unterrichtsperspektiven.* Hrsg. von Lutz Küster, Christiane Lütge und Katharina Wieland. Frankfurt a. M.: 69–89.
Schauer, Markus (2005). „Friedrich Immanuel Niethammer und der bildungspolitische Streit des Philanthropinismus und Humanismus um 1800". *Pegasus Onlinezeitschrift* V.1 (2005): 28–45.
Scheindler, August (1913). *Methodik des Unterrichts in der lateinischen Sprache.* Wien.

Scheindler, August (Hrsg.) (1915). *Methodik des Unterrichts in der griechischen Sprache*. Wien.
Schelle, K. G. (1804). *Welche alte klassische Autoren, wie, in welcher Folge und Verbindung mit andern Studien soll man sie auf Schulen lesen?* Leipzig.
Scheller, Ingo (1998). *Szenisches Spiel. Handbuch für pädagogische Praxis*. Berlin.
Scheller, Ingo (2004). *Szenische Interpretation. Theorie und Praxis eines handlungs- und erfahrungsbezogenen Literaturunterrichts in Sekundarstufe I und II*. Seelze-Velber.
Scheller, Ingo (2008). *Szenische Interpretation von Dramentexten. Materialien für die Einfühlung in Rollen und Szenen*. Baltmannsweiler.
Scherf, Daniel (2013). *Leseförderung aus Lehrersicht. Eine qualitativ-empirische Untersuchung professionellen Wissens*. Wiesbaden.
Schewe, Manfred (1993). *Fremdsprache inszenieren. Zur Fundierung einer dramapädagogischen Lehr- und Lernpraxis*. Oldenburg [Online abrufbar: https://cora.ucc.ie/bitstream/handle/10468/561/MS_FremdspracheAV1993.pdf?sequence=4und isAllowed=y (11. Dezember 2018)].
Schewe, Manfred (2011). „Die Welt auch im fremdsprachlichen Unterricht immer wieder neu verzaubern. Plädoyer für eine performative Lehr- und Lernkultur". *Inszenierungen im Fremdsprachenunterricht. Grundlagen, Formen, Perspektiven*. Hrsg. von Almut Küppers, Torben Schmidt und Maik Walter. Braunschweig: 20–31.
Schewe, Manfred (2015). „Fokus Fachgeschichte. Die Dramapädagogik als Wegbereiterin einerperformativen Fremdsprachendidaktik". *Dramendidaktik und Dramapädagogik*. Hrsg. von Wolfgang Hallet und Carola Surkamp. Trier: 21–36.
Schewe, Manfred und Heinz Wilms (1995). *Texte lesen und inszenieren. Alfred Andersch: Sansibar oder der letzte Grund*. München.
Schewe, Manfred und Susanne Even (Hrsg.) (2014). *Scenario. Language – Culture – Literature* VIII.01 (2014). http://research.ucc.ie/scenario/2014/01 (11. Dezember 2018).
Schewe, Manfred und Susanne Even (Hrsg.) (2015). *Scenario. Language – Culture – Literature* IX.01 (2015). http://research.ucc.ie/scenario/2015/01 (11. Dezember 2018).
Schiedermair, Simone (2011). „Text zwischen Sprache und Kultur". *Deutsch als Fremdsprache und Literaturwissenschaft. Zugriffe, Themenfelder, Perspektiven*. Hrsg. von Michael Ewert, Renate Riedner und Simone Schiedermair. München: 173–188.
Schierloh, Heimke (1984). *Das alles für ein Stück Brot. Migrantenliteratur als Objektivierung des ‚Gastarbeiterdaseins' mit einer Textsammlung*. Frankfurt a. M.
Schilcher, Anita (2007). „Der Herr der Diebe (Cornelia Funke). Ein intermedialer Zugang zu einem modernen Klassiker der Kinder- und Jugendliteratur". *Kinder- und Jugendliteratur im Medienverbund. Grundlagen, Beispiele und Ansätze für den Deutschunterricht*. Hrsg. von Petra Josting und Klaus Maiwald. München: 168–179.
Schilcher, Anita und Markus Pissarek (^{3}2015 [2013]). *Auf dem Weg zur literarischen Kompetenz. Ein Modell literarischen Lernens auf semiotischer Grundlage*. Baltmannsweiler.
Schiller, Friedrich (1879). „An die Freude". Schiller, Friedrich. *Schillers Sämmtliche Werke*. Erster Band. Stuttgart: 135–136 [Online abrufbar: http://gutenberg.spiegel.de/buch/gedichte-9097/27 (11. Dezember 2018)].
Schiller, Friedrich (1966 [1793]). „Über die ästhetische Bildung des Menschen in einer Reihe von Briefen". Schiller, Friedrich. *Werke in drei Bänden*. Band 2. München: 445–520.
Schiller, Friedrich (2000 [1795]). *Über die ästhetische Erziehung des Menschen*. Stuttgart.
Schiller, Hermann (1896). *Handbuch der praktischen Pädagogik*. Leipzig.
Schings, Hans-Jürgen (1980). *Der mitleidigste Mensch ist der beste Mensch. Poetik des Mitleids von Lessing bis Büchner*. München.

Schinschke, Andrea (1995). *Literarische Texte im interkulturellen Lernprozeß. Zur Verbindung von Literatur und Landeskunde im Fremdsprachenunterricht Französisch*. Tübingen.
Schlick Noe, Katherine L. und Nancy J. Johnson (1999). *Getting started with literature circles*. Norwood.
Schliebe-Lippert, Elisabeth (1950). „Der Mensch als Leser. Entwicklungsverlauf der literarästhetischen Erlebnisfähigkeit". *Begegnung mit dem Buch*. Hrsg. von Else Schmücker. Ratingen: 47–59.
Schmid, Karl Adolf (Hrsg.) (1970 [1884–1902]). *Geschichte der Erziehung vom Anfang bis auf unsere Zeit*. Fortgeführt von Georg Schmid. Aalen.
Schmidt, Erich (1886). „Wege und Ziele der deutschen Literaturgeschichte". *Charakteristiken*. Berlin: 480–498.
Schmidt, Isolde (2008). „Textorientierung – Schülerorientierung. Komplementarität statt Dichotomie bei der Behandlung dramatischer Texte". *Moderne Dramendidaktik für den Englischunterricht*. Hrsg. von Rüdiger Ahrens, Maria Eisenmann und Matthias Merkl. Heidelberg: 19–35.
Schmidt, Johann N. (1998). „Comic und Architektur. Faszination und Alptraum der vertikalen Stadt". *Intermedialität. Theorie und Praxis eines interdisziplinären Forschungsgebiets*. Hrsg. von Jörg Helbig. Berlin: 230–243.
Schmidt, Siegfried J. (1982). *Grundriß der Empirischen Literaturwissenschaft*. Teilband 2: *Zur Rekonstruktion literaturwissenschaftlicher Fragestellungen in einer Empirischen Theorie der Literatur*. Frankfurt a. M.
Schmidt, Siegfried J. (1994a). *Kognitive Autonomie und soziale Orientierung. Konstruktivistische Bemerkungen zum Zusammenhang von Kognition, Kommunikation, Medien und Kultur*. Frankfurt a. M.
Schmidt, Siegfried J. (1994b). „Konstruktivismus in der Medienforschung. Konzepte, Kritiken, Konsequenzen". *Die Wirklichkeit der Medien. Eine Einführung in die Kommunikationswissenschaft*. Hrsg. von Klaus Merten, Siegfried J. Schmidt und Siegfried Weischenberg. Opladen: 592–623.
Schmidt, Siegfried J. (2003). *Geschichten & Diskurse. Abschied vom Konstruktivismus*. Reinbek b. Hamburg.
Schmidt, Siegfried J. (2008). „Medienkulturwissenschaft". *Konzepte der Kulturwissenschaften. Theoretische Grundlagen – Ansätze – Perspektiven*. Hrsg. von Ansgar und Vera Nünning. Stuttgart: 351–369.
Schmidt, Siegfried J. (^{2}2012). „Der Medienkompaktbegriff". *Was ist ein Medium?* Hrsg. von Stefan Münker und Alexander Roesler. Frankfurt a. M.: 144–157.
Schmitz, Ulrich (1997). „Schriftliche Texte in multimedialen Kontexten". *Sprachwandel durch Computer*. Hrsg. von Rüdiger Weingarten. Opladen: 131–158.
Schmitz, Walter (2013). *Handbuch der Literatur der Migration im deutschsprachigen Raum seit 1945*. Dresden.
Schnaitmann, Gerhard (1996). „Methodische Ansätze und praktische Beispiele bei der Erforschung von Lernprozessen". *Theorie und Praxis der Unterrichtsforschung. Methodologische und praktische Ansätze zur Erforschung von Lernprozessen*. Hrsg. von Gerhard Schnaitmann. Donauwörth: 17–40.
Schneider, Irmela (2008). „Mediennutzung. Eine intermediale Kulturtechnik". *Intermedialität. Analog/Digital. Theorien, Methoden, Analysen*. Hrsg. von Joachim Paech und Jens Schröter. München: 113–126.

Schön, Erich (1987). *Der Verlust der Sinnlichkeit oder Die Verwandlungen des Lesers. Mentalitätswandel um 1800*. Stuttgart.
Schön, Erich (1991). „Leseerfahrungen in Kindheit und Jugend". *In Sachen Lesekultur*. Hrsg. vom Bundesministerium für Bildung und Wissenschaft. Bonn: 116–137.
Schönauer-Schneider, Wilma (2012). „Sprachförderung durch dialogisches Bilderbuchlesen". *Deutsche Sprache in Kindergarten und Vorschule*. Hrsg. von Herbert Günther und Walter Rolf Bindel. Baltmannsweiler: 238–266.
Schönbrunn, Walter (1929). „Die Not des Literaturunterrichts in der großstädtischen Schule". *Die Erziehung* (1929): 252–259.
Schönbrunn, Walter (1971). „Das Erlebnis der Dichtung in der Schule". *Der Literaturunterricht*. Hrsg. von Dietrich Boueke. Weinheim/Berlin/Basel: 151–156.
Schrader, Wilhelm (1868). *Erziehungs- und Unterrichtslehre für Gymnasien und Realschulen*. Berlin.
Schreier, Margrit und Gerhard Rupp (2002). „Ziele/Funktionen der Lesekompetenz im medialen Umbruch". *Lesekompetenz. Bedingungen, Dimensionen, Funktionen*. Hrsg. von Norbert Groeben und Bettina Hurrelmann. Weinheim/München: 251–274.
Schrey, Helmut (1982). *Anglistisches Kaleidoskop. Zur Geschichte der Anglistik und des Englischunterrichts in Deutschland*. Sankt Augustin.
Schreyer, Rüdiger (1978). „Englische Oberstufenlektüre in Nordrhein-Westfalen. Ergebnisse einer Umfrage bei den Studienanfängern der Anglistik im Wintersemester 1975/76". *Neusprachliche Mitteilungen* 31 (1978): 82–90.
Schröder, Anne, Ulrich Busse und Ralf Schneider (Hrsg.) (2012). *Codification, canons, and curricula. Description and prescription in language and literature*. Bielefeld.
Schröder, Gottfried (1977). „Sprache in der Literatur". *Neue Perspektiven der Fremdsprachendidaktik*. Hrsg. von Hans Hunfeld. Kronberg: 157–165.
Schröder, Konrad (2001). „Thesen zur überfälligen Reform des Englischunterrichts der gymnasialen Oberstufe und zu einem fachspezifischen Kerncurriculum". *Kerncurriculum Oberstufe. Mathematik – Deutsch – Englisch. Expertisen. Im Auftrag der Ständigen Konferenz der Kultusminister*. Hrsg. von Heinz-Elmar Tenorth. Weinheim u. a.: 162–194.
Schuenke, Christa (1999). *Die Sonette. Zweisprachige Ausgabe*. München.
Schuh, Nathalie-Anne (2014). *Dramapädagogische Methoden und affektive Dimension fremdsprachlicher literarischer Kompetenz*. Unveröffentlichte MA-Dissertation, Freie Universität Berlin.
Schülting, Sabine (^{5}2009). „Die späten Tragödien. ‚Macbeth'". *Shakespeare-Handbuch. Die Zeit – Der Mensch – Das Werk – Die Nachwelt*. Hrsg. von Ina Schabert. Stuttgart: 554–563.
Schulze-Bergmann, Joachim (2015). *Werte im Literaturunterricht. Entwicklungspsychologische Grundlagen, professionelles Lehrverhalten, methodische Schritte zur Arbeit in heterogenen Gruppen*. Frankfurt a. M. u. a.
Schumann, Adelheid (2008). „Transkulturalität in der Romanistischen Literaturdidaktik. Kulturwissenschaftliche Grundlagen und didaktische Konzepte am Beispiel der *littérature beur*". *Fremdsprachen Lehren und Lernen* 37 (2008): 81–94.
Schuster, Mauriz (1926). *Altertum und deutsche Kultur*. Wien.
Schütz, Erhard und Walter Raitz (Hrsg.) (1976). *Der alte Kanon neu. Zur Revision des literarischen Kanons in Wissenschaft und Unterricht*. Opladen.
Seel, Martin (1996). *Eine Ästhetik der Natur*. Frankfurt a. M.

Şenocak, Zafer (1986). „Plädoyer für eine Brückenliteratur". *Eine nicht nur deutsche Literatur. Zur Standortbestimmung der ‚Ausländerliteratur'*. Hrsg. von Irmgard Ackermann und Harald Weinrich. München: 65–69.
Seybold, Hansjörg (1990). „Erziehung zu umweltgerechten Handeln. Eine Lösung der Umweltkrise?" *Umweltplanung, Umweltrecht und Umweltbewusstsein*. Hrsg. von Hansjörg Seybold. Ludwigsburg: 142–155.
Shelley, Mary (2000). *Frankenstein*. Oxford.
Showalter, Elaine (2003). *Teaching literature*. Malden.
Shulman, Lee (2012). „From Minsk to Pinsk. Why a scholarship of teaching and learning?" *Journal of scholarship of teaching and learning* 1.1 (2012): 48–53. http://josotl.indiana.edu/article/view/1582 (11. Dezember 2018).
Sieferle, Rolf-Peter (1994). *Epochenwechsel. Die Deutschen an der Schwelle zum 21. Jahrhundert*. Berlin.
Siegal, Michael und Rosemary Varley (2002). „Neural systems involved in ‚Theory of Mind'". *Nature reviews neuroscience* 3 (2002): 463–471.
Siege, Hannes und Jörg-Robert Schreiber (²2015). *Orientierungsrahmen für den Lernbereich Globale Entwicklung im Rahmen einer Bildung für nachhaltige Entwicklung*. Bonn.
Simić, Dijana (2015). *Poetik des Nirgendwo – Ansätze interkultureller Migrationsliteratur. Eine Analyse ausgewählter Werke von Aleksandar Hemon und Bekim Sejranović*. Hamburg.
Slevin, James F. und Art Young (1996). *Critical theory and the teaching of literature. Politics, curriculum, pedagogy*. Illinois.
Sölçün, Sargut (1992). *Sein und Nichtsein. Zur Literatur in der multikulturellen Gesellschaft*. Bielefeld.
Sollors, Werner (Hrsg.) (1998). *Multilingual America. Transnationalism, ethnicity, and the languages of American literature*. New York.
Sommer, Roy (2001). *Fictions of Migration. Ein Beitrag zur Theorie und Gattungstypologie des zeitgenössischen interkulturellen Romans in Großbritannien*. Trier.
Sørensen, Bengt Algot (2012/2016). *Geschichte der deutschen Literatur*. 2 Bände. München.
Souvignier, Elmar und Isabel Trenk-Hinterberger (²2013). *Wir sind Textdetektive*. Göttingen.
Sperlich, Christine (2013). *Bewundert viel und viel gescholten. Schiller im Deutschunterricht. Rezeptionsgeschichte eines Klassikers*. Baltmannsweiler.
Spieler, Josef (Hrsg.) (1932). *Lexikon der Pädagogik der Gegenwart*. Zweiter Band: Kinderfürsorge bis Zwangszustände. Freiburg i. Br.
Spilleke, August (1921). *Ueber das Wesen der Gelehrten-Schule*. Berlin.
Spinner, Kaspar H. (1993). „Von der Notwendigkeit produktiver Verfahren im Literaturunterricht". *Diskussion Deutsch* 24.2 (1993): 491–496.
Spinner, Kaspar H. (1995a). *Umgang mit Lyrik in der Sekundarstufe I*. Baltmannsweiler.
Spinner, Kaspar H. (1995b). „Poststrukturalistische Lektüre im Unterricht – am Beispiel der Grimmschen Märchen". *Der Deutschunterricht* 47.6 (1995): 9–18.
Spinner, Kaspar H. (2001). *Kreativer Deutschunterricht. Identität – Imagination – Kognition*. Seelze-Velber.
Spinner, Kaspar H. (2002). „Handlungs- und produktionsorientierter Literaturunterricht". *Grundzüge der Literaturdidaktik*. Hrsg. von Klaus-Michael Bogdal und Hermann Korte. München: 247–257.
Spinner, Kaspar H. (2004a). „Literarisches Verstehen und die Grenzen von PISA". *Wege zum Lesen und zur Literatur*. Hrsg. von Gerhard Härle. Baltmannsweiler: 169–177.

Spinner, Kaspar H. (2004b). „Werteorientierung im literar-ästhetischen Unterricht". *Werteorientierter Unterricht. Eine Herausforderung für die Schulfächer*. Hrsg. von Eva Matthes. Donauwörth: 102–113.
Spinner, Kaspar H. (2005). „Der standardisierte Schüler. Rede bei der Entgegennahme des Erhard-Friedrich-Preises für Deutschdidaktik am 27. Sept. 2004". *Didaktik Deutsch* 18 (2005): 4–13.
Spinner, Kaspar H. (2006). „Literarisches Lernen". *Praxis Deutsch* 33.200 (2006): 6–16.
Spinner, Kaspar H. (2007). „Lesen als ästhetische Bildung". *Lesekompetenz – Leseleistung – Leseförderung. Grundlagen, Modelle und Materialien*. Hrsg. von Andrea Bertsch-Kaufmann. Seelze-Velber/Zug: 83–95.
Spinner, Kaspar H. (2008). „Bildungsstandards und Literaturunterricht". *Zeitschrift für Erziehungswissenschaft* 10.9 (2008): 313–323.
Spinner, Kaspar H. (2015). „Elf Aspekte auf dem Prüfstand. Verbirgt sich in den elf Aspekten literarischen Lernens eine Systematik?" *Leseräume. Zeitschrift für Literalität in Schule und Forschung* 2.2 (2015): 188–194. http://leseräume.de/wp-content/uploads/2015/10/lr-2015-1-spinner.pdf (10. Dezember 2016).
Spinner, Kaspar H. (2016). „Atmosphäre: ökologisch, ästhetisch und didaktisch". *Kulturökologie und Literaturdidaktik*. Hrsg. von Sieglinde Grimm und Berbeli Wanning. Göttingen: 309–323.
Spinner, Kaspar H. (Hrsg.) (1999). *Neue Wege im Literaturunterricht. Informationen, Hintergründe, Arbeitsanregungen*. Hannover.
Spranger, Eduard (1924). *Psychologie des Jugendalters*. Leipzig.
Staiger, Emil (1977). *Die Kunst der Interpretation. Studien zur deutschen Literaturgeschichte*. München.
Staiger, Michael (2007). *Medienbegriffe. Mediendiskurse. Medienkonzepte. Bausteine einer Deutschdidaktik als Medienkulturdidaktik*. Baltmannsweiler.
Standke, Jan (2014). „Gegenwartsliteraturforschung – Gegenwartsliteraturunterricht? Thomas Glavinics Romane in literaturwissenschaftlicher und deutschdidaktischer Perspektive". *Die Romane Thomas Glavinics. Literaturwissenschaftliche und deutschdidaktische Perspektiven*. Hrsg. von Jan Standke. Frankfurt a. M.: 19–54.
Standke, Jan (2015). *Gebrochene Wirklichkeit. Daniel Kehlmanns Romane und Erzählungen im Deutschunterricht*. Baltmannsweiler.
Standke, Jan (Hrsg.) (2016). *Wolfgang Herrndorf lesen*. Trier.
Starre, Alexander (2010). „Always already green. Zur Entwicklung und den literaturtheoretischen Prämissen des amerikanischen Ecocriticism". *Ökologische Transformationen und literarische Repräsentationen*. Hrsg. von Maren Ermisch, Ulrike Kruse und Urte Stobbe. Göttingen: 13–34.
Stefanova, Pavlina (2005). „Kinderliteratur im Fremdsprachenunterricht der Grundschule". *Kernfragen des Fremdsprachenunterrichts in der Grundschule*. Hrsg. von Peter Doyé. Braunschweig: 80–93.
Steininger, Ivo (2014). *Modellierung literarischer Kompetenz. Eine qualitative Studie im Fremdsprachenunterricht der Sekundarstufe I*. Tübingen.
Steinke, Ines (2003). „Gütekriterien qualitativer Forschung". *Qualitative Forschung. Ein Handbuch*. Hrsg. von Uwe Flick et al. Reinbek b. Hamburg: 319–330.
Stemmer-Rathenberg, Anke (2011). *Zur Nachahmung empfohlen! Imitatives Schreiben zu Prosatexten*. Baltmannsweiler.
Stephan, Gerhard (1990). „,Machet Euch die Erde untertan' – Ein Missverständnis? Die ökologische Krise als Herausforderung der christlichen Theologie". *Umweltplanung,*

Umweltrecht und Umweltbewusstsein. Hrsg. von Hansjörg Seybold. Ludwigsburg: 156–180.

Stierstorfer, Klaus (2014). „Robert Chambers (1802–1871). Wie die Literaturgeschichtsschreibung die Evolutionstheorie erfand". *Literaturgeschichte. Theorien – Modelle – Praktiken*. Hrsg. von Matthias Buschmeyer, Walter Erhart und Kai Kauffmann. Berlin/Boston: 213–230.

Stiftung Lesen (2009). *Vorlesestudie 2009. Warum Väter nicht vorlesen*. https://www.stiftunglesen.de/download.php?type=documentpdf&id=3. Mainz (11. Dezember 2018).

Sting, Wolfgang (2012). „Performance und Theater als anderes Sprechen". *Scenario* VI.1 (2012). http://research.ucc.ie/scenario/2012/01/sting/04/de (25. September 2017).

Stolarczyk-Gembiak, Anna (2015). „Migrationsliteratur als transkulturelle und transnationale ‚andere Literatur' oder ‚neue Weltliteratur'? Der Forschungsstand". *Koniner Sprachstudien* 3.2 (2015): 187–201. http://www.ksj.pwsz.konin.edu.pl/wp-content/uploads/2016/01/KSJ-32-187-201.pdf (11. Dezember 2018).

Stöver-Blahak, Anke (2012). *Sprechen und Vortragen lernen im Fremdsprachenunterricht. Interpretativ, kreativ und ganzheitlich mit Gedichten*. Frankfurt a. M.

Straub, Jürgen (2007). „Kultur". *Handbuch interkulturelle Kommunikation und Kompetenz. Grundbegriffe – Theorien – Anwendungsfelder*. Hrsg. von Jürgen Straub, Arne Weidemann und Doris Weidemann. Stuttgart: 7–24.

Strauß, Botho (2004). „Zeitgeist – Orpheus aus der Tiefgarage. Botho Strauß über Gene, Liebe und die Verbrechen der Intimität". *Der Spiegel* 9 (2004). http://www.spiegel.de/spiegel/print/d-30020354.html (11. Dezember 2018).

Stredder, James (2006). „Shakespeare spielen – das Klassenzimmer als Bühne". *Shakespeare didaktisch I. Neue Perspektiven für den Unterricht*. Hrsg. von Roland Petersohn und Laurenz Volkmann. Tübingen: 19–42.

Stuck, Elisabeth (2013). „Universitäre Curricula". *Handbuch Kanon und Wertung. Theorien, Instanzen, Geschichte*. Hrsg. von Gabriele Rippl und Simone Winko. Stuttgart: 169–172.

Stummer, Peter (1978). „Zur feministischen Prosa. Eine Bestandsaufnahme". *Anglistik & Englischunterricht*. Band 5: *Literatur in der Schule*. Trier: 85–101.

Sturm-Trigonakis, Elke (2007). *Global playing in der Literatur. Ein Versuch über die Neue Weltliteratur*. Würzburg.

Sullivan, Heather I. (2015). „New Materialism". *Ecocriticism. Eine Einführung*. Hrsg. von Gabriele Dürbeck und Urte Stobbe. Köln/Weimar/Wien: 57–67.

Surkamp, Carola (2004). „Spielfilme im fremdsprachlichen Literaturunterricht. Beitrag zu einer kulturwissenschaftlichen Filmdidaktik". *Literaturdidaktik im Dialog*. Hrsg. von Lothar Bredella, Werner Delanoy und Carola Surkamp. Tübingen: 239–267.

Surkamp, Carola (2007). „Handlungs- und Produktionsorientierung im fremdsprachlichen Literaturunterricht". *Neue Ansätze und Konzepte der Literatur- und Kulturdidaktik*. Hrsg. von Wolfgang Hallet und Ansgar Nünning. Trier: 89–106.

Surkamp, Carola (2009). „Literaturverfilmungen im Unterricht. Die Perspektive der Fremdsprachendidaktik". *Film im Fremdsprachenunterricht. Literarische Stoffe, interkulturelle Ziele, mediale Wirkung*. Hrsg. von Eva Leitzke-Ungerer. Stuttgart: 61–80.

Surkamp, Carola (2010). „Literaturdidaktik". *Handbuch Fremdsprachendidaktik*. Hrsg. von Wolfgang Hallet und Frank G. Königs. Seelze-Velber: 137–141.

Surkamp, Carola (2012). „Literarische Texte im kompetenzorientierten Fremdsprachenunterricht". *Kompetenzaufgaben im Englischunterricht. Grundlagen und Unterrichtsbeispiele*. Hrsg. von Wolfgang Hallet und Ulrich Krämer. Seelze-Velber: 77–90.

Surkamp, Carola (2013). „Geschichte der Kanones englischsprachiger Literatur an deutschen Schulen". *Handbuch Kanon und Wertung. Theorien, Instanzen, Geschichte.* Hrsg. von Gabriele Rippl und Simone Winko. Stuttgart: 193–200.

Surkamp, Carola (2015). „Playful learning with short plays". *Learning with literature in the EFL classroom.* Hrsg. von Werner Delanoy, Maria Eisenmann und Frauke Matz. Frankfurt a. M.: 141–156.

Surkamp, Carola (2016). „On the history of the canons of English literature at German schools". *The institution of English literature. Formation and mediation.* Hrsg. von Barbara Schaff, Johannes Schlegel und Carola Surkamp. Göttingen: 257–271.

Surkamp, Carola (2017a). „Inklusiver Fremdsprachenunterricht. Zum Potential von Literatur und handlungsorientierten Zugängen". *Inklusion, Diversität und das Lehren und Lernen fremder Sprachen.* Hrsg. von Eva Burwitz-Melzer et al. Tübingen: 315–326.

Surkamp, Carola (Hrsg.) (²2017b). *Metzler Lexikon Fremdsprachendidaktik. Ansätze – Methoden – Grundbegriffe.* Stuttgart/Weimar.

Surkamp, Carola und Ansgar Nünning (⁴2016). *Englische Literatur unterrichten 1. Grundlagen und Methoden.* Seelze-Velber.

Surkamp, Carola und Wolfgang Hallet (2015). „Dramendidaktik und Dramapädagogik im Fremdsprachenunterricht. Zur Einleitung". *Handbuch Dramendidaktik und Dramapädagogik im Fremdsprachenunterricht.* Hrsg. von Wolfgang Hallet und Carola Surkamp. Trier: 1–18.

Szczyrba, Birgit (2005). „Lehren und Lernen aufeinander beziehen. Eine beziehungswissenschaftliche Sicht auf die Hochschullehre". *The shift from teaching to learning. Konstruktionsbedingungen eines Ideals.* Hrsg. von Ulrich Welbers, Olaf Gaus und Bianca Wagner. Bielefeld: 307–313.

Taubenböck, Andrea (2004). „If it ain't a pleasure, it ain't a poem. Lyrik – eine Gattung, die begeistern kann". *Der Fremdsprachliche Unterricht Englisch* 67 (2004): 4–9.

Taubenböck, Andrea (2006). „Sonette und ihre Übersetzungen". *Shakespeare didaktisch I.* Hrsg. von Roland Petersohn und Laurenz Volkmann. Tübingen: 183–196.

Taufiq, Suleman (1985). „Was uns bewegt. Bedingungen und Ziele des Schreibens der in Deutschland lebenden ausländischen Autoren". *Evangelische Akademie Iserlohn. Tagungsprotokoll* 26 (1985): 65–69.

Tebbutt, Susan (2008). „I like Irish-German literature – und du? Intercultural explorations". *Intercultural connections within German and Irish children's literature.* Hrsg. von Susan Tebbutt und Joachim Fischer. Trier: 99–111.

Teichert, Dieter (2014). „Narrative Identitäten. Zur Konzeption einer textuellen Konstitution des Selbst". *Wahrheit, Wissen und Erkenntnis in der Literatur. Philosophische Beiträge.* Hrsg. von Christoph Demmerling und Ingrid Vendrell Ferran. Berlin: 315–334.

Tenorth, Heinz-Elmar (1994). *‚Alle alles zu lehren.' Möglichkeiten und Perspektiven allgemeiner Bildung.* Darmstadt.

Tenorth, Heinz-Elmar (2010). „Historische Bildungsforschung". *Handbuch Bildungsforschung.* Hrsg. von Rudolf Tippelt und Bernhard Schmidt. Wiesbaden: 135–153.

Teranishi, Masayuki, Yoshifumi Saito und Katie Wales (Hrsg.) (2015). *Literature and language learning in the EFL classroom.* Basingstoke.

Terhart, Ewald (2008). „Allgemeine Didaktik. Traditionen, Neuanfänge, Herausforderungen". *Zeitschrift für Erziehungswissenschaft* 10. Sonderheft 9 (2008): 13–34.

Thaler, Engelbert (2004). „‚I quote others only in order the better to express myself'. Aphorismen als Lernzünder". *Der Fremdsprachliche Unterricht Englisch* 67 (2004): 36–41.

Thaler, Engelbert (2005). „Henry James meets Sting. Ein literarisch-multimediales Unterrichtsprojekt". *I too sing America. Perspectives on America. Perspektiven auf Amerika.* Hrsg. von Marita Schocker-von Ditfurth und Engelbert Thaler. Freiburg: 37–45.
Thaler, Engelbert (2008). *Offene Lernarrangements im Englischunterricht.* Berlin/New York.
Thaler, Engelbert (2010). *Lernerfolg durch ‚Balanced Teaching'.* Berlin.
Thaler, Engelbert (2012). *Englisch unterrichten.* Berlin.
Thaler, Engelbert (2017). „Englischdidaktik. State of the Art (Forschungsüberblick 2000–2016)". *Fremdsprachen Lehren und Lernen* 1 (2017): 115–131.
Thaler, Engelbert (²2014). *Teaching English with films.* Paderborn.
Thaler, Engelbert (²2016). *Teaching English literature.* Paderborn.
Thaulow, Gustav (1858). *Die Gymnasial-Pädagogik im Grundrisse.* Kiel.
The New London Group (1996). „A pedagogy of multiliteracies. Designing social futures". *Harvard educational review* 66.1 (1996): 60–92.
The New London Group (2000). „A pedagogy of multiliteracies". *Multiliteracies. Literacy learning and the design of social futures.* Hrsg. von Bill Cope und Mary Kalantzis. London/ New York: 9–37.
Thielking, Sigrid (2003a). „Turmgesellschafter und Kompetenzvermittler. Konturen des Literaturunterrichts nach der PISA-Studie". *Deutschunterricht und Deutschdidaktik nach PISA.* Hrsg. von Ulf Abraham, Albert Bremerich-Vos, Volker Frederking und Petra Wieler. Freiburg: 121–134.
Thielking, Sigrid (2003b). „Didaktik der Literaturgeschichte als permanente Umbaulandschaft. Zum Beispiel ‚Poetischer' Realismus". *Der Deutschunterricht* 55.6 (2003): 44–53.
Thoms, Joshua J. (2014). „An ecological view of whole-class discussions in a second language literature classroom. Teacher reformulations as affordances for learning". *The modern language journal* 98.3 (2014): 724–741.
Tillyard, E. M. W. (1943). *The Elizabethan world picture.* London.
Tinter, Nina (2012). „Ein ‚Sorgenkind' der Deutschdidaktik? Deutschdidaktische Perspektiven auf den Gegenstand der Literaturgeschichte". *Literaturgeschichtsschreibung im 21. Jahrhundert. Konzepte in Wissenschaft und Schule. Mitteilungen des Deutschen Germanistenverbands* 59.4 (2012): 379–397.
Töchterle, Karlheinz (1978). *Ciceros Staatsschrift im Unterricht. Eine historische und systematische Analyse ihrer Behandlung an den Schulen Österreichs und Deutschlands.* Innsbruck.
Treml, Alfred K. (2000). *Allgemeine Pädagogik. Grundlagen, Handlungsfelder und Perspektiven der Erziehung.* Stuttgart/Berlin/Köln.
Trojanow, Ilija und José F. A. Oliver (2016). „Ade, Chamisso-Preis?" *Frankfurter Allgemeine Zeitung* (20.09.2016): 11.
Tulodziecki, Gerhard (³1997). *Medien in Erziehung und Bildung.* Bad Heilbrunn.
Ulshöfer, Robert (1952). „Die Prosadichtung der Gegenwart in der Schule". *Der Deutschunterricht* 4.6 (1952): 5–10.
Ulshöfer, Robert (1965). *Methodik des Deutschunterrichts. Unterstufe.* Stuttgart.
UNESCO (2013). *Towards a sufficiency economy. A new ethical paradigm for sustainability.* www.unesdoc.unesco.org/images/0022/002230/223026E.pdf (20. Mai 2016).
Vach, Karin (2017). „Ästhetische Suchprozesse. Literatur kann eine neue Weltsicht erlebbar machen, kann aufrütteln, beunruhigen und Reflexionen anregen". *JuLit* 2 (2017): 3–9.
Vaßen, Florian (2016). „Die Vielfalt der Theaterpädagogik in der Schule. Theater und theatrale Ausbildung im Kontext des Lehrverhaltens, als Unterrichtsmethode und als künstlerisch-

ästhetisches Fach". *Performatives Lehren, Lernen, Forschen. Performative teaching, learning, research*. Hrsg. von Susanne Even und Manfred Schewe. Berlin, 87–125.

vbw – Vereinigung der Bayerischen Wirtschaft e. V. (Hrsg.) (2009). *Geschlechtsdifferenzen im Bildungssystem. Jahresgutachten 2009*. Wiesbaden.

Viehe, Luisa (2012). *Rafik Schami als interkultureller Botschafter in der Kinderliteratur. Ein Beitrag zu Toleranz und Völkerverständigung*. München.

Volkmann, Laurenz (1998). „Phantasie ist wichtiger als Wissen. Ein Plädoyer für den Einsatz von Lyrik". *Der Fremdsprachliche Unterricht Englisch* 33 (1998): 4–13.

Volkmann, Laurenz (2000). „Interkulturelle Kompetenz als neues Paradigma der Literaturdidaktik? Überlegungen mit Beispielen der postkolonialen Literatur und Minoritätenliteratur". *Wie ist Fremdverstehen lehr- und lernbar? Vorträge aus dem Graduiertenkolleg ‚Didaktik des Fremdverstehens'*. Hrsg. von Lothar Bredella, Franz-Joseph Meißner, Ansgar Nünning und Dietmar Rösler. Tübingen: 164–190.

Volkmann, Laurenz (2004). „Literaturunterricht als Einladung zum offenen Dialog. Ein Plädoyer für verschiedene Lesarten im Literaturunterricht". *Literaturdidaktik im Dialog*. Hrsg. von Lothar Bredella, Werner Delanoy und Carola Surkamp. Tübingen: 99–122.

Volkmann, Laurenz (2007). „Gender studies and literature didactics. Research and teaching, worlds apart?" *Gender studies and foreign language teaching*. Hrsg. von Helene Decke-Cornill und Laurenz Volkmann. Tübingen: 161–184.

Volkmann, Laurenz (2008a). „Spracharbeit und *language awareness* im fremdsprachlichen Unterricht. Überlegungen zu einem vernachlässigten didaktischen Thema". *Verstehen und Verständigung. Interkulturelles Lehren und Lernen*. Festschrift für Jürgen Donnerstag. Hrsg. von Petra Bosenius, Andreas Rohde und Martina Wolf. Trier: 117–136.

Volkmann, Laurenz (2008b). „Drama und Kultur im Englischunterricht". *Fremdsprachen Lehren und Lernen. Themenband Lehren und Lernen mit literarischen Texten im Fremdsprachenunterricht*. Hrsg. von Eva Burwitz-Melzer. Band 37. Tübingen: 184–196.

Volkmann, Laurenz (2009). „Trotz Bildungsstandards und Output-Orientierung. Literatur auch und gerade in der Sekundarstufe I!" *Literaturdidaktik und Literaturvermittlung im Englischunterricht der Sekundarstufe I*. Hrsg. von Jan Hollm. Trier: 23–40.

Volkmann, Laurenz (2010). *Fachdidaktik Englisch. Kultur und Sprache*. Tübingen.

Volkmann, Laurenz (2011). „9/11 und der Erwerb von Medienkompetenzen". *Anglistik & Englischunterricht* 78 (2011): 151–176.

Volkmann, Laurenz (2014). „Die Abkehr vom Differenzdenken. Transkulturelles Lernen und global education". *Transkulturelles Lernen im Unterricht*. Hrsg. von Frauke Matz, Michael Rogge und Philipp Siepmann. Frankfurt a. M.: 37–51.

Volkmann, Laurenz (2016a). „Functions of literary texts in the tradition of German EFL teaching". *The institution of English literature. Formation and mediation*. Hrsg. von Barbara Schaff, Johannes Schlegel und Carola Surkamp. Göttingen: 179–206.

Volkmann, Laurenz (2016b). „Gender and literature. Creating gender awareness". *Gender studies and foreign language learning*. Hrsg. von Helene Decke-Cornill und Laurenz Volkmann. Tübingen: 113–132.

Vonbrunn, Bernhard (1990). „Deutsch-englische Mischtexte – yes, bitte! Die Jugendbücher von O'Sullivan/Rösler als häusliche Begleitlektüre im Englischunterricht der Sekundarstufe I". *Der Fremdsprachliche Unterricht* 104 (1990): 28–29.

Vygotsky, L. S. (1978). *Mind in society. The development of higher psychological processes*. Cambridge.

Wackernagel, Karl (1842). *Deutsches Lesebuch. Dritter Teil*. o. O.

Wackernagel, Karl Eduard Philipp (1971). „Der Unterricht in der Muttersprache". *Der Literaturunterricht*. Hrsg. von Dietrich Boueke. Weinheim/Berlin/Basel: 64–86.
Wagner-Egelhaaf, Martina (2014). „Literaturgeschichte als operative Fiktion". *Literaturgeschichte. Theorien – Modelle – Praktiken*. Hrsg. von Matthias Buschmeyer, Walter Erhart und Kai Kauffmann. Berlin/Boston: 86–100.
Wagner, Carmen (2002). *Sprache und Identität. Literaturwissenschaftliche und fachdidaktische Aspekte der Prosa von Herta Müller*. Oldenburg.
Waldmann, Günter (1992). „Produktives Verstehen mehrperspektivischen Erzählens. E. T. A. Hoffmann, ‚Der Sandmann'". *Diskussion Deutsch* 23.127 (1992): 411–425.
Waldmann, Günter (⁵2008). *Produktiver Umgang mit dem Drama. Eine systematische Einführung in das produktive Verstehen traditioneller und moderner Dramenformen und das Schreiben in ihnen. Für Schule und Hochschule*. Baltmannsweiler.
Waldow, Stephanie (Hrsg.) (2011). *Ethik im Gespräch. Autorinnen und Autoren über das Verhältnis von Literatur und Ethik heute*. Bielefeld.
Walter-Jochum, Robert (2014). „Das bin doch ich – Was denn eigentlich? Zu Strategien der Definition eines Autor-Ichs in ‚Das bin doch ich'". *Die Romane Thomas Glavinics. Literaturwissenschaftliche und deutschdidaktische Perspektiven*. Hrsg. von Jan Standke. Frankfurt a. M.: 55–79.
Walter, Maik (2011). „Prosa in Szene setzen. Generation X trifft Generation Harry Potter". *Inszenierungen im Fremdsprachenunterricht. Grundlagen, Formen, Perspektiven*. Hrsg. von Almut Küppers, Torben Schmidt und Maik Walter. Braunschweig: 131–140.
Walz, Tilo (2009). „Moderne und Antimoderne in der Literaturdidaktik der 1920er Jahre am Beispiel von Lotte Müller und Otto Karstädt". *Umbrüche, Literaturkanon und Literaturunterricht in Zeiten der Modernisierung. Die 1920er und 1960er Jahre. Vorträge des 3. Siegener Symposions zur literaturdidaktischen Forschung*. Hrsg. von Christian Dawidowski und Hermann Korte. Frankfurt a. M. u. a.: 41–55.
Walzel, Oskar (1917). *Wechselseitige Erhellung der Künste. Ein Beitrag zur Würdigung kunstgeschichtlicher Begriffe*. https://archive.org/details/wechselseitigeer00walz. Berlin (11. Dezember 2018).
Wanning, Berbeli (2016). „Bildung für nachhaltige Entwicklung und der zukünftige Deutschunterricht". *Vernetzung statt Praxisschock. Konzepte, Ergebnisse, Perspektiven einer innovativen Lehrerbildung*. Hrsg. von Sabine Anselm und Markus Janka. Göttingen: 113–124.
Wanning, Berbeli (Hrsg.) (2014). „Mensch, Natur, Text. Ökologie im Deutschunterricht". *Deutschunterricht* 67.2 (2014): 4–10.
Wanning, Berbeli und Sieglinde Grimm (Hrsg.) (2016). *Kulturökologie und Literaturdidaktik*. Göttingen.
Weber, Hans (1979). „Literaturunterricht als Fremdsprachenunterricht". *Aufforderungen zum literaturdidaktischen Dialog. Kolloquium zum englischen Literaturunterricht*. Hrsg. von Hans Weber. Paderborn: 112–128.
Weber, Max (¹¹2011 [1919]). *Wissenschaft als Beruf*. Berlin.
Wedel, Heike (2008). „Warming Up and Cooling Down. Zu einer vernachlässigten Dimension bei der Arbeit mit dramatischen Formen". *Moderne Dramendidaktik für den Englischunterricht*. Hrsg. von Rüdiger Ahrens, Maria Eisenmann und Matthias Merkl. Heidelberg: 471–492.
Weidemann, Arne, Jürgen Straub und Steffi Nothnagel (Hrsg.) (2010). *Wie lehrt man interkulturelle Kompetenz? Theorien, Methoden und Praxis in der Hochschulausbildung. Ein Handbuch*. Bielefeld.

Weigel, Sigrid (1992). „Literatur der Fremde. Literatur in der Fremde". *Gegenwartsliteratur seit 1968*. Hrsg. von Klaus Briegleb und Sigrid Weigel. München: 182–229.
Weimar, Klaus (2003). *Geschichte der deutschen Literaturwissenschaft*. Paderborn.
Weinert, Franz E. (2001). „Vergleichende Leistungsmessung in Schulen. Eine umstrittene Selbstverständlichkeit". *Leistungsmessungen in Schulen*. Hrsg. von Franz E. Weinert. Weinheim/Basel: 17–31.
Weinkauff, Gina und Gabriele von Glasenapp (2010). *Kinder- und Jugendliteratur*. Paderborn.
Weinkauff, Gina, Ute Dettmar, Thomas Möbius und Ingrid Tomkowiak (Hrsg.) (2014). *Kinder- und Jugendliteratur in Medienkontexten. Adaption – Hybridisierung – Intermedialität – Konvergenz*. Frankfurt a. M.
Weinrich, Harald (1983). „Literatur im Fremdsprachenunterricht – ja, aber mit Phantasie". *Die Neueren Sprachen* 82.3 (1983): 200–216.
Weinrich, Harald (1985). *Wege der Sprachkultur*. Stuttgart.
Weißenburger, Christian (2009). *Helden lesen! Die Chancen des Heldenmotivs bei der Leseförderung von Jungen. Eine empirische Unterrichtsuntersuchung zum Lektüreunterricht bei Jugendlichen der Klassenstufe 7/8*. Baltmannsweiler.
Welbers, Ulrich (2012). „Modularisierung als curriculares Organisationsprinzip. Eine Anleitung zur Praxis". *Neues Handbuch Hochschullehre*. Hrsg. von Brigitte Behrendt, Andreas Fleischmann, Niclas Schaper, Birgit Szczyrba und Johannes Wildt. Stuttgart: 1–16.
Wellbery, David E. et al. (2007). *Eine Neue Geschichte der deutschen Literatur*. Berlin.
Weller, Franz Rudolf (2000). „Literatur im Französischunterricht heute. Bericht über eine größere Erhebung zum Lektüre-‚Kanon'". *Französisch heute* 31.2 (2000): 138–159.
Welsch, Wolfgang (1996). *Grenzgänge der Ästhetik*. Stuttgart.
Welsch, Wolfgang (1999). „Transkulturalität. Zwischen Globalisierung und Partikularisierung". *Interkulturalität. Grundprobleme der Kulturbegegnung. Mainzer Universitätsgespräche*. Hrsg. von Paul Drechsel. Mainz: 45–72.
Welsch, Wolfgang ([7]2010 [1990]). *Ästhetisches Denken*. Stuttgart.
Welsch, Wolfgang (Hrsg.) (1993). *Die Aktualität des Ästhetischen*. München.
Weltbildungsforum (2015). *Incheon-Erklärung. Bildung 2030: Inklusive und chancengerechte hochwertige Bildung und lebenslanges Lernen für alle*. https://www.bne-portal.de/sites/default/files/downloads/2016_04_19_Framework_for_Action_U%CC%88bersetzung_DUK_ohne_Indikatoren_Stand_April_2016%20(1)_0.pdf (03. Januar 2019).
Wermke, Jutta (1989). *Kreativität als paradoxe Aufgabe. Band 2: Empirische Überprüfung literaturdidaktischer Möglichkeiten der Kreativitätsförderung*. Weinheim.
Wermke, Jutta (1997). *Integrierte Medienerziehung im Fachunterricht. Schwerpunkt: Deutsch*. München.
Wermke, Jutta (Hrsg.) (2001). *Hören und Sehen. Beiträge zu Medien- und Ästhetischer Erziehung*. München.
Werner, Annette (1994). *Lyrik im Englischunterricht nach 1945. Die Entwicklung einer fachdidaktischen Debatte*. Augsburg.
Weskamp, Ralf (1997). „Postmoderne Literaturtheorien. Folgen und Möglichkeiten für den fremdsprachlichen Literaturunterricht auf der gymnasialen Oberstufe". *Praxis des neusprachlichen Unterrichts* 44.4 (1997): 345–353.
Weskamp, Ralf (2000). „‚Können wir nicht einmal das lesen, was die gerade in England lesen?' Fremdsprachlicher Literaturunterricht, autonomes Fremdsprachenlernen und das Internet". *Praxis des neusprachlichen Unterrichts* 47.1 (2000): 34–44.

Weskamp, Ralf (2004). „Aufgaben im Fremdsprachenunterricht". *Praxis Fremdsprachenunterricht* 4 (2004): 162–170.
Weskamp, Ralf (2006). „King Lear". *Shakespeare didaktisch II. Ausgewählte Dramen und Sonette für den Unterricht.* Hrsg. von Roland Petersohn und Laurenz Volkmann. Tübingen: 93–106.
Weskamp, Ralf (2007). *Fachdidaktik. Grundlagen und Konzepte. Anglistik, Amerikanistik.* Berlin.
Weskamp, Ralf (2010). „Narrativik und Spracherwerb. Literatur im fremdsprachlichen Unterricht". *Jahrbuch Die Neueren Sprachen* 1 (2010): 77–88.
Weskamp, Ralf (2012). „Lloyd Jones' Mister Pip. Die Erforschung postkolonialer Konflikte". *Anglophone Literaturdidaktik. Zukunftsperspektiven für den Englischunterricht.* Hrsg. von Julia Hammer, Maria Eisenmann und Rüdiger Ahrens. Heidelberg: 271–290.
Weskamp, Ralf (2015). „Geschichten und Literatur. Kommunikation, Wissens- und Spracherwerb im fremdsprachlichen Unterricht". *Literarisch-ästhetisches Lernen im Fremdsprachenunterricht. Theorie – Empirie – Unterrichtsperspektiven.* Hrsg. von Lutz Küster, Christiane Lütge und Katharina Wieland. Frankfurt a. M.: 33–55.
West, Clare (2010). *A time of waiting. Stories from around the world.* Oxford.
Westphalen, Klaus (2001). „Lektüre als Didaktikum. Ein Beitrag zur historischen Didaktik". *Alte Texte in neuem Rahmen. Innovative Konzepte zum lateinischen Lektüreunterricht.* Hrsg. von Stefan Kipf. Bamberg: 133–153.
Wheeler, Elizabeth A. (2013). „No monsters in this fairy tale. Wonder and the new children's literature". *Children's literature association quarterly* 38.3 (2013): 335–350.
White, Hayden (1987). *The content of form. Narrative discourse and historical representation.* Baltimore.
Wiater, Werner (2013). „Kompetenzorientierung des Unterrichts. Alter Wein in neuen Schläuchen? Anfragen seitens der Allgemeinen Didaktik". *Bildung und Erziehung* 66.2 (2013): 145–161.
Wicke, Andreas (2011). „Irritation durch Musik. Didaktische Überlegungen zur intermedialen Lektüre des Notentextes in Arthur Schnitzlers ‚Fräulein Else'". *Materialität und Medialität von Schrift und Text.* Hrsg. von Achim Barsch und Olaf Gätje. München: 159–171.
Widdowson, Henry G. (1978). *Teaching language as communication.* Oxford.
Widdowson, Henry G. (1985). „Literature teaching". *English in the world. Teaching and learning the language and literatures.* Hrsg. von Henry G. Widdowson und Randolph Quirk. Cambridge: 180–211.
Wieler, Petra (1997). *Vorlesen in der Familie. Fallstudien zur literarisch-kulturellen Sozialisation von Vierjährigen.* Weinheim/München.
Wieler, Petra (2014). „Reden, Zuhören, Bedeutung konstruieren bei der gemeinsamen Bilderbuchrezeption". *BilderBücher. Band 1: Theorie.* Hrsg. von Julia Knopf und Ulf Abraham. Baltmannsweiler: 184–195.
Wiersing, Erhard (Hrsg.) (2001). *Humanismus und Menschenbildung. Zu Geschichte, Gegenwart und Zukunft der bildenden Begegnung der Europäer mit der Kultur der Griechen und Römer.* Essen.
Wiese, L. (Hrsg.) (1864). *Das höhere Schulwesen in Preussen. Historisch-statistische Darstellung, im Auftrage des Ministers der geistlichen, Unterrichts- und Medicinal-Angelegenheiten.* Berlin.
Wieser, Dorothee (2008). *Literaturunterricht aus Sicht der Lehrenden. Eine qualitative Interviewstudie.* Mit einem Geleitwort von Prof. Dr. Heidi Rösch. Wiesbaden.

Wilden, Eva (2014). „Crossing borders. Ein empirisch begründetes Lehrerbildungsprojekt für den transkulturellen Literaturunterricht im Fach Englisch". *Transkulturelles Lernen im Fremdsprachenunterricht. Theorie und Praxis*. Hrsg. von Frauke Matz, Michael Rogge und Philipp Siepmann. Frankfurt a. M.: 193–204.

Wildt, Johannes (2006). „Ein hochschuldidaktischer Blick auf Lernen und Lehren. Eine kurze Einführung in die Hochschuldidaktik". *Neues Handbuch Hochschullehre*. Hrsg. von Brigitte Behrendt, Johannes Wildt und Hans-Peter Voss. Berlin.

Wilhelm II. (1891). „Eröffnungsansprache im Rahmen der Schulkonferenz 1890". *Verhandlungen über Fragen des höheren Unterrichts. Berlin 4. bis 17. Dezember 1890*. Hrsg. im Auftrag des Ministers der geistlichen, Unterrichts- und Medizinal-Angelegenheiten. Berlin: 70–76.

Wille, Hartmut (1978). *Literaturunterricht als Funktion von Allgemeinbildung. Eine bildungsökonomische Untersuchung literaturdidaktischer Konzeptionen in der Bundesrepublik Deutschland 1966–1976*. Weinheim.

Willenberg, Heiner (1978). *Zur Psychologie des literarischen Lesens. Wahrnehmung, Sprache und Gefühle*. Paderborn.

Willenberg, Heiner (Hrsg.) (1987). *Zur Psychologie des Literaturunterrichts. Schülerfähigkeiten – Unterrichtsmethoden – Beispiele*. Frankfurt a. M.

Willmann, Gustav Philipp Otto (^{5}1916). *Pädagogische Vorträge über die Hebung der geistigen Tätigkeit durch den Unterricht*. Leipzig.

Wilpert, Gero von (^{7}1989). *Sachwörterbuch der Literatur*. Stuttgart.

Wilsing, Niels (^{2}1964a). *Die Praxis des Lateinunterrichts. Teil I: Probleme des Sprachunterrichts*. Stuttgart.

Wilsing, Niels (^{2}1964b). *Die Praxis des Lateinunterrichts. Teil II: Probleme der Lektüre*. Stuttgart.

Winkler, Iris (2012). „Wozu Literaturdidaktik? Perspektiven auf eine Disziplin zwischen den Stühlen". *Oldenburger Universitätsreden* 200 (2012): 9–31. http://oops.uni-oldenburg.de/1502/1/ur200.pdf (11. Dezember 2018).

Winter, Heinrich (1999). „Text- oder Handlungsorientierung? Zur integrativen Kraft einer Prozessorientierung im fremdsprachlichen Literaturunterricht (Beispiel Englisch)". *Neusprachliche Mitteilungen aus Wissenschaft und Praxis* 52.3 (1999): 177–183.

Wintersteiner, Werner (2006a). *Poetik der Verschiedenheit. Literatur, Bildung, Globalisierung*. Innsbruck u. a.

Wintersteiner, Werner (2006b). *Transkulturelle literarische Bildung. Die ‚Poetik der Verschiedenheit' in der literaturdidaktischen Praxis*. Innsbruck /Wien/Bozen.

Winzer, Hans-Joachim (2001). *Handlungs- und produktionsorientierter Literaturunterricht. Möglichkeiten und Grenzen. Eine Bilanz*. Oldenburg.

Wolf, Werner (1996). „Intermedialität als neues Paradigma der Literaturwissenschaft? Plädoyer für eine literaturzentrierte Erforschung von Grenzüberschreitungen zwischen Wortkunst und anderen Medien am Beispiel von Virginia Woolfs ‚The String Quartet'". *Arbeiten aus Anglistik und Amerikanistik* 21 (1996): 85–116.

Wolf, Werner (1998). „The musicalization of fiction. Versuche intermedialer Grenzüberschreitung zwischen Musik und Literatur im englischen Erzählen des 19. und 20. Jahrhunderts". *Intermedialität. Theorie und Praxis eines interdisziplinären Forschungsgebiets*. Hrsg. von Jörg Helbig. Berlin: 134–164.

Wolf, Werner (^{4}2008). „Intermedialität". *Metzler Lexikon Literatur- und Kulturtheorie*. Hrsg. von Ansgar Nünning. Stuttgart: 327–328.

Wolf, Werner (2014). „Intermedialität. Konzept, literaturwissenschaftliche Relevanz, Typologie, intermediale Formen". *Intertextualität, Intermedialität, Transmedialität. Zur Beziehung zwischen Literatur und anderen Medien*. Hrsg. von Volker C. Dörr und Tobias Kurwinkel. Würzburg: 11–45.

Wolf, Werner (2019). „Das Feld der Intermedialität im Überblick". *Intermedialität. Formen – Diskurse – Didaktik*. Hrsg. von Klaus Maiwald. Baltmannsweiler: 23–48.

Wolff, Dieter (2003). „Texte im Fremdsprachenunterricht. Plädoyer eines Sprachdidaktikers für die Arbeit mit literarischen Texten im Klassenzimmer". *Text, Kontext und Fremdsprachenunterricht*. Hrsg. von Dagmar Abendroth-Timmer, Britta Viebrock und Michael Wendt. Frankfurt a. M.: 161–172.

Wolgast, Heinrich (1896). „Die Aufgabe der poetischen Jugendlektüre". *Die Diskussion um das Jugendbuch. Ein forschungsgeschichtlicher Überblick von 1890 bis heute*. Hrsg. von Jörg Becker. Darmstadt: 14–34.

Wrobel, Dieter (²2009a). *Individualisiertes Lesen. Leseförderung in heterogenen Lerngruppen. Theorie – Modell – Evaluation*. Baltmannsweiler.

Wrobel, Dieter (2009b). *Individuell lesen lernen. Das Hattinger Modell zur nachhaltigen Leseförderung in der Sekundarstufe*. Baltmannsweiler.

Wrobel, Dieter (2013). *Romane von Kafka bis Kehlmann. Literarisches Lernen in der Sekundarstufe I und II*. Seelze-Velber.

Wrobel, Dieter (2016). „Hermann Hesse. Unterm Rad (1906)". *Erzählende Texte der Kinder- und Jugendliteratur im Deutschunterricht. Textvorschläge – Didaktik – Methodik*. Hrsg. von Kaspar H. Spinner und Jan Standke. Paderborn: 176–180.

Wrobel, Dieter und Irmgard Nickel-Bacon (2012). „Lesekultur". *Praxis Deutsch* 39.231 (2012): 4–12.

Wrobel, Dieter, Tilman von Brand und Markus Engelns (Hrsg.) (2017). *Gestaltungsraum Deutschunterricht. Literatur – Sprache – Kultur*. Baltmannsweiler.

Wulf, Christoph und Jörg Zirfas (2007). „Performative Pädagogik und performative Bildungstheorien. Ein neuer Fokus erziehungswissenschaftlicher Forschung". *Pädagogik des Performativen. Theorien, Methoden, Perspektiven*. Hrsg. von Christoph Wulf und Jörg Zirfas. Weinheim/Basel: 7–40.

Würzbach, Natascha (1995). „Einführung in die Theorie und Praxis der feministisch orientierten Literaturwissenschaft". *Literaturwissenschaftliche Theorien, Modelle und Methoden. Eine Einführung*. Hrsg. von Ansgar Nünning. Trier: 137–152.

Würzbach, Natascha (1996a). „Unterrichtsrelevante feministische Forschungsliteratur für die Hand der Lehrerin und des Lehrers im Leistungskurs Englisch". *Neusprachliche Mitteilungen* 49.1 (1996): 14–19.

Würzbach, Natascha (1996b). „Frauenliteratur im Englischunterricht der Sekundarstufe II (Leistungskurs). Feministische Interpretationsansätze und Textvorschläge". *Zeitschrift für Fremdsprachenforschung* 7.1 (1996): 70–95.

Würzbach, Natascha (1996c). „Der englische Frauenroman vom Modernismus bis zur Gegenwart (1890–1990). Kanonrevision, Gattungsmodifikationen, Blickfelderweiterung". *Eine andere Geschichte der englischen Literatur. Epochen, Gattungen und Teilgebiete im Überblick*. Hrsg. von Ansgar Nünning. Trier: 195–211.

Yang, Anson (2001). „Reading and the non-academic learner. A mystery solved". *System* 29.4 (2001): 451–466.

Yeşilada, Karin (1997). „Die geschundene Suleika. Das Eigenbild der Türkin in der deutschsprachigen Literatur türkischer Autorinnen". *Interkulturelle Konfigurationen. Zur deutschsprachigen Erzählliteratur von Autoren nichtdeutscher Herkunft*. Hrsg. von Mary Howard. München: 95–114.

Yeşilada, Karin (2009). *Mittendrin und unterwegs*. http://www.migrazine.at/artikel/mittendrin-und-unterwegs (11. Dezember 2018).

Yildiz, Erol (2010). „Die Öffnung der Orte zur Welt und postmigrantische Lebensentwürfe". *SWS-Rundschau* 3 (2010): 318–339.

Yildiz, Erol (2013). „Postmigrantische Urbanität. Von der Heterotopie zur Transtopie". *Ortsentwürfe. Urbanität im 21. Jahrhundert*. Hrsg. von Bastian Lange, Gottfried Prasenc und Harald Saiko. Berlin: 68–71.

Youniss, James (1994). *Soziale Konstruktion und psychische Entwicklung*. Frankfurt a. M.

Zabka, Thomas (2006). „Intermedialität". *Lexikon Deutschdidaktik*. Hrsg. von Heinz-Jürgen Kliewer und Inge Pohl. Baltmannsweiler: 267–269.

Zabka, Thomas (^{2}2013). „Ästhetische Bildung". *Taschenbuch des Deutschunterrichts*. Band 2: *Literatur- und Mediendidaktik*. Hrsg. von Volker Frederking, Axel Krommer und Christel Meier. Baltmannsweiler: 452–468.

Zapf, Hubert (1991). *Kurze Geschichte der anglo-amerikanischen Literaturtheorie*. München.

Zapf, Hubert (2002). *Literatur als kulturelle Ökologie. Zur kulturellen Funktion imaginativer Texte an Beispielen des amerikanischen Romans*. Tübingen.

Zapf, Hubert (2008). „Kulturökologie und Literatur. Ein transdisziplinäres Paradigma der Literaturwissenschaft". *Kulturökologie und Literatur*. Hrsg. von Hubert Zapf. Heidelberg: 15–44.

Zapf, Hubert (Hrsg.) (2016). *Handbook of ecocriticism and cultural ecology*. Berlin/Boston.

Zaremba, Swenja und Janina Hecht (2016). „Reisen und Kulturbegegnung in der Literatur der Gegenwart. Ein Beitrag zur Praxis des interkulturellen Kompetenzerwerbs". *Neues Handbuch Hochschullehre*. Hrsg. von Brigitte Behrendt, Andreas Fleischmann, Niclas Schaper, Birgit Szczyrba und Johannes Wildt. Stuttgart: 123–148.

Ziemen, Kerstin (2017). *Lexikon Inklusion*. Göttingen.

Ziemer, H. (^{2}1906). „Lateinischer Unterricht". *Enzyklopädisches Handbuch der Pädagogik*. Band 5. Hrsg. von Wilhelm Rein. Langensalza: 327–361.

Zimmer, Ilonka (2005). „Kanon und Lesebuch. Aspekte einer Allianz. Die Wahl der Schriftsteller ist richtig zu leiten". *Kanoninstanz Schule. Eine Quellenauswahl zum deutschen Lektürekanon in Schulprogrammen des 19. Jahrhunderts*. Hrsg. von Hermann Korte, Ilonka Zimmer und Hans-Joachim Jakob. Frankfurt a. M./Berlin/Bern: 113–134.

Zipes, Jack David et al. (2005). „Picture Books". *The Norton anthology of children's literature. The traditions in English*. Hrsg. von Jack David Zipes et al. New York: 1051–1059.

Zizek, Boris, Detlef Garz und Ewa Nowak (Hrsg.) (2015). *Kohlberg revisited*. Rotterdam.

Zydatiß, Wolfgang (1993). „Integrierter Literatur-Sprach-Unterricht in der Oberstufe. Beispiel Englisch". *Kontroversen in der Fremdsprachenforschung*. Hrsg. von Johannes-Peter Timm und Helmut-Johannes Vollmer. Bochum: 326–334.

Zydatiß, Wolfgang (2001). „Gesellschaftliche Herausforderungen für den Englischunterricht und Empfehlungen für seine Reform". *Kerncurriculum Oberstufe. Mathematik – Deutsch – Englisch. Expertisen – im Auftrag der Ständigen Konferenz der Kultusminister*. Hrsg. von Heinz-Elmar Tenorth. Weinheim u. a.: 212–229.

Zydatiß, Wolfgang (2005a). „Bildungsstandards für den Fremdsprachenunterricht in Deutschland". *Bildungsstandards für den Fremdsprachenunterricht auf dem Prüfstand. Arbeitspapiere der 25. Frühjahrskonferenz zur Erforschung des Fremdsprachenunterrichts*. Hrsg. von Karl-Richard Bausch, Frank G. Königs und Hans-Jürgen Krumm. Tübingen: 272–290.

Zydatiß, Wolfgang (2005b). *Bildungsstandards und Kompetenzniveaus im Englischunterricht. Konzepte, Empirie, Kritik und Kontroversen*. Frankfurt a. M.

Zymek, Bernd (1995). „Evolutionistische und strukturalistische Ansätze einer Geschichte der Erziehung". *Enzyklopädie Erziehungswissenschaft*. Band 1: *Theorien und Grundbegriffe der Erziehung und Bildung*. Hrsg. von Dieter Lenzen und Klaus Mollenhauer. Stuttgart: 55–80.

Autorinnen und Autoren

Sabine Anselm, Dr. phil., ist außerplanmäßige Professorin für Didaktik der deutschen Sprache und Literatur an der Ludwig-Maximilians-Universität München.
Anja Ballis, Dr. phil., ist Professorin für Didaktik der deutschen Sprache und Literatur an der Ludwig-Maximilians-Universität München.
Renata Behrendt, Dr. phil., ist Akademische Rätin am Deutschen Seminar der Leibniz Universität Hannover.
Sebastian Bernhardt, Dr. phil, ist wissenschaftlicher Mitarbeiter in der Abteilung Didaktik der deutschen Sprache und Literatur am Institut für Germanistik der Technischen Universität Braunschweig.
Vesna Bjegac ist abgeordnete Lehrkraft am Lehrstuhl für Didaktik der deutschen Sprache und Literatur an der Ludwig-Maximilians-Universität München.
Christian Dawidowski, Dr. phil., ist Professor für Literaturdidaktik an der Universität Osnabrück.
Maria Eisenmann, Dr. phil., ist Professorin für Englische Fachdidaktik an der Julius-Maximilians-Universität Würzburg.
Christiane Fäcke, Dr. phil., ist Professorin für Didaktik der romanischen Sprachen und Literaturen an der Universität Augsburg.
Britta Freitag-Hild, Dr. phil., ist Professorin für Didaktik der Anglistik und Amerikanistik mit dem Schwerpunkt interkulturelles Lernen an der Universität Potsdam.
Liesel Hermes, Dr. phil., ist emeritierte Professorin für Literaturwissenschaft und Didaktik des Englischen an der Universität Koblenz-Landau.
Stefan Kipf, Dr. phil., ist Professor für Didaktik der Alten Sprachen an der Humboldt-Universität zu Berlin.
Petra Kirchhoff, Dr. phil., ist Professorin für Sprachlehr- und Sprachlernforschung (Englisch) an der Universität Erfurt.
Uwe Küchler, Dr. phil., ist Professor für Didaktik des Englischen an der Eberhard Karls Universität Tübingen.
Klaus Maiwald, Dr. phil., ist Professor für Didaktik der deutschen Sprache und Literatur an der Universität Augsburg.
Emer O'Sullivan, Dr. phil., ist Professorin für Englische Literaturwissenschaft an der Leuphana Universität Lüneburg.
Heidi Rösch, Dr. phil., ist Professorin für germanistische Literaturwissenschaft und Literaturdidaktik an der pädagogischen Hochschule Karlsruhe.
Dietmar Rösler, Dr. phil., ist Professor für Deutsch als Fremd- und Zweitsprache an der Justus-Liebig-Universität Giessen.
Manfred Schewe, Dr. phil., ist Professor of Drama & Theatre am University College Cork.
Jan Standke, Dr. phil., ist Juniorprofessor für Fachdidaktik Deutsch an der Otto-von-Guericke-Universität Magdeburg.
Carola Surkamp, Dr. phil., ist Professorin für Englische Fachdidaktik an der Georg-August-Universität Göttingen.
Engelbert Thaler, Dr. phil., ist Professor für Didaktik des Englischen an der Universität Augsburg.
Sigrid Thielking, Dr. phil., ist Professorin für Didaktik der deutschen Literatur an der Leibniz Universität Hannover.

Laurenz Volkmann, Dr. phil., ist Professor für Englische Fachdidaktik an der Friedrich-Schiller-Universität Jena.
Berbeli Wanning, Dr. phil., ist Professorin für Didaktik der deutschen Literatur an der Universität Siegen.
Ralf Weskamp, Dr. phil., ist Schulleiter der Bundespräsident-Theodor-Heuss-Schule in Homberg (Efze).
Dieter Wrobel, Dr. phil., ist Professor für Didaktik der deutschen Sprache und Literatur an der Julius-Maximilians-Universität Würzburg.

Personenregister

Aesop 25
Agricola 19
Ahadi, Ali Samadi 353
Akin, Fatih 343–344, 352
Akyün, Hatice 353
Albee, Edward 268
Andersch, Alfred 328, 407
Anouilh, Jean 171
Aristophanes 19
Aristoteles 37, 126, 193–194, 262
Arnold, Matthew 413
Auer, Martin 449

Bach, Tamara 382
Bachtin, Michail 126, 275
Bamberger, Richard 141, 155
Banyton, Barbara 468
Bauersima, Igor 387
Baumgarten, Alexander Gottlieb 188
Becker, Lars 350
Beckett, Simon 268
Beck, Ulrich 196
Benjamin, Walter 236, 376, 381
Bentley, Edmund Clerihew 252
Bernhard, Thomas 236
Bertschi-Kaufmann, Andrea 141–142
Bieri, Peter 186
Biondi, Franco 338–339, 343, 346, 348, 350
Birck, Jan 367
Birkin, Andrew 382
Bloom, Harold 220, 222, 236
Boie, Kirsten 333, 367
Boyle, Tom Coraghessan 224
Bradbury, Ray 223
Brecht, Bertold 175
Bredella, Lothar 76, 84, 87, 90, 92, 96, 102, 122, 161, 168, 181, 202–203, 206–208, 211–213, 227, 268, 278, 360–361, 363–366, 369–370, 417–418, 420–421, 477, 489
Brooke-Rose, Christine 109
Bruegel, Pieter 425
Büchner, Georg 268
Bühler, Charlotte 136, 267, 487

Busch, Wilhelm 374
Butler, Judith 456
Byram, Michael 360–361

Caesar 20, 31, 34, 36, 40, 44
Calvino, Italo 236
Camus, Albert 171
Carroll, Lewis 251, 303, 374
Catull 34, 36
Chiellino, Gino 344, 347, 351
Christie, Agatha 456
Cicero 20, 34
Çirak, Zehra 344–345
Collins, Suzanne 107, 288
Conrady, Karl Otto 239
Corneille, Pierre 171
Creuzer, Friedrich 27
Crichton, Michael 449
Crossan, Sarah 468

Dağtekin, Bora 353–354
Dante 413
Defoe, Daniel 413
Deinhardt, Johann Heinrich 48
Deluxe, Samy 353
Demosthenes 19
Dickens, Charles 80, 123, 130, 413
Dikmen, Sinansi 350
Dilthey, Wilhelm 53
Doherty, Berlie 468
Drabble, Margaret 458
Droste-Hülshoff, Annette von 66
Drvenkar, Zoran 351–352
Duden, Anne 387
Dürrenmatt, Friedrich 328, 391
Dylan, Bob 408

Eckstein, Friedrich August 18, 22, 28–29, 34, 44
Eco, Umberto 288
Eggers, Dave 132
Eichendorff, Joseph von 175–176, 179
Engelmann, Susanne 137, 267, 487
Engin, Osman 344, 350
Erasmus von Rotterdam 17–20

Erpulat, Nurkan 353
Evans, Nicholas 112, 129

Fassbinder, Rainer Werner 339
Faulkner, William 80
Fichte, Johann Gottlieb 57
Fingerhut, Karlheinz 328
Fitzgerald, Francis Scott 223, 458
Flaubert, Gustave 374
Fontane, Theodor 66, 326, 413
Foucault, Michel 121, 343, 428, 486
Fresh, Eko 342, 346, 353
Freytag, Gustav 263
Fricke, Lucy 449
Funke, Cornelia 288, 391

Gadamer, Hans-Georg 84, 122, 268, 417
Gaudig, Hugo 54, 86
Gauß, Carl-Friedrich 333
Gesner, Johann Matthias 22
Glavinic, Thomas 336
Goethe, Johann Wolfgang von 49, 58, 71–72, 175–176, 179, 183, 193–194, 236, 266, 268, 286, 342, 382, 395, 413, 448
Golding, William 119, 223–224
Gorelik, Lena 342, 353
Grass, Günter 124, 286
Grjasnowa, Olga 354
Groth, Klaus 66
Gryphius, Andreas 413
Gude, Karl Heinrich 65
Gumbrecht, Hans Ulrich 233

Härtling, Peter 448
Hartmann, Nicolai 184
Haslinger, Josef 449
Hauptmann, Gerhardt 107
Hebbel, Friedrich 66
Hegel, Georg Wilhelm Friedrich 58, 110
Heine, Heinrich 195
Hemingway, Ernest 413
Hennig von Lange, Alexa 287
Herder, Johann Gottfried 183
Hermann, Judith 335
Herodot 19, 26–27, 37, 40
Herrndorf, Wolfgang 331, 385
Hesse, Hermann 73, 286

Heyse, Paul 326
Hiecke, Robert Heinrich 49–51, 62–64, 111, 326
Highsmith, Patricia 456
Hillje, Jens 353
Hochmair, Philipp 387
Hoepker, Thomas 425
Hoffmann, Ernst Theodor Amadeus 425
Homer 19, 25–26, 33, 374
Horaz 20, 34, 418
Humboldt, Alexander von 333
Humboldt, Wilhelm von 36, 48, 50, 110–111, 182, 187, 195, 215
Hunfeld, Hans 84
Hürlimann, Thomas 406
Huxley, Aldous 80, 141, 221, 223–224

Illies, Florian 321
Ionesco, Eugène 171
Iser, Wolfgang 82, 112, 140, 161, 268

Jäckle, Nina 449
Jaeger, Werner 32–34, 39
James, Henry 80, 253
Jauß, Hans Robert 82, 161, 232, 245, 268
Jelinek, Elfriede 387
Jones, Lloyd 123

Kafka, Franz 175, 385
Kaminer, Wladimir 342, 352
Kant, Immanuel 109–110, 113, 184, 187, 195
Keats, John 374
Kehlmann, Daniel 300, 322, 333, 335–336
Keller, Gottfried 66, 326
Kerner, Charlotte 141
Khider, Abbas 354
King, Stephen 141
Klassen, Jon 306
Kleinbaum, Nancy H. 141
Kleist, Heinrich von 449
Kling, Mark-Uwe 332
Klopstock, Friedrich Gottlieb 57, 183
Knowles, Beyoncé 331
Koberstein, Karl August 49, 57–59, 326
Kolbert, Elizabeth 449
Kracht, Christian 321
Kramsch, Claire 364

Kranz, Walther 32
Kreitz, Isabel 384
Kreller, Susan 333

Lawson, Henry 468
Lebert, Benjamin 287, 311, 335
Lee, Harper 223
Lessing, Doris 456
Lessing, Gotthold Ephraim 64, 183, 193–194, 236, 272–273, 375
Levithan, David 227
Linde, Ernst 64–65
Linde, Karl 66–67
Livius 34, 36, 40
Lowry, Lois 468
Luhmann, Niklas 108, 379, 487
Lukian 19, 25
Luther, Martin 183
Lyon, Otto 112–113

MacLaverty, Bernard 223
Mann, Heinrich 236
Mann, Thomas 236, 413
Mansfield, Kathleen 456
Martin, Peer 289
Maupassant, Guy de 171
McGough, Roger 253
McLuhan, Marshall 376, 378, 381
Meggendorfer, Lothar 374
Melanchthon, Philipp 18–20
Meyer, Conrad Ferdinand 66
Meyer, Stephenie 288
Miller, Arthur 268, 423
Milne, Alan Alexander 304
Milton, John 413
Minder, Robert 185
Molière 171, 413
Moníková, Libuše 348, 352
Montessori, Maria 86
Mora, Terézia 352
Mörike, Eduard 66
Moritz, Karl Philipp 286
Müller, Herta 352–353, 355
Müller, Lotte 53
Musil, Robert 286

Nabokov, Vladimir 236
Naoum, Jusuf 343
Neander 19
Nietzsche, Friedrich 57, 113, 195
Nissen, Rudolf 88
Nünning, Ansgar 77, 87, 91–93, 99, 123, 202, 204, 208, 214, 219, 223, 232, 249, 259, 272–274, 276, 278–279, 281, 285, 293–295, 297, 369, 454, 470
Nussbaum, Martha 130, 196, 204, 365–366, 456

Oliver, José 344
Ören, Ara 339, 342, 348, 352
Orwell, George 80, 107, 124, 221–224
Ovid 20, 36
Özakin, Aysel 350
Özdamar, Emine Sevgi 350–351
Özdemir, Cem 422
Ozon, François 382

Parker, Dorothy 254
Pauli, August Friedrich 22–24
Pausewang, Gudrun 449
Piaget, Jean 91
Pinter, Harold 268
Platon 25, 33, 37, 193
Plautus 20, 28
Plenzdorf, Ulrich 286
Poe, Edgar Allan 80, 413, 425
Polański, Roman 382
Pommaux, Yvan 388
Potter, Beatrice 305
Proust, Marcel 175, 177, 179

Quast, Walter 138
Quintilian 17, 20

Racine, Jean 171
Ranke, Leopold von 57
Reich-Ranicki, Marcel 332
Reichwein, Adolf 86
Reinhardt, Dirk 289
Rhue, Morton 119
Richert, Hans 54
Ricœur, Paul 127
Rilke, Rainer Maria 286

Roche, Charlotte 335
Rorty, Richard 196
Rothfuchs, Julius 30
Rowling, Joanne Kathleen 107, 288
Rowohlt, Harry 304

Saint-Exupéry, Antoine de 171
Salinger, Jerome David 223
Sartre, Jean-Paul 171, 413
Sayers, Dorothy L. 456
Schädlich, Hans-Joachim 316
Schami, Rafik 338, 343, 349, 351, 355
Schätzing, Frank 449
Scheinhardt, Saliha 349
Schelle, Karl Gottlob 26, 29
Schiller, Friedrich 49, 58, 71, 111, 175, 183, 187, 189, 193–195, 199, 266, 268, 395, 413
Schlegel, Friedrich 375
Schliebe-Lippert, Elisabeth 139
Schlink, Bernhard 328, 330
Schmidt, Erich 234, 242–243
Schnitzler, Arthur 391
Schönbrunn, Walter 326–327
Schopenhauer, Arthur 195
Schrey, Helmut 82
Seneca 34
Senkel, Günther 352
Şenocak, Zafer 350–351
Sevindim, Aslı 353
Shakespeare, William 80, 98, 121, 123, 222, 224, 266, 268, 274, 403, 413
Shaw, George Bernard 413
Sillitoe, Alan 223
Sophokles 25
Sormann, Christine 449
Spilleke, August 23, 26–27
Spinner, Kaspar H. 8, 85–86, 89, 116, 129, 140, 158, 160–161, 168, 184–185, 249, 284–286, 290, 298, 324, 424, 446
Spooner, William Archibald 252
Spranger, Eduard 487
Staiger, Emil 262
Steinbeck, John 223

Storm, Theodor 66
Stowe, Harriet Beecher 107
Stuckrad-Barre, Benjamin von 287
Süskind, Patrick 141, 328
Süvern, Johann Wilhelm 48

Tacitus 28, 34, 36
Tawada, Yoko 344, 349, 355
Timm, Uwe 383
Tompson, John 413
Torberg, Friedrich 141
Trojanow, Ilija 347
Twain, Mark 80, 119

Ulshöfer, Robert 137, 327, 488

Veggio, Maffeo 17
Vergil 20, 34
Voltaire 171
Vygotsky, Lew 128

Wackernagel, Karl Eduard Philipp 49–50, 59–62, 479
Wagner, Richard 195, 374
Weber, Max 184
Weinrich, Harald 232
Welsch, Wolfgang 197–198
Werfel, Franz 175
Whitebird, Mary 462
Widdowson, Henry G. 280
Wilde, Oscar 374, 413
Williams, William Carlos 425
Willmann, Gustav 137
Wimpfeling, Jakob 19
Wolf, Christa 449
Wolfe, Tom 469
Woolf, Virginia 377

Xenophon 25

Yasemin, Güner 353

Zaimoglu, Feridun 350–352
Zech, Paul 175

Sachregister

Abitur 31, 35, 48, 51, 111, 177, 182, 225, 323, 464
Adaption 46, 274–275, 304, 312–314
Alterität 141, 412, 420–421, 428
altsprachlicher Unterricht 15–16, 21, 23, 25–26, 29–30, 32, 34–36, 38–39, 41–44, 48
antike Literatur 15–17, 19, 21–22, 30, 33–34, 36, 39, 41–42, 73
Ästhetik 65, 111, 169–170, 182, 185–189, 191–193, 195, 197–198, 276, 310, 382, 398, 411, 419, 439
ästhetische Bildung 8, 112, 184, 186–189, 191, 193, 198, 200, 261, 308, 310–311, 387, 450
ästhetische Erziehung 113, 182, 189, 191, 194, 199, 283, 424
Aufgabenorientierung 171–175
Aushandlungsprozesse 92, 369
außerschulischer Lernort 78
Authentizität 90, 173–174, 261, 280, 311–313, 332, 387, 400, 418, 420, 427, 450

Bedeutungsaushandlung 78, 83, 411
Bilder 95, 255, 275, 313, 317, 379, 425, 463
Bilderbücher 65, 149, 151, 275, 306, 308, 316, 349, 385
Bildungspolitik 6–7, 10, 38, 45, 68, 95, 110, 113–115, 161, 180, 205–206, 212–214, 282, 359–360, 410–411, 433, 436–438, 441–442, 448, 479
Bildungsstandards 95–96, 115–117, 161–173, 175, 177, 179–180, 200, 213, 282, 290, 298, 360, 362, 371, 394, 400, 439, 443, 469
Bildungswert 26, 33, 43, 79, 82–83, 269
Bildungsziel 16, 21, 23, 26, 31, 36, 40, 162, 167, 185, 226, 281, 359–360, 362, 436

close reading 80, 94, 209, 212, 254
Comic 95, 144, 168, 175, 275, 374, 377, 379, 381, 385, 388
Cultural Studies 414, 428, 439, 470

Deutsch als Fremdsprache 310–311, 313, 407, 410, 412, 427, 429
Deutschdidaktik 3–4, 8, 85, 88, 94, 169, 174, 200, 359, 362, 366, 386, 475, 484, 487
Deutschunterricht 47–48, 50–52, 54, 56, 58, 60, 65, 67, 69, 71, 80, 101, 116, 118, 123, 137, 161–163, 169–170, 175, 179–180, 183–186, 190, 192–193, 199–200, 205, 224–225, 232, 248–249, 254, 266, 285, 287, 298–299, 322, 325–328, 359, 371, 386, 391, 407, 412, 434, 455, 457, 474, 477, 488
digitale Medien 5, 10, 101, 152, 198, 258, 261, 269, 377, 379, 392
Drama 72, 107, 119, 137, 222, 246, 261–267, 269–273, 276, 354, 395–397, 401, 403, 406

Ecocriticism 432–433, 439, 441–448, 451
Empathie 90–91, 126, 177, 185, 206, 227, 269, 279, 359, 361–362, 365, 368, 417, 421, 460, 467–468
Empirie 42, 79, 96, 100–101, 114–117, 133, 140, 145, 147, 152–153, 155, 170–171, 184, 192, 198, 200, 206, 209, 212, 214, 230, 235, 259, 267, 291, 299, 313, 361, 379, 388, 391–392, 394, 412, 422, 441, 460–461, 466, 470–478, 480–481, 483–484, 487–488, 490
employability 115, 117, 132, 205
Englischunterricht 76, 79–81, 85, 92, 124, 162, 165, 175, 177, 180, 221, 225–226, 229–230, 248–250, 253, 266, 386, 394, 407, 412, 415, 458, 460, 469
erweiterter Literaturbegriff 4–5, 95, 168, 175, 180, 186, 225, 269
Erzählperspektiven 417
Erziehung 21, 24, 27, 33, 36–37, 50–52, 54–56, 64, 109, 113, 130, 141, 143, 145, 165, 170, 182, 185–187, 189, 191, 194–195, 199, 267, 283, 302, 306, 326, 328, 359, 386, 424, 430, 433, 441, 454, 463–464, 486

Film 107, 144, 186, 261, 264, 269, 275–276, 344, 352–354, 373, 376, 378–382, 384–386, 388, 393, 403, 419
Französischunterricht 52, 58, 76, 81–82, 162, 165, 171–172, 175, 177, 180, 259, 394, 469
Fremderfahrung 340, 416, 426–427
Fremdsprachendidaktik 3–4, 8, 46, 76, 78, 81, 91, 96, 101, 114, 116, 167, 227, 258, 264–265, 307, 309–310, 314, 360, 362–364, 371, 396–401, 412, 414, 423, 425
Fremdsprachenunterricht 15, 54, 76, 79–83, 88, 90–93, 95–100, 118, 161, 166–168, 171, 173–175, 177–180, 212, 221, 224–226, 228, 254, 258, 264–267, 279, 307–311, 314–317, 359–361, 364–365, 369, 397–400, 404, 407, 413–415, 418, 427–428, 460, 470
Fremdverstehen 90–91, 97, 185, 203, 227, 362, 412, 417, 420–421, 458

Ganzheitlichkeit 8, 59–60, 67, 86, 111, 192, 247, 254, 265, 277, 280, 284, 418
Gattung 10, 26, 66, 111, 176, 248–249, 262, 264, 266–267, 276, 283–284, 286, 294, 298, 380, 403, 411, 432, 448
Gefühl 53–54, 60, 62, 66, 93, 107, 109, 112, 126, 130, 138, 158, 185, 188–189, 194, 196, 206, 277, 289, 418, 425, 430, 460, 469
Gegenstandsorientierung 77–78, 97, 442
gender 94, 223, 269, 346, 414–416, 418, 420, 454–460, 463–470
Gender Studies 454, 470
Genre 108, 144, 226, 262, 264, 266, 292, 336, 338, 355, 419, 432, 449, 458
Genrekompetenzen 419
Genuss 65, 191–192, 300, 418
global citizenship 438–439
Globalisierung 338
global issues 94, 166, 215, 229, 269, 356, 360, 366, 372, 410, 414, 430–432, 437, 439
graded reader 228–229
Grammatik 16–17, 35, 38, 41, 60–64, 67–69, 88, 109, 119, 173, 226, 228, 246, 251–252, 277, 307, 310–312, 316, 397, 413, 482

Handlungsorientierung 67, 85–91, 100–101, 112, 120, 140, 172, 174, 189, 254, 258–259, 261, 265, 269, 277, 279–281, 316, 370, 396, 401, 424, 426, 445
Hermeneutik 78, 84, 90, 94, 109, 114, 133, 145, 161, 202, 250, 259, 268, 324, 412, 417–418, 420–422, 483
Heterogenität 136, 150–152, 198, 207, 214–215, 244, 271, 404, 427–428, 466
Hochkultur 4, 211, 268, 377, 411
Humanismus 16, 18–19, 21–23, 32–36, 38–40, 81, 112, 183
Humanisten 16, 18–20, 25
humanistische Bildung 15–16, 18, 21, 36–37, 39, 182, 211

Identitätsbildung 67, 160, 186, 206, 209, 232, 362, 369, 459, 461
Individualität 22, 80, 89, 101, 263
Inklusion 101, 214
Institutionalisierung 47, 50, 74, 266, 471–472, 474, 484, 486
Interaktion 83, 91, 100, 112, 118, 126, 129, 205, 211, 213, 315, 361, 369, 417, 421, 451, 459, 462, 466
Interkulturalität 208, 332, 339–340, 349, 356, 359, 361–364, 368, 410, 414, 423, 426–428, 449
interkulturelles Lernen 90–92, 100, 111, 165–167, 172, 179, 203–204, 209, 226–228, 247, 261, 278–279, 283, 349, 359–363, 365, 369–371, 410, 414, 417, 421, 428
Intermedialität 269, 275, 373–374, 376–389, 391, 393–394
Interpretation 23, 32, 34, 36, 38–40, 42–43, 45–46, 88, 111–112, 122, 127, 129, 133, 138, 148, 175–177, 202, 209, 213–214, 232, 257, 264, 266, 274, 285, 293, 295, 299, 306, 309, 330, 370, 375, 381, 421–422, 425–426, 433, 445–446, 454, 461, 481, 483, 487
Intertextualität 156, 274–275, 299, 374, 377, 382, 384, 412, 415, 423

Kanon 4–5, 10, 19–21, 25, 28–29, 31, 33–34, 36, 43–45, 59, 66–67, 69–72, 74, 79, 85, 92, 98, 121, 123–125, 133, 168, 170–172, 179–180, 183, 187, 219–226, 229–230, 232, 234, 237, 240–241, 250, 254, 266, 269, 307–308, 319, 322–328, 333, 359, 366, 371, 411, 413, 415, 420, 435, 451–452, 454, 456–459, 464–465, 476, 480

Kinder- und Jugendbücher 97, 119, 135, 165, 171, 185–186, 224, 230, 285–287, 295, 302–306, 308–309, 315–316, 318, 323, 332–333, 336, 351, 367, 373, 388–389, 432, 434–435

Kino 305, 343, 380–381

kognitiv 80, 84, 88, 91, 165, 169, 237, 254, 259, 271, 292, 300, 365

kommunikative Kompetenzen 166, 179, 226, 265, 371, 417, 469

kommunikative Wende 82, 267, 415

Kompetenzen 20, 45, 96–97, 100–101, 108–109, 115–117, 148, 150, 161–162, 165–169, 172, 174, 176–177, 179, 197, 200, 203–204, 208–211, 213, 264, 270, 279, 282–283, 288, 290, 298, 302, 359, 371, 386, 388, 391–392, 395, 404, 410, 414, 416–419, 421, 427–428, 435, 439, 441, 447, 489

Kompetenzförderung 418

Kompetenzorientierung 4–5, 8, 44–45, 97–98, 100, 114–116, 118, 133, 161, 167–168, 170, 173, 176, 180, 192, 205, 210, 212–213, 229, 361, 388, 410–412

Kultur 18, 20, 31–32, 45, 54, 68, 79, 90, 92–93, 119–122, 124–125, 128–129, 173, 182, 203, 209, 222, 240–241, 267, 359, 363–364, 369, 377, 388, 397–398, 400–401, 411, 413–416, 421–422, 432–434, 439–440, 442–444, 447, 451, 468, 470–471

Kulturbegriff 93, 363, 415

Kulturdidaktik 93, 369, 400, 411

Kultur- und Völkerkunde 414

Kultusministerkonferenz 116, 162–167, 171–172, 175–180, 205, 291, 298, 359–360, 371, 436–437, 439, 469

Landeskunde 83, 315, 360, 411–414, 416

Lebensweltbezug 84, 174, 231, 267, 308, 311, 332, 433–434, 452, 465

Lehrerausbildung 6, 51, 69, 114, 182, 214, 399, 404, 408, 471, 478–479, 484

Lehrerbildung 6–7, 24, 82, 200, 205, 213, 215, 229–230, 437, 489

Lehrplan 30, 33–34, 48, 51–52, 72, 78–81, 85, 97, 150, 161, 172, 183, 225, 268, 324, 403, 434, 436, 456–458, 464

Lehrwerk 82, 118–119, 225, 307, 310

Lektüreauswahl *siehe* Textauswahl

Lektüreunterricht 15, 17, 20, 25, 30–31, 35, 37–46, 185

Lernerautonomie 89, 269, 424

Lernerorientierung 78, 82, 89, 94, 172, 174, 268

Lernziel 45, 81, 83, 86, 88, 99, 118, 212, 362, 426

Lesebuch 47, 49–50, 52, 56, 59–62, 67, 72, 185, 236, 242, 285, 305, 472–473, 479–480, 482, 485–487

Leseförderung 97, 140, 142, 151, 154–155, 157–158, 316, 434, 461, 464

Leseforschung 83, 154, 472, 475, 478, 481, 483, 488

Lesekompetenz 8, 97–98, 140, 144, 154, 162–163, 169–170, 200, 209, 226, 302, 461

Lesemotivation 97, 139, 141, 154, 226–227, 282, 300, 328, 448, 461

Leseverhalten 63, 136, 142, 153, 314, 461–463, 481, 483, 488

Literalität 113, 117, 132, 144, 152, 154, 161–162, 164, 167, 170–171, 180, 198–199, 208–209, 438

literarische Kompetenz 101, 167–168, 212, 222, 288, 290, 295, 300, 391, 419

literarisches Lernen 94, 101, 135, 137, 139, 141, 154–155, 157–158, 160, 208, 211, 228, 232, 286

Literarizität 411

Literaturgeschichte 48–49, 53, 58–59, 67, 124, 164, 176, 231–245, 320–321, 323, 326, 433, 444, 447, 451–452, 457

Literaturverfilmung 275

Sachregister — 569

Literaturwissenschaft 3–6, 43, 45, 76, 80, 82–83, 95, 170, 198–199, 202, 219, 229, 264, 266, 269, 275, 284, 319, 334, 336, 377, 413, 415, 427, 434, 439, 442–443, 455, 471, 473–474, 476–477
Lyrik 66–67, 94, 99, 137, 176, 223, 246–251, 254–256, 258–259, 262, 264, 304–305, 310, 336, 339, 344–345, 349–351, 354, 396, 412, 426

Medienkompetenz 116, 166–167, 178, 276, 282, 378
Mehrsprachigkeit 10, 100, 173, 317–318, 342, 349, 354, 404–405
Moral 16, 19–20, 40, 52, 63, 107–110, 130–133, 158, 183–189, 193–199, 206, 211–212, 254, 302, 331, 413, 418, 431–432
Motivation 77, 97, 118, 123, 139–141, 152, 156, 161, 169, 226, 254, 262, 268, 282, 293, 326, 402, 405, 418, 425, 479
multiliteracies 410
Multimedialität 378, 425, 464
Multimodalität 219, 427

narrative Kompetenz 419
Nationalsozialismus 32, 35–37, 53, 55–56, 72, 79, 183–184, 222, 327, 330, 472, 486
Neuhumanismus 19, 21–22, 24–28, 36–37, 44, 50
New Criticism 80, 82, 122, 170, 257, 266
New Historicism 122–123, 125, 134, 233, 257, 267

Output 95, 118, 132, 161, 167
Outputorientierung 174, 419

Performativität 129, 163, 167, 210–211, 261, 397–400, 404
Persönlichkeitsbildung 64, 69, 82, 96, 114, 160, 188, 191, 210, 311, 328, 396, 420
Perspektivenübernahme 90–91, 206–208, 210, 279, 362, 368–370, 391, 407, 417, 421

Perspektivenwechsel 90, 166, 177, 179, 209, 227, 279, 334, 362, 368–370, 417, 421, 431, 469
Philosophie 16, 19–22, 34, 37, 53, 58, 109, 111, 114, 117, 122, 188, 193, 196, 298, 306, 363, 365, 413, 420
PISA 7, 107, 114–115, 117, 140, 144, 149–150, 152, 154, 161, 180, 200, 282, 295, 488–489
Plurimedialität 270, 385
Privatlektüre 48, 141, 248, 326, 479
Produktionsorientierung 67, 85–87, 89–91, 140, 172, 254, 261, 269, 280–281, 316, 401, 418, 445, 474
Professionalisierung 6, 59, 68–69, 205, 210
Prozessorientierung 85, 87–88, 267, 269, 279, 424, 426

reader response 268, 277
Referenzrahmen, Gemeinsamer Europäischer 95, 118, 165, 212, 360, 400
Reform 6, 51, 64, 70, 183
Rezeptionsästhetik 83–86, 91, 101, 140, 161, 168, 170–172, 177, 185, 226, 247, 254, 265, 268, 271, 280–281, 295, 325, 415, 418, 451
Rezeptionsorientierung 84
Rhetorik 16, 20, 48, 63, 440
Roman 71, 73, 99, 107, 123–124, 129, 131–132, 137, 176, 227, 284–285, 289–291, 297, 299–300, 304, 311, 313–314, 322, 330–333, 336, 354, 374, 385, 387, 393, 407, 435, 448, 468

Sachtexte 82, 96, 123, 140, 155, 157, 169, 299, 314, 452
Sallust 20, 34
Schulbuch *siehe* Lehrwerk
Schülerorientierung 53, 84–85, 97, 111–112, 185, 271, 388
Schulreform 6, 48, 117
Sinnbildungsprozess 84, 86–87, 411–412
skills 215, 317, 361, 410, 417, 421
Sozialisation 135–136, 141–152, 154, 156–158, 160, 225, 454, 456, 465, 467, 474, 476, 489

Sprachdidaktik 3, 81
Spracherwerb 83, 118–119, 150
Sprechanlass 317, 427
Sprechkompetenz 226
Standardisierung 5, 48, 96, 115, 192, 205, 207, 215, 219, 259, 411, 419

tasks 172–174, 468
Terenz 20, 28
Textanalyse 10, 42, 119, 265, 269, 271, 277, 294–296, 422, 459, 462, 464
Textauswahl 72, 84, 123, 172, 180, 184, 199, 219, 222–223, 225–226, 232, 322, 327, 370, 403, 423, 460, 462–466, 474
Textensembles 425
Theater 49, 78, 107–108, 129, 164, 188, 261, 263, 276, 316, 326, 343, 354, 374, 379–381, 383, 385, 392, 394–397, 401–403, 405–406, 408
Theokrit 25
transkulturell 100, 213, 223, 269, 340, 349, 360, 414

Umwelterziehung 432, 436

Vorwissen 83, 87, 97, 157, 207, 291, 300, 315

Weimarer Republik 32, 52–54, 56, 72, 327, 414
Weltliteratur 342
Werte 20, 69, 71, 93, 120–121, 163, 181, 184, 188, 196, 209, 215, 267, 287, 302–303, 318, 326–327, 355, 414, 437, 439, 459–460, 467
Werteerziehung 170, 184
Wortschatz 109, 226, 307, 311, 314

Zentralabitur 45, 98, 321–322

Grundthemen der Literaturwissenschaft

Herausgegeben von Klaus Stierstorfer

Rainer Emig, Lucia Krämer (Hrsg.)
Grundthemen der Literaturwissenschaft: **Adaption**
ISBN 978-3-11-040781-5
e-ISBN (PDF) 978-3-11-041066-2
e-ISBN (EPUB) 978-3-11-041079-2

Michael Wetzel (Hrsg.)
Grundthemen der Literaturwissenschaft:
Autorschaft
ISBN 978-3-11-029692-1
e-ISBN (PDF) 978-3-11-029706-5
e-ISBN (EPUB) 978-3-11-038908-1

Andreas Englhart, Franziska Schößler (Hrsg.)
Grundthemen der Literaturwissenschaft: **Drama**
ISBN 978-3-11-037956-3
e-ISBN (PDF) 978-3-11-037959-4
e-ISBN (EPUB) 978-3-11-037963-1

Martin Huber, Wolf Schmid (Hrsg.)
Grundthemen der Literaturwissenschaft: **Erzählen**
ISBN 978-3-11-040118-9
e-ISBN (PDF) 978-3-11-041074-7
e-ISBN (EPUB) 978-3-11-041080-8

Lut Missinne, Ralf Schneider, Beatrix Theresa van Dam (Hrsg.)
Grundthemen der Literaturwissenschaft:
Fiktionalität
ISBN 978-3-11-046602-7
e-ISBN (PDF) 978-3-11-046657-7
e-ISBN (EPUB) 978-3-11-046633-1

Robert Matthias Erdbeer, Florian Kläger, Klaus Stierstorfer (Hrsg.)
Grundthemen der Literaturwissenschaft: **Form**
ISBN 978-3-11-036433-0
e-ISBN (PDF) 978-3-11-036438-5
e-ISBN (EPUB) 978-3-11-038578-6

Eric Achermann (Hrsg.)
Grundthemen der Literaturwissenschaft:
Interpretation
ISBN 978-3-11-040782-2
e-ISBN (PDF) 978-3-11-057771-6
e-ISBN (EPUB) 978-3-11-057585-9

Rolf Parr, Alexander Honold (Hrsg.)
Grundthemen der Literaturwissenschaft:
Lesen
ISBN 978-3-11-036467-5
e-ISBN (PDF) 978-3-11-036525-2
e-ISBN (EPUB) 978-3-11-039128-2

Norbert Otto Eke, Stefan Elit (Hrsg.)
Grundthemen der Literaturwissenschaft:
Literarische Institutionen
ISBN 978-3-11-036469-9
e-ISBN (PDF) 978-3-11-036530-6
e-ISBN (EPUB) 978-3-11-039129-9

Christiane Lütge (Hrsg.)
Grundthemen der Literaturwissenschaft:
Literaturdidaktik
ISBN 978-3-11-040120-2
e-ISBN (PDF) 978-3-11-041070-9
e-ISBN (EPUB) 978-3-11-041084-6

Rainer Grübel, Gun-Britt Kohler (Hrsg.)
Grundthemen der Literaturwissenschaft:
Literaturgeschichte
ISBN 978-3-11-035968-8
e-ISBN (PDF) 978-3-11-035975-6
e-ISBN (EPUB) 978-3-11-038687-5

Ralf Simon (Hrsg.)
Grundthemen der Literaturwissenschaft:
Poetik und Poetizität
ISBN 978-3-11-040780-8
e-ISBN (PDF) 978-3-11-041064-8
e-ISBN (EPUB) 978-3-11-041081-5

Vittoria Borsò, Schamma Schahadat (Hrsg.)
Grundthemen der Literaturwissenschaft:
Weltliteratur
ISBN 978-3-11-040119-6
e-ISBN (PDF) 978-3-11-041072-3
e-ISBN (EPUB) 978-3-11-041078-5

Alle Bände der Reihe sind auch als eBook erhältlich

www.ingramcontent.com/pod-product-compliance
Lightning Source LLC
Chambersburg PA
CBHW031408230426
43668CB00007B/238